KB071530

구조방정식 모형의 기본과 확장

: *MPLUS* 예제와 함께

| 김수영 저 |

FUNDAMENTALS AND
EXTENSIONS OF
STRUCTURAL EQUATION MODELING
WITH *MPLUS* EXAMPLES

학지사

머 / 리 / 말

수많은 시간을 들여 준비했던 책을 마무리하고 또 그 이후로 몇 달간 여러 번 확인하던 작업도 끝내고 나니 개운한 기분이 든다. 하지만 동시에 지난 10여 년간 공부하고 연구했던 전공지식을 책으로 출판한다는 사실은 꽤 부담스럽기도 하다. 아마도 이 책을 쓰면서 목표로 했던 것, 즉 제대로 된 구조방정식의 전반적인 지식을 알려 주고자 했던 것에서 느껴지는 부담이지 않을까 싶다. 사실 지난 수십 년간 전 세계 학계에서 활발하게 연구되고 발전한 구조방정식을 한 권의 책으로 정리하는 것은 매우 어려운 일이다. 이는 넓은 의미의 구조방정식이라는 것이 하나의 모형이 아니며, 수백 수천 가지의 다양한 통계모형을 포괄하는 하나의 틀(framework)이기 때문이다. 또한 현재 살아 움직이는 학문 분야에 대하여 어디까지, 얼마만큼 자세히 소개할지를 결정하는 것도 쉽지 않다. 어려운 일이지만, 그럼에도 불구하고 이 책을 기획하고 써 나가면서 책의 목적과 경계를 다음과 같이 설정하였다.

가장 먼저 이 책이 포함하고자 하는 것은 구조방정식의 전반적인 원리에 대한 이해다. 최근에 국내에서 활발하게 출판되고 있는 여러 구조방정식 책들을 보면 나름 각각의 장점이 존재하지만, 특정 구조방정식 프로그램의 매뉴얼이라고 할 책들이 많다. 그 프로그램을 이용하고자 하는 독자에게는 이러한 책들이 큰 도움이 되겠지만, 구조방정식이라는 학문 자체에 대한 이해에 목마른 독자들에게는 무언가 부족한 느낌을 준다. 따라서 이 책에서는 독자들이 구조방정식 모형의 원리를 최대한 잘 이해하도록 돕고자 한다. 이러한 관점에서 필요한 수식을 사용하는 것을 주저하지 않는다. 물론 사회과학도가 대부분인 독자들이 이해할 수 있는 수준에서의 수식이며, 복잡한 모형의 표현 방식이나 수리적인 증명 등은 배제되었다. 둘째로 이 책이 추구하고자 하는 방향은 올바르고 적절한 참고문헌을 주기 위해서 최선을 다하는 것이다. 학문을 하는 사람들 사이에서 어떤 이론이나 주장을 펼친 저자들과 원전에 적절한 크레딧(credit)을 주는 것은 매우 민감한 사안이며 중요하다. 또한 이 책을 읽는 독자들이 구조방정식을 이용하여 논문을 작성할 때, 적절한 참고문헌을 사용하기 위해서도 이는 간단한 사안이 아니다. 이 책에서는 적절한 참고문헌이 필요한 곳은 최대한 제대로 된 이름들을 주기 위해서 노력한다. 물론 통계학의 기본적인 내용이나 구조방정식을 연구하는 모든 학자들이 당연하다고 생각하는 내용 등은 참고문헌 없이 서술한다. 더불어 만약 학자들 간 대립되는 의견이 존재한다면 각 학파의 대표적인 논문이나 책 등을 통하여 논리를 소개한다. 셋째로 이 책에서는 중·상급의 발전적인 내용도 독자들에게 소개해 주기 위해 노력한다. 예를 들어, 잠재변수 사이의 상호작용, 요인분석모형을 이용한 차별문항기능, 매개효과와 조절효과의 통합, 구조방정식 전통에서의 이분형/다분형 문항반응이론 모형, 다양한 문항묶음의 원리, 잠재성장모형, 몬테카를로 시뮬레이션 등 구조방정식 모형에서의 확장을 다룬다. 물론 한정된 지면을 통해서 이 모든 주제를 세세하게 다룰 수는 없지만, 다양한 시도를 원하는 독자들이 참고하여 더 발전된 모형을 사용하고자 하는 데 징검다리의 역할을 할 수 있을 것이다. 마지막으로 이 책을 통하여 독자들에게 전달해 주고 싶은 것은 Mplus의 사용법이다. 첫 번째 목표에서 밝힌 대로 이 책은 특정한 프로그램의 매뉴얼이 아니다. 하지만 구조방정식의 원리를 배우고 나서 그 원리를 적용해 보지 않는다면 그 역시 구조방정식에 대한 이해를 제한하게 된다. Mplus는 현재 구조방정식을 이용하는 많은 사람들 사이에서 가장 강력한 사용층을 확보하고 있는 프로그램이다. 다른 그 어떤 프로그램보다 제한이 적으며, 존재하는 거의 모든 구조방정식의 발전적인 모형들을 여러 방법으로 추정할 수 있다. 개인적으로 구조방정식의 다양한 원리들을 맛보고자 한다면 Mplus만큼 좋은 프로그램은 현재까지는 없다고 생각한다.

이 책을 준비하고 출판하는 과정에서 최근 학문적으로 겸손해짐을 느낀다. 유학시절 소위 톱저널에 논문들 몇 개를 출판하게 되면서 기고만장했던 한때의 마음이 이번 책을 준비하며 '아, 이렇게 넓고 깊은 세상이 또 있구나!' '공부를 하면 할수록 끝이 없네' '아, 이 사람은 어떻게 이런 독창적인 생각을 했을까?' 등을 생각하게 된다. 그러다 보니 가끔 내가 너무 당연하게 생각해 왔던 것이 사실 오류는 아닐까라는 조금은 과장된 기우가 생기기도 하였다. 어느 대수학자가 죽는 그 순간까지 57이 소수였다고 믿었다는 이야기처럼, 혹시 나는 그런 것이 없나 돌아보게 된다. 또한 책을 세 번, 네 번 수정하는 과정에서 내가 만들고 내가 고쳤던 오류들 중 그 무엇이라도 남아 있지 않을까라는 걱정도 있다. 하지만 어차피 이 책을 처음 쓰는 순간부터 이 책이 결점 없는 최고의 책이 될 것이라는 허황된 생각을 하지는 않았다. 설마 자신의 책이 그렇다고 착각하는 저자가 있을까 싶다. 나는 다만 나의 최선을 다했으며, 이 책이 세상에 나와 마주하게 될 많은 비판에 대하여 언제라도 겸허하게 받아들일 준비가 되어 있음을 말하고 싶다. 마지막으로 이 책을 쓰는 과정에서 나에게 힘이 되었던 가족에게 감사하고 싶다. 아마도 가족이 없었다면 이 책을 시작하지도 않았을 것이며, 시작하였더라도 끝내지 않았을 것이다.

2016년 6월
김 수 영

차 / 례

제3장 ▶ 구조방정식 모형의 이해 / 79

제4장 ▶ M*plus* 이용하기 / 89

제12장 ▶ 표본크기의 결정 / 599

제1장 구조방정식 모형의 소개

통계적 방법으로서의 구조방정식 모형을 공부하기에 앞서 구조방정식의 정의, 역사, 관련 서적, 소프트웨어 등의 소개와 함께, 구조방정식 모형이 가지는 해석상의 한계를 설명하고, 마지막으로 이 책의 개요를 정리한다. 독자들이 본격적으로 구조방정식 모형을 하나하나 배우는 데 있어서 구조방정식이라는 학문의 전체적인 흐름을 짧게 조명할 수 있는 기회가 될 것이다.

1.1. 구조방정식이란

구조방정식 모형(structural equation modeling 또는 structural equation model, SEM)이란 무엇인가? 하나의 문장으로 정의하고자 한 연구자들도 있어 왔지만, 한 문장으로 이루어진 정의가 SEM을 이해하고 이용하는 데 있어서 큰 도움을 줄 것 같지는 않다. 기본적으로 학계에서 SEM이라고 하면 이는 크게 두 가지 의미(좁은 의미와 넓은 의미)로 받아들여질 수 있다. 먼저 좁은 의미로는 잠재변수들(latent variables) 간의 구조적인 관계(회귀 관계)를 확인하는 하나의 통계모형이다. 예를 들어, 국가 단위에서 산업화와 민주화의 영향 관계에 대한 어떤 연구가설을 가지고 있다면(Bollen, 1989), 산업화와 민주화라는 추상적인 개념을 구체적인 수치를 가진 관찰변수(수집된 자료)를 이용하여 만들어 내고, 이렇게 만들어진 추상적인 변수(잠재변수)들 간에 서로 주고받는 영향을 구조방정식 모형을 통하여 추정하고 검정하게 된다. 심리학 또는 교육학에서는 우울, 불안, 효능감, 능력 등의 수많은 개인수준의 잠재변수들이 만들어지고, 이 잠재변수들 간의 영향관계가 연구되는 것이 일반적이다. 이와 같은 모형은 1960년대 말에서 1970년대 초에 Jöreskog를 비롯한 몇몇 선구적인 연구자들에 의하여 모형을 표현하는 수식이나 경로도(path diagram, 변수 간의 관계를 나타내는 그림) 및 모형의 추정 방법과 소프트웨어 등이 본격적으로 개발되었다. 사실 경로도는 Wright(1934)에 의하여 처음 사용되었는데, 구조방정식이 발전하면서 구조방정식 모형에서 없어서는 안 될 매우 중요하고 기본적인 요소가 되었다. 경로도를 통하여 연구자가 계획하고 있는 연구 모형을 표시할 수 있으며, 이 경로도의 모형은 모두 수식을 통하여 통계모형으로 표현될 수도 있다. 이후 경로도에 대한 자세하고 다양한 설명을 하나씩 소개할 것이다.

반면 SEM을 넓은 의미로 보면, 이는 구조방정식의 수식이나 경로도 표현 방식으로 나타내어질 수 있는 모든 통계모형을 일컫거나 또는 그와 같은 표현 방식 자체, 즉 틀(framework)을 나타낸다. 예를 들어, 우리가 잘 알고 있는 회귀분석모형, 분산분석모형, 요인분석모형 등도 모두 SEM의 틀 안에서 추정 가능하며, 더욱 발전적인 기법들인 문항반응이론(item response theory, IRT)모형, 잠재계층분석(latent class analysis, LCA 또는 latent profile analysis, LPA), 잠재성장모형(latent growth model, LGM), 다층모형(multilevel model, MLM 또는 hierarchical linear model, HLM) 등도 크게 SEM의 틀 안에 있다고 볼 수 있다. 즉, SEM은 이미 존재하는 많은 통계 방법들과 현재 발전하고 있는 여러 고급기법들을 하나의 형식으로 일반화할 수 있는 매우 강력한 틀이라고 할 수 있다. 이런 경우, 특히 잠재변수가 사용되는 모형들의 경우, SEM이라는 표현 대신 잠재변수모형(latent variable modeling)이라는 단어를 사용하기도 한다. 구조방정식 분야의 최상급 저널 중 하나인 *Structural Equation Modeling: A Multidisciplinary Journal*에서의 *Structural Equation Modeling*이 바로 큰 의미의 구조방정식 모형을 뜻한다고 볼 수 있다.

정리하자면, SEM은 작은 의미로는 잠재변수 간의 구조관계를 연구하는 하나의 통계모형이며, 이때는 structural equation model이라는 표현과 상통한다. 또한 크게는 관찰변수나 잠재변수를 사용하고, 구조방정식 표현 방법으로 나타내어질 수 있는 모든 모형을 가리킨다고 볼 수 있는데, 이때는 structural equation modeling framework라는 표현과 맞닿아 있다.

1.2. 구조방정식의 역사

기본적으로 구조방정식 모형은 요인분석과 회귀분석이 합쳐진 것이라고 볼 수 있다. 뒤에 더 자세하게 다루게 되겠지만, Jöreskog(1973)는 이 요인분석 부분을 측정모형(measurement model), 회귀분석 부분을 구조모형(structural model)이라고 하였다. 요인분석의 기원은 아마도 Spearman(1904)의 공통요인모형(common factor model)이라고 보는 것이 타당할 것이다. Spearman은 능력을 측정하는 검사들(tests) 간에 존재하는 상관(correlations)이 인간의 일반능력요인(general ability factor)과 그에 종속하는 세부적인 특수능력요인들(specific ability factors)에 의하여 설명된다고 가정하였다. 이와 같은 이론을 바탕으로 그는 지금 우리가 사용하는 탐색적 요인분석(exploratory factor analysis, EFA)의 초석을 쌓았다. 이후 1950년대에서 1970년대에 걸쳐 요인분석모형의 최대우도 추정(maximum likelihood estimation) 방법이 발전하면서 요인의 개수를 통계적으로 검정할 수 있게 되는 등 EFA 모형의 사용은 그 전성기를 맞는다. 그리고 Jöreskog(1969)는 Thurstone (1947)의 단순구조(simple structure)[1] 아이디어에 기반하여 요인의 개수뿐 아니라 요인부하(요인계수, 로딩, loading)의 패턴까지 검정할 수 있는 확인적 요인분석(confirmatory factor analysis, CFA)모형과 그 모형의 최대우도 추정 방법을 개발하는데, 이 CFA 모형이야말로 구조방정식을 태동하게 해 준 핵심적인 모형이며 여러 학자들이 이 Jöreskog의 논문을 SEM의 시초로 보기도 한다.

　구조방정식 모형을 형성하는 다른 한 축은 회귀분석인데, 더 엄밀하고 정확히 말하면 경로분석(path analysis)이다. 나중에 본격적으로 다룰 것이지만, 구조방정식에서는 거의 비슷한 개념으로 혼용해서 쓰이기도 한다. 둘의 차이를 굳이 말하자면, 회귀분석은 하나 또는 여러 개의 종속변수를 하나 또는 여러 개의 독립변수들로 설명하는 모형인 데 반해, 경로분석은 독립변수가 종속변수를 설명하고 그 종속변수가 또 다른 종속변수를 설명할 수도 있는 모형이다. 즉, 어떤 변수가 종속변수와 독립변수의 역할을 모형 안에서 동시에 할 수 있는 모형이다. 이렇게 보면 경로분석은 회귀분석의 일반화된 모형이라고 할 수 있다. 경로분석의 기원은 일반적으로 유전학 분야를 연구했던 Wright(1918, 1921)를 언급하는데, 현대 구조방정식 모형의 일부분으로서의 경로모형은 계량경제학 분야의 Haavelmo(1943)라고 할 수 있다. 경로모형이 비판을 받지 않은 것은 아니지만, 1950년대에서 1970년대까지 경제학 분야의 핵심적인 연구방법 중 하나로서 많은 발전을 하였다. 뒤에 자세히 다루겠지만 경로모형은 회귀모형과 마찬가지로 측정오차(measurement errors)를 가정하지 않는 방법이다. 인간의 속성을 측정하여 다루어야 하는 심리학 분야에서 측정의 오차가 존재하지 않는다는 가정은 달성하기 힘든 가정(heroic assumption)이라고 할 수 있다. 반면에 경제학 분야는 측정오차를 가정하지 않아도 되는 주로 객관적인 경제 변수를 사용함으로써 경로모형이 발전하는 데 좋은 토대가 되었다.

1.3. 구조방정식 서적

　1970년대에야 비로소 시작했다고 볼 수 있는 구조방정식 분야에서 논란의 여지

---

[1] 탐색적 요인분석모형에서 하나의 관찰변수가 주로 하나의 요인과 상관이 되어 있고 다른 요인과는 크게 상관이 없다는 가정하에서의 요인부하(factor loading) 구조를 가리킨다.

는 있겠지만 첫 번째 의미 있는 책은 Bollen(1989)일 것이다. 이 책은 구조방정식
의 초창기, 즉 1970년대 Jöreskog, Keesling, Wiley 등의 업적과 그 이후 1980년대
까지의 발전 부분을 집대성한 책이라고 할 수 있다. 경로분석 모형 및 확인적 요인
분석모형과 이를 통합한 구조방정식 모형 등에서 어떻게 모형을 설정하고, 추정하
며, 평가하고, 해석은 어떻게 할 것인지에 대하여 소개하였다. 또한 각 모형에서
주의할 것은 무엇인지 등에 대한 내용이 자세하고 유기적으로 결합되어 있는 책이
라고 할 수 있다. 이 책은 초창기 Jöreskog의 구조방정식 모형 표기법을 그대로 사
용하였고, 어느 정도 통계적인 배경이 있는 사람들을 대상으로 하였기 때문에, 수
학에 익숙하지 않은 사회과학 연구자들에게는 약간 버거운 책이라고 할 수도 있다.
최근 Kline(2011)이나 몇몇 논문에서 사용되는 간단한 표기법에 비해 Jöreskog
(1969, 1973)와 Bollen(1989)에서 사용된 모형 표기법은 언뜻 어렵게 보이기는 하
지만 매우 체계적으로 잘 정리가 되어서, 지금까지도 구조방정식 방법론을 연구하
는 대부분의 학자들이 논문을 쓸 때는 이 표기법을 이용한다. 최근 교육학 및 심리
학의 많은 연구자들이 상당히 고급기법의 구조방정식 모형을 이용하고자 하는 경
향이 있는데, 이러한 고급기법을 다룬 방법론 논문들은 대다수가 LISREL 표기법
이라고도 부르는 Jöreskog(1969, 1973)의 표기법을 사용하기 때문에 이 표기방식
은 여전히 유효하다.

 Bollen(1989)의 책이 어느 정도의 수학 및 통계학적 지식을 전제로 한다면,
현재 3판까지 나온 Kline(2011)은 비교적 수학적 배경이 강하지 않은 사람들을 위
한 책이다. 수식의 사용을 최대한 자제하고, 그리스 문자가 사용되는 LISREL의
모형 표기법도 사용하지 않으며, 되도록이면 언어와 경로도를 이용해서 모든 통계
모형이나 이론을 설명하고자 노력한다. 또한 책 자체가 어느 하나의 구조방정식용
소프트웨어의 사용법을 설명하지는 않지만, 유명 프로그램인 Mplus나 LISREL의
예제를 저자의 홈페이지에 소개하여, 독자에게 실습할 수 있는 기회를 준다는 것도
장점이다. 현재 국내에 이현숙, 김수진, 전수현의 공역으로 제2판(Kline, 2004)이
번역되어 나와 있으며, 여러모로 원전에 충실한 번역이 되어 있으나 그동안 새로
운 영문판이 나오면서 약간은 시차가 나고 있는 상태다. 실제로 2016년 중에 Kline
의 4판이 나온 상태다. Kline(2011)이 여러 장점을 가지고 있는 데 반해, 필자의 경
험으로는 약점도 가지고 있다. 가장 큰 부분은 수식을 극도로 배제하는 이 책의 진
행 방식이 한두 개의 간단한 수식으로 설명할 수 있는 내용을 여러 줄에 걸쳐 말로
풀어놓아, 오히려 이해를 방해하는 경우가 종종 발생한다는 것이다. 또한 한 권의

책에 너무 많은 것을 다루려 해서 많은 부분이 자세한 설명 없이 간단한 소개 정도로만 이루어져 있다는 것이다. 그런 이유로 독자가 Kline의 책을 보며 어떤 관심 있는 모형을 추정하려고 할 때, 또 다른 논문이나 책을 읽어야만 하는 경우가 심심치 않게 발생한다. 하지만 이런 작은 단점에도 불구하고 그 편의성 때문에 아마도 많은 구조방정식 책 중에 전 세계에서 가장 많이 팔리는 책이 아닐까 조심스럽게 예측해 본다.

이 외에도 상당히 많은 다양한 수준과 목적의 책들이 그동안 구조방정식 분야에서 출간되었다. 예를 들어, Kaplan(2009)은 프로그램의 사용 등에 대한 것은 배제하고, 구조방정식의 기본적인 내용과 다층(multilevel) 구조방정식 모형, 잠재성장모형, 혼합모형(mixture modeling) 등의 고급기법을 많은 참고문헌을 통해 다루고 있다. 그에 반해, Byrne(1998, 2006, 2009, 2011)은 LISREL, EQS, Amos, M*plus* 등의 구조방정식 소프트웨어의 사용법을 기본 모형들과 함께 자세히 설명한 책들을 출간하였다. 이 외에도 Bartholomew(2011), Hoyle(2012), Little(2013), Marcoulides와 Schumacker(2001), Maruyama(1998), Mulaik(2009), Wang과 Wang(2012) 등 수많은 책과 핸드북들이 최근 쏟아져 나오고 있는 중이라고 할 수 있다. 우리 책에서도 위에 언급된 많은 구조방정식 책들의 핵심적인 내용을 정리 및 소개하게 될 것이다.

1.4. 구조방정식 소프트웨어

현재까지 Amos, EQS, LISREL, M*plus*, Mx 등의 많은 독립적인 구조방정식 프로그램이 존재하며, MATLAB, R, SAS, STATA, STATISTICA, SYSTAT 등의 통계 패키지들도 구조방정식 모형을 추정할 수 있는 모듈을 제공한다. 어떤 프로그램이 가장 좋은 또는 선호하는 프로그램이냐는 논쟁도 인터넷상에서 있었지만, 한마디로 결정하기는 쉽지 않다. 많은 프로그램 중 가장 대표적이랄 수 있는 세 가지 프로그램(LISREL, Amos, Mplus)에 대하여 간략하게 소개하고자 한다. 먼저 LISREL(linear structural relationships)은 SEM의 초창기(1970년대 초)에 Jöreskog와 Sörbom에 의해서 탄생하였으며 최초의 구조방정식 프로그램으로서 그 의의를 갖는다. 몇 년 전까지만 해도 LISREL은 선형대수에 기반한 모형의 표기법을 완전히 숙지하지 않고는 사용할 수 없었다. 이렇듯 LISREL은 오직 원초적인 그리스 문자의 약어를 이용하는 syntax에 기반한 프로그램이었으나, 최근 그림을 이용하거나 좀 더 쉬운 방식의 syntax를 이용하는 방법이 추가되어 있는 상태다. 현재 9.2 버전이 나와 있으며, 다른 프로그램들의 등장으로 그 사용자층은 줄었지만 여전히 일부의 사람들을 중심으로 이용되고 있다. 모든 기능을 15일 동안 임시로 사용 가능한 버전(free trial edition)과 모형에서 사용할 수 있는 변수의 개수가 제한되지만 사용기간에는 제한이 없는 버전(student edition)이 있으므로 관심 있는 독자는 비용 없이 프로그램을 경험할 수 있다.

둘째로 Amos(analysis of moment structures)는 Arbuckle에 의해 개발되었으며, IBM SPSS에서 제공하고 있다. Amos는 SPSS와 연동하여 사용할 수 있다는 장점이 있고, 또한 Graphics 모듈을 사용하면 SEM에 대한 깊은 지식이 없어도 당장 모형을 추정하여 보여 준다는 장점 아닌 장점이 있다. 이런 이유로 특히 국내에서 초보자 및 중급자에게 인기가 있으나, 사실 기초적인 모형뿐만 아니라 혼합모형, 다층모형, 베이지안 추정 등 고급 모형의 추정도 가능한 훌륭한 프로그램이다. 다만 모형의 모수에 비선형 제약(nonlinear constraint)을 가함으로써만 추정이 가능한 여러 고급기법을 이용하는 데 제한이 있다는 것이 약점이다. 현재 버전은 23이며, SPSS처럼 14일간 임시로 모든 기능을 이용할 수 있는 평가판(evaluation version)이 존재한다.

마지막으로 Muthén과 Muthén(1998-2015)이 1998년 개발한 Mplus는 최근 구조방정식을 사용하고자 하는 많은 사람들에 의하여 가장 활발하게 이용되고 있는 프로그램이다. Mplus는 데이터 입력과 모형의 추정을 위한 일련의 syntax를 이용하는 프로그램으로서 Basic 버전에 세 개의 추가적인 모듈을 선택적으로 추가할 수 있다. Amos와 마찬가지로 Mplus 역시 혼합모형, 다층모형, 베이지안 추정 등 최근의 추세를 모두 담고 있으며, 특히 다음과 같은 점에서 그 특별한 강점이 있다. 먼저 연속형(continuous), 이분형(dichotomous), 순위형(ordinal) 및 빈도(count) 변수까지도 어떤 방식으로든 조합하여 하나의 모형 안에서 사용할 수 있다. 또한 모수에 자유롭게 비선형 제약을 줄 수 있어, 잠재변수 간 상호작용 효과의 검정을 위한 모형 등 제약이 필요한 많은 고급기법들을 추정할 수 있다. 마지막으로 일정한 검정력을 확보하기 위한 표본크기를 구하거나, 여러 추정 방법 중에서 무엇이 더 좋은 방법인지 등을 확인하거나, 여러 다른 모형 가운데 자료에 가장 적합한 방법을 결정하거나 할 때 사용되는 몬테카를로 시뮬레이션(Monte Carlo simulation) 기능이 들어가 있다. 이 기능은 SEM을 연구하는 수많은 방법론 연구자(methodologist)

들에게 특히 M*plus*가 사랑받는 이유이며, 그 연구자들이 M*plus*를 이용하여 구조
방정식 수업을 진행함으로써 현재 많은 실질이론 연구자(substantive researcher)
들 역시 M*plus*를 가장 광범위하게 사용하고 있다. 필자의 한정된 경험이기는 하지
만 2000년대 초반부터 11년간 미국의 여러 학교와 연구소에서 일하면서 구조방정
식을 사용하고자 하는 많은 연구자들 중에 M*plus*를 사용하지 않는 사람을 거의 본
적이 없을 정도다. 만약 이 책을 읽는 독자가 아직까지 어떤 프로그램을 이용해야
할지 결정하지 못했거나, 다른 프로그램을 맛보았더라도 아직 시작단계에 있다면
M*plus*를 본격적으로 사용하기를 권한다. 현재 M*plus*는 7.4 버전이 나온 상태이
며, 7.0 버전부터는 syntax를 이용하여 모형을 추정하면 그 모형에 부합하는 경로
도가 자동적으로 생성되어 확인할 수 있는 기능도 있다. 현재 M*plus*는 사용 가능
한 변수의 개수는 제한하지만 사용기간이나 다양한 기능은 제한하지 않는 Demo 버
전을 제공하고 있다.

1.5. 구조방정식 모형의 한계

구조방정식을 소개하는 장에서 미리 구조방정식 모형의 한계를 논한다는 것이
성급한 면도 있지만, 여기서 밝힐 부분은 매우 중요하며 구조방정식을 공부하는
내내 독자들이 마음속에 담아 두어야 할 내용이다. 여러 학문 분야의 많은 연구자
들이 자신의 연구가설에 맞는 모형의 경로도를 설정하고, 즉 어떤 변수에서 다른
변수로 가는 화살표를 설정하고, 프로그램을 이용해 그 모형을 추정한 다음, 만약
여러 다양한 모형의 적합도(모형이 자료에 부합하는 정도) 지수가 두루 만족되었
다면 마치 자신의 모형이 진정한 모형(true model)인 것처럼 과장해서 해석하는
경향이 있다. 즉, 모형의 적합도가 좋다면 연구자가 설정한 변수 간 화살표의 방향
이 마치 본인이 추정한 모형에 의해서 증명되었다는 생각을 하는 경우가 많다. 결
론적으로 말해서 이런 생각은 옳지 않으며, 앞으로 구조방정식을 사용함에 있어서
가장 주의해야 할 부분이라고 할 수 있다.

예를 들어, 한 연구팀이 우울, 면역기능, 질병 등 세 가지 변수 사이의 관계를 연
구하려고 500명의 사람들로부터 여러 설문을 이용하여 세 변수에 대한 자료를 수
집하였다고 가정하자. 한 연구원은 [그림 1.1]의 경로도와 같은 가설을 세워, 자신
의 모형이 수집한 자료에 적합한지(적합도, goodness-of-fit)를 확인하고자 하였
다. 연구자의 가설을 설명하자면, 우울이 면역기능에 좋지 않은 영향을 주고, 차례

대로 떨어진 면역기능이 질병을 일으킨다는 것이다.

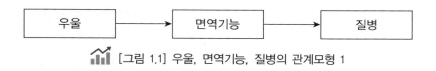

[그림 1.1] 우울, 면역기능, 질병의 관계모형 1

또 한 명의 연구원은 [그림 1.2]와 같은 가설을 세워 자신의 모형이 자료에 적합한지를 확인하고자 하였다. 즉, 면역기능이 떨어지면 질병이 발생하고, 질병이 생기면 우울이 심해진다는 가설이다.

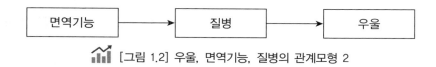

[그림 1.2] 우울, 면역기능, 질병의 관계모형 2

자세한 구조방정식의 절차는 아직 배우지 않았으므로 생략하고, 결론적으로 위의 두 모형의 추정 결과를 확인하니 모형 1은 통계적인 적합도 검정을 통과하였고, 모형 2는 적합도 검정을 통과하지 못했다고 가정하자. 그렇다면 우리는 모형 1이 변수 간의 진정한 관계를 보여 주는 모형이라고 결론을 내릴 수 있을까? 다시 말해, 우울이 면역기능에 영향을 주고, 이어서 약해진 면역기능이 질병을 일으킨다고 결론 낼 수 있을까? 안타깝게도 통계모형으로서의 SEM은 이런 종류의 질문에 전혀 답을 할 수 없다. 여러 가지 이유를 말할 수 있겠지만, 다음의 예가 이러한 문제에 대한 이해를 돕는 데 도움을 줄 수 있을 것이다. 첫 번째와 두 번째 연구원 이외에 연구팀에 있는 또 다른 연구원은 모형 1과 2 모두 자신이 생각하기에는 옳지 않다고 판단하였고, [그림 1.3]과 같은 가설을 세웠다.

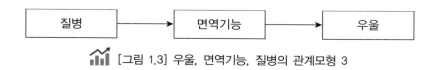

[그림 1.3] 우울, 면역기능, 질병의 관계모형 3

만약 [그림 1.3]의 모형을 구조방정식 프로그램을 이용해 추정하면 반드시 통계적 적합도 검정을 통과하게 된다. 그 이유는 모형 3과 모형 1이 통계적 동치(statistically equivalent)관계에 있기 때문이다. 모형 3은 사실 모형 1에서 화살표의 방향을 모두 반대로 바꿔 놓은 모형이다. 이와 같이 모형 1과 3은 변수 간의 인과관계는 전혀 다르게 설정되어 있을지라도 통계적 적합도 지수는 서로 일치하는 모형이다. 다시 말해, 모형 1이 적합도 검정을 통과하였으므로 모형 1과 통계적으로 동치인 모형 3 역시 적합도 검정을 통과하게 되는 것이다. 그렇다면 서로 완전히 똑같은 정도로 자료에 적합한 두 개의 모형 중 진정한 모형은 무엇인가? 실망하는 독자들도 있겠지만, 이는 우리가 통계적으로 대답할 수 있는 질문이 아니다.

Bollen(1989)은 그의 책에서 SEM의 인과관계(causality)에 대하여 설명하고 경고한다. 하나의 장을 모두 할애하고 여러 예제와 수식을 통하여 약간은 복잡하게 설명하고 있지만, 우리는 다음의 질문으로 시작하여 좀 더 개념적으로 쉽게 접근하고자 한다.

통계적으로 SEM은 어디로부터 출발한 것인가?

무엇이 '시작'인가라는 통계 철학적인 질문으로 해석하면 답변이 곤란해질 수도 있다. 그저 이 질문에 기술적으로 대답을 해야 한다면, SEM은 상관(관계)으로부터 시작한 것이라고 볼 수 있다. 상관이란 변수 간의 관계를 말하는 것이고, 이는 일반적으로 공분산(covariance)이나 상관계수(correlation)를 이용해 측정한다. 공분산 또는 상관계수는 두 변수의 선형적인 관계를 보여 주는 통계치이며, 해석상 몇 가지 제한이 있다. 그중 가장 중요한 것이 두 변수 사이에 서로 상관은 존재하지만 어느 변수가 어느 변수에 영향을 주는지에 대한 인과적인 설명은 전혀 다른 이야기라는 것이다. 상관은 인과관계를 위한 한 가지 필요조건일 뿐, 인과관계를 담보하는 충분조건은 아니다. 이는 아마도 모든 독자가 기초통계 수업을 통하여 충분히 숙지하고 있는 내용일 것이다.

그렇다면 상관에 기반하여 더 발전한 모형인 회귀분석 모형[2]에서는 인과관계를 논할 수 있을까? 회귀분석에서 우리는 종종 독립변수가 종속변수에 영향을 준다고 해석하는데, 이러한 해석은 사실 상당히 유의해야 할 부분이다. 회귀분석 모형 자

---

[2] 회귀분석은 Galton(1822-1911), 상관계수는 Pearson(1857-1936)의 업적으로 분류되는 것이 일반적이어서, 역사적으로 회귀분석이 상관계수에 오히려 앞선 것으로 받아들여지기도 한다. 하지만 Galton 실험실의 연구원이면서 Galton의 동료이기도 했던 Pearson의 상관계수는 Galton의 상관계수 아이디어를 더 발전시킨 것이다. 그러므로 개념적으로는 아마도 상관계수에 기반하여 회귀분석 모형이 완성되었다거나, 상관계수에서 회귀분석으로 발전했다는 것이 더 타당할 것이다.

체는 영향, 즉 인과관계에 대하여 그 어떤 증거도 줄 수 없는 단지 상관에 기반한 통계모형일 뿐이다. 인과관계는 자료의 속성(예, 부모의 키로 자식의 키를 예측하는 자료) 또는 자료의 수집방법(예, 혼입변수가 통제된 실험에서 획득한 자료)에 기반하여 확보되는 것이지, 통계모형(예, 회귀분석)을 통해서 확보되는 것이 아니다. 회귀분석에서 독립변수와 종속변수의 관계는 인과율하에서 영향을 주는 변수와 영향을 받는 변수일 수도 있지만, 예측하는 변수와 예측을 받는 변수라고 보는 것이 더 일반적이다. 예를 들어, 손의 크기를 통해서 발의 크기를 예측하고자 한다면 손의 크기를 독립변수, 발의 크기를 종속변수로 하여 단순회귀분석을 실시하면 원하는 결과를 얻게 된다. 여기서 손과 발의 크기는 그 어떤 방향성 있는 인과관계를 찾기 힘들며, 발의 크기로 손의 크기를 예측하는 회귀모형을 설정한다고 하여 문제될 것이 없다. 이처럼 상관에서 발전한 회귀분석 모형은 상관이 가지고 있는 한계, 즉 인과관계를 담보하지 못한다는 그 문제를 그대로 가지고 있다.

[그림 1.1, 1.2, 1.3]에서 보았던 세 개의 경로모형, 즉 구조방정식 모형은 회귀분석에서 더 발전된 형태라고 앞에서 서술하였다. 결국은 많은 사람들이 상관분석에서 회귀분석, 그리고 회귀분석에서 구조방정식 모형으로 발전을 해 온 것으로 생각한다. 이와 같은 발전관계를 통해서 구조방정식 모형은 상관계수와 마찬가지로 두 변수 사이의 인과관계를 담보하지 않는다는 사실을 쉽게 예상할 수 있다. 한 가지 오해를 방지하기 위해 덧붙이자면, 몇몇 분야에서 구조방정식 모형을 인과모형(causal modeling)이라고 부르는 경우가 종종 있는데 이는 과거 구조방정식을 일컫던 이름이기도 하다. 이는 초창기 경로모형을 발전시킨 Wright(1918, 1921, 1934, 1960)의 연구가 생물측정학(biometrics) 및 유전학(genetics) 분야에 기원하고 있기 때문에 가능했던 것이다. 이 분야에서는 모형이 아니라 자료의 특성 자체가 인과관계를 내제하고 있는 것이다. 이는 Galton(1886)의 회귀모형이 부모의 키로부터 자식의 키를 예측하는 분석이었기 때문에 자연스럽게 회귀분석에서 인과관계가 담보되었던 것과 같은 이치다. 일반적으로는 수집된 자료에 적용된 어떤 통계모형이 그 아무리 모형의 적합도가 좋다고 해도 인과관계를 무조건 담보한다는 것은 성립하지 않는다. 심리학, 교육학, 경영학 등의 행동과학 분야에서 진정한 인과관계를 알기란 매우 힘들며, 우리는 다만 인과관계에 대한 가설을 세울 수 있을 뿐이다.

그렇다면 구조방정식 모형을 이용함에 있어 모형의 적합도가 좋다 또는 나쁘다고 하는 것의 의미는 무엇인가? 모형의 적합도가 좋다는 것은 연구자가 설정한 모형이 자료에 잘 부합한다는 것이며, 이는 연구자의 모형이 진정한 모형일 가능성이 있다는 정도로 해석될 수 있다. Kline(2011)은 모형의 적합도가 좋을 때 그 모형이 그럴듯하다(plausible) 정도로만 해석할 수 있다고 표현하였다. 반대로 모형의 적합도가 나쁘다면, 그때는 연구자의 모형이 자료에 잘 부합하지 않는다고 결정할 수 있다. 그리고 모형이 자료에 부합하지 않으므로 그 모형이 진정한 모형일 가능성도 배제하게 되는 것이다.

구조방정식 모형의 적합도가 좋다고 하여도 인과관계를 담보할 수 없다는 지금까지의 설명에서 독자들이 오해를 할 여지가 있어 설명을 추가하고자 한다. 먼저 다시 말하지만, 연구자가 변수 사이에 화살표를 설정하고 전체 모형을 추정하여 모형의 적합도가 좋다고 하여도 그것이 인과관계를 담보하지는 않는다. 그렇다면 구조방정식 모형에서 인과관계가 존재하지 않는 변수들 사이에 화살표를 설정하는 것이 문제가 없는 것인가? 어차피 인과관계를 증명할 수 없으므로, 인과관계를 가지지 않는 변수들 사이에 화살표를 결정할 수 있는가라는 질문이다. 결론부터 말하자면 그렇지 않다. 모형의 설정 단계에서, 즉 변수들 사이에 화살표를 설정하는 단계에서 연구자는 변수 간 인과관계를 최대한 나타내는 모형을 설정해야 한다. 인과관계를 염두에 두지 않고 설정한 구조방정식 모형은 자식의 키로 부모의 키를 예측하는 회귀분석 모형만큼이나 말이 되지 않는 모형이다. 이 부분은 앞으로 이 책을 서술하면서 끊임없이 다루게 될 것이므로 여기서는 이 정도로 마무리한다.

1.6. 이 책의 개요 및 방향

조사(survey)자료, 실험(experimental)자료, 횡단(cross-sectional)자료, 종단(longitudinal)자료 등 거의 모든 형태의 자료에 어떤 식으로든 적용할 수 있는 구조방정식 모형은 어쩌면 많은 사회과학 방법론 중 최근 세계에서 가장 많이 이용하고 연구하는 주제일지도 모른다. 이렇게 방대한 구조방정식 모형을 소개하기에 앞서, 먼저 이 책에서 다루고자 하는 내용의 범위와 한계를 정하는 것이 필요하다. 이 책에서 우리는 지난 수십 년 동안 발전해 온 방대한 양의 구조방정식 모형들을 익히기 위한 공통적이고 기본적인 내용(작은 의미의 구조방정식)을 먼저 다루고, 여러 종류의 모형 중 많은 연구자들에 의하여 조명받고 있는 몇 가지 발전적인 모형이나 고급 분석 방법(큰 의미의 구조방정식)들을 알아보고자 한다. 기본적인 내용을 숙지하면 우리가 일반적으로 말하는 구조방정식 모형을 이용하여 자료를 분석할 준비가 된 것이며, 소개하는 몇 가지의 고급기법들은 더욱 수준 높은 방법을 자료에 적용하고자 하는 독자들에게 어느 정도의 방향성을 알려 줄 수 있을 것이다.

전체적인 책의 내용을 간략히 설명하면, 기초통계의 내용 중 구조방정식과 밀접한 관련이 있는 몇 가지 주제(예, 표집분포, 표준오차, 최대우도 추정, 행렬 등)에 대하여 간단하게 설명하고, 다음에는 구조방정식 모형을 위한 자료는 어떻게 준비해야 하는지를 다룰 것이다. 본격적으로 구조방정식 모형에 들어가서는 크게 두가지 방법으로 내용을 전개할 수 있는데, 하나는 전체 모형을 먼저 보고 나서 세부적인 모형에 대하여 배우는 것이고 다른 하나는 세부적인 모형을 미리 설명하고 마지막에 조각을 맞춰서 전체 모형을 배우는 것이다. 이 책에서는 전자의 접근법을 사용할 것인데, 그 이유는 먼저 독자들이 우리가 최종적으로 보고자 하는 숲이 어떤 모습인지 인지하고, 그다음에 그 안의 나무를 하나하나 들여다보는 것이 더 나은 교육방법이라고 믿기 때문이다. 이와 같은 방식으로 구조방정식의 기본인 경로모형, 측정모형, 구조방정식 모형을 모두 설명하고 나면, 잠재성장모형이나 매개 및 조절효과 모형 등 몇 가지 고급기법들을 사이사이에서 다룰 것이다.

이 책은 하나의 구조방정식 프로그램을 어떻게 실행하느냐를 보여 주는 것을 목표로 하지 않는다. 통계를 잘한다는 것은 통계 프로그램을 잘 다룬다는 것이 아니라, 사용하고자 하는 모형을 제대로 이해하고 응용할 수 있다는 뜻이다. 제대로 모형을 이해하지 못한 채 그림대로 따라가며 모형을 설정하고 분석하는 것은 수많은 위험을 내포하고 있기 때문에 Kline(2011)은 특히 본인 책의 많은 부분을 이런 문제를 경고하는 데 할애하고 있다. 하지만 구조방정식 모형에 대해 설명하고자 하면서 그 어떤 프로그램도 사용하지 않는 것은 자동차 운전을 책으로만 배우고 실제 운전을 하지 않는 것과 다를 바 없다. 그래서 이 책에서는 여러 프로그램 중 Mplus의 기본적인 사용법을 먼저 설명하고, 각 장에서는 모형에 대하여 충분히 설명한 후, 상응하는 예를 Mplus를 이용하여 보일 것이다. 또한 되도록이면 Mplus Demo 버전으로도 연습이 가능할 수 있도록 적당한 개수의 변수를 사용할 것이다. 우리 책이 Mplus 사용법을 위한 통계 매뉴얼은 아니지만, 현재까지 국내에 Mplus의 사용법에 대한 책이 없는 실정에서 최대한 Mplus의 사용방법과 결과해석에 대하여 자세히 설명하고자 한다. 그리고 Mplus의 현재 최신판인 버전 7을 중심으로 여러 예제를 소개한다.

　이 책에서 구조방정식 모형을 설명하기 위해 사용할 표기법은 최대한 쉬운 방법을 이용할 것이다. 구조방정식을 개발했다고 볼 수 있는 Jöreskog의 소위 LISREL 표기법을 사용하면 수준 높은 방법론 논문들을 읽는 데 도움은 되겠지만 구조방정식이라는 재미있는 학문을 배우는 데 있어서 첫 단계부터 벽을 경험할 수도 있다. 또한 오래된 LISREL의 버전을 사용하지 않는 이상은 LISREL의 모든 표기법을 배우지 않아도 M*plus*나 Amos 등 대다수의 프로그램을 이용하는 데 거의 지장이 없다. 다만 모형을 표현하기 위한 방법으로 수식을 전혀 사용하지 않는 Kline(2011)이나 대다수의 국내에서 출판된 책들과는 다르게 경로도 외에도 다양한 수식을 사용할 것이다. 통계모형이라고 하면 그것은 반드시 수리적인 식(mathematical equation)으로 표현할 수 있음을 의미하며, 경로도는 단지 그 수학식과 일대일 대응하는 그림 표현이다. 모형을 수식으로 표현하지 않으면 오히려 모형을 제대로 이해하는 데 지장을 받는다. 그리고 앞으로 이 책에서 사용하게 될 수학적인 깊이는 사실 기초통계와 회귀분석을 이해할 수 있다면 대부분 이해할 수 있는 수준이며, 수학적인 식이 나올 때마다 모두 주를 달아서 설명하고자 한다. 또한 통계학에서는 그리스 문자(Greek letters)를 많이 사용하는데, 처음 새로운 문자가 나올 때마다 괄호 안에 그 이름을 넣어서 독자들이 쉽게 읽을 수 있도록 할 것이다.

　마지막으로 구조방정식에 대한 소개를 마치면서, 본격적인 구조방정식의 세계로 들어가기 전에 다음과 같은 어구를 Kline(2011)에서 발췌하여 싣는다. 이 어구는 통계방법에 대한 올바른 이해의 시간 없이 곧바로 어떤 모형을 자신의 논문에 적용하고자 하는 모든 연구자가 가슴 깊이 새겨야 할 내용이라고 생각한다.

If I had eight hours to chop down a tree,
I would spend six sharpening my axe.

By Abraham Lincoln

제2장 자료의 준비

이번 장에서는 구조방정식을 이용하기 위한 자료의 형태는 어떤지, 구조방정식 모형에서 정확한 추정치를 얻기 위해 어떤 부분에 유의해서 자료를 준비해야 하는 지 등을 다룬다. 구조방정식 모형을 제대로 이해하는 데 필요한 벡터와 행렬의 개념도 간략하게 다룬다.

2.1. 구조방정식을 위한 자료의 형태

일반적으로 우리는 여러 변수에 대한 각 개별사례(individual cases), 관찰치(observations), 대상(objects), 사람(persons) 등을 분석의 단위로 이용해 통계모형을 사용한다. 그러므로 수집된 자료를 Excel 등의 스프레드시트나 SPSS 등의 통계 프로그램에 입력하면 다음과 같은 결과를 얻는다.

[표 2.1] n개의 사례와 p개의 변수가 있는 자료의 구조

	변수 1 x_1	변수 2 x_2	...	변수 k x_k	...	변수 p x_p
사례 1	x_{11}	x_{12}	...	x_{1k}	...	x_{1p}
사례 2	x_{21}	x_{22}	...	x_{2k}	...	x_{2p}
⋮	⋮	⋮		⋮		⋮
사례 i	x_{i1}	x_{i2}	...	x_{ik}	...	x_{ip}
⋮	⋮	⋮		⋮		⋮
사례 n	x_{n1}	x_{n2}	...	x_{nk}	...	x_{np}

위에서 임의의 사례값 x_{ik}는 k번째 변수에 대한 i번째 사례의 값이 된다. 이 자료 구조는 n개의 행(row)과 p개의 열(column)이 있는 행렬로 보면 수학적 표현이 더욱 쉬워지므로 [식 2.1]처럼 자료 행렬(data matrix) X로 표현하기도 한다.

$$X = \begin{bmatrix} x_{11} & x_{12} & \cdots & x_{1p} \\ x_{21} & x_{22} & \cdots & x_{2p} \\ \vdots & \vdots & \ddots & \vdots \\ x_{n1} & x_{n2} & \cdots & x_{np} \end{bmatrix} \qquad [식\ 2.1]$$

현재 많은 구조방정식 프로그램에서 분석의 단위로 개별사례의 값을 이용하기도 하지만, 전통적인 구조방정식에서는 분석의 단위로 자료의 요약치를 이용한다. 대

표적인 자료의 요약치 중 하나는 각 변수의 평균값이고, 모든 변수의 평균값을 모아 놓은 것을 평균 벡터(mean vector) 또는 평균 구조(mean structure)라고 한다. [식 2.2]는 각 변수의 평균을 하나의 벡터3)로 표현한 것이다.

$$\overline{x} = \begin{bmatrix} \overline{x}_1 \\ \overline{x}_2 \\ \vdots \\ \overline{x}_k \\ \vdots \\ \overline{x}_p \end{bmatrix} \qquad\qquad \text{[식 2.2]}$$

위에서 $\overline{x}_k$는 임의의 k번째 변수(x_k)의 평균을 의미한다. 하지만 사실 구조방정식에서 평균 구조보다 더욱 중요한 자료의 요약치는 변수 사이의 관계를 보여 주는 공분산(covariance)이며, 과거에는 구조방정식 모형을 공분산 구조분석(covariance structure analysis)이라고 표현하였고, 현재까지도 여전히 많은 사람들이 이 표현을 사용한다. 공분산은 [식 2.3]에서처럼 변수의 편차점수(deviation scores 또는 deviations about the mean 또는 mean-corrected scores 등) 자료를 이용하여 계산한다.

$$X = \begin{bmatrix} x_{11} - \overline{x}_1 & x_{12} - \overline{x}_2 & \dots & x_{1p} - \overline{x}_p \\ x_{21} - \overline{x}_1 & x_{22} - \overline{x}_2 & \dots & x_{2p} - \overline{x}_p \\ \vdots & \vdots & \ddots & \vdots \\ x_{n1} - \overline{x}_1 & x_{n2} - \overline{x}_2 & \dots & x_{np} - \overline{x}_p \end{bmatrix} \qquad\qquad \text{[식 2.3]}$$

위에 보이듯이 편차점수란 각 변수의 값에서 그 평균을 빼 준 값이다. 임의의 두 변수 x_j와 x_k 사이의 표본 공분산(sample covariance)은 아래와 같이 계산한다.

$$s_{jk} = \frac{1}{n-1} \sum_{i=1}^{n} (x_{ij} - \overline{x}_j)(x_{ik} - \overline{x}_k) \qquad\qquad \text{[식 2.4]}$$

p개의 변수 사이에 계산된 모든 공분산을 하나의 행렬로 표현한 것을 공분산 행렬(covariance matrix), 분산-공분산 행렬(variance-covariance matrix) 또는 공분산 구조(covariance structure)라고 하는데, 모집단의 공분산 행렬은 Σ(sigma),

---

3) 벡터는 방향성과 길이를 가지는 숫자의 조합인데, 쉽게 정의하자면 단 하나의 행 또는 열로 이루어진 행렬이다.

표본의 공분산 행렬은 [식 2.5]와 같이 S를 이용해 표현한다.

$$S = \begin{bmatrix} s_{11} & s_{12} & \cdots & s_{1p} \\ s_{21} & s_{22} & \cdots & s_{2p} \\ \vdots & \vdots & \ddots & \vdots \\ s_{p1} & s_{p2} & \cdots & s_{pp} \end{bmatrix} \qquad\qquad [\text{식 } 2.5]$$

위의 행렬 S에서 대각요소들(s_{11}, s_{22}, ..., s_{pp})은 각 변수의 분산이 되며, 나머지 비대각요소들은 두 변수 사이의 공분산이 된다. 예를 들어, s_{11}은 x_1의 분산, s_{22}는 x_2의 분산, s_{21}은 x_2와 x_1의 공분산이며, s_{12}는 x_1과 x_2의 공분산이다. 또한 정의에 의하여 s_{21}은 s_{12}와 같은 값이고, s_{p1}은 s_{1p}와 같은 값을 가지는 등 행렬 S는 대각요소들(분산)을 중심으로 마주 보는 공분산끼리 서로 값이 같은 행렬인데, 이를 대칭 행렬이라고 한다. 이미 보았듯이, 행렬 S의 안에는 분산과 공분산이 혼재하는데, 사실 분산은 공분산의 일종이다. 즉, 어떤 변수와 그 변수 사이의 공분산이 바로 그 변수의 분산인 것이다. 그러므로 대부분의 학자들이 분산-공분산 행렬이라는 표현보다는 단순하게 공분산 행렬이라는 단어를 선호한다.

우리가 앞으로 구조방정식 모형에서 가장 중요하게 사용할 자료의 요약치는 바로 이 공분산 행렬 S라고 할 수 있다. 구조방정식이 도입된 초창기에는 변수 간의 관계에 큰 무게를 두고 경로모형이든 요인분석모형이든 모두 공분산 행렬만 이용해서 모형화하였는데, 최근의 추세는 점점 평균 구조를 모형에 선택적으로 추가하여 분석하는 것이다. 즉, 경로모형에도 요인분석모형에도 평균 구조를 더하여 추정하는 것이 전혀 이상한 일이 아니다. 그리고 앞에서 잠깐 언급한 잠재성장모형 같은 경우에는 공분산 구조뿐만 아니라, 반드시 평균 구조를 이용해야만 모형화 및 추정이 가능하다.

공분산 구조가 필수지만, 사실 심리학 및 사회과학 분야에서는 공분산보다는 상관계수가 더욱 일반적으로 사용되는 것이 현실이다. 공분산을 표준화하면, 즉 두 변수의 공분산을 각 변수의 표준편차들로 나누어 주면 [식 2.6]과 같이 상관계수를 계산할 수 있다. 또는 두 변수를 먼저 표준화(z점수로 변환)한 다음 표준화된 변수 간 공분산을 계산하여도 상관계수를 얻을 수 있다.

$$r_{jk} = \frac{s_{jk}}{\sqrt{s_{jj}} \sqrt{s_{kk}}} = \frac{\sum_{i=1}^{n} (x_{ij} - \overline{x}_j)(x_{ik} - \overline{x}_k)}{\sqrt{\sum_{i=1}^{n} (x_{ij} - \overline{x}_j)^2} \sqrt{\sum_{i=1}^{n} (x_{ik} - \overline{x}_k)^2}} \qquad \text{[식 2.6]}$$

위의 식을 이용하여 모든 공분산 행렬의 요소를 상관계수로 바꾸어 주면 [식 2.7]과 같이 상관계수 행렬 R을 얻을 수 있다.

$$R = \begin{bmatrix} 1 & r_{12} & \cdots & r_{1p} \\ r_{21} & 1 & \cdots & r_{2p} \\ \vdots & \vdots & \ddots & \vdots \\ r_{p1} & r_{p2} & \cdots & 1 \end{bmatrix} \qquad \text{[식 2.7]}$$

모든 표준화된 변수들의 분산은 1이므로 대각요소의 값은 모두 1이고, 공분산 행렬에서와 같이 대각요소들에 대하여 마주 보고 있는 상관계수들은 서로 같은 값이 된다(예, $r_{21} = r_{12}$, $r_{p1} = r_{1p}$, $r_{p2} = r_{2p}$ 등).

초창기 구조방정식 모형과 그 추정 방법은 공분산 행렬을 이용하여 최대우도 추정을 하였는데, 그 이후로 상관계수 행렬을 이용한 추정 방법도 발전하였고, 현재 대부분의 구조방정식 프로그램이 공분산 행렬과 상관계수 행렬을 모두 분석할 수 있다. 하지만 공분산 행렬이 아닌 상관계수 행렬을 분석의 단위로 삼았을 때는 왜 그럴 수밖에 없었는지 그 이유를 설명하는 것이 일반적이다(Cudeck, 1989; Jöreskog & Sörbom, 1989). 각 행렬이 가지고 있는 정보의 측면에서 보면, 상관계수 행렬보다 공분산 행렬이 더 많은 정보를 가지고 있다. 즉, 공분산 행렬에서는 상관계수 행렬을 만들어 낼 수가 있지만, 상관계수 행렬로 공분산 행렬을 계산할 수는 없다. 만약 후자가 가능하려면 각 변수의 표준편차 정보가 더해져야 한다. 일반적으로 연구자들의 논문에서 상관계수 행렬과 변수들의 표준편차를 같이 제공하는데, 이는 바로 공분산 행렬의 정보를 독자에게 제공하는 것과 같은 의미다. [식 2.8]은 네 개의 변수 간 공분산 행렬의 예를 보여 준다.

$$S = \begin{bmatrix} 3.9 & 2.5 & 3.6 & 5.4 \\ 2.5 & 4.5 & 3.5 & 4.2 \\ 3.6 & 3.5 & 5.4 & 3.1 \\ 5.4 & 4.2 & 3.1 & 2.7 \end{bmatrix} \qquad \text{[식 2.8]}$$

앞으로 구조방정식 모형을 이해하기 위해서는 위의 공분산 행렬의 예에서 '독립적인 정보의 개수(independent pieces of information)'라는 개념이 매우 중요하다. Wang과 Wang(2012)의 경우에는 '자료 포인트(data points)'라고도 하는 등 연구자마다 다른 표현을 쓰기도 한다. 위의 공분산 행렬의 모든 요소들을 살펴보면 대각요소에 대해 마주 보는 비대각요소들의 값이 서로 일치하므로 총 16개의 독립된 공분산이 아니라 오직 10개의 독립된 공분산만 존재한다. 즉, 네 개의 변수를 이용해 구조방정식 모형의 분석 단위인 공분산 행렬을 계산하게 되면 우리가 가지고 있는 독립적인 정보의 개수는 10이 되는 것이고, 이 정보를 이용하여 모형의 모수(parameters)를 추정하게 된다. 일반적으로 [식 2.8]의 행렬에서 대각요소를 포함한 아랫부분 숫자들이 바로 이 공분산 행렬의 독립된 정보라고 할 수 있고, 이는 하삼각 행렬(lower triangular form 또는 lower triangular matrix)이라고 하며, 공분산 행렬 요약치를 분석할 수 있는 대다수의 구조방정식 프로그램에서 자료를 표현하는 형식이다(LISREL 또는 M$plus$). 그리고 만약 공분산 행렬 외에 평균 벡터도 추가적으로 분석하고자 하면, 독립적인 정보의 개수는 총 10+4(평균의 개수)=14가 된다. 그리고 평균과 공분산을 모두 분석할 때, 분석의 대상은 MACS(mean and covariance structures)라고 하는 것이 일반적이다.

지난 수십 년간 구조방정식 모형이 기본적으로 자료의 요약치를 분석하며 성장하였지만, 최근 발전하고 있는 혼합모형(mixture modeling)을 추정하거나 부스트래핑(bootstrapping) 등의 표준오차 계산 방법을 사용하고자 할 때는 자료의 요약치가 아니라 반드시 원자료 X가 필요한 경우도 있으므로, 구조방정식은 여러 형태의 요약 자료(summary data)와 원자료(raw data)를 모두 분석할 수 있다는 것을 기억해야 한다. 요약 자료를 이용한 추정 방법과 원자료를 이용한 추정 방법은 제8장에서 상당히 자세하게 설명할 것이다.

2.2. 자료의 적절성

통계적인 배경이 강하지 않은 연구자들은 구조방정식 모형을 제대로 사용하기에 앞서 많은 준비를 해야 하는 것이 사실이다. 어쩌면 구조방정식 모형에 대한 공부보다 모형을 사용하기 위해서 준비해야 하는 과정이 더 어려울 수도 있다. 이 장에서 기초적인 통계내용을 모두 다룰 수는 없으므로, SEM에서 자료를 준비하고 이용하는 데 있어서 특별히 꼭 신경 써야 하는 부분에 대해서만 다루도록 한다. 통계적 기초능력이 있거나 구조방정식에 대한 경험이 있는 독자들도 반드시 읽기를 권장한다.

2.2.1. 표본크기

구조방정식 모형을 추정하는 데 있어서 충분히 큰(large enough) 표본크기는 매우 중요하다. 그 이유는 구조방정식에서 사용하는 최대우도 추정 방법이 원칙적으로 다변량 정규성(multivariate normality)을 만족시키는 큰 표본에 기반한 방법이기 때문이다. 실제 많은 시뮬레이션 연구를 살펴보면, 정규성을 만족하는 경우 작은 표본도 큰 문제를 일으키지 않지만(Curran, West, & Finch, 1996; Hu, Bentler, & Kano, 1992), 충분하게 큰 표본을 확보하지 못할 경우 표준오차의 정확성이 의심스럽게 되어 검정 결과를 믿을 수 없게 된다. 따라서 구조방정식 모형을 연구하는 많은 학자들이 모형의 적절한 표본크기에 관심을 가져 왔고, 이와 관련하여 합리적인 제안을 하기 위해 노력해 왔다. 예를 들어, Anderson과 Gerbing(1988)은 확인적 요인분석모형을 추정할 때 LISREL 프로그램에서 충분히 작은 표준오차를 가지는 정확한 추정치를 획득하기 위해서는 적어도 150개 이상의 사례가 필요하다고 하였으며, Holbert와 Stephenson(2002)은 언론정보학 분야의 연구자들은 논문에서 역시 적어도 150개의 사례를 모으기 위해 노력해야 한다고 하였다. Chou와 Bentler(1995)는 충분하지는 않지만 실질적으로 합리적인 숫자로서 200개의 사례를 제안하기도 하였고, Hoyle과 Kenny(1999)는 잠재변수를 이용한 매개모형(mediating model)을 사용할 때 적어도 100개의 사례, 가능하다면 200개의 사례가 필요하다고 하였다.

하지만 이런 다양한 제안에도 불구하고, 구조방정식 모형의 적절한 또는 최소한의 표본크기를 결정하고 모형을 사용하고자 하는 연구자들에게 가이드라인을 준다는 것은 결코 쉬운 일이 아니다. 일단 여러 형태의 구조방정식 모형 중 연구자가 어떤 모형을 이용하고자 하는지 확인해야 하고, 또한 그 모형이 얼마나 복잡한 형태의 구조를 가지고 있는지도 확인해야 한다. 심지어 구인(construct)을 형성하는 문항끼리의 신뢰도 역시 적절한 표본크기에 영향을 미치기 때문에(Hoyle & Kenny, 1999) 표본크기를 결정하기까지 확인해야 할 부분이 매우 복잡하고 많다. 그래서 여러 학자들이 구조방정식 모형의 복합도의 정도에 따라 차등적으로 적절한 표본크기를 제안하려고 시도하였다. 이는 같은 요인분석모형이라고 하여도, 문항과 요인의 개수가 더 많아서 추정하고자 하는 모수의 개수 또한 증가하면 더 큰 크기의 표본이 필요하게 될 것이라는 논리에 기초한다. 예를 들어, Jackson(2001, 2003)의 경우 $N:q$(N=표본크기, q=추정하고자 하는 모수의 개수) 규칙을 찾아내기 위하여 노력하였는데, 그의 논문들에서 이 비율이 얼마여야 한다고 선명하게 밝히지는 않았으나, 요인분석모형의 연구 결과 대략 20:1인 경우에 추정 결과가 좋았다고 하였다. Kline(2011)의 경우 20:1 정도라면 상당히 이상적이고, 덜 이상적이기는 하지만 10:1 정도도 가능하다고 보았다. 즉, Kline(2011)은 하나의 모수당 적어도 10개의 사례, 되도록이면 20개 이상의 사례를 수집하는 것을 제안하였다. Tanaka(1987) 또한 20:1의 비율을 제시하였는데, Kenny(2014)는 이 숫자가 비현실적으로 높다고 하였다. Bentler와 Chou(1987)는 5:1이라는 다소 관대한 제시를 하기도 하였다.

　지금까지 기본적인 구조방정식 모형에서 충분하게 큰 표본크기에 대한 여러 학자들의 가이드라인을 확인하였다. 모형의 특성이나 모수의 개수와 관계없는 절대적인 표본크기에 대한 제안에 비하면 모형의 복잡성에 따른, 즉 추정하고자 하는 모수의 개수에 대한 상대적인 표본크기의 제안은 꽤 합리적으로 보인다. 하지만 만약 큰 의미의 구조방정식 모형에서 다양한 상황에 맞닥뜨리면, 이 충분하게 큰 표본크기의 결정은 이보다 훨씬 더 복잡하다. 예를 들어, Kim(2012)의 연구를 보면 잠재성장모형의 확장인 성장혼합모형(growth mixture model) 등의 종단자료를 분석할 때는 오히려 관찰변수가 증가함에 따라 정확한 추정을 위해 요구하는 표본크기가 작아진다고 하였다. 이는 자료의 수집 시점이 늘어남으로써 증가하는 관찰변수의 개수는 모형을 복잡하게 만들지 않기 때문이다. 오히려 시간변화에 따른 자료의 정보를 더 많이 제공하게 되므로 모형이 덜 복잡해지는 효과가 발생한다. 이와 같은 예는 수없이 들 수 있는데, 이런 상황마다 다른 원칙으로 표본크기를 결정해야 하므로 표본크기의 문제는 여전히 구조방정식 분야의 탐험되지 않은 영역이다. 바로 앞에서 설명한 경험에 기반한 규칙들(rules of thumb) 외에 좀 더 기술적이고 합리적인 방식들을 제안한 몇몇 연구도 있다. 구조방정식에 대한 전반적인 이해가 없는 독자들에게 지금 이 시점에서 설명하는 것은 가능하지 않기 때문에, 몇 가지 기술적인 방법들은 이 책의 마지막 장에서 다루도록 하겠다.

2.2.2. 다변량 정규성

　일반적인 구조방정식 모형의 최대우도 추정은 연속형 종속변수들의 다변량 정규성(multivariate normality)을 가정한다. 다변량 정규분포의 수학적인 정의는 이 책의 목적과 맞지 않으며, 설명한다고 하여도 구조방정식 모형을 이용하고자 하는 많은 독자들에게 도움이 되지 않는다. 다변량 정규성을 간략하게 설명하면, 각각의 모든 변수가 정규분포를 따르며(univariate normality), 어떤 두 변수의 결합분포가 이변량 정규분포를 따른다(bivariate normality)는 것을 의미한다(Kline, 2011). 하나의 변수가 정규분포를 따른다는 것은 대략 그 변수의 평균 주위에 많은 수의 값이 있고, 평균에서 멀어질수록 희박한 값이 있다는 것을 의미한다. 다음의 예에서 하나의 변수가 정규분포를 따른다는 가정과 두 변수의 결합분포가 정규분포를 따른다는 가정을 복잡한 수식이 아닌 기하학적 그림을 통하여 확인하도록 하자.

어떤 연구자가 총 10개의 변수를 이용하여 구조방정식 모형 분석을 한다고 가정하자. 총 10개 중 임의의 첫 번째 변수인 지능지수(IQ)의 분포를 [그림 2.1] 및 평균과 표준편차 계산을 통하여 확인하였다.

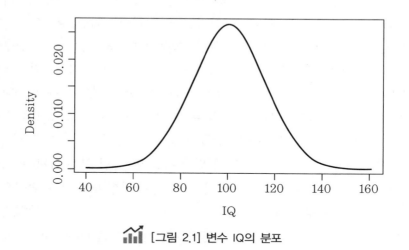

[그림 2.1] 변수 IQ의 분포

그 결과 위의 그림처럼 IQ는 평균 100, 표준편차 15인 정규분포를 따르는 것으로 확인되었다고 가정하자. 위에서 수평축의 값은 IQ이며, 수직축의 값은 확률 밀도(probability density)다. 여기서 확률 밀도는 확률이 아니며, 빈도(frequency)의 개념으로 이해할 수 있다. 이와 같은 식으로 우리가 모형에서 사용하고자 하는 임의의 두 번째 변수인 키(Height)의 분포 역시 [그림 2.2]를 통하여 확인하였다.

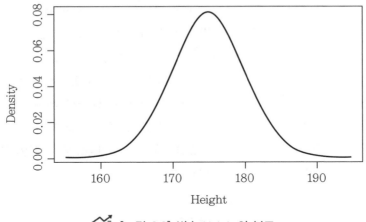

[그림 2.2] 변수 Height의 분포

그 결과 위의 그림처럼 Height 역시 평균 175, 표준편차 5의 값을 가지는 정규분포를 따르는 것으로 확인되었다고 가정하자. 역시 위에서 수평축은 Height의 값, 수직축은 Density를 가리킨다. 이렇게 두 변수 IQ와 Height가 각각 단변량 정규분포(univariate normal distribution)를 따른다는 가정과 두 변수의 상관이 대략 0이라는 추가적인 가정하에 두 변수의 결합확률분포(joint probability distribution)를 확인하였고, [그림 2.3]에 표현하였다.

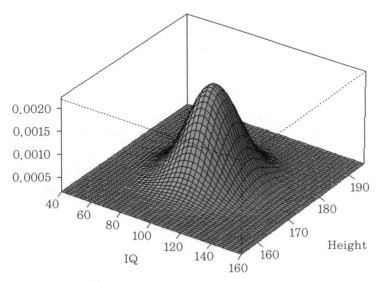

[그림 2.3] IQ와 Height의 결합확률분포

위의 그림에서 하나의 수평축은 IQ, 또 하나의 수평축은 Height, 수직축은 확률 밀도를 가리킨다. 즉, 임의의 IQ값과 임의의 Height값을 가질 때의 확률 밀도를 수직축에 표기함으로써 3차원 그래프를 그린 것이다. 위의 결합분포에서 만약 한 변수의 분포가 다른 변수의 임의의 한 점에서 정규분포를 따른다면, 즉 IQ의 분포가 임의의 Height값에서 정규분포를 따른다면(또는 Height의 분포가 임의의 IQ값에서 정규분포를 따른다면) 두 변수는 이변량 정규분포를 따른다고 말할 수 있다. 그림으로부터 논리적으로 추측해 보면, 임의의 Height값에서 IQ의 분포는 아마도 [그림 2.4]와 같은 변화를 보일 것이다.

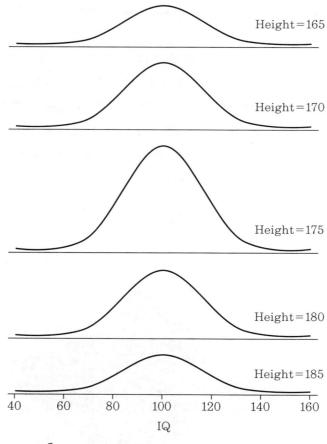

📊 [그림 2.4] Height 값의 변화에 따른 IQ의 분포

위의 그림에서 다섯 개의 IQ 분포는 그 모양이 서로 다르지만, 모두 평균 주위의 밀도가 높고 평균에서 멀어질수록 값들이 희박해지는 정규분포로 볼 수 있다. 즉, 겉

으로 보기에 임의의 Height값에서 IQ의 값들은 모두 정규분포를 따르는 것으로 보인다. 이로써 IQ와 Height는 함께 이변량 정규분포를 따르는 것을 대략 눈으로 확인할 수 있었다. 이런 식으로 사용하고자 하는 총 10개의 변수 중 임의의 두 변수가 만드는 결합분포가 모두 이변량 정규성을 가진다면, 결국 전체적으로 10개의 변수는 다변량 정규성(multivariate normality)을 만족하게 된다.

위와 같은 설명은 독자의 이해를 돕기 위해 다변량 정규성을 그래프를 이용하여 개략적으로 보인 것뿐이다. 실제로 다변량 정규성을 확인하는 많은 분석방법이 존재하는데, 모든 상황에서 가장 잘 작동하는 단 하나의 방법을 결정하기는 쉽지 않고, 상황에 따라 다른 결과를 주게 되는 것이 일반적이다. R 프로그램의 MVN 패키지를 이용하면 다변량 정규성 검정을 실행할 수 있는 세 가지 방법(Mardia의 방법, Henze-Zirkler의 방법, Royston의 방법)과 몇 가지 그래프를 이용한 방법(Q-Q plot[normality plot], perspective plot, contour plot)이 있다. 하지만 이러한 다변량 검정들은 약간의 위반에 대해서도 표본크기만 크다면 모두 통계적으로 유의하게 정규성 가정을 기각하는 한계점을 지니고 있다. 다행히도 구조방정식을 이용하는 데 있어서 다변량 정규성의 통계적 검정이 아닌 각 변수의 단변량 정규성을 조사하는 것만으로 다변량 정규성을 확인할 수 있다(Kline, 2011).

단변량 정규성 역시 Kolmogorov-Smirnov 검정, Shapiro-Wilk 검정 등의 통계적 방법이나 히스토그램, Q-Q plot 등의 그래프를 통하여 확인할 수 있다. 하지만 이 통계적 검정 방법들 역시 표본크기가 클 때 정규성 위반에 대해 매우 민감하게 반응하여, 영가설(H_0: 정규성을 만족한다)을 쉽게 기각한다. 이런 여러 가지 이유와 한계점으로 인해 구조방정식에서 단변량 정규성을 확인하는 방법은 주로 왜도와 첨도를 이용한다. 왜도(skewness)는 분포가 자료의 중심에 대하여 서로 대칭적이지 않은 정도(degree of asymmetry), 즉 치우친 정도 등을 나타내는데, [그림 2.5]를 보면 중심에 실선으로 된 정규분포와 비교하여 왼쪽에 대시로 이루어진 분포가 정적편포(positively skewed), 오른쪽에 점으로 이루어진 분포가 부적편포(negatively skewed)다. 정적편포는 오른쪽으로 편포된(skewed to the right), 부적편포는 왼쪽으로 편포된(skewed to the left) 등의 방식으로 표현되기도 한다.

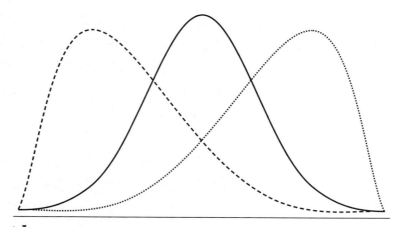

[그림 2.5] 정적편포된 분포(dash), 정규분포(line), 부적편포된 분포(dot)

왜도의 정도를 수치로 나타내는 방법은 여러 가지가 존재하는데, 주로 Pearson
이 적률생성함수(moment generating function)의 3차 적률(3rd moment)을 이용
하여 개발한 것을 사용한다. 이를 왜도계수(coefficient of skewness) 또는 왜도
지수(index of skewness)라고 하고, 표본에 적용하면 [식 2.9]와 같다.

$$\text{skewness} = \frac{\frac{1}{n}\sum_{i=1}^{n}(x_i - \overline{x})^3}{\left(\frac{1}{n-1}\sum_{i=1}^{n}(x_i - \overline{x})^2\right)^{\frac{3}{2}}} \qquad [\text{식 } 2.9]$$

만약 이 지수가 0이면 대칭적인 분포를 나타내고, 음수이면 부적편포, 양수이면
정적편포를 가리킨다. 결국 왜도는 0보다 크거나 작다면, 즉 왜도의 절대값이 커지
면 정규분포의 가정 중에 하나인 대칭성을 위반하게 되는 구조다.

첨도(kurtosis)는 자료의 뾰족한 정도(degree of peakedness)로 정의되는데,
일반적으로 정규분포보다 더욱 뾰족하면 급첨(leptokurtic), 정규분포보다 평평하
면 평첨 또는 평성(platykurtic)이라고 한다. [그림 2.6]을 보면, 실선(line)으로
나타나는 정규분포와 비교하여 대시(dash)로 나타나는 급첨분포와 점(dot)으로
나타나는 평첨분포가 있다.

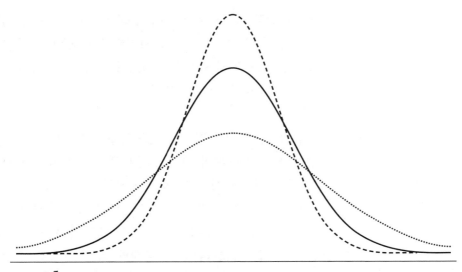

[그림 2.6] 정적첨도의 분포(dash), 정규분포(line), 부적첨도의 분포(dot)

첨도의 정도를 수치로 나타내는 방법 역시 여러 가지가 존재하는데, 주로 Pearson 이 적률생성함수의 4차 적률(4th moment)을 이용하여 개발한 것을 사용한다. 이 를 첨도계수(coefficient of kurtosis) 또는 첨도지수(index of kurtosis)라고 하 고, 표본에 적용하면 다음과 같다.

$$\text{kurtosis} = \frac{\frac{1}{n}\sum_{i=1}^{n}(x_i - \overline{x})^4}{\left(\frac{1}{n-1}\sum_{i=1}^{n}(x_i - \overline{x})^2\right)^2} \qquad \text{[식 2.10]}$$

[식 2.10]을 이용하여 정규분포의 첨도를 계산하면 3이 나오는데, 편의상 정규분 포의 첨도를 0으로 맞춰 주기 위하여 위의 식에서 3을 뺀 값을 첨도의 지수(excess kurtosis로 불리기도 한다)로 사용하는 것이 더욱 일반적이다. SPSS를 포함하여 우리가 사용하는 대부분의 통계 프로그램들이 [식 2.10]보다는 [식 2.11]을 사용 한다.

$$\text{excess kurtosis} = \frac{\frac{1}{n}\sum_{i=1}^{n}(x_i - \overline{x})^4}{\left(\frac{1}{n-1}\sum_{i=1}^{n}(x_i - \overline{x})^2\right)^2} - 3 \qquad \text{[식 2.11]}$$

위의 첨도는 정의와 관련하여 비판을 받기도 하였는데, 분포의 꼬리가 두꺼운 정도 (degree of thickness of tails)를 측정한다는 것 때문이었다. 하지만 이런 약간은 복잡한 첨도의 정의와 상관없이, 첨도 역시 왜도처럼 0보다 큰 값이나 작은 값을 가지게 되면 정규분포의 가정을 벗어나게 되는 구조다.

종합해 보면, 왜도나 첨도의 절대값이 0과 다르면 분포의 모양이 정규분포를 벗어나게 되는 것인데, 과연 얼마나 그 절대값이 커야 정규분포 가정을 심각하게 위반했다고 볼 수 있을까? 어느 정도 크기 이내라면 변수가 정규분포를 크게 벗어나지 않은 것으로 가정하고, 다변량 정규성이 필요한 구조방정식 모형의 변수로 사용할 수 있을까? 여러 제안이 있겠지만, Kline(2011)의 경우 왜도의 절대값이 3을 넘지 않고 첨도의 절대값이 10을 넘지 않는다면 큰 문제가 없는 것으로 보았다. Curran, West와 Finch(1996)는 컴퓨터 시뮬레이션 연구에서 왜도 2, 첨도 7의 절대값을 넘을 때 확인적 요인분석모형의 결과에 심각한 문제가 발생하는 것을 발견하였다. 이는 구체적인 숫자를 제안하지는 않았으나 요인분석모형을 이용해서 시뮬레이션을 했던 Muthén과 Kaplan(1985)의 연구 결과와 어느 정도 상통한다.

종속변수들이 다변량 정규성을 만족하지 않는다면 우리가 취할 수 있는 방법은 상황에 따라 다르다. 예를 들어, 하나의 요인을 측정하는 많은 문항이 존재한다면 나중에 설명하게 될 문항묶음(item parceling)의 방법을 이용할 수도 있고, 하나의 문항을 그 자체로 이용해야 한다면 변환(transformation)이 그 대안이 될 수 있다. 변환방법 또한 여러 가지가 존재한다. 예를 들어, 로그(log)라든지 제곱근(square root)을 이용하여 변수를 변환할 수 있는데, 정답을 알지 못하는 작업이기 때문에 시행착오법(trials and errors)에 의하여 목표를 달성할 수 있다. 즉, 이것저것 모두 시도해서 가정을 만족시키는 변환의 형태를 결정해야 하는 것이다. 변수의 변환은 정규성 가정의 위반 문제를 해결해 줄 수 있지만, 동시에 해석의 복잡성을 부르기 때문에 사회과학 분야에서 항상 선호되는 방법은 아니다. 사실 종속변수들이 다변량 정규성을 만족하지 않는다는 상황도 여러 가지로 나뉠 수 있다. 예를 들어, 연속형이지만 다변량 정규성 가정을 만족하지 않는 경우가 있고, 처음부터 연속형이 아닌 이분형(dichotomous) 또는 순위형(ordinal)이어서 다변량 정규성을 논하는 것 자체가 적절치 않을 수 있다. 이 문제에 대해서는 제8장에서 더욱 자세히 다룰 것이다.

2.2.3. 이상값

하나의 변수 또는 여러 변수상에서 매우 큰 값이나 작은 값을 의미하는 이상값은 모형 분석을 시작하기 전에 찾아서 제거하는 것이 구조방정식뿐만 아니라 대부분의 통계 방법에서 중요하다. 일반적으로 하나의 변수에서 매우 큰 값이나 작은 값, 즉 단변량 이상값(univariate outlier)은 평균으로부터 일정 크기의 표준편차(예, ±2 또는 ±3) 밖으로 나가는 경우로 보기도 하며, 히스토그램 등의 그래프를 통해서도 확인할 수 있다. 하지만 표준편차를 이용하든 그래프를 이용하든 최종적인 이상값의 결정은 연구자가 자의적으로 판단할 수 있는 부분이기도 하다. 이는 어떤 값의 표준점수(z 점수)가 3.2라고 해도, 그 값을 이상값으로 결정하고 제거하느냐 그렇지 않느냐는 오로지 연구자의 경험과 논리적 판단에 기초한다는 것이다.

개별 변수마다 이상값을 결정하고 제거하는 방법도 유용하지만 여러 변수를 한꺼번에 고려해서 이상값을 결정하는 방법도 사용한다. 개별 변수로 확인했을 때는 이상값이 아니지만 여러 변수를 전체적으로 고려하면 이상값으로 판단되는 경우가 있고, 이러한 경우의 이상값은 다변량 이상값(multivariate outlier)이라고 한다. 다변량 이상값을 찾는 것은 한 변수씩 개별적으로 이상값을 찾는 경우에 실질적으로 잘 드러나지 않는 이상값을 찾는 데 도움을 줄 수 있다. 예를 들어, 변수 x_1과 x_2로 이루어진 2차원 평면상의 산포도(scatter plot)가 [그림 2.7]과 같다고 가정하자. 아래 그림에서 대부분의 일반적인 사례값들이 속하는 영역은 점선으로 표시하였다.

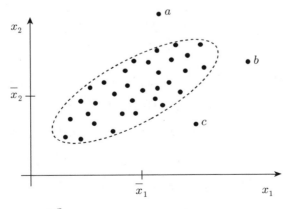

[그림 2.7] 2차원 평면상에서의 이상값

　위에서 x_1을 기준으로 이상값을 찾는다면 아마도 대다수 x_1값들의 범위를 벗어나는 b점이 이상값으로 판단될 것이며, x_2를 기준으로 이상값을 찾는다면 a점이 이상값으로 판단될 가능성이 높다. 반면에 c점은 x_1의 범위로 보았을 때도 대다수의 값들 안에 포함되며, x_2의 범위로 보았을 때도 대다수의 값들 안에 포함된다. 하지만 만약 x_1과 x_2를 동시에 고려하게 된다면, c점 역시 대다수의 점들이 속해 있는 타원에서 상당히 벗어나므로 이상값으로 판단하게 될 가능성이 높다. 이와 같은 다변량 이상값은 차원이 높아질수록, 즉 변수의 개수가 증가할수록 단변량 이상값에 비해 판단하기가 더 어렵다. 다변량 이상값을 판단하는 가장 대표적인 방법은 Mahalanobis의 거리를 이용하는 것이다.

　Mahalanobis의 거리(d, Mahalanobis distance)는 통계적 거리(statistical distance)라고도 부르는데, 일반적인 차원상에서 자료의 중심(centroid)과 한 점의 통계적인 거리를 나타내는 지수다. 통계적인 거리는 상대적인 거리로서 우리가 일반적으로 사용하는 거리의 개념, 즉 Euclid의 거리(Euclidean distance) 또는 절대적인 거리와는 다르다. 예를 들어, 위 c점의 좌표가 (x_{11}, x_{21})이라고 가정하면 c점과 자료의 중심$(\overline{x}_1, \overline{x}_2)$의 Euclid의 거리는 [식 2.12]와 같고, 이는 이미 우리가 잘 알고 있는 피타고라스(Pythagoras)의 정리 내용과 다르지 않다.

$$Euclidean\ d = \sqrt{(x_{11} - \overline{x}_1)^2 + (x_{21} - \overline{x}_2)^2} \qquad \text{[식 2.12]}$$

　그에 반해 Mahalanobis의 거리는 각 변수의 분산을 고려하여 [식 2.13]과 같이 계산된다.

$$Mahalanobis'\ d = \sqrt{\frac{(x_{11} - \overline{x}_1)^2}{s_1^2} + \frac{(x_{21} - \overline{x}_2)^2}{s_2^2}} \qquad \text{[식 2.13]}$$

　이와 같이 계산하면, 거리 계산 시 x_1이 x_2에 비해 분산이 더 컸을 때(즉, $s_1^2 > s_2^2$) 축상의 거리계산 효과를 반감시키게 된다. 즉, Euclid의 거리를 계산하면 x_1의 큰 분산 때문에 $(x_{11} - \overline{x}_1)^2$ 부분이 $(x_{21} - \overline{x}_2)^2$ 부분보다 거리의 크기에 더 많이 기여를 하게 될 가능성이 큰 반면, Mahalanobis의 거리를 계산하면 상대적으로 더 큰 $(x_{11} - \overline{x}_1)^2$ 부분이 상대적으로 더 큰 s_1^2으로 나누어지게 되므로 거리 계산 시 $\dfrac{(x_{11} - \bar{x}_1)^2}{s_1^2}$ 부분과 $\dfrac{(x_{21} - \bar{x}_2)^2}{s_2^2}$ 부분이 비슷한 기여를 하게 된다. 다시 말해, x_1축과 x_2축이 거리 계산에 비슷한 정도로 기여하게 되는 것이다. 위의 설명을 이차원에서 일반화된 다차원으로 확대하여 정리하면, Mahalanobis의 거리는 분산이 다른 여러 변수들로 이루어진 다차원에서 거리를 계산할 때 각 변수의 중요성이 비대칭적으로 반영되지 않도록 조정해 주는 것이고, 그 값의 해석은 다차원 상에서 한 점과 자료의 중심 사이의 거리를 표준편차의 단위로 나타내는 수치라고 할 수 있다.

Mahalanobis의 d를 이용하여 이상값을 찾아내고자 할 때는 각 사례의 d^2 검정을 실시하는데, 표본이 충분히 크다면 d^2는 χ^2 분포를 따르는 것으로 알려져 있다. d^2 검정의 영가설을 기각하게 되면, 해당하는 사례를 이상값으로 결정할 수 있다. 일반적으로 d^2 검정은 이상값의 영향에 상당히 민감하기 때문에 보수적으로 접근할 필요가 있으며, Kline(2011) 같은 경우에는 0.1%(.001)의 유의수준 하에서 검정하기를 제안한다. M$plus$, Amos 등 대표적인 구조방정식 프로그램에서 위의 방법으로 검정할 수 있는 옵션을 제공하고 있다.

Mahalanobis의 거리를 이용하는 대표적인 방법 외에도, 자료가 얼마나 다변량 정규성을 만족하지 않는지 나타내는 지수 중 하나인 Mardia의 다변량 첨도(multivariate kurtosis)를 이용하는 방법도 있다. 이는 각 사례의 Mahalanobis 거리를 계산하여 어떤 사례가 Mardia의 다변량 첨도에 가장 큰 기여를 하고 있는지를 찾아내는 기법이다. 그 거리값이 클수록 하나의 사례가 Mardia의 다변량 첨도에 기여하는 부분이 많아지고, 결국은 다변량 정규성에서 벗어나게 되며, 그 값을 이상값으로 판단하게 된다. 그러므로 이상값을 하나씩 하나씩 제거하면 Mardia의 다변량 첨도는 계속해서 감소하게 되고, 미리 정한 어떤 수준의 다변량 첨도값이 있다면 그 값에 도달할 때까지 이상값을 지운다. 이 방법은 대표적인 구조방정식 프로그램들이 제공하지 않는 것으로 알고 있으며, 어느 정도의 다변량 첨도를 획득할 때까지 이상값을 지워 나가야 하는지에 대한 의견 일치도 없는 상태다. 다변량 첨도 10을 달성해야 한다는 제안도 있으나, Muthén과 Kaplan(1985)의 시뮬레이션 연구를 보면 다변량 첨도가 20이 넘어도 추정치는 편향되지 않았다.

2.2.4. 다중공선성

공선성(collinearity)은 두 변수 간에 매우 높은 상관이 존재할 때 발생하게 되는 문제다. 예를 들어, 변수 x와 y 간의 상관계수가 0.99라면 모형 안에 실질적으로 두 변수 중 하나만 필요할 뿐, 다른 하나는 필요가 없게 되는 것이다. 다중공선성(multicollinearity)은 여러 변수와 여러 변수 간 상관이 너무 높아서 발생하게 되는 것이다. 예를 들어, 세 변수 x, y, z 간에 이변량 상관계수(bivariate correlation)를 계산하였더니 $r_{xy}=0.6$, $r_{xz}=0.3$, $r_{yz}=0.5$로 그 어떤 변수 간에도 심각한 공선성은 존재하지 않았다고 가정하자. 하지만 만약 $2x+y$와 z 간의 상관계수가 0.98로서 변수 x, y의 선형결합(linear combination)이 z와 매우 높은 상관을 보이는 경우 우리는 다중공선성이 있다고 이야기한다. 공선성과 다중공선성은 구분해서 표현하는 경우도 있지만, 많은 사람들이 양쪽 용어를 구분 없이 혼용해서 사용하기도 한다.

위에서 선형결합의 개념이 나왔는데, 이는 다변량 통계에서 매우 중요하므로 간단하게 설명한다. 선형결합 또는 선형조합(linear combination)은 선형대수(linear algebra 또는 matrix algebra)에서 사용되는 개념으로서, 두 개 이상의 벡터에 상수를 곱해 주고 그것들을 모두 더해서 이루어지는 새로운 벡터를 의미한다. 예를 들어, 벡터 x_1과 x_2가 아래와 같이 세 개의 요소(element)로 이루어졌다고 가정하고 임의의 상수를 각각 2와 3이라고 가정하면, x_1과 x_2의 선형결합 x_3는 [식 2.14]와 같이 정의될 수 있다.

$$x_1 = \begin{bmatrix} 1 \\ 4 \\ 2 \end{bmatrix}, \ x_2 = \begin{bmatrix} 3 \\ 0 \\ 1 \end{bmatrix}, \ x_3 = 2x_1 + 3x_2 = 2\begin{bmatrix} 1 \\ 4 \\ 2 \end{bmatrix} + 3\begin{bmatrix} 3 \\ 0 \\ 1 \end{bmatrix} = \begin{bmatrix} 11 \\ 8 \\ 7 \end{bmatrix} \quad \text{[식 2.14]}$$

벡터는 변수의 값들을 수학적으로 표현하는 방법이므로, 통계에서 선형결합이란 두 개 이상의 변수에 상수를 곱해 주고 그것들을 더해서 만들어지는 새로운 변수가 된다. 즉, 위에서 선형결합에 의해 만들어진 x_3는 x_1과 x_2로부터 만들어진 새로운 변수라고 할 수 있다.

다중공선성이 존재하게 되면 가장 큰 문제는 추정치의 검정에 필수적이고 중요한 표준오차(standard error)의 값이 정확하게 추정되지 않는다는 것이다. 일반적으로 표준오차가 과대추정되거나 아예 추정이 되지 않거나, 또는 매번 추정할 때마다 다른 값이 나오기도 한다. 많은 관찰변수와 그 변수들의 선형결합들 간에 존재하는 모든 다중공선성을 찾아내기는 상당히 어려운 일이지만, SPSS 등의 일반적인 통계 프로그램을 이용하여 하나의 변수와 그 나머지 변수 간에 존재하는 공선성 정도는 확인할 수 있다. 그중에 대표적인 방법은 분산팽창지수(variance inflation factor, VIF)를 이용하는 것인데, 이를 이해하기 위해 다음의 예를 살펴보자. 모형에서 사용하고자 하는 변수 x_1, x_2, x_3, …, x_{10} 간에 존재하는 다중공선성을 확인하기 위해, 먼저 [식 2.15]와 같이 x_1을 종속변수로 하고 나머지 모든 변수를 독립변수로 하는 회귀모형을 설정한다.

$$x_1 = \beta_0 + \beta_1 x_2 + \beta_2 x_3 + \cdots + \beta_9 x_{10} + e \qquad \text{[식 2.15]}$$

위의 회귀모형을 추정하면 결정계수(coefficient of determination) 또는 다중상관제곱(squared multiple correlation)으로 불리는 R^2(r-square)를 구할 수 있다. 만약 이때 R^2가 .9를 넘는다면, 이는 x_1에 존재하는 변동성(variability)의 90% 이상을 나머지 아홉 개의 x변수들로 설명할 수 있음을 의미한다. 그리고 이는 x_1이 나머지 변수들과 다중공선성을 가질 수도 있음을 의미한다. $1-R^2$를 공차(tolerance)로 정의하여 .1보다 작다면 다중공선성이 존재한다고 보기도 한다. 공차는 작을수록 다중공선성이 존재할 확률이 증가하는 구조이기 때문에, 이 공차에 역수를 취하여 VIF($= \dfrac{1}{\text{tolerance}}$)를 정의하고, VIF가 10이 넘는다면 하나의 변수가 나머지 변수들과 다중공선성이 존재한다고 본다. 다중상관제곱 .9 이상, 공차 .1 이하, 분산팽창지수 10 이상은 모두 동일한 조건이며, 표현방법만 다를 뿐이다. x_1의 VIF를 구하고 나면 x_2의 VIF도, x_3의 VIF도 모두 차례차례 구할 수 있다.

위와 같은 방식으로 VIF는 변수의 개수만큼 계산될 수 있고, 이 VIF가 높은 값을 보일 경우 다중공선성이 존재한다고 보는 것이다. 그렇다면 다중공선성이 존재하였을 때 어떻게 해야 하는가? 첫 번째로 취할 수 있는 가장 간단한 방법은 높은 VIF를 보이는 변수를 제거하는 것이다. 또 다른 방법은 변수들끼리 선형결합을 이용하여 하나의 변수로 변환하는 것인데, 이는 주로 이변량 상관계수를 통하여 공선성을 확인하였을 때 쓸 수 있는 방법이다. 예를 들어, 위의 자료에서 x_1과 x_2가 매우 높은 상관을 보였을 때 $x_{11} = x_1 + x_2$로 정의4)하여 새로운 x_{11}을 만들어 낸 후

---

4) 이와 같은 정의는 x_1과 x_2의 분산이 비슷할 때 쓸 수 있다.

분석에 사용한다. 지금까지 예를 통해 관찰변수 또는 관찰변수의 선형결합 간 높은 상관이 존재하는 것에 대하여 살펴보았는데, 구조방정식에서는 잠재변수 간의 높은 상관도 가능할 수 있다. 이때 발생하는 문제와 해결방법에 대해서는 이 책의 중반부에서 다루게 될 것이다.

2.2.5. 신뢰도의 확보

구조방정식 모형을 사용함에 있어서 연구자의 측정값들이 충분한 신뢰도(reliability)를 갖는 것은 중요하다. 만약 여러 검사(test) 또는 척도(scale)를 이용해서 수집한 값들이 신뢰도를 확보하지 못했다면, 연구자가 이후로 진행하는 모든 분석은 의미가 없다고 할 수 있다. 신뢰도를 간략하게 설명하기에 앞서, 먼저 베테랑 연구자들도 착각하고 있는 부분을 짚고 넘어가고자 한다. 신뢰로운(reliable) 또는 신뢰롭지 못한(unreliable)이란 표현은 검사에 대한 것이 아니라 점수에 대한 것이다. 엉터리로 만들어진 검사에 대해 만약 시험자들의 점수가 문항 간에 또는 검사 실시 간에 일관적으로 나온다면 이 자료는 높은 신뢰도를 보일 것이다. 반대로 매우 잘 만들어진 검사에 대해서 시험자들이 무작위로 답하게 되어 점수가 일관적이지 못하면 이 자료는 낮은 신뢰도를 보일 것이다. 고등학생을 대상으로 잘 만들어진 검사를 고등학생을 대상으로 실시하여 얻은 점수는 신뢰로울 수 있지만, 똑같은 검사를 중학생을 대상으로 한다면 그 점수는 신뢰롭지 못할 수도 있다. 그러므로 신뢰도를 보고할 때에는 하나의 검사가 신뢰롭다는 표현은 옳지 못하며, 이 검사를 어느 집단에 실시하였더니 매우 높은 신뢰도 지수를 얻었다는 표현을 사용해야 한다. 하지만 실제로 현실 속에서 많은 사람들이 어떤 검사가 신뢰롭다 또는 신뢰롭지 못하다라는 표현을 용인하는 경향이 있기는 하다.

신뢰도에 대한 부분은 고전검사이론(classical test theory)에서 발전하였는데, 한정된 지면에 그 모두를 다룬다는 것은 불가능할 뿐만 아니라 이 책의 목적에 부합하지도 않는다. 따라서 여기서는 간략하게 신뢰도의 개념을 이해하고, 그것을 어떻게 사용해야 하는지 설명하고자 한다. 일반적으로 $\rho_{xx'}$(rho) 또는 ρ_{xx}(표본에서는 $r_{xx'}$ 또는 r_{xx})[5]로 표현되는 신뢰도는 어떤 점수들이 무작위적인 측정오차

---

5) ρ(rho)는 알파벳의 r에 해당하며, 상관계수 또는 신뢰도를 표기할 때 쓰인다. x와 x'은 한 검사의 점수와 그 검사와 평행한 검사의 점수를 의미한다. 평행검사(parallel form)의 정의는 [식 2.19]에 나타나 있으며, 제8장에서 더욱 자세히 설명한다.

(random measurement error)로부터 얼마나 자유로운지의 정도를 의미한다. 그러므로 변수가 가지고 있는 전체분산 중 오차 때문에 발생한 분산의 비율이 30%라고 하면, 기본적으로 신뢰도 $\rho_{xx} = 1 - .3 = .7$이 된다. ρ_{xx}가 점점 작아진다는 것은 측정오차가 증가한다는 것이고, 측정오차가 증가한다는 것은 내가 실시한 검사의 값을 신뢰하지 못하게 되는 것이다. 예를 들어, 어떤 검사(test)가 우울이라는 구인을 측정하고자 했지만 문항들에 대한 반응이 일관성이 없고 무작위적이라면 과연 이 검사의 점수가 우울을 측정하려고 했는지 또는 불안을 측정하려고 했는지 아예 논할 수조차 없게 되는 것이다. 이러한 신뢰도의 개념을 이해하기 위해서는 [식 2.16]의 진점수 이론(true score theory)의 가정(또는 모형)을 이해해야 한다.

$$x = t + e \qquad\qquad\qquad\qquad\qquad \text{[식 2.16]}$$

위에서 x는 관찰점수, t는 진점수(true score, τ[tau]라고도 한다), e는 무선오차(random error)다. 예를 들어, 우울이라는 구인을 측정하고자 검사를 실시하였다고 할 때 x는 우울 검사의 총점, t는 진정한 우울 수준의 점수(진점수는 알 수 없다고 가정한다), e는 진정한 우울 수준과 실시된 검사 점수 사이의 오차다. 참고로 진점수를 모르기 때문에 이 오차의 크기 또한 알 수 없다. 신뢰도(ρ_{xt}^2)의 이론적인 정의는 [식 2.17]과 같다.

$$\rho_{xt}^2 = \frac{\sigma_t^2}{\sigma_x^2} \qquad\qquad\qquad\qquad\qquad \text{[식 2.17]}$$

위에서 σ_t^2는 진점수의 분산($Var(t)$)이고, σ_x^2는 검사를 실시하여 수집된 관찰점수의 분산($Var(x)$)이다. 그리고 위의 제곱 형태로 된 신뢰도는 진점수와 관찰점수의 상관계수(ρ_{xt})와 같다(Lord & Novick, 1968). 이와 같은 식을 이용하는 데 있어서의 문제는 우리가 진점수를 정확히 알 수 있는 방법이 없다는 것이다. 위의 식은 이론적으로만 정의할 수 있을 뿐 계산할 수 없기 때문에 평행검사(parallel forms), 검사 재검사(test-retest), 반분(split-half), 내적일치도(internal consistency) 방법 등 여러 가지 신뢰도를 추정하는 대안이 개발되었다(Crocker & Algina, 1986). 가장 먼저 [식 2.18]과 같은 신뢰도 추정 방법을 소개한다.

$$\rho_{xt}^2 = \frac{\sigma_t^2}{\sigma_x^2} = \rho_{xx'} \qquad\qquad\qquad\qquad \text{[식 2.18]}$$

위에서 x'은 x의 평행검사(parallel test)라고 한다. 평행검사의 정의는 사실 여러 방법으로 보일 수 있는데, 간단하게 두 검사의 평균과 분산이 같다는 [식 2.19]와 같이 표현할 수 있다.

$$\bar{x} = \bar{x}', \qquad s_x^2 = s_{x'}^2 \qquad\qquad\qquad\text{[식 2.19]}$$

진점수는 절대로 알 수가 없지만, 원래 검사에 평행한 또 다른 검사 x'은 만들어 내고 시행하여 점수를 알아낼 수가 있기 때문에 x와 x'의 상관계수로 정의되는 $\rho_{xx'}$은 표본을 통하여 추정할 수 있다. 이와 같은 방법으로 구한 신뢰도는 평행검사 신뢰도(parallel forms reliability 또는 alternate forms reliability)라고 부른다. 평행검사가 아닌 두 개의 검사 사이에도 신뢰도를 구할 수 있는데, 자세한 설명은 우리 책의 목적을 벗어나므로 생략한다.

하지만 원래의 검사(x)와 평행한 또 다른 검사(x')를 만드는 작업은 쉬운 일이 아니며, 많은 시간과 자원이 들어가야 하는 일이다. 이런 이유로 두 개의 평행검사 점수 간 상관계수를 이용하는 신뢰도 계산이 아닌, 같은 검사를 시간차[6]를 두고 두 번 실시하여 두 검사 점수 간의 상관계수를 신뢰도로 사용하는 검사 재검사 신뢰도(test-retest reliability) 방법도 존재한다. 아마도 이 경우에 $\rho_{xx'}$ 대신 ρ_{xx}를 사용하게 되는 것 같은데, 학계에서 두 가지 표기법 사이를 엄격하게 구분하지는 않는 것으로 보인다. 어쨌든 신뢰도라는 것은 기본적으로 두 점수 세트의 상관계수로 정의되고 계산되므로, 평행검사 신뢰도든 검사 재검사 신뢰도든 두 번의 시험 실시가 필요하다. 이러한 이유로 반분신뢰도(split-half reliability) 방법이 개발되었는데, 이는 시험을 한 번만 실시한 이후에 시험의 전체 문항을 둘로 나누어서 짧아진 두 개의 검사 간 상관계수를 계산하고, 이를 신뢰도 지수로 사용하는 것이다. 예를 들어, 우울 검사가 40개의 문항으로 이루어진 경우, 20개짜리 작은 검사(mini test, x_{mini}) 하나와 또 다른 20개짜리 작은 검사(x'_{mini}) 하나로 나누고 두 점수 사이의 상관계수($\rho_{x_{mini} x'_{mini}}$)를 구하는 것이다.

이와 같은 반분신뢰도 계산은 크게 두 가지 문제점이 있는데, 첫째 문제는 짧

---

6) 적절한 시간차라는 것은 정하기가 매우 어렵다. 대략 2~3주 정도의 차이를 두고 실시하는 것이 적절하다는 의견도 있고, 2~3개월 정도는 되어야 한다는 의견도 있다. 연습효과(practice effect) 또는 기억효과(memory effect) 때문에 일반적으로 시간 간격이 짧으면 더 높은 신뢰도 계수를 얻게 된다.

아진 검사 때문에 신뢰도 값이 과소추정된다는 것이다. 일반적으로 신뢰도값은 문항의 수가 늘어날수록 더 큰 값을 갖는다. 둘째 문제는 더욱 심각한데, 원래 검사를 어떻게 나누느냐에 따라 매번 신뢰도값이 다르게 추정될 수 있다는 것이다. 처음 20문항 대 나머지 20문항으로 나눌 것인지, 홀수 20문항 대 짝수 20문항으로 나눌 것인지에 따라 우울점수의 신뢰도가 다르게 추정될 수 있다. 이와 같은 이유 때문에 실제 연구에서 가장 많이 쓰이는 신뢰도는 Cronbach's α(coefficient alpha)다. Cronbach's α는 추정을 위한 문항들이 동일한 문항 개수를 지닌 작은 검사(mini test) 두 개로 나누어지기만 한다면, 모든 가능한 조합으로 만들 수 있는 반분신뢰도들의 평균값임을 수학적으로 증명할 수 있다. 실제로 우리가 Cronbach's α를 계산하기 위해 모든 반분신뢰도를 구해서 그것들의 평균을 구하지는 않지만, 수학적으로 그렇다는 뜻이다. 이런 이유로 Cronbach's α를 이용하면 앞서 설명한 일반적인 반분신뢰도의 두 번째 문제를 해결할 수 있다.

반분신뢰도의 첫 번째 문제는 검사점수가 만족해야 하는 Cronbach's α의 가이드라인을 평행검사 신뢰도나 검사 재검사 신뢰도와 다른 값을 줌으로써 어느 정도 해결이 가능하다. 상황에 따라 다르기 때문에 정확한 숫자를 말할 수는 없으나, Cronbach's α를 이용하면 평행검사 신뢰도에 비해 경험적으로 0.1~0.15 정도 더 낮은 신뢰도값이 나오는 것으로 알려져 있다(Allen & Yen, 1979, p.79). 적절한 Cronbach's α값에 대해서 많은 학자들이 각각 다른 가이드라인을 주었는데, 예를 들어 P. Kline(2000)은 0.9 이상이면 훌륭한(excellent), 0.7~0.9는 좋은(good), 0.6~0.7은 받아들일 수 있는(acceptable), 0.5~0.6은 나쁜(poor), 0.5 이하면 받아들일 수 없는(unacceptable)이라고 하였다. Nunnally(1978)는 좀 더 간단하게 제안하였는데, 0.7 이상은 좋은(good), 0.6 이상은 그런대로 괜찮은(fair), 그리고 0.5 이상은 최소한(minimum)이라고 하였다. 0.5 이하를 받아들일 수 없다고 하고, 0.7 이상은 좋다고 하는 등 두 사람의 제안은 상당히 비슷하지만, 0.9 이상을 따로 보기도 하고 그렇지 않기도 하는 등 약간 다른 면도 있다.

구조방정식의 관점에서 P. Kline의 제안보다는 Nunnally의 제안이 더 합리적인 것으로 보인다. 그 이유는 Cronbach's α가 너무 높은 문항들을, 즉 너무 비슷한 문항들을 동시에 구조방정식 모형 안에서 사용하게 되면 측정오차들 간의 높은 상관으로 인해 모형의 적합도는 오히려 떨어지는 경향이 일반적이기 때문이다(Bandalos, 2002). 이는 구조방정식 및 심리측정 분야에서 오랫동안(아마도

1950년대 이래로) 지적되어 오고 있는 문제로서 문항묶음(item parceling)을 다룰 때 다시 고민해 볼 기회가 있을 것이다. 그리고 Cronbach's α를 사용함에 있어서 한 가지 주의할 점을 말한다면, Cronbach's α는 일차원성(unidimensionality)이 있는지 없는지를 측정하는 지수가 아니라는 것이다. 많은 사람들이 Cronbach's α를 계산하여 이 값이 1에 가까울수록 여러 개의 개별문항들이 하나의 공통된 차원을 설명하고 있다고 가정한다. 하지만 이것은 순서가 잘못되었다. Cronbach's α는 일차원성을 가정한 상태에서 일차원성의 정도가 얼마인지를 측정하는 지수다.

2.2.6. 결측치의 종류와 처리

구조방정식이 많이 이용되는 심리학 분야나 경영, 교육, 건강과학 등의 분야에서 자료를 수집할 때 여러 가지 이유로 결측치가 발생할 수 있다. 예를 들어, 일부 문항에 대하여 답변을 거부한다든지, 시간이 부족해서 모든 문항에 답을 할 수 없다든지, 종단자료(longitudinal data)에서 시간이 흐름에 따라 연구의 참가자들이 이탈한다든지, 또는 연구의 설계(design) 자체가 결측치를 내포하고 있다든지 (예, 집단-순차적[cohort-sequential] 연구 또는 개인수준의 메타분석[individual-level meta analysis]) 하는 상황이 얼마든지 가능하다. 수집한 자료의 결측치를 처리하기 위한 여러 방법들이 제안되어 왔는데, 이러한 방법들을 적용하는 데 있어서 가장 중요한 것은 어떤 상황에서 어떤 패턴으로 결측치가 발생했는지를 먼저 파악하는 것이다. 결측치가 어떤 형태로 일어나는가를 결정하고 나면 그에 따른 합리적인 처리방법 또한 결정할 수 있다.

Rubin(1976, 1987)의 결측치 분류 체계가 여러 학문 분야에 걸쳐 널리 사용되고 있다. 이 방법에 따르면 결측치의 종류는 세 가지로 나뉘는데, 첫째는 완전 무작위 결측(missing completely at random, MCAR), 둘째는 무작위 결측(missing at random, MAR), 셋째는 작위 결측(missing not at random, MNAR 또는 not missing at random, NMAR)이다. 적당한 용어를 찾을 수 없어 이와 같은 조금은 어색한 번역을 사용하였으나, 많은 경우에 결측치의 발생 패턴은 번역하지 않고 MCAR, MAR, MNAR 등을 그대로 사용한다. 먼저 MCAR은 결측치가 발생함에 있어서 그 어떤 패턴도 찾을 수 없는 경우를 말한다. 즉, [식 2.20]처럼 자료 세트의 임의의 변수 y에서 결측치가 발생하는 확률(probability)을 변수 y를 포함한 그 어떤 다른 변수(x, z)로도 예측할 수 없다는 조건이다.

$$\Pr(y \text{ is missing} | x, y, z) = \Pr(y \text{ is missing}) \qquad \text{[식 2.20]}$$

예를 들어, 연구자가 수입(income, y), 나이(age, x), 교육(education, z) 등 세 가지의 변수에 대한 자료를 수집했다고 가정하자. 만약 수입 변수에서 발생한 결측치들의 패턴이 수입, 나이, 교육 등 그 무엇과도 상관이 없을 때, 수입 변수에 발생한 결측치 패턴을 MCAR이라고 한다. 좀 더 풀어 보면, 수입 변수에 발생한 결측치가 수입이 많다고(또는 적다고) 해서 더 발생한 것이 아니며, 나이가 더 많다고(또는 적다고) 해서 더 발생한 것도 아니고, 교육 수준이 더 높다고(또는 낮다고) 해서 더 발생한 것도 아니라는 것이다. 두 번째 MAR은 y에 발생한 결측치의 패턴이 y와는 상관이 없는 경우다. 즉, [식 2.21]처럼 임의의 변수 y에서 결측치가 발생하는 확률을 변수 y로는 예측할 수 없으나 나머지 변수(x, z)로는 예측할 수도 있다는 조건이다.

$$\Pr(y \text{ is missing} | x, y, z) = \Pr(y \text{ is missing} | x, z) \qquad \text{[식 2.21]}$$

예를 들어, 수입 변수에 발생한 결측치가 수입이 많다고(또는 적다고) 해서 더 발생한 것은 아니지만, 나이가 많을수록(또는 적을수록) 더 발생했다거나 교육 수준이 높을수록(또는 낮을수록) 더 발생했다는 것이다. 세 번째 MNAR은 [식 2.22] 처럼 임의의 변수 y에서 결측치가 발생하는 확률이 변수 y와 직접적으로 관계되어 있다는 조건이다.

$$\Pr(y \text{ is missing} | x, y, z) = \Pr(y \text{ is missing} | x, y, z) \qquad \text{[식 2.22]}$$

위 식의 핵심은 우변에서 주어진 조건("|" 표시 이후)에 y가 있다는 것이며, x 및 z의 존재는 결정적인 것이 아니다. 즉, 변수 y에 발생하는 결측치의 패턴을 변수 y의 값을 이용해서 예측할 수 있는 경우다. 예를 들어, 수입 변수에 발생한 결측치가 수입이 많기(또는 적기) 때문에 더 발생하고 있다는 것이다.

위의 세 가지 결측치 종류 중 특히 MNAR의 경우는 통계적인 처리가 매우 어렵기 때문에 MNAR의 발생에 대하여 연구자는 더욱 신경을 써야 한다. 예를 들어, 임상 현장에서 200명의 불면증 환자에 대해 매주 한 번씩 10회기에 걸쳐 인지치료를 실시하여 증상이 호전됐다고 판단하면 더 이상 내원하지 않는다는 상황을 가정하자. 환자들과 상담을 진행할 때마다, 즉 일주일마다 불면증의 정도를 기록하여 얼마나 호전되는지를 파악한다. 이와 같이 10주차까지의 자료를 모두 이용해서 불면증의 변화에 대한 통계모형을 추정하고, 이를 이용해 인지치료의 효과를 판단하는 것이 이 연구의 최종 목적이다. 다시 말해, 전반적으로 참가자들의 불면증 정도가 시간이 흐름에 따라 감소한다면 인지치료의 효과가 있다고 판단하고, 감소하지 않는다면 연구자가 설계한 인지치료 방법이 효과가 없다고 판단한다. 이와 같은 계획하에 매주 치료가 진행되는 상황에서 처음 2~3주 정도가 지나면 불면증이 심하지 않은 몇몇 환자들은 증상이 호전되어 아마도 더 이상 내원하지 않을 것이고, 시간이 흐름에 따라 점점 더 많은 사람들이 호전되어 더 이상 내원하지 않을 것이다. 10주차까지 불면증의 정도에 대한 자료를 수집하였을 때, 마지막 3~4주에는 아마도 호전된 환자에 대한 자료는 존재하지 않고 불면증이 잘 치료되지 않은 사람들에 대한 자료만 기록될 것이다. 이와 같은 자료를 이용해 환자들의 불면증 정도의 변화를 시간의 흐름에 따라 추정하고 치료의 효과를 평가한다면, 아마도 새롭게 개발한 인지치료의 효과는 과소추정될 것이다. 실제로 200명 중 상당수가 인지치료의 효과를 보고 불면증이 감소했다고 하더라도, 연구자의 자료 세트에는 잘 치료되지 않은 사람들만 끝까지 남아 있게 되어 연구자의 모형에 더 큰 영향을 미칠 것이기 때문이다. MNAR의 정의를 대입하여 보면, 불면증이라는 변수에 발생한 결측치가 불면증이 낮을수록 더 많게 되는 문제가 있는 것이다. 앞서 이야기했듯이 MNAR의 처리는 매우 어렵기 때문에 연구자는 MNAR이 발생하지 않도록 연구를 설계하는 것이 가장 최선이다. 예를 들어, 위에서 불면증이 호전되었다고 해도 10회기가 끝날 때까지 환자들을 계속 내원하게 만들면 이 문제를 상당히 해결할 수 있다.

앞서 설명한 대로 MCAR, MAR, MNAR을 구별하는 원리는 그다지 복잡하지 않다. 하지만 실제 자료에서 이 세 가지 패턴을 결정하는 것은 그리 쉬운 일이 아니다. 일단 현재까지 이 세 가지 패턴 중 하나를 결정하는 어떤 검정이라든가 하는 것은 존재하지 않는다. MCAR인지 아닌지를 결정하는 R. Little(1988)의 χ^2 검정 방법[7]이 알려져 있지만 많이 사용되지는 않으며, MAR인지 아닌지를 결정하는 방법 역시 몇 가지가 제안되었으나 논란의 여지가 있으며 그다지 사용되지 않는다. 그리고 지금까지 MNAR을 결정할 수 있는 검정 방법은 존재하지 않는다. 아래에서 설명하겠지만, 구조방정식 모형에서 MCAR 또는 MAR의 결측치 패턴은 무시할 수 있는 경우다. 즉, 제안된 몇 가지 방법을 이용하면 상대적으로 쉽게 해결이 가능하다. 결측치의 처리 방법에서 핵심적으로 문제가 되는 것은 MNAR이고 이 경우 특

---

7) SPSS나 SAS 등의 통계 패키지를 통해 검정 절차가 제공된다.

수한 형태의 모형을 이용해야 하기 때문에 연구자는 자신의 결측치가 무시할 수 있는 경우인지 아닌지를 합리적으로 결정해야 한다.

　위에서 설명한 결측치의 패턴과 연관 지어 몇 가지의 결측치 처리 방법에 대하여 살펴본다. 첫 번째 가장 단순한 방법은 일률적 삭제(listwise deletion)라고 불리는 방법인데, 단 하나의 변수에서만 결측치가 발생해도 해당하는 사례를 지워 버리는 방식으로서 최종적으로 결측치가 없는 완전자료(complete data)를 만든다. [표 2.2]에 결측치 처리 방식을 설명하기 위한 자료의 예가 제공되어 있다.

[표 2.2] 결측치 자료의 예

사례	x	y	z
1	3	.	21
2	5	12	25
3	6	15	.
4	.	16	27
5	7	.	26
6	4	19	.
7	5	13	24
8	6	.	.

　위에서 일률적 삭제를 실행하게 되면 결측치가 하나라도 있는 모든 사례를 제거하게 되므로 [표 2.3]과 같은 결과를 가지게 된다.

[표 2.3] 결측치 자료 예의 일률적 삭제 결과

사례	x	y	z
2	5	12	25
7	5	13	24

　결측치가 하나도 없는 완전자료를 가지게 되었지만, 심각한 자료의 손실을 감수해야 하는 상황이 되었다. 구조방정식 자료 분석의 기본 단위인 공분산을 계산하는 데 있어서 $n=2$인 상황이 된 것이다. MCAR을 만족할 때 일률적 삭제를 이용하면 위와 같이 자료의 손실은 있지만 여전히 편향되지 않은 추정치(unbiased estimate)를 가질 수 있는 데 반해, MAR을 만족할 때 일률적 삭제를 사용하면 자료의 손실뿐만 아니라 편향된 추정치를 가지는 것으로 알려져 있다.

두 번째 방법은 쌍별 삭제(pairwise deletion)라 불리는데, 결측치를 지우는 기준이 공분산을 계산하기 위한 두 변수만 고려하는 방식이다. 예를 들어, x와 y의 공분산을 계산할 때는 [표 2.4(a)]를 사용하고, x와 z의 공분산을 위해서는 [표 2.4(b)]를 사용하며, y와 z의 공분산에는 [표 2.4(c)]를 사용하는 방식이다.

[표 2.4] 결측치 자료 예의 쌍별 삭제 결과

	(a)			(b)			(c)	
사례	x	y	사례	x	z	사례	y	z
2	5	12	1	3	21	2	12	25
3	6	15	2	5	25	4	16	27
6	4	19	5	7	26	7	13	24
7	5	13	7	5	24			

쌍별 삭제는 일률적 삭제에 비해 더 많은 사례를 이용할 수 있다는 장점이 있지만, 공분산마다 표본크기가 다를 수도 있다는 단점 때문에 구조방정식 모형에는 그다지 적절하지 않다. [표 2.4]에서 x와 y의 공분산(자료 (a) 이용)이나 x와 z의 공분산(자료 (b) 이용)을 계산할 때는 $n=4$이지만, y와 z의 공분산(자료 (c) 이용)을 계산할 때는 $n=3$이 되어 구조방정식 모형의 표본크기를 결정하는 데 문제가 생긴다.

세 번째 소개할 방법은 결측대체 또는 결측대치(missing imputation)로, 결측치를 여러 다양하고 합리적인 방법을 이용해 다른 숫자로 바꾸는 작업이다. 크게 보아 단일대체(single imputation)와 다중대체(multiple imputation)가 있다. 단일대체는 결측치를 하나의 숫자로 대치시키는 방법인데, 각 변수의 평균값을 결측치의 대체값으로 사용하는 평균대체(mean imputation)와 각 변수의 결측치를 다른 변수들을 이용한 예측값으로 대체하는 회귀대체(regression imputation)[8]가 유명하다. 다중대체는 어떤 확률모형(예, Expectation-Maximization [EM; Dempster, Laird, & Rubin, 1977] 알고리즘 사용)을 이용해 결측치를 여러 번 대체시켜서 여러 개의 자료 세트(예, 100개)를 획득한 다음, 각각의 자료 세트마다 구조방정식 모형을 추정한다. 그리고 이렇게 여러 개의 자료 세트를 통해 나온 100개 세트의 구조방정식 모형의 추정치들의 평균 등을 구해서 최종적인 추정치로 결정하는 방

---

8) 예를 들어, x와 y 두 변수의 관계에서 y의 한 값이 결측일 때 y는 종속변수, x는 독립변수인 회귀모형을 만들고, 결측사례를 제외한 나머지 x와 y값들을 가지고 절편과 기울기를 추정한 다음, y의 결측치를 회귀선의 예측값으로 대체시키는 방법이다.

법이다. 다중대체에서는 결측치의 대체값을 만들어 낼 때마다 확률적인 과정을 거치므로, 매번 다른 대체값이 생기는 것이 자연스럽다. 이러한 확률적인 대체값 생성은 사실 단일대체에서도 사용할 수 있는데, 예를 들어, EM 알고리즘을 이용해 생성된 하나의 대체값을 곧바로 사용하는 것이다. 일반적으로 다중대체가 단일대체보다 더 우월한 방법으로 인식된다.

　마지막 방법은 구조방정식에서 가장 많이 쓰이는 방법으로 완전정보 최대우도(full-information maximum likelihood, FIML) 또는 직접 최대우도(direct maximum likelihood)로 불리는 추정법을 이용한 결측치 처리다. 기본적으로 FIML은 자료의 요약치를 이용하는 것이 아니라 개별적인 반응(response)을 모두 이용하는 추정법이다. 이 방법은 일단 자료를 동일한 결측 패턴을 지닌 여러 개의 자료 세트로 나눈다. 예를 들어, [표 2.2]의 자료는 총 다섯 개의 결측 패턴을 지니고 있다. 사례 1과 5는 y만 결측, 사례 2와 7은 완전자료, 사례 3과 6은 z만 결측, 사례 4는 x만 결측, 사례 8은 y와 z 모두 결측이다. 결측 패턴에 따라 자료를 나눈 상태에서 연구자가 설정한 모형의 로그우도함수(log-likelihood function)의 식을 모든 패턴에 대하여 따로 계산한 다음, 그것들을 모두 더하고 나서 최종적으로 일반적인 최대우도 추정법을 진행하는 방식이다. 쉽게 설명하자면, FIML은 모든 사례마다 로그우도함수를 각각 계산하고, 이를 더하여 모형의 최종적인 로그우도함수로 사용한다. MCAR이나 MAR 상황에서 일률적 삭제나 쌍별 삭제 방법이 편향된 추정치를 제공하는 데 비해, FIML은 편향되지 않은 추정치를 제공할 뿐만 아니라 더욱 효율적(efficient)[9]인 추정치를 제공한다. FIML은 다중대체법에 비해서도 여러 가지 이유로 더욱 우수하다. 예를 들어, 다중대체법은 결측치를 대체하여 여러 세트의 자료를 만들고, 모든 세트에 대하여 모형을 추정하고, 여러 세트에 대하여 추정치들의 평균을 구하는 등 많은 단계를 거쳐야 하는 것에 반해, FIML은 단 한 번의 추정으로 끝낼 수 있다. 그리고 다중대체법은 연구자마다 생성된 자료의 세트가 다르므로 모수에 대한 다른 검정 결과를 가질 수 있는 반면, FIML은 그럴 염려가 없다. 또한 FIML은 다중대체법에 비해 더 작은 표준오차를 가지며 더 뛰어난 효율성을 가지고 있다. 다중대체법이 완전히 효율적인 추정치를 얻기 위해서는 기술적으로 무한대의 자료 세트를 이용해 다중대체를 해야 한다.

---

[9] 추정치가 효율적이라는 것은 추정치의 분산과 편향 정도의 제곱의 합으로 정의되는 평균제곱오차 (mean squared error, MSE)가 더 작다는 것을 가리킨다.

지금까지 다룬 여러 가지의 결측치 처리 방법은 자료가 MCAR 또는 MAR을 만족한다는 가정에서 발전된 것들이다. MNAR이 발생했다고 판단되면 우리가 사용하는 일반적인 구조방정식 모형은 결과가 왜곡되며, 특수한 형태의 모형을 이용해야 한다. 예를 들어, MNAR 자료를 위해서는 missing data indicator(R. Little, 2009)를 이용하는 방법, 그리고 pattern mixture modeling(R. Little, 1995) 및 selection modeling approach(Diggle & Kenward, 1994) 등 많은 고급 분석 기법들이 존재한다. 여러 방법의 정리된 내용을 보려면 Muthén, Asparouhov, Hunter와 Leuchter(2011)의 논문이 큰 도움이 될 것이다. 하지만 이와 같은 고급 기법들의 자세한 설명은 본 책의 목표를 넘어서는 내용이므로 다루지 않는다. 구조방정식 모형을 이용하고자 하는 연구자는 최대한 MNAR이 발생하지 않도록 자료를 수집하고, FIML을 이용하는 것이 현재 구조방정식의 표준관행(standard practice)이라고 할 수 있다. 심지어 MCAR이나 MAR을 충족하지 못하는 경우에도 FIML은 다른 결측치 처리방법에 비해 정확한 것으로 알려져 있다(Arbuckle, Marcoulides, & Schumacker, 1996). 마지막으로, 자료에 결측치가 존재할 때 최대한 자세히 논문에서 결측치의 비율이라거나 특성에 대한 설명을 해야 하는 것은 연구자의 선택이 아닌 의무임을 잊어서는 안 된다.

2.3. 구조방정식을 위한 통계기초

지금까지 구조방정식에서 사용되는 자료의 형태 및 적절성 등에 대하여 살펴보면서 몇 가지 중요한 통계적인 내용을 살펴보았다. 이와 더불어 구조방정식 모형을 사용하며 피할 수 없는 두 가지 핵심적인 개념에 대하여 간략하게 설명하고자 한다. 그 하나는 모든 통계검정의 기초가 되는 표집분포와 표준오차에 관련한 내용이며 다른 하나는 구조방정식의 기본적인 추정 방법인 최대우도 추정[10]이다.

2.3.1. 표집분포와 표준오차

기본적인 정의에 따르면, 표집분포(sampling distribution)란 추정치(estimate) 또는 통계량(statistic)의 분포다. 어떤 연구에서 우리가 모집단(population)의 모수(parameter)에 관심이 있더라도 매우 큰 모집단 전체(통계학에서는 기본적으로

---

10) 구조방정식의 기본적인 추정 방법은 최대우도 추정이며, 그 외의 추정 방법을 사용하게 되면 그 방법을 이용한 이유를 설명해야 한다(Hoyle, 2000). 하지만 최근 구조방정식 분야에서 범주형 변수가 많이 사용되고, 복잡한 모형이 자주 사용되면서 베이지안 추정이나 최소제곱(least squares) 추정 등이 활발하게 이용되고 있다.

무한하다고 가정한다)를 조사하는 것은 시간과 자원의 한계로 인하여 거의 불가능하다고 할 수 있다. 이런 경우, 표본(sample)을 추출하여 우리가 알고자 하는 모수(예, 평균 μ)의 추정치(예, $\bar{x}$)를 구하고 그 추정치를 이용하여 모집단의 특성을 추론한다(inferential statistics, 추론통계학). 이때 표본을 추출하는 과정을 표집(sampling)이라고 하고 그 과정은 [그림 2.8]에 나타난다.

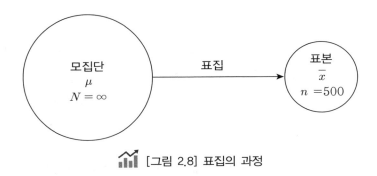

[그림 2.8] 표집의 과정

　이때 모집단에 있는 무한대의 점수들(scores)은 어떤 분포를 따를 것이고, 표본에 있는 500개의 점수들 또한 어떤 분포를 따를 것이다. 이 두 가지 분포, 즉 모집단의 분포와 표본의 분포는 모두 실제 점수들의 분포다. 반면, 지금 설명하고자 하는 것은 실제 점수들의 분포가 아닌 추정치(여기서는 $\bar{x}$)들의 분포이며, 이 분포의 특성(분포의 종류, 평균, 분산 등)에 대해 살피고자 한다.

　그런데 여기서 [그림 2.8]을 보면 우리는 단 하나의 표본과 단 하나의 $\bar{x}$만을 가지고 있는데, 어떻게 $\bar{x}$들의 분포를 구할 것인가? 실행이 얼마나 어려운지는 신경쓰지 않고 말한다면, 많은 $\bar{x}$가 필요하므로 [그림 2.8]에서의 표집 과정을 매우 여러 번 반복하면 된다. 즉, 모집단 안에는 무한대의 점수들이 있으므로 10,000번, 100,000번, 1,000,000번의 표집 과정을 통하여 10,000개, 100,000개, 1,000,000개의 $\bar{x}$들을 계산해 내고 그 $\bar{x}$들의 분포를 찾아내면 된다. 하지만 이와 같은 방식은 현실적으로 불가능하다. 모집단으로부터 1,000,000번의 표집을 통해 1,000,000개의 $\bar{x}$를 구할 작정이라면, 아예 모집단 전체를 조사해 버리는 것이 도리어 나을 수도 있을 것이기 때문이다. 모집단 전체를 조사해 버리면 사실 통계학이란 학문 자체가 성립하지도 않는다. 어쨌든 1,000,000번의 표집 과정은 현실적으로 불가능하기 때문에 우리는 이 작업을 이론적으로 실행한다. 다시 말해, 상상 속에서 수식의 전개를 통하여 1,000,000번의 표집 과정을 실시한다. [그림 2.9]는 표본평균 $\bar{x}$

의 표집분포를 찾아내기 위한 이론적인 표집 과정을 보여 준다.

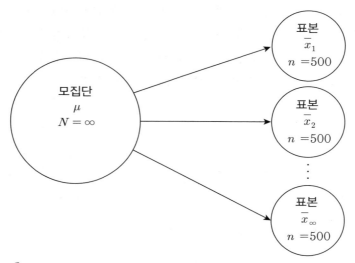

[그림 2.9] 표본평균의 분포를 알아내기 위한 이론적인 표집 과정

위의 과정에서 일정한 표본크기(예, $n=500$)의 표본을 상상 속에서 무한대로 추출해 내는 작업을 한다. 이러한 이론적인 표집 과정에서 모집단이 어떤 종류의 분포를 따르느냐에 상관없이 표본크기 n만 충분히 크다면(large enough) $\bar{x}$의 이론적인 분포는 정규분포를 따르게 됨을 수리적으로 증명할 수 있다. [식 2.23]과 같이 수학적으로 정리하면, 분포에 상관없이 모집단 점수들의 평균이 μ이고 표준편차가 σ라면, [그림 2.9]의 표집 과정을 통한 이론적인 $\bar{x}$들은 평균이 μ이고 표준편차가 $\frac{\sigma}{\sqrt{n}}$(분산은 $\frac{\sigma^2}{n}$)인 정규분포를 따른다.

$$\text{If } x \sim (\mu, \sigma^2), \text{ then } \bar{x} \sim N\left(\mu, \frac{\sigma^2}{n}\right) \qquad \text{[식 2.23]}[11]$$

이때 이론적인 $\bar{x}$들의 표준편차($\frac{\sigma}{\sqrt{n}}$)는 추정치 $\bar{x}$가 얼마나 정확하냐의 정도를

---

11) 한 변수(예, x)의 점수들이 어떤 분포를 따른다고 할 때 "$\sim$"를 이용하여 표시한다. [식 2.23]에서 N은 정규분포(normal distribution)의 약자다. 정규분포의 주요한 모수 두 가지는 평균과 분산이므로 N 표시 이후의 괄호 안에 평균과 분산을 써넣는다. 즉, $\bar{x} \sim N\left(\mu, \frac{\sigma^2}{n}\right)$의 의미는 $\bar{x}$가 평균이 μ이고 분산이 $\frac{\sigma^2}{n}$인 정규분포를 따른다는 것을 가리킨다. 자연스럽게 $\bar{x}$가 평균이 μ, 표준편차가 $\frac{\sigma}{\sqrt{n}}$인 정규분포를 따른다고 할 수도 있다.

나타내는데, 크기가 작을수록 $\bar{x}$가 μ의 더 정확한 추정치라고 할 수 있다. 그리고 $\bar{x}$들의 표준편차에서 볼 수 있듯이 표본크기(n)가 크면 클수록 $\bar{x}$들의 표준편차는 더 작아진다는 것을 알 수 있다. 이와 같은 표준편차는 통계적 검정에서 매우 중요한 역할을 하기 때문에, 특별히 그 이름을 따로 주어서 표준오차(standard error)라고 한다. $\bar{x}$ 뿐만 아니라 대부분의 추정치는 이론적으로 그 표준오차를 계산할 수 있는데, 앞으로 구조방정식 모형을 통해 최대우도 추정을 하게 될 수많은 추정치는 표준오차를 이론적으로 계산할 수 있다. 한마디 덧붙이면, 이러한 표준오차는 이론적으로(수리적으로) 계산할 수 있을 뿐만 아니라 실제 자료를 이용하는 거짓 표집(pseudo sampling) 절차를 통해서도 계산해 낼 수 있다. 이 방법은 부스트래핑(bootstrapping)이라고 불리는데 나중에 다루게 될 것이다.

2.3.2. 최대우도 추정

다양한 배경의 독자들을 배려하여 최대한 수식 없이 최대우도 추정의 개념을 설명하려고 한다. 하지만 최대우도 추정을 수식 없이 설명하고 이해하는 것은 아마도 거의 불가능할 것이다. 먼저 수학적으로 최대우도 추정 방법을 정의하고, 수학적 배경이 강하지 않은 독자들을 위해 최선을 다해 글과 예제로 설명해 보고자 한다. 수식을 완전히 이해하지 못해도 흐름을 따라가며 최대우도 추정 방법에 대하여 읽는 것은 구조방정식 모형을 이용하는 데 있어서 여러모로 이해의 폭을 넓혀 준다.

먼저 확률변수(또는 변수) $x_1,...,x_n$의 결합밀도함수(joint density function)가 $f(x_1,...,x_n|\theta)$인 것으로 가정하자. 여기서 θ(theta)는 모형의 모수를 가리키며, 최대우도 추정 과정을 통하여 궁극적으로 θ의 추정치($\hat{\theta}$)를[12] 구하는 것이 목적이다. 주어진 관찰자료의 값에 대하여, 만약 확률변수 x_i가 모두 서로 독립적이고 동일하다면(independent and identically distributed random variable x_i), θ의 우도함수(likelihood function)는 [식 2.24]와 같이 정의된다.

$$L(\theta) = f(x_1,...,x_n|\theta) = \prod_{i=1}^{n} f(x_i|\theta) \qquad \text{[식 2.24]}$$

---

12) 통계학에서 모수의 추정치는 그 모수의 머리 부분에 ^을 더하고, hat이라고 읽는다. 즉, $\hat{\theta}$은 θ의 추정치이고 theta hat이라고 읽는다.

Likelihood는 probability와 영문의 의미로 보면 비슷한 개념인데, 통계학에서는 서로 상당히 다르다. Probability가 주어진(무엇인지 모르지만 정해져 있는) 모수에 대해서 어떤 결과(관찰자료)의 함수라면, likelihood는 결과(자료)가 주어진 상태에서 어떤 모수의 함수다. 위에서 보듯이 $L(\theta)$는 x_i의 함수가 아니라 θ의 함수임을 알 수 있다. 여기서 θ의 최대우도 추정치는 바로 $L(\theta)$를 최대화하는 θ의 값을 말한다. 일반적으로 최대값 또는 최소값을 구하기 위해서는 미분을 해야 하는데, 곱셈의 형식으로 되어 있는 함수를 미분하는 것은 곱 규칙(product rule)을 적용해야 하는 매우 귀찮은 일이다. 따라서 $L(\theta)$에 로그를 취해 로그우도함수(log-likelihood function)를 [식 2.25]와 같이 만든다.

$$l(\theta) = \sum_{i=1}^{n} \log[f(x_i|\theta)] \qquad\qquad \text{[식 2.25]}$$

우도함수와 로그우도함수는 서로 하나가 증가하면 다른 하나도 증가하는 단조증가(monotonically increasing) 관계가 있기 때문에, θ의 최대우도 추정치는 바로 $l(\theta)$를 최대화하는 θ의 값을 가리키게 된다.

정리해 보면, $l(\theta)$는 어떤 자료가 주어진 상태에서 모수(θ)의 함수이고, 최대우도 추정치는 $l(\theta)$를 최대화하는 모수 추정치다. 즉, 최대우도 추정치란 자료와 모형이 주어진 상태에서 자료의 발생확률을 최대화시키는 모수를 말한다. 또 다른 말로 표현하면, 최대우도 추정이란 자료와 연구자의 모형이 주어진 상태에서 가장 그럴듯한 모수로 간주되는 것을 구하는 작업이다. 다음의 예를 통해서 더 직관적으로 최대우도 추정을 이해하여 보자. 어떤 연구자가 동전을 10번 던지는 실험을 했는데, 앞면이 나오면 성공이고 뒷면이 나오면 실패다. 실험의 결과가 7번의 성공이었다면, 즉 앞면이 7번 나왔다면 과연 성공확률(앞면이 나올 확률) p에 대한 최대우도 추정치는 얼마일까? 여기서 x(성공의 횟수)가 이항분포(binomial distribution)를 따른다는 것을 알고 있다고 가정하고, 그때의 우도함수는 [식 2.26]과 같다.

$$L(p) = \binom{10}{7}^{n} p^{7n}(1-p)^{3n} \qquad\qquad \text{[식 2.26]}$$

로그를 취한 로그우도함수는 [식 2.27]과 같다.

$$l(p) = n \log \binom{10}{7} + 7n \log p + 3n \log (1 - p) \qquad \text{[식 2.27]}$$

최대값을 구하기 위해 [식 2.27]을 미분하면 [식 2.28]과 같다.

$$l'(p) = 0 + \frac{7n}{p} + \frac{3n}{1-p}(-1) \qquad \text{[식 2.28]}$$

[식 2.28]을 0으로 놓고 풀면 $\hat{p} = 0.7$이 된다. 즉, 우리의 관찰자료가 10번의 시도 중 7번의 성공이 나온 상태에서, 성공 확률 p의 최대우도 추정치는 0.7이 된 것이다. 다시 말해, 이미 발생한 실험의 결과(자료)와 사용하고자 하는 모형(이항분포 모형)이 주어진 상태에서 10번의 시도 중 7번의 성공이 나오도록 만드는 성공확률 p는 0.7이 가장 그럴듯한 숫자인 것이다.

일반적으로 최대우도 추정치를 구하는 과정은 위의 예처럼 간단하지는 않다. 위와 같이 수식을 풀어서 정확한 답이 나오는 경우는 closed form으로 답이 존재한다고 하는데, 이는 매우 드문 경우다. 실제로는 복잡한 로그우도함수가 계산되고, 그 상태에서 임의의 모수 추정치 값(시작값, start value)을 넣은 다음 로그우도함수 값을 계산하고, 다시 새로운 추정치 값을 넣어 로그우도함수 값을 높일 수 있도록 하는 작업을 반복적으로 실행하여 최종적으로 로그우도함수를 최대화하는 모수의 추정치를 찾는다.

여기서 몇 발자국만 더 나아가 최대우도 추정 과정을 통해 얻을 수 있는 것들을 가볍게 다루어 보도록 하자. 앞의 최대우도 추정 과정에서 Fisher의 정보함수(information function)를 [식 2.29]와 같이 정의할 수 있다.

$$I(\theta) = E\left[\frac{\partial}{\partial \theta} \log f(x_i|\theta)\right]^2 = -E\left[\frac{\partial^2}{\partial \theta^2} \log f(x_i|\theta)\right] \qquad \text{[식 2.29]}$$

정보함수는 관찰변수가 모수에 대하여 얼마만큼의 정보를 가지고 있느냐를 수량적으로 표시한 것인데, 모수가 여러 개라면 행렬(정보행렬, information matrix)로 표시할 수 있다. 일단 모수가 하나라고 가정하고 그 추정치로 계산된 정보함수에 역수를 취하면 이는 [식 2.30]처럼 추정치의 분산이 된다.

$$Var(\hat{\theta}) = \frac{1}{nI(\hat{\theta})} \qquad\qquad \text{[식 2.30]}$$

자료가 모수에 대한 정보를 충분히 가지고 있다면, 추정치의 분산이 작아지게 되어 추정치가 모수에 더욱 근접하게 된다는 의미를 가지게 된다. 여기에 제곱근 (square root)을 취하면 [식 2.31]과 같이 추정치의 표준오차($SE(\hat{\theta})$)를 구할 수 있다.

$$SE(\hat{\theta}) = \frac{1}{\sqrt{nI(\hat{\theta})}} \qquad\qquad \text{[식 2.31]}$$

앞에서 표집분포와 표준오차를 개념적으로 설명하면서, 표집분포는 상상 속에서 무한의 표집을 실시하는 이론적인 분포이고 그 분포의 표준오차 또한 이론적으로 계산된다고 하였다. 이론적이라는 것은 곧 수리적인 것이고, [식 2.31]과 같이 표준오차가 계산된다. 구조방정식 모형을 공부하고 프로그램을 통하여 추정할 때 이 모든 수식을 이해할 필요는 없지만, 구조방정식 프로그램의 output에서 종종 이러한 수식들을 맞닥뜨리게 된다. 수식을 이해하고자 하는 것이 아니라 여러 용어에 익숙해지자는 의미에서 설명한 것이므로 독자들도 나중에 프로그램을 사용하며 만나게 될 여러 개념에 친숙해지는 정도로 이 부분을 이해하였으면 좋겠다.

2.4. 행렬과 벡터

앞에서 공분산 행렬, 상관계수 행렬, 평균 벡터 등을 소개하면서 벡터와 행렬에 대하여 약간 경험하였다. 통계분석 방법, 특히 구조방정식과 같은 다변량 분석방법을 제대로 이해하기 위해서는 벡터와 행렬을 잘 이해하여야 한다. 벡터와 행렬을 제대로 이해하고자 한다면 선형대수학(linear algebra 또는 matrix algebra)을 공부해야 하는데, 하나의 장을 할애한다고 해도 선형대수학을 충분히 다루기는 쉽지 않다. 따라서 우리 책에서는 구조방정식을 이해하는 데 도움이 될 매우 기초적인 행렬과 벡터의 개념에 대해서만 소개하고자 한다. 다양한 접근법을 이용해 벡터와 행렬을 설명할 수 있는데, 우리 책은 특히 행렬을 중심으로 한 익숙하고 쉬운 접근법을 제공하고자 한다. 행렬과 벡터에 대한 기초적인 정의와 속성을 이해함으로써 이후 구조방정식을 더욱 잘 이해할 수 있을 것이다.

2.4.1. 정의

가장 먼저 행렬의 정의와 함께 토론을 시작한다. 행렬(matrix)이란 사각형 모양으로 숫자들을 배열한 것을 가리키며, 어떤 행렬 A 안에 있는 숫자들을 요소(element)라고 하고 a_{ij}로 표기한다. 여기서 i는 행(row)의 위치를 의미하고, j는 열(column)의 위치를 의미한다. 예를 들어, 세 개의 행과 두 개의 열로 이루어진 행렬 A가 [식 2.32]에 있다.

$$A = \begin{bmatrix} a_{11} & a_{12} \\ a_{21} & a_{22} \\ a_{31} & a_{32} \end{bmatrix} \qquad [식\ 2.32]$$

위의 행렬에서 볼 수 있듯이, 첫 번째 행과 첫 번째 열에 해당하는 요소는 a_{11}으로 표기하며, 첫 번째 행과 두 번째 열에 해당하는 요소는 a_{12}로 표기하고, 나머지도 같은 식으로 표기할 수 있다. 행렬의 차원(dimension)은 행의 개수(r), 열의 개수(c)에 의해서 형성되는데, $r \times c$로 표기하고 'r by c'라고 읽는다. 예를 들어, 위 행렬 A는 3×2(three by two) 행렬이 되고, $A_{3 \times 2}$로 쓰기도 한다. 위의 식에서는 행렬을 A로 썼지만, 많은 경우에 행렬은 기울임 없이 두꺼운 폰트인 로먼 볼드체(Roman bold)를 이용해서 $\boldsymbol{A}$로 쓰기도 한다. 우리 책에서는 특별히 어떤 한 가지 방식을 고집하지는 않지만, 편의상 [식 2.32]의 방식을 쓰고자 한다.

벡터는 행렬의 특별한 경우(a special case of a matrix)로 이해될 수 있는데, 행렬 중에서 열이 한 개 또는 행이 한 개인 행렬을 가리킨다. 예를 들어, 단 하나의 열이 있는 행렬을 열벡터(column vector)라고 하는데 [식 2.33]에 그 예가 있다.

$$B = \begin{bmatrix} b_{11} \\ b_{21} \\ b_{31} \end{bmatrix} \qquad [식\ 2.33]$$

하나의 행만 있는 경우에는 행벡터(row vector)라고 부르며, 그 예가 [식 2.34]에 제공된다.

$$c' = \begin{bmatrix} c_{11} & c_{12} & c_{13} & c_{14} \end{bmatrix} \qquad [식\ 2.34]$$

위의 식들에서 볼 수 있듯이, 벡터는 대문자, 소문자, 볼드체 등 여러 방식으로

표현된다. 또한 더 수학적이고 공학적, 물리적인 표현 방식도 있으나 우리 책에서
는 소개하지 않는다. 그리고 [식 2.34]에서 볼 수 있듯이 행벡터의 경우에는 ′
(prime)을 붙여서 표기하는 것이 다변량 통계분석에서는 상당히 자연스러운 방식
이다. ′(prime)의 의미는 전치(transpose)인데, 행렬이나 벡터에서 각 요소의 행
과 열의 위치를 뒤바꾸는 것을 가리킨다. 예를 들어, c'이 [식 2.34]와 같다는 것은
원래의 벡터 c는 [식 2.35]와 같다는 것을 의미한다. 그리고 c와 c'은 일반적으로
동일한 정보를 지닌 벡터로 인식된다.

$$c = \begin{bmatrix} c_{11} \\ c_{21} \\ c_{31} \\ c_{41} \end{bmatrix} \qquad\qquad [식\ 2.35]$$

[식 2.35]에 있는 벡터 c를 전치하게 되면, 각 요소의 행과 열을 바꾸게 되므로
c_{11}은 c_{11}으로, c_{21}은 c_{12}로, c_{31}은 c_{13}로, c_{41}은 c_{14}로 된다. 즉, i와 j의 위치가 뒤바
뀌게 된다. 그리고 바뀐 c_{11}, c_{12}, c_{13}, c_{14}는 행벡터 c'을 형성하는 네 개의 요소가
된다. 여기서 벡터의 수학적인 표현 방식과 통계적인 표현 방식에 대하여 간단하
게 설명하고자 한다. 지금부터 설명하는 내용은 절대적인 원칙이라고 볼 수는 없
으며, 다만 다변량 통계학을 전공하는 많은 학자들의 전통적인 표기방법이라고 할
수 있다. 예를 들어, 수학적으로 행벡터를 ′을 사용하지 않고 [식 2.36]과 같이 정
의하였다고 가정하자.

$$d = \begin{bmatrix} d_{11} & d_{12} & d_{13} \end{bmatrix} \qquad\qquad [식\ 2.36]$$

위에서 d가 행벡터이므로 d를 전치하여 만들어진 d'은 [식 2.37]과 같은 열벡터
가 된다.

$$d' = \begin{bmatrix} d_{11} \\ d_{21} \\ d_{31} \end{bmatrix} \qquad\qquad [식\ 2.37]$$

전치는 다만 행렬의 요소들이 차지하고 있는 행과 열의 위치를 바꾸는 것이므로
행벡터를 d로 표기하고 열벡터를 d'으로 표기하는 것은 수학적으로 문제가 되지
않는다. 하지만 다변량 통계분석에서 이는 상당히 어색한 표현법이며, 벡터는 열
벡터가 기본이고 그것의 전치를 행벡터라고 보는 것이 꽤 일반적이다. 그러므로

[식 2.36]과 [식 2.37]은 [식 2.38]과 같이 표기하는 것이 자연스럽다.

$$d = \begin{bmatrix} d_{11} \\ d_{21} \\ d_{31} \end{bmatrix}, \quad d' = \begin{bmatrix} d_{11} & d_{12} & d_{13} \end{bmatrix} \qquad \text{[식 2.38]}$$

그리고 원래의 벡터 d가 있어야 그것의 전치벡터인 d'을 사용할 수 있는 것이 아니라, 행벡터를 표시할 때 처음부터 $'$을 이용하는 것이 일반적이다.

지금까지 행렬과 벡터를 매우 간단히 정의하였는데, 한 가지 더 필요한 개념이 있다. 그것은 스칼라(scalar)의 개념으로서 하나의 숫자, 즉 상수(constant)를 의미한다. 예를 들어, 숫자 7은 스칼라이며 회귀분석의 절편(β_0)도 스칼라이고, 두 변수 x, y의 상관계수 r_{xy}도 스칼라다. 스칼라는 행렬과 벡터의 한 요소이기도 하고, 하나의 행, 하나의 열만 존재하는 행렬이 바로 스칼라이기도 하다.

2.4.2. 행렬의 종류

몇 가지 기본적인 행렬의 종류에 대하여 설명하고자 한다. 가장 먼저 설명할 종류의 행렬은 바로 전치행렬(transpose matrix)이다. 바로 앞에서 설명했던 전치의 개념을 행렬에 적용한 것이다. 즉, 원래 있던 요소들의 행과 열의 위치를 바꾼 것이다. 행렬 E의 전치행렬은 E' 또는 E^T로 표기하고, 그 예가 [식 2.39]에 제공된다.

$$E = \begin{bmatrix} 1 & 2 \\ 3 & 4 \\ 5 & 6 \end{bmatrix}, \quad E' = \begin{bmatrix} 1 & 3 & 5 \\ 2 & 4 & 6 \end{bmatrix} \qquad \text{[식 2.39]}$$

위에서 볼 수 있듯이, $r \times c$ 행렬을 전치하면 $c \times r$ 행렬이 된다. 두 번째로 소개할 행렬은 정방행렬(square matrix)인데, 행과 열의 개수가 동일한 행렬을 가리킨다. 즉, $r = c$인 행렬을 말한다. 3차원 정방행렬의 예가 [식 2.40]에 있다.

$$F = \begin{bmatrix} 1 & 2 & 3 \\ 4 & 5 & 6 \\ 7 & 8 & 9 \end{bmatrix} \qquad \text{[식 2.40]}$$

위의 정방행렬 F에서 1, 5, 9 등을 대각요소(diagonal elements)라고 하며, 대각요소를 제외한 나머지 요소들은 비대각요소(off-diagonal elements)라고 한다. 대표적인 정방행렬이 앞에서 소개했던 공분산 행렬, 상관계수 행렬 등이다. 세 번째 종류의 행렬은 대칭행렬(symmetric matrix)로서 원행렬과 그것의 전치행렬이 동일한 행렬을 가리킨다. 원행렬을 전치하여 바뀐 행렬이 원행렬과 같기 위해서는 오직 정방행렬만 가능하다. 그러므로 대칭행렬은 반드시 정방행렬이다. 대칭행렬의 예가 [식 2.41]에 제공된다.

$$G = \begin{bmatrix} 1 & 2 & 3 \\ 2 & 5 & 6 \\ 3 & 6 & 9 \end{bmatrix} \qquad\qquad \text{[식 2.41]}$$

위의 행렬 G를 전치하면 정확히 원래의 행렬 G와 동일해짐을 예측할 수 있다 (즉, $G = G'$). 또한 행렬의 요소들을 눈여겨보면, 대각 요소인 1, 5, 9에 대하여 마주보는 비대각요소들이 서로 같은 값임을 알 수 있다. 대칭행렬의 대표적인 예는 바로 공분산 행렬과 상관계수 행렬이다. 예를 들어, [식 2.5]의 공분산 행렬을 보면 대각요소들인 s_{11}, s_{22}, ..., s_{pp}에 대하여 서로 마주 보는 s_{12}와 s_{21}, s_{1p}와 s_{p1} 등은 서로 값이 동일하다. 다음으로 소개할 행렬은 영행렬(null matrix, zero matrix)인데, [식 2.42]와 같이 모든 요소가 0이다.

$$0_{2 \times 3} = \begin{bmatrix} 0 & 0 & 0 \\ 0 & 0 & 0 \end{bmatrix} \qquad\qquad \text{[식 2.42]}$$

영행렬은 행렬을 연산(덧셈, 뺄셈 등)할 때, 숫자의 연산에서 0이 하는 역할을 하게 된다. 예를 들어, 행렬 A에 같은 차원을 가진 영행렬 0을 더하면 원래의 행렬 A가 된다. 이는 숫자 4에 0을 더하면 4가 되는 것과 같은 이치라고 할 수 있다. 그리고 영행렬이 정방행렬일 필요는 없다는 것을 보이기 위하여, 위의 예에서는 $0_{2 \times 3}$처럼 행의 개수와 열의 개수가 다른 영행렬을 제공하였다. 다음 종류의 행렬은 대각행렬(diagonal matrix)이다. 대각행렬은 대각요소를 제외한 모든 요소가 0인 정방행렬을 가리킨다. [식 2.43]에 행렬 F 또는 G를 조작한 대각행렬의 예가 있다.

$$H = \begin{bmatrix} 1 & 0 & 0 \\ 0 & 5 & 0 \\ 0 & 0 & 9 \end{bmatrix} \qquad\qquad \text{[식 2.43]}$$

다음 행렬은 대각행렬의 특수한 형태로서 항등행렬(identity matrix)이라고 부르는데, 대각요소는 모두 1이고 비대각요소는 모두 0인 행렬이다. 일반적으로 I를 이용해서 표기한다. 지금까지 위에서 새로운 종류의 행렬과 벡터를 소개하면서 A, B, … 등을 순서대로 이용했는데, 항등행렬은 그런 것과 상관없이 'I'dentity의 I를 이용해서 표기한다. 마찬가지로 앞에서 영행렬은 0을 이용해서 표기하는 것이 일반적이다. 항등행렬의 예가 [식 2.44]에 제공된다.

$$I_3 = \begin{bmatrix} 1 & 0 & 0 \\ 0 & 1 & 0 \\ 0 & 0 & 1 \end{bmatrix}$$ [식 2.44]

　항등행렬은 정방행렬이며, 행렬의 오른쪽 밑에 I_3처럼 행렬의 차원을 표기한다. 항등행렬은 정방행렬이므로 굳이 $I_{3 \times 3}$라고 표기하지 않아도 상관없다. 다음으로 소개할 행렬은 하위행렬(submatrix)이라고 부르는데, 원행렬에서 특정한 행과 열을 제거한 행렬이다. 예를 들어, [식 2.40]에서 보인 행렬 F의 2행과 1열을 제거하여 만든 하위행렬은 [식 2.45]와 같다.

$$F_{21} = \begin{bmatrix} 2 & 3 \\ 8 & 9 \end{bmatrix}$$ [식 2.45]

　하위행렬은 위에서 보는 방식과 같이 제거한 행과 열을 원행렬의 오른쪽 밑에 적어 주는 방식을 사용한다. 행렬의 표기법은 책마다 조금씩 다르기 때문에 하위행렬의 표기법이 반드시 위와 같은 것은 아니다. 행렬의 종류 중에서 매우 중요하다고 할 수 있는 것으로는 역행렬(inverse matrix)과 직교행렬(orthogonal matrix)이 있는데, 이 두 가지를 이해하기 위해서는 행렬의 연산 개념이 필요하므로 이후에 소개한다.

2.4.3. 행렬의 연산 및 주요 개념

　가장 먼저 행렬의 덧셈을 소개한다. 같은 차원의 두 행렬 A와 B의 덧셈은 각 행렬에서 동일한 위치에 있는 요소들의 합으로 이루어지며, A 및 B와 같은 차원의 행렬이 그 결과물이 된다. 그 예가 [식 2.46]에 제공된다.

$$\begin{bmatrix} 1 & -1 & 3 \\ 2 & 0 & 5 \end{bmatrix} + \begin{bmatrix} 2 & 0 & 0 \\ 4 & 1 & -3 \end{bmatrix} = \begin{bmatrix} 3 & -1 & 3 \\ 6 & 1 & 2 \end{bmatrix}$$ [식 2.46]

위에서 보듯이 2×3 행렬과 2×3 행렬의 덧셈은 2×3 행렬을 만들어 낸다. 다음은 행렬에 스칼라를 곱하는 연산인 스칼라 곱셈(scalar multiplication)을 소개한다. 임의의 행렬 A에 상수 c를 곱하는 연산은 행렬 A의 모든 요소에 각각 상수 c를 곱해 주면 된다. 그 예가 [식 2.47]에 제공된다.

$$3\begin{bmatrix} 1 & -1 & 3 \\ 2 & 0 & 5 \end{bmatrix} = \begin{bmatrix} 3 & -3 & 9 \\ 6 & 0 & 15 \end{bmatrix} \qquad \text{[식 2.47]}$$

행렬의 뺄셈은 스칼라 곱셈과 덧셈의 간단한 응용이 된다. 예를 들어, $A - B$를 연산하고자 하면 먼저 행렬 B에 -1을 곱하는 스칼라 곱셈을 실행(결과는 $-B$)하고, 행렬 A와 $-B$를 더해 주면 된다. 행렬의 덧셈과 스칼라 곱셈을 설명한 시점에서, 앞에서도 설명했지만 벡터의 덧셈 및 스칼라 곱셈과 관련된 선형결합 또는 선형조합에 대하여 다시 한 번 설명하고자 한다. 이는 이어서 설명할 선형독립 및 선형종속의 개념과 이어져 있기 때문이다. 선형결합이란 두 개 이상의 벡터에 스칼라를 곱해 주고, 그것들을 모두 더한 것을 말한다. 예를 들어, 벡터 $A = \begin{bmatrix} 1 \\ 5 \end{bmatrix}$, 벡터 $B = \begin{bmatrix} 2 \\ 7 \end{bmatrix}$, 벡터 A의 스칼라 $a = 2$, 벡터 B의 스칼라 $b = 3$이라고 한다면, 선형결합 $C = aA + bB$는 [식 2.48]과 같이 표현할 수 있다.

$$C = 2A + 3B = 2\begin{bmatrix} 1 \\ 5 \end{bmatrix} + 3\begin{bmatrix} 2 \\ 7 \end{bmatrix} = \begin{bmatrix} 2 \\ 10 \end{bmatrix} + \begin{bmatrix} 6 \\ 21 \end{bmatrix} = \begin{bmatrix} 8 \\ 31 \end{bmatrix} \qquad \text{[식 2.48]}$$

선형결합의 개념을 이용해 알아야 할 다른 중요한 개념이 있는데, 바로 선형독립이다. 일반적으로 선형독립을 곧바로 정의하지 않고, 반대 개념인 선형종속을 정의한 다음에 선형종속이 아닌 상태를 선형독립이라고 한다. 만약 $aA + bB = 0$(이때 0은 영벡터)을 만족하는 0이 아닌 a와 b가 존재한다면, 벡터 A와 벡터 B는 서로 선형종속(linearly dependent)이라고 한다. 예를 들어, 벡터 $A = \begin{bmatrix} 1 \\ 2 \end{bmatrix}$, 벡터 $B = \begin{bmatrix} 2 \\ 4 \end{bmatrix}$라고 한다면, [식 2.49]와 같이 $aA + bB = 0$을 만족하는 0이 아닌 a와 b가 존재하게 된다.

$$2A - 1B = 2\begin{bmatrix} 1 \\ 2 \end{bmatrix} - 1\begin{bmatrix} 2 \\ 4 \end{bmatrix} = \begin{bmatrix} 2 \\ 4 \end{bmatrix} - \begin{bmatrix} 2 \\ 4 \end{bmatrix} = \begin{bmatrix} 0 \\ 0 \end{bmatrix} \qquad \text{[식 2.49]}$$

보는 바와 같이, $a = 2$, $b = -1$이 두 벡터의 선형결합의 결과를 영벡터로 만들게 되고, 벡터 A와 벡터 B는 서로 선형종속이 된다. 통계적으로 선형종속이란 벡터 A와 벡터 B가 서로 동일한 정보를 포함하고 있다는 것을 가리킨다. 그리고 만약 벡터 A와 벡터 B가 서로 선형종속이 아니라면, 둘은 선형독립(linearly independent) 관계가 있다고 한다. 선형종속 및 독립과 연결해서 행렬의 계수 (rank)[13]의 개념도 숙지할 필요가 있다. 계수는 행계수(row rank)와 열계수 (column rank)로 나뉜다. 행계수는 서로 선형독립인 행의 개수, 열계수는 서로 선형독립인 열의 개수로서 둘의 값은 서로 일치한다. [식 2.50]과 같은 행렬 A가 있다고 가정하자.

$$A = \begin{bmatrix} 1 & 1 & 3 \\ 2 & 5 & 9 \\ 0 & 1 & 1 \end{bmatrix}$$ [식 2.50]

행렬 A는 세 개의 열벡터로 이루어져 있는데(물론 세 개의 행벡터로 이루어져 있다고 할 수도 있다), 만약 각각 $V_1 = \begin{bmatrix} 1 \\ 2 \\ 0 \end{bmatrix}$, $V_2 = \begin{bmatrix} 1 \\ 5 \\ 1 \end{bmatrix}$, $V_3 = \begin{bmatrix} 3 \\ 9 \\ 1 \end{bmatrix}$ 이라고 한다면 세 개의 벡터가 서로 선형독립의 관계가 성립하지 않는다는 것을 알 수 있다. 즉, $c_1 V_1 + c_2 V_2 + c_3 V_3 = 0$을 만족하는 0이 아닌 c_1, c_2, c_3가 존재한다. 자세히 설명하면, $2V_1 + 1V_2 - 1V_3 = 0$이 된다. 계수를 계산하는 여러 방법이 존재하는데, 그것을 설명하는 것은 우리 책의 목적에 맞지 않는다. 어쨌든 위 행렬 A의 계수를 구하면 2가 되고, Rank(A)=2라고 쓴다. 행렬을 다시 살펴보면, V_1과 V_2는 서로 선형독립인데 V_3가 V_1과 V_2의 선형결합으로 표시될 수 있기 때문에 계수가 3이 되지 못하는 것이다. 만약 어떤 행렬이 가질 수 있는 최대한의 계수를 가진다면 full rank라고 이야기한다. 계수는 정방행렬이 아닌 경우도 계산할 수가 있는데, 예를 들어 3×4 행렬과 같은 경우에는 계수가 3일 때 full rank라고 한다.

다음은 두 행렬의 곱셈 방법을 설명하고자 하는데, 그 이전에 벡터의 내적 (scalar product)을 잠깐 정의한다. 벡터의 내적이란 차원의 크기가 같은 두 벡터에서 각 대응하는 차원의 값을 곱하고 모두 더하여 계산되는 하나의 스칼라 값이다. 예를 들어, $a = \begin{bmatrix} a_{11} \\ a_{21} \end{bmatrix}$ 이고 $b = \begin{bmatrix} b_{11} \\ b_{21} \end{bmatrix}$ 이라면 두 벡터의 내적은 $a_{11}b_{11} + a_{21}b_{21}$으로 정의된다. 이제 행렬을 이용하여 곱셈을 정의한다. 두 행렬 A와 B의 곱셈은 A의 행과 B의 열의 내적으로 이루어진 새로운 행렬을 만들어 내는 작업이다. 곱셈의 예를 위해서 행렬 A와 B가 [식 2.51]과 같다고 가정하자.

---

13) 계수 등으로 번역되어 사용하기도 하지만, 일반적으로 그냥 랭크라고 읽는다.

$$A = \begin{bmatrix} a_{11} & a_{12} \\ a_{21} & a_{22} \end{bmatrix}, \quad B = \begin{bmatrix} b_{11} & b_{12} \\ b_{21} & b_{22} \end{bmatrix} \qquad \text{[식 2.51]}$$

주어진 행렬 A와 B에서 A의 1행과 B의 1열의 내적으로 계산된 스칼라($a_{11}b_{11}$ $+ a_{12}b_{21}$)가 곱셈으로 만들어지는 새로운 행렬 AB의 1행 1열의 값이 된다. 마찬가지로 A의 1행과 B의 2열의 내적으로 계산된 스칼라($a_{11}b_{12} + a_{12}b_{22}$)는 새로운 행렬 AB의 1행 2열의 값이 된다. 이런 식으로 행렬 A와 B의 곱인 AB는 [식 2.52]와 같다.

$$AB = \begin{bmatrix} a_{11}b_{11} + a_{12}b_{21} & a_{11}b_{12} + a_{12}b_{22} \\ a_{21}b_{11} + a_{22}b_{21} & a_{21}b_{12} + a_{22}b_{22} \end{bmatrix} \qquad \text{[식 2.52]}$$

위 행렬의 곱셈을 보면 행렬 A의 열의 개수가 행렬 B의 행의 개수와 일치해야만 내적이 계산된다는 것을 알 수 있다. 그러므로 첫 번째 행렬의 열의 개수는 반드시 두 번째 행렬의 행의 개수와 일치해야만 행렬의 곱셈이 가능하다. 이런 관점에서 행렬의 곱셈 AB가 가능하다고 해도, 곱셈 BA는 얼마든지 가능하지 않을 수도 있음을 또한 눈치챌 수 있다. 예를 들어, 행렬 A가 2×4, 행렬 B가 4×3라면, 곱셈 AB는 가능해도 BA는 가능하지 않다. 자연스럽게 $AB \neq BA$임을 알 수 있다. 또 한 가지, 만약 $A_{2 \times 4}$와 $B_{4 \times 3}$를 이용해 AB를 계산한다면 그 결과물 행렬 AB는 2×3 행렬이 된다. 즉, 결과물 행렬은 첫 번째 행렬의 행의 개수와 두 번째 행렬의 열의 개수를 가지게 된다.

행렬의 연산에서 대각합(trace)은 정방행렬에 대해서만 정의되는데, 정방행렬의 대각요소의 합을 의미한다. 예를 들어, 앞에서 정방행렬의 예로 들었던 F를 이용하여 대각합을 계산해 보면 $tr(F) = 1 + 5 + 9 = 15$가 된다. 행렬의 연산에서 또한 중요한 개념은 정방행렬을 이용해서 계산해 내는 행렬식(determinant)이다. 행렬 A의 행렬식은 $\det(A)$ 또는 $|A|$로 표기한다. 잘 알려진 2×2 행렬의 행렬식을 구하는 과정을 [식 2.53]에 제공한다.

$$|A| = \begin{vmatrix} a_{11} & a_{12} \\ a_{21} & a_{22} \end{vmatrix} = a_{11}a_{22} - a_{12}a_{21} \qquad \text{[식 2.53]}$$

3×3 행렬의 경우에도 잘 알려진 방법을 통하여 비교적 쉽게 구할 수 있다. 사실 행렬식의 값은 앞에서 설명한 하위행렬을 이용하여 더욱 일반적으로 구하는 방법

이 있지만, 우리 책에서 다룰 내용은 아니다. 그 어떤 선형대수학 책을 보더라도 쉽게 찾을 수 있으므로 관심 있는 독자는 확인하기 바란다. 행렬식은 아래에서 다룰 고유값(eigenvalue)을 구하는 데도 중요하고, 여러모로 사용 빈도가 높은 개념이다. 또한 통계에서 제곱합 행렬(sum of squares and cross product matrix, SSCP matrix)의 행렬식 값은 자료가 가진 변동성(variability)의 크기를 나타내기도 한다.

다음으로 소개할 행렬의 연산은 역행렬(inverse matrix)의 계산이다. 두 개의 정방행렬 A와 B가 $AB = BA = I$를 만족시키면 A와 B는 서로 역행렬 관계가 있다고 한다. 그리고 이때 A의 역행렬 B는 A^{-1}(A inverse)로 표기한다(즉, $B = A^{-1}$). 반대로 B의 역행렬 A는 B^{-1}(B inverse)로 표기한다. [식 2.54]에 2×2 행렬 A와 A의 역행렬을 제공한다.

$$A = \begin{bmatrix} a_{11} & a_{12} \\ a_{21} & a_{22} \end{bmatrix}, \quad A^{-1} = \frac{1}{|A|} \begin{bmatrix} a_{22} & -a_{12} \\ -a_{21} & a_{11} \end{bmatrix} \qquad \text{[식 2.54]}$$

위 식으로부터 알 수 있듯이, 만약 어떤 행렬의 행렬식 값이 0이면, 즉 $|A| = 0$이면 A^{-1}의 앞부분에서 분모 부분이 0이 되므로 행렬 A는 역행렬이 존재하지 않게 된다. 이런 경우 행렬 A를 특이(singular 또는 noninvertible)라고 말한다. 반대로 행렬식 값이 0이 아니면 역행렬이 존재함을 수학적으로 증명할 수 있게 되고, A를 비특이 또는 정칙(nonsingular 또는 invertible)이라고 말한다. 역행렬의 개념을 숫자로 보면, 이는 역수(reciprocal)를 의미한다. 예를 들어, 숫자 3에 3^{-1}을 곱하면 1이 되듯이 행렬 A에 A^{-1}를 곱하면 항등행렬 I가 된다. 숫자는 3의 역수를 분수를 이용해 1/3이라고 쓸 수 있는 데 반해, 행렬을 $1/A$로 표현하지는 않는다.

이제 다변량 통계분석에서 중요한 정방행렬의 아이겐구조에 대하여 알아보도록 하자. 행렬 A는 $r \times r$ 정방행렬이고 I는 r차원의 항등행렬이라고 가정하면, $|A - \lambda I| = 0$을 만족시키는 λ(lambda)를 행렬 A의 고유값(eigenvalue)이라고 한다. 예를 들어, 행렬 A가 [식 2.55]와 같다고 가정하자.

$$A = \begin{bmatrix} 1 & 0 \\ 1 & 3 \end{bmatrix} \qquad \text{[식 2.55]}$$

그렇다면 정의에 의하여 행렬 A의 고유값은 [식 2.56]에서 구할 수 있다.

$$|A - \lambda I| = \left|\begin{bmatrix} 1 & 0 \\ 1 & 3 \end{bmatrix} - \lambda \begin{bmatrix} 1 & 0 \\ 0 & 1 \end{bmatrix}\right| = (1 - \lambda)(3 - \lambda) = 0 \qquad \text{[식 2.56]}$$

결과적으로 행렬 A의 고유값은 1과 3이다. 만약 정방행렬 A가 full rank라면, 즉 행렬 A 내에서 만들어지는 모든 벡터가 서로 선형독립이라면 고유값의 개수는 정방행렬 A의 차원의 크기가 된다. 위의 행렬 A는 2차원 정방행렬이고 $\begin{bmatrix} 1 \\ 1 \end{bmatrix}$과 $\begin{bmatrix} 0 \\ 3 \end{bmatrix}$은 서로 선형독립이므로 고유값의 개수는 2가 된다. 만약 행렬 A가 full rank가 아니라면, 고유값의 개수는 정방행렬의 차원의 크기보다 작게 된다. 위의 작업을 통하여 구한 각 고유값에 대해서는 상응하는 고유벡터(eigenvector)를 구할 수 있다. 만약 영벡터가 아닌 벡터 x가 $Ax = \lambda x$를 만족하는 경우에, x는 r개(A의 차원의 크기)의 요소를 가지는 열벡터이고 고유벡터라고 불린다. 또한 x_1, x_2, ..., x_r(A가 full rank인 경우 r개의 고유벡터 존재)로 표기한다. 각각의 고유값에 대하여 고유벡터를 구할 수 있는데, 먼저 $\lambda = 1$에 대한 고유벡터 $x_1 = \begin{bmatrix} s_1 \\ s_2 \end{bmatrix}$를 구하기 위해서는 [식 2.57]을 풀어야 한다.

$$\begin{bmatrix} 1 & 0 \\ 1 & 3 \end{bmatrix} \begin{bmatrix} s_1 \\ s_2 \end{bmatrix} = 1 \begin{bmatrix} s_1 \\ s_2 \end{bmatrix} \qquad \text{[식 2.57]}$$

위의 행렬로 이루어진 식을 풀면 두 개의 식 $s_1 = s_1$과 $s_1 + 3s_2 = s_2$를 갖게 된다. 첫 번째 식은 무의미한 정보를 담고 있으며, 두 번째 식을 풀면 $s_1 = -2s_2$가 되고, 위의 방정식을 만족하는 해(solution)는 무한대로 존재하게 된다. 즉, 미지수는 두 개인데 방정식은 하나밖에 없는 경우다. 이런 경우, 임의로 $s_2 = 1$이라고 정하면 $s_1 = -2$가 된다. 정리하면, $\lambda = 1$에 해당하는 첫 번째 고유벡터 $x_1' = [-2 \quad 1]$이 된다. 같은 방식으로 풀면 $\lambda = 3$에 해당하는 두 번째 고유벡터 $x_2' = [0 \quad 1]$이 된다. 고유값을 통해 고유벡터를 구할 때 위의 두 경우 모두 무한대의 해가 존재하는데, 그중 임의의 고유벡터를 결정해 준 것이다. 이렇게 되면 고유벡터를 구하는 모든 연구자가 동일하지 않은 고유벡터를 구할 수 있기 때문에 고유벡터의 노름(norm)을 1로 고정하는 작업을 하는데, 이렇게 만들어진 고유벡터를 표준화된 고유벡터(normalized eigenvector)라고 한다. 노름은 $\| \, \|$를 이용하여 표기하며, 이것은 벡터의 길이를 의미하는데, 벡터의 모든 요소들을 제곱하여 더하고 제곱근을 씌어 준 값이다. 예를 들어, x_1의 노름을 구하면 $\|x_1\| = \sqrt{(-2)^2 + 1^2} = \sqrt{5}$가 된다. x_1의 노름을 1로 만들어 주려면 앞 단계에서 임의로 $s_2 = 1$로 정하

지 말고 $s_2 = \dfrac{1}{\sqrt{5}}$ 로 정하면 된다. 이렇게 되면 $s_1 = \dfrac{-2}{\sqrt{5}}$ 가 된다. 이런 방식으로 $\lambda = 1$과 $\lambda = 3$에 해당하는 표준화된 고유벡터를 각각 구하고, 이는 e를 이용해서 [식 2.58]과 같이 표기하는 것이 일반적이다.

$$e_1 = \begin{bmatrix} \dfrac{-2}{\sqrt{5}} \\ \dfrac{1}{\sqrt{5}} \end{bmatrix}, \quad e_2 = \begin{bmatrix} 0 \\ 1 \end{bmatrix} \qquad\qquad [식\ 2.58]$$

위에 있는 두 벡터의 노름을 구하면 모두 1이 된다. 고유값은 요인분석 등에서 중요한 역할을 하며, 표준화된 고유벡터는 특히 주성분분석의 핵심이다. 마지막으로 설명할 개념은 직교행렬(orthogonal matrix)이다. 정방행렬 A가 $A'A = AA' = I$를 만족하면 행렬 A를 직교행렬이라고 부른다.

자세하게 설명하지는 못했지만 지금까지 행렬과 벡터의 기본에 대하여 살펴보았다. 사실 이 외에도 스펙트럼 분해(spectral decomposition), 행렬의 제곱 형태(quadratic form) 등 설명하고 싶은 많은 개념이 있지만, 우리 책이 지향하는 바를 고려했을 때 이쯤에서 마무리하는 것이 좋을 듯 싶다. 지금까지 설명한 내용이 앞으로 구조방정식을 공부해 나가는 데 있어서 도움이 될 것으로 기대한다.

제3장 구조방정식 모형의 이해

구조방정식 모형을 이해하고 여러 가지 용어에 익숙해지기 위해서 이번 장에서는 우리가 이 책에서 최종적으로 배우게 될 형태의 구조방정식 모형을 미리 소개한다. 앞에서 설명했듯이 먼저 숲을 확인한 다음 단계적으로 하나씩 하나씩 나무를 확인해 나가는 방식을 취한다.

[그림 3.1]의 경로도(path diagram)는 우울, 면역기능, 질병의 관계를 연구하고자 하는 구조방정식 모형의 가설을 보여 준다. 나중에 더 자세하게 설명하겠지만, 아래의 모형을 이용하면 구조방정식, 측정모형, 구조모형, 매개효과, 모형의 수정 등 매우 다양한 내용을 배울 수 있다.

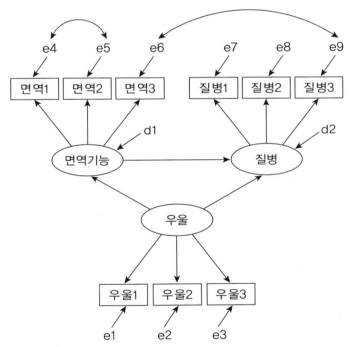

[그림 3.1] 우울, 면역기능, 질병의 구조방정식 모형

구조방정식 모형을 이해함에 있어서 가장 먼저 관찰변수와 잠재변수를 구분하는 것이 필요하다. 관찰변수(observed variable 또는 manifest variable)란 실제로 우리가 사례를 통하여 그 값을 가지고 있는 변수를 가리키며, 경로도에서는 사각형으로 표시한다. [그림 3.1]에는 우울1, 우울2, 우울3, 면역1, 면역2, 면역3, 질병1,

질병2, 질병3의 총 아홉 개 관찰변수가 있으며, 이러한 관찰변수와 그 값은 우리의 자료 세트에서 확인할 수 있다. 즉, SPSS 등의 통계 프로그램상에 이 아홉 개의 변수와 각 사례에 해당하는 값을 찾을 수 있다. 그에 반해, 잠재변수(latent variable 또는 unobserved variable)란 실제 사례를 통하여 그 값을 관찰할 수 없으며, 우리가 모형을 통해서 만들어 낸 개념적인 변수를 가리킨다. 맥락에 따라 구인(construct), 요인(factor), 차원(dimension), 잠재특성(latent trait) 등 다양한 용어를 이용해서 표현하기도 한다. 경로도에서는 원으로 표시하고, 보이지 않는 변수이므로 당연히 SPSS 등의 프로그램 자료상에는 나타나지 않으며, 우리가 관찰변수들을 통하여 만들어 내고 모형을 추정해야만 비로소 그 값을 알 수 있게 된다. [그림 3.1]에는 우울, 면역기능, 질병 등 세 개의 잠재변수가 있다.

관찰변수를 통하여 각각의 잠재변수를 만들어 내는 작업(예, 우울1, 우울2, 우울3을 이용해서 우울이라는 잠재변수를 만들어 냄)을 "측정(measurement)"이라고 한다. '잠재변수 우울이 관찰변수 우울1, 우울2, 우울3에 의하여 측정된다'라고 하거나 '우울1, 우울2, 우울3이 잠재변수 우울을 측정한다'라고 말한다. 다시 말해, 우울이라는 개념과 관계되는 문항 세 개(예, 나는 슬픈 영화를 보고 싶다[우울1], 나는 모든 것이 짜증난다[우울2], 나는 자신에게 화가 난다[우울3] 등)에 대한 반응값(response values)을 이용해서 우울이라는 잠재변수를 측정할 수 있는 것이다. 마찬가지로 면역기능과 질병도 각각 상응하는 관찰변수들에 의하여 측정된다.

차차 배우게 되겠지만 관찰변수는 사실 여러 가지 용도로 사용할 수가 있다. 관찰변수가 잠재적 구인을 측정하기 위해 사용될 때, 이와 같은 관찰변수를 지표변수 또는 측정변수(indicator variables 또는 indicators)라고 번역하여 사용한다. 이와 같은 이름의 의미는 관찰변수가 잠재적 구인을 가리키고(indicate) 있다는 뜻이다(observed variables indicate a latent construct). 그러므로 관찰변수가 잠재적 구인의 indicators가 된다. 관찰변수가 모형상에서 개별적인 독립변수로 사용될 때는 공변수 또는 공변인(covariate)이라고 부르며, 개별적인 종속변수로 사용될 때는 결과변수(outcome variable)라고 한다. 결과변수는 최근 많은 관심을 받고 있는 형태의 변수인데, 예를 들어 담배를 끊기 전후 2주간 흡연자들의 담배를 피고자 하는 욕구를 측정하여 종단모형(longitudinal model)을 추정하고 이 모형을 이용해 최종적으로 6개월 후에 실제로 금연에 성공했느냐 여부를 예측하고자 한다고 가정하자. 이런 경우 6개월 후의 금연성공 여부가 바로 결과변수가 된다. 이와 같이 결과변수의 측정시점이 모형 측정의 시점과 많이 떨어져 있는 경우 이를 원격 결과변수(distal outcome)라고 하고, 시간적으로 가까운 경우 (예, 금연 시도로부터 2주 후의 금연성공 여부) 근접 결과변수(proximal outcome)라고 한다. 차후 구조방정식 모형의 예제에서 종종 등장하게 될 것이다.

관찰변수의 종류와 함께 잠재변수의 종류에 대하여도 간단하게 설명하고자 한다. [그림 3.1]에서 우리의 주된 관심이 되는 잠재변수는 우울, 면역기능, 질병이다. 하지만 이 모형 안에 또 다른 숨어 있는 잠재변수가 존재하는데 그것은 바로 오차(errors)다. 우리가 가진 자료 세트에서 관찰이 되느냐 그렇지 않느냐라는 차이를 이용해 앞에서 관찰변수와 잠재변수를 구별하였는데, 오차 역시 우리 눈에 보이지 않으며 모형 안에서 결정된다. 즉, 우울, 면역기능, 질병 같은 잠재변수를 측정할 때처럼 모형을 설정하고 추정하지 않는 이상 오차란 존재하지 않는다. 그러므로 오차 역시 잠재변수이고 [그림 3.1]에 있는 아홉 개의 e와 두 개의 d가 바로 오차다. 이 두 종류(e와 d)의 오차는 성격이 약간 다른데, e는 관찰변수(지표변수)들이 잠재변수를 측정하는 과정에서 생긴 것으로 측정오차(measurement error)라고 하고, d는 잠재변수끼리의 구조적인 회귀관계에서 생긴 것으로 변수끼리 서로 설명하고자 하는 관계에서 나온 것이므로 설명오차(disturbance 또는 error)라고 번역된다.

관찰변수와 잠재변수의 차이와 더불어 외생변수(exogenous variable)와 내생변수(endogenous variable)를 구분해야 한다. 외생변수란 어떤 변수를 설명만 할 뿐, 다른 변수에 의해서 설명되지 않는 변수다. 그에 반해 내생변수란 어떤 변수를 설명하든지 아니든지 상관없이 다른 변수에 의해서 설명을 받는 변수다. [그림 3.1]의 잠재변수끼리의 관계에서 보면 우울이 바로 외생변수이며, 면역기능과 질병이 내생변수다. 개념적으로 외생변수와 내생변수는 주로 회귀 관계에서 정의되고 사용된다. 한 가지 주의할 점은, 외생변수와 내생변수가 마치 독립변수와 종속변수 같은 관계처럼 일견 느껴지지만 차이가 있다는 것이다. 외생변수는 독립변수와 역할이 거의 차이가 없지만, 내생변수는 종속변수이면서 동시에 독립변수의 역할도 할 수 있는 변수다. [그림 3.1]에서 면역기능은 우울과의 관계에서는 종속변수로서, 그리고 질병과의 관계에서는 독립변수로서 두 가지 역할을 동시에 수행하고 있다. 외생변수와 내생변수는 구조방정식에서 핵심적인 개념인데, 최근에는 이를 단순하게 독립변수와 종속변수로 칭하는 경우도 심심치 않게 볼 수는 있다. 엄격하게 말하자면, 이는 옳은 표현이라고 할 수 없다.

변수의 종류에 대한 이해를 기반으로 [그림 3.1]의 모형을 이해하여 보자. 구조방정식 모형은 크게 두 부분으로 분리하여 이해할 수 있는데, 하나는 측정모형 (measurement model 또는 measurement part)이고, 다른 하나는 구조모형 (structural model 또는 structural part)이다. 먼저 측정모형은 요인분석모형 (factor analysis model)이라고도 하는데, 관찰변수에 의해 잠재변수가 어떻게 측정되고 있는지를 보여 주는 부분이다. [그림 3.2]는 우울, 면역기능, 질병이 각각 세 개의 상응하는 지표변수에 의해 측정되는 원리를 보여 주는 모형이며, 잠재변수끼리의 관계에 대한 가설은 아직 적용되지 않고 있다. [그림 3.2]가 우울, 면역기능, 질병의 세 가지 잠재변수를 측정하는 모형이다.

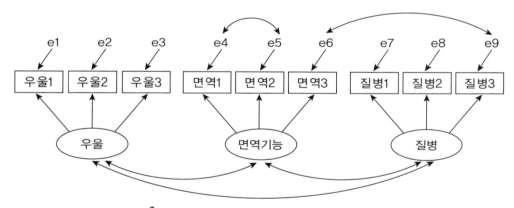

[그림 3.2] 우울, 면역기능, 질병의 측정모형

위의 모형을 보면 세 개의 잠재변수와 그에 상응하는 각각의 지표변수 간의 관계를 확인할 수 있다. 측정모형은 잠재변수들 간의 관계에 대한 가설이 없는, 즉 잠재변수들 사이에 화살표(→)의 방향이 설정되지 않은 모형이다. 그러한 이유로 측정모형에서 잠재변수들 간의 관계는 양쪽 화살표가 있는 곡선(⌣)을 이용해 표현된다. 이 곡선(⌣)은 두 변수 사이에 방향성이 존재하지는 않지만 서로 어떤 관련이 있다(다시 말해, 상관이 있다)는 것으로서, 분석되지 않는 관계 (unanalyzed association)라고 부른다. e_4와 e_5 사이, 그리고 e_6와 e_9 사이에 있는 양쪽 화살표 곡선도 역시 두 개의 오차변수 간의 상관을 표시하는 것이다. 측정모형을 위와 같이 경로도를 이용해서 이해하는 것도 좋은 방법이지만, 수식을 통해 이해할 때 더 선명하게 알 수 있기도 하다. [식 3.1]은 [그림 3.2]의 경로도를 수식을 이용해 표현한 것이다.

$$우울1 = \mu_1 + \lambda_1 우울 + e_1$$
$$우울2 = \mu_2 + \lambda_2 우울 + e_2$$
$$우울3 = \mu_3 + \lambda_3 우울 + e_3$$
$$면역1 = \mu_4 + \lambda_4 면역기능 + e_4$$
$$면역2 = \mu_5 + \lambda_5 면역기능 + e_5 \qquad [식\ 3.1]$$
$$면역3 = \mu_6 + \lambda_6 면역기능 + e_6$$
$$질병1 = \mu_7 + \lambda_7 질병 + e_7$$
$$질병2 = \mu_8 + \lambda_8 질병 + e_8$$
$$질병3 = \mu_9 + \lambda_9 질병 + e_9$$

경로도를 통해서도 알 수 있지만, 위의 식을 확인해 보면 측정모형이란 것이 잠재변수를 독립변수로 하고, 각각 상응하는 지표변수를 종속변수로 하는 회귀분석에 다름 아님을 알 수 있다. 이와 같이 측정모형에서는 지표변수가 종속변수로 사용되기 때문에 지표변수는 indicator라고도 하지만 때때로 outcome variable이라고도 한다. 실제로 결과변수의 outcome variable과 지표변수의 outcome variable은 수학적으로 다르지 않다. 다만 모형 안에서 쓰임이 다른 것뿐이다.

위의 식을 통해 종속변수(지표변수) 하나당 하나의 회귀분석 모형이 만들어지는 것도 확인이 가능하다. [식 3.1]의 첫 세 줄을 살펴보면, 우울이라는 공통적인 잠재변수가 우울1, 우울2, 우울3 등의 세 지표변수의 값을 설명하고 있는 세 개의 회귀분석 모형이다. μ_1, μ_2, μ_3는 각 회귀식의 절편(intercept)으로서 개념적으로 우울1, 우울2, 우울3 등 세 지표변수의 평균으로 볼 수 있다. 절편은 구조방정식 분야에서 과거에는 추정하지 않는 것(즉, 0으로 놓는 것; 더 정확히 말하면 원점수 변수들이 아닌 편차점수 변수들을 사용하는 것)이 일반적이었으나 최근에는 추정하려는 경향이 있는 것도 사실이다. λ_1, λ_2, λ_3는 기울기(slope)로서 개념적으로 우울과 각 지표변수의 상관(또는 상황에 따라 편상관)으로 볼 수 있는데, 이를 요인부하(factor loading)라고 하며 측정모형에서 아마도 가장 중요한 부분일 것이다. 그리고 각각의 회귀분석 모형에서 e_1, e_2, e_3 부분은 세 개의 지표변수 값이 우울이라는 잠재변수에 의해 설명되지 못하는 부분으로서 측정오차가 된다. 위의 측정모형과 일반적으로 알고 있는 회귀분석 모형과의 결정적인 차이점은 회귀분석에서는 종속변수도 독립변수도 모두 관찰변수지만, 측정모형에서는 독립변수가 잠재변수라는 것이다.

바로 앞 문단에서 언급한 편상관(partial correlation)은 여러 개의 독립변수가 존재하는 다중회귀(multiple regression)분석이나 구조방정식에서 중요한 개념이다. 편상관은 다른 독립변수의 효과를 통제한 상태에서 하나의 독립변수와 종속변수의 상관이라고 할 수 있다. [식 3.2]와 같은 다중회귀모형이 있다고 가정하자.

$$y = \beta_0 + \beta_1 x_1 + \beta_2 x_2 + e \qquad\qquad\qquad \text{[식 3.2]}$$

여기서 β_1은 개념적으로 x_2의 y에 대한 효과를 통제한 상태에서 x_1과 y의 편상관이라고 할 수 있다. 기술적으로 설명하자면, x_2에 대하여 x_1과 y를 각각 잔차화(residualization)하고, 잔차화된 x_1과 잔차화된 y의 상관을 구하면 그것이 바로 편상관이 된다. 풀어서 말하면, x_1에서 x_2가 설명하는 부분을 제외한 나머지와 y에서 x_2가 설명하는 부분을 제외한 나머지 간에 계산되는 상관이다.

측정모형과 더불어 구조방정식 모형을 구성하는 부분인 구조모형은 잠재변수 사이의 관계를 연구가설에 따라 설정한 모형이며, 잠재변수끼리의 회귀분석이라고 할 수 있다. 즉, 측정모형이 결정된 상태에서 측정된 잠재변수 사이의 영향 관계를 설정한 모형이며, [그림 3.1]의 구조모형 부분이 [그림 3.3]에 나타나 있다.

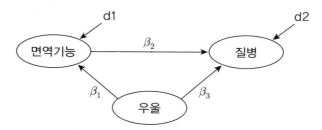

[그림 3.3] 우울, 면역기능, 질병의 구조모형

위의 그림이 내포한 의미는 우울이 면역기능과 질병을 설명하며(우울 → 면역기능, 우울 → 질병), 면역기능이 질병을 설명한다(면역기능 → 질병)는 가설이다. 화살표(→)는 기본적으로 하나의 변수가 다른 변수에 영향을 준다(affect)는 것을 가리킨다. 위의 그림에서 나타나는 가설을 식을 이용해 표현하면 [식 3.3]과 같다.

$$면역기능 = \alpha_1 + \beta_1 우울 + d_1$$
$$질병 = \alpha_2 + \beta_2 면역기능 + \beta_3 우울 + d_2$$

[식 3.3]

구조모형 역시 일련의 회귀분석 모형인데, 종속변수(내생변수) 하나당 하나의 회귀분석 모형이 존재한다. 위에서는 면역기능과 질병이 내생변수이므로 두 개의 회귀식이 성립한다. [식 3.3]의 α_1과 α_2는 구조모형의 절편이며, 이 역시 측정모형에서와 마찬가지로 추정하지 않는 것이 일반적이었으나 최근에는 추정하는 경우가 자주 있다. β_1, β_2, β_3는 구조모형의 회귀계수들로서 각 잠재변수가 상응하는 잠재변수에 미치는 영향을 나타낸다. d_1과 d_2는 설명오차로서 면역기능이 우울에 의해 설명되지 못한 부분(d_1)과 질병이 우울 및 면역기능에 의해 설명되지 못한 부분(d_2)을 가리킨다. [그림 3.3]의 경로도에서 각 설명오차로부터 상응하는 내생변수로 향하는 화살표(→) 역시 모두 설명의 의미를 지니고 있다. 예를 들어, 면역기능은 우울과 d_1으로 설명되고 있다는 것이며, 이는 [식 3.3]에서 면역기능이라는 변수의 오른쪽에 우울이라는 변수와 d_1이라는 변수가 있다는 것과 상통한다. 즉, 면역기능은 우울에 의해서 설명되는 부분과 오차에 의해 설명되는 부분(즉, 우울에 의해 설명되지 않는 나머지 부분)으로 이루어져 있다는 것이다. [그림 3.2]의 경로도상에서 각 측정오차(e)로부터 상응하는 지표변수로 향하는 화살표(→) 역시 같은 의미다.

지금까지 설명한 구조방정식 모형은 과거의 회귀분석 등에 비하여 여러 면에서 이점을 가지고 있다. 그중 가장 중요한 부분은 측정오차를 추정하여 구인으로부터 오차를 분리시킨 이후에 잠재변수 간 관계를 연구한다는 것이다. 측정모형 부분에서 측정오차를 명확하게(explicitly) 설명함으로써 구조모형 부분에서 잠재변수끼리의 관계가 더욱 정확하게 추정된다. 잠재변수를 이용한다는 것은 또 다른 장점으로 이어지는데, 연구가설의 수준과 분석의 수준이 일치하게 된다는 것이다. 회귀분석 등을 이용할 때 연구의 가설은 개념적인 수준에 있는데 분석의 수준은 측정오차가 포함되어 있는 관찰변수의 수준에 머물러 있는 불일치 문제가 구조방정식에서는 사라진다. 일반적으로 관찰변수 간의 관계(회귀계수, 기울기, slope) 추정치는 잠재변수 간의 관계 추정치에 비해 과소추정되는 경향이 있으며, 그 이유는 무작위적인 측정오차(random measurement error) 때문이다(Geiser, 2013). 다시 말해 변수에 존재하는 노이즈(noise)가 사라지고 나면(즉, 측정오차가 통제되면), 더 선명하고 정확한 변수들 사이의 관계를 확인할 수가 있는 것이다.

이번 장에서 구조방정식 모형의 기본을 소개하면서 사실 많은 부분을 모두 설명할 수도 있으나, 그와 같은 방식은 원래 계획했던 목적에 부합하지 않으므로 구조방정식 모형에 대한 대략적인 설명은 이 정도에서 마치고자 한다. 숲을 보기 위한 전체적인 소개는 이것으로 충분해 보이며, 앞으로 각 세부 주제를 다룰 때 더욱 자세히 설명하게 될 것이다.

제**4**장 M*plus* 이용하기

다음 장부터 본격적으로 여러 가지 형태의 구조방정식 모형을 배울 것이며 새로운 모형에 대한 예제는 M*plus* 프로그램을 이용하여 경험하게 될 것이다. 독자들이 M*plus* 예제를 통하여 구조방정식을 더 잘 이해할 수 있도록 이번 장에서는 M*plus* 의 일반적인 환경을 전반적으로 설명한다. 또한 M*plus*에서 이용하는 자료의 형태를 설명하고, 어떻게 만들 수 있는지를 예를 통해 자세히 설명한다. 마지막으로 [그림 3.1]의 경로도에서 보였던 구조방정식 모형을 M*plus*가 사용하는 언어를 통하여 표현하는 방법에 대하여 간략하게 보인다.

4.1. M*plus*의 기본환경

M*plus* 프로그램이 어떻게 이루어져 있는지에 대해 매우 기본적인 것들을 먼저 소개한다. M*plus* 정식 버전이나 데모 버전 모두 같은 모형을 다룰 수 있고, 형식도 일치하므로 그 무엇을 사용하든 다음에 설명할 내용과 부합할 것이다. 다만 데모 버전을 사용하면 앞서 설명한 대로 사용하고자 하는 변수의 개수에 제한을 받게 된다. 그리고 앞으로 우리 책에서 설명하게 될 내용은 마이크로소프트 윈도우 환경에서의 M*plus* 7(Muthén & Muthén, 1998-2015)이다. 사실 Mac OS 환경에서의 M*plus* 또한 크게 다른 점은 없을 것이다. 먼저 M*plus*를 윈도우에 설치하고 실행시키면 다음과 같은 화면을 얻게 된다.

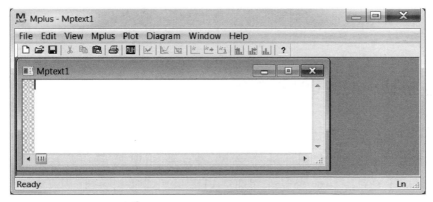

[그림 4.1] M*plus* 프로그램 윈도우

프로그램의 맨 위에는 디폴트[14) 파일명 Mptext1이 나타난다. 파일명은 File 메뉴의 Save 또는 Save as 옵션을 통하여 연구자의 의도대로 바꿀 수 있다. 그다음 줄은 M*plus*를 사용하기 위한 여러 메뉴가 File부터 Help까지 나타나며, 몇 가지 자주 쓰이는 주요한 메뉴 또는 명령어는 그다음 줄에 아이콘으로 나타나 있다. 여러 메뉴 중 필요한 부분은 천천히 하나씩 배워 나가게 될 것이므로 여기서 모두 설명하지는 않는다. 마지막으로 아랫부분을 보면 M*plus*의 명령문을 입력하기 위한 Mptext1 이라는 작은 윈도우가 나타난다. M*plus* 프로그램상에서는 이와 같은 작은 윈도우가 여러 개 열릴 수 있는데, 기본적으로 가장 중요한 두 개의 작은 윈도우는 input 윈도우와 output 윈도우다. M*plus*는 SPSS에서처럼 팝다운(pop-down) 메뉴를 통해서 모형을 선택(설정)하고 추정할 수 있지만, 그와 같이 사용하는 사람은 매우 드물고, 대부분 input 윈도우 안에 syntax를 써서 넣음으로써 사용한다. Syntax 안에는 데이터를 읽어 들이고, 모형을 설정하며, 추정 방법과 output 옵션을 결정하는 등 우리가 구조방정식 모형 안에서 상상할 수 있는 모든 작업을 위한 내용이 들어간다. 이와 같은 모든 syntax 작업이 끝나면 디스켓 모양의 아이콘을 누르거나 File 메뉴의 Save 옵션을 통하여 input 파일을 저장(확장자는 .inp)하고, Run 아이콘을 누르거나 M*plus* 메뉴의 Run M*plus* 옵션을 통하여 input 파일을 실행한다. 문제없이 만들어진 input 파일을 실행하면 output 윈도우가 자동으로 열리면서 모형의 추정 결과가 나타나게 된다. 이때 output 윈도우상에 나타나는 모든 내용은 연구자의 input 파일이 있는 폴더에 같은 이름으로 확장자만 .out의 형태로 자동 저장된다. 예를 들어, input 파일명이 model.inp였다면 동일한 폴더에 model.out이라는 파일이 저장되는 것이다. Input 파일이든 output 파일이든 모두 text 파일이기 때문에 윈도우의 메모장(notepad)에서 확인할 수 있다. 물론 언제라도 M*plus* 프로그램에서 열 수도 있다.

4.2. M*plus* 자료파일 만들기

Input 파일을 입력하고 output 파일을 얻어 내는 과정은 뒤에서 자세히 다룰 것이고, 일단 M*plus*에서 이용하기 위한 자료를 어떻게 준비하는지를 설명한다. M*plus*의 자료는 text 파일의 형태로 따로 준비해야 하는데, 원자료를 바로 이

---

14) 디폴트(default)는 특별히 어떤 옵션을 주지 않을 때 프로그램이 가지고 있는 기본값을 의미하는 것인데, 그 뉘앙스에 차이가 나기 때문에 기본값이라고 하지 않고 우리 책에서는 디폴트라는 용어를 이용할 것이다.

용하는 방법과 원자료의 요약치(공분산, 상관계수, 표준편차, 평균 등)를 이용하는 방법이 있다. 연구자가 처한 상황에 따라 두 가지 방법 모두 그 쓰임과 효용이 있다. 예를 들어, 요약치를 이용하는 방법은 원자료가 유실되었거나 다른 연구자의 논문에 보이는 요약치 정보를 이용해 모형을 설정하고 추정하길 원하는 경우 유용하며, 원자료를 이용하는 방법은 결측치가 있는 자료를 완전정보 최대우도(FIML)를 이용하여 추정할 때 쓸모가 있다. 또한 고급 분석방법 중 하나인 혼합모형(mixture model)을 추정하거나 부스트래핑(bootstrapping) 방법을 이용하고자 하면 원자료가 절대적으로 필요하다.

4.2.1. 원자료를 이용한 자료파일

먼저 Excel상에 있거나, SAS 또는 SPSS 등의 통계패키지의 자료파일에 있는 원자료를 text 파일로 변환하는 방법을 간단하게 설명한다. 특히 사회과학 분야의 많은 사람이 사용하는 SPSS를 이용한 방법을 설명하는데, Excel이나 다른 통계 프로그램에서의 방법도 매우 유사하므로 SPSS를 통한 방법만 안다면 충분히 응용할 수 있을 것으로 믿는다. 우리가 앞에서 예로 들었던 우울, 면역기능, 질병 간의 관계에 대한 SPSS 자료가 [그림 4.2]와 같이 있다. 원래 이 데이터는 M*plus*를 컴퓨터에 설치하면 자동으로 생성되는 예제 폴더에 있는 자료 세트 중 하나를 임의로 변형한 것이다.

	우울1	우울2	우울3	면역1	면역2	면역3	질병1	질병2	질병3
1	-.507	-.101	-.639	1.287	2.447	-.245	.010	.314	1.192
2	1.500	1.774	2.067	-1.465	-1.967	-.729	.479	.979	.615
3	.261	-.367	-1.017	.508	1.712	.963	-1.153	-1.240	-.445
4	2.002	.456	.347	-1.599	-1.069	-2.744	-1.661	-.656	.046
5	-.593	-.518	.643	.909	-.204	-.109	-.139	-.245	-.691
6	1.528	.861	.572	-.642	-1.445	-1.439	-1.175	1.523	1.058
7	1.546	-.134	.312	-.279	-.663	.151	.025	-.389	.068

[그림 4.2] 우울, 면역기능, 질병 자료–데이터 보기

[그림 4.2]는 데이터 보기(Data View)를 통한 자료이며, 총 500명에 대한 자료인데 결측치는 존재하지 않는 완전자료다. 지면의 한계상 [그림 4.2]에서는 7번째 사람의 값까지만 보인다. 같은 자료를 변수 보기(Variable View)를 통해서 보면 [그림 4.3]과 같다.

	Name	Type	Width	Decimals	Label	Values	Missing
1	우울1	Numeric	8	3		None	None
2	우울2	Numeric	8	3		None	None
3	우울3	Numeric	8	3		None	None
4	면역1	Numeric	8	3		None	None
5	면역2	Numeric	8	3		None	None
6	면역3	Numeric	8	3		None	None
7	질병1	Numeric	8	3		None	None
8	질병2	Numeric	8	3		None	None
9	질병3	Numeric	8	3		None	None

[그림 4.3] 우울, 면역기능, 질병 자료-변수 보기[15]

　　변수 보기에서 총 아홉 개의 변수가 있음을 확인할 수 있는데, 여기서 너비 (Width)와 소수점 이하 자리(Decimals)를 신경 써서 봐야 한다. Width는 하나의 변수가 text 파일상에서 좌우로 총 몇 칸을 차지하게 될지를 가리키며, Decimals 는 총 차지하고 있는 칸 중에 소수점 이하 자리가 몇 칸인지를 가리킨다. 위에서 모든 변수의 Width가 8이고, Decimals가 3이라는 것은 각 변수마다 8칸씩을 차지하고, 그중 마지막 세 자리는 소수점 이하 자리라는 것을 뜻한다. 각 변수의 Width와 Decimals는 얼마든지 다른 숫자를 취할 수 있다. 예를 들어, 우울1의 Width는 8, Decimals는 3으로 하고, 우울2의 Width는 9, Decimals는 2로 설정하여도 두 변수가 사용하는 소수점 자리수가 달라진다는 사실 외에 기술적인 문제는 없다. 다만 Width와 Decimals에 대한 정보는 나중에 M*plus*용 input 파일을 작성하는 데 사용하게 될 것인데, 이때 주의해서 syntax를 작성해야 한다. Input syntax 작성의 편의를 위하여 특별한 이유가 없는 한 변수들의 Width와 Decimals는 같은 숫자로 지정하는 것이 편리하다.

　　이제 SPSS의 자료 세트 depression.sav를 M*plus*용 자료형태인 text 파일로 바꾸어 보자. 먼저 SPSS의 File 메뉴에서 Save as를 클릭하면 [그림 4.4]와 같은 윈도우가 나타나게 된다. 새롭게 나타난 윈도우상에서 Save as type을 고정아스키 형태인 Fixed ASCII(*.dat)로 선택하면 File name의 확장자 역시 .dat로 변하게 되는데, 이 상태에서 윈도우의 오른쪽에 있는 Save를 클릭하면 된다.

---

15) 한글판 SPSS의 경우 수많은 번역의 오류로 모형이나 옵션을 선택할 때 그 용어가 본질을 흐리는 경우가 많아서, 우리 책에서는 여러 가지 이유로 영문 SPSS를 이용한다.

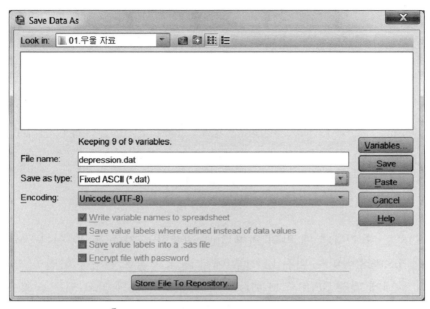

[그림 4.4] M*plus*용 자료 text 파일 만들기

위와 같이 하면 data 확장자를 지닌 depression.dat 파일이 depression.sav가 있는 동일한 폴더에 생성된다. 생성된 depression.dat 파일은 윈도우의 메모장을 이용해서 열 수도 있고, M*plus*를 통해서도 열 수 있다. M*plus*는 사실 대다수 형태의 text 파일의 종류나 포맷을 모두 자료파일로 받아들일 수 있는데, txt나 csv의 확장자를 가진 text 파일 및 Tab-Delimited 포맷을 가진 ASCII 형태의 파일 등을 모두 허락한다. 우리 책에서는 앞으로 필자의 경험에 비추어 M*plus*에서 가장 오류가 적고 기본적인 방법인 고정아스키 포맷(.dat)의 파일을 사용할 것이다.

여기서 M*plus*용 자료파일을 만드는 데 있어 한 가지 유의할 점을 설명하고자 한다. 이는 필자가 지난 몇 년간 다른 M*plus* 사용자들에게서 종종 받아 온 질문에 대한 대답이기도 하다. 먼저 위의 과정을 통하여 만들어진 depression.dat는 M*plus* 프로그램에서 File-Open을 클릭한 다음, Files of type을 All Files(*.*)로 클릭하면 보이게 되고, 더블클릭을 통하여 [그림 4.5]를 볼 수 있다. 이때 윈도우의 메모장이 아닌, 반드시 M*plus*를 사용하여 생성된 자료파일을 열어야 한다.

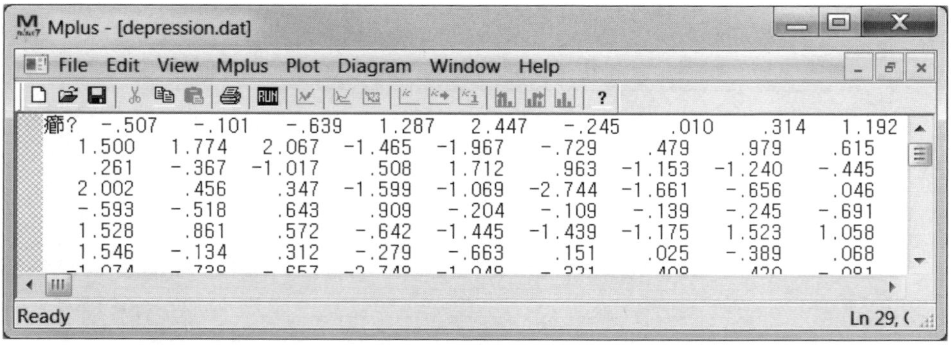

[그림 4.5] Mplus용으로 변환된 자료파일

위의 그림을 확인하면 맨 앞의 의미 없는 이상한 글자를 볼 수 있다. 이는 현재 최신버전의 SPSS(아마도 버전 19 이후)에서 text 파일로 변형을 하면 나타나게 되는데, 이 문제에 대해 SPSS도 Mplus도 서로 해결을 하지 않고 있는 상황이다. 이 현상은 Mplus 이용 시 문제가 되기도 하고, 아무런 문제를 일으키지 않기도 하는데, 앞으로 Mplus를 사용하는 데 꼭 확인하고 지울 것을 추천한다. 지우고 나면 열을 잘 맞추어서 [그림 4.6]과 같이 저장하면 된다. 그리고 이렇게 만들어진 text 포맷으로 된 자료파일은 연구자가 사용하는 input 파일과 같은 폴더에 저장하면 된다. 다른 폴더에 저장한다고 하여 Mplus를 실행할 수 없는 것은 아니지만, 그런 경우에는 자료파일이 존재하는 경로(path)를 input 파일의 syntax에 설정해 주어야 하는 번거로움이 있기 때문에 추천하지 않는다. 한 가지 더 추가적으로 말하자면, [그림 4.6]에서 보듯이 Mplus에서 사용하는 자료파일은 변수의 이름이 첫 줄에 들어가지 않는다.

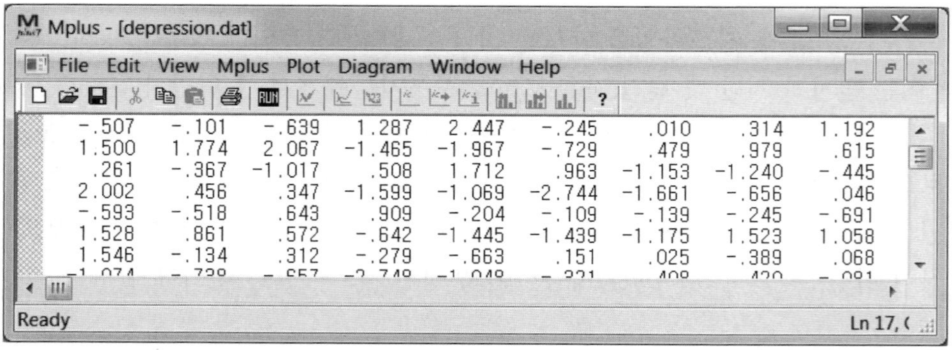

[그림 4.6] 문제를 해결한 자료파일

　SPSS를 이용해서 구한 총 아홉 개 관찰변수의 기술통계량(평균, 표준편차, 상관계수)이 [표 4.1]에 제시되어 있다. 구조방정식 모형은 기본적으로 공분산 행렬을 분석하지만, 상관계수가 변수 간의 관계를 살피는 데 더 편리하므로 상관계수를 제공하였다. 물론 앞에서 설명했듯이 상관계수와 표준편차가 있으면 공분산을 계산해 낼 수 있다.

[표 4.1] 우울, 면역기능, 질병 자료의 상관 및 기술통계

	우울1	우울2	우울3	면역1	면역2	면역3	질병1	질병2	질병3
우울1	1.00								
우울2	.777	1.00							
우울3	.724	.712	1.00						
면역1	−.249	−.250	−.247	1.00					
면역2	−.244	−.219	−.171	.767	1.00				
면역3	−.227	−.224	−.210	.738	.713	1.00			
질병1	.319	.268	.219	−.293	−.265	−.268	1.00		
질병2	.293	.224	.201	−.227	−.242	−.263	.796	1.00	
질병3	.311	.286	.226	−.262	−.235	−.276	.793	.738	1.00
표준편차	1.315	1.024	.968	1.349	1.008	1.024	1.376	1.040	1.025
평균	.011	.028	.005	−.010	−.078	−.076	.024	.025	.034

　구조방정식 모형을 이용하는 논문에서는 자료의 요약치를 이용하지 않고, 원자료를 이용한다고 하더라도 [표 4.1]과 같이 상관계수, 평균, 표준편차를 제공하는 것이 일반적이다. 그리고 위의 기술통계량을 제공하는 데 있어서 M*plus*의 ANALYSIS 커맨드의 TYPE＝Basic; 옵션(요약통계치가 아닌 원자료가 필요)이나 OUTPUT 커맨드의 Sampstat; 옵션을 이용할 수도 있다. 이 경우에 만약 결측치가 존재하면 SPSS와 M*plus*의 기술통계량이 다를 수 있다. 이는 기술통계량을 계산할 때 SPSS가 일률적 삭제(listwise deletion)나 쌍별 삭제(pairwise deletion)를 이용하는 데 반해, M*plus*는 디폴트로 FIML 추정(버전 5 이후)을 이용하기 때문이다. 만약 M*plus*에서 일률적 삭제를 이용하고 싶다면 DATA 커맨드에서 LISTWISE＝On; 옵션을 이용하면 된다. 그리고 만약 결측치가 존재하지 않는다면 무슨 결측치 처리 방법을 사용하든지 두 프로그램의 차이는 없다. 방금까지 위에서 아직 소개하지 않은 M*plus*의 커맨드, 옵션이라는 단어를 사용했는데, 이는 바로 뒤에서 설명할 것이다.

4.2.2. 요약치를 이용한 자료파일

지금까지와 같이 원자료를 text 파일로 변환하여 구조방정식 모형을 추정하게 되는 것이 일반적인 상황이지만, 자료의 요약치(summary statistics)를 이용해야 하는 상황도 현실 속에서 종종 마주치게 된다. 앞 장에서 설명했듯이 구조방정식 모형은 공분산 구조분석이라고도 하며, 공분산 행렬만 있다면 회귀분석, 요인분석 등이 모두 가능(추정 방법의 발달로 현재는 상관계수 행렬만 있어도 가능)하다. 만약에 연구자가 [식 4.1]과 같은 공분산 행렬만 가지고 있는 상태에서 구조방정식 모형을 이용하고 싶다면 다음과 같이 하면 된다.

$$\begin{bmatrix} 6.89 & & & \\ 6.25 & 15.58 & & \\ 5.84 & 5.84 & 10.76 & \\ 6.09 & 9.51 & 6.69 & 11.22 \end{bmatrix} \qquad \text{[식 4.1]}$$

공분산 행렬이란 것은 설명했듯이 대각요소(위에서는 6.89, 15.58, 10.76, 11.22)에 대하여 마주 보는 요소의 값이 서로 일치하므로(즉, 대칭이므로) 하삼각 행렬(lower triangular form)부분만 표시하였다. 이 방법은 수학이나 통계학에서 매우 일반적인 공분산 행렬 또는 상관계수 행렬의 표시 방법이며, M*plus* 또한 이러한 형태를 기본적으로 가정한다. 그러므로 위의 값들을 윈도우의 메모장을 이용해 text 파일로 만들면 된다.

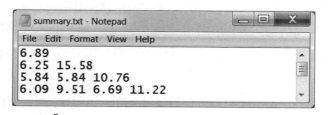

[그림 4.7] 공분산 행렬을 이용하는 자료파일

이때 text 파일의 확장자는 .txt로 하여도 좋고 .dat로 윈도우 탐색기에서 바꾸어 사용하여도 상관없다. 연구자가 사용하게 될 input(*.inp) 파일과 같은 폴더에만 있다면 아무런 문제가 없다. 만약 공분산 행렬이 아닌, 상관계수 행렬과 표준편차를 사용하고자 하는 경우에는 [그림 4.8]과 같이 표준편차가 먼저, 그리고 바로 밑에 상관계수 행렬을 입력하여 text 파일로 만들면 된다. 참고로 [그림 4.8]의 자료는 [그림 4.7]의 자료와 아무런 상관이 없는 임의의 값들이다.

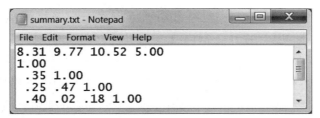

[그림 4.8] 표준편차와 상관계수 행렬을 이용하는 자료파일

만약 상관계수 행렬과 표준편차와 평균 벡터를 모두 이용하고자 하는 경우, [그림 4.9]와 같이 평균 벡터, 표준편차, 상관계수 행렬의 순서로 입력하여 메모장으로 저장한다.

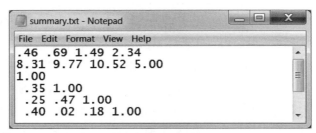

[그림 4.9] 평균, 표준편차, 상관계수 행렬을 이용하는 자료파일

원자료를 이용하든 요약 통계치를 이용하든 M*plus*의 syntax에 연구자가 무엇을 이용하는지를 프로그램에 알려 줘야 한다. 그때는 DATA라는 커맨드에 적절한 명령문을 넣어 주면 되는데, [그림 4.7]의 경우에는 TYPE IS covariance;라고 설정하고, [그림 4.8]의 경우에는 TYPE IS stdeviations correlation;이라고 설정하며, [그림 4.9]의 경우에는 TYPE IS means stdeviations correlation;이라고 설정한다.

4.3. M*plus*의 구조와 예제

이번에는 M*plus*의 전체적인 구조와 앞서 소개했던 실제 자료를 분석하는 예를 통해 프로그램에 대한 전체적인 이해의 정도를 높이고자 한다. 먼저 M*plus*의 input 파일에 대한 개략적인 설명을 하고, 앞서 만들었던 depression.dat 파일을 통해 실제로 어떻게 연구자가 설정한 모형의 syntax를 작성하고 추정하며 결과를 해석하는지 확인한다. 그 이전에 M*plus*의 input 파일에 기록되는 syntax의 몇 가지 규칙을 언급하고자 한다. 먼저 모든 명령어 줄은 영문 글자와 부호 및 스페이스 등을 포함하여 90칸을 넘을 수 없다. 그 어떤 명령어 줄에서든 만약 90칸을 넘어가게 되면 그 이후의 내용은 M*plus*가 인식하지 못하게 되므로 연구자는 줄을 바꿔서 명령문을 이어 가야 한다. 만약 90칸을 넘어서 명령어가 이어지게 되면 M*plus*는 오류 또는 경고 메시지(error message 또는 warning message)를 보여 주므로 연구자가 쉽게 확인할 수 있다. 참고로 오래된 버전의 M*plus*에서는 80칸을 넘을 수 없다. 필자가 M*plus*의 모든 버전을 가지고 있는 것이 아니라서 정확하게 어느 세부 버전에서 바뀌었는지는 확실하지 않지만, 대략 버전 6에서 7로 넘어오면서 바뀐 것으로 보인다.

다음으로 M*plus* syntax에서 영문 대문자와 소문자의 구별은 존재하지 않는다. 그런 이유로 우리 책에서는 다만 명령어들의 구분이나 잠재변수와 관찰변수의 구분 등을 위해 그때그때 편의상 대문자와 소문자를 사용할 것이며 특별한 원칙은 존재하지 않음을 밝힌다. 그리고 모든 명령어 줄은 세미콜론(;)으로 끝나야 한다. 만약 어떤 명령어 줄이 세미콜론으로 끝나지 않으면 M*plus*는 그 명령어 줄이 다음 줄로 이어지고 있다고 판단한다. 실제로 M*plus*에서 하나의 명령어 줄을 여러 줄에 걸쳐 쓰는 것은 어떤 차이를 만들지 못하는 것이 일반적이다. 하지만 차이를 만드는 몇 가지 상황도 존재하므로 유의해야 한다. M*plus* syntax에서 세미콜론을 연구자의 실수로 생략했을 때 M*plus*는 다양한 방식으로 그 오류에 대응한다. 예를 들어, 어떤 상황에서는 오류 메시지와 함께 syntax 오류가 발생할 수도 있고, 또 어떤 상황에서는 아무런 문제없이 명령문을 수행할 때도 있으며, 또 어떤 상황에서는 연구자가 의도하지 않은 방식으로 명령문을 해석하여 수행하기도 한다. 그러므로 세미콜론의 사용은 반드시 연구자의 의도에 맞추어 사용해야 한다. 마지막으로 M*plus*에서 변수 이름의 길이는 영문 여덟 칸을 넘을 수 없다. 여덟 칸을 넘을 경우 M*plus*는 역시 오류 메시지를 보여 준다.

4.3.1. M*plus*의 input 파일

연구자가 설정하고 의도한 모형을 M*plus*의 input 파일에 정확하게 적어 넣는 것이 M*plus*를 잘 이용하기 위한 핵심이다. 따라서 M*plus*의 input 파일이 어떤 구조로 되어 있는지 파악하고, 기억해야 할 용어와 반드시 따라야 하는 원칙들을 정리하도록 하자. M*plus*의 input 파일은 최대 10가지 종류의 커맨드(command)로 이루어져 있으며, 각각의 커맨드는 다양한 하위커맨드(subcommand) 또는 옵션(option)을 포함하고 있다. 이번 단계에서 모든 하위커맨드와 옵션까지 설명할 수는 없으며, 각각의 커맨드가 어떤 역할을 하는지만 간략하게 살펴본다.

Input 파일을 생성하는 데 있어서 항상 모든 커맨드를 사용하는 것은 아니며, 연구자의 의도에 따라 최소한의 커맨드와 옵션을 사용하여 효과적으로 input 파일을 작성할 수 있다. 이는 특정한 모형을 추정하기 위한 syntax가 모형의 종류에 따라 학계에서 기본적으로 통용되는 수많은 디폴트를 가지고 있기 때문에 가능하다. 이렇게 연구자가 직접 명령어를 적어 넣지 않아도 실행되는 디폴트 옵션들은 구조방정식 프로그램의 syntax를 간단하게 할 수 있다는 장점이 있음이 분명하다. 하지만 연구자가 통계적으로 모형을 잘 이해하지 못하고 있다면 자신이 무슨 모형을 통해 어떤 종류의 모수 추정치를 얻어 내고자 하는지도 모르면서 엄청난 내용의 결과물과 마주하게 된다. 최근의 Amos, LISREL, M*plus* 등은 과거 초창기의 LISREL과 다르게 수많은 디폴트 옵션을 가지고 있기 때문에 연구자는 매우 주의해야 한다. 물론 디폴트 커맨드나 옵션은 연구자가 syntax에 선명하게 써넣는다고 해도 상관이 없으며, 모형을 수정하기 위한 의도에 따라 얼마든지 바꿀 수도 있다. 이제 M*plus*의 커맨드를 하나씩 간단히 살펴보기로 한다.

a. TITLE

연구자가 만들고 있는 input 파일의 제목을 정할 수 있으며, 선택적인 명령문이다. 많은 구조방정식 모형을 추정하다 보면, 시간이 흐른 뒤에 연구자가 어떤 의도를 가지고 input 파일을 작성했는지 자세히 기억하지 못하는 경우가 생기므로 input 파일이 추정하고자 하는 모형의 특성을 잘 나타내도록 제목을 이용할 것을 권한다. 이런 관점에서 상당히 유용한 것은 코멘트(comment) 옵션이다. 코멘트 옵션은 input 파일의 그 어떤 위치에서도 사용할 수 있는데, 느낌표(!)로 시작하며 끝맺음을 하는 기호는 없다. 느낌표로 시작한 syntax 줄은 녹색으로 변하게 되며, M*plus*는 그 부분을 모형추정을 위한 명령어로 인식하지 않는다. 줄을 바꿔 코멘트를 이어 가고자 할 때는 새로운 줄을 다시 느낌표로 시작해야 한다.

b. DATA

연구자가 모형에서 사용하고자 하는 자료의 이름과 경로를 지정할 수 있는 커맨드로서 반드시 포함해야 하는 필수적인 명령문이다. 이때 사용하고자 하는 자료파일이 M*plus* input 파일과 같은 폴더에 있다면 경로지정은 필요하지 않다. DATA 커맨드에서는 또한 앞에서 만든 아스키 파일의 포맷을 설정해 주어야 오류 없이 자료 내용을 잘 읽어 들일 수 있게 된다.

c. VARIABLE

연구자가 읽어 들인 자료파일의 변수를 지정해 주는 커맨드로서 필수 명령문이다. 일단 자료파일 안에 있는 모든 변수의 이름을 순서에 맞게 영문 여덟 글자 이내로 지정해 줘야 한다. 그리고 그 모든 변수 중에 일부의 변수만 내 모형에서 사용하고자 할 때 옵션을 사용하여 어떤 변수를 사용할 것인지 결정할 수 있다. 또한 연구자가 사용하는 변수가 연속형인지 범주형인지를 결정해 줄 수 있고, 이 설정에 따라 Mplus가 이용하는 추정 방법의 종류나 추정 알고리즘의 디폴트가 변경되기도 한다.

d. MODEL

연구자가 추정하고자 하는 모형을 설정하는 커맨드로서 필수적으로 존재해야 할 명령문이다. MODEL 커맨드에 모형을 설정하는 것은 바로 우리가 추정할 모형과 모수를 지정해 준다는 것과 같은 의미다. 즉, 어떤 종류의 모형을 추정할 것인지, 그 모형에서 어느 모수를 추정할 것인지, 어떤 모수들에 제약(constraint)을 주어 같게 만들거나 하나의 값으로 고정(fix)할 것인지 등을 결정한다. 모형의 설정에서 가장 중요한 세 가지의 옵션이 BY, ON, WITH인데, BY는 측정모형의 설정에, ON은 변수 간의 경로 설정에, WITH는 변수 간의 상관(공분산 또는 상관계수) 설정에 사용한다. 여기서 변수 간의 상관에 대해 잠깐 언급한다. 구조방정식 분야에서 상관(correlated 또는 associated)이라는 단어를 받아들일 때 유의해야 할 점이 있기 때문이다. 문장 중에 상관이라는 단어가 나올 때, 이는 단지 '연관이 되어 있는'이라는 의미를 가지는 것이 일반적이다. 그렇기 때문에 이는 공분산(covariance)이 될 수도 있고 상관계수(correlation coefficient)를 의미할 때도 있다. 국제저널 논문이나 책을 읽을 때 유의해야 하며, 우리 책에서도 상관이라는 단어는 때에 따라 공분산이 될 수도 또는 상관계수가 될 수도 있음을 밝힌다.

e. DEFINE

자료 세트 안에 이미 존재하는 변수를 변환하여 새로운 변수를 만들고자 할 때 사용하는 선택적인 명령문이다. 간단하게 두 개의 변수를 곱하여 새로운 변수를 만들 수도 있고, 조건문(conditional statement)을 이용하여 복잡한 변환을 할 수도 있다. 예를 들어, 두 변수 사이의 상호작용항(interaction term)을 만들고자 할 때 SPSS에서 두 변수 사이의 곱으로 상호작용항을 만들고 이를 다시 Mplus용 고정아스키 파일(.dat)로 변환할 수도 있지만, 그런 번거로운 작업 없이 Mplus syntax 안에서 DEFINE 커맨드를 이용해 해결할 수 있다.

f. ANALYSIS

사용하고자 하는 분석의 기술적인 내용을 자세하게 설정할 수 있는 커맨드로서 선택적인 명령문이다. 예를 들어, 사용하고자 하는 모형 또는 분석의 종류, 추정 방법의 종류, 모형에서 어떤 모수의 세트를 추정하느냐를 결정하는 모수화

(parameterization)의 방법, 추정 과정에서의 알고리즘의 종류 또는 수렴의 조건 (convergence criterion) 등을 결정한다.

g. OUTPUT

분석을 통하여 기본적으로 가지게 되는 결과 외에 추가적으로 연구자가 더 필요한 분석결과를 요구할 수 있는 선택적인 명령문이다. 표준화된 추정치를 요구한다든지, 자료를 요약하는 기술통계량을 요구한다든지 하는 역할을 하며, 매우 다양한 옵션을 가지고 있는 명령문이다. 앞으로 이 책의 여러 예제를 통하여 다양한 OUTPUT 옵션을 설명하게 될 것이다.

h. SAVEDATA

연구자가 설정한 모형과 옵션대로 input 파일을 작성하여 RUN 아이콘을 클릭하면 output 파일에 모든 결과가 담기게 되는데, 이 output 파일에 나온 결과 외에 추가적인 결과를 요구할 때 쓰이는 선택적인 명령문이다. 예를 들어, 요인분석에서 요인점수(factor scores)를 요구할 수도 있고, 이상값을 찾기 위한 Mahalanobis의 거리를 요구하기도 하며, 혼합모형(mixture model)에서의 사후확률(posterior probability) 등을 요구하기도 하여 다른 개별적인 파일로 저장한다.

i. PLOT

연구자가 모형의 분석에 이용하는 자료나 분석의 결과를 그래프를 통해서 보여주는 선택적인 명령문이며, TYPE, SERIES, OUTLIERS 등 세 개의 옵션이 있다. 연구자가 사용하는 모형이 무엇인지에 따라 선택할 수 있는 옵션과 유형이 달라진다. 예를 들어, 탐색적 요인분석에서는 스크리 도표(scree plot)를 요구할 수 있으며, 잠재성장모형(latent growth model)에서는 성장궤적(growth trajectory) 등을 요구할 수 있다. 앞으로 여러 예를 통하여 확인하게 될 것이다.

j. MONTECARLO

모형의 종류와 조건에 맞는 자료를 생성하고 분석하여 방법론적인 질문에 대답하기 위해 사용하는 컴퓨터 시뮬레이션 연구를 실행할 수 있는 커맨드로서 선택적인 명령문이다. 일반적인 연구자는 잘 사용하지 않는 특수 커맨드라고 할 수 있다. 하지만 연구를 위한 적절한 표본크기를 결정하기 위하여 사용하기도 하기 때문에 마지막 장에서 간단하게 설명한다.

지금까지 설명한 여러 커맨드는 전체적으로 그 순서가 확고하게 결정되어 있는
것은 아니다. 순서에 상관없이 쓸 수 있는 것이 대부분이며, 순서가 중요한 경우는
드물다. 하지만 많은 연구자가 syntax를 작성할 때는 전통적인 순서를 따르는 것
이 일반적이다. 이런 일반적인 순서는 앞으로 많은 예제를 보면서 익숙해지게 될
것이다.

4.3.2. M*plus*를 이용한 실제 예

지금까지 간략하게 설명한 커맨드의 종류와 그 역할을 이해하기 위해 [그림 3.1]
에 제시된 구조방정식 모형을 실제로 M*plus*를 이용하여 추정한다. 모형에 설정된
세부사항들을 어떻게 input 파일에 적용하여 만들어 내고, output 파일에는 어떻
게 결과가 나타나는지 살펴본다. [그림 4.10]에 앞서 보인 구조방정식 모형을 나타
내는 input 파일이 있다. 그림상에서 대문자와 소문자가 혼합되어 표시되고 있는
데, 앞서 설명한 대로 M*plus*는 대문자와 소문자를 구별하지 않는다.

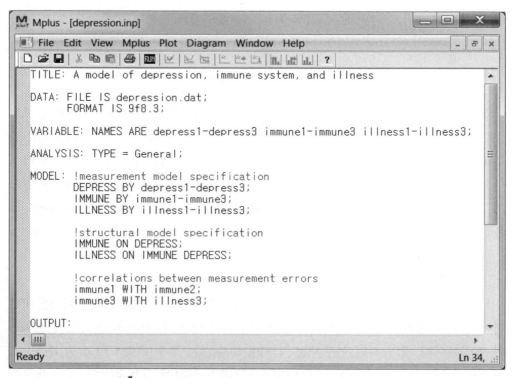

[그림 4.10] 우울, 면역기능, 질병 모형의 input 파일

먼저 M*plus*의 input 파일은 80 또는 90칸을 넘을 수 없다는 것을 상기해야 한다. 왼쪽에서 오른쪽으로 내용을 써 나가며, 만약 80/90칸을 넘어가게 되면 RUN을 실행했을 때 경고문이 뜨게 된다. 또한 M*plus* 상에서 모든 커맨드는 파란색으로 표시되고 콜론(:)으로 끝나야 한다. 이 사실과 앞서 설명한 여러 유의점을 유념한 상태에서 이제 커맨드를 하나하나 살펴보도록 하자. TITLE 커맨드에는 추정하고자 하는 모형에 대한 간략한 설명이 있다. DATA 커맨드에는 먼저 FILE IS 옵션(또는 하위커맨드)을 통하여 연구자가 이용하고자 하는 자료파일의 이름을 써야 하는데, 앞에서 만들어 두었던 depression.dat가 이용되고 있음을 확인할 수 있다. 하나의 옵션을 이용해서 내용을 서술한 후에는 앞서 설명한 대로 세미콜론(;)을 이용하여 마무리해야 한다. 이 원칙은 TITLE 커맨드를 제외하고는 항상 성립한다. FORMAT IS 옵션은 text로 된 자료파일에 있는 변수들이 각각 몇 칸씩 차지하고 있으며, 소수점 이하 자리는 몇 칸인지를 지정해 준다. 여기에는 앞에서 우리가 SPSS를 이용해 text 포맷으로 된 자료파일을 만들 때 주의 깊게 보았던 그 포맷을 그대로 적어 주어야 한다. 9f8.3은, 총 여덟 칸을 차지하고 그중 마지막 세 칸이 소수점 자리임을 나타내는 변수가 모두 아홉 개 있음을 표시하는 방법이다. 9f8.3 대신에 f8.3을 아홉 번 써 주어도(즉, FORMAT IS f8.3 f8.3 f8.3 f8.3 f8.3 f8.3 f8.3 f8.3 f8.3;) 같은 의미가 된다.

VARIABLE 커맨드에는 먼저 NAMES ARE 옵션을 통하여 관찰변수의 이름을 정해 준다. 관찰변수 사이에는 스페이스가 들어가며, 변수의 이름은 영문 여덟 자를 넘을 수 없다. 또한 M*plus*에서는 여러 개의 변수를 설정할 때 대시(-)를 자주 이용한다. 예를 들어, x_1부터 x_{10}까지 총 10개의 변수 이름을 나열하고자 할 때 M*plus*의 syntax에 x1 x2 x3 x4 x5 x6 x7 x8 x9 x10이라고 해도 되지만, x1-x10으로 간단하게 표현할 수도 있다. 즉, 위에서 depress1-depress3는 depress1, depress2, depress3 등 세 개의 변수를 간략하게 표현하는 방법이다. ANALYSIS 커맨드에서는 TYPE 옵션을 통하여 어떤 종류의 모형을 추정하는가를 나타내는데, General은 경로모형, 요인모형, 구조방정식 모형, 잠재성장모형 등의 일반적인 모형을 추정할 때 쓴다. 혼합모형이나 다층모형 등을 사용하고자 할 때는 그에 맞도록 바꾸어 줘야 한다. 위에서는 TYPE IS 대신에 "TYPE="을 사용하였는데, 이는 is 대신에 = 표시를 사용할 수도 있다는 것을 보여 주기 위해서다. 한 가지 부가적으로 설명할 것은 TYPE을 옵션이라고 하지 않고 하위커맨드(subcommand)라고 하는 것이 더 일반적일 수도 있다는 것이다. 그런 경우에 TYPE의 오른쪽에 있는 General이 바로 옵션이라고 할 수 있다. 사실 위에서 사용한 FILE, FORMAT, NAMES 등도 옵션이라기보다는 하위커맨드라고 하는 것이 더 적절할 것이다. 이런 정확한 구분도 의미가 있겠지만, 사실 명령어의 본질을 바꿀 수 있는 내용이 아니기 때문에 우리 책에서는 이 구분을 심각하게 하지 않을 것임을 밝힌다.

MODEL 커맨드에서는 비로소 연구자가 어떤 지표변수를 이용해 각각의 잠재변수를 만들어 내고, 잠재변수 간에는 어떤 관계가 있는지를 보여 준다. 그리고 다시 말하지만, MODEL 커맨드에 모형을 설정하는 것은 바로 우리가 추정할 모수를 설정해 준다는 것과 같은 의미다. By 옵션은 지표변수를 이용해 잠재변수를 만들 때 사용하는데, is measured by(또는 is indicated by)의 약자다. 즉, DEPRESS BY depress1-depress3;는 DEPRESS라는 잠재변수가 depress1, depress2, depress3 라는 세 개의 관찰변수에 의해서 측정된다는 것을 가리킨다. IMMUNE과 ILLNESS 도 마찬가지로 상응하는 각 세 개의 지표변수에 의해서 측정되고 있음을 나타낸다. ON 옵션은 변수 간의 구조관계(또는 회귀관계)를 나타내는데, is regressed on의 약자다. 즉, IMMUNE ON DEPRESS;는 IMMUNE을 종속변수로 DEPRESS를 독립변수로 하는 회귀관계를 가리킨다. 마찬가지로 ILLNESS ON IMMUNE DEPRESS; 는 ILLNESS를 종속변수로 IMMUNE과 DEPRESS를 독립변수로 하는 회귀관계를 나타낸다. WITH 옵션은 변수 사이의 상관을 나타내는데, is correlated with 또는 is associated with 또는 covaries with의 약자다. 여기서 주의할 점이 있는데, immune1 WITH immune2;는 두 지표변수 immune1과 immune2의 상관을 나타내는 것이 아니라 두 지표변수에 속해 있는 두 개의 측정오차, e_4와 e_5 사이의 상관을 가리킨다. 측정모형 부분에서 지표변수끼리의 상관은 구조방정식 이론에서 존재하지 않는 개념이다. 그러므로 WITH 옵션을 사용하여 e_4와 e_5 등 오차변수 간의 상관을 추정하고자 할 때 오차변수를 따로 이름을 줄 필요 없이 그 오차가 연결되어 있는 지표변수의 이름을 그대로 사용하면 된다. immune3 WITH illness3; 역시 immune3와 illness3 사이의 상관이 아니라 각 지표변수에 속한 오차변수인 e_6와 e_9 사이의 상관을 가리킨다. 그 이유는 뒤에서 더욱 자세히 설명할 것이다. 그리고 여기서의 상관이란 두 오차변수끼리의 공분산을 추정한다는 의미다.

지금까지 MODEL 커맨드에서 여러 명령어를 설명했는데, 명령어에는 속하지 않지만 명령어가 무슨 뜻인지 설명하기 위한 코멘트가 ! 표시 이후에 있다. 프로그램상에서는 녹색으로 보이게 된다. 코멘트는 M*plus*가 인식하도록 넣는 것이 아니라 연구자 자신을 위하여 더하는 노트라고 할 수 있다. 마지막으로 OUTPUT 커맨드에는 추가적인 결과를 요구하지 않고 M*plus*가 디폴트로 주는 결과만 확인하고자 아무 옵션도 적지 않았다. 사실 OUTPUT: 자체를 써 주지 않아도 M*plus*의 디폴트 결과는 모두 확인할 수 있다.

Input 파일을 모두 완성했으면 파일 이름을 저장하고, RUN 아이콘을 클릭하여 모형을 추정한다. [결과 4.1]에서 [결과 4.3]에 걸쳐 보이는 output은 depression.inp의 결과물인 depression.out에 있는 내용으로서 [그림 4.10]이 설정한 구조방정식 모형에 대한 M*plus*의 추정 결과다. 처음 나타나는 결과 파일이므로 몇 가지의 불필요한 내용만 지운 상태에서 거의 모든 내용을 보여 주고 설명하고자 한다. 하지만 구조방정식을 본격적으로 학습하지 않은 지금 단계에서 모든 내용을 자세히 설명하는 것이 가능하지 않기 때문에, 매우 간략하게 설명하고 후에 자세한 내용을 배우면서 그 의미나 주의할 점에 대하여 설명할 것이다. 또한 output 파일의 내용이 상당히 길기 때문에 나누어서 설명한다. 먼저 output 파일의 맨 앞부분에는 input 파일에 있던 내용이 동일하게 반복되는데, 지면의 절약을 위해 그 부분은 생략한다. [결과 4.1]에는 변수나 표본의 크기, 추정 방법 등 기본적인 내용이 제공된다.

[결과 4.1] M*plus* 결과 – 변수 및 추정

```
INPUT READING TERMINATED NORMALLY

A model of depression, immune system, and illness

SUMMARY OF ANALYSIS

Number of groups                                          1
Number of observations                                  500

Number of dependent variables                             9
Number of independent variables                           0
Number of continuous latent variables                     3

Observed dependent variables

  Continuous
   DEPRESS1    DEPRESS2    DEPRESS3    IMMUNE1    IMMUNE2    IMMUNE3
   ILLNESS1    ILLNESS2    ILLNESS3

Continuous latent variables
   DEPRESS     IMMUNE      ILLNESS
```

```
Estimator                                                    ML
Information matrix                                      OBSERVED
Maximum number of iterations                               1000
Convergence criterion                                 0.500D-04
Maximum number of steepest descent iterations                20

Input data file(s)
  depression.dat

Input data format
  (9F8.3)
```

M*plus*의 input 파일 내용이 output 파일의 맨 위쪽에 반복되고 나면, M*plus* 프로그램이 작동하지 않을 치명적인 syntax 오류가 없다는 메시지(input reading terminated normally)와 함께 단일 집단 분석이라는 내용과 총 사례수가 500이라는 결과가 나온다. 다음 줄에는 관찰변수 중 종속변수의 개수는 총 아홉 개, 독립변수는 없다는 내용이 있다. 다시 말해, depress1-depress3, immune1-immune3, illness1-illness3 등 총 아홉 개의 관찰변수가 모두 종속변수로 사용되었고, 독립변수로 사용된 것은 없다는 내용이다. [식 3.1]의 측정모형을 보면 잠재변수를 측정하기 위한 아홉 개의 지표변수가 모두 종속변수라는 것을 선명하게 확인할 수 있다. 한 가지 주의할 점은 사실 여기서 dependent variables의 의미는 endogenous variables를 의미한다는 것이다. M*plus*는 외생 및 내생의 개념에 익숙하지 않은 사용자들을 위해 외생변수를 독립변수로, 또 내생변수를 종속변수로 표기하는 경향이 있다. 내생변수와 외생변수를 구별하지 못하는 구조방정식 사용자는 없을 것으로 보며, 이는 M*plus*의 과도한 친절로 생각된다. 다음으로는 DEPRESS, IMMUNE, ILLNESS 등 연속형 잠재변수의 개수가 세 개라고 나온다. 우리가 일반적인 구조방정식 모형이나 측정모형에서 보는 잠재변수는 모두 연속형이며(continuous latent variable), 혼합모형(mixture model) 등에서는 범주형 잠재변수(categorical latent variable)의 종류도 볼 수 있으나 우리 책에서는 다루지 않는다. 다음으로 각각의 변수 이름이 나오므로 앞의 내용을 확인할 수 있다.

추정 방법(estimator)은 최대우도(maximum likelihood, ML) 방법을 사용했으며 추정 과정에서 이용하는 정보행렬(information matrix)은 실제 자료에 기반한 관찰정보행렬(observed information matrix)임을 보여 준다. 정보행렬의 역함수를 이용하면 각 추정된 모수들의 검정을 위한 표준오차(standard error)를 계산할 수 있다. ML 방법을 이용하여 추정할 때는 이론적인 정보행렬인 기대정보행렬(expected information matrix)을 이용하는 것이 더 정확하다고 알려져 있기도 한데, 항상 모든 경우에 기대정보행렬을 구할 수 있는 것은 아니다. M*plus*는 모형의 종류에 따라 표준오차 계산을 위해 기대정보행렬을 이용할 것인지 관찰정보행렬을 이용할 것인지 결정한다. 다음으로 반복과정(iterative process)을 이용한 추정 방법인 ML의 로그우도함수가 최대한 1,000번의 반복횟수 내에 수렴하지 않으면 추정 과정이 멈추도록 디폴트값이 정해져 있음을 확인할 수 있다. ANALYSIS 커맨드의 convergence 옵션을 이용하면 최대 반복횟수를 조정할 수 있다. 다음으로 로그우도함수의 수렴 조건이 0.0005라는 의미로서, 반복 단계마다 변화하는 로그우도함수의 값이 0.0005 이하로 떨어지면 반복과정을 멈추고 그때까지 계산된 추정치 값들을 보여 주게 된다. 추정에 관련된 결과의 마지막 줄에는 연속형 관찰변수들을 이용하는 ML 반복과정의 초기 단계에서 1차 최적화 알고리즘인 최급강하(steepest descent) 방법을 사용하는데, 최대 20번의 반복을 허용한다는 내용이 있다. 마지막으로는 연구자가 사용하는 자료의 이름과 포맷이 나타난다. 정리하여 말하자면, 일반적으로 이번 문단에 나온 내용은 실질적인 이론 연구자(substantive researcher)는 크게 신경 쓸 필요는 없다고 할 수 있는 기술적인 부분이다.

[결과 4.2]　M*plus* 결과 – 모형의 적합도

```
THE MODEL ESTIMATION TERMINATED NORMALLY

MODEL FIT INFORMATION

Number of Free Parameters                    32

Loglikelihood

        H0 Value                       -5387.305
        H1 Value                       -5373.767

Information Criteria

        Akaike (AIC)                   10838.610
        Bayesian (BIC)                 10973.477
        Sample-Size Adjusted BIC       10871.907
          (n* = (n + 2) / 24)

Chi-Square Test of Model Fit

        Value                             27.075
        Degrees of Freedom                    22
        P-Value                           0.2084

RMSEA (Root Mean Square Error Of Approximation)
```

```
            Estimate                        0.021
            90 Percent C.I.                 0.000    0.045
            Probability RMSEA <= .05        0.980

CFI/TLI

            CFI                             0.998
            TLI                             0.997

Chi-Square Test of Model Fit for the Baseline Model

            Value                           2994.282
            Degrees of Freedom                    36
            P-Value                         0.0000

SRMR (Standardized Root Mean Square Residual)

            Value                           0.016
```

　　모형의 추정이 문제없이 끝났다는 내용(the model estimation terminated normally)과 함께 모형의 적합도(model fit)에 관련된 내용이 나타난다. 먼저 모형에서 추정하는 모든 모수의 개수는 32개이며, 연구자 모형의 로그우도함수 값(H0 Value)과 포화모형(saturated model)의 로그우도함수 값(H1 Value)이 나온다. 포화모형에 대한 설명은 다음 장에서 더 자세히 할 것이지만, 쉽게 말해 모형 안에서 자료(정보)가 허락하는 한 추정할 수 있는 모든 모수를 추정한 모형을 가리킨다. 다음으로 모형 비교를 위해서 사용되는 세 가지 유명한 정보준거(information criteria)가 나온다. 이 값들은 모형 간 비교를 위해 사용되는데 작은 값을 가진 모형이 더 좋은 모형이다. 그다음으로는 연구자가 추정한 모형의 χ^2 값과 자유도(degrees of freedom), 그리고 그 두 가지를 이용한 모형 적합도 검정 결과가 있다. p-value는 모형과 자료가 서로 부합한다는 영가설(H_0: model fits the data)에 대한 것으로서, 위의 결과에서는 $p = 0.2084$가 나왔으므로 영가설을 기각하는 데 실패하고 통계적으로 모형이 자료에 부합한다고 결론 내린다. 여기서 보여 주는 모형의 χ^2 값(27.075)은 사실 연구자 모형의 로그우도함수 값(H0 Value)에서 포화모형의 로그우도함수 값(H1 Value)을 빼고 -2를 곱한 값($-2(-5387.305 - (-5373.767)) = 27.075$)으로 구할 수도 있다. 나중에 다시 설명할 기회가 있겠지만, χ^2 값은 로그우도함수와 밀접한 관련이 있다. 다음으로는 RMSEA, CFI, SRMR 등이 나오는데, 이 값들은 비통계적으로 모형의 적합도를 확인하는 지수들로서 나중에 더 자세히 설명한다. 기저모형(baseline model)의 χ^2 통계검정도 나오는데, p-value 확인 결과 이 단순한 모형은 자료에 부합하지 않음을 보여 준다. 기저모형이란 변수들 간의 관계를 설정하지 않은 매우 단순한 모형을 가리키며, 나중에 더 자세히 다룰 것이다.

[결과 4.3] M*plus* 결과 – 개별모수 추정치

```
MODEL RESULTS

                                                    Two-Tailed
                    Estimate      S.E.    Est./S.E.  P-Value

 DEPRESS   BY
    DEPRESS1        1.000        0.000    999.000    999.000
    DEPRESS2        0.759        0.031     24.195      0.000
    DEPRESS3        0.668        0.030     22.259      0.000

 IMMUNE    BY
    IMMUNE1         1.000        0.000    999.000    999.000
    IMMUNE2         0.718        0.030     23.967      0.000
    IMMUNE3         0.712        0.066     10.776      0.000

 ILLNESS   BY
    ILLNESS1        1.000        0.000    999.000    999.000
    ILLNESS2        0.702        0.026     26.909      0.000
    ILLNESS3        0.691        0.026     26.724      0.000

 IMMUNE    ON
    DEPRESS        -0.315        0.050     -6.250      0.000

 ILLNESS   ON
    IMMUNE         -0.279        0.055     -5.053      0.000
    DEPRESS         0.293        0.052      5.586      0.000

 IMMUNE1   WITH
    IMMUNE2         0.011        0.088      0.124      0.901

 IMMUNE3   WITH
    ILLNESS3       -0.034        0.018     -1.911      0.056

 Intercepts
    DEPRESS1        0.011        0.059      0.183      0.855
    DEPRESS2        0.028        0.046      0.617      0.537
    DEPRESS3        0.005        0.043      0.109      0.913
    IMMUNE1        -0.100        0.060     -1.652      0.099
    IMMUNE2        -0.078        0.045     -1.730      0.084
    IMMUNE3        -0.076        0.046     -1.670      0.095
    ILLNESS1        0.024        0.061      0.390      0.696
    ILLNESS2        0.025        0.046      0.545      0.586
    ILLNESS3        0.034        0.046      0.742      0.458

 Variances
    DEPRESS         1.380        0.113     12.196      0.000

 Residual Variances
    DEPRESS1        0.345        0.043      8.023      0.000
    DEPRESS2        0.253        0.027      9.497      0.000
    DEPRESS3        0.320        0.026     12.223      0.000
    IMMUNE1         0.382        0.128      2.981      0.003
    IMMUNE2         0.275        0.067      4.105      0.000
    IMMUNE3         0.322        0.065      4.952      0.000
    ILLNESS1        0.271        0.038      7.050      0.000
    ILLNESS2        0.282        0.025     11.397      0.000
    ILLNESS3        0.277        0.024     11.418      0.000
    IMMUNE          1.296        0.157      8.275      0.000
    ILLNESS         1.316        0.104     12.672      0.000
```

모형 추정을 통한 개별적인 추정치들이 마지막으로 나오는데, 맨 왼쪽 열부터 오른쪽으로 추정치의 종류, 추정치, 추정치의 표준오차, 추정치를 표준오차로 나눈 검정통계량(z 검정통계량), p-value의 순으로 나타난다. 먼저 측정모형과 관련된 추정치(BY 옵션), 즉 [식 3.1]에서의 요인부하(λ) 추정치들을 보여 주며, 다음으로는 세 개의 잠재변수 간 회귀관계(ON 옵션), 즉 [식 3.2]의 회귀계수(β) 추정치들을 보여 주고, 다음은 오차변수 간의 상관(WITH 옵션), 즉 측정오차 간 공분산을 보여 준다. 그다음으로 Intercepts라고 나와 있는 부분은 [식 3.1]의 측정모형에서 절편(μ)의 추정치들이며, Variances에서는 잠재변수 DEPRESS의 분산을 보여 준다. 측정모형을 통해서 만들어진 잠재변수의 경우에 외생변수들은 각각의 분산과 공분산을 구하는 것이 구조방정식의 기본 추정원칙인데, 여기서는 단 하나의 외생변수(DEPRESS)만 존재하므로 DEPRESS의 분산만 보여 준다. 마지막으로 Residual Variances에서는 성질이 다른 두 가지 오차의 분산 추정치가 있다. 우선 depress1부터 illness3까지 총 아홉 개의 지표변수에 해당하는 측정오차 아홉 개(e_1부터 e_9)의 분산이 있다. 다음으로 구조모형에서의 설명오차(d_1과 d_2)의 분산 두 개가 IMMUNE과 ILLNESS를 통하여 보인다. 독자들도 output 파일을 통해서 확인하겠지만, M*plus*는 input 파일에서 대문자와 소문자를 구별하여도 output 파일에서는 구별하지 않고 모든 변수를 대문자로 사용하는 것을 알 수 있다.

위의 output 파일에 대하여 자세하게 설명하면 수십 페이지에 걸쳐서 설명할 수 있을 정도인데, 이를 이번 장에서 다 설명한다는 것은 적절치 않다. 사실 M*plus*의 output을 모두 완전하게 해석한다는 것은 구조방정식을 모두 이해하고 있다는 말과 크게 다르지 않다. 다음 장부터 모형 하나하나를 자세히 공부함과 동시에 M*plus* 예제를 통해 프로그램을 익혀 가도록 하자.

4.4. M*plus*에서의 결측치 처리

자료에 결측치(missing data, missing responses, missing values 등)가 존재하면 M*plus* 자료파일에서는 어떻게 코딩을 하고, M*plus* input 파일은 어떻게 수정하여 모형에 대한 분석을 할 것인지를 설명하고자 한다. 이번 예제를 위하여 사용하는 자료는 바로 앞에서 사용하였던 우울, 면역기능, 질병에 대한 것이다. [그림 4.11]을 보면 자료파일의 이곳저곳이 비어 있는 것을 확인할 수 있다. 어떤 이유에서 결측이 발생한 것인지를 정확히 판단할 수는 없지만, 어쨌든 결측이 존재한다.

	우울1	우울2	우울3	면역1	면역2	면역3	질병1	질병2	질병3
1	-.507	-.101	-.639		2.447	-.245	.010	.314	1.192
2	1.500	1.774	2.067	-1.465	-1.967	-.729	.479		.615
3	.261		-1.017	.508		.963	-1.153	-1.240	-.445
4	2.002	.456	.347	-1.599	-1.069		-1.661	-.656	.046
5		-.518	.643		-.204	-.109	-.139	-.245	
6	1.528	.861	.572	-.642	-1.445	-1.439	-1.175	1.523	1.058
7	1.546	-.134	.312	-.279	-.663	.151	.025	-.389	.068

[그림 4.11] 우울, 면역기능, 질병 자료-결측치 발생

M*plus*에서는 이런 경우, 빈 부분을 임의의 숫자로 치환해 주는 방식의 결측치 처리가 상당히 일반적이다. 어떤 숫자로 할 것인지는 아무 상관이 없으나, 연구자의 자료 세트에서 나타날 수 있는 숫자는 설정하면 안 될 것이다. 위의 아홉 개 변수는 모두 0을 중심으로 퍼져 있는데, 대략 표준화 점수(z 점수)와 비슷하다. 그래서 이 자료 세트에서 나타나기에 거의 불가능한 숫자인 999를 임의로 결측치 값으로 결정하였다. 그래서 [그림 4.12]와 같이 빈 칸에 999를 대입하였다.

	우울1	우울2	우울3	면역1	면역2	면역3	질병1	질병2	질병3
1	-.507	-.101	-.639	999.000	2.447	-.245	.010	.314	1.192
2	1.500	1.774	2.067	-1.465	-1.967	-.729	.479	999.000	.615
3	.261	999.000	-1.017	.508	999.000	.963	-1.153	-1.240	-.445
4	2.002	.456	.347	-1.599	-1.069	999.000	-1.661	-.656	.046
5	999.000	-.518	.643	999.000	-.204	-.109	-.139	-.245	999.000
6	1.528	.861	.572	-.642	-1.445	-1.439	-1.175	1.523	1.058
7	1.546	-.134	.312	-.279	-.663	.151	.025	-.389	.068

[그림 4.12] 우울, 면역기능, 질병 자료-결측치 코딩

이런 상태에서 Save as를 이용하여 depression.dat로 파일 포맷을 바꾼다. 바꾸는 방법은 앞에서 보였으므로 생략한다. 이제 M*plus* input의 VARIABLE 커맨드에 MISSING=all(999); 또는 MISSING ARE all(999);라고 명령어를 더해 주면, 앞 장에서 설명한 바와 같이 완전정보 최대우도(FIML) 추정을 통하여 결측치를 해결해 주게 된다. 이때 물론 결측의 패턴은 MAR 또는 MCAR을 가정하게 되며, MNAR이 발생한 경우에는 특정한 방식으로 결측치 처리를 해야 한다.

제5장 경로모형

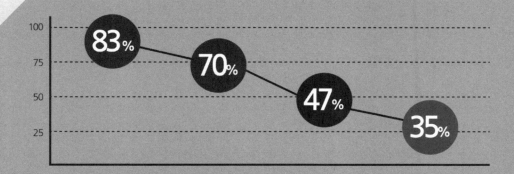

제3장에서 살펴본 구조방정식 모형에 따르면, 연구자는 우울, 면역기능, 질병 등 세 구인 간의 관계를 설명하고자 하였고 다행히도 구인들을 측정하기 위한 지표변수가 각 세 개씩 존재하여서 측정모형이 가능하였다. 또한 측정모형을 통해서 각 구인을 정의하고 나면 [그림 5.1]과 같이 측정된 구인들 간의 회귀관계를 연구하는 것이 일반적인 구조방정식 모형임을 설명하였다.

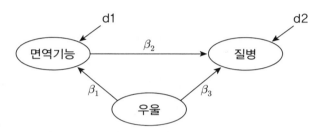

[그림 5.1] 우울, 면역기능, 질병의 구조모형

[그림 5.1]에서는 생략하였지만, 당연히 각 구인으로부터 해당하는 세 개의 지표변수로 화살표가 나간다. 세 구인 사이의 관계는 [그림 5.1]의 경로도뿐만 아니라 [식 5.1]과 같이 잠재변수들 간의 회귀관계 수식으로도 표현 가능하다.

$$면역기능 = \alpha_1 + \beta_1 우울 + d_1$$
$$질병 = \alpha_2 + \beta_2 면역기능 + \beta_3 우울 + d_2$$

[식 5.1]

하지만 만약에 '각 구인을 설명하고자 하는 지표변수가 하나씩밖에 없다'면 또는 '각 구인을 측정하는 지표변수들을 개별적으로 쓸 수 없는 상황이어서 합산점수(sum score)를 써야 한다'면 구조방정식 모형은 어떻게 될까? 만약 이와 같은 상황이 발생하면 측정모형 부분이 사라지고, 오직 관찰변수(개별변수 또는 합산점수로 만들어진 변수)를 이용해서 경로모형(path model) 또는 경로분석(path analysis)을 해야 한다. 예를 들어, 우울이라는 구인을 측정하고자 하는 변수가 우울1 하나만 있고, 면역기능을 측정하는 변수도 면역1 하나만 있으며, 질병을 측정하고자 하는 변수도 질병1 하나만 있는 상황이 된다면 각 구인을 단 하나의 관찰변수로 대표할 수밖에 없게 되는 것이다. 이 경우에 우리는 [그림 5.2]와 같이 오직 관찰변수만을 이용해서 구인 간 구조관계를 연구하게 된다.

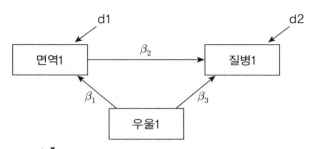

[그림 5.2] 우울, 면역기능, 질병의 경로모형

경로모형은 [그림 5.2]와 같이 구조방정식에서 잠재변수끼리의 구조모형 부분만 추출해서 관찰변수를 이용해 그 관계를 연구하는 모형이다. 경로모형은 측정모형 부분이 존재하지 않음으로 인해 측정오차 또한 가정하지 않는 모형이다. 측정오차를 가정하지 않는다는 것은 우울1은 우울이라는 구인을, 면역1은 면역기능이라는 구인을, 질병1은 질병이라는 구인을 완전하게 대표하고 있다는 뜻이다.

측정오차가 없다는 가정은 잠재적인 특성 변수를 많이 사용하는 심리학, 교육학, 경영학, 사회복지학 등의 분야에서는 달성하기가 거의 불가능하다. 측정오차는 잠재적인 특성(예, 우울)을 검사(예, 우울 척도)를 통하여 측정하고자 하였을 때, 각 문항이나 문항묶음 또는 합산점수 등이 구인을 완전하게 설명할 수 없음을 인정하고 모형 안에 포함시키는 매우 중요한 개념이다. 이런 이유 때문에 잠재변수를 이용하는 구조방정식 모형이 관찰변수만을 이용하는 회귀분석 모형이나 경로모형보다 더 우월하다. 그러나 이런 약점에도 불구하고 경로모형은 여전히 여러 분야에서 활발하게 이용되고 있기 때문에 분명히 많은 시간을 들여 숙지할 만한 가치를 지닌다. 또한 경로모형은 더욱 일반적인 구조방정식 모형의 특수하고 간단한 형태로서 본격적으로 구조방정식 모형을 이용하기 위한 다양한 기초개념을 포함하고 있다.

이제부터 경로모형을 어떤 순서로 분석하게 되는지 살펴본다. 여러 다른 의견이 있을 수 있지만, 일반적으로 경로모형이든 측정모형이든, 또는 둘을 합친 구조방정식 모형이든 다음과 같은 몇 개의 단계에 따라 이용한다(Bollen, 1989; Kaplan, 2009; Kline, 2011; Maruyama, 1998).

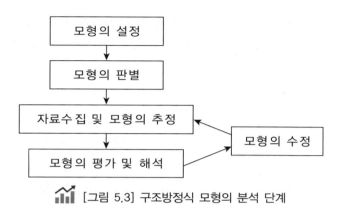

[그림 5.3] 구조방정식 모형의 분석 단계

구조방정식 모형을 이용하는 데 있어서 첫 단계는 연구자가 이용하고자 하는 모형을 설정(specification)하는 것이다. 제1장에서 설명하였듯이 구조방정식을 포함한 그 어떤 통계모형도 변수 간의 인과관계를 증명해 주지는 않으므로, 변수 간의 관계는 연구자가 기존 문헌과 본인의 이론을 통하여 정립하여야 하는 부분이다. 두 번째 단계는 모형이 추정 가능한지 확인하는 것인데, 이를 모형의 판별(identification)이라고 한다. 모형이 추정 가능하다는 것은 연구자가 설정한 모형에 있는 모든 모수에 대한 추정치를 문제없이 구할 수 있다는 뜻이다. 연구자의 이론대로 많은 변수 간에 화살표를 설정한다고 하여 그 모형이 반드시 추정 가능한 것은 아니기 때문에 자료의 수집 이전에 연구자가 설정한 모형이 추정 가능한지 미리 확인하는 것이 필요하다. 세 번째 단계에서는 실험이나 조사(survey) 등을 통하여 연구자의 모형 안에 있는 변수들에 해당하는 자료를 수집하고, 구조방정식 소프트웨어를 이용하여 모형을 실제로 추정(Estimation)한다. 마지막 네 번째 단계에서는 추정된 모형의 적합도를 평가(Evaluation)하고, 추정된 모수들을 검정하며, 추정치들을 목적에 따라 해석하여 연구자의 이론에 대하여 최종적으로 논의한다.

지금까지 설명한 네 단계, 즉 "모형의 설정 → 모형의 판별 → 모형의 추정 → 모형의 평가"가 상당히 일반적인 구조방정식 모형 분석의 단계인데, 만약 모형의 적합도가 좋지 않다면 연구자의 모형을 수정하여 재추정하고 다시 평가할 수 있다. Wang과 Wang(2012)은 이런 이유로 모형의 수정 단계를 더하여 모형의 설정(formulation), 판별(identification), 추정(estimation), 평가(evaluation), 수정(modification)의 다섯 단계로 나누기도 한다. 이론에 따라 정립한 모형이 확고하게 정해져 있다면 모형의 수정 단계를 거치지 않을 수도 있고, 탐색적인 분석을 하는 것이라면 필요에 따라 여러 번 반복하는 것도 가능하다. 지금부터 경로모형을 이해하고 분석하는 데 있어서의 중요한 네 단계를 하나씩 살펴본다.

5.1. 모형의 설정

가장 간단한 구조의 경로모형부터 시작하여 조금씩 복잡한 모형으로 진행하면서 어떻게 모형을 설정하는지, 어떤 모수를 추정하는지, 설정한 모형의 모수가 어떤 의미를 가지는지 등을 살펴본다. 이 방법은 Kline(2011)이 경로모형을 독자에게 쉬운 것부터 차근차근 설명하는 방식이기도 하다.

5.1.1. 경로모형의 기초

먼저 가장 간단한 수준의 경로모형은 하나의 외생변수와 하나의 내생변수가 있는 경우이며, [그림 5.4]에 나타난다.

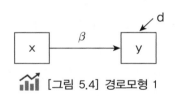

[그림 5.4] 경로모형 1

[그림 5.4]의 경로모형을 수식으로 표현하면 [식 5.2]와 같다.

$$y = (\alpha) + \beta x + d \qquad\qquad\qquad [식\ 5.2]$$

위의 그림 및 식에서 x는 외생변수이고, y는 내생변수이며, d는 설명오차이고 α와 β는 각각 절편과 기울기다. 위의 경로모형에는 몇 가지 가정이 있는데, 설명오차 d의 평균은 0이라는 것($E(d)=0$)[16]과 외생변수 x와 설명오차 d가 서로 상관

---

16) $E(d)$에서 E는 평균의 개념인 기대값(expected value)을 가리킨다. 기대값은 무한히 반복되는 실험이나 표집에서 변수나 통계치의 평균값을 의미한다. 예를 들어, 주사위를 던져 나오는 숫자의 기대값은 주사위를 무한대로 던졌을 때 나오게 될 숫자들의 평균을 의미하며, 모두가 예측하듯이 3.5다.

이 없다($Cov(x,d)=0$)[17])는 가정이다. d의 평균이 0이라는 의미는 쉽게 설명해서 모형의 회귀선이 산포도의 중심을 뚫고 지나간다는 지극히 자연스러운 가정이지만, x와 d가 상관이 없다는 것은 꽤 극단적인 가정(heroic assumption)일 수도 있으며, Bollen(1989)은 이를 거짓고립(pseudo-isolation)이라고 하였다. x와 d가 상관이 없다는 가정은 y를 설명하는 변수는 x뿐이며, 연구자가 모형 안에서 미처 생각하지 못한 또 다른 독립변수는 없다는 것이다. 즉, 생각하지 못한 나머지는 모두 오차일 뿐이라는 뜻이다. 일반적으로 종속변수 y를 설명하는 잠재적인 독립변수(potential independent variable)는 여러 개가 있을 수 있고, 그 독립변수들은 모두 y를 설명하므로 독립변수들 사이에 상당히 높은 상관이 존재할 수 있다. 예를 들어, [식 5.3]처럼 y를 설명하는 진정한 독립변수가 x_1, x_2, x_3 등 세 개 존재한다고 가정하자.

$$y = \alpha + \beta_1 x_1 + \beta_2 x_2 + \beta_3 x_3 + d \qquad\qquad \text{[식 5.3]}$$

위의 모형에서 x_1, x_2, x_3는 모두 하나의 종속변수 y를 설명하므로, 자연스럽게 서로 상관이 존재한다. 만약 연구자가 실수로 독립변수 x_2와 x_3를 생략하였다(모형설정의 오류, specification error)고 가정하면, [식 5.3]의 모형은 [식 5.4]의 모형과 같이 변형된다.

$$y = \alpha + \beta_1 x_1 + d^* \qquad\qquad \text{[식 5.4]}$$

이때, $d^* = \beta_2 x_2 + \beta_3 x_3 + d$가 되기 때문에, [식 5.4]에서 x_1과 d^*가 서로 상관이 없다는 가정은 결국 x_1이 x_2 및 x_3와 상관이 없다는 것이므로 지켜지기 힘들다. 하지만 이 가정은 모형의 판별을 위하여 기술적으로 반드시 필요한 가정이기도 하다. 그래서 Bollen(1989)은 이와 같은 가정을 거짓고립(pseudo-isolation)이라고 하였던 것이다.

일반적으로 위의 경로모형에서 추정하고자 하는 모수는 총 세 개인데, 첫째는 가장 중요하다고 할 수 있는 경로계수 β이고, 둘째는 외생변수 x의 분산이며, 마지막은 오차 d의 분산이다. 절편 α는 추정하지 않는 것이 전통적인 구조방정식의 방식인데, 추정한다고 하여서 그것이 문제가 되지는 않는다. 또한 α를 추정하든 그

---

17) $Cov(x,d)$에서 Cov는 공분산(covariance)을 나타내는 기호다. 즉, x와 d의 공분산을 가리킨다.

렇지 않든 모형의 적합도 역시 바뀌지 않는다. 이때 α를 추정하지 않는다는 것은 구조방정식의 전통에서 원변수가 아닌 편차점수화된 변수를 사용한다는 의미이다. 앞 장에서 설명하였듯이, 구조방정식 모형에서는 공분산 행렬이 기본적인 분석의 단위이며, 그런 이유로 공분산 구조분석이라고 불리기도 한다. 공분산 행렬만 분석하면 변수 간의 관계만 연구할 수 있고, 절대 수준을 연구하고자 하면 평균 구조를 더해야만 한다. 공분산 구조만 분석해서 기울기만 추정하든지, 평균 구조를 더해서 기울기와 더불어 절편까지 추정하든지 하는 것은 연구자가 본인의 목적에 따라 선택하면 된다.

[식 5.2]를 가만히 보면, 이는 가장 단순한 경로모형이기도 하지만 동시에 우리가 익히 알고 있는 단순회귀분석 모형이기도 하다. x는 독립변수, y는 종속변수, α는 절편, β는 기울기, d는 오차다. 다만 경로모형과 조금 다른 점은 단순회귀분석에서는 절편과 기울기만 추정하는 것이 일반적이며, 드물게 오차의 크기를 확인하기 위하여 d의 분산을 추정하기도 한다. 이에 반해, 설명한 대로 경로모형에서는 외생변수와 오차의 분산 및 기울기를 추정하는 것이 일반적이며 종종 절편을 추정하기도 한다.

또 한 가지 [그림 5.4]를 보면, x에서 y로 가는 경로($\rightarrow$) β는 추정하는 데 반해, d에서 y로 가는 경로는 추정하지 않는 것을 알 수 있다. 사실은 추정하지 않는 것이 아니라 d에서 y로 가는 경로를 1로 고정한 것인데, 이는 척도 상수(scaling constant)라고 부른다. 오차는 잠재변수의 일종이기 때문에 근본적으로 그 단위(metric 또는 unit)를 가지고 있지 않다. 이와 같이 d에서 y로 가는 경로를 1로 고정하면 오차 d의 단위를 종속변수 y의 단위와 맞추었다는 의미가 된다. 예를 들어, y가 키(height)라는 변수인데 센티미터(cm)로 측정하였다면 오차의 단위도 센티미터가 되고, 인치(inch)로 측정하였다면 오차의 단위도 인치가 되는 것이다. 또한 d에서 y로 가는 경로를 1로 고정하였다는 것은 [식 5.2]에서 d의 계수가 1인 것($1d = d$)과 일맥상통한다. 경로도에는 이 숫자 1을 넣을 수도 있고 생략할 수도 있는데 생략하는 것이 일반적이다. 심지어 경로도에서는 너무 명백하게 존재하는 오차 자체를 생략하는 것도 이상한 일은 아니다.

두 번째로 가장 간단한 형태의 경로모형이라면 여러 개의 외생변수와 하나의 내생변수가 있는 경우라고 하겠다. 두 개의 외생변수가 있는 경우의 예가 [그림 5.5]

에 나타난다.

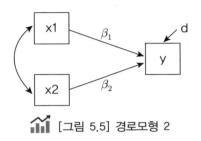

[그림 5.5] 경로모형 2

[그림 5.5]의 경로모형을 수식으로 표현하면 [식 5.5]와 같다.

$$y = (\alpha) + \beta_1 x_1 + \beta_2 x_2 + d \qquad\qquad \text{[식 5.5]}$$

위의 그림 및 식에는 두 개의 외생변수 x_1과 x_2가 있다는 것이 [그림 5.4]의 경로모형 1과 다른 점이다. [그림 5.5]의 경로모형 2 또한 경로모형 1과 유사한 가정을 가지고 있다. 첫째는 설명오차 d의 평균이 0이라는 가정이고, 둘째는 독립변수 x_1 및 x_2가 설명오차 d와 상관이 없다는 거짓고립 가정이다. 이 경로모형에서 추정하고자 하는 모수는 총 여섯 개인데, 첫째는 외생변수 x_1과 x_2의 분산 및 공분산 세 개고, 둘째는 경로계수 β_1과 β_2 두 개이며, 마지막은 오차 d의 분산이다. 역시 절편 α는 자료의 평균 구조를 더하여 추가적으로 추정할 수도, 그렇지 않을 수도 있다. 또한 위의 모형은 경로모형이기도 하지만 독립변수가 두 개인 다중회귀분석 모형이 되기도 한다. 그러므로 제3장에서 설명했듯이, β_1의 의미는 x_2의 y에 대한 효과를 통제한 상태에서의 x_1의 y에 대한 효과, 즉 편상관에 기반한 계수(partial coefficient)이며, β_2의 의미 역시 마찬가지로 해석할 수 있다.

마지막으로 살펴볼 단순한 형태의 경로모형은 [그림 5.6]에 보이는 하나의 외생변수와 두 개의 내생변수가 있는 경우다. 이 모형은 특히 앞의 두 경로모형에서는 소개할 수 없었던 간접효과(indirect effect)를 포함하고 있다. 간접효과는 구조방정식의 효과를 이해하는 데 있어서 필수적인 개념 중 하나다.

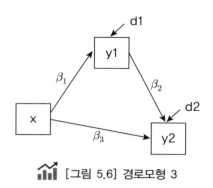

[그림 5.6] 경로모형 3

[그림 5.6]의 경로모형을 수식으로 표현하면 [식 5.6]과 같다.

$$y_1 = (\alpha_1) + \beta_1 x + d_1$$
$$y_2 = (\alpha_2) + \beta_2 y_1 + \beta_3 x + d_2$$

[식 5.6]

위의 그림과 식에 나온 경로모형 3 역시 가정을 가지고 있다. 먼저 앞서 설명했 듯이 독립변수 x가 설명오차 d_1 및 d_2와 상관이 없고, y_1이 d_2와 상관이 없다는 거 짓고립 가정을 그대로 지니고 있으며, 또한 설명오차 d_1과 d_2가 서로 상관이 없다 는 가정이다. 나중에 설명하겠지만, 설명오차 간에 상관이 없다는 두 번째 가정은 연구자의 필요에 의해 바뀔 수도 있다.[18] [그림 5.6]의 모형에서 우리가 추정하고 자 하는 모수는 총 여섯 개인데, 첫째는 외생변수 x의 분산, 둘째는 세 변수 사이 의 경로계수 β_1, β_2, β_3, 그리고 마지막은 설명오차 d_1, d_2의 분산이다. 여기서 [그림 5.6]의 경로모형 3이 경로모형 1 및 경로모형 2와 다른 점은 변수 y_1의 독특 한 역할이다. 경로모형 1과 경로모형 2에서는 어떤 하나의 변수가 독립변수 또는 종속변수 중 하나의 역할만을 하고 있는 데 반해, 경로모형 3에서 y_1은 x와의 관계 에서는 종속변수, y_2와의 관계에서는 독립변수 역할을 하고 있다. 이러한 복잡성 때문에 우리가 구조방정식에서 변수를 구분할 때 독립변수와 종속변수가 아닌 외 생변수와 내생변수의 개념을 정의했던 것이다. 이와 같이 단순회귀분석이나 다 중회귀분석을 통해서는 얻을 수 없는 모든 변수 간의 동시적인 관계를 검정할 수 있기 때문에 계량경제학(econometrics) 분야에서는 경로모형을 동시방정식 모형 (simultaneous equation modeling)이라고 부르기도 한다.

---

18) 사실 일반적으로 설명오차 간의 상관은 상당히 쉽게 모형에서 추정할 수 있는데, [그림 5.6] 모형 의 경우에 모형의 판별 문제로 인해서 추가적인 추정을 하려면 모수의 제약이 동반되어야 하는 복 잡성이 있다. 지금 단계에서 모두 설명하기에는 적절치 않다.

경로모형 3에서는 간접효과라는 새로운 개념도 정의할 수 있다. 경로모형 1이나 경로모형 2를 살펴보면 $x \rightarrow y$, $x_1 \rightarrow y$, $x_2 \rightarrow y$ 등 x에서 y로 가는 직접적인 경로, 즉 직접효과(direct effect)밖에 없다. 하지만 경로모형 3에는 $x \rightarrow y_1$, $x \rightarrow y_2$, $y_1 \rightarrow y_2$ 등의 직접효과뿐만 아니라 $x \rightarrow y_1 \rightarrow y_2$($x$에서 y_1을 거쳐 y_2로 가는 경로)라는 새로운 종류의 효과가 존재하고, 이를 간접효과(indirect effect) 또는 매개효과(mediator effect 또는 mediational effect)[19]라고 부른다. 한 변수(독립변수 x)의 효과를 또 다른 변수(종속변수 y_2)로 전해 주는 y_1과 같은 변수를 중개변수(intervening variable) 또는 매개변수(mediator variable 또는 mediator)[20]라고 한다. 위의 모형에서 y_2에 대한 x의 간접효과는 x에서 y_1으로 향하는 직접효과(β_1)와 y_1에서 y_2로 향하는 직접효과(β_2)의 곱(product)으로 표현한다. 즉, y_2에 대한 x의 간접효과는 $\beta_1 \times \beta_2 = \beta_1\beta_2$가 된다. 이런 식으로 두 변수(여기서는 x에서 y_2) 사이에 존재하는 전체효과(total effect)를 직접효과(direct effect)와 간접효과(indirect effect)로 나누어 확인하는 것을 효과의 분해(effect decomposition)라고 하며, 그 관계는 [식 5.7]에 나타나 있다.

$$\text{직접효과} + \text{간접효과} = \text{전체효과} \qquad\qquad [\text{식 } 5.7]$$

[그림 5.6]의 경로모형을 예로 들면, y_2에 대한 x의 직접효과는 β_3이고, y_2에 대한 x의 간접효과는 $\beta_1\beta_2$이며, 이 두 효과를 합친 효과, 즉 y_2에 대한 x의 전체효과는 $\beta_3 + \beta_1\beta_2$가 된다.

5.1.2. 모수의 종류

위에서 설명한 기본적인 경로모형을 이해한 상태에서, 우리가 연구에서 추정하거나 지정하는 모수의 세 가지 종류에 대하여 간단하게 설명하는 것이 필요하다. 첫 번째 종류는 모형 안에서 추정하고자 하는 모수로서 자유모수(free parameter)라고 한다. 예를 들어, [그림 5.6]에서는 추정하고자 했던 여섯 가지

---

19) 간접효과와 매개효과를 구분하려는 경향이 있기도 하다(Holmbeck, 1997; Preacher & Hayes, 2004).

20) 본질적으로 intervening variable과 mediator variable은 차이가 없으며(Kline, 2011; MacKinnon, Lockwood, Hoffman, West, & Sheets, 2002), 국내에서는 일반적으로 모두 매개변수로 번역하여 사용한다.

모수(외생변수 x의 분산, 경로계수 β_1, β_2, β_3, 설명오차 d_1, d_2의 분산)가 바로 자유모수다. 여기서 자유(free)라고 하는 것은 모수가 자유롭게 추정되는(a parameter is free to be estimated)에서 온 개념이다.

두 번째 종류는 추정의 과정 동안 연구자가 선험적으로 일정한 상수로 고정하는 고정모수(fixed parameter)다. 많은 경우에 모수를 추정하지 않고 어떤 상수로 고정하였다는 것은 모수의 값을 0으로 고정시켰다(a parameter is fixed at zero)는 것을 의미한다. 모수를 0으로 고정한다는 뜻은 변수 사이에 경로(path)를 설정하지 않는다는 것과 같은 의미다. 예를 들어, [그림 5.6]의 모형을 변형하여 y_2에 대한 x의 직접효과가 존재하지 않으며 y_2에 대한 x의 전체효과는 오직 x에서 y_1을 경유하여 y_2로 향하는 간접효과로만 설명할 수 있다고 가정해 보자. 이와 같은 모형은 나중에 매개효과를 다룰 때 자세히 밝히겠지만 완전매개모형(fully mediational model)이라고 하며 [그림 5.7]에 있다.

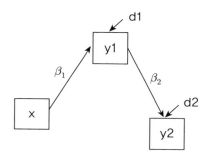

[그림 5.7] 경로모형 3: 모수 고정

위의 경로도가 바로 y_2에 대한 x의 직접효과를 0으로 고정한(fixed at zero 또는 fixed to zero) 모형이며, 확인할 수 있듯이 x에서 y_2로 향하는 경로가 보이지 않는다. 하지만 고정한다라는 것이 반드시 0으로 고정한다는 것만을 의미하지는 않는다. 연구자가 이론적으로 충분히 설명할 만한 근거가 있다면, 1.2 또는 0.04 등 임의의 상수로 고정하는 것이 기술적으로 문제가 되지는 않는다. 한 가지 더, 한 개의 모수를 고정함으로써 연구자가 추정하고자 하는 전체 자유모수가 여섯 개에서 다섯 개로 줄어들었음을 알 수 있다. 즉, 어떤 모수를 고정하면 전체 자유모수의 개수는 줄어들고, 이는 연구모형이 더욱 단순해지는 것을 의미한다.

　　마지막 종류는 모형 안에서 추정하고자 하는 여러 개의 모수가 하나의 일정한 값을 가지도록 제약하는 경우로서, 제약모수(constrained parameter)라고 불린다. 이때 제약한다는 것은 하나의 상수로 고정한다는 것이 아니라 [그림 5.8]에서처럼 여러 모수의 값이 얼마인지는 모르지만 동일한 값을 가진다는 것으로 제약한다 (parameters are constrained to be equal)는 것이다.

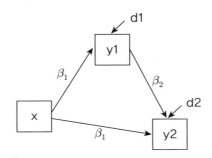

[그림 5.8] 경로모형 3: 동일 모수 제약

　　[그림 5.8]은 y_1에 대한 x의 직접효과와 y_2에 대한 x의 직접효과가 어떤 값인지는 모르겠지만, 둘 다 β_1으로 동일한 값일 거라는 가정을 반영한 것이다. 고정모수의 경우와 마찬가지로 두 모수 사이에 하나의 제약을 가했을 때, 추정하고자 하는 전체 자유모수가 여섯 개에서 다섯 개로 줄어들었음을 알 수 있다. 제약은 다양하게 사용될 수 있는데, 예를 들어 세 개의 경로계수가 모두 같은 값을 가진다는 가정도 할 수 있고, d_1과 d_2의 분산이 서로 같다는 가정도 할 수 있다. 또한 비례제약 (proportional constraint)의 방식을 이용할 수도 있다. 이는, 예를 들어 [그림 5.9]처럼 하나의 모수와 다른 모수의 크기가 1:2 등의 비례관계가 생기도록 제약을 가하는 방식이다.

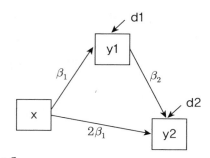

[그림 5.9] 경로모형 3: 비례 모수 제약

$x{\rightarrow}y_1$ 경로를 β_1으로, $x{\rightarrow}y_2$ 경로는 $2\beta_1$으로 모수를 제약하게 되면 각 경로 추정치는 두 배의 차이를 가지게 된다. 즉, 모형 추정 결과 $x{\rightarrow}y_2$ 경로 추정치가 $x{\rightarrow}y_1$ 경로 추정치의 두 배가 된다.

5.1.3. 억제효과와 거짓효과

억제효과(suppressor effect 또는 suppression)는 진정한 모형(true model)에서는 존재하지만, 연구자의 모형설정에 어떤 문제(모형설정의 오류)가 있어서 효과가 보이지 않는, 또는 억제되는(suppressed) 현상을 가리킨다. 효과가 억제된다는 것은 정적효과(positive effect) 또는 부적효과(negative effect)가 0에 가까운 값으로 나타나게 됨을 의미한다. 억제효과는 정의만으로 이해하기가 상당히 어려우며, 여러 변수가 포함된 실제 분석에서 매우 복잡한 형태로 발생할 수 있다. Bollen(1989)에 소개되고 있는 McFatter(1979)의 흥미로운 예제를 보면서 가장 단순한 형태의 억제효과를 이해하여 보도록 하자. [그림 5.10]에서 McFatter가 궁금했던 것은 공장 직원들의 지적능력(intelligence)이 단순작업 중 만들어 내는 실수(errors)에 어떤 영향을 주는지를 확인하는 것이었다.

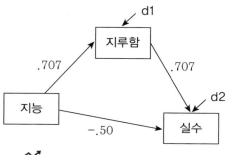

[그림 5.10] 지능과 실수의 관계

[그림 5.10]을 살펴보면, McFatter는 지능과 실수의 관계를 확인하기 위해 직원들이 느끼는 지루함이라는 변수를 모형 안에 포함하였다. McFatter는 이 모형 안에서 직원들의 지능이 높으면 단순작업에 더 지루함을 느끼고($\hat{\beta}_1 = .707$), 지루함을 느끼면 실수를 더 많이 하게 된다($\hat{\beta}_2 = .707$)는 간접효과($\hat{\beta}_1\hat{\beta}_2 = .707 \times .707 \approx .50$) 부분과, 지능이 높을수록 실수를 덜 한다($\hat{\beta}_3 = -.50$)는 직접효과 부분을 모두 확인할 수 있었다. 이와 같은 설명은 다른 많은 사람에게도 꽤 그럴듯하게 보였고, 결과적으로 McFatter가 궁금해했던 지능이 실수에 주는 직접효과는 부적효과(negative effect)로 결론이 났다. 하지만 만약에 McFatter가 지루함이라는 매개변수를 미처 생각해 내지 못하고(모형설정의 오류) 지능이 실수에 주는 영향에 대해 '직접효과＝전체효과'를 가정하는 모형을 추정했다면 [그림 5.11]과 같은 결과가 나왔을 것이다.

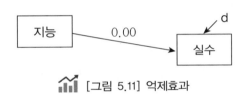

[그림 5.11] 억제효과

앞의 효과분해 부분에서 설명했듯이 실수에 대한 지능의 전체효과는 지능이 실수에 주는 직접효과와 지능이 지루함을 경유하여 실수에 주는 간접효과의 합으로 나타낼 수 있다. 이때 직접효과는 -.50이고 간접효과는 대략 .50이기 때문에 전체효과는 -.50+.50=0.00이 된다. 그러므로 모형에서 지루함을 생략하게 되면 지능이 실수에 주는 효과(직접효과이면서 동시에 전체효과)의 추정치는 0.00이 될 것이다. 만약 [그림 5.10]의 모형이 진정으로 지능과 실수의 관계에 대하여 설명해 주고 있다면, 지루함을 생략한 [그림 5.11]의 모형에서는 지능이 실수에 주는 부적효과가 억제(suppressed)되었다고 말한다. 다시 말해, 지능이 실수에 주는 효과가 부적으로 존재하는 것이 진정한 관계인데, 지루함이라는 중요변수를 놓침으로써 효과가 보이지 않게 된 것이다.

억제효과와 더불어 거짓효과(spurious effect 또는 spuriousness)라는 것도 존재한다. 거짓효과는 위의 억제효과와 반대되는 상황으로서, 제대로 설정한 모형에서는 효과가 없어야 하는데 잘못 설정한 모형에서는 그 효과가 보이는 경우를 가

리킨다. 조금 다르게 정의하자면, 두 변수 사이에 상관이 존재하긴 하지만, 실제로
는 두 변수 사이에 인과관계가 존재하지 않는 관계를 말하기도 한다. 이미 예를 이
용하여 억제효과를 자세히 설명하였기 때문에 반대되는 개념인 거짓효과에 대한
단순한 예는 생략한다. Bollen(1989, p.50)은 다양한 상황에서의 억제효과와 거짓
효과를 구분하여 표로 정리하였는데, 사실 이 구분을 현실에 적용하는 것은 쉬
운 일이 아니다. 일단 일반적인 연구자의 모형이 McFatter의 예제처럼 단순하고
설명하기 쉬운 억제효과를 가지고 있는 것도 아니거니와, 세 개의 변수가 아닌 다
섯 개, 일곱 개의 변수 간에 억제효과나 거짓효과가 동시에 발생하면 해석이 참으
로 난감할 수 있다. 이때는 결국 연구자가 가진 이론적 배경과 억제 및 거짓효과에
대한 지식을 바탕으로 최선을 다해 결과를 해석하는 것 외에 다른 방법은 없을 것
이다.

5.1.4. 재귀모형과 비재귀모형

경로모형에서 관찰변수 간의 구조관계(또는 구조방정식 모형에서 잠재변수 간
의 구조관계)를 설정하는 데 있어서 주요한 개념이 하나 있는데, 그것은 재귀모형
(recursive model)과 비재귀모형(non-recursive model)의 구분이다. 재귀모형
의 예가 [그림 5.12]에 나와 있는데, 이 모형에서는 모든 경로(화살표)가 한 방향으
로 향하고 되돌아오지 않으며, 설명오차 변수(d_1과 d_2) 간에 상관이 존재하지 않
는다.

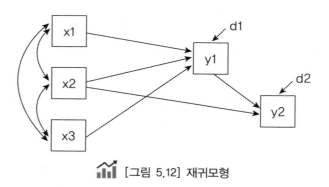

[그림 5.12] 재귀모형

위의 그림에서 먼저 외생변수의 정의에 의하여 x_1, x_2, x_3를 떠난 화살표는 돌아
오지 않으며, 내생변수 y_1, y_2의 사이에서도 y_1에서 y_2로 향한 화살표가 돌아오지

않는다. 또한 두 개의 설명오차 d_1과 d_2 사이에도 상관이 존재하지 않으므로 [그림 5.12]는 전형적인 재귀모형이다. 그에 반해 [그림 5.13]에 나와 있는 비재귀모형은 변수들 간의 구조관계가 서로 맞물려서 영향을 주고받으며, 설명오차 변수 간에도 상관이 존재하는 모형이다.

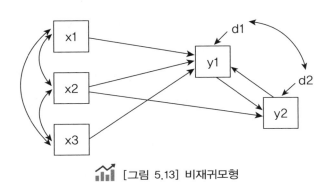

[그림 5.13] 비재귀모형

위의 그림에서 내생변수 y_1과 y_2 사이에는 서로 화살표를 주고받는 피드백순환 (feedback loop) 관계가 존재하며, 두 개의 설명오차 d_1과 d_2 사이에도 상관이 존재한다. 피드백순환이 모형 안에 있다는 것은 두 변수가 서로 영향을 주고받는다는 것이고, 이 순환이 안정화(stabilization)될 때까지는 시간이 필요하며, 그 시간 동안 변수들 간에 어떤 역동적인 관계가 발생하고 있음을 의미한다. 이 순환의 과정에서 y_1과 y_2 사이에 서로 주고받는 영향이 특정한 값들로 수렴(convergence)되면 이 피드백순환의 추정치는 문제없을 것이지만, 만약 순환의 과정에서 서로에게 주는 효과가 안정화되지 않고 발산(divergence)한다면 편향된 추정치(biased estimates)를 얻게 될 것이다(Kaplan, 2009). 이와 같은 안정화 가정을 평형가정 (assumption of equilibrium)이라고 한다. Kaplan, Harik과 Hotchkiss(2000)와 Sobel(1990) 등에 의하여 논의되었으나 구조방정식에서 자주 이용하는 횡단자료 (cross-sectional data)를 이용해서 평형가정을 검정할 수 있는 방법은 없다. 자세한 내용은 이 책의 수준을 넘어서기 때문에 다루지 않을 것이나, 연구자가 피드백순환을 모형 안에서 사용하고 싶다면 본인의 이론에 기반하여 순환과정이 장기적으로 안정화 또는 수렴된다는 것에 대하여 합리적으로 설명하는 것이 필요하다 (Kline, 2011).

[그림 5.13]의 비재귀모형에서 또 하나의 특징은 설명오차 d_1과 d_2 사이에 상관이 존재한다는 것이다. 설명오차 간의 상관을 설명하자면, 먼저 모형에 존재하는 외생과 내생 및 설명오차 변수들 간의 상관을 모두 하나의 틀에 넣어 설명하는 것이 필요하다. [그림 5.13]의 경로모형을 예로 들면, 구조방정식에서 외생변수 x_1, x_2, x_3 간의 상관은 전통적으로 추정을 하는 것이 일반적이다. 반면, 내생변수 y_1, y_2 간의 상관은 추정한다는 개념 자체가 존재하지 않고, 설명오차 변수 d_1, d_2 간의 상관은 추정할 수도, 안 할 수도 있다. 그렇다면 어째서 내생변수 간의 상관은 추정하지 않는 것일까? 상관(상관계수 또는 공분산)이라는 것은 두 변수 간에 연관이 있기는 하지만 어떤 변수가 어떤 변수에 영향을 주는지는 설명하고 있지 못하는 상태, 즉 두 변수 사이의 설명되지 않는 관계(unanalyzed association)가 존재하는 것을 가리킨다. 자연히 상관이라는 것은 설명되지 않은 변수 사이에서만 개념적으로 가능한 것이다. [그림 5.13]의 모형을 보면 외생변수 x_1, x_2, x_3들은 당연히 그 무엇에 의해서도 설명되지 않았으므로 이 사이에 상관을 추정하는 것은 타당하다고 할 것이다. 반면에 내생변수는 이미 외생변수나 다른 내생변수에 의하여 설명된 변수이기 때문에 그 변수들 간에 상관을 추정한다는 것은 개념적으로 적절하지 않다.

내생변수 y_1, y_2 간에는 상관을 추정하지 않지만, 대신에 설명오차 d_1, d_2 간의 상관을 추정하곤 하는데 그 이유는 무엇일까? [그림 5.13]을 [식 5.8]로 펼쳐서 조금 더 자세히 살펴보자.

$$y_1 = (\alpha_1) + [\beta_1 y_2 + \beta_2 x_1 + \beta_3 x_2 + \beta_4 x_3] + d_1$$
$$y_2 = (\alpha_2) + [\beta_5 y_1 + \beta_6 x_2] + d_2$$

[식 5.8]

위의 식에서 절편들(α_1, α_2)은 상수이므로 분산이 없어서 설명력을 가질 수 없기 때문에 그 뒷부분만 살펴보면, y_1과 y_2를 설명하는 것은 [ ]으로 묶인 부분과 설명오차 부분으로 나누어짐을 볼 수 있다. 예를 들어, y_1의 분산은 [ ] 부분(y_2, x_1, x_2, x_3)에 의해서 어느 정도 설명되고, 나머지 부분은 d_1에 의해 설명된다. 다시 말하면, d_1은 y_1의 일부로서 [ ] 부분에 의해 설명되지 않고 남은 부분이다. d_2 역시 같은 방식의 설명이 가능하다. 그렇다면 여기서 왜 내생변수 간의 상관을 추정하지 않고, 대신에 설명오차 간의 상관을 추정하는 것인지 알 수 있다. y_1과 y_2는 그 일부가 다른 변수들에 의하여 설명받기 때문에 설명되지 않는 관계인 상관을 추정하는 것은 적절하지 않으므로, y_1과 y_2의 일부분이면서 설명되지 않은 부분인 d_1과 d_2 간에 설명되지 않는 관계, 즉 상관을 추정하는 것이다.

내생변수 간의 상관을 결국은 설명오차 간의 상관을 이용해서 추정한다고 바로 앞에서 설명하였지만, 전통적으로 구조방정식 모형에서는 설명오차 사이의 상관을 반드시 추정하지는 않는다. [식 5.8]에서 볼 수 있듯이, 만약에 y_1이 y_2, x_1, x_2, x_3 등에 의하여 잘 설명되고 y_2 역시 y_1, x_2에 의하여 잘 설명되었다면, d_1과 d_2는 그 크기가 얼마 되지 않을 것이므로 둘 사이의 상관을 추정하는 것에 큰 관심이 없을 수 있다. 즉, d_1과 d_2 사이의 상관을 추정한다는 것은 y_1과 y_2가 상응하는 독립변수들에 의해서 잘 설명되지 못하고 있다는 것을 의미할 수 있다. 또한 만약 d_1과 d_2 사이의 상관이 매우 크다면(d_1과 d_2가 공유하는 부분이 매우 크다면) 이것은 y_1과 y_2를 동시에 잘 설명할 수 있는 또 다른 변수, 예를 들어 [식 5.9]에서처럼 x_4가 존재할 수도 있다는 것을 함의한다.

$$y_1 = (\alpha_1) + [\beta_1 y_2 + \beta_2 x_1 + \beta_3 x_2 + \beta_4 x_3] + [\beta_7 x_4 + d_1{}']$$
$$y_2 = (\alpha_2) + [\beta_5 y_1 + \beta_6 x_2] + [\beta_8 x_4 + d_2{}']$$

[식 5.9]

위의 식을 보면 d_1은 $\beta_7 x_4 + d_1{}'$으로 분해되었고, d_2는 $\beta_8 x_4 + d_2{}'$으로 분해되었으며 둘 사이에 x_4라는 공통요인이 들어가 있는 것을 알 수 있다. 즉, 연구자가 미처 생각하지 못한 x_4 때문에 d_1과 d_2 사이에 큰 상관이 존재할 수 있는 것이다. 그래서 설명오차 간의 상관을 추정한다는 것은 엄격하게 말하면 연구자가 y_1과 y_2를 동시에 잘 설명하는 중요한 변수 x_4를 놓쳤다(모형설정의 오류)는 의미인 것이다. 그럼에도 불구하고, 현실에서 연구자가 y_1, y_2를 잘 설명할 수 있는 독립변수를 모두 다 찾기란 매우 어려운 일이기 때문에 많은 경우에 설명오차 간의 상관을 모형 안에서 허락하여 추정하기도 한다.

재귀모형과 비재귀모형의 구분이 중요한 이유는 모형설정에서 여러 의미를 포함하기 때문이기도 하지만, 더욱 중요한 것은 모형이 추정 가능한가의 문제와 직접적으로 연관되어 있다는 것이다. 기본적으로 단순한 형태의 재귀모형은 매우 기본적인 조건만 충족하면 언제나 추정 가능한 데 반해, 비재귀모형은 추정이 가능할 수도, 그렇지 않을 수도 있다. 곧 설명하게 될 모형의 판별(identification) 부분에서 모형의 추정 가능성에 대하여 자세히 논의할 것이다. 또한 지금까지의 설명으로 인해 마치 모든 경로모형이 재귀모형과 비재귀모형으로 나뉘는 것처럼 생각할 수도 있으나, 사실은 그 중간 정도의 복잡성을 지닌 모형도 존재한다. 이를 부분재귀모형(partially recursive model)이라고 하는데, 관심 있는 독자들은 Kline(2011)을 참고하기 바란다. 한 가지 제안하자면 모든 연구자는 피드백순환 등에 대해서 특별한 실질적인 이론을 가지고 있지 않다면 연구모형으로서 재귀모형을 설정하는 것이 좋다.

마지막으로 재귀적(recursive)이라는 단어의 의미에 대하여 잠깐 고민해 본다. 재귀모형은 사실 그 어떤 설명의 흐름도 돌아오지 않는, 즉 화살표의 흐름이 비재귀적인 모형이다. 그에 반해, 비재귀모형은 오히려 설명의 흐름이 돌아오는(예, 피드백순환) 모형으로서 재귀적 모형이다. 이는 지난 오랜 시간 동안 여러 사람들을 혼동에 빠뜨리곤 해 왔다. 구조방정식 모형에서 재귀적(recursive)이라는 단어의 의미는 일방향(unidirectional)이라는 뜻이며(Maruyama, 1998), 우리가 일반적으로 사용하는 재귀적이라는 뜻을 가지고 있지 않다. 이와 같은 Maruyama(1998)의 단순하고 선명한 정의와 더불어서, 필자의 한정된 지식으로 재귀모형에서 재귀적이라는 단어를 다음과 같이 이해하고 설명하고자 한다. 수학이나 컴퓨터 프로그래밍 분야에서 재귀(recursion)란 무한한 반복 작업을 한정적인 syntax로 표현하는 것을 의미한다. 이는 특히 실행해야 할 많은 명령문이 내재된 구조(nested structure) 또는 나무 구조(tree structure)로 되어 있을 때, 첫 번째 명령문부터 마지막 명령문까지 모두 순차적이고(sequentially) 반복적으로(repeatedly) 처리하는 과정을 의미한다. 예를 들어, 윈도우의 탐색기에서 하나의 폴더 아래에 두 개의 폴더가 있고, 두 개의 폴더 밑으로 각각 세 개의 폴더가 더 있다고 가정하자. 모든 폴더에는 처리해야 할 명령문 파일이 각각 100개 정도씩 있다고 또한 가정하자. 이때 이 전체 폴더에 있는 수백 개의 명령문 파일을 모두 실행하고자 할 때 사용할 수 있는 개념이 바로 recursive다. 실제로 R 등의 많은 프로그래밍 언어에서 recursive 옵션은 연구자가 지정한 다수의 명령문을 처음부터 마지막까지 순차적이고 반복적으로 하나씩 하나씩 모두 처리하는 것을 의미한다. 이런 맥락에서 recursive의 의미는 successive 또는 sequential이라고 보는 것이 옳다. 다시 말해, 재귀모형에서는 첫 번째 외생변수부터 마지막 내생변수까지 순차적으로 화살표가 한 방향으로만 흐르면서 모든 변수를 거치기 때문에 recursive model이라는 이름을 주는 것이 개념적으로 타당하게 되는 것이다. 만약 많은 구조방정식 사용자가 이 두 가지 모형의 종류를 재귀모형과 비재귀모형으로 이미 인식하고 있지 않다면, 아마도 재귀모형은 일방향모형(unidirectional model)으로 번역하고 비재귀모형은 양방향모형(non-unidirectional model) 등으로 번역하는 것이 더 적절할지도 모르겠다.

5.2. 모형의 판별

모형이 판별된다(model is identified) 또는 모수가 판별된다(parameters are identified)는 표현은 모형이 추정 가능하다는 것을 의미한다. 추정 가능하다는 것은 주어진 자료에 의해 모형의 모든 모수 추정치를 실수 없이 각각 하나의 값으로 결정할 수 있다는 의미다. 모형의 판별 문제는 거의 모든 통계모형에서 존재하며, 구조방정식 모형도 예외는 아니다. 그나마 구조방정식 모형의 판별 문제는 워낙 많은 연구가 진행되어 왔고, 꽤 선명한 편에 속한다. 경로모형에서의 판별을 자세히 다루기 전에, 먼저 수학에서의 판별 개념에 대하여 세 가지 기초적인 상황을 구조방정식에서의 판별과 연결하여 다루면서 시작하고자 한다.

첫째는 추정하고자 하는 모수(미지수)의 개수가 우리가 가지고 있는 정보(등식)의 개수보다 많은 경우다. 예를 들어, $x + y = 7$을 풀어야 한다면, 미지수는 x와 y 두 개인데 등식은 $x + y = 7$ 하나밖에 없기 때문에 x와 y를 하나의 값으로 결정할 수 없다. 이런 경우는 무수히 많은 해(infinite solutions)가 존재하기 때문에 수학에서는 이를 부정(indeterminate)이라고 한다. 구조방정식에서는 가지고 있는 정보의 개수가 풀어 내고자 하는 모수의 개수에 미치지 못한다는 의미로 과소판별(under-identified)이라고 한다. 부정판별이라는 번역도 있으나 우리 책에서는 원단어가 가진 의미를 최대한 그대로 직역하여 전달하고자 한다. 구조방정식의 판별은 수학적 판별과 비슷하면서도 다르기 때문에 수학적인 용어인 부정판별보다는 과소판별이 더 적절한 것으로 생각된다.

둘째는 추정하고자 하는 모수의 개수가 우리가 가지고 있는 정보의 개수와 완전하게 일치하는 경우다. 예를 들어, $x + y = 7$과 $2x - y = 8$을 풀려고 하면 미지수 두 개와 독립적인 등식 두 개로 인해서 $x = 5$, $y = 2$로 유일한(unique) 모수값을 결정해 낼 수 있다. 수학적인 해(solution)가 존재하는 경우라고 할 수 있다. 이와 같은 경우를 구조방정식에서는 모수결정을 위한 완전판별(just-identified)이라고 한다. 역시 포화판별, 겨우 파악된 모형 등 여러 단어로 번역되고 있으나 원단어의 의미를 최대한 직역하여 전달하고자 한다. 포화판별의 경우에 좋은 단어이기는 하지만, 포화(saturated)의 개념은 판별의 측면에서 본 단어라기보다는 모형의 종류의 관점에서 쓰는 단어의 뉘앙스가 있다. 즉, 완전판별된 모형(just-identified model)을 포화모형(saturated model)이라고 한다. 사실 just-identified와 saturated 두 단어 모두 구조방정식에서 아주 많이 쓰이는 용어다. 이와 같이 어떤 모형이 완전판별되면, 일반적으로 완벽한 적합도(perfect fit)를 지닌다고 이야기한다. 이때의 완벽적합 또는 완전적합이라는 것은 모수의 개수가 정보의 개수와 완전하게 일치되기 때문에 쓰는 기술적인 표현일 뿐이며, 이 모형의 적합도(goodness of fit)가 완벽하게 좋다는 의미는 전혀 아니다. 구조방정식에서는 완전판별 모형의 적합도를 논하는 것 자체가 적절치 않다.

마지막 세 번째로 우리가 가지고 있는 정보의 개수가 추정하고자 하는 모수의 개수보다 더 많은 경우다. 예를 들어, $x+y=7$, $2x-y=8$, $x+3y=6$을 풀려고 하면, 동시에 이 세 등식을 만족시키는 x와 y는 존재하지 않음을 알 수 있다. 수학에서는 이와 같이 해가 없는 경우(no solution)를 불능(impossible)이라고 하여 문제 자체를 풀 수 없다고 정의한다. 하지만 이 상황이 바로 우리가 구조방정식 모형에서 원하는 상황이며 이 상태를 과대판별(over-identified)이라고 한다. 간명판별 등으로 번역되어 사용되기도 하지만, 역시 원단어의 의미를 최대한 전달하기 위하여 우리 책에서는 과대판별이라고 한다. 수학적으로 불능인 상황에서는 모형과 자료 사이에 불일치(discrepancy)가 존재하게 되는데, 구조방정식의 추정 과정에서는 여러 통계적인 준거(statistical criteria)를 이용하여 이 불일치의 정도를 최소화시키는 모수를 찾아내는 작업을 한다.

지금까지 살펴본 위의 세 가지 판별 상황을 염두에 두고, 경로모형의 여러 판별 방법에 대하여 살펴볼 것이다. 경로모형의 판별에 대하여 많은 연구가 있었고, Bollen(1989)에 총 다섯 가지 방법이 자세하게 소개되고 있으나, 우리 책에서는 간략하게만 다룰 것이다. 모든 종류의 판별 방법을 완전히 이해하기 위해서는 Jöreskog의 구조방정식 표기 방식을 알아야 하고 행렬에 대한 추가적인 지식도 필요하기 때문에 우리 책의 목적과 부합하지 않는다.

5.2.1. 대수적 방법(algebraic method)

먼저 가장 수학적이고 기술적인 방법인 대수적인 방법을 이용하여 [그림 5.4]에 나와 있는 경로모형의 판별 여부를 결정한다. 대수적 방법은 일반적으로 모형의 추정 가능성을 확인하기 위한 가장 원초적인 방법이어서 많이 사용하지는 않지만, 동시에 어떤 모형이 판별되느냐를 100% 결정해 주는 방법은 이것밖에 없다고 봐야 한다. 대다수의 구조방정식 모형 이용자에게 있어서 반드시 이해해야 할 부분은 아니므로 가벼운 마음으로 읽어 보기 바란다. 이 예에서는 평균 구조는 살피지 않고, 즉 α를 제외하고 공분산 구조에만 집중하여 모형의 추정 가능성을 살펴본다. 또한 대수적 방법이 반드시 완전적합 모형에만 적용할 수 있는 것은 아니지만, 보여 줄 예는 완전적합 모형인 단순회귀분석 모형을 이용한다. [그림 5.4]의 경로모형에서 절편 α를 제외한 모형을 [식 5.10]과 같이 설정하였다.

$$y = \beta x + d \qquad\qquad\qquad \text{[식 5.10]}$$

위에서 우리가 추정하고자 하는 세 개의 모수는 x의 분산(σ_x^2), 회귀계수 β, 설명오차 d의 분산(σ_d^2)이다. 위의 모형을 보면 우리가 사용하고자 하는 총 관찰변수는 x와 y 두 개다. 그러므로 우리가 가진 공분산 행렬은 [식 5.11]과 같다.

$$\Sigma = \begin{bmatrix} Var(y) \\ Cov(y,x) \ Var(x) \end{bmatrix} \qquad\qquad \text{[식 5.11]}$$

위의 공분산 행렬 Σ에서 Var은 분산(variance)을 Cov는 공분산(covariance)을 의미하며, 모수 추정을 위해 우리가 가진 독립적인 정보의 개수는 $Var(y)$, $Cov(y,x)$, $Var(x)$ 등 세 개다. 위의 행렬에 나와 있는 정보($Var(y)$, $Cov(y,x)$, $Var(x)$)와 우리가 풀고자 하는 모수 세 개(σ_x^2, β, σ_d^2)의 관계식을 써 보면 [식 5.12, 5.13, 5.14]와 같다.

$$Var(x) = \sigma_x^2 \qquad\qquad\qquad \text{[식 5.12]}$$

$$\begin{aligned} Cov(y,x) &= Cov(\beta x + d, x) = Cov(\beta x, x) + Cov(d, x) \\ &= \beta Cov(x, x) + 0 = \beta Var(x) = \beta \sigma_x^2 \end{aligned} \qquad \text{[식 5.13]}$$

$$Var(y) = Var(\beta x + d) = Cov(\beta x + d, \beta x + d)$$
$$= Cov(\beta x, \beta x) + 2\,Cov(\beta x, d) + Cov(d, d)$$
$$= \beta^2\,Var(x) + 0 + \sigma_d^2 = \beta^2 \sigma_x^2 + \sigma_d^2 \qquad \text{[식 5.14]}$$

위의 세 식을 보면서 확인할 수 있듯이, $\sigma_x^2 = Var(x)$, $\beta = \dfrac{Cov(y,x)}{Var(x)}$, $\sigma_d^2 = Var(y)$ $- \dfrac{Cov(y,x)^2}{Var(x)}$ 등으로 추정하고자 하는 모든 모수가 공분산 행렬의 요소들로 결정되었다. 즉, [식 5.11]의 공분산 행렬만 있다면 [식 5.10]에 있는 모형의 모수를 모두 결정할 수 있게 된다. 위에서 보인 대수적인 방법은 나름대로의 유용성을 가지고 있지만, 모형이 복잡하거나 과대판별된 경로모형에는 그다지 적절하지 않다. 사실 위의 모형은 굳이 어렵게 대수적인 방법을 이용하지 않아도, 즉 확인할 필요도 없이 판별이 됨을 알 수 있다. [식 5.10]이나 앞에 있던 [그림 5.4], [그림 5.5] 등의 단순회귀분석 또는 다중회귀분석 모형은 단 한 줄의 식으로만 이루어져 있고, 모형 안에서 독립변수와 종속변수의 역할을 동시에 하는 내생변수가 존재하지 않는다. 이런 경우, 모형은 언제나 추정 가능하며 항상 완전판별(just-identified)된다. 정리하면, 회귀분석 모형은 언제나 판별이 되며 추정 가능하다.

5.2.2. t 규칙(counting rule, t rule)

수학적으로 미지수의 개수와 독립적인 등식의 개수를 비교하는 방법을 구조방정식 모형에 그대로 적용한 규칙이 바로 t 규칙이다. 즉, 연구자가 설정한 모형에서 추정하고자 하는 모수의 개수(t)는 자료의 공분산 행렬이 가지고 있는 독립적인 정보의 개수(i)에 의하여 제한을 받는다는 규칙이다. 아마도 t 규칙은 모형의 판별에서 가장 쉬운 방법이면서 가장 중요한 방법일 것이다. 제2장에서 구조방정식 모형은 기본적으로 공분산 행렬을 그 분석의 단위로 한다고 하였고, 이 공분산 행렬 안에는 많은 정보가 담겨 있다고 하였다. 예를 들어, 연구자가 네 개의 관찰변수를 가지고 있다면 제2장에서 보여 주었던 공분산 행렬의 예(네 개의 변수)는 총 10개의 독립적인 분산 및 공분산 값을 포함하고 있다($i = \dfrac{4(4+1)}{2} = 10$). 이와 같은 경우, 가설에 따라 세운 연구자의 모형에서 추정할 수 있는 모수의 개수 t는 최대 10을 넘을 수 없게 된다. 이때 독립적인 정보의 개수(i)와 추정하고자 하는 모수 개수(t)의 차이를 구조방정식 모형의 자유도(df_M, degrees of freedom of the model)라고 하며, 이는 [식 5.15]에 나타난다.

$$df_M = i - t \qquad\qquad\qquad \text{[식 5.15]}$$

자유도의 의미를 판별에 연결시켜 보면, 결국 어떤 모형이 추정 가능하려면 모형의 자유도가 0이거나(완전판별, just-identified) 양수(과대판별, over-identified) 여야 하는 것이다. 자유도가 음수라면 모수의 개수 t가 독립적인 정보의 개수 i를 넘어서게 된 것이므로 추정은 불가능하게 된다. 여기서 또 한 가지 중요한 점은 t 규칙이 필요조건(necessary condition)일 뿐, 충분조건(sufficient condition) 이 아니라는 것이다. 정보의 개수가 모수의 개수보다 많다고 하더라도 여러 다른 이유로 추정이 되지 않을 가능성은 여전히 남아 있다. 그러므로 t 규칙은 구조방정 식 모형의 추정 가능성을 논할 수 있는 최소한의 조건 정도로 이해하여야 한다. 반 대로 말해, t 규칙을 만족하지 않는 모형은 추정이 가능하지 않다는 것이다.

5.2.3. 그 외 몇 가지 방법

Bollen(1989)에 소개되는 판별의 방법들 중 중요하지 않은 것이 없기 때문에 모 두 다 자세히 설명할 수도 있겠지만, 이는 우리 책의 목적에 맞지 않는다. 수식이 나 행렬의 이용을 최대한 자제하여 간단하게 몇 가지만 더 소개하고자 한다. 첫째 는 Null B(beta) 규칙이라고 하는 것인데, B는 LISREL 표기법에서 내생변수끼리 의 회귀계수를 포함하고 있는 행렬이다. Null이라는 것은 비어 있다(empty)는 뜻 이므로 내생변수끼리의 회귀계수가 존재하지 않는다는 의미가 된다. 즉, [그림 5.14]의 모형처럼 내생변수 y 간에 존재하는 화살표가 하나도 없다는 뜻이 된다.

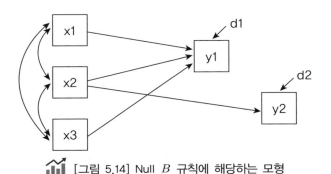

[그림 5.14] Null B 규칙에 해당하는 모형

위의 그림을 식으로 쓰면 [식 5.16]과 같은 두 개의 회귀모형이 존재한다.

$$y1 = (\alpha_1) + \beta_1 x_1 + \beta_2 x_2 + \beta_3 x_3 + d_1$$
$$y2 = (\alpha_2) + \beta_4 x_2 + d_2$$

[식 5.16]

위의 모형 안에는 독립변수와 종속변수의 역할을 동시에 하는 내생변수가 존재하지 않으며, 단지 두 개의 일반적인 회귀분석 모형이 있을 뿐이다. Null B 규칙(Null B rule)이라는 것은 단지 여러 줄의 일반적인 회귀분석 모형은 언제나 판별이 되며 추정 가능하다는 것이다. 앞에서 설명했듯이 회귀모형은 언제나 추정 가능하며, 완전판별로서 자유도는 항상 0이 된다. [식 5.16]에 있는 두 줄의 회귀모형으로 이루어진 경로모형은 완전판별은 아니며, 총 12개의 모수와 15개의 정보를 가지고 있기 때문에 $df_M = 15 - 12 = 3$으로 자유도는 3이 되는 모형이다. 지금까지 설명한 Null B 규칙은 모형의 판별을 위한 충분조건이며, 필요조건은 아니다. 즉, 독립변수와 종속변수의 역할을 동시에 하는 내생변수가 존재하지 않는 경로모형은 언제나 추정 가능한데, 그렇다고 해서 이런 상황이 경로모형의 판별을 위해 반드시 만족되어야 하는 것은 아니다.

두 번째로 소개할 방법은 이미 앞에서도 설명한 재귀모형에 대한 것으로 재귀 규칙(recursive rule)이라고 한다. 결론부터 말하면, 재귀모형은 언제나 추정 가능하다. 즉, 변수 사이의 화살표가 한 방향으로만 향하고 돌아오지 않으며, 설명오차 간에 상관이 존재하지 않는 모형은 언제나 추정 가능하다. 재귀 규칙은 앞의 Null B 규칙처럼 충분조건이며, 경로모형의 판별을 위한 필요조건은 아니다.

세 번째는 비재귀모형에 대하여 쓸 수 있는 Order Condition이라고 불리는 방법이다. 앞에서 우리는 구조방정식 모형을 식으로 쓰면 각 내생변수가 종속변수의 역할을 한 번씩 하기 때문에 내생변수 하나당 한 줄의 수식이 생기는 것을 보아 왔다. Order Condition은 각 내생변수를 설명할 수 있는 모든 가능한 독립변수(외생변수와 다른 내생변수 포함) 중 독립변수로 쓰인 개수와 독립변수로 쓰이지 않은 개수를 세는 방법이다. Order Condition에 따르면 각 내생변수를 설명할 수 있는 모든 가능한 독립변수 중 적어도 '내생변수의 개수-1'개의 독립변수는 각 식에서 제외되어야 한다. [그림 5.15]에 있는 비재귀모형의 예를 통해 살펴보도록 하자.

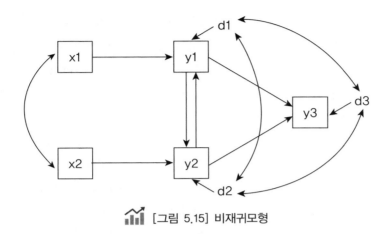

[그림 5.15] 비재귀모형

위의 그림에 따르면 총 세 개의 내생변수(y_1, y_2, y_3)가 있으므로 [식 5.17]과 같이 세 줄의 회귀식이 생기고, 이 모형에서 '내생변수의 개수-1'은 2가 된다.

$$y_1 = (\alpha_1) + \beta_1 y_2 + \beta_2 x_1 + d_1$$
$$y_2 = (\alpha_2) + \beta_3 y_1 + \beta_4 x_2 + d_2 \qquad\qquad \text{[식 5.17]}$$
$$y_3 = (\alpha_3) + \beta_5 y_1 + \beta_6 y_2 + d_3$$

각 내생변수가 종속변수로 쓰인 회귀식마다 독립변수로 쓰일 수 있는 총 가능한 변수의 숫자는 모두 4다. 예를 들어, y_1이 종속변수일 때 y_2, y_3, x_1, x_2 등 총 네 개의 독립변수가 가능하고, y_2가 종속변수일 때도, y_3가 종속변수일 때도 모두 네 개씩의 독립변수가 가능하다. 이제 [식 5.17]의 세 회귀식을 하나씩 살펴보면, y_1이 종속변수일 때 네 개의 총 가능한 독립변수 중에서 y_3와 x_2 등 두 개의 독립변수가 제외되어 Order Condition의 조건을 만족하였다. 차례로 y_2가 종속변수일 때는 y_3와 x_1 등 두 개의 가능한 독립변수가 제외되어 또한 조건을 만족하였다. 마지막으로 y_3가 종속변수일 때 x_1과 x_2 등 두 개의 가능한 독립변수가 제외되어 조건을 만족하였다. 이와 같이 각 내생변수당 조건을 모두 만족시키면 [그림 5.15]의 경로모형이 Order Condition을 만족하였다고 결론 내린다. Order Condition은 충분조건이 아니라 반드시 만족해야 하는 필요조건이기 때문에 세 개의 식 중 하나라도 만족을 하지 않으면 모형은 추정 가능하지 않다.

마지막으로 비재귀모형에 적용할 수 있는 방법으로서 필요충분조건이라고 알려진 Rank Condition이 있다. 이 방법은 선형대수(linear algebra)와 LISREL 표기법을 모른다면 설명이 거의 불가능하므로 단지 이러한 방법이 있다는 정도로 최대

한 간단하게 설명하고자 한다. 자세한 과정에 관심이 있는 독자는 Bollen(1989, p.98)을 참조하기 바란다. 일단 Rank Condition을 확인하기 위해서는 $C = [I - B|\Gamma]$라는 행렬을 만들어서 시작하여야 하는데, I는 항등 행렬, B(beta)는 내생변수끼리의 구조관계에서 생기는 계수 행렬, Γ(gamma)는 외생변수가 내생변수를 설명하는 과정에서 생기는 계수 행렬이다.[21] [그림 5.15]의 예에서는 세 개의 행과 다섯 개의 열이 있는 C행렬이 만들어지는데, 각 행에서 0을 포함하고 있지 않은 열을 모두 지워서 C_1, C_2, C_3 등의 세 행렬을 만든다. 만들어진 각 행렬의 계수(rank)를 계산하여 각 계수의 값이 '내생변수의 개수−1'과 같으면 모형이 추정 가능하게 된다. 지금까지의 설명이 Rank Condition을 확인할 수 있을 만큼 자세하지는 않지만, 이와 같은 방법이 있다는 정도로 이해하면 될 것으로 생각한다. 실제로 계산해 보면 $Rank(C_1) = 2$, $Rank(C_2) = 2$, $Rank(C_3) = 2$로서, [그림 5.15]의 비재귀모형은 추정 가능함을 알 수 있다.

　지금까지 모형의 판별 방법 중 대수적인 방법, t 규칙, Null B 규칙, 재귀 규칙, Order Condition, Rank Condition 등을 간단하게 살펴보았다. 엄격하게 말하면, 모형의 판별은 모형의 설정과 자료의 수집 사이에 이루어져야 하는 작업이다. 모형을 설정하고 모형이 추정 가능하다고 판단되면 자료를 수집하여 모형을 추정한다. 하지만 수학에 익숙하지 않은 일반적인 연구자에게 t 규칙이나 Null B 규칙 또는 재귀 규칙 외의 다른 방법들은 상당히 접근성이 떨어지는 것이 사실이다. 그래서 현실적으로는 많은 연구자가 모형의 추정 과정에서 실용적으로 모형의 추정 가능성을 확인하게 된다. 예를 들어, M*plus*나 LISREL 등 몇몇 구조방정식 프로그램의 경우에 모형 판별에 문제가 있으면 여러 방식으로 경고 메시지를 준다. 또한 경고 메시지가 없더라도 만약 모수 추정치 몇 개의 표준오차가 매우 크다면 모형이 제대로 판별되지 않았을 수도 있음을 의심해야 한다. 그리고 만약 단 하나의 분산 추정치라도 음수가 나온다면(이런 경우를 Heywood case라고 한다), 프로그램이 나머지 모수들에 대하여 그럴듯한 추정 결과를 주었다고 하더라도 모든 결과를 버리고 모형을 수정하여야 한다. 이때 경험적으로 Heywood case가 발생하는 경우 한두 개의 분산 추정치가 −0.002, −0.001 등 아주 작은 음수로 나오곤 한다.

---

[21] 우리 책에서는 쉬운 설명을 위해서 외생변수가 내생변수를 설명하는 관계도 β로, 내생변수가 내생변수를 설명하는 관계도 β로 놓고 있다. 하지만 전통적인 LISREL의 표기법에서는 외생변수가 내생변수를 설명하는 관계는 γ(gamma)를 이용하여 표기한다.

이런 경우에 대한 실용적인 해결책으로서 문제가 되는 분산 모수를 아주 작은 숫자 (예, 0.001)로 고정하고 모형을 추정하기도 한다. 이런 해결방식에 대한 수학적이고 통계적인 명확한 근거가 있는 것은 아니지만, 문제가 발생했을 때 충분히 시도해 볼 수 있는 방법이라고 할 수 있다.

　연구자가 판별 규칙들을 이용하였는데 가설 속의 모형이 판별되지 않거나, 또는 실용적으로 추정 과정에서 판별에 문제가 생겼음을 인지하였다면 어떻게 해야 할 것인지에 대하여 마지막으로 간단하게 다루고자 한다. 기본적으로 판별에 실패하였을 때 연구자가 할 수 있는 방법은 모형을 간단하게 고치는 것이다. 모형을 간단하게 만든다는 것은 연구자가 가지고 있는 독립적인 정보의 개수(i)를 늘리거나 추정하고자 하는 모수의 개수(t)를 줄이거나 하는 것이다. 한마디로 하면 모형의 자유도(df_M)를 높이면 구조방정식 모형은 원칙적으로 단순해진다. 모형을 단순하게 만들기 위한 첫 번째 방법은 관찰변수를 추가하는 것이다. 예를 들어, 연구자가 관찰변수 네 개를 이용하여 모형을 설정하려고 했다면 공분산 행렬의 독립적인 정보의 개수가 $\frac{4(4+1)}{2}=10$이므로 10개가 넘는 모수는 추정할 수 없다. 이때 하나의 관찰변수를 더하면 공분산 행렬의 독립적인 정보의 개수는 한 개가 아니라 다섯 개가 늘게 되어($\frac{5(5+1)}{2}=15$) 총 15개까지의 모수를 추정할 수 있게 된다. 두 번째 방법은 추정하고자 하는 모수 중 일부를 고정하는 것이다. 예를 들어, 회귀계수를 0으로 고정한다든지, 오차 간 상관을 0으로 고정한다든지 하는 방법이 있을 수 있다. 세 번째로는 추정하고자 하는 모수들에 제약을 주는 것이다. 앞에서 설명했듯이, 두 모수의 값이 얼마인지는 모르지만 같다(equality constraint)고 놓기도 하고, 비례적으로 하나의 모수가 다른 모수보다 몇 배 크다(proportional constraint)고 놓기도 하는데, 어떤 방법이든 추정하고자 하는 모수의 개수를 절약하는 방법이다.

5.3. 모형의 추정

　모형이 판별되었다는 가정하에 이제는 모형의 모수(θ)를 추정한다. 앞에서도 설명했지만, 경로모형에서 추정해야 하는 모수는 다음과 같이 크게 세 가지로 나눌 수 있다. 첫째는 외생변수의 분산과 공분산, 둘째는 경로계수, 셋째는 설명오차의 분산과 공분산이다. 이 중 설명오차의 공분산은 반드시 추정하는 모수는 아니기

때문에 연구자의 선택에 따라 추정할 수도, 그렇지 않을 수도 있다. 지금부터 구조
방정식 분야에서 모수들을 추정하기 위해 광범위하게 쓰이는 몇 가지 주요한 추정
의 방법을 소개할 것이다. 본격적으로 그것들을 배우기에 앞서 [그림 5.16]에 나타
나는 추정의 흐름을 반드시 이해해야 한다.

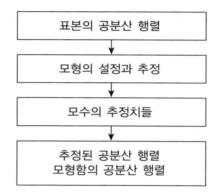

[그림 5.16] 표본의 공분산 행렬과 추정된 공분산 행렬

구조방정식 프로그램을 이용할 때는 원자료를 이용해 추정하는 것이 일반적이기
때문에 인지하지 못할 수도 있지만, 전통적인 구조방정식 모형에서 분석의 단위
(자료)는 공분산 행렬이라는 것을 여러 번 강조하여 왔다. 추정의 첫 단계에서 우
리는 수집한 자료를 요약한 표본의 공분산 행렬(S)을 가지고 있다. 다음 단계에서
우리는 M$plus$, Amos, LISREL 등의 구조방정식 프로그램을 이용하여 연구자가
미리 설정한 모형의 모수(θ)를 추정한다. 표본의 공분산 행렬을 이용해 모형을 문
제없이 추정하고 나면 추정의 결과로 모든 모수에 대한 추정치($\hat{\theta}$)를 가지게 된
다. 구조방정식에서는 이와 같은 추정치들을 가지고 거꾸로 이 추정치들에 기반한
공분산 행렬($\Sigma(\hat{\theta}) = \hat{\Sigma}$)을 다시 만들어 낼 수 있다. 이렇게 만들어진 공분산 행렬
$\Sigma(\hat{\theta})$은 추정된 공분산 행렬(fitted covariance matrix) 또는 모형함의 공분산 행
렬(model-implied covariance matrix)이라고 한다.

여기서 추정된 공분산 행렬을 자세히 설명하기에 앞서, 잠시 독자들을 위해 여러
새로운 개념과 그 개념의 표시방식을 간단하게 정리한다. 먼저 제2장에서 설명했
듯이, 일반적으로 통계 모형에서 추정하고자 하는 모수는 θ(theta)라고 하며, 자
료를 통해 추정한 모수, 즉 추정치는 $\hat{\theta}$(theta hat)으로 표시한다. 우리가 분석하고
자 하는 표본의 공분산 행렬은 S이고, S에 상응하는 모집단의 공분산 행렬은 Σ가

된다. 이와 같은 식으로, 추정치($\hat{\theta}$)에 기반한 공분산 행렬은 $\hat{\Sigma}$(sigma hat) 또는 $\Sigma(\hat{\theta})$(sigma theta hat)으로 표시하고 이에 상응하는 모집단의 모수(θ)에 기반한 공분산 행렬은 $\Sigma(\theta)$가 된다. 여기서 한 가지 독자들을 헷갈리게 만들 수 있는 것은 $\Sigma(\hat{\theta})$도 $\Sigma(\theta)$도 모두 추정된 공분산 행렬 또는 모형함의 공분산 행렬이라고 말한다는 것이다. 둘의 결정적인 차이는 $\Sigma(\hat{\theta})$의 경우에 자료 S와 연구자의 모형을 이용해 구한 추정치를 통하여 실제로 계산해 낼 수 있는 행렬인 데 반해, $\Sigma(\theta)$는 모수에 기반해서 개념적으로만 존재하는 공분산 행렬로서 계산해 낼 수 없다.

이제 추정된 공분산 행렬이란 개념을 본격적으로 이해하기 위해, [그림 5.17]과 같이 부모의 지지가 학생의 자존감에 좋은 영향을 주고, 이어서 성적을 향상시킨다는 모형을 설정하였다고 가정하자.

[그림 5.17] 부모지지, 자존감, 성적의 관계모형

자료를 수집하여 공분산 행렬 S를 계산한 결과 [식 5.18]과 같았다. 구조방정식에서 공분산 행렬은 전통적으로 내생변수부터 쓰는 것이 일반적이므로, [식 5.18]에서 변수의 순서는 왼쪽부터 오른쪽으로 자존감, 성적, 부모지지다.

$$S = \begin{bmatrix} 2.83 & & \\ 1.84 & 2.99 & \\ 2.79 & 1.44 & 3.51 \end{bmatrix}$$ [식 5.18]

S를 이용하여 [그림 5.17]의 모형을 추정한 결과, 부모지지의 분산은 3.49, $\hat{\beta}_1 = 0.80$, $\hat{\beta}_2 = 0.65$, d_1의 분산은 0.61, d_2의 분산은 1.78이었다. 이렇게 추정된 다섯 개의 추정치를 바탕으로 추정된 공분산 행렬($\hat{\Sigma}$)을 구하면 [식 5.19]와 같다.

$$\hat{\Sigma} = \Sigma(\hat{\theta}) = \begin{bmatrix} 2.81 & & \\ 1.83 & 2.97 & \\ 2.77 & 1.80 & 3.49 \end{bmatrix}$$ [식 5.19]

[식 5.19]에서 볼 수 있듯이, 다섯 개의 추정치에 기반해서 거꾸로 공분산 행렬을 유추할 수 있다. 일반적으로 연구자의 모형이 주어진 자료를 완벽하게 반영할 수는

없기 때문에[22] 이렇게 모형의 추정치에 기반한 공분산 행렬($\hat{\Sigma}$)은 표본의 공분산 행렬(S)과 다른 값을 취하게 된다. 만약 연구자가 설정한 모형이 수집한 자료를 잘 반영한다면 그 차이는 줄어들게 되고, 자료를 잘 반영하지 못하는 엉뚱한 모형을 설정하면 차이는 커지게 된다. 이 두 공분산 행렬의 차이($S-\hat{\Sigma}$)는 잔차행렬(residual matrix)이라고 하며, 위의 예에서 계산된 잔차행렬은 [식 5.20]과 같다.

$$S-\hat{\Sigma} = \begin{bmatrix} 0.02 & & \\ 0.01 & 0.02 & \\ 0.02 & -0.36 & 0.02 \end{bmatrix} \qquad \text{[식 5.20]}$$

[식 5.20]의 잔차행렬에서 대부분의 요소는 상당히 작은 값인 데 반해, 성적과 부모지지 사이에서 표본의 공분산과 추정된 공분산 사이에 상대적으로 꽤 큰 격차(-0.36)가 있음을 확인할 수 있다. 이와 같은 방식으로 잔차행렬은 연구자의 모형이 얼마나 자료에 부합하느냐의 기준으로 사용되기도 하는데, 이 주제에 대한 것은 모형의 평가 부분에서 다시 다룰 것이다.

이제부터 구조방정식 모형, 특히 경로모형의 추정 방법에 대하여 몇 가지를 보일 것인데, 수학적으로 아주 세세한 부분을 다루는 것은 우리 책의 목적에 맞지 않기 때문에 개념적인 수준에서만 설명하고자 한다. 또한 구조방정식 모형의 가장 기본적인 추정 방법인 최대우도 추정을 중심으로 하여 나머지 방법은 간략하게 소개하는 방식이 될 것이다. 대부분의 추정 방법은 바로 위에서 설명한 S와 $\Sigma(\theta)$의 차이를 함수로 만들어, 그 함수를 최소화하는 추정치를 구한다. 이때 S와 $\Sigma(\theta)$의 차이로 만들어진 함수를 합치함수(fitting function)라고 하며 $f(S,\Sigma(\theta))$로 표기한다. 합치함수를 정의할 때도, 앞에서 설명하였듯이 $\Sigma(\hat{\theta})$과 $\Sigma(\theta)$를 구분하는 것이 필요하다. 합치함수 $f(S,\Sigma(\theta))$는 표본의 공분산 행렬 S와 모수(θ)에 기반한 추정된 공분산 행렬 $\Sigma(\theta)$ 사이의 함수(function)다. 반면에 $f(S,\Sigma(\hat{\theta}))$은 표본의 공분산 행렬과 추정치에 기반한 공분산 행렬 사이에서 계산해 나온 하나의 값(value)이다. 그러므로 함수를 다루고자 하면 $f(S,\Sigma(\hat{\theta}))$이 아니라 $f(S,\Sigma(\theta))$를 사용하는 것이 더 적절하다.[23] 합치함수 $f(S,\Sigma(\theta))$를 최소화하는 기준은 지금부터 설명할 여러 추정 방법마다 다르다.

---

22) 완전판별 모형의 경우에는 수학적으로 가능하지만, 구조방정식 모형이라 하면 일반적으로 과대판별이므로 거의 불가능하다.
23) 여러 학자들이 이 구분을 심각하게 생각하지 않는 경향이 있기는 하다.

5.3.1. 최대우도 추정

최대우도(maximum likelihood, ML) 방법은 구조방정식 모형의 탄생부터 지금까지 함께해 왔다고 할 수 있을 정도로 가장 기본적이고 핵심적인 추정 방법이다. 계량경제학의 Koopmans, Rubin과 Leipnik(1950)이 경로모형에, Jöreskog(1969)는 확인적 요인분석모형에, 그리고 Jöreskog(1973)가 또한 일반 구조방정식 모형 (general structural equation model)에 최대우도 추정을 적용하였다. 지금 현재 구조방정식 모형을 추정할 수 있는 여러 방법이 존재하지만 가장 대표적인 것이 바로 최대우도 추정이다. Hoyle(2000)은 최대우도 추정 이외의 다른 방법을 구조방정식에서 사용하게 되면 왜 그 방법을 썼는지 그 이유를 설명하는 것이 합당하다고 밝힐 정도다. 제2장에서 소개한 최대우도 추정의 기본을 염두에 두고, 경로모형의 최대우도 추정을 간략하게 살펴보자.

구조방정식 모형의 최대우도 추정에서 가장 핵심이라고 할 수 있는 부분은 자료의 사례값들이 다변량 정규분포를 따르는 모집단으로부터 수집되었다고 가정하는 것이다. 이렇게 되면 관찰변수들로 이루어진 벡터인 z(예, 세 개의 내생변수(y)와 두 개의 외생변수(x)를 분석한다면, 벡터 $z' = [y_1 \ y_2 \ y_3 \ x_1 \ x_2])$의 확률밀도함수(probability density function)를 다변량 정규분포에 기반하여 만들 수 있고, 앞 장에서 보인 바와 같이 차례대로 결합밀도함수와 우도함수, 그리고 로그우도함수를 만들어 낼 수 있다. 이 로그우도함수에서 모수를 포함하지 않은 부분을 제거하고, 부호를 바꾸며,[24] 몇 가지 변형을 하게 되면 최대우도 추정 방법의 합치함수 f_{ML}을 [식 5.21]과 같이 구할 수 있다.

$$f_{ML} = \log|\Sigma(\theta)| + tr(S\Sigma^{-1}(\theta)) - \log|S| - p \qquad [식\ 5.21]$$

위에서 θ는 구하고자 하는 모수들의 집합(벡터 $\theta' = [\theta_1 \ \theta_2 \ \theta_3 \ ...]$), p는 내생 및 외생 관찰변수의 개수를 의미하며 $\Sigma^{-1}(\theta)$는 $\Sigma(\theta)$의 역행렬, tr는 대각합(trace)으로서 행렬의 대각요소들의 합을 의미한다. 앞의 ML 합치함수(f_{ML})는 로그우도함수와 부호가 다르기 때문에 이 함수를 최대화하는 것이 아니라 최소화하는 모수벡터 θ의 추정치벡터($\hat{\theta}' = [\hat{\theta}_1 \ \hat{\theta}_2 \ \hat{\theta}_3 \ ...]$)를 구한다. f_{ML} 합치함수를 최소화

---

24) 로그우도함수를 최대화하는 모수의 추정치를 구하는 것이 최대우도 추정인데, 부호를 반대로 바꾸게 되면 새롭게 만든 식을 최소화하는 모수의 추정치를 구하게 된다.

하는 방법이 전통적인 구조방정식의 최대우도 추정으로서, 개별 사례의 값이 아닌 요약된 통계치를 이용하는 추정 방법이다. 경로모형의 최대우도 추정의 수리적인 전개과정에 관심이 있고 수학적인 배경이 있는 독자라면 Bollen(1989, p.131)이나 Kaplan(2009, p.25)을 통해 자세한 내용을 확인하기 바란다.

일반적으로 컴퓨터 프로그램을 이용한 최대우도 추정은 반복적인 과정에 의하여 이루어지는데, 먼저 임의의 초기값(start values) 또는 초기 추정치(initial estimates)의 세트가 결정되고, 이때의 합치함수 값을 계산한다. 여러 모수에 대한 초기값의 세트는 컴퓨터에 의해서 자동으로 생성되기도 하고 연구자가 선험적인 지식을 바탕으로 지정할 수도 있다. 다음 단계에서는 합치함수의 값을 더 작게 만드는(즉, 모형의 적합도를 향상시키는) 새로운 추정치의 세트를 이끌어 내고, 그다음 단계에서 다시 또 모형의 적합도를 향상시키는 작업을 반복한다. 이와 같은 설명 방식은 자료의 요약치를 사용하는 전통적인 구조방정식 모형의 추정(제한정보 추정) 과정에서 적당하다. 하지만 개별사례(individual responses)를 이용하는 완전정보 최대우도 추정(FIML)을 이용하는 경우, 합치함수의 최소값을 구하는 알고리즘이 아니라 로그우도함수의 최대값을 구하는 방식의 추정 과정이 이루어진다. 어떤 방식을 이용하든 이러한 반복적인 과정은 연구자가(또는 프로그램이) 미리 정한 일정한 통계적인 준거(statistical criterion)를 만족시킬 때까지 계속해서 이루어진다. 준거를 만족하여 반복적인 과정이 멈추면 우리는 추정 과정이 수렴하였다(the estimation process has converged)고 말한다. 우리가 프로그램 output을 통하여 확인하게 되는 추정치는 하나 또는 여러 개의 준거를 만족한 마지막 단계에서의 추정치들의 세트다.

최대우도 추정 방법은 많은 특징이 있는데, 먼저 과대판별된 모형(over-identified model)의 적합도 검정이 가능하다. 과소판별된 모형은 t 규칙에 의해 추정이 가능하지 않고, 완전판별된 모형은 기술적으로 완벽한 적합(perfect fit)이라는 단어를 사용하지만 실제로 모형의 적합도를 검정한다는 것은 적절하지 않다. 과대판별된 모형에 대한 적합도 검정은 표본의 크기와 합치함수 값의 곱, 즉 $(n-1)f_{ML}$이 점근적으로(asymptotically)[25] χ^2(chi-squared 또는 chi-square) 분포를 따르기 때

---

25) 점근적이라는 것은 표본크기가 충분히 커져서 무한대가 될 때를 의미한다. 구조방정식 분야에서 '점근적으로'라는 표현은 '표본크기가 충분히 클 때'라고 이해하면 큰 무리가 없을 것이다.

문에 가능한 것으로 뒤에서 더 자세히 설명할 것이다. 그리고 최대우도 방법을 통해 계산된 각각의 추정치($\hat{\theta}_1$, $\hat{\theta}_2$, $\hat{\theta}_3$, ...)는 점근적으로 정규분포를 따르기 때문에 개별적인 모수(θ_1, θ_2, θ_3, ...)에 대한 통계적 검정(예, $H_0: \theta_1 = 0$, $H_0: \theta_2 = 0$, $H_0: \theta_3 = 0$, ...)이 가능하다. 일반적으로 다변량 정규성을 만족하는 자료를 이용한 구조방정식 모형에서 추정치를 상응하는 표준오차(standard error, SE)로 나눈 통계량($\frac{\hat{\theta}}{SE_{\hat{\theta}}}$)은 점근적으로 표준정규분포($z$ 분포)를 따르므로 z 검정을 실시한다. 이를 t 검정으로 보기도 하는데, 이는 표본크기 n이 무한대가 아니기 때문이다. 하지만 실질적으로 표본크기가 무한대가 아니어도 충분히 크기만 하면 t 검정과 표준정규분포를 이용한 z 검정 사이에는 거의 차이가 없다. 구조방정식 모형은 표본크기가 충분히 크지 않다면 사용할 수 없는 방법이기 때문에 일반적으로 대다수의 학자는 이것을 z 검정이라고 본다(Bollen, 1989; Kaplan, 2009; Kline, 2011). 사실 통계적으로 자유도가 무한대인 t 분포가 바로 z 분포다($t_\infty = z$).

여러 추정 방법이 존재하는 상황에서 좋은 모수 추정치가 되기 위해서는 몇 가지 조건을 만족해야 하는데, 여러 조건 중에서 특히 불편향성(unbiasedness), 일관성(consistency), 효율성(efficiency)에 대하여 간략하게 설명한다. 최대우도 추정에서 이 세 가지 특성은 모두 점근적으로(즉, 표본의 크기가 충분히 클 때) 달성되는 특성이다. 먼저 최대우도 추정치는 불편향(unbiased)되었다. 통계에서 추정치가 불편향되었다(an estimate is unbiased)는 것은 추정치의 기대값[26]이 모수와 같다는 것을 가리킨다. 즉, ML 추정치($\hat{\theta}_{ML}$)가 불편향이라는 것은 표본크기가 충분히 클 때 $E(\hat{\theta}_{ML}) = \theta$임을 의미한다. 둘째로 최대우도 추정치는 일관적(consistent)이다. 이는 표본크기가 증가함에 따라, 추정치($\hat{\theta}_{ML}$)가 모수(θ)에 확률적으로 접근한다는 것을 나타낸다. 마지막으로 최대우도 추정치는 효율적(efficient)이다. 이는 추정치의 분산이 매우 작아야 한다는 특성인데, 기술적으로 말하면 어떤 추정치가 Cramer-Rao의 부등식에서 하한(lower bound)과 같아지면 효율적이라고 말한다. 쉽게 말해, 표본크기가 충분히 클 때 여러 추정 방법 중에서 최대우도 추정치의 분산이 가장 작다는 것이다. 물론 최대우도 추정치만큼 작은 분산을 가지는 다른 추정 방법이 있을 수도 있다.

---

26) 앞 장에서 기대값은 무한히 반복되는 실험이나 표집에서 변수 또는 추정치의 평균이라는 개념이라고 설명하였다. 지금 이 맥락에서 추정치의 기대값은 이론적으로 무한히 많은 표집에서 구해진 모든 추정치의 평균값을 의미한다.

최대우도 추정의 또 다른 특성은 척도에 불변하고(scale invariant) 척도에 독립적 (scale free)이라는 것이다. 척도불변성은 측정의 단위(scale of measurement), 즉 척도가 바뀐다고 하여도 합치함수의 값은 변하지 않는 속성이다. 예를 들어, 공분산 행렬을 상관계수 행렬로 바꾸어 분석하여도 모형의 합치함수는 변하지 않고, 따라서 모형의 적합도 역시 바뀌지 않는다. 척도독립성은 원래의 변수들에 기반한 모수의 추정치와 선형으로 변형된 변수들에 기반한 모수 추정치의 관계에 대한 것이다. 척도가 독립적이라는 것은, 만약 한 변수를 선형으로 변환시킨 후에 변환된 변수를 가지고 모수를 추정하였다면, 반대로 그 추정치를 변환하여 원래의 변수에 기반한 추정치를 구해 낼 수 있다는 것이다. 예를 들어, 공분산 행렬을 이용하여 구한 표준화된 추정치는 상관계수 행렬을 이용하여 비표준화 추정치를 구한 것과 같은 값을 가지게 된다.

최대우도 추정에는 여러 장점도 있지만 해석할 수 없는 부적절한 결과(improper solution)를 주는 등 피할 수 없는 문제점도 존재한다. 사실 문제점일 수도 있지만, 동시에 추정 과정에서 최대우도 추정이 잘못되었음을 알려 주는 신호라고 볼 수도 있다. 첫째 문제점은 앞에서도 간략하게 설명한 Heywood case다. Heywood case 란 모형 안에서 단 하나의 분산 추정치라도 음수(negative value)가 나온 경우를 말하며, 문제가 발생했을 때 그 정확한 원인을 찾아내는 것은 어려운 일이다. 어쨌 든 Heywood case가 발생했을 때 원칙적으로 우리가 해야 할 일은 모든 output을 버리고 새로운 모형을 추정하는 것이다.

둘째는 비정치(non-positive definite) 행렬의 문제다. 분석에서 사용해야 할 공분산 행렬은 정치(positive definite)해야 하는데, 이 조건을 만족하지 못하게 되면 행렬이 비정치하다고 이야기하고 추정이 가능하지 않거나 추정된 결과를 신뢰할 수 없게 된다. 이 문제는 자료 행렬 S뿐만 아니라 추정 과정의 여러 단계에서 발생할 수 있다. 예를 들어, ML 추정 과정의 정보행렬이 비정치일 수도 있고, 측정된 잠재변수들 간의 상관계수 행렬이 비정치일 수도 있다. 비정치 행렬에 대하여 수학적으로 정의하고 설명할 수도 있지만, 구조방정식 모형의 사용이라는 측면에서 상관계수 행렬을 이용해 간단하게만 이해하여 보자. 비정치란 쉽게 생각해서 변수 또는 오차 간의 상관계수 행렬에서 발생해서는 안 되는 값이 나타난 것이다. 예를 들어, [식 5.22]와 같이 x와 y의 상관계수가 0.9, y와 z의 상관계수가 0.9인데 x와 z의 상관계수는 0.1이라고 하자.

$$R = \begin{bmatrix} 1.0 & & \\ 0.9 & 1.0 & \\ 0.1 & 0.9 & 1.0 \end{bmatrix}$$ [식 5.22]

위와 같은 행렬이 제시되면 무조건 받아들일 것이 아니라 과연 위의 R과 같은 상관계수 행렬이 가능할까를 생각해 보아야 한다. x와 y의 상관계수(r_{xy})도 y와 z의 상관계수(r_{yz})도 모두 극단적으로 높은 양의 값을 보인다면, x와 z의 상관계수도 상당히 높아야 하는 것이 아마도 타당할 것이다. x와 y의 상관계수 및 y와 z의 상관계수가 주어진 상태에서 x와 z의 상관계수(r_{xz})의 이론적 범위를 구하는 식이 Kline(2011)에 소개되어 있다.

$$r_{xz} = (r_{xy} \times r_{yz}) \pm \sqrt{(1 - r_{xy}^2)(1 - r_{yz}^2)}$$ [식 5.23]

[식 5.23]에 x와 y의 상관계수와 y와 z의 상관계수를 넣어 r_{xz}의 이론적인 범위를 구해 보면 최소 0.62, 최대 1.00의 값이 나온다. 위의 R에서 $r_{xz} = 0.1$이므로 이론적인 범위를 벗어난 것을 확인할 수 있다. 이런 경우의 R을 비정치 행렬이라고 말한다. 또 자주 발생하는 비정치 행렬의 문제는 측정된 잠재변수들의 상관이 너무 높아서 1이 넘는 값이 나오는 경우다. 어떤 경우든, 만약 추정의 과정에서 비정치 행렬 문제가 생긴다면 Heywood case에서와 마찬가지로 output을 모두 버리고 새로운 모형을 추정해야 한다. 사실 Heywood case는 비정치 행렬을 발생시키는 여러 원인 중 하나다.

마지막으로 최대우도 추정의 문제점이자 추정이 잘못되었음을 알려 주는 신호라고 할 수 있는 것은 큰 표준오차다. 표준오차는 추정치의 정확성을 알려 주고 모수의 검정을 실행할 수 있게 해 주는 매우 중요한 부분인데, 이상값이나 다중공선성 등 여러 이유로 받아들여지기 힘든 값이 나오는 경우가 있다. 이때 받아들여질 수 없는 큰 표준오차 값이라는 건 사실 상당히 미묘할 뿐만 아니라 추정치의 크기에 비례한다. 어느 정도 이상은 문제이고, 어느 정도 이하는 문제가 아니라는 식의 이분법은 통하지 않는다. 다만, 예를 들어 추정치가 0.347인데 표준오차가 140.24라든지, 다른 모든 표준오차는 0.0~1.0 정도인데 단 하나의 표준오차만 20이 넘는다든지 하는 부분이 있다면 주의 깊게 보아야 한다. 이런 일이 발생한 경우, 추정의 초기값을 바꾸면 전체 모수의 마지막 추정치가 바뀐다든지 최대우도 방법이 아닌 다른 추정 방법을 쓰면 또한 전체 추정치가 크게 바뀌는 등의 일이 발생하기도 한다. 만약 그렇다면 연구자가 설정한 모형이나 수집한 자료에 무언가 문제가 있음을 인지해야 한다.

연구자의 모형에서 Heywood case, 비정치 행렬, 큰 표준오차 등 최대우도 추정에서 발생할 수 있는 여러 문제가 발생했을 때, 정확히 어떤 이유 때문에 발생하였는지를 알아내는 것은 거의 불가능하다. 다만 이러한 문제들이 발생하는 이유는 생각해 볼 수 있는데, 예를 들어 잘못된 모형의 설정, 모형의 판별 문제, 이상값의 존재, 너무 작은 표본크기, 변수 간 너무 높은 상관이나 너무 낮은 상관, 좋지 않은 초기값 등이 있을 것이다(Chen, Bollen, Paxton, Curran, & Kirby, 2001). 어쨌든 이런 문제가 생겼을 때 원칙적으로 연구자가 할 수 있는 것은 모든 결과를 버리고 새로운 모형을 설정해서 다시 추정하는 것이다. 새로운 모형은 이전의 모형보다 더 단순해야 문제의 가능성을 낮출 수 있다.

5.3.2. 최소제곱 추정

구조방정식 모형에서 최대우도 추정과 더불어 자주 사용되는 최소제곱 추정법 두 가지를 간략하게 소개한다. 하나는 비가중 최소제곱(unweighted least squares, ULS) 추정이고 다른 하나는 일반화 최소제곱(generalized least squares, GLS) 추정이다. 비가중 최소제곱법은 일반화 최소제곱법의 특수한 형태인데, 그것은 두 방법을 모두 설명한 이후에 다시 다룰 것이다. 먼저 비가중 최소제곱 추정의 합치함수는 [식 5.24]와 같다(Bollen, 1989).

$$f_{ULS} = \frac{1}{2} tr \left[(S - \Sigma(\theta))^2 \right] \qquad \text{[식 5.24]}$$

위 ULS의 합치함수를 보면, 표본의 공분산 행렬과 모형함의 공분산 행렬의 요소들의 차이의 제곱을 최소화하는 추정치를 구하는 것이 비가중 최소제곱 추정이라는 것을 알 수 있다. 쉽게 말해서, 잔차행렬의 요소의 제곱의 합을 최소화하는 방법인 것이다. 이는 회귀분석의 보통최소제곱법(ordinary least squares, OLS)을 생각해 보면 이해하기 쉽다. 회귀분석의 OLS는 종속변수의 실제 값(y)과 예측된 값($\hat{y}$)의 차이, 즉 오차를 구하고, 그 오차의 제곱의 합을 최소화시키는 회귀선을 구하는 방법이다. 다만 회귀분석의 OLS가 실제 개별값과 예측치 사이에서 오차 제곱의 합을 최소화하는 방법이라면, 구조방정식의 OLS, 즉 ULS는 개별값을 사용하지 않고 요약된 통계치(분산 및 공분산)의 차이, 즉 잔차행렬의 요소의 제곱의 합을 최소화하는 방법이다.

비가중 최소제곱법의 장점은 불편향하고 일관성 있는 추정치를 생산하고, 변수의 분포에 대한 가정이 존재하지 않는다는 것이다. 그리고 ULS는 어떤 초기값에도 상당히 강건(robust)하다. 추정 방법이 강건하다는 것은 가정이 깨져도 믿을 만한 추정치를 준다는 것을 가리킨다. 예를 들어, 어떤 추정 방법이 비정규성에 강건하다는 것은 자료의 정규성이 확보되지 않아도 추정치가 여러 좋은 통계치의 조건을 만족시킬 수 있다는 뜻이다. 그러므로 초기값에 강건하다는 것은 어떤 초기값을 주어도 계속해서 믿을 만하고 비슷한 추정치를 준다는 것이다. 이런 이유로 ULS 추정치를 ML의 초기값으로 사용하기도 한다. 반면에 ULS 추정치는 효율성을 가지고 있지 못하며, 모형의 적합도를 검정할 수 있는 쉬운 방법도 없다.[27] 또한 ML 과는 다르게 척도불변성 및 척도독립성도 성립하지 않기 때문에 ULS를 이용할 때는 모든 관찰변수가 같은 척도를 가지고 있어야만 한다. 달리 말하면, ULS는 마치 잔차행렬의 모든 요소가 같은 분산과 공분산을 가지고 있는 것처럼 가중치를 주고 추정을 진행한다. 이것은 회귀분석에서 오차의 등분산(homoscedasticity) 가정을 만족하지 않는 자료를 이용해 OLS 추정을 하는 것과 비슷한 문제를 일으킨다(Bollen, 1989). 회귀분석의 경우 이 문제를 가중 최소제곱(weighted least squares, WLS) 추정을 이용해 해결하는데, 이와 매우 유사하게 구조방정식 역시 잔차행렬의 요소에 적절한 가중치를 주어 ULS가 가진 문제를 해결한다. [식 5.25]에 일반화 최소제곱(GLS) 방법의 합치함수가 있다(Bollen, 1989).

$$f_{GLS} = \frac{1}{2} tr(\{[S - \Sigma(\theta)] W^{-1}\}^2) \qquad \text{[식 5.25]}$$

위에서 W를 가중치 행렬(weight matrix)이라고 하며, 잔차행렬에 이 가중치 행렬의 역행렬 W^{-1}가 곱해진다. 이때 특별히 다른 이유가 없다면 일반적으로 W^{-1}로는 S^{-1}를 선택하여 사용한다. 만약 $W^{-1} = I$라면 이 추정 방법은 바로 비가중 최소제곱 추정이 된다. 이와 같이 가중치 행렬 W를 사용하는 GLS는 사실 WLS의 한 종류라고 볼 수 있다. 사실 두 표현 방법이 혼용되기 때문에 선명하게 이

---

27) Browne(1982, 1984)가 ULS 방법을 사용했을 때의 모형 적합도 검정과 모수 검정 방법을 제안하기는 하였다(Bollen, 1989).

용어를 구별하기는 쉽지 않다.

일반화 최소제곱 추정은 최대우도 추정과 같이 좋은 특성을 많이 지니고 있다. 먼저 과대판별된 모형의 적합도 검정이 가능하다. 표본의 크기와 합치함수 값의 곱, 즉 $(n-1)f_{GLS}$가 점근적으로 χ^2 분포를 따른다. 실질적으로 표본이 충분히 크다면 $(n-1)f_{ML} = (n-1)f_{GLS}$이다. 그리고 역시 ML처럼 추정치들이 점근적으로 정규분포를 따르기 때문에 모수에 대한 통계적 검정이 가능하다. 추정치는 불편향하고, 일관적이며, 효율적이다. 또한 ML처럼 척도 독립성과 척도 불변성이 성립한다. 마지막으로 ML과 약간 다른 점은 추정을 위한 시간이 상대적으로 더 빠르다는 것이다. 특히 모형이 매우 복잡할 때, 정확성은 모형에 따라 다르지만 속도에 있어서만은 GLS 방법이 ML보다 일반적으로 더 빠른 것으로 알려져 있다. 또한 정규분포를 따르는 연속형 변수들이 아닌 이분형(dichotomous) 및 다분형(polytomous) 변수를 사용하는 모형의 추정에 강점을 지니고 있다.

지금까지 설명한 ML, ULS, GLS(WLS)의 방법 외에도 최근 구조방정식 분야에서 큰 관심을 끌고 있는 추정 방법으로서 베이지안(Bayesian) 추정 방법이 있지만 자세한 설명은 하지 않는다. 관심 있는 독자는 Kaplan과 Depaoli(2012), Lee(2007), Muthén(2010) 등의 베이지안 구조방정식 소개 책이나 논문을 찾아보기를 권한다. 베이지안 방법은 연구자의 모형이 복잡하거나, 표본크기가 작거나, 부적절한 추정 결과를 주는 등 일반적인 ML 추정에 어떤 문제가 생겼을 때 대안으로서 고려해 볼 가치가 있다.

5.4. 모형의 평가

모형을 설정하고 자료를 수집하여 모형의 추정에 성공하였다면, 이제 연구자가 추정한 모형을 통계적으로 검정하거나 근사적인 적합도 지수들을 이용하여 좋은 모형인지 그렇지 않은지를 평가할 수 있다. 구조방정식 모형의 전반적인 적합도를 살펴보는 가설은 기본적으로 모집단의 공분산 행렬(Σ)이 모수에 기반한 모형함의 공분산 행렬($\Sigma(\theta)$)과 같은지, 즉 $\Sigma = \Sigma(\theta)$를 의미한다. 하지만 모집단의 정보에 기반한 Σ와 $\Sigma(\theta)$는 실질적으로 구할 수가 없기 때문에 표본의 공분산 행렬과 추정치에 기반한 모형함의 공분산 행렬, 즉 S와 $\Sigma(\hat{\theta})(= \hat{\Sigma})$을 이용하여 조사한다.

거의 대부분의 적합도 지수가 S와 $\hat{\Sigma}$이 서로 얼마나 근접한지 또는 떨어져 있는지를 여러 다른 방법으로 측정한다. 즉, 방법마다 S와 $\hat{\Sigma}$이 서로 얼마나 근접한가에 대한 기준이 다르다. 여러 방법을 이용해 모형의 전반적인 적합도를 확인하고 나면, 개별 추정치의 방향은 옳은지, 효과의 크기는 이전의 연구들과 다르지 않은지, 다르다면 그 이유를 잘 설명할 수 있는지 등 개별적인 결과에 대한 평가도 이루어져야 한다. 모형의 평가를 위한 수많은 방법이 제안되었는데, 이번 섹션에서 설명할 내용은 경로모형뿐만 아니라 모든 구조방정식 모형에 해당하므로 주의 깊게 살펴보기 바란다.

　모형의 전반적인 적합도(overall model fit 또는 global model fit)를 평가할 수 있다는 것은 구조방정식 모형의 큰 장점이지만, 동시에 몇 가지 약점도 가지고 있다. 적합도에 대한 본격적인 설명에 앞서, 모형의 통계적 검정 결과나 근사적인 적합도 지수를 확인하는 것의 한계에 대하여 언급하고자 한다. 첫째, 모형의 적합도를 확인하는 방법들 모두 완전판별 모형(just-identified model)에는 적용할 수 없다. 완전적합 모형의 경우 언제나 $S = \hat{\Sigma}$이므로 모형의 적합도를 논하는 것은 적절하지 않고, 과대판별된 모형의 경우에만 S가 $\hat{\Sigma}$과 다를 수 있으므로 모형의 적합도를 살핀다. 둘째, 전반적인 모형 적합도와 개별적인 모수 추정치의 결과는 서로 상응하지 않을 수 있다. 예를 들어, 모형의 적합도가 매우 좋다고 해도 모수 추정치들은 통계적으로 유의하지 않거나 기대했던 것과는 다른 추정치의 부호나 효과 크기를 가질 수 있다. 셋째, 모형의 적합도가 양호하다는 것이 모형의 설명력(예, R^2)이 높다는 것을 담보하지는 못한다. 넷째, 제1장에서 밝혔듯이 구조방정식 모형이 매우 좋은 적합도를 가지고 있고 통계적 검정을 통과하였다고 하여도 그것이 연구자가 설정한 인과관계나 연구자의 모형이 의미 있다는 것을 말해 주지는 못한다. 통계적 검정을 통과하고 근사 적합도 지수들도 모두 양호하다면, 통계적으로 연구자의 모형이 자료에 부합한다고 말할 수 있고 또한 연구자의 모형이 그럴듯하다는 정도로만 말할 수 있을 뿐이다. 마지막으로 다섯째, 모형이 적합한지 아닌지를 알려 주는 단 하나의 검정 방법이나 적합도 지수는 존재하지 않는다는 것도 기억해야 한다. 이런 이유로 구조방정식 모형을 평가할 때는 여러 적합도 지수를 동시에 고려하여 최종적인 결정을 내린다.

　이번 모형의 평가 부분에서는 가장 먼저 모형의 통계적 검정(statistical test)의 절차와 의미에 대하여 설명한다. 그리고 검정 결과와 더불어 같이 제공해야 하는 몇 가지 중요한 근사적인 모형 적합도 지수(approximate fit indices)를 소개할 것이다. 많은 연구자가 제안한 수십 가지의 근사적인 모형의 적합도 지수가 존재하지만, 우리 책에서는 그중에서 전반적인 합의(consensus)가 있는 주요한 지수만 살피고자 한다. 다음으로는 개별모수의 검정 방법과 의미, 그리고 각 추정치에 대한 해석, 비표준화 계수와 표준화 계수의 차이점, R^2를 계산하는 방법과 그 의미 등에 대하여 다룰 것이다.

5.4.1. 모형의 적합도 검정

모형의 적합도를 확인하기 위하여 χ^2 검정을 사용하는데, 이는 적합도를 확인하는 여러 방법 중에서 유일하게 통계적인 검정이다. 연구자가 설정한 모형이 옳고, 표본크기(n)가 충분히 크며, 관찰변수들이 다변량 정규분포를 따른다면 [식 5.26]과 같이 최대우도 추정의 합치함수(f_{ML})[28]에 $(n-1)$을 곱한 값은 점근적으로(asymptotically) 자유도가 df_M인 χ^2 분포를 따른다.

$$(n-1)f_{ML} \sim \chi^2_{df_M} \qquad\qquad \text{[식 5.26]}$$

앞서 설명했듯이, 이때 모형의 자유도 df_M은 공분산 행렬 S의 독립적인 정보의 개수(i)와 모형에서 추정하고자 하는 모수 개수(t)의 차이로 만들어진다($df_M = i - t$). 그리고 $(n-1)f_{ML}$[29]은 모형(model)의 χ^2 값이기 때문에 χ^2_M이라고 쓰기도 한다. 검정에 사용하는 χ^2 분포는 자유도(df)를 모수로 하는 분포인데, 자유도가 증가할수록 분포의 중심이 [그림 5.18]과 같이 오른쪽으로 이동한다.

---

28) 특별한 이유가 없는 한 구조방정식에서는 최대우도 추정을 사용하므로 f_{ML}을 여기에서 사용하였다. 하지만 χ^2 검정이 가능한 f_{GLS}를 사용한다고 하여도 차이는 없다.

29) 대부분의 SEM 프로그램(예, Amos)에서는 χ^2_M 값이 $(n-1)f_{ML}$로 계산되는 데 반해, M*plus*에서는 nf_{ML}로 계산된다.

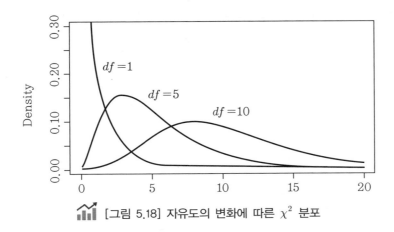

[그림 5.18] 자유도의 변화에 따른 χ^2 분포

[그림 5.18]에서 가장 왼쪽에 있는 것이 $df=1$인 χ^2 분포, 그다음 오른쪽에 있는 것이 $df=5$인 χ^2 분포, 가장 오른쪽에 있는 것이 $df=10$인 χ^2 분포다. χ^2 분포의 평균은 바로 자유도의 값이며(df), 분산은 자유도에 2를 곱하여 구한다($2df$). 예를 들어, 자유도가 5인 χ^2 분포의 평균은 5, 분산은 10이 된다. 모형의 적합도 검정은 자유도 df_M을 따르는 χ^2 분포의 오른쪽 꼬리를 이용하는 일방검정(one-tailed test 중 upper-tailed test)이다.

나중에 더 많은 것을 이해하기 위해 여기서 한 가지 참조할 점은, 위의 검정에서 사용하는, 우리가 익히 알고 있는 χ^2 분포는 정확히 말하면 중심 χ^2 분포 (central χ^2 distribution)이며, 이 분포는 더 일반적인 분포인 비중심 χ^2 분포 (noncentral χ^2 distribution)의 특수한 형태라는 것이다. 우리가 알고 있는 t 분포와 F 분포 역시 모두 중심 t 분포(central t distribution)와 중심 F 분포 (central F distribution)를 의미하며, 상응하는 비중심 t 분포(noncentral t distribution)와 비중심 F 분포(noncentral F distribution)가 존재한다. 독자들도 모두 알고 있듯이, 모든 검정이 영가설이 옳다는 것을 가정하고 진행한다. 이때 연구자가 표본에 기반하여 계산한 검정통계량이 중심 분포를 따른다고 가정하고, 그 가정 아래서 관찰된 검정통계량이 얼마나 극단적인 값을 취하느냐를 이용해 H_0을 기각할 것인가 그렇지 않을 것인가를 통계적으로 결정한다. 이때 만약 영가설이 옳지 않다면 검정통계량은 모두 비중심 분포를 따른다. 비중심 분포는 자유도 외에 중심 분포로부터 얼마나 왜곡되어(떨어져) 있느냐를 나타내는 비중심 모수(noncentrality parameter)를 추가적으로 가지고 있는데 보통 λ(lambda)

를 이용해 표기한다. 앞에서 중심 분포가 비중심 분포의 특수한 형태라고 하였는데, 비중심 분포의 λ가 0인 경우를 바로 중심 분포라고 한다. [그림 5.19]는 중심 χ^2 분포와 비중심 χ^2 분포의 예를 보여 주고 있다.

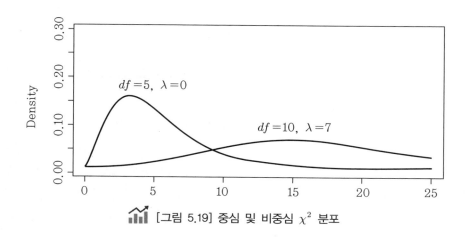

[그림 5.19] 중심 및 비중심 χ^2 분포

위에서 왼쪽에 있는 χ^2 분포는 $df=5$인 중심 χ^2 분포이고, 오른쪽에 있는 분포는 $df=10$이고 $\lambda=7$인 비중심 χ^2 분포다. 비중심 χ^2 분포의 평균은 자유도와 비중심 모수를 더한 값이며($df+\lambda$), 분산은 $2(df+2\lambda)$이다. 예를 들어, [그림 5.19]의 비중심 χ^2 분포의 평균은 17이고 분산은 48이다.

다시 χ^2 검정으로 돌아와서, χ^2 검정의 영가설(null hypothesis)은 $H_0: \Sigma=\Sigma(\theta)$인데, 이는 완전적합모형($df_M=0$인 모형, 즉 포화모형)에 제한(restriction)[30]을 주어 과대판별 모형($df_M>0$인 모형)으로 만든 것이 옳은가에 대한 검정이다. 다시 설명하면, 연구자가 가진 자료에 맞는 완전적합모형에 어떤 제한을 주어서 모형을 더 단순하게 만들고, 그 모형의 적합도를 확인하는 것이 구조방정식 모형의 검정에 깔려 있는 이론이다. 그리고 이렇게 단순하게 만든 모형($\Sigma(\theta)$)이 여전히 자료(Σ)에 부합한가라는 것을 검정하게 되는 것이다. 더 부연설명을 하자면, χ^2_M의 값은 적은 모수를 추정할수록(즉, 모형이 간단할수록) 더 커지고, 많은 모수를 추정할수록(즉, 모형이 더 복잡할수록) 0에 가까워지며, df_M이 0이 되면 χ^2_M의

---

30) 구조방정식 모형에서 제한(restriction)이란 모수를 자유롭게 추정(free parameter)하지 않고 임의의 수로 고정한다거나(fixed parameter) 여러 모수에 제약을 준다거나(constrained parameter) 하는 것 등을 포함한 개념이다.

값도 0이 된다. χ^2_M의 값이 커지면 모형의 적합도가 나빠진다고 이야기하며, χ^2_M의 값이 0에 가까워지면 모형의 적합도가 좋아진다고 말한다. 그리고 앞에서 설명한 대로 df_M이 0이 되고 χ^2_M의 값도 정확히 0이 되면 완벽한 적합(perfect fit)이라고 이야기하고 모형의 적합도를 논하지 않는다.

df_M을 고려했을 때 χ^2_M의 값이 상대적으로 작아서 검정의 기각에 실패하게 되면 $\Sigma = \Sigma(\theta)$를 의미하므로 모형을 단순하게 만든 것이 문제가 없었다는 결론을 내리게 된다. 즉, 모형이 적합하다는 결론을 내린다. 일반적으로 모형이 적합하다는 것은 모형이 자료에 잘 부합한다(model fits the data)는 의미로 해석한다. 반대로 χ^2_M의 값이 너무 커서 검정을 기각하게 되면 모형이 자료에 부합하지 않는다고 결론 내린다. 이제 [식 5.18]의 공분산 행렬 S를 이용하여 [그림 5.17]의 모형을 추정한 결과에서 χ^2 검정을 실시하여 보자. [결과 5.1]은 요약 자료 중 공분산 행렬을 이용하여 [그림 5.17]의 경로모형을 추정한 output 파일의 결과다.

[결과 5.1] 부모지지, 자존감, 성적의 관계 – 모형의 χ^2 검정

```
TITLE: A path model with family support, self-esteem, and academic
achievement

DATA: FILE IS support.dat;
     TYPE IS covariance;
     NGROUPS = 1; NOBSERVATIONS = 175;

VARIABLE: NAMES ARE esteem achieve support;

ANALYSIS: TYPE = General;

MODEL: achieve ON esteem;
     esteem ON support;
     support;
     esteem achieve;

OUTPUT:


MODEL FIT INFORMATION

Chi-Square Test of Model Fit

        Value                          18.960
        Degrees of Freedom                  1
        P-Value                        0.0000
```

　　[결과 5.1]의 시작 부분은 경로모형을 추정하는 input 파일의 내용을 보여 준다. [식 5.18]의 공분산 행렬은 [그림 4.7]에서처럼 윈도우의 메모장으로 작성하여 파일 이름을 support.dat로 하였고, DATA 커맨드에서 FILE IS support.dat;라고 써 주었다. FILE IS는 M*plus*에서 사용하고자 하는 자료파일의 이름을 지정하는 옵션이다. 사용한 자료가 공분산 행렬이기 때문에 TYPE IS covariance;로 써서 사용하는 자료의 형태를 지정하였고, 단일 집단 분석이기 때문에 NGROUPS=1;(the number of groups is 1)이라고 썼으며, NOBSERVATIONS=175;(the number of observations is 175)로 써서 사례의 개수(표본크기)를 지정하였다. TYPE, NGROUPS, NOBSERVATIONS 등은 원자료를 쓰지 않고 요약 자료를 쓸 때만 필요한 옵션들이다. VARIABLE 커맨드에서 세 변수의 이름을 내생변수부터 외생변수의 순서로 지정하였다. 자존감은 esteem, 성적은 achieve, 부모지지는 support로 정하였는데, M*plus*에서 변수의 이름은 영문 8자 이내로 결정하여야 한다. ANALYSIS 커맨드는 제4장에서 설명하였으므로 생략하고, MODEL 커맨드 부분은 중요하기 때문에 다시 한 번 설명하도록 하겠다. achieve ON esteem;은 내생변수 achieve와 내생변수 esteem의 회귀관계이고, esteem ON support;는 내생변수 esteem과 외생변수 support의 회귀관계다. support;는 외생변수 support의 분산을 추정하라는 명령문인데, M*plus*에서 외생변수의 이름을 MODEL 커맨드에 그대로 넣으면 그 외생변수의 분산을 추정한다. esteem achieve;는 내생변수 esteem과 achieve에 속해 있는 설명오차(d_1과 d_2)의 분산 두 개를 추정하라는 명령문인데, M*plus*에서 내생변수의 이름을 MODEL 커맨드에 넣으면 그 내생변수에 속한 오차의 분산을 추정한다. 기본적으로 M*plus*의 MODEL 커맨드에 변수의 이름을 그대로 적는다는 것은 분산을 추정하라는 것이다. 한 가지 추가로 말하자면, 어떤 변수의 평균(때로는 절편)[31])을 추정하고 싶다면 [ ] 안에 변수의 이름을 적는다. [식 5.27]의 회귀식 예를 통해 M*plus*의 평균과 분산을 추정하는 방식을 이해하여 보자.

$$achieve = \beta_0 + \beta_1 esteem + d \qquad\qquad [식 5.27]$$

　　위의 식에서 [achieve];를 M*plus*의 MODEL 커맨드에 더하면 평균 또는 절편, 즉 β_0를 추정하고, esteem;을 MODEL 커맨드에 더하면 외생변수 esteem의 분산을 추정하며, achieve;를 MODEL 커맨드에 더하면 내생변수 achieve에 속한 설명

---

31) 한 변수의 평균은 개념적으로 절편과 다르지 않다. 다만 종속변수와 독립변수 사이의 기울기 값이 매우 크게 나온다면, 실질적으로 종속변수의 평균과 절편은 상당히 다른 값을 가질 확률이 높아진다.

오차, 즉 d의 분산을 추정한다.

Output 파일의 시작부분에 input을 반복하고 나면 그 아래로 많은 양의 추정의 결과물이 나오게 되는데, 우리의 목적은 χ^2 검정이므로 다른 모든 부분은 [결과 5.1]에서 제거하였다. 위의 결과를 보면, 모형의 χ^2 값은 $18.96(\chi^2_M=18.96)$, 모형의 자유도는 $1(df_M=1)$임을 확인할 수 있다. 마지막 줄은 χ^2 검정통계량이 자유도가 1인 χ^2 분포(χ^2 검정통계량의 표집분포)에서 모형의 관찰된 χ^2 값(χ^2_M)인 18.96보다 더 극단적일 확률, 즉 p-value가 .0001보다 작음을 보여 주어 일반적인 유의수준(5%)에서 영가설(H_0)을 기각하게 된다. 앞서 설명한 대로 이 검정의 영가설은 $H_0: \Sigma=\Sigma(\theta)$ 또는 H_0: The model fits the data이기 때문에, 이를 기각한다는 것은 연구자가 설정한 모형이 통계적으로 자료에 부합하지 않는다는 의미로 볼 수 있다. 구조방정식에서 모형의 적합도 검정은 영가설을 기각하지 않는 것이 모형이 적합하다는 결론을 내리게 되기 때문에 accept-support test라고 부르기도 한다.

일반적으로 χ^2 분포를 이용한 적합도 검정에서 과도하게 영가설을 기각하는 경향이 있는데, 이는 앞에서 보았듯이 모형의 χ^2 값이 합치함수의 값과 표본크기의 곱으로 이루어졌기 때문이다(다시 말해, $\chi^2_M=(n-1)f(S,\Sigma(\hat{\theta}))$). 합치함수의 값이 아무리 작아도 n이 크다면 χ^2_M의 값은 클 수밖에 없는 구조다. 사실 χ^2_M 값은 표본크기로부터 영향을 많이 받는 문제뿐 아니라 다른 여러 한계점을 지니고 있다. 예를 들어, 추정하고자 하는 모수의 개수를 점점 늘려 가기만 하면 그것이 의미가 있든 없든 χ^2_M의 값은 점점 줄어들고 모형의 적합도는 좋아지게 된다. 결과적으로 자유모수(free parameter)의 개수를 늘려 나가면, 의미가 있든 없든 어느 순간 완벽한 적합(perfect fit)에 도달한다. 또한 χ^2_M 값은 변수 간 상관계수의 크기 등에 의해서도 심각하게 영향을 받는데, 관찰변수 간 높은 상관이 있다면 χ^2_M 값은 커지는 경향이 있다. 마지막으로 χ^2_M은 다변량 정규성에 의해서도 영향을 받으며, 상한값(upper bound)을 가지고 있지 않아서 표준화된 지수로 사용할 수도 없다. 이런저런 여러 이유로 χ^2 검정에서 영가설을 기각한다고 하여도 다음에 설명할 여러 근사적인 적합도 지수를 확인하는 작업이 필요하다.

이 부분에 대해서는 최근 Kline(2011)의 지적을 언급할 필요가 있겠다. χ^2 검정의 여러 문제점으로 인해 영가설이 기각된 결과를 심각하게 받아들이지 않고 근사적인 적합도 지수만을 보고하는 것으로 충분하다고 보는 경향에 대해 Kline은 상당히 비판적이다. 최근 구조방정식 분야의 경향은 χ^2 검정의 결과를 더욱더 심각하게 받아들이는 추세에 있으며, χ^2 검정을 기각했을 때는 어째서 그런 일이 발생했는지 좀 더 명확하게 진단할 필요가 있다고 주장한다. 하지만 이런 Kline의 주장에도 불구하고 현실에서 χ^2 검정이 기각되었을 때, 여전히 그 이유에 대한 설명은 쉽지 않다.

χ^2 검정이 영가설을 과도하게 기각하는 문제를 임시변통으로 해결하고자 하는 시도가 있었다. χ^2 분포의 평균은 바로 그 분포의 자유도(df)이기 때문에 χ^2_M 값을 df_M으로 나누어서 모형의 적합도를 확인하고자 하였다(Jöreskog, 1969). χ^2_M과 df_M의 차이라는 것이 χ^2 검정통계량이 표집분포상에서 평균으로부터 얼마나 떨어져 있느냐의 정도를 나타내 주기 때문에, 만약 $\dfrac{\chi^2_M}{df_M}$이 매우 크다면 χ^2_M 값이 영가설 아래서의 표집분포상에서 극단적인 값이라는 뜻이고, 따라서 모형의 적합도가 좋지 않다고 결정하는 것이다. Carmines와 McIver(1981) 및 Wheaton, Muthén, Alwin과 Summers(1977) 등은 최대한 5를 넘지 않아야 한다고 하였지만, 사실 이 방식은 어느 정도 이하여야 좋은 적합도인지에 대한 전반적인 합의가 없다(Bollen, 1989). 게다가 자유도가 0인 경우에는 분모가 0이 되어 지수 자체가 정의되지 않으며, 이론적으로 무한대의 값을 취할 수 있다는 것도 단점이다. 또한 이 방식 역시 분자가 $(n-1)f(S, \Sigma(\hat{\theta}))$로서 n이 클 때 지수가 과도하게 큰 문제를 여전히 가지고 있다. 그래서 모형의 표준화된 χ^2 값을 계산하는 방식이 제안되었는데, 바로 [식 5.28]을 사용하는 것이다.

$$\text{standardized } \chi^2_M = \frac{\chi^2_M - df_M}{\sqrt{2df_M}} \qquad\qquad [\text{식 } 5.28]$$

χ^2_M의 평균은 바로 df_M이고, 분산이 $2df_M$이므로 표준편차는 $\sqrt{2df_M}$이 된다. 그러므로 [식 5.28]은 표준화된 χ^2_M이 된다. 즉, 표준화된 χ^2_M은 H_0이 옳지 않은 정도를 추정하는 표준화된 값의 의미를 가지게 된다. 위에서 설명한 $\dfrac{\chi^2_M}{df_M}$에 비해 χ^2 값의 표준편차를 통제하는 장점이 있지만, 이 방법 역시 어느 값 이하여야 좋은 적합도인지에 대한 전반적인 합의는 없다(Bollen, 1989).

5.4.2. 근사적인 적합도 지수

χ^2 검정이 지닌 여러 한계로 인해서 모형의 적합도를 평가하기 위한 많은 방법이 제안되었다. 이 방법들은 통계적인 검정이 아니라, 많은 경우에 0과 1 사이에서 표준화된 지수들로서 모형의 적합도를 나타낸다. 예를 들어, 0에 가까우면 좋지 않고 1에 가까우면 좋다든가, 아니면 그 반대로 0에 가까우면 좋고 큰 숫자는 좋지 않은 적합도를 의미하기도 한다. 이러한 적합도 지수들을 이용하면 두 경쟁모형 중 어떤 모형이 더 좋은지도 판단할 수 있다. 이러한 방법들은 몇 가지 범주로 나눌 수 있는데, 각 범주의 대표적인 모형 적합도 지수(model fit index)에 대하여 설명하고자 한다. 이 범주들은 상호 배타적인 것은 아니어서 하나의 지수가 여러 개의 범주에 속할 수도 있다.

첫 번째 소개하고자 하는 지수의 종류는 증분 적합도 지수(incremental fit index) 또는 비교 적합도 지수(comparative fit index)라고 불리는 범주다. 증분 적합도 지수는 기저모형(baseline model) 또는 독립모형(independence model) 또는 영모형(null model)이라고 불리는 모형에 비해 연구자의 모형이 얼마나 더 향상되었는지를 나타낸다. 여기서 기저모형이라고 하면 관찰변수 간의 상관(상관계수 또는 공분산)이 존재하지 않는다고 가정하는 모형을 가리킨다. 다시 말해, 변수 간의 관계를 허락하지 않는 모형인데 [그림 5.17]에 있는 경로모형의 기저모형에 해당하는 모형이 [그림 5.20]에 나타나 있다.

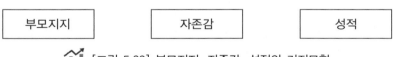

[그림 5.20] 부모지지, 자존감, 성적의 기저모형

위의 경로도를 보면 변수 간에 어떤 화살표도 나타나지 않는다. 외생변수와 내생변수의 정의로 보면, 화살표가 들어오는 내생변수는 하나도 없고 화살표가 하나도 들어오지 않는 외생변수만 세 개가 있는 모형임을 알 수 있다. 내생변수가 없으므로 설명오차는 존재하지 않으며, 관계(화살표)를 허락하지 않았으므로 회귀계수 또한 존재하지 않는다. 위의 모형에서 추정하는 모수는 오직 외생변수 세 개의 분산뿐이다. 관계를 허락하지 않았으므로 외생변수 간의 공분산 또한 추정하지 않는다. M*plus* syntax의 DATA 커맨드에 변수 이름을 지정하고 MODEL 커맨드에 아무런 모형도 설정하지 않는다면 M*plus*는 디폴트로 영모형을 추정한다. 이때 만약 평균 구조를 더했거나 원자료를 이용한다면, M*plus*는 변수들의 평균도 추정한다. 이와 같은 식으로 변수 간에 그 어떤 상관도 허락하지 않은 모형은 당연히 모형의 적합도가 좋을 리 없다. 증분 적합도 지수는 이런 무의미하고 변수들 간에 아무 관계가 없다고 가정하는 모형에 비하여 연구자의 모형이 얼마나 좋아졌는지를 수치로 계산한 것이다. 사실 이런 이유로 증분 적합도 지수는 비판받기도 한다. 아무런 의미 없는 모형 대비 연구자의 모형이 90% 좋아졌다면 연구자의 모형은 좋은 모형인가? Sobel과 Bohrnstedt(1985)는 이런 방식의 적합도 지수에 의문을 표하고, 뭔가 다른 모형을 기저모형으로 하여 증분 적합도 지수를 산출해야 한다고 주장하였다. 하지만 필자의 한정된 지식으로는 아직까지 모든 학자가 공감하는 다른 종류의 기저모형은 없는 것으로 알고 있다.

지금은 많이 사용하지 않지만, 가장 단순한 형태의 증분 적합도 지수인 Bentler와 Bonett(1980)의 NFI(normed fit index)를 [식 5.29]에 소개한다.

$$NFI = \frac{\chi_N^2 - \chi_M^2}{\chi_N^2}$$ [식 5.29]

위에서 χ_N^2은 기저모형(null model, baseline model)의 χ^2 값을 가리키고, χ_M^2은 연구자가 설정한 모형(hypothesized model)의 χ^2 값을 가리킨다. χ_N^2은 변수 간의 관계를 가정하지 않은 모형으로 모형의 적합도가 χ_M^2보다 더 나쁠 것이다. 그러므로 $\chi_N^2 > \chi_M^2$이 될 것인데, 이때 만약 χ_M^2의 값이 χ_N^2의 값보다 훨씬 작아서 0에 가까워지면(즉, 모형의 적합도가 많이 좋아지면) NFI는 1에 가까운 값이 될 것이고, χ_M^2과 χ_N^2이 별로 큰 차이가 없으면 NFI는 0에 가까운 값이 될 것이다. NFI는 0과 1 사이에서 움직이고 1에 가까운 값을 가지면 모형의 적합도가 좋다고 판단한다. 이런 종류의 지수에서 많은 학자가 0.90 미만은 안 좋은 적합도(poor fit), 0.90 이상은 괜찮은 적합도(fair fit), 0.95 이상은 좋은 적합도(good fit)라고 해석하기도 한다. [결과 5.2]에 [그림 5.20]에 있는 기저모형의 χ_N^2 값이 있다. 이는 [결과 5.1]에서 생략한 많은 부분 중 일부를 다시 가져온 것이다.

[결과 5.2]　부모지지, 자존감, 성적의 관계 – 기저모형의 χ^2 검정

```
Chi-Square Test of Model Fit for the Baseline Model

        Value                          376.276
        Degrees of Freedom                   3
        P-Value                         0.0000
```

　　[결과 5.1]과 [결과 5.2]를 종합하면 $\chi^2_M = 18.96$, $\chi^2_N = 376.28$이 되고, $NFI = \dfrac{376.28 - 18.96}{376.28} = .950$이 된다. 0.950 정도면 앞서 말한 대로 좋은 모형의 적합도라고 간주한다. 추가적으로 설명하자면, 기저모형의 자유도는 [식 5.18]에 있는 공분산 행렬(support.dat 파일)의 독립적인 정보의 개수($i = 6$)에서 추정한 모수의 개수($t = 3$, 변수 세 개의 분산)를 뺀 값이다($df_N = 3$). 기저모형의 통계적인 적합도 검정을 위한 p-value는 .0001보다 작으므로 기저모형이 자료에 부합한다는 영가설은 유의수준 5%에서 기각한다. 아무 의미도 없는 기저모형의 적합도 검정을 기각하는 것은 너무도 당연한 일이어서 따로 결과를 보고하거나 해석하지 않는다.

　　NFI가 실제로 거의 쓰이지 않음에도 불구하고, 이렇게 설명을 한 이유는 증분적합도 지수의 개념을 이해하는 데 있어서 가장 선명하고 쉬운 예제이기 때문이다. 하지만 NFI의 문제는 모수를 더하여 모형을 복잡하게 만드는 것에 대해 그 어떤 페널티도 주지 않는다는 것이다. 다시 말해서, NFI는 자유도를 통해서 파악되는 모형의 간명성(model parsimony)을 반영하지 못하는 지수다. 모형의 간명성이란 주어진 자료에 대해 연구자가 설정한 두 개의 다른 모형이 비슷한 정도로 자료를 잘 설명한다면, 즉 적합도가 비슷하다면 더 간단한 모형이 좋은 모형이라는 개념이다. 그리고 주어진 자료에서 자유도(df_M)가 큰 모형일수록 더 단순한 모형으로 간주한다. 이런 문제로 인하여 많은 사람이 Tucker와 Lewis(1973)가 제안한 NNFI(non-normed fit index)를 사용하는데, 사실 [식 5.30]에 있는 NNFI는 역사적으로 NFI 이전에 제안된 것이다.

$$NNFI = TLI = \frac{\dfrac{\chi^2_N}{df_N} - \dfrac{\chi^2_M}{df_M}}{\dfrac{\chi^2_N}{df_N} - 1} \qquad \text{[식 5.30]}$$

위에서 df_N은 기저모형의 자유도, df_M은 연구자가 설정한 모형의 자유도다.

NNFI는 TLI(Tucker-Lewis' index)라고도 불리고 모형의 간명성을 반영한 지수로서 여전히 많이 쓰이며, 해석은 NFI와 같은 방식으로 하면 된다. TLI 의 문제점은 작은 값이 0보다 작을 수 있고, 큰 값은 1을 넘을 수 있다는 것이다. 즉, 표준화되지(normalized) 않았다. 이런 이유로 지금 가장 많이 쓰이고 여러 학자가 추천하는 증분 적합도 지수는 Bentler(1990)가 제안한 CFI(comparative fit index)라고 볼 수 있는데, 이는 [식 5.31]에 있다.

$$CFI = 1 - \frac{Max(\chi_M^2 - df_M, 0)}{Max(\chi_M^2 - df_M, \chi_N^2 - df_N)} \qquad \text{[식 5.31]}$$

TLI가 0과 1 사이를 벗어날 수 있는 데 반해 CFI는 1보다 큰 숫자는 1로 바꾸어 주고 0보다 작은 숫자는 0으로 바꾸어 준다. 결국 CFI는 0과 1 사이에서 움직이며, NFI와 같이 1에 가까울수록 더 좋은 모형의 적합도를 나타낸다.

같은 시기에 McDonald와 Marsh(1990)도 독립적으로 동일한 지수를 제안하였는데, 그것은 RNI(relative noncentrality index)라고 불린다. χ_M^2 값이 df_M보다 큰 경우에는 CFI와 RNI가 같은 값을 주고, χ_M^2 값이 df_M보다 작은 경우에는 다른 값을 준다. Goffin(1993)은 모형의 비교를 위해서는 RNI가 더 유용하고, 한 모형의 적합도를 보고하기 위해서는 CFI가 더 유용하다고 하였다. 이와 같은 증분 적합도 지수들 중에서 특히 TLI와 CFI가 자주 사용되는데, 일반적으로 논문에서 TLI보다는 CFI가 더 많이 보고되고 많은 연구자가 CFI 사용을 옹호한다. 특히 Hu와 Bentler(1999)는 컴퓨터 시뮬레이션 연구를 통하여 CFI와 아래에서 설명할 SRMR (standardized root mean square residual) 두 가지를 모형 적합도 지수로서 함께 보고해야 한다고 하였고, 이때 CFI는 .95 이상이어야 한다고 주장하였다. 현재 이 논문은 수만 건의 인용을 보이는 가장 유명한 모형의 적합도 지수 논문 중 하나다. 하지만 Kenny(2014)는 CFI가 모형의 복잡성에 주는 페널티가 충분하지 못하다고 생각하여 TLI를 보고하는 것을 더 선호한다고 하였다.

CFI를 사용하는 데 있어서 한 가지 주의할 점은 CFI가 1이라고 하여 모형의 적합도가 완벽하다는 것은 아니라는 것이다. 앞서 설명한 대로, CFI를 계산하는 함수가 CFI가 1이 넘으면 1로 나오도록 되어 있을 뿐이다. 또 한 가지, NFI, CFI, TLI, RNI 등 소개한 지수와 IFI(incremental fit index; Bollen, 1989; Marsh,

Balla, & McDonald, 1988), PNFI(parsimony NFI; Mulaik, James, Van Alstine, Bennett, Lind, & Stilwell, 1989) 등 소개하지 못한 다른 많은 증분 적합도 지수들은 모두 비슷한 종류이고, 특히 가장 많이 쓰이는 CFI와 TLI는 매우 상관이 높기 때문에 이 중에 하나만 보고하는 것이 합당하다(Kenny, 2014). 또한 CFI는 모형에서 사용되는 관찰변수가 매우 많아질 때, 모형의 적합도에 문제가 없음에도 불구하고 그 값이 과소 추정되는 경향도 가지고 있으므로(Kenny & McCoach, 2003) 참고하여 사용해야 한다.

두 번째로 소개할 적합도 지수는 Steiger와 Lind(1980)에 의해서 아이디어가 시작되고 Steiger, Shapiro와 Browne(1985) 및 Browne와 Cudeck(1993) 등에 의해 발전한 RMSEA(root mean square error of approximation)다. 앞에서 소개한 χ^2 검정은 연구자의 모형($\Sigma(\theta)$)이 모집단의 공분산 행렬(Σ)에 완벽하게 적합하다는 가정($H_0: \Sigma = \Sigma(\theta)$)에서 χ^2 검정통계량이 χ^2 분포를 따르므로 가능하였다. 하지만 구조방정식에서 연구자의 모형은 대다수의 경우 과대판별 모형이고, 만약 그렇다면 심지어 모집단을 통째로 분석한다고 해도 그 모형이 완벽한 적합도를 가진다는 것은 거의 불가능하다(Kaplan, 2009). 다시 말해, 연구자의 모형은 일반적으로 H_0이 사실이라는 극단적으로 희망적인 가정과는 거리가 있기 마련이다. χ^2 검정통계량, $(n-1)f_{ML}$은 H_0이 사실이 아닐 때 비중심 χ^2 분포를 따른다. RMSEA는 바로 이런 부분을 반영하여 만들어진 지수다.[32] 모형이 모집단을 완벽하게 반영한다는 가정은 불가능에 가까우므로, 그 가정 대신 모형이 모집단에 근사적으로(approximately) 적합하다는 가정을 이용하여 수리적으로 지수를 이끌어 낸 것이다. 즉, RMSEA는 모형의 근사적인 적합도를 평가하도록 고안되었다.

이제 아이디어가 아닌, RMSEA의 기술적인 내용을 이해하여 보자. 앞에서 χ^2, t, F 등의 비중심 분포를 소개하며 설명했듯이 H_0이 사실일 때는 χ^2 검정통계량(χ^2_M)이 중심 χ^2 분포를 따르지만, 그렇지 않은 대다수의 경우에는 χ^2 검정통계량이 비중심 χ^2 분포를 따른다. RMSEA는 이론적으로 비중심 χ^2 분포를 따르고, 이 비중심 χ^2 분포의 비중심 모수 λ는 모집단의 공분산 행렬(Σ)과 모형함의 공분산 행렬($\Sigma(\theta)$)의 차이를 나타낸다. 즉, 개념적으로 비중심 모수 λ는 H_0(모형이 자료에 부합한다)이 잘못된 정도를 측정한다고 볼 수 있으며, H_0이 점점 더 잘못될수록(모형이 점점 자료에 부합하지 않을수록) λ는 점점 더 커지게 된다.

---

[32] 사실 RNI와 CFI 역시 H_0이 옳지 않다는 부분을 반영하여 만들어진 증분 적합도 지수다.

Steiger(1989)는 χ^2 검정통계량과 그 자유도의 차이로 계산되는 비중심 모수의 추정치를 $n-1$로 나누어 재설계(rescale)하고, 추가로 몇 가지 조정을 가하여 RMSEA의 값을 다음과 같이 정의하였다. 먼저, 만약 $\chi^2_M \leq df_M$이면 RMSEA는 항상 0으로 간주한다. 이는 추정된 비중심 모수($\hat{\lambda}$)가 비현실적인 음수값을 가질 수 있기 때문에 주어지는 조정이다. 그리고 반대로 만약 $\chi^2_M > df_M$이면, 위에서 재설계한 값의 분모에 모형의 자유도(df_M)를 곱하고, 전체에 제곱근을 씌워서 RMSEA를 [식 5.32]와 같이 정의한다.

$$RMSEA = \epsilon = \sqrt{\frac{\chi^2_M - df_M}{df_M(n-1)}}$$ [식 5.32]

여기서 $\chi^2_M - df_M$은 표본크기만 충분히 크다면 χ^2 검정통계량이 따르는 비중심 χ^2 분포의 λ에 대한 불편향 추정치(unbiased estimate)다. 또한 $\chi^2_M - df_M$은 λ의 추정치이므로, 동시에 표본의 공분산 행렬(S)과 추정된 공분산 행렬($\Sigma(\hat{\theta})$)의 차이를 나타낸다. 이는 앞에서 설명했듯이 λ가 H_0이 잘못된 정도를 측정하기 때문이다. RMSEA는 ϵ(epsilon)으로 쓰기도 하며, 추정치는 종종 $\hat{\epsilon}$을 이용한다. 위의 식에서 분모에 df_M을 조정함으로써 자유도가 커질수록 ϵ은 작아지는 개념이므로, RMSEA는 모형의 간명성을 고려한 지수라고 할 수 있다.

일반적으로 RMSEA는 점추정치(point estimate, $\hat{\epsilon}$) 값으로 사용하는데, 0.05 이하는 close fit이라고 하여 매우 근사한(좋은) 적합도를, 0.05~0.08은 fair fit이라고 하여 괜찮은 적합도를, 0.08~0.10은 mediocre fit이라고 하여 그다지 좋지 않은 적합도를, 0.10 이상은 poor fit이라고 하여 심각하게 좋지 않은 적합도를 가리킨다(Browne & Cudeck, 1993; MacCallum, Browne, & Sugawara, 1996; Steiger, 1989). RMSEA가 0.00일 때는 exact fit(MacCallum, Browne, & Sugawara, 1996)이라고 하는데, 정의는 하지만 딱히 close fit에 비해서 우월한 개념이라기보다는 RMSEA가 정확히 0이라는 개념으로 사용된다. 위에서 close fit의 가설(H_0: $\epsilon \leq 0.05$)은 exact fit의 가설(H_0: $\epsilon = 0.00$)에 상대되는 개념으로서 좀 더 합리적이라고 볼 수 있다(MacCallum, Browne, & Sugawara, 1996). 한 가지 주의할 점은, RMSEA가 0이라고 해서 완벽한 적합도를 가지고 있다고 표현해서는 안 된다. 다만 $\chi^2_M \leq df_M$일 뿐일 수 있다. 그리고 또 한 가지, RMSEA가 0~1 사이에서 움

직인다고 생각하는 경우가 가끔 있는데, RMSEA는 표준화된 지수가 아니며, 기본적으로 큰 쪽으로 값이 열려 있어 0부터 무한대$(0 \sim \infty)$까지의 값을 취할 수 있다. 물론 실제로 RMSEA가 1이 넘는 값을 보이는 경우는 상당히 드물다. 또한 RMSEA는 자유도가 낮고, 표본크기가 작은 경우에 과대추정되는 경우가 있다. 예를 들어, $\chi^2_M = 2.098$, $df_M = 1$, $N = 70$인 경우에 통계적으로 모형은 적합하다는 결론을 내릴 수 있는 데 반해$(p = 0.148)$, RMSEA $= 0.126$이 된다(Kenny, 2014). 그래서 Kenny, Kaniskan과 McCoach(2014)는 자유도가 낮은 경우 RMSEA 자체를 계산하지 말아야 한다고 주장하기도 한다. 또한 Curran, Bollen, Chen, Paxton과 Kirby(2003)는 $n < 200$일 때, RMSEA는 정적으로 편향(positively biased)됨을 밝히기도 하였다.

RMSEA는 점추정치로서 사용하는 것뿐만 아니라 close fit이 0.05라는 공감대를 이용하여 근사 적합도를 평가하는 통계적 검정을 실시할 수 있는데, 영가설은 [식 5.33]과 같다.

$$H_0 : \epsilon \leq 0.05 \qquad\qquad\qquad \text{[식 5.33]}$$

대다수의 구조방정식 소프트웨어가 위의 검정에 대한 p-value를 제공한다. 일반적으로 5%의 유의수준에서 H_0을 기각하는 데 실패하면 통계적으로 $\epsilon \leq 0.05$임을 말할 수 있다. 즉, 기각에 실패했을 때 모형의 적합도가 좋다고 할 수 있다. 대부분의 프로그램이 ϵ의 90% 신뢰구간도 제공하는데, 이를 이용하여 RMSEA 추정치($\hat{\epsilon}$)의 정확성(precision)을 평가하는 두 개의 검정을 실시할 수 있다. 하나는 close-fit 가설인데, 바로 [식 5.33]에서 보여 주는 가설이다. 프로그램이 close-fit 가설에 대한 p-value를 제공하므로 바로 위에 설명한 대로 p-value를 이용할 수도 있고, 90% 신뢰구간의 하한(lower bound)이 0.05보다 작으면 5% 유의수준에서 close-fit 가설을 기각하는 데 실패하고 통계적으로 $\epsilon \leq 0.05$임을 말할 수 있다.

신뢰구간을 이용해서 어떻게 이런 결정을 내리는지 궁금한 독자들을 위해 약간의 설명을 더하고자 한다. 단지 구조방정식을 이용하고자 하는 목적을 가진 독자들이라면 반드시 이해해야 하는 부분은 아니므로, 통계적 배경이 어느 정도 있고 신뢰구간에 대한 이해가 높은 독자들만 가볍게 읽어 보기 바란다. RMSEA 추정치($\hat{\epsilon}$)의 표집분포상에서 $\hat{\epsilon}$의 90%가 $\epsilon - \delta$와 $\epsilon + \gamma$ 사이에 있다고 가정하자(즉, $\epsilon - \delta \leq \hat{\epsilon}$

$\leq \epsilon + \gamma$). 여기서 δ(delta)와 γ(gamma)는 모형과 자료를 통해서 추정될 임의의 숫자이며, $\hat{\epsilon}$의 분포가 좌우대칭이 아니기 때문에 δ와 γ는 일반적으로 서로 같지 않다. 바로 위에 있는 $\hat{\epsilon}$에 대한 식을 ϵ에 대해서 다시 쓰면 $\hat{\epsilon} - \gamma \leq \epsilon \leq \hat{\epsilon} + \delta$가 되고, ϵ의 90% 신뢰구간은 $[\hat{\epsilon} - \gamma, \ \hat{\epsilon} + \delta]$가 된다. close-fit 검정의 영가설은 $\epsilon \leq 0.05$이고 대립가설은 $\epsilon > 0.05$이므로, 일방검정(특히 upper-tail test)에서 ϵ의 95% 신뢰구간은 $\epsilon \geq \hat{\epsilon} - \gamma$가 된다. 다시 말해, $\epsilon \geq \hat{\epsilon} - \gamma$가 되면 영가설($\epsilon \leq 0.05$)을 기각하지 않는다. 영가설에서 $\epsilon = 0.05$이므로, 만약 ϵ의 90% 신뢰구간의 하한값인 $\hat{\epsilon} - \gamma$가 0.05보다 작거나 같다면($\hat{\epsilon} - \gamma \leq 0.05$) 5% 유의수준에서 close-fit 검정의 영가설을 기각하지 않는다.

위에서 실시한 방법과 유사하게, 90% 신뢰구간의 상한(upper bound)을 이용하여 [식 5.34]의 poor-fit 가설을 검정할 수 있다.

$$H_0 : \epsilon \geq 0.10 \qquad\qquad\qquad\qquad\qquad \text{[식 5.34]}$$

Poor-fit 가설은 기각을 해야만 5% 유의수준에서 $\epsilon < 0.10$이라고 말할 수 있으므로 close-fit 가설과 다르게 기각하는 것이 모형의 적합도가 나쁘지 않다는 의미가 된다. RMSEA의 90% 신뢰구간에서 상한이 0.10을 넘으면 poor-fit 가설을 기각하는 데 실패하게 된다. 여기서 한 가지, close-fit 가설을 기각하는 데 실패하여 모형의 적합도가 좋다는 결론과 poor-fit 가설을 기각하는 데 역시 실패하여 모형의 적합도가 나쁘다는 결론은 동시에 발생할 수 있다. 이런 경우 RMSEA의 점추정치에 표본오차 또는 표집오차(sampling error)가 있다고 볼 수 있다(Kline, 2011). 그리고 당연하게도 표집오차는 주로 작은 표본에서 일어나는 것이 일반적이다.

세 번째로 소개할 적합도 지수는 Bentler(1995)의 SRMR(standardized root mean square residual)이다. SRMR은 RMR(root mean square residual; Jöreskog & Sörbom, 1981)의 표준화된 버전인데, RMR은 [식 5.35]처럼 잔차행렬의 겹치지 않는 요소들의 제곱합의 평균을 구하고 거기에 제곱근을 씌운 값이다.

$$RMR = \sqrt{\sum_{i=1}^{p} \sum_{j=1}^{i} \frac{r_{ij}^2}{\frac{1}{2}p(p+1)}} \qquad\qquad \text{[식 5.35]}$$

위에서 r_{ij}는 잔차행렬($S-\widehat{\Sigma}$)의 i번째 행, j번째 열의 값이고, p는 관찰변수의 개수다. RMR은 평균의 개념이 들어가 있기 때문에 관찰변수들이 다른 척도를 가졌을 때(예, y_1은 1-5 리커트 척도, y_2는 1-7 리커트 척도일 때) 해석이 참으로 난감해진다. 이런 이유로 RMR을 표준화하여 SRMR을 사용한다. SRMR은 표본의 상관계수 행렬과 추정치에 기반한 상관계수 행렬 사이에서 RMR을 계산하는 개념으로서 [식 5.36]에 있다.

$$SRMR = \sqrt{\frac{\sum_{i=1}^{p}\sum_{j=1}^{i}\left[\dfrac{r_{ij}}{\sqrt{Var(i)}\sqrt{Var(j)}}\right]^2}{\frac{1}{2}p(p+1)}} \qquad [식\ 5.36]$$

위에서 $Var(i)$는 공분산 행렬 S에서 i번째 변수의 분산, $Var(j)$는 j번째 변수의 분산이며, 나머지는 [식 5.35]와 같다. SRMR은 표준화된 지수로서 0.05 이하면 좋은 적합도로 보기도 하고(Byrne, 2012), Hu와 Bentler(1999)는 0.08 이하면 좋다고 보기도 한다. 특히 Hu와 Bentler(1999)는 구조방정식 모형의 적합도 지수로서 CFI(0.95 이상)와 SRMR(0.08 이하) 등 두 가지를 조합하여 사용해야 한다고 주장하였고, 앞서 말한 대로 현재 가장 광범위하게 받아들여지고 있는 모형 적합도 지수들 중 하나다.

모형이 자료에 부합한가라는 질문에 대한 통계적인 χ^2 검정, χ^2 분포와 자유도(df)의 비율을 이용하거나 표준화한 값을 이용하는 표준화 χ^2_M, 기저모형 대비 얼마나 모형의 적합도가 상승하였는가를 확인하는 증분 적합도 지수인 TLI와 CFI, 비중심 χ^2 분포의 비중심 모수 λ를 이용하는 근사 적합도 지수 RMSEA, 잔차행렬의 개별 요소들을 이용한 SRMR 등 여러 주요한 모형의 평가 도구를 살펴보았다. 이제 우리가 경로모형이라든지 측정모형이라든지 하는 일반적인 구조방정식 모형을 추정하였을 때 어떤 지수를 확인하고 보고해야 하는지 알아보자. 앞에서 설명하였듯이, 그 어떤 모형 평가방법도 절대적인 것은 존재하지 않기 때문에 여러 다양한 방법으로 모형을 평가해서 종합적으로 연구자의 모형이 자료에 잘 부합하는지 그렇지 않은지를 결정해야 한다. 소개한 여러 종류의 검정과 지수 중에서 Boomsma(2000), Kline(2011), McDonald와 Ho(2000), West, Taylor와 Wu(2012) 등이 제안하는 방법은 χ^2 검정, CFI, RMSEA, SRMR을 보고하는 것이다. 필자 역시 이 의견에 전적으로 동의하는데, 그 이유는 앞에서 살펴보았듯이 이 네 가지가 각각 다른 배경에서 탄생한 모형 적합도 평가방법이기 때문이다. CFI를 보고하는데 CFI와 높은 상관을 가지는 NFI, TLI 등을 같이 보고하는 것은 별로 의미가 없다. 모형의 평가를 위해서는 여러 다른 방법을 통해서 종합적으로 모형의 적합도를 판단해야 한다.

5.4.3. 모형의 비교 지수

여기서 소개할 모형 적합도 지수는 모형의 비교나 교차타당화를 위해서 사용되는 방법들인데, 먼저 정보준거(information criterion, IC)라고 불리는 종류에 대하여 설명한다. IC는 Akaike(1973, 1974)가 모형 비교를 위하여 Kullback-Leibler의 정보 측정치(information measure; Kullback & Leibler, 1951)를 이용해 만든 AIC(Akaike information criterion)가 그 시초다. Schwarz(1978)는 베이지안 통계량을 이용하여 AIC와는 다른 종류의 정보준거인 BIC(Bayesian information criterion)를 만들었다. 아마도 AIC와 BIC가 모형의 비교를 위해서 가장 많이 이용되는 일반적인 정보준거일 것이기 때문에 [식 5.37]과 [식 5.38]에 소개한다.

$$AIC = -2loglikelihood + t \qquad\qquad\qquad \text{[식 5.37]}$$

$$BIC = -2loglikelihood + t\log(n) \qquad\qquad \text{[식 5.38]}$$

위에서 $loglikelihood$는 최대우도 추정 과정에서 계산된 연구자 모형의 로그우도 함수($H_0\ loglikelihood$) 값이고, t는 자유모수의 개수, n은 표본크기다. AIC나 BIC를 포함한 대부분의 정보준거는 똑같은 자료에 여러 다른 모형이 적용되었을 때 더 작은 값을 가지는 모형이 더 좋은 모형이 된다. AIC의 경우에 모형을 복잡하게 만드는 모수의 개수에 대해서만 페널티를 주는 데 반해, BIC는 모수의 개수와 표본의 크기에 모두 페널티를 준다. AIC와 BIC 사이에는 어떤 IC가 모형 비교에 더 좋은가에 대한 해묵은 논쟁이 있어 왔는데, 우리 책에서 다룰 내용은 아니다. 하지만 어떤 IC를 이용하느냐에 따라 어떤 모형이 더 좋은지가 달라질 수 있다는 것은 독자들이 기억해야 할 부분이다. 그리고 지난 십여 년 동안 주목받고 있는 또 다른 IC는 BIC의 페널티 부분을 조정해서 사용하는 ADBIC(sample-size adjusted BIC; Sclove, 1987)인데, [식 5.39]에 나와 있다.

$$ADBIC = -2loglikelihood + t\log\left(\frac{n+2}{24}\right) \qquad \text{[식 5.39]}$$

ADBIC는 최근 관심을 받고 있는 혼합모형(mixture model)을 사용함에 있어서 잠재계층(latent class)의 개수를 결정하는 중요한 문제에 가장 잘 작동하는 것으로 밝혀지고 있다(Kim, 2014; Tofighi & Enders, 2008; Yang, 2006).

구조방정식 모형을 평가하고 비교하는 데 있어서 중요하게 고려해야 할 또 한 가지는 연구자의 모형이 임의의 미래 표본(future sample; Kaplan, 2009)[33]에 잘 교차타당화(cross-validation)될 수 있는가다. 연구자가 충분히 큰 표본을 가지고 있다면 표본을 무작위로 반으로 나누고 첫 번째 표본(calibration sample, 탐색 표본)을 이용해 모형을 추정하고, 두 번째 표본(validation sample, 타당화 표본)을 이용하여 교차타당화 과정을 수행한다. 즉, 표본이 충분히 크다면 탐색 표본에서 모형을 추정하고, 이때 설정한 모형과 추정된 모수 추정치 값을 타당화 표본의 공분산 행렬에 그대로 적용한다. 다시 말해, 교차타당화 과정에서 타당화 표본의 공분산 행렬을 이용해 모형을 추정할 때, 모수를 자유롭게 추정하지 않고 탐색 표본을 이용한 모형에서 계산되어 나온 추정치를 고정하여 입력한다는 뜻이다. 이런 과정을 통해 추정한 모형의 적합도가 만족할 만하다면 교차타당화가 잘 이루어졌다고 할 수 있다. 하지만 구조방정식을 사용하는 많은 경우에서 연구자들은 이렇게 충분히 큰 표본을 가지고 있지 못할 것이다. 이때는 기대 교차타당화 지수(expected cross-validation index, ECVI)를 이용하게 된다.[34]

구조방정식에서 ECVI는 Browne와 Cudeck(1989, 1993)에 의하여 발전한 분야인데, 먼저 탐색 표본과 타당화 표본을 나눌 수 있다는 가정하에 교차타당화 지수(CVI)는 [식 5.40]과 같이 정의된다.

$$CVI = f(S_V, \hat{\Sigma}_C) \qquad\qquad [\text{식 } 5.40]$$

위에서 S_V는 타당화 표본(validation sample)의 공분산 행렬, $\hat{\Sigma}_C$는 탐색 표본(calibration sample)을 이용한 모형의 추정된 공분산 행렬이고, $f(S_V, \hat{\Sigma}_C)$는 탐

---

33) 같은 모집단에서 같은 표집방법으로 뽑힌 같은 크기의 표본이어야 한다. 교차타당화 과정에서 원래의 표본(calibration sample)은 단순무선표집(simple random sampling)에 의해서 표집되고, 교차타당화 표본(validation sample)은 다단계표집(multistage sampling)에 의해서 표집되었다면 그 차이에 교차타당화 지수가 영향을 받기 때문에 주의해야 한다(Kaplan, 2009).
34) 사실 앞에서 설명한 AIC의 탄생 원리를 보면 AIC가 교차타당화 지수의 한 종류라는 것을 알 수 있으나, 자세한 설명은 우리 책의 범위를 벗어나므로 생략한다.

색표본의 모형과 타당화 표본의 자료 사이의 불일치 정도를 나타낸다. 즉, CVI가 측정하는 것은 탐색 표본을 이용해 추정한 모형이 타당화 표본에 얼마나 부합하지 않느냐의 정도다. CVI의 값이 작으면 잘 부합한다는 것을 가리킨다. 여기서 CVI의 기대값은 [식 5.41]과 같이 정의된다(Browne & Cudeck, 1993).

$$E(CVI) = E\left[f(S_V, \hat{\Sigma}_C|\hat{\Sigma}_C)\right] \approx f(\Sigma, \hat{\Sigma}_C) + \frac{1}{n_V}\frac{p(p+1)}{2} \qquad \text{[식 5.41]}$$

위에서 Σ는 모집단의 공분산 행렬, n_V는 타당화 표본의 크기, p는 관찰변수의 개수다. 즉, $f(\Sigma, \hat{\Sigma}_C)$는 모집단의 공분산 행렬과 탐색 표본에 기반한 추정된 공분산 행렬 간의 차이, 그리고 $\frac{p(p+1)}{2}$은 Σ에서 겹치지 않는 독립된 정보의 개수가 된다.

지금까지의 설명은 사실 표본이 충분히 커서 탐색 표본과 타당화 표본으로 나눌 수 있다는 가정하에 이루어진 것이다. 이제 하나의 표본에서 교차타당화 지수를 구하는 방법을 살펴본다. 하나의 표본에서 하나의 교차타당화 지수를 구하기 위해서는 일단 탐색 표본과 타당화 표본이 크기가 같다는 가정이 필요하다. 이렇게 하면 Browne와 Cudeck(1993)에 의하여 ECVI는 [식 5.42]와 같이 정의된다.

$$ECVI = E\left[f(S_V, \hat{\Sigma}_C)\right] \approx f(\Sigma, \Sigma(\theta)) + \frac{1}{n}\left(\frac{p(p+1)}{2} + t\right) \qquad \text{[식 5.42]}$$

위에서 t는 추정하고자 하는 모수의 개수다. [식 5.42]의 ECVI는 모집단의 공분산 행렬 등에 의해 정의된 것이므로 실제로는 [식 5.43]과 같이 근사적으로 계산되어 사용한다(Browne & Cudeck, 1989).

$$ECVI = f(S, \hat{\Sigma}) + \frac{2t}{n} \qquad \text{[식 5.43]}$$

위의 식에서 합치함수의 값 $f(S, \hat{\Sigma})(=f_{ML})$에 $(n-1)$을 곱한 것이 바로 모형의 χ^2_M 값이기 때문에(즉, $(n-1)f(S, \hat{\Sigma}) = \chi^2_M$), [식 5.43]은 식 [5.44]와 같이 다시 쓸 수도 있다.

$$ECVI = \frac{\chi^2_M}{n-1} + \frac{2t}{n} \qquad \text{[식 5.44]}$$

[식 5.44]를 이용하면 ECVI를 주지 않는 구조방정식 프로그램에서도 쉽게 ECVI를 계산할 수 있다. 어쨌든 [식 5.44]에서 최종적으로 계산된 ECVI는 경쟁모형 중에서 최선의 모형을 선택할 때 이용되는데, AIC나 BIC처럼 경쟁모형들 중에 가장 작은 값을 가지는 모형을 선택한다. 다시 말해, 연구자가 고려하는 여러 경쟁모형 중에서 가장 작은 ECVI 값을 가지는 모형이 교차타당화를 가장 잘 하게 될 모형이라고 간주하는 것이다. 한 가지 더 참고할 점은, 경쟁모형들의 추정에 최대우도 방법을 이용한 경우에 [식 5.44]의 ECVI는 AIC와 같은 결과를 가지게 된다. 다시 말해, ECVI와 AIC는 최대우도 추정을 한 경우에 서로 단조증가(monotonically increasing) 관계가 있어서, ECVI가 가장 작은 모형은 AIC도 가장 작게 된다.

종합하면, AIC, BIC, ECVI 등의 모형 비교 지수 및 교차타당화 지수는 위계적으로 내재되지 않은 관계의 여러 경쟁 모형 중에서 어떤 모형이 자료에 가장 부합하는지를 알려 주는 것들로서, 나중에 자세하게 예를 들어 설명할 것이다. 여기서 두 개의 모형이 서로 위계적으로 내재된(hierarchically nested) 관계라는 것은 하나의 모형이 다른 모형에서 모수를 제거하든지 또는 추가하든지 등 둘 중의 하나만 실행하여 만들 수 있다는 것이다. 한 모형에서 모수 β_1을 제거하고 모수 β_2를 추가하여 다른 모형을 만들게 되면 둘은 서로 위계적으로 내재된 관계가 아니다. 이 역시 뒤에서 예제와 함께 자세히 다룰 것이다.

5.4.4. 개별모수의 검정 및 추정치의 해석

경로모형의 전반적인 적합도를 확인하였다면, 이제 개별적인 모수에 대한 검정을 하여 효과가 통계적으로 유의한지를 확인하고 각 추정치에 대한 해석을 할 수 있다. 먼저 구조방정식 모형을 ML 또는 GLS를 이용해 추정하면 개별모수에 대한 z 검정을 실시할 수 있다. 개별모수(θ)의 검정에서 연구자가 특별히 일방검정을 계획하는 것이 아니라면 영가설과 대립가설은 [식 5.45]와 같다.

$$H_0 : \theta = 0 \text{ vs. } H_1 : \theta \neq 0 \qquad\qquad \text{[식 5.45]}$$

구조방정식에서 [식 5.45]를 검정하기 위해서는 [식 5.46]처럼 각 추정치($\hat{\theta}$)를 상응하는 표준오차($SE_{\hat{\theta}}$)로 나누어 검정통계량 z를 계산하고, 그 검정통계량의 표집분포가 표준정규분포($N(0,1)$ 또는 z 분포)라는 가정 아래서 실시하게 된다.

$$z = \frac{\hat{\theta}}{SE_{\hat{\theta}}} \sim N(0,1)$$ [식 5.46]

앞서 잠깐 설명한 대로 이를 t 검정으로 보기도 하는데, 표본크기가 충분히 크다면 t 검정과 z 검정 사이에는 거의 차이가 없다. 초창기 LISREL에서는 이를 t 검정이라고도 하였으나 일반적으로 대다수의 학자는 이것을 z 검정이라고 본다 (Bollen, 1989; Kaplan, 2009; Kline, 2011). 그러므로 유의수준 5%에서 검정통계량의 값이 대략 ± 2 밖으로 나가게 되면 $\theta = 0$이라는 H_0을 기각하게 된다. 그리고 개별모수의 검정을 기각하게 되면, 상응하는 모수가 통계적으로 0이 아니라는 의미가 된다. [그림 5.17]에 있는 부모지지, 자존감, 성적 사이의 경로모형을 이용한 개별적인 모수의 추정 결과가 [결과 5.3]에 있다. 이 부분 역시 [결과 5.1]에서 생략한 많은 부분 중 일부를 다시 가져온 것이다.

[결과 5.3] 부모지지, 자존감, 성적의 관계 – 비표준화 추정치

```
MODEL RESULTS

                                                    Two-Tailed
                    Estimate      S.E.    Est./S.E.   P-Value

ACHIEVE   ON
   ESTEEM           0.650        0.060     10.804      0.000

ESTEEM    ON
   SUPPORT          0.795        0.032     25.176      0.000

Variances
   SUPPORT          3.490        0.373      9.354      0.000

Residual Variances
   ESTEEM           0.609        0.065      9.354      0.000
   ACHIEVE          1.783        0.191      9.354      0.000
```

위의 결과를 보면 총 다섯 개의 모수에 대한 추정 결과가 있다. 추정치에 대한 명확한 해석을 위해서 [그림 5.17]의 모형을 [식 5.47]로 풀어 보았다.

$$\begin{aligned} esteem &= \beta_1 support + d_1 \\ achieve &= \beta_2 esteem + d_2 \end{aligned}$$ [식 5.47]

먼저 esteem → achieve의 경로계수 추정치($\hat{\beta}_2$)는 0.650이고 표준오차는 0.060이며 추정치를 표준오차로 나눈 z 검정통계량은 10.804로서 $p < 0.001$이다. 유의수

준 5% 또는 1%에서 모두 통계적으로 유의한 정적효과(positive effect)가 있음을 확인할 수 있으며, 자존감이 높을수록 성적이 더 높다는 의미로 해석할 수 있다. 바로 아래는 support → esteem의 경로계수($\hat{\beta}_1$)에 대한 검정 결과가 있으며, 역시 통계적으로 유의한 정적효과를 확인할 수 있다. 그다음은 외생변수 support의 분산 추정치 3.490이 있는데 $p < 0.001$로서 유의수준 5%에서 통계적으로 유의하다. 이를 그대로 해석하면 부모지지의 정도가 학생들 간에 차이가 있다고 할 수 있는데, 사실 잘 해석하지 않으며 분산의 통계적 유의성은 큰 의미가 없다고 보기도 한다. 마지막으로 설명오차 두 개(d_1과 d_2)의 분산 추정치와 표준오차 및 검정통계량과 p-value가 있다. d_1의 분산 추정치는 0.609로서 esteem의 분산(2.83) 중 support에 의해서 설명되지 못한 부분(unexplained variability)을 나타내며, d_2의 분산 추정치는 1.783으로서 achieve의 분산(2.99) 중 esteem에 의해서 설명되지 못한 부분을 나타낸다. 두 개의 잔차분산(residual variance) 역시 통계적으로 유의한데, 우리가 종속변수를 설명하는 모든 독립변수를 찾아내지 못하는 한은 잔차분산이라는 것이 0보다 큰 값인 것이 너무도 당연하다. 그러므로 이 통계적 유의성은 큰 실질적 의미를 가지고 있지 못하다(Kline, 2011). [식 5.47]에서 각 종속변수(내생변수 esteem과 achieve)가 상응하는 독립변수(각각 외생변수 support와 내생변수 esteem)에 의해서 설명되지 못한 부분이 잔차분산이므로, 반대로 각 종속변수가 상응하는 독립변수에 의하여 얼마나 설명되고 있는지의 비율, 즉 설명력 R^2를 [식 5.48]과 같이 계산할 수 있다.

$$R^2 = 1 - \frac{\text{잔차 분산}}{\text{종속변수의 분산}} \qquad\qquad [\text{식 } 5.48]$$

[식 5.47]의 첫 번째 모형에서의 설명력 R^2는 $1 - \dfrac{0.609}{2.83} = .785$이다. 이는 자존감의 분산이 부모지지에 의해서 78.5% 설명된다는 의미다. [식 5.47]의 두 번째 모형에서도 같은 방식으로 계산하면 $R^2 = .404$가 되고, 이는 성적의 분산이 자존감에 의해서 40.4% 설명된다는 뜻이 된다.[35] 보다시피 내생변수 한 개당 하나의 R^2가 계산될 수 있다. 각 내생변수당 하나의 R^2를 계산하는 것이 일반적이지만, 사실 경로모형(구조방정식 모형) 전체의 R^2를 계산하는 방법도 존재한다. 이를 계산하

---

35) 참고로 M*plus*에서는 OUTPUT 커맨드에 STANDARDIZED(표준화) 옵션을 넣으면 각 내생변수에 대하여 R^2를 모두 계산해 준다.

기 위해서는 LISREL 표기법과 행렬의 연산이 필요하므로 우리 책에는 자세한 내용을 생략한다. 관심 있는 독자는 Bollen(1989, p.118)을 참고하기 바란다. 각 내생변수당 구한 R^2가 절대적으로 어느 정도 이상은 되어야 한다는 제안이 존재하기는 하지만, 현실 속에서 단정하기는 쉽지 않으며 상황마다 다르기 때문에 정확히 얼마 이상이어야 할지 확실하지 않다. 다만 R^2가 너무 작지 않은 충분한 크기가 되어야 함은 자명하다.

[결과 5.3]에 있는 개별적인 모수의 추정치는 모두 원변수(raw variable) 간의 경로계수 또는 원변수의 분산 등 비표준화 추정치(unstandardized estimates)다. 그런데 이렇게 하나의 표본 안에서 분산의 크기가 다른 원변수들을 분석에 이용하게 되면, 경로계수의 크기를 비교한다든지 오차 분산의 크기를 비교한다든지 하는 작업이 적절하지 않게 된다. 예를 들어, support $\rightarrow$ esteem($\hat{\beta}_1 = 0.795$)이 esteem $\rightarrow$ achieve($\hat{\beta}_2 = 0.650$)보다 더 크다고 하여서 이 결과만 보고 부모지지가 자존감에 주는 영향(0.795)이 자존감이 성적에 주는 영향(0.650)보다 크다고 결론 내릴 수 없다. 이때는 표준화된 추정치(standardized estimates)를 이용하여야 하는데, 경로모형에서 표준화된 추정치란 원변수들을 모두 표준화한 이후에 동일한 모형을 추정하여 얻어지는 추정치를 가리킨다. 이것은 결국 공분산 행렬이 아닌 상관계수 행렬을 이용하여 경로모형을 추정하고 그 결과로 얻어지는 추정치를 의미하기도 한다.

먼저 [식 5.47]에 있는 추정치 종류 중 두 개의 회귀계수 β_1과 β_2를 이용하여 표준화 추정치를 이해하도록 하자. 표준화 추정치를 얻기 위해서는 원변수에서 평균을 빼고 표준편차로 나누어 표준화된 변수를 만드는 것이 일반적이나, 단지 표준편차로 나누기만 하여도 표준화한 것으로 취급한다. M*plus*의 경우에는 후자를 이용하므로 위 경로모형의 세 변수를 표준화하면 [식 5.49]와 같다.

$$z_{sup} = \frac{sup}{SD_{sup}}, \; z_{est} = \frac{est}{SD_{est}}, \; z_{ach} = \frac{ach}{SD_{ach}} \qquad \text{[식 5.49]}$$

위에서 z_{sup}는 support의 표준화된 변수, z_{est}은 esteem의 표준화된 변수, z_{ach}는 achieve의 표준화된 변수다. 각 표준화 식에서 *sup*는 support, *est*는 esteem, *ach*는 achieve를 가리키며, *SD*는 표준편차를 나타낸다. 이렇게 표준화된 변수 세 개의 표준편차는 모두 표준화의 정의에 의하여 1이 된다. z_{sup}, z_{est}, z_{ach}를 이용하여 [그림 5.17]의 경로모형을 추정하게 되면 [식 5.47]은 아래와 같이 바뀐다.

$$z_{est} = \beta_1^s z_{sup} + d_1^s$$
$$z_{ach} = \beta_2^s z_{est} + d_2^s$$

[식 5.50]

[식 5.50]에서처럼 표준화된 변수 z_{sup}, z_{est}, z_{ach} 사이에 만들어진 회귀관계에서의 β_1^s, β_2^s가 바로 표준화된 추정치, 그중에서도 표준화된 계수(standardized coefficient)가 된다. 이때 굳이 표준화된 계수를 해석하자면 β_1^s은 z_{sup}가 한 단위(즉, 1 표준편차) 증가할 때 기대되는 z_{est}의 표준편차 변화량이 되고, β_2^s는 z_{est}이 한 단위 증가할 때 기대되는 z_{ach}의 표준편차 변화량이 된다. 비표준화 계수 추정치와 표준화 계수 추정치의 관계는 [식 5.51]과 같다.

$$\hat{\beta}_1^s = \hat{\beta}_1 \frac{SD_{est}}{SD_{sup}}, \ \hat{\beta}_2^s = \hat{\beta}_2 \frac{SD_{ach}}{SD_{est}}$$

[식 5.51]

위와 같이 원변수의 표준편차들을 이용하여 비표준화 계수 추정치로부터 표준화 계수 추정치를 구할 수도 있으나, 모든 구조방정식 프로그램이 표준화 추정치를 제공하기 때문에 잘 사용하지는 않는다. M*plus*에서 표준화된 추정치는 OUTPUT 커맨드에 STANDARDIZED 옵션을 더하여 [결과 5.4]를 얻을 수 있다.

[결과 5.4] 부모지지, 자존감, 성적의 관계 – 표준화 추정치

```
STANDARDIZED MODEL RESULTS

STDYX Standardization

                                                  Two-Tailed
                     Estimate    S.E.   Est./S.E.  P-Value

ACHIEVE   ON
    ESTEEM            0.633     0.045    13.949     0.000

ESTEEM    ON
    SUPPORT           0.885     0.016    54.124     0.000

Variances
    SUPPORT           1.000     0.000   999.000   999.000

Residual Variances
    ESTEEM            0.216     0.029     7.472     0.000
    ACHIEVE           0.600     0.057    10.457     0.000
```

```
R-SQUARE

    Observed                                      Two-Tailed
    Variable        Estimate      S.E.   Est./S.E. P-Value

    ESTEEM           0.784       0.029    27.062    0.000
    ACHIEVE          0.400       0.057     6.974    0.000
```

위 표준화 추정치는 특히 M*plus*에서 StdYX 방식의 결과를 보여 주고 있는데, 이 방식이 우리가 일반적으로 말하는 표준화라고 볼 수 있다. M*plus*는 세 종류의 표준화 방법을 제공하는데, 첫째, StdYX는 잠재변수 및 모든 관찰변수를 표준화하는 방식이다. 둘째, StdY는 관찰변수 중 내생변수와 잠재변수만을 표준화하는 방식이며, 마지막으로 Std는 오직 잠재변수만을 표준화하는 방식이다. 위의 세 방식 중 StdYX는 공변수(covariate)가 연속형일 때 사용하는 옵션이고, StdY는 공변수가 이분형(binary)일 때 이용되는 옵션이다. 이는 일반적으로 회귀분석에서 표준화 계수의 해석을 위해 '독립변수(공변수)가 1 표준편차(one standard deviation)만큼 변할 때'라는 개념을 사용하는 데 반해, 이분형 독립변수의 1 표준편차 변화라는 개념은 의미가 없기 때문이다. M*plus*의 OUTPUT 커맨드에 STANDARDIZED 옵션을 지정하면 세 가지 방식 모두의 결과를 제공한다. 만약 StdYX를 OUTPUT 커맨드에 지정하면 오직 StdYX 방식의 결과만 보여 준다.

일단 위에서 보이는 support, esteem, achieve는 모두 표준화된 변수 z_{sup}, z_{est}, z_{ach}임을 인지하고서 결과를 보아야 한다. [결과 5.4]의 표준화된 계수 esteem → achieve($\hat{\beta}_2^s = 0.633$)와 support → esteem($\hat{\beta}_1^s = 0.885$)은 서로의 크기를 비교할 수 있으며, 부모지지가 자존감에 주는 영향(0.885)이 자존감이 성적에 주는 영향(0.633)보다 더 크다고 말할 수 있다. 이것이 비표준화 추정치 대신 표준화 추정치를 계산하여 확인하는 중요한 이유 중 하나다. 이제 [결과 5.4]에서 표준화된 계수 외의 다른 표준화된 추정치도 살펴보기로 하자. 먼저 support의 분산 추정치를 보면 1.000임을 볼 수 있는데, 이는 support를 표준화하여 z_{sup}로 바꾼 자연스런 결과다. 잔차분산 부분을 보면 d_1^s의 분산이 0.216임을 볼 수 있는데, 이는 esteem을 z_{est}으로 표준화하여 분산을 1로 만들었고, 이 중 0.216만큼은 support에 의하여 설명이 되지 않고 있다는 의미다. 다른 말로 하면, z_{est}의 분산 1.0 중 0.784만큼은 설명이 되고 있다는 의미다. 이는 곧 [식 5.50]의 첫 번째 회귀식에서 R^2의 값이 0.784라는 것으로, 앞의 비표준화 추정치를 이용하여 계산한 R^2와 같은 값이다. 역시 [식 5.50]의 두 번째 회귀식에서의 R^2는 $1-0.600=0.400$으로 계산된다.[36] 그리고 사실 이와 같은 R^2 값은 [결과 5.4]의 밑부분을 보면 알 수 있듯이, M*plus* 7 이후의 버전에서는 STANDARDIZED 옵션과 함께 기본적으로 제공한다.

5.5. 경로모형의 예

지금까지 모형의 설정(specification), 판별(identification), 추정(estimation), 평가(evaluation) 등 전반적인 모형 분석의 단계를 살펴보았다. 미리 말했듯이, 이 기본적인 단계는 경로모형에만 적용되는 것이 아니라 모든 구조방정식 모형에 적용될 수 있다. 우리 책에서는 네 단계로 보았지만, 더 세분화하거나 묶는 등 전문가마다 다른 방식으로 표현할 수도 있을 것이다. 하지만 기본적으로 세부적인 내용은 다르지 않다. 이제 실제 경로모형의 예를 통하여 지금까지 배운 것들을 정리하고, 추가적으로 다루어야 할 몇 가지 주제에서 이 예제를 이용할 것이다. 사실 이번 섹션에서 사용될 예는 M*plus* 프로그램에 포함되어 있는 데이터 세트(버전 7의 3.11.dat 파일)의 변수들에 대하여 임의로 이름을 할당하고, 또한 무작위로 일부를 선택한 자료임을 밝힌다. 연구 모형이나 추정 결과에 대한 그 어떤 이론도 심각하게 받아들일 필요는 없으나, 마치 실제 자료를 분석하는 것으로 가정하고 진행하고자 하니 독자들도 그렇게 가정해 주기 바란다.

한 연구자가 학생들의 성취도에 영향을 주는 여러 요인을 이용하여 모형을 설정하고자 하였다. 그리하여 사회경제적 지위(socioeconomic status, SES), 건강(health), 지능(intelligence, IQ), 동기(motivation), 성취도(achievement) 등 총 다섯 개의 변수 간 관계를 [그림 5.21]에서처럼 설정하였다.

---

36) 소수점 자리의 계산 오차로 인하여 R^2의 값이 소수 세 번째 자리에서 미세하게 다른 값을 보인다.

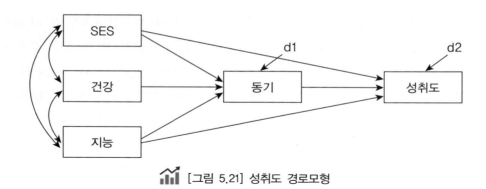

[그림 5.21] 성취도 경로모형

위의 모형을 보면 SES와 지능은 성취도에 대하여 직접효과와 동기를 거치는 간접효과가 모두 있고, 건강은 오직 동기를 거쳐서만 성취도에 영향을 주는 가설이 설정되어 있음을 볼 수 있다. 독자의 이해를 돕고자 경로도로 표현되어 있는 모형을 [식 5.52]에 다시 쓰고자 한다.

$$\text{motiv} = (\alpha_1) + \beta_1\text{SES} + \beta_2\text{health} + \beta_3\text{IQ} + d_1$$
$$\text{achieve} = (\alpha_2) + \beta_4\text{SES} + \beta_5\text{motiv} + \beta_6\text{IQ} + d_2$$

[식 5.52]

설정한 [그림 5.21]과 [식 5.52]의 모형은 재귀모형이며, t 규칙에 의하여 $df_M = 1$이 되는 과대판별이기 때문에 추정 가능함을 알 수 있다. 자유도에 대하여 자세하게 말하면, 총 다섯 개의 관찰변수가 있으므로 독립적인 정보의 개수 $i = \dfrac{5(5+1)}{2}$ $=15$이고, 추정해야 할 모수(t)는 세 개의 외생변수 사이의 분산과 공분산(6), 경로계수(6), 설명오차의 분산(2) 등 총 14개임을 알 수 있다. 이제 연구자는 247명의 학생을 대상으로 자료를 수집하여($n = 247$) SPSS에 입력하였다. [표 5.1]에는 이용하는 자료의 평균, 표준편차, 상관계수 등의 기술통계가 제공된다.

[표 5.1] 성취도 자료의 상관 및 기술통계

	동기	성취도	SES	건강	지능
동기	1.00				
성취도	.849	1.00			
SES	.173	.457	1.00		
건강	.534	.673	-.020	1.00	
지능	.811	.488	-.085	.076	1.00
표준편차	4.255	5.493	1.061	1.012	1.097
평균	-1.325	0.392	0.049	0.022	-0.118

이제 제4장에 설명된 방식대로 SPSS 자료(motivation.sav)를 M*plus*용 데이터 파일(motivation.dat)로 변환하고, M*plus* input 파일을 [그림 5.21]의 모형에 맞게 작성한다. 이때 모형에서 추정하고자 하는 모수는 전통적인 구조방정식의 경로모형 방식을 따르고자 한다. 최근의 많은 구조방정식 프로그램은 자신만의 디폴트 모수 추정 방식을 가지고 있는데, 나름대로 모두 타당한 이유가 있겠지만 그런 방식은 일단 원칙적인 방식을 이해하고 활용한 이후에 고민해 볼 수 있는 문제일 것이다. M*plus*의 경우 경로모형을 추정할 때 디폴트로 절편(intercept)을 추정하고 외생변수 간의 분산공분산을 추정하지 않는데, 이 부분은 모두 [결과 5.5]처럼 전통적인 방식으로 바꿀 것이다.

[결과 5.5] 성취도 경로모형 – input

```
TITLE: A path model with IQ, health, SES, motivation, and achievement

DATA: FILE IS motivation.dat;
      FORMAT IS 5f8.3;

VARIABLE: NAMES ARE motiv achieve ses health iq;

ANALYSIS: TYPE = General;
          MODEL = Nomeanstructure; INFORMATION = Expected;

MODEL: achieve ON motiv ses iq;
       motiv ON ses health iq;

       ses health iq;
       ses WITH health iq;
       health WITH iq;

       motiv achieve;

MODEL INDIRECT:
      achieve IND iq;
      achieve IND motiv iq;
      achieve VIA motiv ses;

OUTPUT: StdYX MODINDICES(0);
```

M*plus*에서는 input 파일을 작성하여 M*plus* 메뉴 밑의 아이콘 중 RUN을 클릭하거나 Alt+R을 누르면 추정이 실행된다. 앞에서도 경험했지만, output 파일의 맨 처음 부분은 input을 반복한다. 앞에서 설명했던 부분은 다시 설명하지 않고 새로운 부분만 설명하도록 하겠다. 먼저 ANALYSIS 커맨드의 MODEL=Nomeanstructure; 는 평균 구조를 사용하지 않겠다는 것으로서, [식 5.52]에 있는 α_1과 α_2를 추정하

지 않겠다는 것이다. 더욱 정확히 말하면, 분석에서 사용된 변수들을 모두 편차점 수화 한 이후에 분석을 진행하겠다는 의미다. 회귀분석의 원리에 의해 α_1과 α_2는 0이 되고 결국 추정하지 않게 되는 것과 같다. INFORMATION＝Expected;는 ML 추정 과정 중에 있는 정보행렬로 기대정보행렬을 이용하겠다는 것인데, M*plus*의 경로모형에서 평균 구조를 사용하지 않을 때는 이 부분을 설정해 주어야 한다. 즉, MODEL＝Nomeanstructure;와 INFORMATION＝Expected;는 서로 함께 써 주어야 한다. 다음으로 MODEL 커맨드의 첫 두 줄은 모형의 회귀분석 부분으로서, 예를 들어 achieve ON motiv ses iq;는 종속변수 성취도를 독립변수 동기, SES, 지능으로 설명하는 모형이다. 그다음 세 줄은 외생변수 세 개(SES, health, IQ)의 각 분산과 세 개 사이의 공분산을 의미한다. 마지막 줄은 내생변수 motiv와 achieve의 분산을 구하라는 것인데, 앞에서 설명했듯이 내생변수의 분산은 구조방정식에서 구하지 않고 그 내생변수에 속한 설명오차 변수의 분산을 구하게 된다. 여기서는 모형을 복잡하게 만들지 않기 위해 사용하지 않았지만 두 설명오차(d_1과 d_2) 사이의 공분산을 추정하고 싶다면 motiv WITH achieve;를 더하면 된다.

다음으로 있는 커맨드는 새롭게 소개되는 MODEL INDIRECT인데, 이 커맨드는 간접효과나 전체효과를 추정하고 검정하기 위한 명령어다. 구조방정식에서 간접효과의 검정은 여러 측면에서 상당히 중요한데, 특히 매개효과(mediation effect)를 확인할 때 매우 중요하다. 각 명령어에 대한 자세한 설명은 아래에서 output을 다룰 때 진행할 예정이다. 마지막으로 OUTPUT 커맨드에는 표준화 추정치를 요구하는 StdYX와 연구자 모형을 통계적으로 수정할 때 이용하는 모형 수정지수(modification index)를 요구하는 명령어가 있다. Output 파일에서 다음으로 나타나는 내용은 모형의 전반적인 적합도를 보여 주는 여러 지수인데 [결과 5.6]에 나타나 있다.

[결과 5.6] **성취도 경로모형 – 모형 적합도**

```
MODEL FIT INFORMATION

Number of Free Parameters                    14

Loglikelihood

        H0 Value                        -1952.187
        H1 Value                        -1906.038
```

```
Information Criteria

        Akaike (AIC)                      3932.375
        Bayesian (BIC)                    3981.506
        Sample-Size Adjusted BIC          3937.126
          (n* = (n + 2) / 24)

Chi-Square Test of Model Fit

        Value                               92.300
        Degrees of Freedom                       1
        P-Value                             0.0000

RMSEA (Root Mean Square Error Of Approximation)

        Estimate                             0.608
        90 Percent C.I.                      0.507   0.716
        Probability RMSEA <= .05             0.000

CFI/TLI

        CFI                                  0.931
        TLI                                  0.514

Chi-Square Test of Model Fit for the Baseline Model

        Value                             1322.145
        Degrees of Freedom                       7
        P-Value                             0.0000

SRMR (Standardized Root Mean Square Residual)

        Value                                0.022
```

모형의 χ^2 검정통계량 값은 92.300이고 자유도는 1, $p < 0.0001$이다. APA(American Psychological Association) 기준의 논문에서는 보통 $\chi^2(df=1,\ n=247)=92.30$, $p<0.0001$이라고 표기한다. 이 검정으로부터 알 수 있는 것은 유의수준 5%에서 모형이 자료에 부합한다는 H_0은 기각된다는 것이다. χ^2 검정은 일반적으로 H_0을 과도하게 기각하는 경향이 있으므로, 나머지 적합도 지수를 살펴본다. 먼저 CFI= 0.931로서 나쁘지 않은 적합도를 보이고 있으며, RMSEA=0.608로서 매우 좋지 않고, SRMR=0.022로서 상당히 좋은 것으로 보인다. 여러 적합도 중에 특히 RMSEA 가 좋지 않은데, 현실 속에서 이 정도로 안 좋은 수치를 보인다면 연구자는 모형을 수정하고 다른 모형을 고려해 보아야 할 것이다. 하지만 위 예의 경우에는 앞부분 에서 언급한 RMSEA의 특성에 대해서 고민해 볼 가치가 있다. RMSEA는 자유도 가 낮고, 표본크기가 작은 경우에 과대추정되는 것이 일반적이다(Kenny, 2014; Kenny, Kaniskan, & McCoach, 2014). 자유도가 1인 위의 예에서 CFI나 SRMR 이 나쁘지 않은 데 반해 상당히 큰 RMSEA가 나타났다면, 이 수치는 신뢰할 수 없 는 근사적합도 지수로 취급하는 것이 합리적일 수 있다. 물론 이와 같은 결정은 연

구자의 몫이다. 모형의 전반적인 적합도를 살펴보았다면, 그다음에는 [결과 5.7]에 있는 개별적인 모수의 추정치를 살펴보아야 할 것이다.

[결과 5.7] 성취도 경로모형 – 개별모수 추정치

```
MODEL RESULTS

                                                      Two-Tailed
                     Estimate     S.E.    Est./S.E.   P-Value

 ACHIEVE   ON
    MOTIV              1.509      0.054     27.797      0.000
    SES                1.128      0.128      8.827      0.000
    IQ                -2.212      0.208    -10.618      0.000

 MOTIV     ON
    SES                1.003      0.060     16.602      0.000
    HEALTH             2.012      0.063     31.802      0.000
    IQ                 3.089      0.059     52.723      0.000

 SES       WITH
    HEALTH            -0.022      0.068     -0.316      0.752
    IQ                -0.098      0.074     -1.329      0.184

 HEALTH    WITH
    IQ                 0.084      0.071      1.188      0.235

 Variances
    SES                1.121      0.101     11.113      0.000
    HEALTH             1.021      0.092     11.113      0.000
    IQ                 1.197      0.108     11.113      0.000

 Residual Variances
    MOTIV              1.003      0.090     11.113      0.000
    ACHIEVE            3.719      0.335     11.113      0.000

STANDARDIZED MODEL RESULTS

STDYX Standardization

                                                      Two-Tailed
                     Estimate     S.E.    Est./S.E.   P-Value

 ACHIEVE   ON
    MOTIV              1.169      0.044     26.492      0.000
    SES                0.218      0.027      8.156      0.000
    IQ                -0.441      0.046     -9.556      0.000

 MOTIV     ON
    SES                0.250      0.021     11.863      0.000
    HEALTH             0.479      0.028     17.066      0.000
    IQ                 0.796      0.029     27.795      0.000

 SES       WITH
    HEALTH            -0.020      0.064     -0.316      0.752
    IQ                -0.085      0.063     -1.343      0.179
```

```
HEALTH    WITH
   IQ                   0.076       0.063       1.198       0.231

Variances
   SES                  1.000       0.000     999.000     999.000
   HEALTH               1.000       0.000     999.000     999.000
   IQ                   1.000       0.000     999.000     999.000

Residual Variances
   MOTIV                0.056       0.007       8.086       0.000
   ACHIEVE              0.124       0.015       8.395       0.000


R-SQUARE

   Observed                                             Two-Tailed
   Variable           Estimate       S.E.     Est./S.E.  P-Value

   MOTIV                0.944       0.007     137.355       0.000
   ACHIEVE              0.876       0.015      59.442       0.000
```

위의 결과에는 비표준화 추정치와 StdYX를 통한 표준화 추정치가 모두 제공된다. 처음 여섯 줄은 회귀계수 추정치를 보여 주고 있는데, 여섯 개 모두 통계적으로 유의한 검정 결과를 나타내고 있다. 계수 추정치의 방향성을 살펴보면 대다수가 설명할 수 있는 방향인 데 반해, IQ → achieve의 경로가 음수로 추정된 것이 상당히 의아하다. 현실 속에서 구조방정식 모형을 추정할 때 이런 예상치 못한 결과가 종종 등장하는데, 이 부분은 아래에서 간접효과를 설명할 때 다시 논리적으로 해석이 가능하기 때문에 여기서는 자세한 설명을 생략한다. 다음으로는 외생변수 세 개(SES, health, IQ) 간의 공분산이 먼저 나오고, 각 변수의 분산이 또한 나타난다. 세 변수 사이의 공분산은 모두 통계적으로 유의하지 않으므로, 즉 공분산 모수가 0이라는 H_0 세 개를 기각하지 못하였으므로 통계적으로 공분산은 0과 다르지 않다는 것을 나타낸다. 즉, 세 변수는 서로 상관이 없다고 말할 수 있다. 그다음 세 개의 추정치는 세 변수의 분산으로서 통계적으로 유의한 검정 결과를 보이는데, 앞서 말한 대로 해석하지 않는 것이 일반적이다. 마지막으로 설명오차의 분산(잔차분산) 두 개가 있으며, 역시 그 결과를 해석하지 않는 것이 일반적이라고 할 것이다. 비표준화 추정치 이후에 상응하는 표준화 추정치가 보인다. 분석에 사용한 다섯 개의 관찰변수를 모두 표준화하고 나서 같은 모형을 추정했을 때 가지게 될 추정치들이다. 비표준화 추정치의 마지막에는 [식 5.52]의 두 개 회귀식에서 계산되는 R^2 두 개를 보여 주고 있는데, 0.944와 0.876으로 매우 높은 설명력을 나타내고 있다.

추정치와 표준오차를 이용하여 모수에 대한 검정을 실시할 때 한 가지 주의해야 할 부분이 있다. [결과 5.7]을 보면 비표준화 추정치를 이용한 검정 결과도 있고 표준화 추정치를 이용한 검정 결과도 있다. 우리 예에서는 둘 사이에 H_0을 기각하느냐 기각하지 않느냐의 큰 불일치는 없지만, 외생변수 사이의 공분산에 대한 검정에서 z 검정통계량과 p-value가 약간 다른 것을 볼 수 있다. 이는 비표준화 추정치의 표집분포와 표준화 추정치의 표집분포가 동일하지 않기 때문에 발생하는 일이다. 필자가 알기로는 아직까지 이 둘 중에 무엇의 검정 결과가 더 옳은지를 다룬 연구는 없는 것으로 알고 있다. 대다수의 논문에서는 비표준화 추정치와 표준오차, 그리고 그것들로 만들어진 검정통계량에 해당하는 검정 결과가 보고되고 있으며, 그와 같은 방식이 학계에서 더 일반적인 것으로 받아들여진다. [결과 5.7]에서 경로계수의 직접효과를 확인하였다면, 연구자가 관심 있는 간접효과를 확인하는 것 또한 구조방정식에서 매우 일반적인 분석 수순이다. [결과 5.8]에는 input 파일에서 MODEL INDIRECT 커맨드를 통해 설정한 간접효과에 대한 검정이 있다.

[결과 5.8] 성취도 경로모형 – 간접효과

```
TOTAL, TOTAL INDIRECT, SPECIFIC INDIRECT, AND DIRECT EFFECTS


                                                       Two-Tailed
                     Estimate      S.E.    Est./S.E.   P-Value

Effects from IQ to ACHIEVE

   Total              2.451       0.143     17.100      0.000
   Total indirect     4.662       0.190     24.589      0.000

   Specific indirect

     ACHIEVE
     MOTIV
     IQ               4.662       0.190     24.589      0.000

   Direct
     ACHIEVE
     IQ              -2.212       0.208    -10.618      0.000


Effects from IQ to ACHIEVE

   Sum of indirect    4.662       0.190     24.589      0.000

   Specific indirect

     ACHIEVE
     MOTIV
```

```
   IQ                    4.662      0.190      24.589      0.000


Effects from SES to ACHIEVE via MOTIV

  Sum of indirect       1.513      0.106      14.253      0.000

  Specific indirect
    ACHIEVE
    MOTIV
    SES                 1.513      0.106      14.253      0.000
```

[결과 5.8]에서는 간접효과의 비표준화 추정치만 보이고 있는데, 사실 전체 output 파일에는 표준화 추정치 또한 보인다. 간접효과의 추정치와 검정 결과를 보기 위해서는 MODEL INDIRECT 커맨드에 IND와 VIA 옵션을 사용할 수 있다. IND 옵션은 특정한 간접효과를 보여 주거나 또는 직접효과, 간접효과, 전체효과를 모두 보여 주며, VIA 옵션은 특정한 매개변수(중재변수)를 포함하는 간접효과를 모두 보여 준다. 먼저 input에서 achieve IND iq;라고 명령을 지정하면 IQ에서 출발하여 ACHIEVE로 향하는 모든 직접효과, 간접효과, 전체효과의 추정치와 표준오차 및 검정 결과를 보여 준다. 예를 들어, [결과 5.8]의 첫 부분에 있는 'Effects from IQ to ACHIEVE'를 보면, 지능에서 시작해서 성취도로 가는 여러 경로에 대한 추정치가 나온다. 먼저 iq → motiv → achieve로 가는 간접효과의 크기(4.662)와 간접효과 추정치가 따르는 표집분포의 표준오차(0.190), 그리고 둘의 비율로 계산되는 z 검정통계량(24.589)과 p-value(<0.001)가 있다. 또한 iq → achieve로 가는 직접효과(−2.212) 및 표준오차(0.208)와 그에 상응하는 z 검정통계량(−10.618), 그리고 마지막으로 p-value(<0.001)가 있다. 앞에서도 봤듯이 이 직접효과의 방향은 쉽게 설명이 되지 않는다. 이때 Total이라고 쓰여 있는 줄의 전체효과를 확인할 필요가 있다. 지능에서 성취도로 가는 길은 바로 위에서 설명한 간접효과 하나와 직접효과 하나밖에 없고, 간접효과는 4.662, 직접효과는 −2.212이기 때문에 전체효과는 4.662−2.212 ≈ 2.451이 된다. 즉, 지능이 성취도에 미치는 전체효과는 양의 값이 되며, p-value를 보면 유의수준 5%에서 통계적으로도 유의하다. 그렇다면 어째서 위와 같이 모형 안에서 직접효과가 음수가 되었을까? 이 문제는 앞 장에서 설명한 억제효과와 거짓효과를 이용해서 설명할 수 있다. 지능과 성취도의 관계에서 동기라는 매개변수를 사용함으로써 원래는 양의 값을 가져야 할 지능이 성취도에 미치는 직접적인 영향이 억제되어 0에 가까이 가다가 심지어 음의 값을 가지는 거짓효과가 나타나게 된 것이다. 이렇게 억제효과가 강력하게 발생하여 반대 부호

의 거짓효과로 나타나는 경우는 현실에서 종종 발생하며, Kim, Suh, Kim, Albanese와 Langer(2013)의 논문에서도 거의 동일한 현상이 있음을 발견할 수 있다. 이 문제의 예에 대해서는 매개모형에서 다시 다룰 기회가 있을 것이다.

다음으로 MODEL INDIRECT의 achieve IND motiv iq;는 특정한 간접효과, 즉 iq → motiv → achieve의 간접효과 하나만을 추정하고 검정하는 명령문이다. 마지막으로 MODEL INDIRECT의 achieve VIA motiv ses;는 SES를 출발하여 성취도로 향하는 모든 효과 중 동기를 경유하는 간접효과들을 모두 찾아서 추정하고 검정하라는 명령문이다. 이런 조건을 만족하는 간접효과는 ses → motiv → achieve 하나밖에 없고, 이 간접효과의 추정치와 검정 결과가 output의 맨 마지막에 나타나고 있다. 간접효과의 추정치는 1.513이고 표준오차는 0.106이며 z 검정통계량은 14.253($p < 0.001$)이다.

간접효과의 통계적 유의성을 검정할 때 통계적으로 가장 핵심이 되는 부분은 간접효과의 표준오차를 계산하는 방식이다. M*plus*는 다변량 델타 방법(multivariate delta method; Cramer, 1946; Muthén & Muthén, 1998-2015)을 이용하는데, 간접효과 추정치가 정규분포를 따른다는 가정 아래서 표준오차를 계산하고 검정을 진행한다. 예를 들어, [그림 5.22]에서 $x \to y_1 \to y_2$의 경로에 해당하는 간접효과의 표준오차를 계산한다고 가정하자.

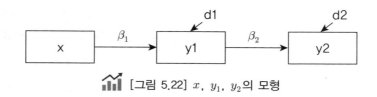

[그림 5.22] x, y_1, y_2의 모형

다변량 델타 방법에 따르면, 간접효과 추정치 $\hat{\beta}_1\hat{\beta}_2$의 표준오차($SE$)는 [식 5.53]으로 계산된다.

$$SE_{\hat{\beta}_1\hat{\beta}_2} = \sqrt{\hat{\beta}_2 SE_{\hat{\beta}_1}^2 + \hat{\beta}_1 SE_{\hat{\beta}_2}^2} \qquad [\text{식 } 5.53]$$

그리고 위의 표준오차를 이용해 [식 5.54]와 같이 $H_0 : \beta_1\beta_2 = 0$에 대한 z 검정을 실행한다.

$$z = \frac{\hat{\beta}_1 \hat{\beta}_2}{SE_{\hat{\beta}_1 \hat{\beta}_2}} \sim N(0,1)$$
  [식 5.54]

지금까지 설명한 델타 방법은 구조방정식 분야에서 Sobel의 검정(Sobel, 1982)이라고도 불리며, 아마도 간접효과를 검정하는 데 있어서 가장 많이 알려진 방법일 것이다. 하지만 Sobel의 표준오차 계산은 $\hat{\beta}_1$과 $\hat{\beta}_2$이 서로 독립적이라는 가정에서 이루어지는데, 이는 다중회귀분석을 이용해 간접효과를 계산할 때나 가능한 가정이며 구조방정식 모형에서는 합당하지 않은 가정이다. 또한 Sobel의 검정은 상당히 보수적(conservative)[37]인 것으로 알려져 있어서, 실제로는 유의한 효과가 있음에도 불구하고 $H_0 : \beta_1\beta_2 = 0$을 잘 기각하지 못하는 검정력 문제가 있다(MacKinnon, Warsi, & Dwyer, 1995). 이는 $\hat{\beta}_1\hat{\beta}_2$의 분포가 일반적으로 매우 편포되어 있기 때문인데, 예를 들어 $\hat{\beta}_1\hat{\beta}_2$이 양수라면 $\hat{\beta}_1\hat{\beta}_2$의 분포는 정적편포(positive skewness)를 보이는 것이 일반적이다. 다만 Sobel의 검정은 표본의 크기가 충분히 클 때는 상당히 잘 작동하는 것으로 알려져 있다. 만약 표본의 크기가 작거나 중간 크기 정도라면(사실은 표본이 크다고 하더라도), 나중에 설명할 부스트래핑(bootstrapping) 방식을 이용하여 간접효과를 검정하는 것이 좋다(Shrout & Bolger, 2002).

이제 OUTPUT 커맨드에 모형수정을 위해 추가했던 MODINDICES(0)에 대하여 살펴보자. MODINDICES는 M$plus$에서 모형의 수정지수(modification index, MI)를 요구하기 위한 옵션이다. 수정지수는 연구자가 모형을 수정함으로써 모형의 적합도를 올리는 데 사용하는 것인데, 이것을 이용하기 위해서는 먼저 무엇을 의미하는지 이해하는 것이 필요하다. 구조방정식 모형은 완벽한 적합도(perfect fit)를 가지고 있는 포화모형(완전판별 모형, $\chi^2_M = 0$, $df_M = 0$)에서 추정하고자 하는 자유모수의 개수(t)를 줄여 나가면 모형의 적합도가 점점 나빠진다. 즉, 모형의 χ^2 값(χ^2_M)이 점점 커지고, 동시에 모형의 자유도(df_M) 역시 점점 커진다. 이때 χ^2_M이 점점 커지는 것은 적합도가 안 좋아지는 것이고, df_M이 커진다는 것은 모형이 단순해진다는 것이므로 모형의 간명성 원칙에 따르면 좋은 일이다. 반대로 과대판별된 구조방정식 모형(예, $\chi^2_M = 45.68$, $df_M = 15$)에서 추정하고자 하는 자유모수의 개수(t)를 늘려 나가면 모형의 적합도가 점점 좋아진다. 즉, χ^2_M이 점점 작아지고

---

37) 통계적 검정이 보수적(conservative)이라는 것은 H_0을 잘 기각하지 않는 경향이 있음을 나타낸다.

df_M 역시 점점 작아져서 둘 모두 0에 가깝게 변한다. 앞에서와 마찬가지 논리로 χ^2_M이 작아지는 것은 좋은 것이지만 df_M도 작아진다는 것은 모형이 복잡해진다는 의미다.

수정지수는 연구자가 현재 설정한 모형(과대판별된 모형)에서 하나의 모수를 추가적으로 더 추정했을 때 감소하게 될 χ^2 값이다. 모형에 하나의 모수를 추가적으로 더한다는 것은 연구자의 모형을 더 복잡하게 만드는 것으로서 좋은 것이 아니다. 하지만 만약에 모수를 단 하나 더 추정함으로써 χ^2_M의 값을 많이 떨어뜨려 모형의 적합도를 충분히 좋게 할 수 있다면, 그 모수를 자유롭게 추정하는 것을 고려하는 것이 바로 수정지수를 이용한 모형의 수정이다. [결과 5.9]에 나타난 모형의 수정지수를 보자.

[결과 5.9] 성취도 경로모형 – 수정지수

```
MODEL MODIFICATION INDICES

Minimum M.I. value for printing the modification index     0.000

                            M.I.      E.P.C.   Std E.P.C.  StdYX E.P.C.

ON Statements

MOTIV    ON ACHIEVE        77.016    -0.323     -0.323       -0.417
ACHIEVE  ON HEALTH         77.016     2.413      2.413        0.445

WITH Statements

ACHIEVE  WITH MOTIV        77.016    -1.203     -1.203       -0.623
SES      WITH ACHIEVE      77.015   186.000    186.000       91.092
HEALTH   WITH ACHIEVE      77.016     2.448      2.448        1.257
IQ       WITH ACHIEVE      77.016   -35.532    -35.532      -16.837
```

위에서 왼쪽에 있는 On Statements는 경로계수를 가리킨다. 예를 들어, motiv ON achieve의 MI가 77.016이라는 것은, 만약에 현재 연구자의 모형에서 achieve → motiv 경로를 추가적으로 추정하면 χ^2_M의 값이 대략 77.016만큼 떨어지게 될 것이라는 뜻이다. 이때 77.016은 기대값이기 때문에 정확히 77.016이 떨어지지는 않는 경우가 대부분이다. 또한 같은 줄에서 EPC(expected parameter change)가 −0.323이라는 것은, 만약에 그 경로를 추가하게 되면 그 경로의 계수 추정치가 대략 −0.323이 될 것이라는 뜻이다. 그런데 여기서 achieve → motiv 경로를 추가적으로 추정한다는 것은 모형에 피드백순환이 생기는 것이므로 연구자는 이 경로를 추가적으로 추정할 것인지 아닌지를 주의 깊게 결정해야 한다. With Statements 는 두 변수의 상관을 추가적으로 추정했을 때 줄어들게 될 χ^2_M의 값을 가리킨다. 예를 들어, achieve WITH motiv의 MI가 77.016이라는 것은 achieve의 설명오차 d_2와 motiv의 설명오차 d_1 사이의 공분산을 추정하면 χ^2_M의 값이 77.016만큼 떨어진다는 것이다. 설명오차 간의 공분산 또한 피드백순환과 마찬가지로 연구자의 모형을 비재귀모형에 가깝게 만드는 것이므로 유의하여 결정해야 한다.

수정지수를 이용해 모형을 수정할 때, 과연 추가적으로 추정을 해야 하는지를 결정하는 것은 어려운 일이다. 지극히 통계적으로만 결정하겠다고 한다면 다음의 방법을 사용한다. 수정지수 MI는 자유도가 1인 χ^2 분포를 따르기 때문에 수정지수 값의 크기를 보면 그것이 통계적으로 유의한지 아닌지를 쉽게 판별할 수 있다. 간단히 말해서 MI가 3.841보다 크면 상응하는 경로를 추정하는 것이 유의수준 5%에서 통계적으로 유의하게 된다. 하지만 이렇게 무작정 통계적으로만 결정하는 것은 의미가 없는 경우가 생길 수 있다. 여러 번 반복하여 설명했듯이, 구조방정식에서 χ^2 값은 표본크기와 합치함수 값 사이의 곱 $(n-1) \times f(S, \Sigma(\hat{\theta}))$으로 이루어져 있기 때문에 표본크기만 크다면 MI의 값은 자연히 크게 나오고 통계적으로 유의하게 되는 경향이 있다. 이런 경우에는 EPC를 확인하여 EPC 또한 충분히 크다면 경로를 추정하는 것을 고려하고, EPC가 매우 작다면 추가적인 경로의 추정을 자제해야 한다(Kaplan, 2009; Saris, Satorra, & Sörbom, 1987). 그리고 심지어 EPC가 크다고 하여도 연구자가 생각하기에 상응하는 경로가 이론적으로 의미가 없다면 추가적인 모수의 추정을 하지 않는 것이 원칙이다.

또 한 가지, 수정지수를 이용하여 모형을 수정할 때 주의해야 할 것이 있다. 하나의 모형 안에서 요구한 여러 개의 수정지수가 가지고 있는 정보는 매우 높게 상관이 되어 있다. 예를 들어, 하나의 수정지수가 20이고 또 다른 하나의 수정지수가 20이라고 해도 그 두 개의 수정지수에 해당하는 모수 두 개를 모두 추정하는 것이 χ^2_M을 40만큼 감소시키지는 않는 것이 일반적이다. 위의 예를 보아도 achieve → motiv와 health → achieve를 동시에 추정한다고 하여서 대략 154(77+77)의 χ^2_M이 떨어지게 되지는 않을 것이다. 사실 위의 모형은 자유도가 1인 모형이어서 두 개의 경로를 동시에 추정하는 것조차 가능하지 않다. 즉, 두 경로는 매우 밀접하게 상관이 되어 있는 것이다. 그러므로 수정지수를 이용하여 모형을 수정할 때는 한 번에 하나의 모수를 추정하는 방식으로 수정을 진행해야 한다.

다음으로는 경로모형을 추정한 결과를 보고하는 방식에 대하여 간략하게 설명할 것이다. 하나의 정답이 있는 것은 아니지만 전반적인 공감대는 있다고 봐야 한다. [표 5.2]에는 직접 및 간접효과의 경로계수, 분산과 공분산 등의 비표준화 추정치, 표준오차, 표준화 추정치가 있다.

[표 5.2] 성취도 경로모형 결과

효과	비표준화	표준오차	표준화
경로계수			
성취도 ← 동기	1.509***	0.054	1.169
← SES	1.128***	0.128	0.218
← 지능	−2.212***	0.208	−0.441
동기 ← SES	1.003***	0.060	0.250
← 건강	2.012***	0.063	0.479
← 지능	3.089***	0.059	0.796
외생변수의 분산 및 공분산			
SES	1.121***	0.101	1.000
건강	1.021***	0.092	1.000
지능	1.197***	0.108	1.000
SES와 건강	−0.022	0.068	−0.020
SES와 지능	−0.098	0.074	−0.085
건강과 지능	0.084	0.071	0.076
설명오차의 분산			
동기(d_1)	1.003***	0.090	0.056
성취도(d_2)	3.719***	0.335	0.124
간접효과			
성취도 ← 동기 ← SES	1.513***	0.106	0.292
성취도 ← 동기 ← 지능	4.662***	0.190	0.931
설명력(R^2)			
동기	0.944		
성취도	0.876		

*** $p < .001$. 표준오차는 비표준화 추정치의 표준오차이며, 검정의 결과 역시 비표준화 추정치를 이용한 검정의 결과다. 간접효과의 검정은 Sobel의 방법을 사용하였다.

위의 표에서는 거의 모든 추정치와 설명력 지수를 보고하였는데, 실제로 반드시 그래야 하는 것은 아니다. 많은 경우에 직접효과와 간접효과의 경로계수 및 검정 결과만 보고하기도 한다. 또한 보고해야 하는 종류의 경우에도 비표준화 추정치, 비표준화 추정치의 표준오차, 표준화 추정치 등 세 가지를 보고하는 것이 일반적 이나(Kline, 2011), 검정 결과에서 *(asterisk)를 이용하지 않고 z 검정통계량과 p-value를 따로 보고하기도 한다. 사실 여러 추정치를 표를 통해 보고할 뿐만 아 니라 [그림 5.23]처럼 경로도를 이용해 보고하기도 한다.

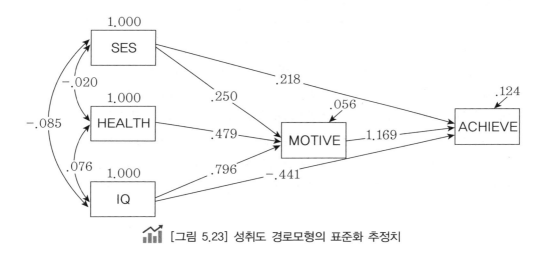

[그림 5.23] 성취도 경로모형의 표준화 추정치

위의 경로도는 M*plus*에서 Diagram 메뉴의 View diagram(Alt+D)을 통해서 볼 수 있다. 추정치의 종류(비표준화 추정치 또는 표준화 추정치), 변수와 화살표 의 위치 및 이름, 표준오차의 보고 여부 등 많은 내용을 Diagram 옵션을 통하여 수 정할 수 있다. 반드시 그런 것은 아니지만 일반적으로 단일 집단 분석에서 경로도 를 이용해 추정치를 보고할 때는 모형의 표준화된 추정치를 보고한다. 표준화 추 정치를 보고하면 어떤 경로가 상대적으로 더 큰 효과가 있는지를 파악할 수 있다는 장점이 있으며, 설명오차의 분산을 통해 R^2를 계산할 수 있기도 하다. 예를 들어, 내생변수 동기의 설명오차(d_1)의 분산이 0.056이므로 자연스럽게 외생변수 동기 (motivation)에 해당하는 $R^2 = 1-0.056 = 0.944$가 계산된다. 하지만 만약 다집단 분석을 한 경우에는 비표준화 계수를 보고하는 것이 더 적절하다(Kline, 2011). 이 는, 표준화 추정치라는 것이 각 집단의 변수들이 가진 분산의 크기에 따라 정해지는 것이므로 집단 간 분산이 다르다면 집단 간 표준화 추정치의 비교가 적절하지 않기 때문이다.

마지막으로 구조방정식 관련 문헌에서 모수의 추정치를 이용해 예측(prediction)을 하는 경우는 거의 없지만, 만약 예측을 하고 싶다면 추정치의 크기와 부호 그리고 해석에 주의하여야 한다. 예를 들어, [그림 5.23]에 있는 표준화 계수들을 이용해서 건강이 성취도를 예측하는 정도를 계산하고 싶다면, 건강이 1 표준편차만큼 증가할 때 다른 변수들을 통제한 상태에서 성취도는 $0.560(=0.479 \times 1.169)$ 표준편차만큼 증가한다고 할 수 있다. 이는 건강에서 성취도로 가는 경로가 오직 간접효과 하나밖에 없기 때문이다. 만약 지능을 이용하여 성취도를 예측하고자 한다면, 간접효과$(.796 \times 1.169=0.931)$와 직접효과$(-0.441)$를 더해야 한다. 즉, 지능이 1 표준편차만큼 증가한다면 다른 변수들을 통제한 상태에서 성취도는 0.490 $(=0.931-0.441)$ 표준편차만큼 증가한다고 말한다. 그리고 이와 같이 예측이 목적인 경우(사실 일반적인 구조방정식 모형 분석의 경우에도) 모형의 적합도를 너무 중요하게 다루어서는 안 된다(Boomsma, 2000). Boomsma의 주장을 부연하자면, 모형의 적합도를 올리기 위해 실질적인 이론(substantive theory)이 없는 무의미한 경로 등을 오로지 통계적인 MI에만 의존해서 추정하지 말아야 한다.

제**6**장 경로모형의 확장

기본적으로 경로모형을 사용하는 데 필요한 네 가지 단계와 실제 자료를 적용한 예를 앞에서 다루었다. 이번 장에서는 앞으로 구조방정식 모형을 사용하면서 알아 두면 큰 도움이 되는 몇 가지 추가적인 주제에 대하여 경로모형의 예를 사용해 설명하고자 한다. 첫 번째는 부스트래핑 표집방법에 대한 것인데, 이 방법은 특히 간접효과의 표준오차를 계산하는 데 있어서 유용하게 사용된다. 두 번째는 위계적으로 내재된 모형의 관계에서 어떤 모형이 더 자료에 적합한지를 결정하는 χ^2 차이 검정이다. 세 번째는 최근 여러 학문 분야에서 활발하게 이용하고 있는 매개효과 모형에 대한 것이고, 네 번째는 독립변수 간의 상호작용 효과로도 알려져 있는 조절효과 모형에 대한 것이다. 마지막으로는 매개효과와 조절효과가 동시에 발생하는 경우의 경로모형에 대하여 소개한다.

6.1. 부스트래핑

부스트래핑(bootstrapping)은 Efron(1979)에 의해 개발된 비모수적인 재표집(non-parametric resampling) 기법으로서, 연구자가 수집한 표본을 거짓 모집단(pseudo-population)으로 가정하고 컴퓨터를 이용해 복원추출(sampling with replacement)로 많은 개수의 표본을 추출해 내는 방법이다. 부스트래핑에서는 실제 모집단이 아닌 관찰된 표본을 모집단으로 가정하기 때문에 이를 거짓 모집단(pseudo-population)이라고 한다. 제2장에서 [그림 2.9]를 이용해 설명한 이론적인 표집(theoretical sampling) 과정을 보면, 모집단($N = \infty$)으로부터 일정한 크기(예, $n = 500$)의 표본을 매우 많이 추출하고 표본마다 특정한 추정치(예, $\bar{x}$)를 계산하여 그 추정치들의 분포를 살펴보았다. 그리고 그 추정치들의 분포를 표집분포(sampling distribution)라고 한 것을 기억할 것이다. 여기서의 표집 과정은 실제로 이루어진 것이 아니라 상상 속에서 이론적으로만, 즉 모수적인(parametric) 표집을 통하여 수리적으로만 수행한 작업이었다. 그렇기 때문에 실제로 개별적인 $\bar{x}_1, \bar{x}_2, \ldots, \bar{x}_\infty$ 등을 알 수 있는 방법은 없으며, 다만 $\bar{x}$들의 평균과 표준편차만 수학적으로 계산할 수 있었을 뿐이다. 그에 반해, 부스트래핑은 실질적(경험적)인 표집(empirical sampling) 과정이며, 개별적인 표본과 추정치를 모두 실제로 밝혀낼 수 있다. [그림 6.1]은 거짓 모집단(사실은 연구자가 지닌 표본)을 이용하여 부스트래핑 표집을 하는 과정을 보여 준다. 이 예에서 연구자가 가진 표본의 크기를 500($n=500$)이라고 가정하면, 이는 곧 거짓 모집단의 크기도 500 ($N=500$)임을 의미하며, 또한 표집을 통하여 생성되는 표본도 각각 500($n=500$) 이 된다.

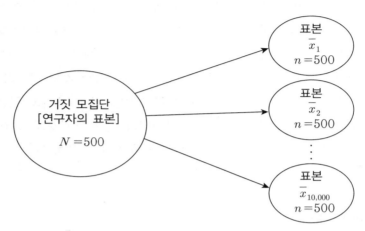

[그림 6.1] 부스트래핑의 경험적인 표집 과정($\bar{x}$)

부스트래핑은 컴퓨터를 이용해 실질적으로 표집을 하기 때문에 [그림 2.9]의 예와는 다르게 무한대의 표집을 한다고 가정할 수 없다. 그래서 [그림 6.1]에서는 충분히 큰 표본의 개수를 달성할 수 있는 10,000번의 표집만 실시한다고 가정하였다. $N=500$인 모집단에서 $n=500$인 표본을 추출하게 되면 10,000개의 표본 모두가 같은 표본평균을 가지게 될 거라고 일견 착각할 수도 있으나, 비복원추출이 아닌 복원추출을 하기 때문에 그런 일이 발생할 가능성은 표본의 크기가 커지고 표집의 수가 늘어날수록 확률적으로 0이라고 할 수 있다.

우선, 하나의 변수 x에 대해서 $\bar{x}$의 분포를 찾기 위해 실시하는 부스트래핑 표집 과정을 설명한다. 첫 번째 표본의 점수 500개($n=500$)를 뽑을 때, 먼저 500개의 점수($N=500$)가 있는 거짓 모집단으로부터 하나의 점수를 무작위로 뽑아서 연구자의 자료 세트에 기록한 다음 그 사례를 모집단으로 다시 집어넣는다. 그리고 다시 500개의 점수가 있는 모집단에서 하나의 점수를 무작위로 뽑아서 기록한 다음 또 모집단으로 집어넣는다. 이런 무작위 표집(random sampling) 과정을 500번 반복하면 첫 번째 표본에는 변수 x에 대한 총 500개의 점수가 존재하게 된다. 이때 500개의 점수 중 상당수는 아마도 거짓 모집단으로부터 여러 번 중복하여 뽑혔을 것이다. 어쨌든 이렇게 만들어진 첫 번째 표본에서 $\bar{x}$를 계산한다. 그리고 지금까지 설명한 표집 과정을 다시 반복하여 두 번째 표본을 만들고 두 번째 $\bar{x}$를 계산한다. 이런 식으로 10,000번을 반복하면 총 10,000개의 실제 $\bar{x}$를 가지게 되고, 이 10,000개의 $\bar{x}$의 경험적인 분포(empirical distribution)를 찾을 수 있을 것이다. [그림 2.9]의 분포가 무한대의 $\bar{x}$로 이루어진 이론적인 표집분포(theoretical sampling distribution)라면 [그림 6.1]의 분포는 유한한(10,000개) $\bar{x}$로 이루어진 실질적인 또는 경험적인 표집분포(empirical sampling distribution)라고 한다. 또한 마찬가지로 이 경험적인 표집분포의 표준편차를 표준오차(standard error)라고 한다. 무한대의 표본을 갖는 이론적인 표집분포에서는 표본의 크기 n만 충분히 크다면 $\bar{x}$의 분포가 정규분포를 따르는 데 반해, 유한한 표본을 갖는 경험적인 표집분포에서는 극한의 개념을 사용할 수 없기 때문에 $\bar{x}$의 분포가 정확히 어떤 분포라고 단정적으로 특정하기는 어렵다. 다만 표본평균의 경우에 n이 충분히 크다면 정규분포에 가까울 것이라고 예상은 할 수 있다.

이와 같은 과정을 부스트래핑이라고 부르는 것에 대한 재밌는 이야기가 있다. 우리나라에 '허풍선이 남작의 모험'이라고 알려진 독일의 소설 속 주인공 뮌하우젠 남작(Baron Münchausen)이 물에 빠져 익사하려는 순간에 본인의 구두끈(a boot strap)을 풀어서 밖의 나무에 걸고 스스로 헤쳐 나왔다는 이야기에서 부스트래핑이라는 단어가 유래했다고 알려져 있다. 어려움에 빠졌을 때 외부의 도움 없이 스스로 문제를 헤쳐나간 것이 바로 연구자의 표본을 모집단으로 간주하여 스스로 매우 많은 개수의 표본을 추출해 내고 표집분포를 만드는 것과 닮았기 때문에 이와 같이 이름 붙인 것으로 보인다.

이러한 부스트래핑 방법은 구조방정식 모형에서 사용되는 어떤 모수라도 추정하고 표준오차를 계산하는 데 쓰일 수 있지만, 특히 더 중요한 부분이 있다. 그것은 바로 간접효과 추정치의 표준오차를 계산할 때다. 앞에서 [그림 5.22]를 이용하여 델타 방법(Sobel의 방법)을 설명할 때, 간접효과 추정치 $\hat{\beta}_1\hat{\beta}_2$의 표집분포는 정규분포를 따른다고 가정하고 그 정규분포의 표준오차 $SE_{\hat{\beta}_1\hat{\beta}_2}$은 $\sqrt{\hat{\beta}_2 SE_{\hat{\beta}_1}^2 + \hat{\beta}_1 SE_{\hat{\beta}_2}^2}$로 계산된다고 하였다. 하지만 $\hat{\beta}_1$과 $\hat{\beta}_2$이 각각 정규분포를 따른다고 하여도 $\hat{\beta}_1\hat{\beta}_2$의 분포는, 특히 작은 표본에서, 정규분포를 따르지도 않을 뿐더러 분포의 중심에 대하여 대칭적이지도 않다(Bollen & Stine, 1990; Lockwood & MacKinnon, 1998). 또한 Lomnicki(1967) 및 Springer와 Thompson(1966) 등에 따르면, 각각 정규분포를 따르는 두 변수의 곱(product)은 얼마든지 정규분포를 따르지 않을 수 있다. 그렇기 때문에 $\hat{\beta}_1\hat{\beta}_2$의 분포가 어떤 정해진 분포(정규분포)를 따른다고 가정하는 델타 방식보다 비모수적으로 정해지지 않은 분포를 부스트래핑 방법에 의하여 찾아내어 표준오차를 계산하고 모수에 대한 검정을 실시하는 것이 더 나을 수 있다. 이제 [그림 5.22]의 모형에서 간접효과 추정치인 $\hat{\beta}_1\hat{\beta}_2$의 경험적인 표집분포(empirical sampling distribution)를 부스트래핑 방법에 의하여 찾아내는 과정을 간단하게 설명한다. 전체적인 표집과정이 [그림 6.2]에 나타나 있다.

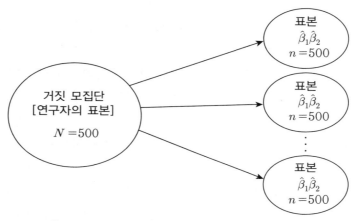

[그림 6.2] 부스트래핑의 경험적인 표집 과정($\hat{\beta}_1\hat{\beta}_2$)

[그림 6.1]과 매우 유사하게 거짓 모집단($N=500$)에서, 즉 연구자가 가진 표본에서 500번의 복원추출로 $n=500$인 첫 번째 표본을 뽑고 그 표본의 자료와 모형을 이용하여 첫 번째 $\hat{\beta}_1\hat{\beta}_2$을 계산한다. 다시 거짓 모집단에서 500번의 복원추출로 두 번째 표본을 뽑고 모형에서 두 번째 $\hat{\beta}_1\hat{\beta}_2$을 계산한다. 이런 식으로 총 10,000개의 표본을 뽑으면, 총 10,000개의 $\hat{\beta}_1\hat{\beta}_2$을 가지게 되고, 이 10,000개의 $\hat{\beta}_1\hat{\beta}_2$이 만드는 분포가 바로 $\hat{\beta}_1\hat{\beta}_2$의 부스트래핑 표집분포(bootstrapped sampling distribution)가 되는 것이다. 또한 부스트래핑 점추정치(point estimate)는 10,000개의 $\hat{\beta}_1\hat{\beta}_2$의 평균이 되며, 부스트래핑 표준오차는 10,000개의 $\hat{\beta}_1\hat{\beta}_2$의 표준편차가 된다. 이렇게 구해진 점추정치와 표준오차의 비율(점추정치/표준오차)을 통하여 간접효과 모수에 대한 z 검정($H_0: \beta_1\beta_2=0$)을 실시한다.

점추정치와 표준오차를 구하는 방식과 더불어, 부스트래핑 신뢰구간(confidence

interval)을 구하고 신뢰구간을 이용하여 간접효과에 대한 검정을 실시할 수도 있다. 예를 들어, 95% 부스트래핑 신뢰구간을 구하고자 하면 10,000개의 $\hat{\beta}_1\hat{\beta}_2$을 가장 작은 숫자부터 가장 큰 숫자의 순서대로 나열했을 때, 2.5%에 해당하는 값(즉, 250번째 값)을 하한(lower limit 또는 lower bound)으로 하고, 97.5%에 해당하는 값(즉, 9,750번째 값)을 상한(upper limit 또는 upper bound)으로 하면 된다. 만약에 이 95% 부스트래핑 신뢰구간이 검정하고자 하는 값인 0을 포함하고 있다면 유의수준 5%에서 $H_0 : \beta_1\beta_2 = 0$을 기각하는 데 실패하고, 반대로 신뢰구간이 0을 포함하고 있지 않다면 H_0을 기각하여 $\beta_1\beta_2$가 통계적으로 0이 아니라고 결론 내릴 수 있다. 기각하느냐 기각하지 않느냐의 이분법적인 통계적 검정에 비하여, 일반적으로 신뢰구간은 효과크기에 존재하는 변동성(variability)을 더 선명하게 보여 주는 추정 방식이다.

지금까지 간략하게 설명한 부스트래핑 방법은 개념적으로 독자들이 이해하는 데 도움을 주기 위한 것이다. 이와 같은 간접효과의 검정($H_0 : \beta_1\beta_2 = 0$)은 사실 여러 이유로 추천하지 않는다. 우선 10,000개의 $\hat{\beta}_1\hat{\beta}_2$의 평균이 약간의 편향(bias)을 가지고 있어서 정확히 간접효과를 추정하지 못한다. 다시 말해, 위의 부스트래핑 방식에서 구한 $\hat{\beta}_1\hat{\beta}_2$들의 평균은 $\beta_1\beta_2$의 불편향 추정치가 아니다(즉, $E(\hat{\beta}_1\hat{\beta}_2) \neq \beta_1\beta_2$). 게다가 표준오차($SE_{\hat{\beta}_1\hat{\beta}_2}$) 계산에서도 역시 Sobel의 방법과 마찬가지로 $\hat{\beta}_1$과 $\hat{\beta}_2$이 서로 독립적이라는 만족하기 힘든 가정이 있다. 이런 이유로 간접효과의 점추정치와 표준오차 및 신뢰구간의 추정에 있어서 편향 조정 부스트래핑(bias-corrected bootstrapping) 방법을 적용하는 것이 추천되었다. M*plus* 역시 bcbootstrap 이라는 옵션을 사용하면, MacKinnon, Lockwood와 Williams(2004)에 설명되어 있는 편향 조정 방식의 부스트래핑 결과를 제공한다. 하지만 Fritz, Taylor와 MacKinnon(2012)은 편향 조정 부스트래핑을 이용한 검정이 너무 관대하다(liberal)[38] 고 지적하기도 하였고, Falk와 Biesanz(2015) 및 Biesanz, Falk와 Savalei(2010) 등에 따르면 편향조정을 하지 않은 부스트래핑(Mplus에서는 bootstrap 옵션)이 오히려 더욱 정확한 결과를 준다고 보고하였다. 최근의 많은 논문과 논쟁을 모두 자세히 소개하는 것은 여러모로 이 책의 목적에 비추어 부합하지 않는다. 또한 간접효과의 검정 부분에 대한 이론은 매개효과 모형을 다룬 이론과 함께 현재도 활발하게 연구되고 있는 분야여서 특정한 하나의 방법으로 확실히 결론이 나기까지는

---

38) 통계적 검정이 관대하다(liberal, lenient 등)는 의미는 H_0을 잘 기각하는 경향이 있음을 나타낸다. 앞에서 설명한 보수적(conservative)이라는 것의 반대 개념이다.

매우 오랜 시간이 더 필요할 것으로 보인다. 그리고 사실 모든 상황에서 가장 잘 작동하는 단 하나의 방법으로 결론이 날 가능성도 거의 없다.

이제 바로 위에서 설명한 부스트래핑 방식과 앞서 설명한 Sobel의 방법을 간단하게 비교하고자 한다. 일단 구하고자 하는 점추정치의 값은 Sobel의 방법과 편향 조정된 부스트래핑 방법 간에 서로 다르지 않다. 다만 둘의 표준오차는 다른 것이 일반적이다. 또한 모수적인 Sobel의 방법은 간접효과의 표집분포가 정규분포라고 가정하기 때문에 신뢰구간을 구하면 평균을 중심으로 상한까지의 거리와 하한까지의 거리가 같을 수밖에 없다. 이에 반해, 비모수적인 부스트래핑 방식에 의해 구해진 신뢰구간은 추정치들의 평균을 중심으로 상한까지의 거리가 하한까지의 거리와 같지 않을 수도 있다. 일반적으로 표본크기가 충분히 큰 경우에는 이런 차이가 거의 없고, 표본크기가 작은 경우에는 좀 더 차이가 있을 수 있다. 사실 Sobel의 방법과 부스트래핑 방식의 거의 모든 결과는 표본크기가 충분히 크면 그 차이가 상당히 미미하다. 하지만 표본크기가 작을 때는 부스트래핑 방식이 더 잘 작동하는 것으로 알려져 있다. 얼마나 작은 크기의 표본에서도 부스트래핑이 잘 작동하느냐는 질문에 대한 정확한 답은 없지만, 적어도 하나의 가이드라인은 줄 수가 있다. Shrout과 Bolger(2002)에 따르면, 간단한 매개효과 모형에서 간접효과(특히 매개효과)를 추정할 때 표본크기가 20~80 정도만 되어도 부스트래핑 방법을 사용할 수 있다고 하였다. 연구자가 간접효과를 보고자 하는 모형의 복잡성이 Shrout과 Bolger(2002)에서 사용한 모형과는 얼마든지 다를 수 있기 때문에 절대적으로 저 숫자를 적용할 수는 없겠지만, 참고는 할 수 있을 것이다.

Sobel의 방법과 부스트래핑 방법 이외에 간접효과를 검정하는 방식으로 Cohen과 Cohen(1983)에 의하여 오래전에 설명되었고 최근에 주목받고 있는 결합유의검정(joint significance test)이 있다. 이 방식에 따르면, [그림 5.22]에서 만약 $\beta_1 = 0$에 대한 검정이 유의수준 α에서 통계적으로 유의하고 $\beta_2 = 0$에 대한 검정이 또한 유의수준 α에서 통계적으로 유의하다면, $\beta_1\beta_2 = 0$에 대한 검정 역시 유의수준 α에서 통계적으로 유의할 것이라는 내용이다. 이 방식 역시 Sobel의 방법이나 부스트래핑과 마찬가지로 $\hat{\beta}_1$과 $\hat{\beta}_2$이 서로 독립적이라는 가정이 있다. Fritz와 MacKinnon(2007)에 따르면 결합유의검정 방식이 상당히 잘 작동한다고 하였지만, 후에 Fritz, Taylor와 MacKinnon(2012)은 다시 이 방법만을 단독으로 사용하지 말고 다른 방법과 상호 보완적으로 쓰라고 제안하였다. 최근의 Hayes와 Scharkow

(2013)의 연구에 따르면 이 방식이 부스트래핑 방식만큼이나 잘 작동하는 것으로 알려져 있다. 하지만 이 방식을 사용하면 신뢰구간이 제공되지 않는다는 약점이 있다.

앞에서 설명한 Sobel의 검정(델타 방법), 결합유의 검정, 부스트래핑 검정, 그리고 앞에서 설명하지는 않았지만 경험적 M 검정(empirical M test) 등 간접효과를 검정하기 위한 많은 방법이 존재한다. 아마도 과거에는 Sobel의 방법을 많이 사용하였다면, 최근에는 부스트래핑을 이용한 간접효과의 검정이 점점 더 일반화되고 있다고 할 수 있다. Hayes(2009)는 간접효과의 검정에서 부스트래핑 방법 외에 다른 방법을 사용해야 할 이유가 거의 없다고까지 강조하기도 하였다. 또한 M*plus*, Amos, EQS 등 많은 구조방정식 소프트웨어가 부스트래핑 방법을 제공하고 있기 때문에 편의성까지 갖추고 있다. 현존하는 방법 중에 그 간편성과 정확성을 둘 다 고려했을 때, 부스트래핑 방법의 장점이 명확한 것은 주지의 사실이며 독자들 역시 특별한 이유가 없다면 부스트래핑 방법을 사용하는 것이 좋겠다.

이제 앞 장의 [그림 5.21]에서 보였던 성취도 경로모형을 부스트래핑 리샘플링 방법을 이용해 추정한 결과를 살펴보도록 하자. 먼저 [결과 6.1]에는 부스트래핑 추정치와 신뢰구간을 얻기 위하여 [결과 5.5]에서 수정해야 할 input이 보인다.

[결과 6.1] 성취도 경로모형 – 부스트래핑 input

```
ANALYSIS: TYPE = General;
          BOOTSTRAP = 10000;

OUTPUT: StdYX CINTERVAL(Bootstrap);
```

MODEL 커맨드 등 input의 다른 나머지 모든 부분은 [결과 5.5]의 input처럼 그대로 두고 ANALYSIS 커맨드에서 Nomeanstructure 부분을 제거하였으며, BOOTSTRAP 부분을 더하였고, OUTPUT 커맨드에서는 CINTERVAL 옵션을 더하였다. 그리고 ANALYSIS 커맨드에 BOOTSTRAP=10000;을 추가하면 10,000번의 부스트래핑 표집을 실시할 수 있다. 이때 한 가지 주의할 것이 있다. Mplus의 input 파일에 숫자를 입력할 때 숫자의 중간에 ,(comma)를 사용하면 안 된다. 예를 들어, Bootstrap= 10,000;으로 입력하면 10,000번의 표집을 하지 않으므로 주의해야 한다. 또한 부스트래핑을 이용한 표집의 개수는 많을수록 좋고, 최근 개인용 컴퓨터의 성능이 매우 좋아졌기 때문에, 10,000보다 훨씬 더 큰 숫자(예, 100,000)로 하여도 좋다.

참고로 위 예제의 모형을 최신형 인텔 i7 컴퓨터를 이용하여 100,000번의 부스트래핑 표집을 하였을 때도 20초가 채 걸리지 않았다. 부스트래핑 신뢰구간을 얻기 위해서는 OUTPUT 커맨드에 CINTERVAL(Bootstrap) 옵션을 더한다. 이렇게 하면 모든 직접효과와 input에서 설정한 간접효과 및 전체효과의 모수에 대한 90%, 95%, 99% 신뢰구간을 얻게 된다. 우리가 특히 관심 있는 부분은 간접효과에 대한 것이기 때문에 먼저 [결과 6.2]에서 간접효과에 대한 부스트래핑 추정치를 살펴본다. 개별적인 모수의 추정 결과를 보기 전에 먼저 부스트래핑 방법을 사용한다고 하여도 모형의 적합도는 아무런 변화가 없음을 밝힌다. [결과 5.6]과 완전히 일치하기 때문에 적합도에 대한 output은 생략한다. 일반적으로 부스트래핑 방법을 사용하는 목적은 부스트래핑 표준오차를 구하는 것이라고 할 수 있다.

[결과 6.2] 성취도 경로모형 – 부스트래핑 간접효과

```
TOTAL, TOTAL INDIRECT, SPECIFIC INDIRECT, AND DIRECT EFFECTS


                                                    Two-Tailed
                       Estimate      S.E.   Est./S.E.  P-Value
Effects from IQ to ACHIEVE

  Total                2.451        0.098    24.946     0.000
  Total indirect       4.662        0.188    24.786     0.000

  Specific indirect

     ACHIEVE
     MOTIV
     IQ                4.662        0.188    24.786     0.000

  Direct
     ACHIEVE
     IQ               -2.212        0.206   -10.736     0.000


Effects from IQ to ACHIEVE

  Sum of indirect      4.662        0.188    24.786     0.000

  Specific indirect

     ACHIEVE
     MOTIV
     IQ                4.662        0.188    24.786     0.000


Effects from SES to ACHIEVE via MOTIV

  Sum of indirect      1.513        0.114    13.254     0.000

  Specific indirect

     ACHIEVE
     MOTIV
     SES               1.513        0.114    13.254     0.000
```

편향 조정 방식(MacKinnon, Lockwood, & Williams, 2004)을 사용한 M*plus*의 부스트래핑 추정치 자체의 값은 직접효과든 간접효과든 델타 방법과 다르지 않고, 다만 표준오차에 차이가 있기 때문에 개별모수의 검정통계량 값에 차이가 생긴다. 두 방법 사이의 차이를 [표 6.1]에서 살펴보자.

[표 6.1] 성취도 경로모형 – 간접효과 비교

효과	델타(Sobel)		부스트래핑	
	비표준화	표준오차	비표준화	표준오차
간접효과				
성취도 ← 동기 ← SES	1.513	0.106	1.513	0.114
성취도 ← 동기 ← 지능	4.662	0.190	4.662	0.188
전체효과				
성취도 ← 지능	2.451	0.143	2.451	0.098

위의 표에서 보듯이, 델타 방법과 부스트래핑 방법은 같은 점추정치 값을 주는 데 반해 표준오차의 값은 다르다. 위의 예에서 표본크기는 247이었는데, 이 정도의 표본크기에서 표준오차의 크기는 델타 방법과 부스트래핑 방법이 거의 차이가 없을 수도 있고(지능 → 동기 → 성취도 간접효과), 꽤 차이가 있을 수도 있다(지능 → 성취도 전체효과). 만약 표본크기가 500, 1,000, 2,000 정도로 더 커진다면 표준오차의 값은 거의 차이가 나지 않을 가능성이 높다. 즉, 앞서 말한 대로 표본크기가 충분히 클 때 델타 방법과 부스트래핑 방법은 차이가 거의 없다. [표 6.1]의 추정치와 표준오차의 비율을 이용해 간접효과에 대한 검정을 실시할 수 있다. 하지만 앞에서도 말했듯이, 편향 조정을 하든 그렇지 않든 개별모수를 검정할 때 추정치와 표준오차의 비례(ratio)를 이용한 z 검정은 그다지 적절하지 않으며, 많은 학자들이 신뢰구간을 이용한 검정을 추천한다. [결과 6.3]에는 간접효과에 대하여 편향 조정된 신뢰구간이 있다.

[결과 6.3] 성취도 경로모형 – 부스트래핑 신뢰구간

```
CONFIDENCE INTERVALS OF TOTAL, TOTAL INDIRECT, SPECIFIC INDIRECT, AND DIRECT
EFFECTS

          Lower .5% Lower 2.5% Lower 5% Estimate Upper 5% Upper 2.5% Upper .5%

Effects from IQ to ACHIEVE
```

```
Total              2.214    2.265    2.291    2.451    2.615    2.646    2.718
Total indirect     4.197    4.301    4.359    4.662    4.977    5.044    5.171

Specific indirect

  ACHIEVE
  MOTIV
  IQ               4.197    4.301    4.359    4.662    4.977    5.044    5.171

Direct
  ACHIEVE
  IQ              -2.750   -2.618   -2.552   -2.212   -1.876   -1.813   -1.684

Effects from IQ to ACHIEVE

  Indirect         4.197    4.301    4.359    4.662    4.977    5.044    5.171

Effects from SES to ACHIEVE via MOTIV

  Sum of indirect  1.224    1.288    1.324    1.513    1.701    1.736    1.811

  Specific indirect
  ACHIEVE
  MOTIV
  SES              1.224    1.288    1.324    1.513    1.701    1.736    1.811
```

　　각 효과마다 Lower .5%부터 Upper .5%까지 총 일곱 개의 값이 나열되어 있는데, 가장 가운데 있는 값(Estimate)이 바로 점추정치다. 첫 번째 Lower .5%는 각 효과의 일곱 개의 숫자 중 첫 번째에 해당하는데, 이는 해당하는 효과의 부스트래핑 추정치를 가장 작은 값부터 가장 큰 값까지 순서대로 나열할 때 하위 0.5%에 해당하는 값을 말한다. 그다음 Lower 2.5%는 각 효과의 일곱 숫자 중 두 번째에 해당하는데, 이는 크기 순서로 나열된 부스트래핑 추정치의 하위 2.5%에 해당하는 값이다. 이런 식으로 마지막 일곱 번째 Upper .5%는 상위 0.5%에 해당하는 부스트래핑 추정치를 가리킨다. 이 정보를 이용하면 90%, 95%, 99%의 부스트래핑 신뢰구간을 구하고 또한 간접효과에 대한 검정을 진행할 수 있다. 예를 들어, 간접효과(지능 → 동기 → 성취도)의 95% 부스트래핑 신뢰구간을 구하고 싶다면, 상응하는 간접효과의 일곱 개 값들 중에 Lower 2.5%에 해당하는 값 4.301과 Upper 2.5%에 해당하는 값 5.044를 각각 하한과 상한으로 하면 된다. 다시 말해, 95% 신뢰구간은 [4.301, 5.044]이고 이 신뢰구간은 0을 포함하지 않고 있으므로 유의수준 5%에서 간접효과가 0이라는 영가설을 기각하게 된다. 만약 같은 간접효과(지능 → 동기 → 성취도)의 99% 신뢰구간을 구하고 싶다면 Lower .5%에 해당하는 값 4.197과 Upper .5%에 해당하는 값 5.171을 각각 하한과 상한으로 정하면 되고, 역시 이 구간이 0을 포함하고 있지 않으므로 유의수준 1%에서 간접효과가 0이라는 영가설은 기각한다.

6.2. 모형의 비교

구조방정식 모형을 연구자의 가설에 따라 설정하고 자료를 수집하여 모형을 추정하는 것이 연구과정의 끝이 아닐 수 있다. 모형의 적합도를 올린다든가 연구의 여러 목적에 따라 모형을 수정할 수 있다. 모형을 수정해 나가는 과정에서 새로운 모수를 추가(model building)함으로써 더욱 복잡하게 만들어 나갈 수도 있고, 반대로 원래 추정하였던 모수를 제거(model trimming)함으로써 모형을 더욱 단순하게 만들 수도 있다. 모수를 추가해 나가는 방식을 사용하면 모형은 복잡해지고, 모형의 χ^2 값(χ^2_M)과 자유도(df_M)는 점점 작아져서 0에 가까워진다. 이와는 달리 모수를 제거해 나가는 방식을 사용하면 모형은 단순해지고, 모형의 χ^2_M과 df_M은 점점 커지게 된다. 그 어떤 방식으로 모형을 수정해 나가든지 연구자의 관심은 과연 어떤 모형을 최종적으로 선택해야 하는지를 결정하는 것이다. 현재 설정한 모형보다 더 복잡한 모형을 선택해야 하는지, 아니면 더 단순한 모형을 선택해야 하는지 이것이 궁금한 것이다.

6.2.1. 위계적으로 내재된 모형의 비교

만약에 비교하는(경쟁하는) 두 개의 모형이 서로 위계적으로 내재되어(hierarchically nested) 있다면, χ^2 차이검정(χ^2 difference test)을 실시할 수 있다. 어떤 모형에서 모수를 추가해 나가는 방식으로만 모형을 수정하든지 또는 오로지 제거해 나가는 방식으로만 수정하든지 하면 원래의 모형과 새롭게 수정된 모형은 서로 위계적으로 내재되어 있다고 한다. 이에 반해, 만약에 어떤 모형에서 하나의 모수를 제거하고 또 다른 모수를 추가하는 두 가지 종류의 수정을 한꺼번에 실행하게 되면, 원래의 모형과 수정한 모형 사이에는 서로 위계적으로 내재된 관계가 성립하지 않는다. [그림 5.21]의 성취도 경로모형을 이용하여 위계적으로 내재된 관계가 무엇인지 살펴본다. 먼저 원래의 [그림 5.21] 모형에서 두 개의 경로모수(SES → 성취도, 지능 → 동기)를 제거하여 [그림 6.3]과 같은 새로운 경로모형을 설정하였다.

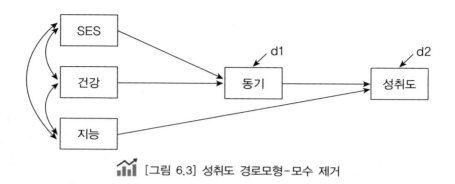

[그림 6.3] 성취도 경로모형-모수 제거

[그림 5.21]의 경로모형에서 오직 모수를 제거하는 방식으로만 [그림 6.3]의 경로모형을 만들었기 때문에 두 개의 모형은 서로 위계적으로 내재되어 있는 관계다. 특히 더 단순한 모형이 더 복잡한 모형에 위계적으로 내재되어 있다(a simpler model is hierarchically nested within a more complex model)고 표현한다. 즉, [그림 6.3]의 모형은 [그림 5.21]의 모형에 내재되어 있다. 모수 제거의 방법과는 반대로 [그림 5.21]의 경로모형에서 모수를 추가하는 방식으로 모형을 수정할 수 있다. [그림 5.21]의 모형에서 두 개의 설명오차 간 상관을 추가하여 만든 경로모형이 [그림 6.4]에 있다.

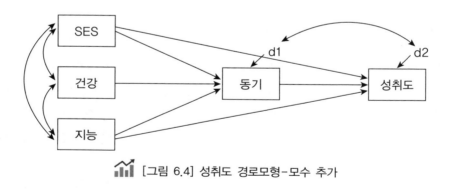

[그림 6.4] 성취도 경로모형-모수 추가

[그림 6.4]의 모형은 [그림 5.21]의 모형에서 오로지 모수를 추가하기만 하였으므로, 두 모형은 서로 위계적으로 내재된 관계다. 구체적으로 [그림 5.21]의 모형이 [그림 6.4]의 모형에 위계적으로 내재되어 있다. 이제 위계적으로 내재된 두 모형 사이에서 어떤 모형을 선택해야 할지 χ^2 차이검정을 통하여 결정하도록 하자. 그런데 먼저 χ^2 차이검정이 어떻게 작동하는지 그 원리를 통계적 형식에 얽매이지 않고 이해하도록 하자. 예를 들어, 모형 A에서 모수를 한 개 추가하여 더 복잡한

모형 B를 만들고, 둘 중에 어떤 모형이 자료를 더 잘 설명하고 있는지 결정한다고 가정하자. 모형 A보다 모형 B는 추가적으로 모수를 하나 더 추정하였기 때문에 모형의 자유도(df_M)는 떨어지고 모형은 복잡해진다. 이것은 모수를 추가하는 것의 안 좋은 부분이다. 하지만 동시에 하나의 모수를 더 추정하였으므로 모형 B의 χ^2 값(χ^2_M)은 떨어진다(즉, 좋아진다). 바로 이때 하나의 모수를 추가한 만큼(즉, df_M을 하나 희생한 만큼) 충분히 χ^2_M이 감소하였느냐의 정도를 평가하는 것이 바로 χ^2 차이검정이다. df_M이 하나 떨어진 것만큼 충분히 χ^2_M이 감소하였다면, 그것은 하나의 모수를 추가적으로 추정한 것이 잘한 일이 된다. 이때는 더 복잡한 모형 B를 선택한다. 반대로 df_M을 하나 희생하였는데도 불구하고 χ^2_M은 거의 떨어지지 않았다면, 그것은 하나의 모수를 추가적으로 추정한 것이 잘못한 일이 된다. 이때는 더 단순한 모형 A를 선택한다. 물론 반대방향으로도 생각할 수 있다. 이미 추정한 모수 하나를 고정하여 추정하지 않았을 때 χ^2_M의 증가분이 그다지 크지 않다면 모형의 수정은 제대로 이루어진 것이 된다.

이제 χ^2 차이검정의 통계적 절차에 대하여 살펴본다. 먼저 χ^2 차이검정의 가설은 여러 맥락에서 여러 방식을 이용하여 표현하는데, 사실 그 모든 표현을 필자는 [식 6.1]과 같이 간단하게 표현한다.

$$H_0: \text{더 단순한 모형을 선택한다.}$$
$$H_1: \text{더 복잡한 모형을 선택한다.}$$

[식 6.1]

위 식의 가설 표현 방식이 여러 상황에서 어떻게 바뀌는지는 앞으로 하나하나 알아 가게 될 것이다. 가설을 설정한 다음 χ^2 차이검정의 검정통계량 χ^2_D를 구해야 하는데, 이는 두 모형 중 더 단순한(simple) 모형의 χ^2 값(χ^2_S)에서 더 복잡한(complex) 모형의 χ^2 값(χ^2_C)을 뺌으로써 [식 6.2]와 같이 계산된다.

$$\chi^2_D = \chi^2_S - \chi^2_C$$

[식 6.2]

이렇게 구해진 검정통계량 χ^2_D가 따르는 표집분포는 당연히 χ^2 분포다. 이때 χ^2 분포의 자유도(df_D)는 [식 6.3]과 같이 더 단순한 모형의 자유도(df_S)에서 더 복잡한 모형의 자유도(df_C)를 뺌으로써 만들어진다.

$$df_D = df_S - df_C \qquad\qquad\qquad\text{[식 6.3]}$$

χ^2 검정통계량과 그 검정통계량이 따르는 χ^2 표집분포의 관계를 정리하면 [식 6.4]와 같다.

$$\chi_D^2 \sim \chi_{df_D}^2 \qquad\qquad\qquad\text{[식 6.4]}$$

즉, χ_D^2는 자유도가 df_D인 χ^2 분포를 따른다. χ^2 차이검정은 모형의 적합도 검정과 마찬가지로 분포의 오른쪽 꼬리만 이용하는 일방검정이다. 즉, 큰 χ_D^2 값이 나오면 H_0을 기각할 확률이 더 높아진다. 쉽게 말해, 희생한 자유도(df_D)에 비해 χ_D^2가 충분히 많이 떨어진다면(즉, 두 모형 간 적합도의 차이가 크다면) 더 복잡한 모형을 선택하고, 그렇지 못하다면(즉, 두 모형 간 적합도의 차이가 거의 없다면) 더 단순한 모형을 선택한다.

이제 위에서 보였던 예에 있는 [그림 5.21]의 더 복잡한 모형과 [그림 6.3]의 더 단순한 모형 사이에 χ^2 차이검정을 실시해 보자. 먼저 두 모형의 output 중에서 모형의 χ^2 값을 보여 주는 부분만 발췌하면 [결과 6.4] 및 [결과 6.5]와 같다.

[결과 6.4] 경로모형 [그림 6.3]의 χ^2 적합도

```
Chi-Square Test of Model Fit

        Value                          778.966
        Degrees of Freedom                   3
        P-Value                         0.0000
```

[결과 6.5] 경로모형 [그림 5.21]의 χ^2 적합도

```
Chi-Square Test of Model Fit

        Value                           92.300
        Degrees of Freedom                   1
        P-Value                         0.0000
```

이 두 모형을 비교할 때, 더 단순한 모형은 [그림 6.3]의 모형이며 더 복잡한 모형은 [그림 5.21]의 모형이다. χ^2 차이검정을 할 때는 [표 6.2]와 같이 정리하면 실수할 확률이 줄게 된다. 이 표를 만드는 것이 χ^2 차이검정을 위한 전통적인 형식이

라든가 하는 것은 아니지만, χ^2 차이검정은 경험적으로 실수할 확률이 상당히 높기 때문에 필자는 이런 방식을 제안한다.

[표 6.2] χ^2 차이검정 - [그림 6.3]의 모형 vs. [그림 5.21]의 모형

	H_0(영가설)	H_1(대립가설)
	단순한(simple) 모형	복잡한(complex) 모형
	[그림 6.3]의 모형	[그림 5.21]의 모형
	두 모형의 적합도 간 차이가 없다	두 모형의 적합도 간 차이가 있다
χ^2	$\chi^2_S=778.966$	$\chi^2_C=92.300$
df	$df_S=3$	$df_C=1$

위의 표를 통하여 $\chi^2_D=778.966-92.300=686.666$이 되고, $df_D=3-1=2$가 된다. 자유도가 2인 χ^2 분포에서 검정통계량이 686.666이면 $p<0.0001$이 되고, 일반적인 유의수준 5%에서 H_0을 기각한다. 이렇게 되면 두 모형 중에 더 복잡한 [그림 5.21]의 모형을 선택하게 된다. 그렇다면 여기서 H_0을 기각한다는 것이 추가된 모수의 입장에서 어떤 의미일까? 이것은 [그림 6.3]의 모형보다 두 개의 모수를 더 추정한 [그림 5.21]의 모형에서 추가적인 두 개의 모수 중 적어도 하나는 통계적으로 유의할 것이라는 걸 가리킨다. 더 복잡한 [그림 5.21] 모형의 [결과 5.7]에서 추가적인 두 모수(SES → 성취도, 지능 → 동기)의 p-value를 확인해 보면 모두 0.001보다 작음을 확인할 수 있다. 이 결과는 두 모수 모두 유의수준 5%에서 통계적으로 유의하게 0이 아닌 경우다.

추가적으로 [그림 5.21]의 모형과 모수를 하나 추가함으로써 더 복잡해진 [그림 6.4]의 모형 간에 χ^2 차이검정을 해 보자. 검정을 위한 내용은 [표 6.3]에 있다.

[표 6.3] χ^2 차이검정 - [그림 5.21]의 모형 vs. [그림 6.4]의 모형

	H_0(영가설)	H_1(대립가설)
	단순한(simple) 모형	복잡한(complex) 모형
	[그림 5.21]의 모형	[그림 6.4]의 모형
	두 모형의 적합도 간 차이가 없다	두 모형의 적합도 간 차이가 있다
χ^2	$\chi^2_S=92.300$	$\chi^2_C=0$
df	$df_S=1$	$df_C=0$

df =1인 [그림 5.21]의 모형에서 추가적으로 하나의 모수를 더 추정하였기 때문에 [그림 6.4]의 모형은 df =0이고 χ^2_M =0인 완전판별 모형이다. 사실 완전판별된 포화모형은 모형의 적합도를 논하지 않기 때문에 이와 같은 모형의 수정은 적절하지 않다. 하지만 이 예는 여러 가지로 생각해 볼 점이 있으므로, 교육적인 목적으로 검정을 실시해 보면 χ^2_D =92.300-0=92.300이고 df_D =1이 된다. 역시 χ^2 차이검정의 $p < 0.0001$이기 때문에 유의수준 5%에서 H_0을 기각하고 더 복잡한 [그림 6.4]의 모형을 선택한다. 하지만 이와 같은 통계적이고 기계적인 결정은 구조방정식에서 일반적인 모형의 수정 과정이라고 할 수 없다. 앞서 언급했듯이 더 복잡한 모형이 완전판별 모형이므로, 구조방정식 모형의 적합도를 논할 수 없는 모형이다. 완전판별되는 구조방정식 모형을 여러 맥락에서 사용해야 할 때가 있기는 하다. 예를 들어, 모형의 적합도가 그다지 중요하지 않은 대신, 매개효과라든가 조절효과 등 어떤 효과를 확인해야 할 때가 있다. 하지만 위의 경우는 그런 상황이라고 보기 힘들기 때문에 일반적인 상황에서 완전판별 모형의 추정은 지양해야 한다.

한 가지 더, 앞에서 설명한 모형 수정지수(MI)와 이 예를 연결시켜 보자. 앞에서 모수를 추가적으로 하나 더 추정할 때 감소하게 될 χ^2_M의 기대값이 바로 MI의 정의였다.[39] 이를 [표 6.3]의 χ^2 차이검정과 비교해 보면, χ^2 값들은 꽤 다르지만 상황과 의미는 100% 일치하는 상황이라는 것을 알 수 있다. 즉, MI라는 것은 통계적으로 df_D =1인 χ^2 차이검정이라는 것을 알 수 있다. 다시 말해, MI는 χ^2 차이검정의 특수한 형태일 뿐이다. 참고로 Wald의 W 통계량을 이용한 검정이 있는데, 이는 MI와 정반대의 개념으로서 원래 추정했던 자유모수 하나를 0으로 고정하면, 즉 추정하지 않으면 증가하게 될 χ^2_M의 기대값이다. 실제로 사회과학 통계 프로그램인 SPSS 등을 사용하다 보면 결과표에서 추정치 옆에 Wald 통계량을 보여 주는 경우가 종종 있다. 구조방정식 모형에서는 조절된 매개효과(moderated mediation) 등을 확인하기 위해 Wald 검정을 이용하기도 한다. 탄생한 배경은 다르지만 MI를 이용한 검정이든 Wald를 이용한 검정이든 기본적으로 χ^2 검정에 다름 아님을 기억하기 바란다.

---

39) [결과 5.9]의 MI 값들을 보면 ACHIEVE WITH MOTIV(두 설명오차 d_1과 d_2의 공분산)의 MI가 77.016이라는 것을 볼 수 있다. 그런데 [표 6.3]을 보면, 실제로 그 공분산을 추정하였더니 χ^2_M은 92.300이 떨어졌다. 이는 모형 수정지수라는 것이 기대값이기 때문에 얼마든지 발생하는 일이다. 사실 이 기대값 MI와 모수를 더 추정하여 실제로 감소하는 χ^2_M의 값이 일치하는 경우는 드물다.

이왕 여러 추가적인 설명을 시작한 상황에서 χ^2 차이검정과 χ^2 모형 적합도 검정에 대하여 비교해 보자. 결론부터 이야기하면 χ^2 모형 적합도 검정도 χ^2 차이검정의 일종이다. 앞에서 설명했듯이 χ^2 모형 적합도 검정은 완전적합모형(포화모형)에 제한(restriction)을 주어 과대판별 모형으로 만든 것이 옳은가에 대한 검정이다. 다시 말해, 연구자가 가진 자료에 맞는 포화모형에 어떤 제한을 주어서 모형을 더 단순하게 만들어 모형의 적합도를 확인하는 것이 구조방정식 모형의 일반적인 검정 과정이다. 이러한 상황은 내 모형(더 단순한 모형)을 포화모형(더 복잡한 모형)에 비교하는 χ^2 차이검정이다. 앞의 제4장에서 보였던 구조방정식 모형의 적합도 부분 [결과 4.2]에서 χ^2 모형 적합도 검정 부분만 [결과 6.6]에 발췌하였다. 이 모형은 [그림 3.1]에서 보였던 우울, 면역기능, 질병의 구조방정식 모형이다.

[결과 6.6] [그림 3.1]의 모형 – χ^2 모형 적합도 검정

```
Chi-Square Test of Model Fit

        Value                              27.075
        Degrees of Freedom                     22
        P-Value                            0.2084
```

$\chi^2_M = 27.075$, $df_M = 22$, $p = 0.2084$로서 H_0(모형이 자료에 부합한다)의 기각에 실패하게 된다. 즉, 포화모형에 제약을 주어 모형을 단순하게 만든 것이 통계적으로 의미 있는 일이었다. 이제 일반적인 모형 적합도 검정이 아닌 연구자의 모형 vs. 포화모형의 χ^2 차이검정을 [표 6.4]와 같이 실시한다.

[표 6.4] χ^2 모형 적합도 검정과 χ^2 차이검정의 연관성

	H_0(영가설)	H_1(대립가설)
	단순한(simple) 모형	복잡한(complex) 모형
	[그림 3.1]의 모형	[그림 3.1] 모형의 포화모형
	두 모형의 적합도 간 차이가 없다	두 모형의 적합도 간 차이가 있다
χ^2	$\chi^2_S = 27.075$	$\chi^2_C = 0$
df	$df_S = 22$	$df_C = 0$

위의 표를 통하여 $\chi^2_D = 27.075 - 0 = 27.075$가 되고, $df_D = 22 - 0 = 22$가 된다. 자유도가 22인 χ^2 분포에서 관찰된 검정통계량이 27.075이면 $p = 0.2084$가 되고, 유

의수준 5%에서 H_0을 기각하는 데 실패한다. 이렇게 되면 두 모형 중에서 더 단순한 연구자의 모형을 선택하게 된다. 우리가 구조방정식에서 매번 확인하는 χ^2 모형 적합도 검정이란 것이 결국은 연구자의 모형 vs. 포화모형의 χ^2 차이검정인 것을 알 수 있다.

6.2.2. 위계적으로 내재되지 않은 모형의 비교

지금까지 여러 모형 간에 서로 위계적으로 내재된 관계가 있을 때의 모형 비교를 다루었다. 하지만 두 개 이상의 모형이 항상 위계적으로 연결되어 있는 것은 아니다. 만약에 하나의 모수를 추가하고 또 다른 모수를 제거하는 것을 동시에 실행하게 된다면 원래의 모형과 수정된 모형은 서로 위계적으로 내재되지 않은 관계가 된다. [그림 5.21]의 모형에서 하나의 모수(SES → 성취도)를 제거하고 또 하나의 다른 모수(d_1과 d_2의 공분산)를 추가한 모형이 [그림 6.5]에 있다.

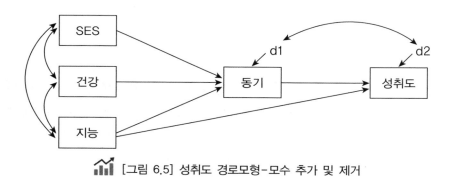

[그림 6.5] 성취도 경로모형-모수 추가 및 제거

[그림 5.21]의 모형과 [그림 6.5]의 모형을 비교하고자 할 때, 이 둘은 서로 위계적으로 내재된 관계도 아니거니와 자유도가 두 모형 모두 1이기 때문에 χ^2 차이검정은 생각할 수조차 없다. 이럴 때는 모형의 비교지수인 AIC나 BIC 등의 정보준거(information criterion, IC)를 사용하는 것이 상당히 일반적이다. 두 모형의 비교지수가 [결과 6.7]과 [결과 6.8]에 나타나 있다.

[결과 6.7] 경로모형 [그림 5.21]의 정보준거

```
Information Criteria

        Akaike (AIC)                        3932.375
```

```
        Bayesian (BIC)                         3981.506
        Sample-Size Adjusted BIC               3937.126
          (n* = (n + 2) / 24)
```

[결과 6.8] 경로모형 [그림 6.5]의 정보준거

```
Information Criteria

        Akaike (AIC)                           3876.049
        Bayesian (BIC)                         3925.180
        Sample-Size Adjusted BIC               3880.801
          (n* = (n + 2) / 24)
```

두 모형의 실질적인 의미는 모두 차치하고, 정보준거를 이용해 더 나은 모형을 가려야 한다면 AIC도 BIC도 모두 더 작은 [그림 6.5]의 모형이 더 좋은 모형이다. 만약 AIC는 [그림 5.21]의 모형이 더 작고, BIC는 [그림 6.5]의 모형이 더 작다면 이 결정은 순전히 연구자가 실질적이고 이론적인 배경지식에 기대어 결정해야 할 일이다. 사실은 하나의 모형이 AIC, BIC가 모두 작다고 해도 연구자가 생각하기에 본인의 가설이나 이미 존재하는 문헌의 결과를 제대로 반영하고 있지 못하다면, 연구자의 책임 아래 AIC, BIC가 모두 더 큰 모형을 선택해도 무방하다. 물론 이때 그 차이가 너무 크면 합리적인 결정이 되지 못할 가능성이 있다.

모형의 비교에서 한 가지 유의할 점을 더 추가하고자 한다. χ^2 차이검정을 이용하든 정보준거를 이용하든, 또는 앞에서 다루었던 교차타당화 지수를 이용하든 중요한 점은 비교할 수 있는 모형들을 비교해야 한다는 것이다. 예를 들어, [그림 5.21]의 경로모형에서 SES를 제거하여 [그림 6.6]에 있는 경로모형을 설정하였다고 가정하자.

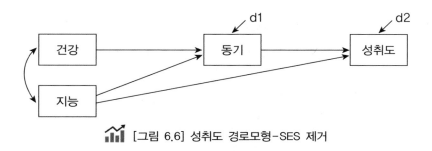

[그림 6.6] 성취도 경로모형-SES 제거

위 모형을 [그림 5.21]의 모형과 비교할 수 있을까? [그림 6.6]의 모형과 [그림 5.21]의 모형은 사용한 변수 자체가 다른 구별되는 모형이다. 둘 사이에서 어떤 모형이 통계적으로 더 좋거나 그렇지 않음을 결정할 수는 없다. 게다가 AIC나 BIC는 로그우도함수($loglikelihood$) 값으로부터 계산되어 나오는 것인데, $loglikelihood$의 절대값은 표본의 크기와 변수의 개수에 직접적인 영향을 받는다. 결론적으로 말하면, 표본의 크기가 커질수록, 변수의 개수가 많아질수록 AIC나 BIC도 커진다. 따라서 변수의 개수가 더 적은 [그림 6.6]의 모형이 [그림 5.21]의 모형보다 아마도 더 작은 AIC와 BIC 값이 나올 것이다. [그림 6.6]에 있는 모형의 정보준거 값들은 [결과 6.9]와 같다.

[결과 6.9] 경로모형 [그림 6.6]의 정보준거

```
Information Criteria

        Akaike (AIC)                    3447.883
        Bayesian (BIC)                  3479.468
        Sample-Size Adjusted BIC        3450.938
          (n* = (n + 2) / 24)
```

위의 결과에서 보듯이 변수의 개수가 더 적은 [그림 6.6]에 있는 모형의 AIC나 BIC가 [그림 5.21]에 있는 모형보다 대략 500 정도는 더 작은 값을 보인다. 이는 모형의 좋고 나쁨과 상관없이 더 적은 수의 변수를 사용하였기 때문이다.

6.3. 통계적 동치모형

Kline(2011)은 모형의 비교를 통하여 연구자의 마지막 모형이 확정되고 나면 동치모형을 고려해야 한다고 하였다. Kline의 의견에 전적으로 동의하지는 않지만,[40] 동치모형의 개념을 숙지하는 것이 구조방정식을 이용하는 데 꽤 중요할 때도 있다. 동치모형이란 주어진 자료에 대하여 동일한 추정된 공분산 행렬($\hat{\Sigma}$)을 만들어 낼 수 있는 다른 모형을 말한다. 즉, 경로나 분산 및 공분산 모수를 다르게 가

---

40) 사실 연구자의 모형이 경쟁모형을 가지고 있느냐 없느냐 하는 것은 오로지 연구자의 가설에 달렸을 뿐이며, 또한 동치모형을 고려해야 하느냐 그렇지 않느냐 하는 문제 역시 연구자의 판단에 달렸을 뿐이다. Jöreskog(1993)는 연구자의 모형이 단 하나여서 그 모형이 자료에 부합하느냐 그렇지 않느냐로 분석이 끝날 수도 있고, 경쟁모형이 있어서 서로 비교할 수도 있으며, 원래의 모형을 수정하는 방식으로 분석을 할 수도 있다고 하였다.

지고 있지만, 결과적으로 동일한 χ^2_M과 동일한 df_M(즉, 같은 모형 적합도)을 가진 모형들을 일컫는다. 제1장에서 다룬 우울, 면역기능, 질병의 관계모형들이 [그림 6.7]에 보이는데, 이 두 개의 모형이 바로 대표적인 동치모형의 예를 보여 준다.

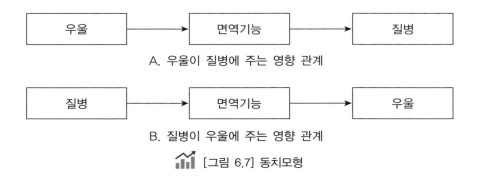

A. 우울이 질병에 주는 영향 관계

B. 질병이 우울에 주는 영향 관계

[그림 6.7] 동치모형

[그림 6.7]에서 모형 A와 모형 B는 정반대의 경로를 가지고 있지만 서로 동치모형이다. 구조방정식 모형에서 경로라는 것은 상관에 기반한 것이기 때문에 방향을 바꾸어도 위의 두 모형처럼 서로 동치가 될 수 있다. 사실 큰 의미는 없지만, 더 단순하고 쉬운 개념의 동치모형은 완전판별 모형들이다. 주어진 자료를 가지고 만들 수 있는 많은 완전판별 모형들은 모두 서로 동치모형이다. 사실 이와 같이 통계적으로 동일한 모형의 적합도를 가지면서 실질적으로 자료에 대하여 완전히 다른 해석을 할 수 있게 되는 동치모형을 구조방정식 모형의 위협으로 보기도 한다(Raykov & Marcoulides, 2001).

주어진 과대판별(over-identified) 구조방정식 모형에서 그 모형의 동치모형은 찾기 힘들 수도, 또는 쉽게 여러 개를 찾을 수도 있다. 일반적으로 모형이 복잡해질수록 상대적으로 더 많은 동치모형을 찾아낼 수 있다(Raykov & Marcoulides, 2001). 동치모형을 찾는 법칙으로는 Lee-Hershberger 대체 규칙(Lee & Hershberger, 1990)이 상당히 유명하다. Lee와 Hershberger(1990)는 모형이 일정한 조건을 만족하였을 때, 주로 구조방정식 모형의 구조모형 부분에서 동치모형을 찾는 규칙에 대하여 설명하였다. 이 방법은 자연스럽게 구조관계(structural relationship)로만 이루어진 경로모형에 적용할 수 있다. Hershberger와 Marcoulides(2013)는 후에 이전의 연구를 정리하고 발전시켜 측정모형에서 동치모형을 찾는 방법에 대해서도 밝혔다. 또한 Raykov와 Penev(1999)는 모수에 특별한 형태로 제약을 줌으로써 동치모형을 찾는 방법을 제안하기도 하였다. 1990년대에 매우 활발하게 진행되었던 동치모형 연구를 우리 책에 모두 설명하는 것은 적절치 않으며, 몇 가지 방법만 간략하게 설명하고자 한다. 이번 섹션에서의 핵심은 연구자의 모형과 같은 적합도를 가지는 동치모형을 모두 찾아내려는 것이 아니고, 동치모형의 개념을 독자들에게 설명하여 이후에 이 개념을 다시 사용해야 할 때를 대비하는 것이다. 특히 경로모형을 이용하여 동치모형을 설명할 것이므로 Lee-Hershberger 대체 규칙을 이용할 것이다.

먼저 Lee와 Hershberger(1990)의 첫 번째 규칙을 설명한다. 일단 모형의 흐름이(화살표가) 시작하는 부분의 완전판별되는 변수들의 구역(block)에서, 한 방향으로의 직접효과는 반대방향으로의 직접효과, 양방향으로의 피드백순환 효과(이때는 양방향의 효과가 같다는 제약[constraint]을 주어야 한다), 양 변수 사이의 공분산으로 서로 대체될 수 있다. 두 번째 규칙은 같은 설명변수를 가지고 있는 두 개의 내생변수 간의 관계다. 이때 두 내생변수 사이의 직접효과는 반대방향으로의 직접효과, 설명오차 사이의 공분산, 양방향의 효과가 같다는 제약이 있는 두 변수 사이의 피드백순환 등으로 대체될 수 있다. 사실 이런 식의 동치모형에 대한 설명은 매우 추상적이기 때문에 [그림 5.21]을 변형하여 Lee-Hershberger 규칙을 설명하기에 적절한 새로운 모형을 [그림 6.8]에 설정하였다. 앞으로 이 모형을 이용하여 몇 가지 동치모형의 예를 보이도록 하겠다.

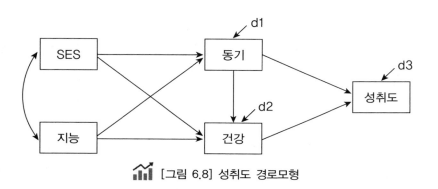

[그림 6.8] 성취도 경로모형

[그림 6.8]에 새롭게 설정한 경로모형의 MODEL 커맨드 부분 input과 χ^2 적합도 지수가 [결과 6.10]에 있다. MODEL 커맨드를 제외한 나머지 input은 [결과 5.5]에 이미 자세히 나와 있고 변한 것이 없기 때문에 바뀐 부분만 발췌하였다.

[결과 6.10] 경로모형 [그림 6.8]의 MODEL 커맨드와 모형의 적합도

```
MODEL: achieve ON motiv health;
       health ON motiv ses iq;
       motiv ON ses iq;

       ses iq;
       ses WITH iq;

       motiv health achieve;


Chi-Square Test of Model Fit

       Value                         225.376
       Degrees of Freedom                  2
       P-Value                        0.0000
```

    모형의 시작 단계에서 SES와 지능의 공분산을 둘 사이의 직접효과로 대체한 모형이 [그림 6.9]에 있으며, 바뀐 MODEL 커맨드와 모형 추정의 결과가 [결과 6.11]에 있다. 이 모형에서 SES는 더 이상 외생변수가 아니고, 지능에 의하여 설명되었으므로 내생변수가 되었다.

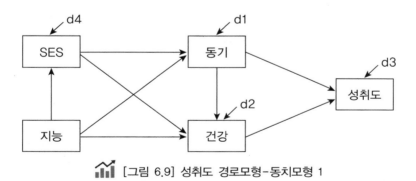

[그림 6.9] 성취도 경로모형-동치모형 1

[결과 6.11] 경로모형 [그림 6.9]의 MODEL 커맨드와 모형의 적합도

```
MODEL: achieve ON motiv health;
       health ON motiv ses iq;
       motiv ON ses iq;

       iq;
       ses ON iq;

       ses motiv health achieve;
```

```
Chi-Square Test of Model Fit

        Value                              225.376
        Degrees of Freedom                       2
        P-Value                             0.0000
```

일단 MODEL 커맨드 부분을 보면 ses WITH iq;가 ses ON iq;로 바뀐 것을 확
인할 수 있다. 그리고 이 명령어에 의하여 SES는 더 이상 외생변수가 아닌 내생변
수가 되었기 때문에 ses motiv health achieve;에서 ses 부분은 SES의 분산이 아
니라 SES에 속한 설명오차 d_4의 분산을 추정하게 된다. χ^2 적합도 부분을 보면
[그림 6.8]의 모형과 [그림 6.9]의 모형이 완벽하게 같은 χ^2_M 값과 df_M을 보이는
것을 확인할 수 있다. 여기서 Lee와 Hershberger의 첫 번째 규칙에서의 상황을 모
두 설명할 수도 있으나 두 번째 규칙과 본질적으로 겹치는 내용이 대부분이어서 바
로 두 번째 규칙을 설명하도록 하겠다. 두 번째 규칙은 내생변수들이 서로 같은 설
명변수를 가져야 한다는 조건이 있음을 앞에서 밝혔다. 같은 설명변수(SES와 지
능)를 가진 두 내생변수(동기와 건강) 사이의 직접효과(동기 → 건강)를 반대방향
(건강 → 동기)으로 바꿀 수 있다는 규칙을 [그림 6.8]의 모형에 적용해 보도록 하
자. 직접효과를 반대방향으로 바꾼 모형이 [그림 6.10]에 있고, 바뀐 MODEL 커
맨드와 모형의 적합도가 [결과 6.12]에 있다.

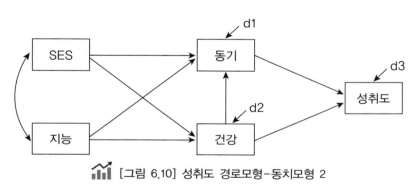

[그림 6.10] 성취도 경로모형–동치모형 2

[결과 6.12] 경로모형 [그림 6.10]의 MODEL 커맨드와 모형의 적합도

```
MODEL: achieve ON motiv health;
       health ON ses iq;
       motiv ON health ses iq;

       ses iq;
       ses WITH iq;
```

```
        motiv health achieve;

Chi-Square Test of Model Fit

        Value                           225.376
        Degrees of Freedom                    2
        P-Value                          0.0000
```

MODEL 커맨드를 보면 health ON motiv;가 사라지고 motiv ON health;가 새로 생긴 것을 알 수 있다. χ^2_M 값과 df_M으로부터 역시 적합도 결과가 완벽하게 일치함을 볼 수 있다. 다음으로는 [그림 6.11]처럼 동기와 건강 사이의 직접효과를 둘 사이의 피드백순환으로 바꾸어 보자. 이때 반드시 두 효과(동기 → 건강, 건강 → 동기)의 크기가 같다는 제약을 주어야만 한다.

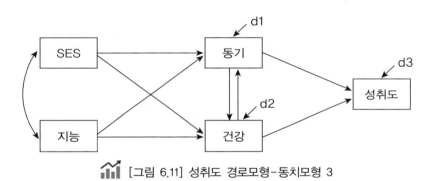

[그림 6.11] 성취도 경로모형-동치모형 3

피드백순환을 M*plus*에서 설정하는 방법은 MODEL 커맨드에 단지 두 개의 직접효과를 모두 적어 주기만 하면 된다. 하지만 두 효과가 같다는 제약을 주는 것은 [결과 6.13]에서처럼 약간의 기술이 필요하다.

[결과 6.13] 경로모형 [그림 6.11]의 MODEL 커맨드와 모형의 적합도

```
MODEL: achieve ON motiv health;
       health ON ses iq;
       motiv ON ses iq;

       health ON motiv(1);
       motiv ON health(1);

       ses iq;
       ses WITH iq;
```

```
        motiv health achieve;


Chi-Square Test of Model Fit

        Value                              225.376
        Degrees of Freedom                       2
        P-Value                             0.0000
```

　　M*plus*의 MODEL 커맨드에서 ( )를 사용하는 경우가 종종 있는데, 일반적으로 어떤 모수에 표식 또는 지정(labeling)을 하기 위해서다. health ON motiv(1);이라고 하면 동기 → 건강의 경로계수 추정치를 1번으로 지정하겠다는 뜻이 된다. 그런데 다음 줄에 motiv ON health(1);이라고 하면 건강 → 동기의 경로계수 추정치도 1번으로 지정하겠다는 것이다. 이렇게 두 개의 다른 경로계수를 하나의 번호로 지정하게 되면 두 경로계수의 추정치를 동일하게 하겠다는 제약(equality constraint)이 된다. χ^2_M 값과 df_M은 역시 앞의 모형들과 일치함을 볼 수 있다. 마지막으로 [그림 6.12]와 같이 동기와 건강 사이의 경로계수를 d_1과 d_2 사이의 공분산으로 대체하여 보자. MODEL 커맨드와 모형의 적합도는 [결과 6.14]에 있다.

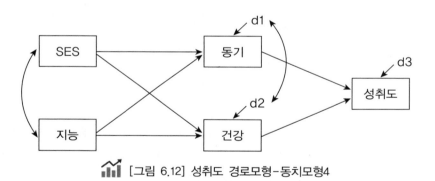

[그림 6.12] 성취도 경로모형–동치모형4

[결과 6.14]　경로모형 [그림 6.12]의 MODEL 커맨드와 모형의 적합도

```
MODEL: achieve ON motiv health;
       health ON ses iq;
       motiv ON ses iq;

       ses iq;
       ses WITH iq;

       motiv health achieve;
       motiv WITH health;

Chi-Square Test of Model Fit
```

```
Value                          225.376
Degrees of Freedom                   2
P-Value                         0.0000
```

경로계수를 설명오차 사이의 공분산(motiv WITH health;)으로 대체한 마지막 동치모형 역시 완전히 같은 모형의 적합도를 가지고 있음을 확인할 수 있다. 지금까지 위에서 여러 동치모형을 살펴보았는데, 사실 그 어떤 실질적인 이론(substantive theory) 없이 통계적으로(수학적으로) 같은 모형의 적합도를 갖는 동치모형을 소개하였다. 현실 속에서 연구자가 자신의 최종 모형과 같은 적합도를 가지는 동치모형을 확인할 때, 실질적인 이론 없이 동치모형을 찾는 것은 아무런 의미가 없는 작업이다. 직접효과를 반대로 하거나, 공분산으로 대체하거나, 피드백순환으로 바꾸는 모든 작업이 실질적인 이론에 의하여 설명될 수 있어야 한다. 경우에 따라 변수들의 특징으로 인해 화살표를 반대방향으로 설정하는 것이 불가능한 경우도 있으므로 주의가 필요하다.

6.4. 매개효과

이번 섹션에서는 최근 심리학, 교육학 등의 많은 사회과학 분야에서 큰 관심을 받고 있는 간접효과 또는 매개효과에 대해 다룬다. 매개효과는 구조방정식 분야 중에서 많은 뛰어난 학자가 연구하고 있는 매우 방대하고 복잡한 분야다. 관찰변수를 이용한 매개효과, 잠재변수를 이용한 매개효과, 종단자료(longitudinal data) 모형에서의 매개효과, 다층모형에서의 매개효과, 범주형 종속변수나 매개변수가 존재할 때의 매개효과 등 다양한 세부 분야가 존재하여 하나의 섹션에서 다 설명할 수 있는 주제가 아니다. 때문에 우리 책에서는 매개효과의 기초에 대하여 다룬다. 특히 이번 섹션에서는 관찰된 변수들 간의 관계로 매개효과를 한정하여 토론을 진행하며, 잠재변수 사이에서 발생하는 매개효과는 우리 책의 뒤에서 다룬다. 또한 관찰된 변수들 중 매개변수와 종속변수는 모두 연속형이라 가정한다.

6.4.1. 매개효과 소개

관찰된 변수 사이에서 발생하는 매개효과는 Wright(1920, 1921, 1923)의 경로모형으로 거슬러 올라간다. 유전학 분야의 Wright(1921, 1923)는 두 변수(독립변수와 종속변수)의 관계에서 세 번째 변수(매개변수)가 어떻게 두 변수의 인과관계 (causal relation)를 매개하여 그 관계를 설명하는 데 기여할 수 있는지를 설명하였다. 그리고 세 번째 변수가 원래의 두 변수를 연결하는 정도는 두 개의 경로(독립변수에서 매개변수로 가는 경로와 매개변수에서 종속변수로 가는 경로)의 곱 (product)[41]으로 나타난다고 하였다. 그리고 Wright(1921, 1923)는 상관과 인과관계(correlation and causation)에 대한 논문들을 통해 구조방정식(특히 매개모형)에서 지금까지도 매우 중요한 함의를 남겼다. 경로모형은 인과관계를 담보하는 방법이 아니며, 다만 인과관계를 수량화하는 방법이라는 것이다. 이는 구조방정식의 구조관계(structural relationship)에도 그대로 해당한다. 인과관계는 이론과 실험 등에 의하여 이미 가정된 상태이며(즉, 자료를 통하여 가정된 것이며), 경로모형은 그 인과관계를 수량화하여 측정하는 방법인 것이다. 이는 제1장에서 구조방정식 모형의 한계를 다루면서 언급한 부분이기도 하다. 이와 같은 함의는 초창기 인과모형(causal model)이라고도 불린 경로모형에서 매우 중요하며, 경로모형을 통해 매개효과를 검정하고자 하는 매개모형에서도 중요하다. 다시 말해, 매개모형은 인과관계 모형인데, 그 인과관계는 우리가 매개모형을 이용한다고 해서 생기는 것이 아니라 이론과 자료를 통하여 확보하는 것이다. 조금 더 거칠게 말하면, 연구자가 매개효과를 검정하기 위한 화살표를 임의로 설정하고 그 모형을 추정하여 훌륭한 적합도를 확인했다고 해서 매개효과가 존재한다고 말할 수는 없다는 것이다.

　그렇다면 이와 같이 세 번째 변수를 이용한 매개효과가 여러 학문 분야에서 왜 중요한 것일까? Preacher와 Hayes(2004)는 단지 두 개의 변수(독립변수와 종속변수) 사이의 관계를 이해하는 것은 심리학 등의 학문에서 작은 부분이라고 할 수 있으며, 둘 사이 관계의 과정을 이해하는 것이 훨씬 중요하다고 하였다. 그리고 매개변수가 바로 그 두 변수 사이의 관계를 설명해 주는 역할을 한다. Baron과 Kenny(1986)는 매개(mediation)라는 것은 독립변수가 종속변수에 영향을 주도록 만드는 기제(generative mechanism)라고 하였다. 이 두 가지 설명은 결국 한 가지로 귀결된다. 독립변수가 원인이고 종속변수가 결과라면, 그 원인과 결과의 관계를 어떤 과정과 기제를 통하여 설명할 수 있는가라는 것이다. 예를 들어, 미국에서의 많은 연구가 초등학교에서 대학교로 진행하면서 여성이 남성에 비해서 수학점수가 점점 더 떨어진다는 증거를 보여 준다. 과연 왜 그럴까? 여성의 경우에

---

41) 앞 장에서 다룬 간접효과(indirect effect)의 정의와 같다.

나이가 들면서 수학에 대한 공포가 남성에 비해서 더 많이 증가하여 수학에 투자하는 시간이 줄어들고, 그 결과 대학생이 되면 남성보다 수학점수가 더 낮아진다는 이론이 있다. Ganley와 Vasilyeva(2014)는 성별(독립변수)과 수학점수(종속변수)의 관계에서 수학에 대한 공포(매개변수)가 작동하는 매개모형을 보여 주고 있다. 물론 이 모형이 절대적인 정답을 주는 것은 아니겠지만, 성차에 따른 수학점수의 차이를 연구하는 데 어느 정도는 기여할 수 있을 것이다.

매개변수는 독립변수와 종속변수 사이에서 둘의 관계를 중재하는, 즉 독립변수의 효과를 종속변수에 전달하는 변수다(Cheong & MacKinnon, 2012). 매개변수(mediator, mediating variable 등)는 종종 중재변수(intervening variable, intermediate variable)로 불리기도 한다. 독립변수와 종속변수를 연결하기 위해서 매개변수는 독립변수와도 깊은 상관을 가지며, 동시에 종속변수와도 깊은 상관을 가진다. 사실 이런 관계를 가지는 변수에는 혼입변수(confounder 또는 confounding variable)도 해당하는데, 이는 매개변수와는 구별되어야 한다. 혼입변수는 독립변수와 종속변수에 동시에 영향을 주는 변수인 데 반해, 매개변수는 독립변수에는 영향을 받고 종속변수에는 영향을 주는 변수다. 사실 둘 사이의 차이는 개념적으로만 존재할 뿐 통계적(수학적)으로는 차이가 없다(MacKinnon, Krull, & Lockwood, 2000). 이런 이유로 많은 경우에 이 둘의 차이를 구별하기가 쉽지 않으므로 연구자들은 유의해야 하며 실질적인 이론에 기반하여 판단하는 것이 요구된다(Cheong & MacKinnon, 2012).

그리고 본격적인 토론에 들어가기에 앞서 용어에 대하여 간단하게 언급한다. 우리 책에서는 독립변수(independent variable), 매개변수(mediator), 종속변수(dependent variable) 등의 이름을 사용하는데, 반드시 이런 구분만 있는 것은 아니다. Baron과 Kenny(1986)는 위의 구분을 사용하면서도 동시에 predictor, mediator, criterion의 구분도 사용하였다. Kenny, Kashy와 Bolger(1998)는 initial variable, mediator, outcome으로 구분하며, James와 Brett(1984)은 antecedent, mediating variable, consequent variable로 구분하기도 하였다. 독자들이 국내 또는 국제 논문을 읽을 때 유의하여야 할 부분이다.

6.4.2. 매개효과의 정의와 확인 단계

매개효과를 정의하는 데 있어서 조금씩 다른 전통을 가지고 있을 수 있다. 절대적으로 한 방식의 정의만 옳다고 말하기는 쉽지 않으며, 우리 책에서는 James와 Brett(1984) 및 Baron과 Kenny(1986)의 방식을 이용하여 정의하고자 한다. 사실 이 방법은 여러 학자가 비판한 방법이지만, 동시에 가장 많은 사람이 이해하고 사용한 방법이다. 그리고 논쟁의 여지가 있을 수 있지만, 아마도 이 논문들이 처음으로 매개효과를 체계적으로 정의하려고 시도한 연구들일 것이다. 사실 James와 Brett(1984)의 방법과 Baron과 Kenny(1986)의 방법은 전체적인 변수의 구성 방식에서는 다르지 않은데, 마지막 단계에서 약간 달라진다. 우리는 둘 중에서 Baron과 Kenny(1986)의 방법을 근간으로 하여 설명을 진행할 것이다. 또한 다음으로 Baron과 Kenny(1986)의 포맷을 이용하면서도 동시에 이 방법이 가진 한계를 극복할 수 있는 방법에 대해서도 토론한다.

Baron과 Kenny(1986) 방식의 매개효과는 총 네 개의 단계에 의하여 정의되며, 변수들 간의 관계는 인과관계를 가정한다. 첫째는 [그림 6.13]과 [식 6.5]에 보이는 것처럼 독립변수 x와 종속변수 y 사이의 단순회귀분석 모형이다.

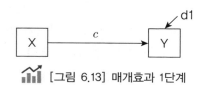

[그림 6.13] 매개효과 1단계

$$y = cx + d_1 \qquad\qquad [식\ 6.5]$$

위의 단계는 사실 Baron과 Kenny(1986)가 1단계라고 분명하게 제시한 것은 아니지만, 그들의 매개효과 검정 단계에서 필요한 부분이다. 또한 어떻게 보면 단계라기보다는 매개모형의 가장 기본적인 전제조건이라고 할 수 있다.[42] 여기서 x와 y 사이에는 인과관계가 있어야 하며, 경로 $c(x \rightarrow y)$는 통계적으로 유의(statistically significant)해야 한다. 둘 사이에 인과관계가 없고 단지 강력한 상관만 있으면 통계적으로 유의할 수 있겠지만 매개모형으로서는 의미가 없다.

---

[42] 1단계를 매개효과의 전제조건(prerequisite)으로 가정하지 않을 수도 있다. 이런 접근법을 사용하지 않고 다음 단계에서 바로 매개효과를 검정하는 것을 종종 결합유의검정(joint significance test)이라고 한다(Hayes, 2009).

두 번째 단계는 [그림 6.14]와 [식 6.6]에 보이는 독립변수 x와 매개변수 m의 단순회귀분석 모형이다.

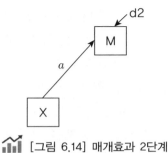

[그림 6.14] 매개효과 2단계

$$m = ax + d_2$$ [식 6.6]

위의 2단계 역시 인과관계를 전제로 하며, 경로 a가 통계적으로 유의해야 한다. 세 번째와 네 번째 단계는 [그림 6.15]와 [식 6.7]에 보이는 대로 하나의 회귀모형에서 확인할 수 있다. 독립변수 x와 매개변수 m이 동시에 y를 예측하는 다중회귀분석 모형이다.

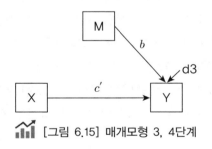

[그림 6.15] 매개모형 3, 4단계

$$y = c'x + bm + d_3$$ [식 6.7]

세 번째 단계에서는 x를 통제한 상태에서(즉, x를 모형 안에 넣은 상태에서) m이 y에 주는 효과 b가 통계적으로 유의해야 한다. 네 번째 단계에서는 c'이 c에 비해 그 효과가 더 줄어들었음을 확인해야 한다. 즉, $|c'| < |c|$이어야 한다. 만약 이때 통계적으로 $c' = 0$이라면 m이 x와 y의 관계를 완전매개(complete mediation 또는 full mediation)하였다고 말하고, 통계적으로 $c' \neq 0$이라면 m이 x와 y의 관계를 부분매개(partial mediation)하였다고 말한다. James와 Brett(1984)은 부분매개를 고려하지 않았기 때문에 이번 단계에서 x를 통제하지 않고 m이 y에 주는 효

과만 단순회귀분석 모형을 통해 확인하였다. 그 점이 Baron과 Kenny(1986)와 다른 부분이다.

지금까지 설명한 매개효과 검정의 네 단계는 사실 세 번의 독립적인 회귀분석 모형을 이용해서 수행하는 방법이다. 이 방식은 독립변수와 종속변수의 역할을 동시에 수행하는 변수 m의 두 가지 역할을 각각 다른 회귀분석 모형에서 추정하였다. 실제로 여러 번의 회귀분석을 이용한 매개효과의 검정은 여전히 많은 사람이 이용하고 있다. 하지만 동시에 많은 비판을 받고 있는 것도 사실이다. 예를 들어, Baron과 Kenny(1986)의 방법은 낮은 검정력 문제를 지니고 있다(Fritz & MacKinnon, 2007). 또한 Baron과 Kenny(1986)의 모형은 a와 b가 각각 모두 통계적으로 유의하지 않아도 ab는 통계적으로 유의할 수 있다는 사실을 간과하고 있다(Hayes, 2009). 경로 a의 검정통계량이 매우 크고 또한 통계적으로 유의하며, 경로 b의 검정통계량이 통계적으로 유의하지는 않지만 효과가 너무 작지 않다면 간접효과 ab는 얼마든지 통계적으로 유의할 가능성을 가지고 있다.

그렇다면 매개효과를 확인하기 위해 이렇게 단계별로 파편화되어 있는 방법만 존재하는 것인가? 우리는 이미 경로모형을 배웠고, 독립변수와 종속변수의 역할을 동시에 수행하는 내생변수가 있는 모형을 추정하는 방법을 알고 있다.[43) 또한 두 직접효과의 곱으로 이루어진 간접효과(매개효과)를 검정하는 방법(예, Sobel의 방법, 부스트래핑 방법 등)도 알고 있다. [그림 6.16]에 세 변수 사이에 존재하는 매개효과를 검정하는 경로모형이 제공되어 있다. 이 모형은 Hayes(2009)에 의해 단순 매개모형(simple mediation model)이라고 불리기도 한다.

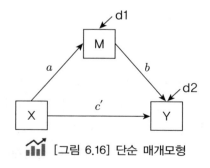

[그림 6.16] 단순 매개모형

---

43) 구조방정식 프로그램을 사용하지 않고, SPSS나 SAS 등을 이용해서 매개효과 검정을 할 수 있는 매크로(macro)가 Hayes의 홈페이지에서 제공된다. 구조방정식 프로그램을 이용하지 않고 매개효과를 검정하고자 하는 독자들은 찾아보기를 권한다.

인과관계를 가정한 위의 구조방정식 모형에서 만약 $x \rightarrow m \rightarrow y$의 간접효과($ab$)가 통계적으로 유의하다면 매개효과가 존재한다고 한다. 간접효과를 검정하는 방법은 앞 장에서 자세히 다루었기에 여기서 다시 설명하지는 않는다. 대표적인 방법으로서 ab 추정치가 이론적으로 정규분포를 따른다는 가정 아래서 표준오차를 계산하는 델타 방법(Sobel의 방법)이 있다. 또한 ab 추정치의 분포를 가정하지 않고, 연구자가 지닌 표본을 거짓 모집단으로 가정하여 많은 수의 표본을 복원추출로 뽑아내고 ab 추정치의 표집분포를 경험적으로(empirically) 결정하는 부스트래핑 방법이 있다. 어쨌든 간접효과가 유의하다는 가정에서, 만약 c'이 통계적으로 0과 다르지 않다면 m이 x와 y의 관계를 완전매개한다고 하며, c'이 통계적으로 0과 다르다면 부분매개한다고 한다. 이 정도로 매개효과에 대하여 논할 수도 있지만, Baron과 Kenny(1986)의 $|c'| < |c|$ 조건은 사실 많은 학자에 의하여 매개효과의 판단기준으로 받아들여진다. 이를 확인하기 위해서는 먼저 [그림 6.13]의 모형을 추정하여 c의 효과를 파악하고, 그다음 단계로 [그림 6.16]의 모형을 추정하여 $|c'| < |c|$임을 확인하는 방법이 추천된다.

지금까지 설명한 매개효과의 검정 단계는 하나의 매개변수 m이 있는 경우다. 매개변수가 두 개(m_1과 m_2) 있는 경우도 얼마든지 생각할 수 있는데, 그 예가 [그림 6.17]에 있다. Hayes(2009)에 의하여 개별단계 다중 매개모형(single-step multiple mediation model)이라고 불리기도 한다.

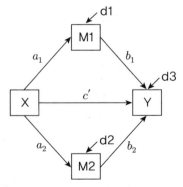

[그림 6.17] 개별단계 다중 매개모형

만약 위에서 간접효과 $a_1 b_1$이 통계적으로 유의하면 매개변수 m_1이 x와 y의 관계를 매개하게 된다. 이때 물론 c'이 통계적으로 유의하면($c' \neq 0$) 부분적으로 매개한다고 말하고, c'이 통계적으로 유의하지 않으면($c' = 0$) 완전하게 매개한다고 말한다. 한 가지 더 주의해야 할 것은 이 매개효과가 m_2의 y에 대한 효과를 통제한 상태에서 이루어지고 있다는 것이다. 마찬가지로 간접효과 $a_2 b_2$가 통계적으로 유의하면 매개변수 m_2가 x와 y의 관계를 매개하게 된다. 이 매개효과도 m_1의 y에 대한 효과를 통제한 상태에서의 효과다. 이처럼 x에서 y로 가는 효과의 경로가 m_1과 m_2를 통한 두 가지 경로로 갈라지기 때문에, 앞 장에서 설명한 억제효과와 거짓효과를 잘 판단하여 해석하는 것이 요구된다.

지금까지 매개효과에 대한 토론을 이어 오면서 간접효과(indirect effect)와 매개효과(mediated effect)를 혼용해서 사용하였는데, 이 두 가지 용어를 구분하는 학자들도 있다. 두 개의 매개변수가 연이어서 있는 [그림 6.18]과 같은 경로모형 또는 매개효과 모형을 살펴보자.

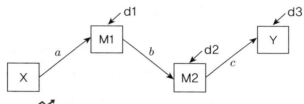

[그림 6.18] 두 개의 연결된 매개변수 모형

위에서 간접효과 $abc(x \rightarrow m_1 \rightarrow m_2 \rightarrow y)$는 x와 y 사이에서 m_1과 m_2의 매개효과라고 보기도 하지만, Holmbeck(1997)은 간접효과라고만 정의한다. Holmbeck은 매개효과를 오직 한 개의 중재변수만 존재하는 경우로 상정한다. 그러므로 abc는 간접효과이기는 하지만 매개효과는 되지 않는 것이다. 즉, 매개효과는 간접효과의 특수한 하나의 형태로 정의한다. Preacher와 Hayes(2004)는 매개효과를 검정하기 위해서는 [그림 6.13]의 1단계가 성립해야 한다고 하였으며, 간접효과를 검정하기 위해서는 그 조건이 필요하지 않다고 하였다. 이런 세분화된 정의에 모든 사람이 동의하는 것은 아니며, 최근까지도 많은 방법론 연구자나 실질연구자는 혼용해서 사용하고 있다(Cheong & MacKinnon, 2012; Ganley & Vasilyeva, 2014). 또한 Hayes(2009)는 [그림 6.19]의 모형을 다중단계 다중 매개모형(multiple-step multiple mediation model)이라고 하며 매개모형으로 취급하였다.

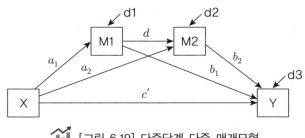

[그림 6.19] 다중단계 다중 매개모형

경로모형을 이용한 매개효과의 검정은 사실 한두 번의 경로모형을 통해 쉽게 실행할 수 있다. 아래의 예제를 위하여 사용할 자료는 M*plus*를 이용하여 무선적으로 생성되었으며, 몇 가지 모수 조건을 만족하도록 하였다. 변수 이름은 Sava(2002)의 예를 응용하여 임의로 정했다. 이 자료는 고등학교 교사 800명에게 설문지를 배포하여 수집한 자료($n = 800$)라고 가정한다. 앞으로 이 자료가 매개효과와 조절효과(상호작용 효과) 모형의 추정을 위해 사용될 것이며, 자료의 일부가 [그림 6.20]에 제공되고 있고, 네 변수 간 상관 및 기술통계가 [표 6.5]에 있다.

	control	burnout	illness	support
1	5.573	5.204	4.506	5.626
2	6.090	5.562	5.363	5.304
3	5.180	5.979	6.222	4.165
4	4.306	3.970	4.529	5.306
5	3.633	4.139	3.516	5.258
6	5.580	4.821	5.803	5.219
7	5.464	4.560	4.977	6.067

[그림 6.20] 매개효과 및 조절효과 검정을 위한 자료

[표 6.5] 교사 자료의 상관 및 기술통계

	통제	소진	질병	지원
통제	1.00			
소진	.349	1.00		
질병	.405	.469	1.00	
지원	-.139	-.309	-.278	1.00
표준편차	1.026	1.004	1.021	1.760
평균	5.001	4.947	4.983	6.159

위의 자료에는 총 네 개의 변수, 교사들이 느끼는 학교의 강압적인 통제(coercive control), 소진 경험(burnout), 질병 정도(illness), 학교의 지원(school support) 등이 존재한다. 앞에서도 밝혔듯이, 전통적인 구조방정식에서 변수의 순서는 내생변수가 먼저이고 외생변수가 나중이지만, 위에서는 크게 신경 쓰지 않았다. 이 자료를 이용해 학교의 강압적인 통제가 교사의 질병에 주는 영향을 교사의 소진경험이 매개하고 있는지 검정하고자 한다. 즉, 통제가 질병에 영향을 준다는 가정 아래서 과연 그 둘 사이의 관계가 소진에 의해 설명될 수 있는지를 보고자 하는 모형이다. 검정하고자 하는 매개모형이 [그림 6.21]에 있다.

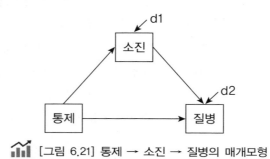

[그림 6.21] 통제 → 소진 → 질병의 매개모형

일단 학교의 강압적인 통제가 교사들의 질병과 어떤 직접적인 관계가 있는지 검정하였다. 이는 Baron과 Kenny(1986)의 1단계다. M*plus*의 input과 output의 일부가 [결과 6.15]에 제공되어 있다. 보여 주지 않는 부분은 이미 앞에서 여러 번 설명하였기 때문에 공간의 절약을 위해 생략하였다.

[결과 6.15] 통제 → 소진 → 질병의 매개모형 – 1단계

```
VARIABLE: NAMES ARE control burnout illness support;
          USEVARIABLES ARE control illness;

ANALYSIS: MODEL = Nomeanstructure;
          INFORMATION = Expected;

MODEL: illness ON control;




MODEL RESULTS

                                                      Two-Tailed
                 Estimate      S.E.   Est./S.E.   P-Value
```

```
ILLNESS   ON
    CONTROL          0.403       0.032      12.513       0.000

Residual Variances
    ILLNESS          0.871       0.044      20.000       0.000
```

VARIABLE 커맨드에 변수의 이름과 사용하고자 하는 변수를 지정하였다. USEVARIABLES 옵션은 NAMES에 의해서 지정된 모든 변수 중에서 일부를 사용하고자 할 때 사용한다. 총 네 개의 변수 중에서 두 개(control과 illness)만 사용하고자 USEVARIABLES ARE control illness; 명령문을 지정하였다. USEVARIABLES 옵션을 통하여 사용할 변수를 지정하지 않고, NAMES 옵션만 있는 상태에서 MODEL 커맨드 안에 오직 illness와 control만 사용하게 되면 [결과 6.16]과 같은 경고 메시지와 함께 예상치 못한 오류에 직면한다.

[결과 6.16] 모형에 포함되지 않은 변수에 대한 경고 메시지

```
*** WARNING in MODEL command
  Variable is uncorrelated with all other variables:  BURNOUT
*** WARNING in MODEL command
  Variable is uncorrelated with all other variables:  SUPPORT
*** WARNING in MODEL command
  At least one variable is uncorrelated with all other variables in
the model.
  Check that this is what is intended.
   3 WARNING(S) FOUND IN THE INPUT INSTRUCTIONS
```

VARIABLE 커맨드에 있는 네 개의 변수 중 오직 두 개의 변수만 MODEL 커맨드에서 사용하였기 때문에, 사용하지 않은 변수인 burnout과 support가 각각 다른 모든 변수와 상관이 없는 상태에서 모형 안에 포함된다. 이는 마치 앞에서 설명한 기저모형 또는 영모형과 같은 상태가 발생하는 것이다. 즉, burnout과 support가 모형 안에는 포함되어 있지만 변수 간의 관계는 설정되어 있지 않은 상태인 것이다. 이와 마찬가지로, USEVARIABLES 안에는 세 개의 변수를 지정했는데, MODEL 커맨드에서는 두 개의 변수만 사용한다면 역시 동일한 문제가 발생한다. ANALYSIS 커맨드에는 평균 구조를 사용하지 않는 전통적인 경로모형을 사용하고자 MODEL=Nomeanstructure; 옵션을 추가하였다. 또한 앞서 보인 대로 MODEL=Nomeanstructure; 옵션은 INFORMATION=Expected;와 같이 사용해야 한다. 마지막으로 MODEL 커맨드에서는 독립변수 control을 이용하여 종

속변수 illness를 예측하는 회귀모형을 설정하였다.

결과 부분에서는 모형의 적합도는 생략하고 개별모수 추정치만 보인다. 회귀모형은 포화모형으로서 적합도는 언제나 완벽한 적합(perfect fit)이므로, χ^2 값은 0이고 CFI는 1, RMSEA는 0 등이 된다. 그리고 구조방정식에서 완벽한 적합을 가진 포화모형의 적합도는 논하지 않는다. 통제 → 질병의 인과관계를 가정한 상태에서 둘의 관계가 통계적으로 유의($p < 0.001$)하므로 Baron과 Kenny(1986)의 1단계를 만족하였다. 이제 경로모형을 이용하여 2, 3, 4단계를 확인한다. M*plus*의 input과 output의 일부가 [결과 6.17]에 제공되어 있다.

[결과 6.17] 통제 → 소진 → 질병의 매개모형 – 2, 3, 4단계

```
VARIABLE: NAMES ARE control burnout illness support;
          USEVARIABLES ARE control burnout illness;

ANALYSIS: MODEL = Nomeanstructure;
          INFORMATION = Expected;

MODEL: burnout ON control;
       illness ON burnout control;

MODEL INDIRECT: illness IND burnout control;


MODEL RESULTS

                                                  Two-Tailed
                   Estimate     S.E.    Est./S.E. P-Value

 BURNOUT   ON
    CONTROL        0.342        0.032    10.538    0.000

 ILLNESS   ON
    BURNOUT        0.380        0.032    11.721    0.000
    CONTROL        0.273        0.032     8.601    0.000

 Residual Variances
    BURNOUT        0.885        0.044    20.000    0.000
    ILLNESS        0.743        0.037    20.000    0.000



TOTAL, TOTAL INDIRECT, SPECIFIC INDIRECT, AND DIRECT EFFECTS

                                                  Two-Tailed
                   Estimate     S.E.    Est./S.E. P-Value

Effects from CONTROL to ILLNESS
```

```
Sum of indirect        0.130      0.017      7.837      0.000

Specific indirect

    ILLNESS
    BURNOUT
    CONTROL            0.130      0.017      7.837      0.000
```

통제 → 소진은 경로추정치가 0.342로서 통계적으로 유의하여($p<0.001$) 2단계를 만족하였다. 그리고 통제(coercive control) 변수를 통제한 상태에서 소진 → 질병은 경로추정치가 0.380으로서 역시 통계적으로 유의하여($p<0.001$) 3단계도 만족하였다. 이때 통제 → 질병의 경로추정치는 0.273이고 통계적으로 유의하여($p<0.001$) 부분매개가 발생하였다고 볼 수 있다. 그리고 $c'=$ 0.273은 바로 앞의 [결과 6.15]에서 확인한 통제 → 질병의 직접효과($c=0.403$)보다 더 작아서 매개효과를 논하는 데 문제가 없는 것으로 보인다. 2, 3단계(통제 → 소진, 소진 → 질병)를 Baron과 Kenny(1986)의 방식으로 따로 확인하여도 되지만, 간접효과(통제 → 소진 → 질병)를 직접 검정하는 것이 더 좋은 방법이다. 위의 결과에서 보이듯이 Sobel의 방법(델타 방법)을 이용한 간접효과의 추정치는 0.130(=0.342×0.380)이고, $z=7.837$($p<0.001$)로서 통계적으로 유의한 결과를 보이는 것을 확인할 수 있다. 지금처럼 표본크기가 큰 경우에는 Sobel의 방법이 부스트래핑 방법만큼 잘 작동하지만, 만약 표본크기가 작다면 부스트래핑 방법을 이용할 것을 추천한다.

6.5. 조절효과

한 독립변수와 종속변수의 관계가 또 다른 독립변수의 수준에 따라 달라질 때, 우리는 조절효과(moderation effect)가 존재한다고 말한다. 이때 또 다른 독립변수를 조절변수(moderator)라고 하며, 이 조절변수가 독립변수와 종속변수의 관계를 '조절'하고 있다. 예를 들어, 조절변수가 큰 값일 때는 독립변수와 종속변수가 정적 상관(positive association)을 가지고, 조절변수가 작은 값일 때는 독립변수와 종속변수가 부적 상관(negative association)을 가지는 것이다. 이런 상황에서의 조절효과는 두 독립변수 사이의 상호작용 효과(interaction effect)로 이해하여도 된다. 이러한 관계를 [그림 6.22]의 자료를 통하여 확인하면 더욱 선명해진다. 이 자료는 Kline(2011)의 예를 수정한 것이다.

	X	M	Y	XM	Xcen	Mcen	XcenMcen
1	1	4	5	4	-3.50	-7.13	24.96
2	3	5	8	15	-1.50	-6.13	9.20
3	4	6	9	24	-.50	-5.13	2.57
4	7	8	10	56	2.50	-3.13	-7.83
5	2	14	11	28	-2.50	2.87	-7.17
6	5	15	8	75	.50	3.87	1.93
7	6	16	7	96	1.50	4.87	7.30
8	8	21	6	168	3.50	9.87	34.54

[그림 6.22] 조절효과 자료 예

위의 자료 중 y를 종속변수로, x와 m을 독립변수로 이용하여 회귀분석을 실시하면 [식 6.8]과 같은 결과가 나온다.

$$\hat{y} = 8.217 + 0.018x - 0.027m \qquad\qquad \text{[식 6.8]}$$

위에서 독립변수 x의 계수 검정을 위한 $p = 0.971$이고, 독립변수 m의 계수 검정을 위한 $p = 0.890$이다. 두 독립변수 모두 통계적으로 유의하지 않으며, 결정계수 $R^2 = 0.005$, 다중상관 $R = 0.071$로서 독립변수들과 종속변수가 상관이 없음을 알 수 있다. 하지만 [그림 6.22]의 자료를 유심히 보면 m이 작은 값일 때(처음 네 줄)는 x와 y가 매우 강력한 정적 상관이 있으며, m이 큰 값일 때(마지막 네 줄)는 x와 y가 매우 강력한 부적 상관이 있음을 관찰할 수 있다. 이는 마치 조절효과의 정의 처럼, x와 y의 관계가 m의 수준에 따라 다른 것이다. 이때 우리는 m을 조절변수 라고 하고, 조절효과가 존재한다고 말한다. 통계적으로 조절효과를 검정하기 위해 서는 [그림 6.22]의 네 번째 변수($x \times m$ 또는 xm)를 생성하여 회귀분석 모형에 추 가해야 한다. 이 네 번째 생성된 변수를 상호작용항(interaction term)이라고 하 고, x와 m을 곱해서 만든다. 이제 두 독립변수에 상호작용항을 더하여 회귀분석 을 실시하면 [식 6.9]와 같은 결과를 얻게 된다.

$$\hat{y} = 2.318 + 1.378x + 0.606m - 0.125xm \qquad\qquad \text{[식 6.9]}$$

위 모형에서 두 독립변수의 계수 추정치의 p-value는 각각 0.024와 0.025로 5% 의 유의수준에서 모두 통계적으로 유의하다. 그리고 상호작용항의 계수 -0.125 역 시 $p = 0.013$으로서 통계적으로 유의하여 조절효과가 존재한다고 말할 수 있다. 또 한 결정계수 $R^2 = 0.818$, 다중상관 $R = 0.904$로서 상호작용항이 모형에 들어가서 자료를 잘 설명하고 있음을 확인할 수 있다.

그런데 이렇게 두 개의 독립변수와 상호작용항이 모두 통계적으로 유의하다는 결론은 옳은 것일까? 상호작용항을 이용하여 모형을 추정할 때는 상호작용항이 다른 독립변수들과 높은 상관을 가질 수 있다. 그래서 반드시 해야 하는 것은 아니지만, VIF를 이용해서 다중공선성을 확인하는 것이 일반적이다. 실제로 확인 결과 상호작용항의 VIF가 14.092로 10보다 커서 다중공선성이 있음을 암시하였다. 이런 경우의 해결책은 두 개의 독립변수 x와 m을 평균중심화(mean centering)하고 평균중심화한 $(x - \overline{x})$와 $(m - \overline{m})$의 곱인 $(x - \overline{x})(m - \overline{m})$를 상호작용항으로 사용하면 보통 해결이 된다. [그림 6.22]의 자료에서 Xcen, Mcen, XcenMcen이 각각 $(x - \overline{x})$, $(m - \overline{m})$, $(x - \overline{x})(m - \overline{m})$를 가리킨다. 이렇게 평균중심화한 두 변수와 그 변수들의 곱을 이용하여 모형을 추정하면 [식 6.10]과 같은 결과가 나온다.

$$\hat{y} = 1.727 + 1.418(x - \overline{x}) + 0.493(m - \overline{m}) + 0.363(x - \overline{x})(m - \overline{m}) \quad \text{[식 6.10]}$$

위에서 두 개의 중심화된 독립변수는 통계적으로 유의하지 않으며(p-value는 각각 0.971과 0.640), 오직 상호작용항만 통계적으로 유의하였다($p = 0.013$). 그렇다고 해서 상호작용항의 통계적 유의성을 확인하기 위하여 반드시 평균중심화를 해야 하는 것은 아니며, 연구자가 상황에 맞게 선택할 수 있다. 그리고 상호작용항의 p-value는 중심화를 하든 그렇지 않든 변하지 않는다.

지금까지 다중회귀분석에서의 조절효과를 확인하는 데 있어서 다중공선성이 발생할 때 평균중심화를 통해서 β 추정치를 더욱 정확히 추정하고자 하는 예를 보여 주었다. 이 방법은 많은 응용 회귀분석 책에서 추천하는 방식이며, 실제로 엄청난 양의 출판된 논문에서 이 방법을 사용해 왔다. 그런데 과연 평균중심화가 다중공선성을 해결해 주고, 더욱 정확한 모형의 모수를 추정할 수 있도록 도와주는 것일까? 이에 대한 최근의 연구 몇 개가 참고할 만하다. 결론부터 말하자면, 이 연구들은 평균중심화가 다중공선성을 해결하지 못하며, 다만 숨길 뿐임을 주장한다. 수식을 이용해서 다중공선성 문제가 해결되지 않는다는 것을 보인 연구도 있었고(Echambadi & Hess, 2007), 시뮬레이션 연구를 통해서 보인 연구도 있었다 (Gatignon & Vosgerau, 2005). 이들은 평균중심화가 다중공선성 문제를 해결하지는 못하지만, 안 좋은 문제를 일으키지도 않는다고 주장한다. 이 연구들을 종합하여 독자들을 위해 해 줄 수 있는 말은, 평균중심화를 하는 것이 다중공선성 문제를 수학적으로 해결하는 데는 별 도움을 주지 못한다고 할지라도 실질적으로는 모형의 추정에 도움이 된다는 것이다. 그러므로 평균중심화 없이 모형의 추정과정이 잘 수렴한다면 다행이고, 만약 문제가 발생한다면 평균중심화를 시도해 볼 수 있을 것이다.

이제 앞에서 매개효과를 위해 실제로 사용한 자료를 이용하여 조절효과를 검정해 본다. 여전히 앞에서와 같이 독립변수는 교사가 느끼는 학교의 강압적인 통제(control)이며 종속변수는 교사의 질병 정도(illness)다. 이 관계에서 학교의 지원이 두 변수 사이의 관계를 조절한다는 가설을 세우고 모형을 추정하였다. 먼저 조절효과 검정을 위한 경로도가 [그림 6.23]에 제공된다.

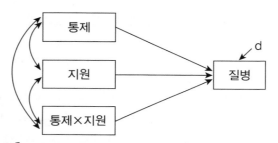

[그림 6.23] 통제-질병 모형에서 지원의 조절효과

Mplus의 input과 output의 일부가 [결과 6.18]에 제공된다. 앞의 매개효과 예에서와 마찬가지로 절편은 추정하지 않았다.

[결과 6.18] 통제 → 질병의 관계에서 지원의 조절효과 – 비표준화 추정치

```
VARIABLE: NAMES ARE control burnout illness support;
          USEVARIABLES ARE control illness support contsup;

ANALYSIS: MODEL = Nomeanstructure;
          INFORMATION = Expected;

DEFINE: contsup = control*support;

MODEL: illness ON control support contsup;


MODEL RESULTS

                                                   Two-Tailed
                 Estimate      S.E.  Est./S.E.     P-Value
```

```
   ILLNESS   ON
      CONTROL              1.454      0.110      13.220      0.000
      SUPPORT              0.749      0.088       8.528      0.000
      CONTSUP             -0.173      0.017     -10.223      0.000

   Residual Variances
      ILLNESS              0.724      0.036      20.000      0.000
```

위의 input 부분에서 새로운 부분은 상호작용항을 만드는 방식이다. M*plus* 자료파일(.dat)에 상호작용항을 만들기 위하여 원자료 세트(SPSS나 Excel 등)에서 통제와 지원 사이의 곱셈을 통해 새로운 변수(상호작용항)를 만들 수 있다. 하지만 이 방법은 새로운 M*plus*용 dat 파일을 만들어야 하기 때문에 다소 번거롭다. 이미 M*plus*용으로 자료파일이 만들어져 있는 상태에서 새로운 변수를 정의(define)할 수 있다. 먼저 DEFINE 커맨드에 '새로운 변수 이름=만들어질 변수의 수식'으로 옵션을 추가한다. 위 예제에서는 contsup=control*support;를 설정하였고 이는 control과 support의 곱으로 새로운 변수 contsup을 정의한다는 명령문이 된다. 이렇게 만들어진 새로운 변수 contsup는 USEVARIABLES의 맨 마지막 부분에 추가해야 한다. 이렇게 추가한 contsup 변수는 MODEL 커맨드에서 일반 변수와 같이 사용할 수 있다. 그리고 새로운 변수를 만들 때 절편 해석의 편의성을 위해 평균중심화도 할 수 있었으나, 우리 모형에서는 절편을 사용하지 않고 있으므로 생략하였다. 위 결과를 통하여 추정된 절편이 없는 회귀식은 [식 6.11]과 같다.

$$illness = 1.454 control + 0.749 support - 0.173 contsup \qquad \text{[식 6.11]}$$

[결과 6.18]에서 보듯이, 위의 *contsup*은 *control* × *support*를 의미한다. 조절효과 검정의 결과는 계수 추정치가 −0.173이고 $p < 0.001$로서 통계적으로 유의하였다. 조절효과는 그 부호가 양수든 음수든 곧바로 해석하기는 여러모로 조심스럽다. 이는 조절효과가 다른 독립변수들의 계수 크기와 부호에 따라 다른 패턴을 보이기 때문이다. 조절효과(상호작용 효과)를 선명하게 해석하기 위해서는 상호작용 그래프를 그리는 것이 표준관행(standard practice)이다. 조절변수가 범주형이라면 각 범주마다 회귀식을 구해서 표현하면 되는데, 연속형인 경우는 약간 더 복잡하다. 일반적으로 조절변수(지원)의 값이 클 때(평균보다 1 표준편차 위)와 작을 때(평균보다 1 표준편차 아래)로 나누어서 독립변수(통제)와 종속변수(질병)의 회귀식을 평면에 그린다.[44] 기술통계를 통해 확인한 결과, 지원 변수의 평균은 6.159이

고 표준편차는 1.760이기 때문에 1 표준편차 위는 7.919이고 1 표준편차 아래는 4.399다. 즉, 지원이 7.919일 때 통제와 질병 사이의 회귀식을 하나 구하고, 지원이 4.399일 때 통제와 질병 사이의 회귀식을 하나 더 구해서 두 개의 회귀식을 그림에 표시하면 된다. 먼저 지원이 7.919(평균보다 1 표준편차 위)일 때는 [식 6.12]와 같이 회귀식을 구할 수 있다.

$$
\begin{aligned}
illness &= 1.454 control + 0.749(7.919) - 0.173 control(7.919) \\
&= 1.454 control + 5.931 - 1.370 control \qquad \text{[식 6.12]} \\
&= 5.931 + 0.084 control
\end{aligned}
$$

그리고 지원이 4.399(평균보다 1 표준편차 아래)일 때는 [식 6.13]과 같이 회귀식을 구할 수 있다.

$$
\begin{aligned}
illness &= 1.454 control + 0.749(4.399) - 0.173 control(4.399) \\
&= 1.454 control + 3.295 - 0.761 control \qquad \text{[식 6.13]} \\
&= 3.295 + 0.693 control
\end{aligned}
$$

이렇게 구해진 두 개의 회귀식을 통제와 질병으로 이루어진 이차평면에 그려 보면 [그림 6.24]와 같은 상호작용 그래프가 완성된다.

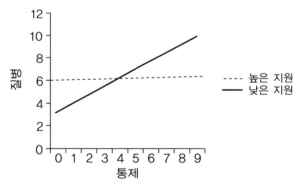

[그림 6.24] 조절효과(상호작용 효과) 그래프

상호작용 그래프를 통하여 위의 개별모수 추정치 결과를 세부적으로 확인해 보면, 학교의 지원이 높은 수준일 때는 강압적인 통제가 증가하여도 교사의 질병 정도가 거의 변화가 없고, 지원이 낮은 수준일 때는 통제가 증가함에 따라 빠르게 질

---

44) 평균보다 1 표준편차 위, 평균, 평균보다 1 표준편차 아래 등 세 개의 회귀식을 구해서 그림으로 표현하는 방식도 사용한다.

병 정도가 증가하였다. 물론 이 자료는 필자가 프로그램을 통하여 무선적으로 생성한 것이므로 교육적인 목적의 결과 해석 외에는 의미가 없음을 기억하기 바란다.

그리고 또 한 가지 위에서 요구하지는 않았지만, OUTPUT 커맨드에서 StdYX 등의 옵션을 사용하여 [결과 6.19]처럼 표준화된 추정치를 요구할 수 있다.

[결과 6.19] 통제 → 질병의 관계에서 지원의 조절효과 – 표준화 추정치

```
STANDARDIZED MODEL RESULTS

STDYX Standardization

                                                 Two-Tailed
                    Estimate     S.E.   Est./S.E. P-Value

ILLNESS   ON
    CONTROL         1.462        0.104    14.101    0.000
    SUPPORT         1.291        0.148     8.715    0.000
    CONTSUP        -1.767        0.168   -10.496    0.000

Residual Variances
    ILLNESS         0.695        0.027    25.614    0.000
```

이때 주의해야 할 것은 위에서 보이는 상호작용 효과의 표준화된 추정치(-1.767)가 정확하지 않다는 것이다. 그 이유는 다음의 식들을 통하여 이해할 수 있다. 먼저 [식 6.14]와 같이 상호작용이 포함된 회귀분석 모형을 보자.

$$y = \beta_0 + \beta_1 x_1 + \beta_2 x_2 + \beta_3 x_1 x_2 + e \qquad \text{[식 6.14]}$$

일반적으로 통계 프로그램(예, Mplus, SPSS 등)을 이용하여 표준화된 추정치를 요구하면, [식 6.15]에 상응하는 추정치를 계산해 준다.

$$z_y = \beta_0 + \beta_1 z_{x_1} + \beta_2 z_{x_2} + \beta_3 z_{x_1 x_2} + e \qquad \text{[식 6.15]}$$

위에서 z_{x_1}, z_{x_2}, $z_{x_1 x_2}$는 x_1, x_2, $x_1 x_2$의 표준화된 변수다. 그런데 여기서 $z_{x_1 x_2}$는 z_{x_1}와 z_{x_2}의 곱으로 만들어진 것이 아니다(즉, $z_{x_1 x_2} \neq z_{x_1} \times z_{x_2}$). 그러므로 [식 6.15]의 β_3 추정치는 표준화된 상호작용 효과의 추정치를 가리키지 않는다. 정확한 표준화된 상호작용 효과를 위해서는 [식 6.16]의 모형을 이용해야 한다.

$$z_y = \beta_0 + \beta_1 z_{x_1} + \beta_2 z_{x_2} + \beta_3 z_{x_1} z_{x_2} + e \qquad \text{[식 6.16]}$$

위에서 $z_{x_1}z_{x_2} = z_{x_1} \times z_{x_2}$이고, [식 6.16]의 β_3 추정치가 바로 표준화된 상호작용 효과의 추정치가 된다.

그리고 지금까지는 조절효과를 이해하는 데 있어서 상호작용항을 이용한 상호작용 효과의 측면에서 바라보았는데, 조절효과와 상호작용 효과를 어느 상황에서나 완전히 같은 것으로 이해하는 것은 조금 어려울 수도 있다. 상호작용항을 이용하지 않고도 조절효과를 검정하는 것이 가능하기 때문이다. 예를 들어, 조절변수가 연속형이 아닌 범주형이라면(예, 성별) x가 y에 주는 효과가 조절변수인 성별에 따라 달라지는 다집단 분석(multiple-group analysis)을 실시할 수 있다. 남녀 집단에서 따로 x와 y 사이의 모형을 추정하고, 그 결과를 비교하는 것이다. 만약 x가 y에 주는 영향이 집단에 따라 다르다면, 성별의 조절효과가 존재한다고 말한다. 물론 이 조절효과를 검정하기 위해 성별(0/1로 코딩된 더미 변수)과 x 사이에 상호작용항을 만들고 회귀분석을 실시하는 것도 가능하다. 그래서 사실 상호작용 효과와 조절효과의 차이는 뉘앙스 차이와 맥락에 따른 용어 차이 정도라고 볼 수도 있을 것이다.

6.6. 매개효과와 조절효과가 동시에

앞에서 매개효과와 조절효과를 따로 분리하여 설명하였는데, 매개효과와 조절효과가 하나의 구조방정식 모형 안에서 동시에 발생하는 것도 얼마든지 가능하다. 이는 두 가지 다른 형태로 통합될 수 있는데, 하나는 매개된 조절효과(mediated moderation)이고 또 다른 하나는 조절된 매개효과(moderated mediation)다. 경로모형의 관점에서 두 가지 방식을 살펴보도록 하자.

6.6.1. 매개된 조절효과

매개된 조절효과란 말 그대로 조절효과가 다른 변수에 의해서 매개되는 것을 의미한다. 매개된 조절효과의 검정을 위한 모형은 학자마다 조금씩 다른 여러 가지 방법이 제안되었는데, 그중에서 가장 널리 알려져 있고 대표가 될 만한 Baron과 Kenny(1986)의 방식을 설명하고자 한다. 관심 있는 독자라면 Baron과 Kenny(1986)의 방식을 좀 더 발전시킨 Muller, Judd와 Yzerbyt(2005)를 보기를 권한다. Baron과 Kenny(1986)의 매개된 조절효과는 세 단계로 이루어져 있다. 일반적으로 1단계는 전제조건 같은 것이며, 2단계에서 매개된 조절효과를 검정할 수 있고, 3단계는 또 다른 추가적인 질문에 답하기 위한 단계로 이해될 수 있다. Baron 과 Kenny(1986)의 3단계 과정은 앞의 매개효과 검정의 단계와 매우 유사하다. 하나의 독립변수가 매개변수를 통하여 종속변수에 영향을 주는 과정을 검정하고자 하는 것이 매개효과 검정이었다면, 상호작용항이 매개변수를 통하여 종속변수로 가는 과정이 유의한지를 검정하고자 하는 것이 바로 매개된 조절효과의 검정이다. 각 단계는 앞에서 사용한 800명의 교사에 대한 자료를 이용해서 설명한다. 먼저 1단계 모형은 [그림 6.23]에서 추정한 조절효과 모형과 같은 모형으로서 [그림 6.25]에 조절효과 경로(c)와 함께 다시 제시되어 있다.

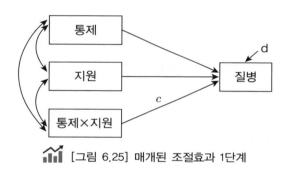

[그림 6.25] 매개된 조절효과 1단계

위의 그림에서 상호작용항(통제×지원), 즉 경로 c가 통계적으로 유의해야 한다. 다시 말해, 통제가 질병에 미치는 영향이 지원의 수준에 따라서 달라야 한다. 이는 앞서 살펴봤듯이 계수 추정치가 -0.173이고 $p < 0.001$로서 통계적으로 유의하였다. 1단계가 만족된 상태에서 2단계 모형은 [그림 6.26]에 주요한 경로(a, b, c')와 함께 제시되어 있다.

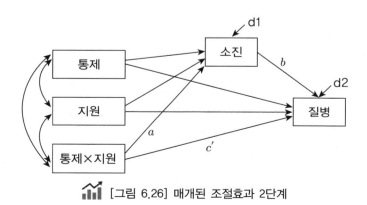

[그림 6.26] 매개된 조절효과 2단계

Baron과 Kenny(1986)에서는 위의 모형을 통해 여러 궁금한 것을 검정하는데, 매개된 조절효과를 위한 검정의 핵심은 다음과 같다. 2단계 모형에서 먼저 경로 a와 경로 b가 통계적으로 유의하고(즉, 간접효과 ab가 통계적으로 유의하고), 다음으로 $|c'| < |c|$가 만족되면 매개된 조절효과가 존재한다고 결론 내린다. 위에서 경로 b는 소진의 질병에 대한 영향을 말하는 것이고, 경로 a는 소진에 대한 상호작용항의 해석을 그대로 적용하면 된다. 다시 말해, 경로 a가 통계적으로 유의하다는 것은 통제가 소진에 미치는 영향이 지원의 수준에 따라 다르다는 뜻이 된다. 만약 이런 결과가 나온다면, 1단계에서 내린 결론에 대한 실질적인 해석이 변화하게 된다. 즉, 통제가 질병에 미치는 영향이 지원의 수준에 따라 달랐다고 해석했던 것이, 통제가 소진에 미치는 영향이 지원의 수준에 따라 달랐다고 해석하게 된다. 정리하면, 이는 소진이 통제와 질병 사이에서 발생하는 지원의 조절효과를 가로채게(intercept) 되는 것이다. 이때 경로도에서 보듯이 소진이 지원의 조절효과를 매개한 것이고, 그 이유로 매개된 조절효과라고 말한다. 이때 만약 c'이 여전히 통계적으로 유의하면 부분매개된 조절효과가 발생했다고 할 수 있고, c'이 통계적으로 유의하지 않다면 완전매개된 조절효과가 발생했다고 볼 수 있다. 실제 자료를 이용한 M*plus*의 input 일부가 [결과 6.20]에 있다.

[결과 6.20] 매개된 조절효과 2단계 – input

```
VARIABLE: NAMES ARE control burnout illness support;
          USEVARIABLES ARE control burnout illness support contsup;

ANALYSIS: MODEL = Nomeanstructure;
          INFORMATION = Expected;

DEFINE: contsup = control*support;

MODEL: illness ON burnout control support contsup;
       burnout ON control support contsup;

MODEL INDIRECT: illness IND burnout contsup;
```

DEFINE 커맨드를 이용해 상호작용항을 정의하고, 이미 있던 네 개의 변수와 상호작용항을 모두 사용하였다. MODEL 커맨드에는 [그림 6.26]에 보이는 경로모형을 추정하고자 하는 회귀식이 표현되어 있다. 마지막으로 상호작용항에서 매개변수를 거쳐 종속변수로 가는 경로(통제×지원 → 소진 → 질병)의 간접효과를 추정하고 검정하기 위한 내용이 있다. 위의 모형은 완전판별(just-identified)이 되고

완벽한 적합(perfect fit)이 되므로 모형의 적합도에 대한 내용은 생략한다. 다음
으로 개별모수의 추정치가 [결과 6.21]에 제공된다.

[결과 6.21] 매개된 조절효과 2단계 – 개별모수 추정치

```
MODEL RESULTS

                                                    Two-Tailed
                    Estimate     S.E.    Est./S.E.  P-Value

    ILLNESS   ON
       BURNOUT        0.252      0.034      7.381     0.000
       CONTROL        1.109      0.116      9.534     0.000
       SUPPORT        0.569      0.088      6.436     0.000
       CONTSUP       -0.130      0.017     -7.490     0.000

    BURNOUT   ON
       CONTROL        1.369      0.110     12.441     0.000
       SUPPORT        0.713      0.088      8.115     0.000
       CONTSUP       -0.170      0.017    -10.034     0.000

    Residual Variances
       BURNOUT        0.724      0.036     20.000     0.000
       ILLNESS        0.678      0.034     20.000     0.000


TOTAL, TOTAL INDIRECT, SPECIFIC INDIRECT, AND DIRECT EFFECTS

                                                    Two-Tailed
                    Estimate     S.E.    Est./S.E.  P-Value
Effects from CONTSUP to ILLNESS

  Sum of indirect    -0.043      0.007     -5.946     0.000

   Specific indirect

    ILLNESS
    BURNOUT
    CONTSUP          -0.043      0.007     -5.946     0.000
```

위의 결과를 보면 경로 a(통제×지원 → 소진)가 $p < 0.001$로서 통계적으로 유의
하고, 경로 b(소진 → 질병)도 $p < 0.001$로서 통계적으로 유의하며, 간접효과
ab(통제×지원 → 소진 → 질병) 역시 $p < 0.001$로서 통계적으로 유의하다. 그리고
$\hat{c}' = -0.130$이고 $\hat{c} = -0.173$으로서 $|c'| < |c|$ 조건도 만족한다. 결국 매개된 조절효
과가 존재하는 것으로 결론 내린다.

이제 마지막 3단계 모형이 주요 경로(c', d)와 함께 [그림 6.27]에 있다. 앞에서

도 말했듯이 매개된 조절효과는 2단계에서 확인하였고, 3단계는 추가적인 단계로서 만약 검정하고자 하는 가설에 관심이 없다면 꼭 실시해야 하는 단계는 아니다.

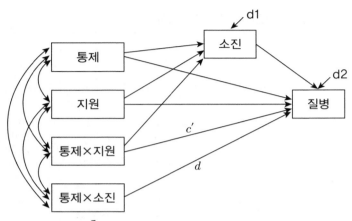

[그림 6.27] 매개된 조절효과 3단계

　　Baron과 Kenny(1986)의 3단계에서 확인하려고 하는 것은 통제가 질병에 주는 효과를 지원이 조절하고 있는지, 아니면 소진이 조절하고 있는지를 확인하는 단계다. 위의 모형에서 만약 d가 통계적으로 유의하고 $|c'| < |c|$의 조건을 만족한다면, 통제가 질병에 주는 효과를 지원이 아닌 소진이 조절하고 있다고 결론 내린다. 3단계는 특히 2단계가 유의할 때 확인하는 의미가 있다. 앞서 봤듯이, 2단계가 유의하다는 것은 통제 → 소진의 관계에서 지원이 조절변수로서 작용한다는 결론을 내리게 한다. 이런 상황에서 지원이 여전히 통제 → 질병의 관계를 조절하는지, 아니면 다른 변수(소진)가 통제 → 질병의 관계를 조절하는지 확인하는 모형이 [그림 6.27]의 3단계 모형이다. M*plus*의 input이 [결과 6.22]에 제공된다.

[결과 6.22] 매개된 조절효과 3단계 – input

```
VARIABLE: NAMES ARE control burnout illness support;
          USEVARIABLES ARE control burnout illness support contsup
                           contburn;

ANALYSIS: MODEL = Nomeanstructure;
          INFORMATION = Expected;

DEFINE: contsup = control*support;
        contburn = control*burnout;

MODEL: illness ON burnout control support contsup contburn;
       burnout ON control support contsup;
```

DEFINE 커맨드를 보면 두 개의 상호작용항(통제×지원, 통제×소진)이 정의되어 있는 것을 확인할 수 있다. 정의된 두 개의 상호작용항(contsup, contburn)을 VARIABLE 커맨드의 USEVARIABLES에 추가하였다. 그리고 MODEL 커맨드에 [그림 6.27]에 있는 모형을 설정하였다. 다음으로 개별모수의 추정치가 [결과 6.23]에 제공된다.

[결과 6.23] 매개된 조절효과 3단계 – 개별모수 추정치

```
MODEL RESULTS

                                              Two-Tailed
                    Estimate    S.E.   Est./S.E.  P-Value

 ILLNESS   ON
    BURNOUT          0.936     0.033    27.970     0.000
    CONTROL          2.031     0.143    14.155     0.000
    SUPPORT          0.723     0.092     7.888     0.000
    CONTSUP         -0.166     0.018    -8.998     0.000
    CONTBURN        -0.141     0.007   -21.273     0.000

 BURNOUT   ON
    CONTROL          1.369     0.110    12.441     0.000
    SUPPORT          0.713     0.088     8.115     0.000
    CONTSUP         -0.170     0.017   -10.034     0.000

 Residual Variances
    BURNOUT          0.724     0.036    20.000     0.000
    ILLNESS          0.649     0.032    20.000     0.000
```

위의 결과를 보면 d(통제×소진 → 질병)의 추정치(-0.141)는 $p < 0.001$로서 통계적으로 유의하고, $\hat{c}' = -0.166$이고 $\hat{c} = -0.173$으로서 $|c'| < |c|$ 조건을 만족한다. 그러므로 통제와 질병의 관계에서는 통제가 질병에 주는 효과를 지원이 아닌 소진이 조절하고 있다고 결론 내린다.

6.6.2. 조절된 매개효과

조절된 매개효과란 그 이름 그대로 매개효과가 조절되고 있다는 의미다. 즉, 매개효과의 강도 또는 방향성 등이 조절변수의 수준에 따라 다르다는 것을 가리킨다. 예를 들어, 통제 → 소진 → 질병의 매개효과가 남자 집단과 여자 집단에서 다른 부호 또는 다른 크기로 발생한다면 조절된 매개효과가 있다고 이야기한다. 쉽게 말해서, 설정한 매개효과가 성별(조절변수)에 따라 다르게 나타나는 것이다. 만약 조

절변수가 연속형 변수인 지원이라면, 통제 → 소진 → 질병의 매개효과가 지원의
수준에 따라서 다를 경우 조절된 매개효과가 있다고 이야기한다. 설명한 것처럼 조
절된 매개효과는 조절변수의 조건에 따라 매개효과(간접효과)가 다른 패턴을 보
이기 때문에 조건부 간접효과(conditional indirect effect 또는 indirect effect
conditional on a moderator; Preacher, Rucker, & Hayes, 2007)라고 부르기도
한다. 사실 조절된 매개효과는 매개된 조절효과보다도 더 복잡하고 다양한 변종이
존재하며 많은 연구가 진행 중인 분야다(Baron & Kenny, 1986; James & Brett,
1984; Muller, Judd, & Yzerbyt, 2005; Preacher, Rucker, & Hayes, 2007). 깊
은 관심이 있는 독자는 조절된 매개효과를 전체적으로 리뷰한 Preacher, Rucker
와 Hayes(2007)의 논문을 읽으면서 그 논문이 참고한 다른 주요한 논문들을 읽기
를 권한다. 우리 책에서는 James와 Brett(1984)의 조절된 매개효과를 간단한 예
로 제시한 Baron과 Kenny(1986)의 방식을 소개한다. Baron과 Kenny(1986)에 의
하여 제안된 모형이 [그림 6.28]에 있다.

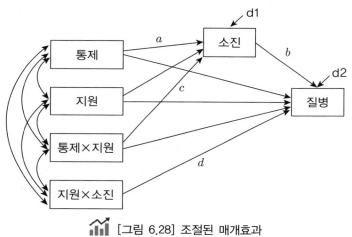

[그림 6.28] 조절된 매개효과

위의 모형에서 만약 d(지원×소진 → 질병)가 통계적으로 유의하고 ab(통제 →
소진 → 질병)의 간접효과가 통계적으로 유의하다면, 조절된 매개효과가 존재한다
고 말한다. 이는 통제 → 소진 → 질병의 매개효과가 지원의 수준에 따라 다르다는
것을 의미한다. 참고로 위 모형에는 경로 표시가 되어 있으나 조절된 매개효과의
검정을 위해 사용하지 않은 경로 c는 뒤에서 사용하게 될 것이다. 위의 모형을 추
정하기 위한 M$plus$ input이 [결과 6.24]에 있다.

[결과 6.24] 조절된 매개효과 – input

```
VARIABLE: NAMES ARE control burnout illness support;
          USEVARIABLES ARE control burnout illness support contsup
                           supburn;

ANALYSIS: MODEL = Nomeanstructure;
          INFORMATION = Expected;

DEFINE: contsup = control*support;
        supburn = support*burnout;

MODEL: illness ON burnout control support contsup supburn;
       burnout ON control support contsup;

MODEL INDIRECT: illness IND burnout control;

OUTPUT: SAMPSTAT;
```

DEFINE 커맨드를 보면 두 개의 상호작용항(통제×지원, 지원×소진)이 정의되어 있는 것을 확인할 수 있다. 앞에서와 마찬가지로 정의된 두 개의 상호작용항(contsup, supburn)을 VARIABLE 커맨드의 USEVARIABLES에 추가하였다. 그리고 MODEL 커맨드에 [그림 6.28]에 있는 모형을 설정하였다. 또한 간접효과 ab (통제 → 소진 → 질병)의 검정을 위한 명령어가 MODEL INDIRECT 커맨드에 추가되었다. 마지막으로 지원의 수준에 따른 조건부 간접효과의 그래프를 그리기 위해 SAMPSTAT 옵션을 이용해 기술통계량을 요구하였다.[45] 이제 조절된 매개효과의 확인을 위한 개별모수의 추정치를 [결과 6.25]에서 확인해 보자.

[결과 6.25] 조절된 매개효과 – 개별모수 추정치

```
MODEL RESULTS

                                             Two-Tailed
                 Estimate    S.E.  Est./S.E.  P-Value

ILLNESS   ON
    BURNOUT        0.825    0.034    24.503     0.000
```

---

45) 특정한 모형을 추정하는 것 없이 자료(.dat 파일)의 기술통계량만 원할 경우, ANALYSIS 커맨드에 TYPE=Basic;을 설정하여 기술통계량을 추정하면 된다. 앞에서 언급했듯이 TYPE=Basic;을 이용하기 위해서는 원자료(raw data)가 필요하다. 그리고 TYPE=Basic; 옵션이 적용되면 MODEL 커맨드의 추정할 모수들이 제대로 작동하지 않을 수도 있다. 그러므로 MODEL 커맨드에 연구자가 어떤 모형을 설정하였다면 TYPE=Basic;은 사용하지 말아야 하며, 대신 OUTPUT 커맨드에 Sampstat 옵션을 사용해야 한다.

CONTROL	0.883	0.119	7.433	0.000
SUPPORT	0.864	0.096	9.030	0.000
CONTSUP	-0.103	0.018	-5.882	0.000
SUPBURN	-0.086	0.005	-17.733	0.000
BURNOUT ON				
CONTROL	1.369	0.110	12.441	0.000
SUPPORT	0.713	0.088	8.115	0.000
CONTSUP	-0.170	0.017	-10.034	0.000
Residual Variances				
BURNOUT	0.724	0.036	20.000	0.000
ILLNESS	0.657	0.033	20.000	0.000

```
TOTAL, TOTAL INDIRECT, SPECIFIC INDIRECT, AND DIRECT EFFECTS
```

	Estimate	S.E.	Est./S.E.	Two-Tailed P-Value
Effects from CONTROL to ILLNESS				
Sum of indirect	1.130	0.102	11.093	0.000
Specific indirect				
ILLNESS BURNOUT CONTROL	1.130	0.102	11.093	0.000

위의 결과를 보면 통제 → 소진 → 질병의 간접효과(1.130)는 $p < 0.001$ 수준에서 통계적으로 유의하였고, 지원×소진 → 질병의 경로(-0.086, $p < 0.001$) 역시 통계적으로 유의하였다. 이는 통제 → 소진 → 질병의 매개효과가 지원의 수준에 따라 다른, 조절된 매개효과가 발생하였음을 알 수 있다. 조절된 매개효과가 통계적으로 유의하였기 때문에 이 효과를 제대로 이해하기 위하여 지원의 수준에 따른 조건부 간접효과(conditional indirect effect across the levels of support)의 그래프를 그릴 수 있다(Preacher, Rucker, & Hayes, 2007). 즉, 수평축은 지원, 수직축은 조건부 간접효과로 하여 둘 사이의 관계를 확인하는 것이다. 이를 위해서는 일반적으로 조절변수(지원)의 값이 클 때(평균보다 1 표준편차 위)와 작을 때(평균보다 1 표준편차 아래)의 조건부 간접효과의 값을 각각 구해서 두 점을 연결하는 선을 보여 주면 된다. 앞에서도 확인했듯이, 지원의 평균(6.159)과 지원의 표준편차(1.760)를 구할 수 있었다. 그런데 문제는 조절된 매개효과의 다양한 모형에 따라 조건부 간접효과의 함수가 직선이 아닌 경우가 얼마든지 있다는 것이다. 현재 우리가 사용하는 Baron과 Kenny(1986)의 모형이 그러하다. [그림 6.28]의 모

형에서 조건부 간접효과(conditional indirect effect)는 [식 6.17]과 같이 계산된다(Preacher, Rucker, & Hayes, 2007).

$$\text{conditional indirect effect} = (\hat{a} + \hat{c}\,\text{moderator})(\hat{b} + \hat{d}\,\text{moderator}) \qquad \text{[식 6.17]}$$

위의 식을 계산하기 위해 개별 추정치를 확인해 보면 $\hat{a} = 1.369$, $\hat{c} = -0.170$, $\hat{b} = 0.825$, $\hat{d} = -0.086$이 되고, 조절변수(moderator)는 당연히 지원(support)이다. 지원의 범위 내에서 여러 수준에 따라 조건부 간접효과의 값을 [식 6.17]로 구하였다. 이렇게 구한 조건부 간접효과와 지원의 관계는 [그림 6.29]에 제공된다.

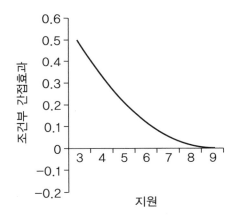

[그림 6.29] 지원의 수준에 따른 조건부 간접효과의 변화[46]

위의 그림에서 확인할 수 있는 것은 통제 → 소진 → 질병의 매개효과가 지원의 수준에 따라 다르다는 것이다. 지원의 수준이 낮을 때는 매개효과의 크기가 상대적으로 크고, 지원의 수준이 높을 때는 매개효과의 크기가 상대적으로 작다(다시 말해, 0에 가깝다). 지원의 수준이 낮을 때는 학교의 통제가 교사의 소진 경험을 증가시키고 차례대로 질병을 유발시킨다고 해석할 수 있는 반면에, 지원의 수준이 높을 때는 학교의 통제가 있더라도 그것이 교사의 소진 경험이나 질병을 유발하지는 않는 것으로 해석할 수 있다. 다시 한 번 마지막으로 밝히지만, 이 자료는 모두 필자가 M*plus* 프로그램을 통하여 일정한 조건을 만족하는 변수들을 생성하여 분

---

46) Excel을 이용하면 지원의 모든 수준에 따라 조건부 간접효과를 구하지 않고, 몇 개의 값을 선택하여 조건부 간접효과의 크기를 계산하고, 그래프의 옵션(예, Excel 2013에서 데이터 계열 서식-완만한 선)을 통하여 그림과 같이 부드러운 곡선을 얻을 수 있다.

석한 것이다. 교육적인 목적을 위해 예를 보인 것이므로 그 해석을 너무 심각하게 받아들이지 않기를 바란다.

제**7**장 측정모형

　연구자가 생각하는 추상적인 또는 이론적인 구인과 관계된 관찰변수가 하나밖에 없는 경우에 경로모형을 이용하여 구인 간의 관계를 살펴보았다. 경로모형에서 우리는 하나의 관찰변수가 상응하는 잠재적 구인을 완벽하게 측정(perfect measurement)했다는 가정을 가지고 분석하였다. 다시 말하면, 경로모형은 측정의 오차(measurement error)를 가정하지 않는 모형이다. 하지만 현실 속에서 연구자가 생각하는 잠재적 구인이 하나 또는 여러 개의 관찰변수에 의해 완벽하게 측정된다는 것은 거의 불가능하다. 매우 간단한 예를 이용해 완벽한 측정이란 가정이 만족되지 못했을 경우에 발생하는 문제점을 살펴보자(Bollen, 1989). [그림 7.1]은 하나의 지표변수와 하나의 잠재변수가 있는 경우의 측정모형이다. 사실 몇 가지 제약이 없으면 판별이 가능한 모형은 아니지만 완벽한 측정이라는 주제를 다루기에 적절한 쉬운 모형이다.

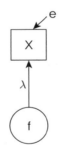

[그림 7.1] 하나의 지표변수와 잠재변수가 있는 측정모형

　[그림 7.1]의 모형을 측정모형(measurement model)의 식으로 표현하면 [식 7.1]과 같다.

$$x = \mu + \lambda f + e \qquad\qquad\qquad \text{[식 7.1]}$$

　위에서 μ는 모형의 절편, λ는 요인계수 또는 요인부하(factor loading), e는 측정오차[47]다. 이렇게 보면, 위의 모형은 관찰변수인 종속변수 x와 잠재변수인

---

47) 대부분의 책과 학자가 e를 측정오차로만 해석하는데, 사실 좀 더 정확히 말하자면 e는 측정오차와 공통요인들로 설명되지 않는 다른 요인(모형 안에 없는 요인)으로 이루어져 있다고 할 수 있다(Maxwell, 1977). 하지만 통계모형에서 미처 생각하지 못한 모든 요인은 단순히 오차로 취급하는 것이 일반적이다.

독립변수 f 사이의 회귀모형으로 쉽게 표현된다. 그래서 회귀모형의 가정에 의해 e의 기대값(평균)은 0으로 가정하고($E(e)=0$), 거짓고립(pseudo-isolation) 가정에 의해 f와 e의 상관(공분산) 역시 0으로 가정한다($Cov(f,e)=0$). 물론 이 모형의 추정을 위하여 일반적인 회귀분석의 추정 방법(예, 최소제곱법)을 사용할 수는 없다. 이는 x의 값들이 관찰되는 데 반해 f의 값들은 관찰이 되지 않기 때문이다. f는 상상 속의 변수이기 때문에 사실 측정단위(metric)조차 존재하지 않는다. [식 7.1]의 모형을 추정하기 위해서는 f에 측정단위를 부여해야 하는데, 기술적으로는 어떤 단위를 부여해도 추정이 가능하다. 보통 x가 가진 단위와의 관계를 생각하여 줄 수 있는데, 편의상 $\lambda=1$로 주는 것이 가능하다(Bollen, 1989). 이렇게 되면 f의 측정단위가 x의 측정단위와 같아지는데, 예를 들어 x의 측정단위가 센티미터라면 f의 단위도 센티미터가 된다. 구조방정식 모형은 변수들의 분산과 공분산을 이용하는 방법이므로 [식 7.1]을 분산을 이용하여 [식 7.2]와 같이 표현할 수 있다.

$$Var(x) = Var(\mu + \lambda f + e) \qquad\qquad \text{[식 7.2]}$$

위의 식을 풀면, μ는 상수이고 f와 e의 상관은 가정에 의하여 0이며, λ는 임의로 1로 주었기 때문에 [식 7.3]과 같다.

$$Var(x) = Var(f) + Var(e) \qquad\qquad \text{[식 7.3]}$$

[식 7.3]이 의미하는 바는 만약에 측정오차의 분산($Var(e)$)이 0이 아니라면 $Var(x) > Var(f)$가 된다는 것이다. $Var(x) > Var(f)$가 되는 이유는 $\lambda=1$을 주는 방식으로 잠재변수 f의 단위를 결정했기 때문이다. f의 분산을 1로 줌으로써 f의 단위를 결정할 수도 있는데, 그때는 반드시 $Var(x) > Var(f)$가 되는 것은 아니다. 어쨌든 일반적으로 측정오차의 분산이 0일 가능성은 매우 낮기 때문에 진정한 잠재구인 f의 분산보다 관찰변수인 x의 분산이 더 과대추정되는 문제가 발생할 수 있다. 덧붙여 변수 사이의 상관의 관점에서 바라보면, 일반적으로 관찰변수 사이의 상관 또는 회귀계수는 그 관찰변수가 의도하는 잠재변수 사이의 상관이나 회귀계수보다 과소추정되는 경향이 있다. 과소추정되는 정도는 관찰변수의 신뢰도에 영향을 받는데, 신뢰도가 낮을수록 더욱더 과소추정된다. 이런 이유로 잠재변수 사이의 모형에서 구한 R^2는 일반적으로 관찰변수만을 이용한 모형의 R^2보다 크다. Bollen(1989, pp. 151-178)은 하나의 장 전체를 할애하여 상관, 회귀분

석, 구조방정식 모형 등에서 측정오차가 존재할 때 생길 수 있는 여러 문제점을 자세히 설명한다. Bollen(1989)뿐만 아니라 Geiser(2012)나 Kaplan(2009) 및 Wang과 Wang(2012) 등도 모두 이 문제를 언급한다. 우리 책에서 자세하게 모두 다룰 내용은 아니며, 관심 있는 독자들은 여러 관련 서적을 참고할 것을 권한다.

측정모형은 하나의 구인이 관찰변수에 의하여 완벽하게 측정될 수 없다는 합리적인 타당성에 기초하여, 잠재변수들과 하나 이상의 관찰된 지표변수 사이의 관계를 설정하고 연구자가 생각하고 있는 잠재적인 구인을 만들어 내는 모형이다. 측정모형은 모형 자체로 구인의 타당도 등을 확인하는 목적도 있으며, 구조방정식 모형의 전 단계로서도 그 중요성이 있다. 이번 장에서는 먼저 측정모형이란 무엇인지를 전반적으로 설명한다.

측정모형은 요인분석이라는 이름으로 더 많이 알려져 있는데, 관찰변수와 잠재변수의 관계에 대한 가설이 없는 상태에서 그 관계를 탐색적으로 연구하는 방법을 탐색적 요인분석(exploratory factor analysis, EFA)이라고 한다. 그에 반해, 관찰변수와 잠재변수의 관계에 대한 가설이 이미 존재하는 상태에서 그 관계를 확인하고자 하는 방법은 확인적 요인분석(confirmatory factor analysis, CFA)이라고 한다. 아래에서 설명하겠지만 EFA는 사실 부정(indeterminate) 모형이기 때문에 일반적으로 구조방정식 모형은 CFA에 바탕을 두고 발전한 것이라 볼 수 있다. 하지만 이를 이해하기 위해서는 EFA 역시 알아 두는 것이 좋기 때문에 간략하게 설명하고자 한다. 그리고 최근 EFA를 이용한 구조방정식 모형(exploratory structural equation modeling, ESEM) 또한 관심을 받고 있기 때문에(Asparouhov & Muthén, 2009) EFA에 대하여 잘 알아 두는 것이 필요하다. EFA에 대한 내용과 더불어 CFA에서 발생하는 측정모형의 설정, 판별, 추정, 평가 등 네 단계를 세부적으로 확인한다. 특히 측정모형의 주요한 목적 중 하나인 구인의 타당도를 확인하는 방법과 타당도에 대하여 토론한다.

이번 장에서 독자들이 염두에 두어야 할 점은 지금부터 이루어지는 탐색적 요인분석모형이나 확인적 요인분석모형에 대한 설명은 모두 관찰변수가 연속형 변수(continuous variable)임을 가정한다는 것이다. 이런 경우의 요인분석모형을 선형 요인분석(linear factor analysis) 모형이라고 한다. 관찰변수가 연속형이 아닌 경우(이분형 또는 다분형)는 나중에 따로 다루게 될 것이며, 이를 비선형 요인분석

(nonlinear factor analysis) 또는 일반화 요인분석(generalized factor analysis), 또는 범주형 요인분석(categorical factor analysis) 모형이라고 한다. 마지막으로 측정모형의 주요한 응용 방법들인 측정불변성(measurement invariance)이나 MIMIC(multiple indicators multiple causes) 모형 등 여러 추가적인 주제에 대해서는 다음 장에서 다룬다.

7.1. 탐색적 요인분석(EFA)

요인분석은 영국의 심리학자인 Spearman(1904)의 전설적인 논문인 "General intelligence, objectively determined and measured"에서 두 요인 이론(two-factor theory)이라고 지칭한 자신의 지능 이론을 보여 주는 과정에서 개발되었다. 이번 섹션에서는 특히 탐색적 요인분석모형으로 알려진 제약이 없는 요인분석(unrestricted factor analysis) 모형에 대하여 여러 가지로 알아볼 것이다.

7.1.1. 공통요인모형과 가정

먼저 공통요인모형(common factor model)이라고도 불리는 요인분석모형이 [식 7.4]에 있다. 여기서는 총 p개의 관찰변수와 m개의 요인이 있는 경우를 가정한다.

$$
\begin{aligned}
x_1 &= (\mu_1) + \lambda_{11}f_1 + \lambda_{12}f_2 + \cdots + \lambda_{1m}f_m + e_1 \\
x_2 &= (\mu_2) + \lambda_{21}f_1 + \lambda_{22}f_2 + \cdots + \lambda_{2m}f_m + e_2 \\
&\vdots \\
x_p &= (\mu_p) + \lambda_{p1}f_1 + \lambda_{p2}f_2 + \cdots + \lambda_{pm}f_m + e_p
\end{aligned}
\qquad \text{[식 7.4]}
$$

각 구성 요소에 대하여 제3장에서도 설명했지만, 간략하게 다시 한 번 설명한다. 위에서 x는 관찰변수 또는 지표변수, f는 잠재변수 또는 요인, μ는 각 식에서의 절편, λ는 관찰변수와 잠재변수 사이의 회귀계수로서 요인계수 또는 요인부하, e는 측정오차다. 일반적인 요인모형에서 지표변수와 잠재변수는 연속형이라고 가정한다. 연속형이 아닌 지표변수와 잠재변수에 대해서는 나중에 다루게 될 것이다. 위의 [식 7.4]에서 요인들끼리 상관이 0이라는 가정이 있기 때문에, 특히 λ는 상응하는 관찰변수와 요인 간의 상관(correlation)이 된다. 예를 들어, λ_{11}은 x_1과 f_1의 상관이고, λ_{12}는 x_1과 f_2의 상관이 된다.

[식 7.4]를 보면 모든 지표변수($x_1 \sim x_p$)가 많은 요인부하를 통하여 모든 요인

$(f_1 \sim f_m)$과 서로 관련이 되어 있음을 확인할 수 있는데, 이것이 전형적인 탐색적 요인분석(EFA) 모형이다. 즉, EFA는 어떤 요인이 어떤 지표변수와 관련이 있는지에 대한 사전적인 가설이 없는 모형이다. 또한 위 식에서는 절편 μ가 각각의 식에 포함되어 있는데, 이는 공분산 행렬에 평균 구조를 더하여 추정할 수 있는 부분이다. 다시 말해, 요인분석의 핵심적인 모수인 λ들을 추정하는 데 있어서 자료의 변수들로 이루어진 공분산 행렬만 있으면 된다. μ를 모두 제거한(μ의 값을 모두 0으로 고정한) 요인모형을 평균 조정 요인분석(mean-corrected factor analysis) 모형이라고 한다. 요인분석모형에서 λ와 더불어 핵심적으로 추정해야 하는 모수는 측정오차들의 분산 ψ(psi)이다.[48] 이와 같은 요인분석모형은 [식 7.4]의 좌변과 우변에 분산의 함수를 씌운 다음, 공분산 행렬(Σ)을 이용하여 [식 7.5]처럼 표현할 수 있다.

$$\Sigma = \Lambda \Phi \Lambda' + \Psi \qquad\qquad \text{[식 7.5]}$$

위에서 Σ는 변수(x)의 모집단 공분산 행렬, Λ(lambda)는 요인부하 행렬(Λ'은 요인부하 행렬의 전치행렬), Φ(phi)는 요인들의 공분산 행렬, Ψ(psi)는 측정오차들의 공분산 행렬이다. 사실 대부분의 통계프로그램은 탐색적 요인분석모형의 추정을 위해 공분산 행렬 Σ(표본에서는 S)보다는 상관계수 행렬 Σ_{ZZ}[49](표본에서는 R)를 사용한다. 우리가 사회과학에서 많이 사용하는 SPSS나 현재 우리 책에서 사용 중인 구조방정식 프로그램 M$plus$ 등 많은 프로그램이 모두 그러하며, 그런 이유로 [식 7.5]는 [식 7.6]과 같이 다시 쓸 수 있다.

$$\Sigma_{ZZ} = \Lambda \Phi \Lambda' + \Psi \qquad\qquad \text{[식 7.6]}$$

위에서 좌변의 Σ_{ZZ}는 모집단 상관계수 행렬(즉, Σ를 표준화한 행렬)이고, 우변은 요인부하 행렬(Λ)과 요인들의 상관계수 행렬(Φ) 및 측정오차들의 상관계수 행렬(Ψ)로 이루어져 있다. [식 7.5]나 [식 7.6]의 모형은 [식 7.4]의 모형과 같은 정보를 지니고 있는 것으로 취급되며, 요인의 회전과 추정을 설명하는 데 있어서 핵심

---

48) 전통적인 구조방정식의 LISREL 표기법에서 측정오차의 분산은 상황에 따라 θ_δ(theta-delta) 또는 θ_ϵ(theta-epsilon)으로 표현한다. 우리 책에서는 LISREL의 모든 표기법을 따를 것이 아니므로 ψ(psi)로 표기하였다. 실제로 요인분석을 다룬 많은 책이 ψ를 이용한다.

49) 표준화한 Σ를 의미하므로 모집단의 상관계수 행렬은 Σ_{ZZ}로 사용하는 경우가 있다. 이에 맞춰 표준화되지 않은 Σ를 Σ_{XX}로 쓰기도 한다.

적인 식이라고 할 수 있다.

탐색적 요인분석모형은 일반적으로 몇 가지 가정을 가지고 있다. 첫째, k번째 요인(f_k)의 평균과 분산은 0과 1로 가정한다($E(f_k)=0$, $Var(f_k)=1$). 즉, 모든 요인의 평균과 분산은 각각 0과 1로 가정하는 것이다. 둘째, j번째 측정오차(e_j)의 평균은 0이고($E(e_j)=0$) 분산은 임의의 값($Var(e_j)=\psi_{jj}$)이다. 셋째, 요인 사이에, 측정오차 사이에, 그리고 요인과 측정오차 사이에는 서로 상관이 없다. 요인 간에 서로 상관이 없다($Cov(f_k, f_{k'})=0$)는 것은 요인 간의 상관행렬인 Φ가 I(항등행렬)가 됨을 의미한다. 또한 측정오차 간에 서로 상관이 없고($Cov(e_j, e_{j'})=0$) 분산은 임의의 값이라는 것은 Ψ의 대각 요소들이 임의의 분산값(ψ_{jj})이고, 비대각 요소들은 모두 0이라는 것이다. 마지막으로 요인과 측정오차 사이에 상관이 없다는 것은 앞에서 설명한 거짓고립 가정이다. 이 중 어떤 가정은 모형의 추정을 위해 절대적으로 필요하며, 또 어떤 가정은 상황에 따라 바뀔 수 있다. 만약 가정이 바뀌는 상황이 오면 자세히 설명할 것이다.

7.1.2. 요인의 추출과 모형의 추정

앞에서 설명한 대로 요인들과 오차들 모두가 서로 독립적임을 가정하기 때문에 Σ의 구성 요소들인 $Var(x_j)$와 $Cov(x_j, x_{j'})$들은 [식 7.7] 및 [식 7.8]과 같이 모형의 모수들인 λ와 ψ_{jj}로 모두 표현할 수 있다.

$$
\begin{aligned}
Var(x_j) &= Var(\lambda_{j1}f_1)+\cdots+Var(\lambda_{jm}f_m)+Var(e_j) \\
&= \lambda_{j1}^2 Var(f_1)+\cdots+\lambda_{jm}^2 Var(f_m)+\psi_{jj} \qquad \text{[식 7.7]} \\
&= \lambda_{j1}^2+\cdots+\lambda_{jm}^2+\psi_{jj}
\end{aligned}
$$

$$
\begin{aligned}
Cov(x_j, x_{j'}) &= \lambda_{j1}\lambda_{j'1}Cov(f_1, f_1)+\cdots+\lambda_{jm}\lambda_{j'm}Cov(f_m, f_m)+Cov(e_j, e_{j'}) \\
&= \lambda_{j1}\lambda_{j'1}Var(f_1)+\cdots+\lambda_{jm}\lambda_{j'm}Var(f_m)+0 \qquad \text{[식 7.8]} \\
&= \lambda_{j1}\lambda_{j'1}+\cdots+\lambda_{jm}\lambda_{j'm}
\end{aligned}
$$

즉, 위의 두 식을 통하여 우리가 알아 두어야 할 것은 Σ(또는 Σ_{ZZ})의 추정치인 S(또는 R)를 가지고 있으면 λ의 추정치와 ψ의 추정치를 모두 구해 낼 수 있게 된다는 것이다. 앞으로 EFA를 설명하면서 앞 장의 우울, 면역기능, 질병 사이의 관계 모형에서 사용한 아홉 개의 변수를 사용한다. [식 7.4]를 이 아홉 개의 변수에 적용하여 [그림 7.2]의 경로도에 있는 모형을 얻을 수 있다.

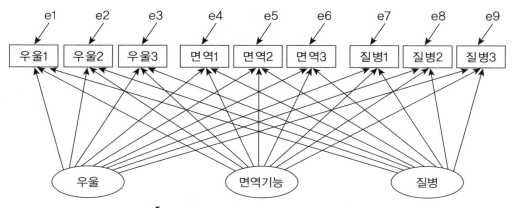

[그림 7.2] 탐색적 요인분석모형의 경로도

위의 그림에서 보이는 요인(잠재변수)으로부터 관찰변수로 향하는 모든 화살표가 바로 요인의 부하(loading, λ)를 가리키며, 이는 요인분석모형에서 핵심적으로 추정해야 하는 모수다. 이 요인부하의 의미는 잠재적 요인이 관찰변수의 값을 결정하는 원인(cause)이라는 것이다. 즉, 요인분석모형은 요인과 관찰변수 사이의 인과모형(causal model)이다. 각 관찰변수에 영향을 주는 또 다른 원인은 바로 측정오차($e_1 \sim e_9$)이며, 측정오차의 분산 역시 EFA에서 추정해야 하는 모수다. 위의 모형이 [그림 3.2]에서 소개한 측정모형(확인적 요인분석모형)과 다른 점은 세 개의 요인과 아홉 개의 지표변수 사이에 있는 모든 요인부하를 추정한다는 것과 측정오차 간의 상관을 허락하지 않는다는 것, 그리고 요인 간에도 상관을 허락하지 않는다는 것이다. 기본적으로 [그림 7.2]처럼 EFA의 시작 단계에서 요인 간의 상관은 허락하지 않는 것이 일반적이지만, 이후의 단계에서 회전(rotation)이라는 개념을 통해 상관을 허락할 수도 있다. [그림 7.2]의 모형은 [식 7.9]와 같이 표현할 수 있다. 일반적으로 탐색적 요인분석에서는 평균을 추정하지 않으므로 μ 부분은 모두 생략하였다.

$$\text{우울1} = \lambda_{11}\text{우울} + \lambda_{12}\text{면역기능} + \lambda_{13}\text{질병} + e_1$$
$$\text{우울2} = \lambda_{21}\text{우울} + \lambda_{22}\text{면역기능} + \lambda_{23}\text{질병} + e_2$$
$$\text{우울3} = \lambda_{31}\text{우울} + \lambda_{32}\text{면역기능} + \lambda_{33}\text{질병} + e_3$$
$$\text{면역1} = \lambda_{41}\text{우울} + \lambda_{42}\text{면역기능} + \lambda_{43}\text{질병} + e_4$$
$$\text{면역2} = \lambda_{51}\text{우울} + \lambda_{52}\text{면역기능} + \lambda_{53}\text{질병} + e_5 \qquad [\text{식 } 7.9]$$
$$\text{면역3} = \lambda_{61}\text{우울} + \lambda_{62}\text{면역기능} + \lambda_{63}\text{질병} + e_6$$
$$\text{질병1} = \lambda_{71}\text{우울} + \lambda_{72}\text{면역기능} + \lambda_{73}\text{질병} + e_7$$
$$\text{질병2} = \lambda_{81}\text{우울} + \lambda_{82}\text{면역기능} + \lambda_{83}\text{질병} + e_8$$
$$\text{질병3} = \lambda_{91}\text{우울} + \lambda_{92}\text{면역기능} + \lambda_{93}\text{질병} + e_9$$

　　일반적으로 탐색적 요인분석에서는 어떤 관찰변수가 어떤 요인과 관련이 되어 있는지 완전히 모르는 상태에서 분석하기도 하고, 어느 정도는 사전적인 지식이 있는 상태에서 요인구조를 확인하기 위해 분석하기도 한다. 사실 위 자료의 경우 우리가 이미 어떤 구조를 지니고 있는지 확실히 알고 있는 상태지만, 교육적인 목적을 위해 잠시 확실치 않다고 가정하기로 하자. 어쨌든 [식 7.9]의 모형에서 추정해야 하는 주요 모수는 두 개의 행렬로 표현이 가능하다. 하나는 요인부하들의 세트인 $\Lambda_{9 \times 3}$이고, 다른 하나는 측정오차의 분산들의 세트인 $\Psi_{9 \times 9}$이다. 지금까지는 말로만 설명했지만, 추정해야 할 두 모수 종류의 세트를 눈으로 확인해 두는 것은 여러 가지로 장점이 있기 때문에 [식 7.10]에 보인다.

$$\Lambda = \begin{bmatrix} \lambda_{11} & \lambda_{12} & \lambda_{13} \\ \lambda_{21} & \lambda_{22} & \lambda_{23} \\ \vdots & \vdots & \vdots \\ \lambda_{91} & \lambda_{92} & \lambda_{93} \end{bmatrix}_{9 \times 3} , \ \Psi = \begin{bmatrix} \psi_{11} & 0 & \cdots & 0 \\ 0 & \psi_{22} & \cdots & 0 \\ \vdots & \vdots & \ddots & \vdots \\ 0 & 0 & 0 & \psi_{99} \end{bmatrix}_{9 \times 9} \qquad [\text{식 } 7.10]$$

　　위의 EFA 모형을 추정하고 이용하는 데 있어서 알아 두어야 할 개념이 있는데, 그 것은 공통분산(common variance, communality)과 고유분산(unique variance, uniqueness)이다. 먼저 공통분산이란 각 관찰변수가 공통요인들을 통하여 다른 관찰변수들과 공유하는 분산이며, 각 요인부하의 제곱의 합으로 계산된다. 이는 [식 7.7]을 보면 확인이 가능한데, x의 분산($Var(x_j)$)이 공통분산($\lambda_{j1}^2 + \cdots + \lambda_{jm}^2$)과 고유분산($\psi_{jj}$)으로 이루어져 있다. 예를 들어, 우울1의 공통분산은 $\lambda_{11}^2 + \lambda_{12}^2 + \lambda_{13}^2$이 되고, 우울2의 공통분산은 $\lambda_{21}^2 + \lambda_{22}^2 + \lambda_{23}^2$이 된다. 반면에 고유분산이란 각 관찰변수가 다른 관찰변수들과 공유하지 않고 고유하게 가지고 있는 분산이다. 예를 들어, 우울1의 고유분산은 e_1의 분산을 가리키고 ψ_{11}($\varPsi$ 행렬의 첫 번째 행, 첫 번째 열의 요소)으로 표기하며, 우울2의 고유분산은 ψ_{22}가 된다. 여기서 $\varPsi$ 행렬의 비대각 요소들은 측정오차들의 공분산[50])이 되는데 전통적인 EFA에서는 허락하지 않으며, CFA에서는 허락할 수도 있다. 일반적으로 EFA에서는 R이 분석의 단위이기 때문에(즉, 표준화된 x 변수를 사용하기 때문에) 지표변수 우울1의 분산은 1이고, 우울1의 공통분산과 고유분산의 합은 자연스럽게 1이 된다. 즉, R을 분석하면 모든 관찰변수의 공통분산과 고유분산의 합은 1이다. 종합하면, 우리가 EFA를 통하여 구하고자 하는 가장 주요한 두 가지가 바로 공통분산을 형성하는 요인부하와 고유분산에 다름 아니다. M*plus*를 이용하든 SPSS를 이용하든 모두 다 λ들의 추정치인 $\hat{\varLambda}$ 행렬을 주는데, 공통분산과 고유분산을 주는 방식은 두 프로그램이 다르다. SPSS는 공통분산을 주고, M*plus*는 고유분산을 준다. 두 프로그램 모두 R을 기본적으로 분석하기 때문에 하나를 주면 나머지 하나는 자연히 1에서 뺀 값이 된다.

한 가지 더, R로부터 요인을 추출하고 각 요인이 관찰변수에 주는 영향인 λ를 구하는 과정에서 알아 두어야 할 것이 있다. 정방행렬 R을 이용하여 고유값(eigenvalue)을 계산해 낼 수 있는데, 만약 R을 구성하는 모든 x 사이에 선형종속이 존재하지 않는다면 x의 개수만큼 고유값이 나오게 된다. 다시 말해, R이 full rank라면 변수의 개수만큼 고유값이 계산된다. [그림 7.2]의 예를 보면 총 아홉 개의 고유값을 구할 수 있고, 이 고유값은 1보다 큰 값부터 1보다 작은 값까지 다양하게 존재하는 것이 일반적이다.[51]) 그리고 이 아홉 개의 고유값을 모두 더하면 바로 x의 개수인 9가 된다. 즉, 고유값의 총합은 R이 가지고 있는 분산의 총합과 같게 된다. 또한 각각의 고유값은 상응하는 요인이 있는데, 이 고유값의 크기가 각 상응하는 요인이 관찰변수들 사이에 존재하는 공통분산을 얼마나 설명할 수 있는지를 나타낸다. 위의 예처럼 $\varLambda$ 행렬이 구해지면 각 요인에 상응하는 고유값을 계산해 낼 수 있다. 예를 들어, 우울 요인의 고유값은 우울에 해당하는 총 아홉 개 λ의 제곱의 합이고 ($= \lambda_{11}^2 + \lambda_{21}^2 + \cdots + \lambda_{91}^2$), 면역기능 요인의 고유값은 $\lambda_{12}^2 + \lambda_{22}^2 + \cdots + \lambda_{92}^2$이며, 마지막으로 질병 요인의 고유값은 $\lambda_{13}^2 + \lambda_{23}^2 + \cdots + \lambda_{93}^2$이다.

---

50) EFA에서는 관찰변수들의 상관계수 행렬 Σ_{ZZ}(표본에서는 R)를 이용하므로, $\varPsi$ 행렬의 비대각 요소들은 정확히 말하면 측정오차 간의 상관계수다.

51) x들이 서로 완벽하게 독립적이 아니라면, 다시 말해 x들 간에 상관이 존재한다면 위와 같다. 현실에서 모든 x 간에 상관이 전혀 없을 가능성은 0이라고 볼 수 있다.

λ와 ψ의 추정치를 구하기 위해 요인분석모형은 여러 가지 방법으로 추정할 수 있는데 가장 많이 쓰인다고 할 수 있는 두 가지 방법은 아마도 주축분해(principal axis factoring, PAF)와 최대우도(ML) 방법일 것이다. ML은 그동안 여러 번 그 개념을 설명하였으므로 생략하고, 조금 오래된 방법이기는 하지만 여기서는 PAF 의 방법을 개념적으로 설명한다. 실제 자료를 이용한 PAF 추정을 위해서는 [식 7.6]에서 먼저 Σ_{ZZ}를 R로 바꾸고, 측정오차의 상관 행렬인 Ψ를 [식 7.11]과 같이 좌변으로 넘긴다.

$$R - \Psi = \Lambda\Phi\Lambda' \qquad\qquad [식\ 7.11]$$

위에서 만들어진 $R - \Psi$ 행렬을 축소된 상관계수 행렬(reduced correlation matrix) 이라고 한다. R은 관찰변수 x들의 상관계수 행렬이므로 대각 요소가 모두 1이고 비대각 요소는 모두 x 간의 상관계수이며, Ψ는 대각 요소가 모두 고유분산이고 비 대각 요소는 모두 0인 대각행렬이다. 그러므로 $R - \Psi$ 행렬은 대각 요소가 공통분 산(1-고유분산, 즉 $1 - \psi_{11}$, $1 - \psi_{22}$, ..., $1 - \psi_{99}$)인 x들의 상관계수 행렬이 된다. 우리 책에서 다루지 않았지만, [식 7.11]은 사실 Ψ 부분만 제외하면 주성분 분석 (principal component analysis, PCA)의 모형과 거의 일치한다. PCA에서 우리는 좌변의 행렬 R을 이용해서 수학적으로 우변($\Lambda\Phi\Lambda'$)의 값들을 계산해 낸다. 그런데 요인분석에서의 문제는 Λ와 Ψ를 모두 추정해야 하므로 좌변에도 모르는 값들이 있고 우변에도 모르는 값들이 있다는 것이다. 이런 경우 우리는 먼저 $R - \Psi$에서 우 리가 모르는 값들인 대각 요소들(즉, $1 - \psi_{11}$, $1 - \psi_{22}$, ..., $1 - \psi_{99}$)에 임의의 시작값 을 주고 우변의 λ 추정치들을 모두 구한다. 일반적으로 이 시작값은 회귀분석의 R^2를 이용한다. 예를 들어, 우울1의 공통분산($1 - \psi_{11}$) 시작값은 우울1을 종속변수 로 하고 나머지 여덟 개의 관찰변수를 독립변수로 하여 회귀분석을 한 다음 계산된 R^2를 사용하는 것이다. 정의에 의하여 우울1의 공통분산은 우울1이 요인들을 통하 여 나머지 모든 관찰변수와 공유하는 분산이므로, '요인들을 통하여'라는 부분만 빼면 개념적으로 R^2와 상당히 흡사하다.

우변의 값들이 다 결정되면 다시 그 값들을 이용해 좌변의 $R - \Psi$를 재생산 (reproduce)한다. 앞에서 배웠듯이, 공분산 행렬(또는 상관계수 행렬)과 모형이 있으면 모수의 추정치들을 구할 수 있고, 추정치들이 있으면 추정된 공분산 행렬 (또는 추정된 상관계수 행렬)을 재생산할 수 있다. 다시 또 좌변의 정보를 바탕으로 우변의 값을 계산해 내고, 이것으로 또 좌변을 계산해 내고, 이런 식으로 공통분산과 요인부하의 추정치들이 단계마다 미리 설정한 특정한 통계적 준거(statistical criterion) 이하로 변화하게 되면 추정 과정을 멈추고 추정 과정이 수렴하였다고 한다. 그리고 프로그램은 마지막 단계에서의 공통분산(또는 고유분산) 추정치와 요인부하 추정치를 보고한다.

PAF와 ML은 모두 광범위하게 사용되는 좋은 추정 방법이지만, 둘의 다른 특성은 살펴볼 가치가 있다. 먼저 ML은 앞 장에서 설명하였듯이 자료가 충분히 크고 다변량 정규성을 만족한 상태에서는 불편향성, 일관성, 효율성 등 여러 좋은 추정치로서의 특성을 지니고 있다. 또한 χ^2_M을 비롯한 다양한 모형 적합도 지수를 제공하며, 개별적인 요인부하에 대한 통계적 검정도 실시할 수 있고, 각 모수에 대한 신뢰구간도 계산할 수 있다. 자료의 정규성이 만족된다면 아마도 가장 좋은 추정량(estimator)[52]일 것이다. 그에 반해 PAF는 자료의 다변량 정규성을 만족하지 않아도 사용할 수 있는 추정 방법으로서, ML에 비해서 Heywood case 등의 부적절한 결과(improper solution)를 만들어 낼 확률이 적다. 하지만 ML에 비해 다양한 종류의 모형 적합도 지수를 제공하지 않으며, 모수에 대한 통계적 검정도 할 수 없고, 신뢰구간도 제공하지 않는다는 단점이 있다. 이 방법이 주축분해(principal axis factoring)라는 이름으로 불리는 이유는 첫 번째 요인이 자료에 존재하는 최대한의 분산을 먼저 설명하고, 두 번째, 세 번째 요인으로 가면서 설명하는 분산의 크기가 계속 줄어들기 때문이다. 이는 주성분 분석에서 첫 번째 주성분이 자료에 존재하는 가장 큰 분산을 설명하고, 두 번째 주성분은 그다음으로 큰 분산을 설명하는 이치와 같은 것이다. 여기서 주축(principal axis)이란 바로 요인(잠재변수)의 기하학적 표현이다. 이런 이유로 PAF로 요인분석모형을 추정하면 첫 번째 요인의 부하값들이 전체적으로 큰 경향이 있다. 참고로 M*plus*에서 PAF 방법은 허락되지 않으며, 일반적인 ML과 나중에 설명하게 될 강건한 ML 및 비가중 최소제곱(ULS) 추정 방법이 가능하다. 만약 관찰변수(지표변수)들이 범주형이고 범주형 자료를 그 특성대로 이용하여 탐색적 요인분석을 하고자 하면, 역시 나중에 설명하게

---

52) 통계학에서 추정량(estimator)과 추정치(estimate)는 같은 개념이면서도 다른 정의를 가진다. 추정량은 표집분포에서의 확률변수(random variable)이고, 추정치는 특정한 하나의 값이다. 예를 들어, 대한민국 성인 남성 모집단의 평균 몸무게 μ의 추정량은 표본평균 $\bar{x}$이고, 추정치는 75kg이다. 우리 책에서는 이 둘 사이의 구분을 심각하게 두지 않는다.

될 가중 최소제곱(WLS) 방법 및 비가중 최소제곱 방법이 M*plus*에서 허용된다.

7.1.3. 요인 개수의 결정 및 해석

탐색적 요인분석모형을 추정하게 되면 몇 개의 요인이 적절한가에 대한 결정을 해야 한다. 대부분의 경우, 연구자의 주 관심사는 자료 세트(R)에 존재하는 분산, 공분산을 최대한으로 설명하는 최소한의 요인 개수가 몇 개인지를 결정하는 것이다. Kaiser(1960)는 R 행렬에서 고유값들을 모두 구해 1이 넘는 개수만큼 요인을 추출해야 한다고 하였으나, 과대추출(over factoring)이나 과소추출(under factoring) 등 여러 문제로 인하여 이 방법을 단독으로 사용하지는 않는다. Cattell(1966)은 스크리 도표(scree plot)를 사용하는 것을 제안하였는데, 수평축은 요인, 수직축은 고유값으로 하여 각 요인에 해당하는 고유값을 좌표에 찍은 다음 적절한 요인의 개수를 결정하는 방법이다. ML 방법을 이용하여 추정한 경우, χ^2 적합도 검정(H_0: 모형이 자료에 부합한다)을 통해서도 요인의 개수를 결정할 수가 있다. 적은 개수의 요인을 가지는 모형부터 시작하여 차례대로 개수를 늘려 가면서 χ^2 적합도 검정을 실시하여 검정을 만족하는(즉, H_0 기각에 실패하는) 가장 적은 개수의 요인을 가진 모형을 선택하는 것이다. 또한 1요인 모형, 2요인 모형, 3요인 모형 등은 서로 위계적으로 내재된 관계이기 때문에 '1요인 모형 vs. 2요인 모형'으로 χ^2 차이검정을 실시하여 더 나은 모형을 선택하기도 한다. 하지만 이 방법은 χ^2 적합도 검정이 지니고 있는 제한점(예, 표본크기에 민감)을 그대로 가지고 있기 때문에 문제의 소지가 있을 수 있다. 또한 만약에 최대우도 추정의 변형된 방법들(예, 강건한 최대우도 추정)이나 가중 최소제곱 추정 방법들을 사용한 경우에는 일반적인 χ^2 차이검정을 할 수 없으므로 유의해야 한다. 이때는 제8장에서 보게 될 보정된 χ^2 차이검정을 사용해야 한다(Satorra & Bentler, 1994, 2001; Yuan & Bentler, 2000).

최근에 주목받고 있는 요인개수의 결정 방법은 RMSEA를 이용하는 것이다. Preacher, Zhang, Kim과 Mels(2013)는 1요인 모형부터 시작하여 요인의 개수를 늘려 가면서 모형을 추정할 때 RMSEA가 0.05 이하를 만족하는 가장 적은 개수의 요인을 가진 모형을 선택해야 한다고 하였다. 또는 RMSEA의 90% 신뢰구간의 하한(lower bound)이 0.05 이하를 만족하는 가장 적은 개수의 요인을 가진 모형을 선택할 수도 있다고 하였다. Preacher, Zhang, Kim과 Mels(2013)는 RMSEA의

하한을 RMSEA.LB라고 표기하였다. RMSEA를 확인하기 위해서는 ML 방법을 이용하여 모형을 추정해야 하고, $n > 200$이어야 한다. 앞 장에서 밝힌 대로 $n < 200$인 경우에 RMSEA는 정적으로 편향되는 경향이 있으며 사용하기에 적절치 않다.

이 외에도 정보준거(information criterion)인 AIC나 BIC를 사용하여 적당한 요인의 개수를 결정할 수 있다. AIC는 특히 표본크기가 작을 때 잘 작동하는 것으로 알려져 있으나, 표본크기가 커짐에 따라 너무 많은 개수의 요인을 결정하는 경향이 있다(Bozdogan, 2000). ECVI 또한 AIC와 같은 경향을 보이는데, 그 이유는 앞서 밝혔듯이 ECVI와 AIC가 최대우도 추정을 한 경우에 서로 단조증가(monotonically increasing) 관계가 있기 때문이다. 베이지안의 MCMC(Markov chain Monte Carlo) 알고리즘을 이용하여 시뮬레이션한 결과, BIC가 EFA에서 요인의 개수를 결정하는 데 있어서 다른 여러 방법보다 더 잘 작동하기도 하였다(Lopes & West, 2004). AIC와 BIC를 이용할 때는 1요인 모형부터 요인의 개수를 늘려 가며 추정하여 각 모형의 지수를 비교하여 가장 작은 값이 나온 모형을 선택하면 된다. 지금까지 설명한 요인의 개수 결정 방법들 외에도 Horn(1965)의 평행 분석(parallel analysis)[53] 등 여러 방법이 지난 수십 년간 제안되었다. 하지만 그 어떤 하나의 방법도 절대적인 것은 없으며, 제안된 여러 가지 방법을 사용하여 종합적이고 통합적인 결정을 내려야 한다.

요인의 추정을 통하여 개수를 결정하고 개별적인 요인부하와 고유분산의 추정치들($\hat{\lambda}$과 $\hat{\psi}$)을 구하고 나면, 요인에 대한 해석이 필요한 경우가 있다. 탐색적 요인분석에서는 각 요인에 상응하는 관찰변수들이 정해진 것이 아니므로, λ의 크기 등에 따라 어떤 관찰변수와 어떤 요인이 서로 상관이 큰지 파악하여 각 요인의 의미를 파악할 수 있다. 앞에서 설명했듯이, EFA의 기본 가정이 만족되면 λ는 상응하는 관찰변수와 요인 간의 상관(correlation)이다. 어떤 관찰변수가 어떤 요인과 가장 큰 상관이 있는지 결정하기 위하여 $\hat{\Lambda}$ 행렬에서 하나의 행씩 차례차례 확인하는 방법이 일반적이다. 예를 들어, [그림 7.2]의 모형을 추정하여 얻은 $\hat{\Lambda}$ 행렬의 첫 번째 행은 $\hat{\lambda}_{11}$, $\hat{\lambda}_{12}$, $\hat{\lambda}_{13}$ 세 개로 이루어져 있는데, 부호(sign)와 관계없이 이 세 추정치의 절대크기를 비교하여 가장 큰 값을 가지는 $\hat{\lambda}$을 선택하여 우울1은 그 요인과

---

53) M*plus* 7에서 수행할 수 있다.

관련이 있다고 하는 것이다. 만약 $\hat{\lambda}_{11}$이 셋 중 가장 크다면 우울1은 첫 번째 요인과 연결되는 것이고, $\hat{\lambda}_{12}$이 가장 크다면 우울1은 더 이상 그 요인이 아니라 두 번째 요 인과 연결되는 것이다. 탐색적 요인분석이므로 각 관찰변수는 그 어느 요인과도 연결될 수 있다. 이때 $\hat{\lambda}$의 값이 양수라면 관찰변수와 요인은 정적으로 관계가 있 는 것이고, 음수라면 부적으로 관계가 있는 것이다. 만약 한 요인에 해당하는 가장 큰 요인부하의 추정치들에 양수와 음수가 동시에 존재한다면, 적절한 해석을 위한 연구자의 현명한 기술이 필요할 것이다. 이런 식으로 총 아홉 개의 행에 대하여 같 은 작업을 하면 각 관찰변수가 세 개의 요인 중 어떤 것과 가장 큰 관계가 있는지를 결정할 수 있다. 또한 만약 한 관찰변수의 요인부하가 두 개 이상의 요인에 대하여 비슷하게 큰 값을 가지고 있다면, 그 관찰변수가 동시에 두 요인을 측정하고 있다 고 보는 것도 얼마든지 가능하다. 그런데 이러한 방법의 요인에 대한 해석은 바로 아래서 다룰 요인의 회전 이후에 하는 것이 사실 더 일반적이다.

7.1.4. 요인의 회전

마지막으로 EFA에서 꼭 알아 두어야 할 요인의 회전(rotation)에 대하여 살펴보 도록 하자. 요인의 회전을 곧바로 설명하기 전에 요인의 회전을 통하여 얻고자 하 는 것이 무엇인지를 알아야 한다. 바로 앞의 문단에서 우리는 각 관찰변수가 어느 요인과 가장 큰 상관이 있는지를 결정하여야 했다. 만약 $\hat{\lambda}_{13}$(예, 0.023)에 비해 $\hat{\lambda}_{11}$ (예, 0.547)과 $\hat{\lambda}_{12}$(예, 0.549)이 더 큰 것은 확인이 되는데, 서로 상당히 비슷한 크 기라면 어떻게 결정할 것인가? 관찰변수 우울1은 첫 번째 요인과 연관이 있는 것인 지, 두 번째 요인과 연관이 되어 있는 것인지 판단하기가 쉽지 않다. 만약 $\hat{\Lambda}$ 행렬 의 각 행에서 하나의 $\hat{\lambda}$ 값만 충분히 크고 나머지 $\hat{\lambda}$ 값들은 모두 상대적으로 작은 상 황이 된다면, 아마도 연구자의 결정이 용이해질 것이다. 이와 같은 구조를 Thurstone (1947)은 단순구조(simple structure)라고 하였다. Thurstone(1947)은 요인부하 행렬인 Λ가 다음의 조건을 만족하면 단순구조가 달성된다고 하였다.

1) 각 행은 적어도 하나의 0을 가져야 한다.
2) 각 열에는 적어도 요인의 개수만큼 0이 있어야 한다.
3) 임의의 두 개 열로 쌍(pair)을 만들었을 때, 각 쌍에서 한 열은 0이고 다른 열 은 0이 아닌 여러 개의 행이 있어야 한다.

4) 임의의 두 개 열로 쌍을 만들었을 때, 만약 요인의 개수가 4 이상이라면 한 열도 0이고 다른 열도 0인 여러 개의 행이 있어야 한다.

5) 임의의 두 개 열로 쌍을 만들었을 때, 두 열에 모두 0이 아닌 요인부하를 갖는 행은 최소한이어야 한다.

위의 다섯 개 조건을 살펴보면, 조건 1과 2가 매우 중요함을 알아챌 수 있다. Yates (1987)는 특히 조건 1이 단순구조를 결정한다고 보았다. 위의 단순구조 개념에 맞도록 $\hat{\lambda}$의 값들을 조정하는 것, 그것이 바로 요인의 회전이다. [식 7.6]에서 편의상 Σ_{zz}를 실제 분석의 단위인 R로 바꾸고, 요인 간 상관이 없다는 가정에 의해 Φ를 I로 대체하면 [식 7.12]와 같다.

$$R = \Lambda I \Lambda' + \Psi = \Lambda \Lambda' + \Psi \qquad \text{[식 7.12]}$$

벡터와 행렬에 대한 선형대수학에서 임의의 행렬 M이 $MM' = M'M = I$를 만족하면 M을 직교행렬(orthogonal matrix)이라고 한다. M이 어떤 차원의 행렬이든 (2×2든 3×3든 10×10이든 상관없이) $MM' = I$를 만족하는 M은 무한대로 존재한다. 이와 같은 부분을 [식 7.12]에 대입하면 [식 7.13]과 같은 결과를 얻는다.

$$\begin{aligned} R &= \Lambda \Lambda' + \Psi = \Lambda I \Lambda' + \Psi = \Lambda M M' \Lambda' + \Psi \\ &= (\Lambda M)(M' \Lambda') + \Psi = (\Lambda M)(\Lambda M)' + \Psi \end{aligned} \qquad \text{[식 7.13]}$$

[식 7.13]을 들여다보면, 결국은 $R = (\Lambda M)(\Lambda M)' + \Psi$이 된다. $MM' = I$를 만족하는 M은 무한대로 존재하기 때문에 추정된 R을 재생산할 수 있는 ΛM(새로운 요인부하 행렬, 패턴행렬[pattern matrix]) 역시 무한대로 존재하는 애매모호함(ambiguity)이 있다. 이 애매모호함은 오히려 요인의 회전을 통해 $\hat{\lambda}$의 추정치 세트를 통째로 바꾸어, 단순구조를 획득하는 데 이용된다. 기하학적으로 요인분석이란 p개의 관찰변수 x들이 이루는 p차원에서의 분포를 $m(p \geq m)$개의 요인들로 이루어진 m차원에 간략하게 표현하기 위한 방법이다. 이때 요인들이란 m차원 공간에서의 기준 축(axis)들이다. 바로 앞에서 설명한 대로 무한대의 ΛM이 존재한다는 것은 무한대의 요인축이 존재한다는 말과 서로 통한다. 기준 축들이 무한대로 존재하므로, 그중 단순구조를 가장 잘 표현하는 요인부하 추정치들의 세트를 선택할 수 있다. 회전의 예가 [그림 7.3]에 있다.

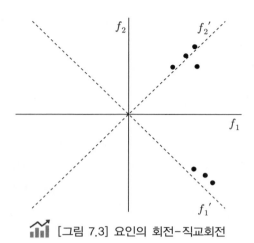

[그림 7.3] 요인의 회전-직교회전

위에서 원래의 수평축은 요인1(f_1)의 요인계수 값이고, 수직축은 요인2(f_2)의 요인계수 값이다. 그림을 통해 원래의 요인축 f_1과 f_2에서 관찰변수들의 요인부하와, f_1'과 f_2'으로 회전한 이후의 관찰변수의 요인부하를 비교할 수 있다. 예를 들어, 오른쪽 위 1사분면에 있는 네 개의 점은 f_1축에서도 f_2축에서도 상당히 높은 값이며, 오른쪽 아래 4사분면의 점 세 개도 f_1축 및 f_2축에서 절대값이 꽤 크다. 하지만 회전한 이후의 요인계수 값들을 보면, 1사분면에 있던 네 개의 점은 f_2'축에서는 매우 높은 값이지만 f_1'축에서는 매우 낮은 값(거의 0)을 보인다. 마찬가지로 4사분면에 있던 점들은 f_1'축에서는 매우 높은 값, f_2'축에서는 매우 낮은 값을 보인다. 즉, 회전을 통해서 Thurstone이 설명한 단순구조에 더 가까워진 것이다.

지금까지 설명한 요인의 회전을 특히 요인의 직각회전 또는 직교회전(orthogonal rotation)이라고 한다. 직교회전은 요인 간에 독립성을 계속 유지하면서, 즉 기하학적으로 f_1과 f_2의 직교상태를 유지하면서 회전하는 방법이다. 직교회전 방법으로는 여러 가지가 있는데, 예를 들어 Varimax는 요인부하를 제곱한 값들의 분산을 최대화시키는 방법이고, Quartimax는 각각의 변수가 하나의 요인부하만 큰 값을 갖도록 해 주는 방법이며(각 변수를 설명하는 요인의 개수를 최소화하는 방법), Equimax는 Varimax와 Quartimax의 절충 방법이다.

지금까지 설명한 방법은 모두 요인의 축들이 서로 직각을 이루는 것을 가정한 방법이다. 단순구조에 더 다가가는 요인분석 결과를 얻기 위하여 요인 간 상관을 허락하면서, 즉 기하학적으로 요인 간 직교 가정을 풀어 준 후에 회전하는 방법들이 있다. 이를 사각회전 또는 사교회전(oblique rotation)이라고 하는데, [그림 7.4] 에 그 예가 있다.

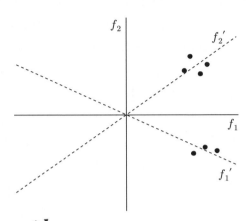

[그림 7.4] 요인의 회전-사각회전

위 그림에서 보듯이 원래의 두 요인(f_1과 f_2)은 서로 직각으로 만나는 데 반해, 회전하여 새롭게 얻은 f_1'과 f_2'은 서로 직각으로 만나지 않는다. 이와 같은 사각 회전은 매우 많은 종류가 있다. 예를 들어, Covarimin은 사각이라는 것만 빼면 Varimax와 거의 같은 방법이고, Quartimin은 요인부하의 내적(inner product) 을 최소화하는 방법이며, Oblimin은 Covarimin과 Quartimin의 절충 방법이고, Promax는 Oblimin과 거의 비슷하지만 계산 속도가 좀 더 빠른 방법이다. 요인의 회전 방법은 수십 가지가 넘기 때문에 우리 책에서 모두 자세히 다루는 것은 목적 에 맞지 않고 적절하지도 않다. 다만 사각회전 중에 많이 사용되는 Promax의 방법 에서 κ(kappa)에 대하여 설명하는 것이 필요할 듯싶다. 기본적으로 Promax 방법 의 회전은 직교회전에서 시작해 요인 간에 단순구조를 가질 수 있도록 요인 간 상 관을 허락하면서 요인부하의 값을 올리는 방법이다. κ는 이 요인부하의 값을 올리 는 정도, 즉 요인 간에 상관을 허락하는 정도라고 할 수 있다. κ는 1 이상을 주어야 하며, 너무 높은 값을 주어서는 안 된다. Hendrickson과 White(1964)에 따르면 $\kappa = 4$가 추천된다.

M*plus*의 경우에 디폴트 회전 방법으로서 사각회전인 Geomin(Yates, 1987)을 사 용하는데, Thurstone(1947)의 단순구조를 잘 달성하는 상대적으로 최신의 방법이다

(Browne, 2001). 이 방법은 Thurstone의 단순구조 페널티 함수(complexity function) 를 Yates(1987)가 수정하고 Geomin이라고 이름 붙인 페널티 함수를 최소화한다. 함 수 값을 작게 만들수록 단순구조가 더 잘 달성되는 구조다. Yates는 soft-squeeze 라고 알려진 반복적인 알고리즘을 사용하여 함수의 최소화를 실행하였다(Browne, 2001). Yates의 Geomin 페널티 함수(complexity function)를 최소화하는 데서 발생하는 부정(indeterminacy) 문제를 해결하기 위해서는 페널티 함수에 아주 작은 양수인 ϵ(epsilon)을 더하여 사용하는 것이 일반적인데, M*plus*는 두 개의 요인 이 있는 경우에는 0.0001, 세 개의 요인이 있는 경우에는 0.001, 네 개 이상의 요 인이 있는 경우에는 0.01을 디폴트로 사용한다. 만약 이 옵션을 바꾸고 싶으면 ANALYSIS 커맨드에 ROTATION=Geomin(0.05);와 같은 식으로 괄호 안에 원하 는 ϵ값을 넣을 수 있다. 또한 Geomin 회전 방식은 페널티 함수의 최소값(global minima)이 아닌 극소값(local minima)을 주는 경우가 있어서 추정할 때 여러 개 의 시작값 세트를 주는데, M*plus*는 기본적으로 30개의 무작위 회전 시작값 세트 를 가지고 있다. 만약 이 값을 바꾸고 싶으면 ANALYSIS 커맨드에 RSTARTS 옵션 을 이용하여 할 수 있다(예, RSTARTS=100;). 기본적으로 사각회전으로 설계된 Geomin 회전 방법은 사실 약간의 변형을 통하여 직교회전으로 이용할 수도 있는 데, 그런 경우 ROTATION=Geomin(orthogonal);로 옵션을 수정한다.

이제 요인의 회전에서 직교회전을 선택해야 하는지 사각회전을 선택해야 하는지에 대하여 간략하게 살펴보자. 기본적으로 무엇을 선택하든 장점이 있고 단점이 있으며, 연구자가 무엇을 목표로 해야 하느냐에 따라 이를 결정할 수 있다. Rennie(1997) 는 직교회전과 사각회전은 거의 항상 비슷한 결과를 주기 때문에 직교회전을 해야 한다고 주장하였다. 사각회전이 직교회전의 결과와 매우 달라서 해석을 엄청나게 향상시키는 것이 아닌 다음에야, 결과의 일반화 및 반복(replication) 가능성 그리 고 분석의 단순성(Pedhazur & Schmelkin, 1991)을 위해서는 직교회전이 더 나은 방법이라는 것이다. 하지만 모든 학자가 이 의견에 동의하는 것은 아니다. Cattell (1978)은 직교회전을 선택하는 연구자에게 특정한 의도가 있어서라기보다는 이들 이 회전방법에 무지하기 때문이라고 하였으며, Thurstone(1947)은 직교회전이 인간 의 정신 구조에 대한 무지함을 대표한다고도 하였다. 요인들 사이의 상관을 허락 하지 않는 것을 이해할 수는 있지만, 이것이 결코 정당화될 수는 없다고도 하였다. 필자도 이에 동의하는데, 상관이 있는 지표변수들을 통하여 측정하게 되는 요인들 간에 상관이 없다는 가정은 실질적으로 정당화되기 매우 힘들다. 예를 들어, 인간의 여러 세부 능력을 찾는 요인분석을 실시한다고 가정하면, 그 요인들 간에 상관이 존재하는 것은 너무도 당연하다.

마지막으로 Browne(1972a, 1972b, 2001)에 의해서 제시된 부분적으로 설정된 회전(rotation to a partially specified target) 또는 목표회전(target rotation)에 대해서 간단하게 설명한다. 부분적으로 설정된 회전은 요인부하 행렬을 회전할 때 일부의 모수에 대하여 특정한 숫자로 설정한 이후에 직교회전(Browne, 1972a) 혹은 사각회전(Browne, 1972b)을 실시하는 방법이다. 예를 들어, 회전하기 전의 요인부하 행렬이나 연구자가 가지고 있는 이론적 배경으로부터의 정보 등을 이용해서 일부의 요인부하를 임의의 숫자(주로 0)로 설정하는 것이다. 이는 아래에서 다룰 확인적 요인분석과 매우 비슷하게 보이는데, 결정적으로 다른 점이 있다. 확인적 요인분석은 일부의 요인부하를 0으로 완전히 고정하여 추정 중에 바뀔 수 없는데 반해, 목표회전은 요인부하를 0으로 완전히 고정하는 것이 아니라 회전 이후에 0에 가까운 최종 요인부하 추정치가 나오도록 페널티 함수(complexity function)를 설계하는 것이다. 회전을 위한 알고리즘의 조건은 최종적인 요인부하와 목표로 삼은 요인부하의 차이를 계산하여 그 차이의 제곱의 합이 최소화되도록 하는 것이다(Browne, 2001). 확인적 요인분석에서는 0으로 고정한 요인부하가 자료를 반영하지 못할 경우 간접적으로 모형의 적합도가 좋지 않게 나오는 데 반해, 목표회전을 이용한 탐색적 요인분석에서는 0으로 설정한 요인부하가 자료를 반영하지 못할 경우 직접적으로 설정한 숫자(0)와 매우 다른 최종 추정치를 보여 주게 된다. 또한 목표회전을 위해서는 최소한의 목표가 되는 요인부하 개수를 결정해야 한다. 사각회전을 하는 경우에는 최소한 $m(m-1)$(m은 요인의 개수)개의 목표 개수를 정해 주어야 하고, 직교회전을 하는 경우에는 최소한 $m(m-1)/2$개의 목표 개수를 정해 주어야 한다. 그리고 아래의 예에서 볼 수 있겠지만 목표회전의 맥락에서 탐색적 요인분석을 실시하면 확인적 요인분석처럼 측정오차 간의 상관도 허락할 수 있다. 정리하면, Browne의 목표회전은 탐색적 요인분석과 확인적 요인분석의 중간 어디쯤에 있는 요인분석이라고 할 수 있겠다.

7.1.5. 탐색적 요인분석의 예

우울, 면역기능, 질병의 관계에 대한 자료($n=500$)를 이용해 [그림 7.2]에 있는 EFA 모형을 추정하도록 한다. 이때 사회과학에서 많이 쓰이는 SPSS와 우리 책에서 구조방정식 모형을 위하여 사용하는 M*plus* 등을 모두 사용할 수 있다. 같은 추정 방법(예, ML)과 같은 옵션을 주면 어떤 프로그램을 써도 결과는 거의 같으며, 어느 한 프로그램이 우월하다기보다는 상호 보완적인 측면이 있다. SPSS를 사용하면 깔끔하게 정리된 output을 얻을 수 있는 반면, 주요 모형 적합도 지수를 제공하지 않는다. 그런 이유로 우리 책에서는 M*plus*의 ML 추정 방법을 이용하여 예를 보여 주고자 한다. EFA를 위한 M*plus*의 input은 [결과 7.1]과 같다.

[결과 7.1] 탐색적 요인분석 – input

```
TITLE: An EFA model of depression, immune system, and illness

DATA: FILE IS depression.dat;
      FORMAT IS 9f8.3;

VARIABLE: NAMES ARE depress1-depress3 immune1-immune3
                    illness1-illness3;

ANALYSIS: TYPE = EFA 1 5; ROTATION = Geomin;

PLOT: TYPE = Plot2;
```

ANALYSIS 커맨드의 TYPE=EFA 1 5; 부분이 바로 탐색적 요인분석을 위한 직접적인 명령어이며, 이는 1요인 모형부터 5요인 모형까지의 결과를 모두 보이라는 뜻이다. Rotation=Geomin;은 사실 M*plus*의 디폴트이기 때문에 적어 주지 않아도 된다. Promax 등 다양한 종류의 회전방법을 제공하므로 적절하게 선택하면 되는데, 상대적으로 최신 방법인 Geomin을 사용하였다. PLOT 커맨드의 TYPE=Plot2;는 스크리 도표를 보기 위한 옵션이다. 모형을 추정한 다음 M*plus*의 메뉴 중에 Plot-View plots(Alt+V)를 선택하면 도표를 확인할 수 있다. 1요인 모형부터 5요인 모형까지의 결과를 모두 보여 줄 수는 없으므로, 최종적인 모형으로 선택된 3요인 모형의 결과를 보여 주고자 한다. RMSEA, 스크리 도표, 고유값, 정보준거 등의 방법이 모두 3요인 모형을 최종모형으로 지목하였다. RMSEA의 경우에 1요인 모형은 0.345(90% CI, 0.331-0.360), 2요인 모형은 0.286(0.269-0.303), 3요인 모형은 0.039(0.003-0.066)로서 RMSEA 및 RMSEA.LB 모두 0.05를 만족하는 가장 적은 수의 요인 개수가 3이었다. 스크리 도표를 사용하여 적절한 요인의 개수를 결정하기 위해 [그림 7.5]를 확인하여 보자.

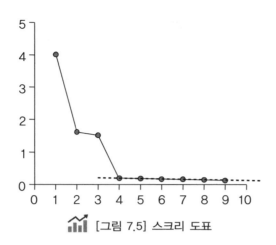

[그림 7.5] 스크리 도표

위에서 수평축은 아홉 개의 요인을 고유값이 가장 큰 요인부터 가장 작은 요인까지 일렬로 배열한 것이고, 수직축은 고유값의 크기를 가리킨다. Cattell의 스크리 도표를 이용하여 요인의 개수를 결정할 때 이런저런 방법이 회자되고 있지만, Cattell(1966) 및 Cattell과 Jaspers(1967)는 직선을 이용하는 방법을 설명하였다. [그림 7.5]를 보면, 네 번째 요인부터 아홉 번째 요인까지 고유값 크기의 변화가 거의 없어서 점으로 표시된 직선상에서 고유값이 큰 변화 없이 움직이는 것을 볼 수 있다. 이때 이 직선상에 속하지 않은 요인까지를 포함시키면 된다. 즉, 우리의 예에서는 세 개를 가장 적절한 요인의 개수로 선택하면 된다. 고유값을 이용하여 결정하는 방법 역시 이 도표를 통해 대략적으로 파악할 수 있는데, 세 번째 요인까지 1 이상의 고유값을 갖는 것을 확인할 수 있다. 이 고유값을 이용하는 방식은 상관계수 행렬 R을 분석할 때만 가능한 방법이다. 공분산 행렬 S를 분석하게 되면 실제 분산의 크기에 고유값이 영향을 받는다. 마지막으로 AIC와 BIC를 다섯 개 모형 간에 비교하였을 때 1요인~5요인 모형 중 역시 3요인 모형이 AIC=10,852, BIC=11,029로서 가장 작은 값을 보였다.

실제로 요인의 개수를 결정할 때, 이와 같이 여러 가지 다른 방법이 동일하게 하나의 결과를 지목할 수도 있고 그렇지 않을 수도 있다. 어떤 단 하나의 방법도 다른 모든 방법보다 절대적으로 우월하다고 말하기는 쉽지 않으므로, 최종적인 요인 개수의 결정은 연구자가 자신의 실질적인 이론(substantive theory)이나 경험에 기반하여 한다. 요인의 개수를 결정하였으므로 이제 최적의 모형으로 결정된 3요인 모형의 결과를 확인하자. 먼저 모형의 적합도 부분이 [결과 7.2]에 보인다.

[결과 7.2] 탐색적 요인분석 – 모형의 적합도

```
EXPLORATORY FACTOR ANALYSIS WITH 3 FACTOR(S):

MODEL FIT INFORMATION

Number of Free Parameters                    42

Loglikelihood

        H0 Value                        -5384.340
        H1 Value                        -5373.767

Information Criteria

        Akaike (AIC)                    10852.680
        Bayesian (BIC)                  11029.694
        Sample-Size Adjusted BIC        10896.383
          (n* = (n + 2) / 24)

Chi-Square Test of Model Fit

        Value                              21.146
        Degrees of Freedom                     12
        P-Value                            0.0483

RMSEA (Root Mean Square Error Of Approximation)

        Estimate                            0.039
        90 Percent C.I.                     0.003    0.066
        Probability RMSEA <= .05            0.719

CFI/TLI

        CFI                                 0.997
        TLI                                 0.991

Chi-Square Test of Model Fit for the Baseline Model

        Value                            2994.282
        Degrees of Freedom                     36
        P-Value                            0.0000

SRMR (Standardized Root Mean Square Residual)

        Value                               0.007

MINIMUM ROTATION FUNCTION VALUE            0.09706
```

이미 모형의 적합도를 확인하는 방법에 대해서는 앞에서 자세히 설명하였으므로 더 이상의 설명은 필요치 않을 것이다. 다만 비교지수인 AIC와 BIC를 제외하고, EFA에서는 1요인 모형부터 5요인 모형 중 최고의 모형 적합도를 보이는 모형을 결정하는 것은 아니라는 것을 밝힌다. 연구자가 몇 가지 조건을 미리 정해 놓고, 그것을 만족하는 최소 개수 요인모형을 선택하는 것이 좋은 전략이다. 4요인 모형이 3요인 모형보다 더 좋은 적합도(예, 더 작은 RMSEA)를 보인다고 해도 연구자가 정한 조건을 만족한 3요인 모형을 최종모형으로 선택한다. 바로 간명성의 원칙이다. 그리고 참고로 위의 자료를 이용한 4요인 모형은 부적절한 결과(improper solution)

를 보였고, 5요인 모형은 추정이 가능하였다. [결과 7.2]의 마지막 MINIMUM ROTATION
FUNCTION VALUE는 3요인 모형의 회전 과정에서 최소화된 페널티 함수(complexity
function) 값인데, 해석을 한다거나 보고해야 하는 값은 아니다. 개별적인 모수의
추정치는 [결과 7.3]에서 확인하도록 하자.

[결과 7.3] 탐색적 요인분석 – 회전한 요인부하 추정치

```
        GEOMIN ROTATED LOADINGS (* significant at 5% level)
               1                 2                 3

DEPRESS1      0.871*            0.006             0.058
DEPRESS2      0.873*           -0.004            -0.001
DEPRESS3      0.827*           -0.007            -0.037
IMMUNE1      -0.015            0.886*            -0.003
IMMUNE2       0.010            0.869*             0.015
IMMUNE3       0.001            0.823*            -0.016
ILLNESS1     -0.002           -0.001             0.925*
ILLNESS2     -0.018           -0.010             0.864*
ILLNESS3      0.033            0.007             0.849*


        S.E. GEOMIN ROTATED LOADINGS
               1                 2                 3

DEPRESS1      0.021             0.018             0.034
DEPRESS2      0.018             0.024             0.005
DEPRESS3      0.023             0.024             0.034
IMMUNE1       0.023             0.019             0.017
IMMUNE2       0.022             0.020             0.023
IMMUNE3       0.021             0.022             0.026
ILLNESS1      0.012             0.018             0.015
ILLNESS2      0.022             0.023             0.019
ILLNESS3      0.028             0.020             0.020


        Est./S.E. GEOMIN ROTATED LOADINGS
               1                 2                 3

DEPRESS1     40.966             0.323             1.710
DEPRESS2     49.151            -0.151            -0.163
DEPRESS3     35.747            -0.281            -1.065
IMMUNE1      -0.638            47.528            -0.165
IMMUNE2       0.472            43.837             0.652
IMMUNE3       0.061            37.957            -0.609
ILLNESS1     -0.175            -0.076            62.104
ILLNESS2     -0.829            -0.432            45.505
ILLNESS3      1.169             0.340            42.724
```

요인모형은 잠재변수(예, 지능, 우울, 효능감 등)와 그에 상응하는 관찰변수들의
관계를 규정하는데, 바로 이 부분을 통해 확인 가능하다. M*plus*는 EFA 결과에서 추
정치와 표준오차 및 검정통계량 결과를 서로 나누어 놓는데, 위의 결과는 output에

서 연관된 내용을 다시 조합한 것이다. 위의 결과에서는 요인부하 추정치(GEOMIN ROTATED LOADINGS)와 추정치의 표준오차(S.E.) 및 z 검정통계량(Est./S.E.)이 제공된다. 위를 보면 매우 선명하게 자료의 요인구조를 확인할 수 있다. 처음 세 개의 관찰변수가 첫 번째 요인을 측정하며, 그다음 세 개의 관찰변수가 두 번째 요인을 측정하고, 나머지 세 개의 관찰변수가 세 번째 요인을 측정한다. 나머지 모든 요인부하가 0에 가까운 값이 나와서 거의 완벽하게 단순구조가 달성된 상황이라고 볼 수 있다. 현실 속에서 항상 이렇게 완벽에 가까운 요인구조를 달성할 수는 없다. Hair, Black, Babin과 Anderson(2010)은 요인부하가 0.3~0.4를 넘어야 해석을 위한 최소한의 조건을 만족할 수 있다고 하였다. 위의 요인구조에 따르면, 첫 번째 요인은 우울, 두 번째 요인은 면역기능, 세 번째 요인은 질병인 것으로 파악된다. ML을 이용하였기 때문에 각 요인부하에 대한 통계적 z 검정도 실시할 수 있으며, 각 주요 요인부하는 모두 통계적으로 유의하였다(즉, 통계적으로 요인부하가 0이 아니었다). 다음의 [결과 7.4]에서는 요인 간 상관 추정치와 검정의 결과를 확인한다.

[결과 7.4] 탐색적 요인분석 – 요인 간 상관 추정치

```
        GEOMIN FACTOR CORRELATIONS (* significant at 5% level)
              1                 2                 3
          _____         _____         _____
   1        1.000
   2       -0.302*            1.000
   3        0.332*           -0.345*            1.000

        S.E. GEOMIN FACTOR CORRELATIONS
              1                 2                 3
          _____         _____         _____
   1        0.000
   2        0.046             0.000
   3        0.048             0.044             0.000

        Est./S.E. GEOMIN FACTOR CORRELATIONS
              1                 2                 3
          _____         _____         _____
   1        0.000
   2       -6.504             0.000
   3        6.957            -7.842             0.000
```

이것은 Geomin 회전 이후에 만들어진 세 요인 간의 상관 추정치(GEOMIN FACTOR CORRELATIONS)와 표준오차(S.E.) 및 z 검정통계량(Est./S.E.)을 보여 준다. 역시 output에는 따로 떨어져 있는 것을 설명의 편의를 위하여 다시 조합하였다. 우울과 면역기능의 상관계수는 -0.302, 우울과 질병의 상관계수는 0.332, 면역기능과 질병의 상관계수는 -0.345이고, 이 모든 상관은 통계적으로 유의함을 확인할 수 있다. 다음으로는 각 관찰변수가 공통요인들을 통하여 공유하지 않는 분산, 즉 고유분산의 추정치를 [결과 7.5]를 통해 확인한다.

[결과 7.5] 탐색적 요인분석 – 고유분산 추정치

	ESTIMATED RESIDUAL VARIANCES				
	DEPRESS1	DEPRESS2	DEPRESS3	IMMUNE1	IMMUNE2
1	0.208	0.236	0.332	0.205	0.259

	ESTIMATED RESIDUAL VARIANCES			
	IMMUNE3	ILLNESS1	ILLNESS2	ILLNESS3
1	0.314	0.145	0.258	0.264

	S.E. ESTIMATED RESIDUAL VARIANCES				
	DEPRESS1	DEPRESS2	DEPRESS3	IMMUNE1	IMMUNE2
1	0.026	0.028	0.031	0.027	0.029

	S.E. ESTIMATED RESIDUAL VARIANCES			
	IMMUNE3	ILLNESS1	ILLNESS2	ILLNESS3
1	0.030	0.022	0.026	0.026

	Est./S.E. ESTIMATED RESIDUAL VARIANCES				
	DEPRESS1	DEPRESS2	DEPRESS3	IMMUNE1	IMMUNE2
1	7.873	8.496	10.851	7.605	9.009

	Est./S.E. ESTIMATED RESIDUAL VARIANCES			
	IMMUNE3	ILLNESS1	ILLNESS2	ILLNESS3
1	10.580	6.452	9.954	10.235

위의 결과에서 우울1의 고유분산은 $0.208(= Var(e_1) = \psi_{11})$, 우울2의 고유분산은 $0.236(= Var(e_2) = \psi_{22})$, ..., 질병3의 고유분산은 $0.264(= Var(e_9) = \psi_{99})$ 등 아홉 개 관찰변수의 고유분산 추정치를 볼 수 있다. z 검정통계량(Est./S.E.)을 통해 모두 통계적으로 유의함도 확인할 수 있는데, 오차 분산의 통계적 유의성은 그다지 큰 의미는 없다. M$plus$는 상관계수 행렬인 R을 분석하기 때문에 위의 결과를 통해 공통분산(communality)도 계산할 수 있다. 예를 들어, 우울1의 공통분산은 $1-0.208=0.792$, 우울2의 공통분산은 $1-0.236=0.764$, ..., 질병3의 공통분산은 $1-0.264=0.736$이 된다. 마지막으로 관찰변수와 요인의 상관계수가 [결과 7.6]에 제공된다.

[결과 7.6] 탐색적 요인분석 – 관찰변수와 요인의 상관계수

FACTOR STRUCTURE	1	2	3
DEPRESS1	0.888	-0.277	0.346
DEPRESS2	0.874	-0.267	0.290
DEPRESS3	0.817	-0.244	0.240
IMMUNE1	-0.283	0.891	-0.313
IMMUNE2	-0.247	0.861	-0.281
IMMUNE3	-0.253	0.828	-0.299
ILLNESS1	0.305	-0.320	0.925
ILLNESS2	0.272	-0.302	0.861
ILLNESS3	0.313	-0.296	0.857

회전 이전의 요인부하나 직교회전 이후의 요인부하는 요인부하 값이면서 동시에 관찰변수와 요인의 상관계수이기도 하다. 하지만 요인을 사각회전한 이후에는 요인부하가 더 이상 관찰변수와 회전된 요인의 상관계수가 되지 않는다. 그런 이유로 대부분의 프로그램은 사각회전을 했을 때 FACTOR STRUCTURE라는 이름으로 관찰변수와 회전된 요인 간의 상관계수를 제공한다. 예를 들어, 우울1과 우울 요인의 상관계수는 0.888, 우울1과 면역기능 요인의 상관계수는 −0.277, 우울1과 질병 요인의 상관계수는 0.346이 된다. 지금까지가 M$plus$를 이용해 EFA를 추정하였을 때 연구자가 가질 수 있는 결과물이다. SPSS의 경우 회전에 사용된 행렬 M을 제공하기도 하는데, M$plus$는 그렇지는 않다.

같은 자료를 이용하여 부분적으로 설정된 회전(Browne, 1972a, 1972b, 2001)의 예를 아래에 보인다. 우리가 현재 가지고 있는 자료는 바로 앞에서도 봤지만, 사실 세 개의 잠재변수가 각각 세 개의 지표변수에 의해서 구분되는 개념으로 측정이 되고 있다. 전통적인 탐색적 요인분석이나 Browne의 목표회전 방식에 잘 들어맞는 자료라고는 할 수 없으므로, 오로지 교육적인 목적에서 어떻게 syntax를 짜고, output은 어떻게 해석할 수 있는지를 보고자 한다. 먼저 [결과 7.7]에 목표회전을 위한 탐색적 요인분석의 input이 제공된다. 이때 한 가지 유의할 점은, 목표회전을 위해서는 전체적인 요인의 개수가 어느 정도 결정되어야만 하기 때문에 일반적으로 자료 수집 후에 곧바로 목표회전을 실시하지는 않는다. 먼저 전통적인 EFA를 이용하여 최종적인 요인 개수를 대략적으로 결정해야 한다. 또는 자료에 대한 어느 정도의 정보를 가지고 있다고 가정해야 한다.

[결과 7.7] 탐색적 요인분석과 목표회전 – input

```
TITLE: An EFA model with target rotation
DATA: FILE IS depression.dat;
      FORMAT IS 9f8.3;
VARIABLE: NAMES ARE depress1-depress3 immune1-immune3
          illness1-illness3;
ANALYSIS: TYPE = General; ROTATION = Target(oblique);
MODEL: f1 BY depress1-depress3 immune1-immune3
                 illness1-illness3
       immune1~0
       immune2~0
       immune3~0
       illness1~0
       illness2~0
       illness3~0(*1);

       f2 BY depress1-depress3 immune1-immune3
                 illness1-illness3
       depress1~0
       depress2~0
       depress3~0
       illness1~0
       illness2~0
       illness3~0(*1);

       f3 BY depress1-depress3 immune1-immune3
                 illness1-illness3
       depress1~0
       depress2~0
       depress3~0
       immune1~0
       immune2~0
       immune3~0(*1);

       immune2 WITH depress3;
OUTPUT: StdYX MODINDICES(0);
```

ANALYSIS 커맨드에서 ROTATION＝Target(oblique);를 통해 부분적으로 설정된 사각회전을 실행할 수 있다. 만약 직교회전을 하고자 한다면, oblique 부분을 orthogonal로 바꿔 주면 된다. MODEL 커맨드의 첫 부분을 보면, EFA이므로 요인의 이름은 임의로 f1으로 정해졌고, 아홉 개의 지표변수로 측정되고 있다. 그런데 바로 밑에서 "~"(tilde)를 이용해서 부분적으로 요인부하의 설정을 해 주고 있다. 예를 들어, immune1~0은 첫 번째 요인과 immune1 변수 사이에서 추정되는 요인부하를 0으로 설정하였다는 의미다. 앞서 밝혔지만, 이는 고정(fix)과는 다른 개념이며 추정 알고리즘에서 시작값을 준다는 개념으로 이해할 수 있다. 마찬가지로 나머지 다섯 개의 요인부하도 모두 0으로 설정하였다. 두 번째 요인과 세 번째 요인도 마찬가지 방법으로 설정되었다. 각 요인의 설정 부분에서 가장 마지막에 있는 (*1)은 첫 번째, 두 번째, 세 번째 요인이 모두 하나의 요인부하 행렬에 속한다는 의미로서, 단 하나의 회전만 이루어진다는 의미다. M*plus*에서는, 예를 들어 요인 1과 2가 하나의 EFA 구조를 만들고, 요인 3과 4가 또 하나의 EFA 구조를 만드는 것이 가능하기 때문에 이와 같은 설정을 해 주게 된다. MODEL 커맨드의 맨 마지막에는 immune2 지표변수에 속한 측정오차와 depress3 지표변수에 속한 측정오차의 상관을 추정하는 명령어가 보인다. 목표회전은 EFA의 성격과 CFA의 성격을 모두 가지고 있는 방식으로서 이와 같이 측정오차의 상관을 추정할 수 있다. EFA 분석이므로 OUTPUT 커맨드에 표준화된 추정치를 요구하는 StdYX 옵션을 추가하였다. MODINDICES 옵션은 측정오차의 상관을 허락하기 위해 미리 수정지수를 확인하고자 설정하였다. 그리고 그 결과가 바로 위에 있는 immune2 WITH depress3; 명령문이다. [결과 7.8]에는 모형 적합도 지수가 제공된다.

[결과 7.8] 탐색적 요인분석과 목표회전 – 모형의 적합도

```
MODEL FIT INFORMATION

Number of Free Parameters                      43

Loglikelihood

        H0 Value                       -5379.580
        H1 Value                       -5373.767

Information Criteria

        Akaike (AIC)                   10845.161
        Bayesian (BIC)                 11026.389
        Sample-Size Adjusted BIC       10889.904
          (n* = (n + 2) / 24)

Chi-Square Test of Model Fit

        Value                             11.626
        Degrees of Freedom                    11
        P-Value                           0.3924

RMSEA (Root Mean Square Error Of Approximation)

        Estimate                           0.011
        90 Percent C.I.                    0.000    0.049
        Probability RMSEA <= .05           0.957

CFI/TLI

        CFI                                1.000
        TLI                                0.999

Chi-Square Test of Model Fit for the Baseline Model

        Value                           2994.282
        Degrees of Freedom                    36
        P-Value                           0.0000

SRMR (Standardized Root Mean Square Residual)

        Value                              0.005
```

[결과 7.2]에 나타나는 전통적인 탐색적 요인분석의 3요인 모형의 적합도에 비해 전반적으로 약간씩 좋아진 모형 적합도를 확인할 수 있을 것이다. 즉, 목표회전 방식은 EFA의 장점을 이용하여 요인 구조를 탐색적으로 살필 수 있게 만들었을 뿐만 아니라, CFA의 장점을 이용하여 모형 적합도를 더 좋게 만들기도 하였다. [결과 7.9]에는 개별모수 추정치가 제공되는데, 표준화된 결과만 제공한다.

[결과 7.9] 탐색적 요인분석과 목표회전 – 개별모수 추정치

```
STANDARDIZED MODEL RESULTS

STDYX Standardization

                                                    Two-Tailed
                  Estimate      S.E.    Est./S.E.   P-Value

F1      BY
   DEPRESS1        0.879       0.019      46.383     0.000
   DEPRESS2        0.875       0.019      45.307     0.000
   DEPRESS3        0.825       0.022      37.925     0.000
   IMMUNE1        -0.007       0.021      -0.332     0.740
   IMMUNE2        -0.001       0.022      -0.064     0.949
   IMMUNE3         0.008       0.024       0.336     0.737
   ILLNESS1       -0.005       0.018      -0.260     0.795
   ILLNESS2       -0.021       0.021      -1.011     0.312
   ILLNESS3        0.030       0.022       1.360     0.174

F2      BY
   DEPRESS1        0.016       0.021       0.768     0.443
   DEPRESS2        0.005       0.021       0.240     0.810
   DEPRESS3       -0.024       0.025      -0.957     0.339
   IMMUNE1         0.888       0.019      47.390     0.000
   IMMUNE2         0.867       0.020      43.478     0.000
   IMMUNE3         0.823       0.021      38.393     0.000
   ILLNESS1       -0.001       0.018      -0.072     0.942
   ILLNESS2       -0.010       0.021      -0.491     0.623
   ILLNESS3        0.007       0.022       0.343     0.732

F3      BY
   DEPRESS1        0.052       0.021       2.502     0.012
   DEPRESS2       -0.005       0.021      -0.257     0.798
   DEPRESS3       -0.049       0.024      -2.045     0.041
   IMMUNE1        -0.004       0.021      -0.217     0.828
   IMMUNE2         0.019       0.022       0.871     0.384
   IMMUNE3        -0.018       0.024      -0.763     0.446
   ILLNESS1        0.926       0.016      58.210     0.000
   ILLNESS2        0.865       0.018      46.889     0.000
   ILLNESS3        0.850       0.019      45.225     0.000

F2      WITH
   F1             -0.314       0.046      -6.891     0.000

F3      WITH
   F1              0.343       0.044       7.811     0.000
   F2             -0.346       0.044      -7.879     0.000
```

```
IMMUNE2   WITH
    DEPRESS3              0.191       0.061       3.139       0.002

Intercepts
    DEPRESS1             0.008       0.045       0.183       0.855
    DEPRESS2             0.028       0.045       0.617       0.537
    DEPRESS3             0.005       0.045       0.109       0.913
    IMMUNE1             -0.074       0.045      -1.650       0.099
    IMMUNE2             -0.077       0.045      -1.727       0.084
    IMMUNE3             -0.075       0.045      -1.669       0.095
    ILLNESS1             0.017       0.045       0.390       0.696
    ILLNESS2             0.024       0.045       0.545       0.586
    ILLNESS3             0.033       0.045       0.742       0.458

Variances
    F1                   1.000       0.000     999.000     999.000
    F2                   1.000       0.000     999.000     999.000
    F3                   1.000       0.000     999.000     999.000

Residual Variances
    DEPRESS1             0.203       0.026       7.700       0.000
    DEPRESS2             0.240       0.028       8.623       0.000
    DEPRESS3             0.332       0.030      10.900       0.000
    IMMUNE1              0.204       0.027       7.620       0.000
    IMMUNE2              0.259       0.029       9.055       0.000
    IMMUNE3              0.316       0.030      10.656       0.000
    ILLNESS1             0.145       0.022       6.471       0.000
    ILLNESS2             0.258       0.026       9.960       0.000
    ILLNESS3             0.264       0.026      10.231       0.000


R-SQUARE

    Observed                                             Two-Tailed
    Variable        Estimate      S.E.    Est./S.E.    P-Value

    DEPRESS1            0.797       0.026      30.239       0.000
    DEPRESS2            0.760       0.028      27.273       0.000
    DEPRESS3            0.668       0.030      21.905       0.000
    IMMUNE1             0.796       0.027      29.736       0.000
    IMMUNE2             0.741       0.029      25.887       0.000
    IMMUNE3             0.684       0.030      23.055       0.000
    ILLNESS1            0.855       0.022      38.137       0.000
    ILLNESS2            0.742       0.026      28.677       0.000
    ILLNESS3            0.736       0.026      28.535       0.000
```

이미 자료의 구조가 상당히 선명하기 때문에 전통적인 EFA의 3요인 결과와 큰 차이는 존재하지 않는다. 요인부하를 보면 f_1, f_2, f_3의 해석 역시 상당히 용이하다. f_1은 우울, f_2는 면역기능, f_3는 질병임이 상당히 선명하다. 일반적인 EFA의 결과와 전체적으로 매우 비슷한데, 다만 측정오차의 상관 하나가 추정(0.191)되었다는 사실이 눈에 띄게 다르다. OUTPUT 커맨드에서 수정지수도 요구했으나, 수정지수에 대한 결과는 이미 여러 번 봐 왔으므로 생략한다.

7.2. 확인적 요인분석(CFA)

앞의 섹션에서 우리는 탐색적 요인분석으로 알려진 제약이 없는 모형, 즉 모든 관찰변수가 모든 요인과 관련이 있다고 가정하는 요인분석모형을 살펴보았다. 이번에는 연구자가 미리 관찰변수와 요인의 관계에 대한 충분한 가설을 가지고서 관계의 일부를 제약하는 모형인 확인적 요인분석모형(Jöreskog, 1969)을 알아볼 것이다. 제약이 있는 요인모형(restricted factor analysis)이란 일부 모수, 특히 요인부하(Λ) 중 일부의 모수를 0으로 고정하는 제약(restriction 또는 constraint)을 주기 때문에 붙은 이름이다. 그런 이유로 확인적 요인분석모형을 회전시키는 것은 불가능하다. 왜냐하면 요인의 회전이 연구자가 설정한 제약의 위치와 연구자의 가설을 무효화시킬 것이기 때문이다. 확인적 요인분석은 요인구조에 대한 특정한 가설이 있는 경우에 그것을 확인하기 위하여 사용된다. 즉, 확인적 요인분석모형을 통하여 연구자가 가진 자료에 몇 개의 요인이 존재하고(차원성, dimensionality) 각 요인은 어떤 관찰변수에 의해서 측정되는지를 확인하는 것이다.

7.2.1. 모형의 설정(Specification)

먼저 연구자의 가설에 따라 확인적 요인분석모형을 설정하고, 그 모형의 주요한 모수를 추정하는 데 있어서 필요한 내용을 다룬다. 모형의 설정 및 가정(assumptions), 측정모형의 차원성(dimensionality), 요인의 의미, 필요한 지표변수의 개수 등을 다룬다. 또한 구조방정식의 측정모형에 있어서 가장 중요한 개념 중 하나인 타당도에 대하여 토론한다.

모형의 기초
확인적 요인분석모형의 측정 과정(measurement process)은 개념(concept)에 대한 선택과 함께 시작한다(Bollen, 1989). 개념이 선택되면 그 개념에 의미를 부여하고, 그 개념을 대표하는 잠재변수(들)를 찾아내고, 그것(들)에 연결된 지표변수(관찰변수)들을 결정하며, 마지막으로 각 잠재변수와 지표변수들의 관계를 설정(specification)한다. 바로 앞에서 이용한 우울, 면역기능, 질병의 관계를 다룬 자료를 이용하여 요인부하에 어떤 제약을 주고 어떤 요인모형을 설정할 수 있는지 살펴본다. [그림 7.2]에 보이는 탐색적 요인분석모형의 요인부하에 연구자의 가설을 적용하여 [그림 7.6]과 같은 확인적 요인분석모형을 설정하였다.

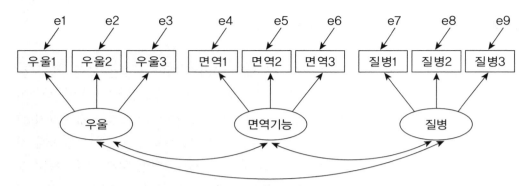

[그림 7.6] 확인적 요인분석모형의 경로도

모든 관찰변수와 모든 요인이 서로 관련되어 있다고 가정하고 Λ 행렬의 모든 요소를 추정하는 탐색적 요인분석모형과는 달리, 요인마다 각 세 개씩의 관찰변수가 서로 상관이 있다고 보는 연구자의 가설이 반영된 것이 [그림 7.6]의 모형이다. 그렇다면 [식 7.9]의 탐색적 요인분석모형과 비교하여 위 모형은 어떠한 추가적인 제약이 가해졌는지 [식 7.14]를 통해 확인하도록 하자. 그리고 [식 7.9]와는 다르게 절편(μ)을 추가한다. 절편은 추정할 수도 있고 추정하지 않을 수도 있는데, 더 일반적인 확인적 요인분석 모형을 수식으로 표현하기 위해 추가하였다. 참고로 절편을 추정한다는 것은 지표변수들의 공분산 행렬뿐만 아니라 평균 벡터도 사용을 하겠다는 것을 의미한다.

$$우울1 = \mu_1 + \lambda_{11}우울 + 0 \cdot 면역기능 + 0 \cdot 질병 + e_1$$
$$우울2 = \mu_2 + \lambda_{21}우울 + 0 \cdot 면역기능 + 0 \cdot 질병 + e_2$$
$$우울3 = \mu_3 + \lambda_{31}우울 + 0 \cdot 면역기능 + 0 \cdot 질병 + e_3$$
$$면역1 = \mu_4 + 0 \cdot 우울 + \lambda_{42}면역기능 + 0 \cdot 질병 + e_4$$
$$면역2 = \mu_5 + 0 \cdot 우울 + \lambda_{52}면역기능 + 0 \cdot 질병 + e_5 \qquad [식\ 7.14]$$
$$면역3 = \mu_6 + 0 \cdot 우울 + \lambda_{62}면역기능 + 0 \cdot 질병 + e_6$$
$$질병1 = \mu_7 + 0 \cdot 우울 + 0 \cdot 면역기능 + \lambda_{73}질병 + e_7$$
$$질병2 = \mu_8 + 0 \cdot 우울 + 0 \cdot 면역기능 + \lambda_{83}질병 + e_8$$
$$질병3 = \mu_9 + 0 \cdot 우울 + 0 \cdot 면역기능 + \lambda_{93}질병 + e_9$$

위의 식과 같이 확인적 요인분석모형을 위해서는 연구자의 가설에 따라 어떤 요인부하는 추정하고, 또 어떤 요인부하는 0으로 고정한다. 그리하여 처음 세 개의 관찰변수는 모두 우울 요인만 측정하고, 다음 세 개의 관찰변수는 면역기능만 측정하며, 마지막 세 개의 관찰변수는 질병만 측정한다. 또한 [그림 7.2]와 [그림 7.6]을 비교하면 나타나듯이, 확인적 요인분석모형에서는 처음부터 요인들 간의 상관(공분산 또는 상관계수 또는 분석되지 않는 관계[unanalyzed association])을 허락하는 것이 일반적이다. 마지막으로 측정오차 간에도 상관을 허락할 수 있다. 기본적으로 측정오차의 분산만 추정하는 것이 일반적이지만, 추가적으로 측정오차 간의 상관 또한 추정하는 것이 가능하다. 측정모형이라는 것이 탐색적 요인분석모형과 확인적 요인분석모형을 아우르는 용어지만, 구조방정식에서는 확인적 요인분석모형을 측정모형이라고 하는 것이 아마도 더 일반적일 것이다.

지금부터 두 개의 요인과 각 세 개의 지표변수가 있는 [그림 7.7]을 통하여 구조방정식에서 말하는 측정모형(measurement model) 또는 일반적인 확인적 요인분석모형(standard CFA model)의 기본적인 설정을 살펴본다.

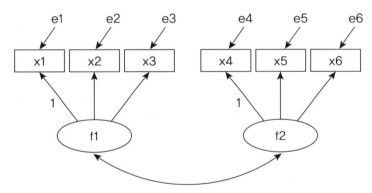

[그림 7.7] 일반적인 2요인 CFA 모형

위에서 먼저 관찰변수 x_1, x_2, x_3는 요인(잠재변수) f_1을 측정하고, 관찰변수 x_4, x_5, x_6는 요인 f_2를 측정한다. 위의 측정모형에서 f_1과 f_2는 독립변수이며, 관찰변수 $x_1 \sim x_6$는 상응하는 요인에 의해 설명되는 종속변수다. 관찰변수를 설명하는 또 다른 독립변수는 바로 오차변수인데, 이는 $x_1 \sim x_6$가 f_1과 f_2에 의해 완전하게 설명되지 못하는 부분을 가리킨다. 결국 기술적으로 관찰변수 $x_1 \sim x_6$는 요인 f_1과 f_2 및 오차 $e_1 \sim e_6$에 의하여 설명된다.

측정모형을 구성하는 관찰변수와 요인 및 오차에 대하여 좀 더 설명한다. 먼저 관찰변수는 우리가 데이터 세트에 가지고 있는 변수들이며, 다변량 정규성을 만족하는 연속형 변수임을 가정한다. 또한 $x_1 \sim x_6$는 기본적으로 서로 상관이 있다는 것이 가정된다. 서로 아무런 상관이 없다면 공통분산에 기반한 공통요인모형(common factor model, 즉 측정모형)은 가능하지 않다. 다음으로 요인 f_1과 f_2는 서로 공변(covary)하는데, 이는 서로 관련이 있지만 어느 요인이 어느 요인을 설명하는지에 대한 사전적인 가설은 없다는 것을 의미한다. 만약 f_1과 f_2 사이에 어떤 요인이 어떤 요인을 설명하는지에 대한 연구자의 가설이 생긴다면, 더 이상 측정모형을 사용하지 않고 구조방정식 모형을 설정하게 된다. 또는 연구자의 가설에 따라 f_1과 f_2 사이의 상관이 0이라는 사실을 적용할 수도 있다. 모든 구조방정식 프로그램은 요인 간의 상관을 0으로 고정할 수 있는 명령어나 옵션을 가지고 있다.

측정오차들은 서로 독립적이라고 가정하는데, 이는 상황에 따라 달라질 수 있다. 즉, 측정오차 간에 상관을 허락할 수 있다. 원칙적으로 말해서, 측정오차 간에 상관을 허락한다는 것은 측정오차에 연결된 두 개의 지표변수가 모형 내 요인들(f_1과 f_2)에 의해서 설명되지 않는 공통적인 원인을 가지고 있다는 의미가 된다. 예를 들어, e_3와 e_6 사이에 상관을 허락한다는 것은 x_3와 x_6가 모형 안에서 측정하고 있는 f_1과 f_2 외에 또 다른 요인 f_3를 동시에 측정할 수도 있다는 의미가 된다. 또는 x_3와 x_6의 문구(wording)가 비슷하여 측정오차 간에 큰 상관이 생기는 문제일 수도 있다. 어떤 경우든 측정오차 간에 상관을 허락할 때는 신중하게 고민한 이후에 하여야 한다. 마지막으로 요인과 측정오차의 평균은 0이라고 가정하며, 분산은 임의로 어떤 값을 줄 수도 있고, 관찰변수의 단위에 맞출 수도 있다.

[그림 7.7]의 확인적 요인분석모형에서 추정해야 하는 모수는 총 세 가지인데, 요인들의 분산과 공분산, 요인과 지표변수 사이의 관계(요인부하, λ), 측정오차의 분산(때로는 공분산 포함)이다. 그리고 연구 목적이나 상황에 따라 지표변수의 절편(μ)도 추정한다. 이와 같이 요인분석모형의 주요한 모수를 추정하기 위해서는 잠재변수(요인과 오차)의 단위(metric)를 결정해야 한다. 잠재변수는 기본적으로 추상적인 변수이므로 어떤 단위도 가지고 있지 않다. 그러한 잠재변수의 단위를 지정해 주지 않으면 모형이 판별되지 않고 추정 자체가 가능하지 않다. 측정모형에서 요인에 단위를 부여하는 방식은 크게 두 가지가 있다. 첫 번째는 척도 상수(scaling constant)를 이용하는 방식인데, 요인의 단위를 상응하는 관찰변수들 중 하나와 맞추는 방식이다. 이는 요인과 척도를 맞추고자 하는 관찰변수의 요인부하

값을 1로 고정하면 된다. [그림 7.7]을 보면, f_1의 단위를 x_1의 단위와 맞추고, f_2의 단위를 x_4의 단위와 맞춘 것을 볼 수 있다. 이렇게 하면 x_1의 단위가 센티미터라면 f_1의 단위도 센티미터가 되고, x_4의 단위가 인치라면 f_2의 단위도 인치가 된다. f_1의 단위를 x_2와 맞추거나 f_2의 단위를 x_6와 맞추는 등 요인들의 단위를 x_1이나 x_4가 아닌 다른 관찰변수와 맞추어도 아무런 문제는 없다. 두 번째 방법은 앞의 탐색적 요인분석모형에서 사용했던 방식으로서 요인의 분산을 1로 고정하는 방식이다. 모형의 판별을 위하여 두 가지 방법 중에 하나는 반드시 사용해야 하며, 둘을 동시에 사용해서는 안 된다. 즉, 요인의 분산을 1로 준 상태에서 동시에 관찰변수의 요인부하 값 하나를 1로 고정하면 안 된다. 첫 번째 방법을 사용하면 요인부하를 고정하고 요인의 분산을 추정하게 되며, 두 번째 방법을 사용하면 요인의 분산을 고정하고 요인부하를 추정하게 된다. 어떤 방법을 사용하여도 모형의 적합도는 일치한다.

지금까지 잠재변수 중 하나인 요인의 단위를 지정하는 두 가지 방법을 설명하였는데, 오차 역시 잠재변수의 일종이므로 단위를 지정해 주어야 한다. 오차의 경우에도 위에서 설명한 두 가지를 모두 사용할 수 있지만, 주로 오차가 속한 지표변수와 단위를 맞추는 방법을 사용한다. [그림 7.7]에 이를 표기하자면, 요인계수를 1로 고정하듯이 $e_1 \sim e_6$에서 각각 $x_1 \sim x_6$로 가는 화살표에 모두 '1'을 써 주면 된다. 이를 표기하기도 하지만, 당연한 것이어서 일반적으로 표기하지 않아도 문제가 되지는 않는다.

모형의 차원성

지금까지 매우 기본적인 2요인 모형을 통하여 모형의 설정 및 모수의 추정에 대하여 살펴보았다. 모형의 설정 단계 초반에서 또한 매우 기초적이고 중요한 개념 하나가 측정의 차원성(dimensionality)이라고 할 수 있다. 차원(dimension)이란 것은 기본적으로 잠재변수(요인)라는 축(axis) 또는 축이 만들어 내는 공간을 말한다. 변수라는 것은 선형 대수적으로 하나의 벡터이고, 기하학적으로는 하나의 축을 의미하기 때문에 요인 역시 x축, y축 이런 식의 축을 의미한다. 그리고 그 차원이 바로 요인 자체를 의미하기도 한다. 차원의 측면에서 측정모형은 크게 두 가지로 나뉜다. 하나는 일차원 요인모형(unidimensional factor model)이고, 또 다른 하나는 다차원 요인모형(multidimensional factor model)이다. 다차원 요인모형은 두 개 이상의 요인이 존재하는 모형을 말하며, 일차원 요인모형은 단 하나의 요인만 존재하는 모형을 가리킨다. 어렵지 않게 그 차이를 인지할 수 있지만, 간단한 비교를 위해 일차원 요인모형과 다차원 요인모형의 예를 [그림 7.8]에서 살펴보도록 하자.

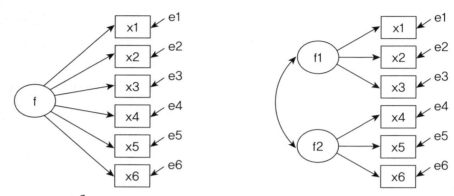

[그림 7.8] 일차원 요인모형(왼쪽)과 다차원 요인모형(오른쪽)

그림에서 보듯이 일차원 요인모형은 $x_1 \sim x_6$가 모두 단 하나의 요인을 측정하고 있으며, 다차원(이차원) 요인모형은 $x_1 \sim x_3$가 첫 번째 요인을, 그리고 $x_4 \sim x_6$가 두 번째 요인을 측정하고 있다. 다차원 측정모형은 다시 또 두 가지로 나누는 것이 일반적인데(Kim, Suh, Kim, Albanese, & Langer, 2013; Oshima, Raju, & Flowers, 1997), 하나는 문항간 다차원 요인모형(between-item multidimensional factor model)이고 다른 하나는 문항내 다차원 요인모형(within-item multidimensional factor model)이다. 두 모형을 비교한 것이 [그림 7.9]에 있다.

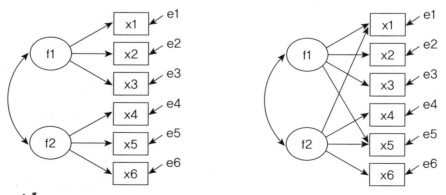

[그림 7.9] 문항간 다차원 요인모형(왼쪽)과 문항내 다차원 요인모형(오른쪽)

[그림 7.9]에서 볼 수 있듯이, 문항간 다차원 요인모형은 하나의 관찰변수가 하나의 요인만 측정하고 있다고 가정하는 모형이며, 문항내 다차원 요인모형은 하나의 관찰변수가 여러 개의 요인을 측정할 수 있다고 가정하는 모형이다. 문항내 다차원 요인모형을 보면 기본적으로 $x_1 \sim x_3$는 f_1을, $x_4 \sim x_6$는 f_2를 측정하는데, x_1과 x_5는 두 요인을 모두 측정하고 있다. 이와 같은 $f_1 \rightarrow x_5$, $f_2 \rightarrow x_1$ 등의 요인부하를 교차 요인부하(cross loadings)라고 부르기도 한다.

지금까지 보인 분류법(typology)은 필자의 경험으로 학계에서 일반적으로 받아들인다고 믿는 것이지만, 이와는 다른 방식으로 분류하는 학자들도 있다. Kline(2011)의 경우에는 [그림 7.9]의 문항간 다차원 요인모형을 일차원 요인모형, 문항내 다차원 요인모형을 다차원 요인모형이라고 한다. 또한 Kline(2011)은 일차원 요인모형은 측정오차 간 상관이 없어야 한다고 하였다. Kline(2011)의 주장과 더불어, 또 어떤 학자는 문항간 다차원 요인모형을 일차원-다차원 요인모형(uni-multidimensional factor model)이라고 하기도 한다. 학계에서 어떤 주제에 대한 이론이 단 한 사람에 의하여 결정되고 사용되는 것이 아님을 인정하고, 주의하여 새로운 정보를 받아들일 수 있어야 한다.

모형의 설정에서 유의할 점

이쯤에서 연구자들이 요인을 정의하고 모형을 설정하여 사용하려고 할 때 주의해야 할 점 하나를 짚고 넘어가고자 한다. 최근에 널리 퍼진 많은 구조방정식 프로그램 덕분에 관찰변수를 통해서 요인을 측정하는 과정이 상당히 용이하게 되었다. 이런 이유로 요인의 개념에 대하여 깊은 고민 없이 요인을 측정하는 경우가 있는데, 요인이란 것이 무엇인지에 대한 고민이 필요하다. 요인이란 하나의 공통된 차원(dimension)이며 연속선(continuum)이다. 이것은 요인분석에서의 요인이 질적인 의미를 가지고 있으면서도 양적인 변수임을 의미한다. 즉, 연속선상에서 큰 값이면 요인의 특성이 많이 발현되고, 작은 값이면 적게 발현된다는 것이다. 이런 이유로 하나의 차원을 설명하지 못하는 지표변수들을 동시에 사용하면 양적으로 정의할 수 없는 요인을 만들게 된다. 또한 요인과 지표변수의 관계는 원인(cause)과 결과(effect)의 인과율(causality)이다. 즉, 요인은 지표변수의 값들을 만들어내는 원인인 것이다. 예를 들어, 배경(background)이라는 요인을 몇 개의 관찰변수를 이용해 측정한다고 가정하자(Kline, 2011). 성별, 교육, 인종 등이 모두 한 사

람의 배경을 설명한다고 하여 그 변수들을 지표변수로 이용해 배경이라는 잠재변
수를 만들 수 있을까? 만든다면 그 배경이라는 요인은 어떤 연속선을 이루게 되는
것일까? 배경이라는 요인의 값이 크다면 그것은 무엇을 의미하고, 요인의 값이 작
다면 또 무엇을 의미하는 것일까? 사실 위의 세 가지 관찰변수는 서로 공유하는 영
역이 없어 배경이라는 요인에 어떤 양적인 특성을 부여할 수도 없거니와, 성별, 인
종, 교육 등이 배경이라는 공통된 요인에 의해 야기되었다고(caused) 할 수도 없
다. 확인적 요인분석에서 요인(잠재변수) 하나를 만들 때 연구자는 그 요인이 하나
의 차원을 잘 반영하고 있는지 깊이 고민해 보아야 한다.

　위의 경고에 이어서 독자들을 약간은 헷갈리게 할 수도 있겠지만, 더욱 풍성한 토
론을 위하여 반영적 지표변수(reflective measures)와 형성적 지표변수(formative
measures)에 대하여 간략하게 언급하고자 한다. 대다수의(사실은 거의 모든) 구
조방정식 모형에서 지표변수들(measures, indicators)은 잠재변수의 결과라는 것
을 지금까지 설명하였고, 이런 경우의 지표변수들을 반영적 지표변수라고 한다.
그리고 바로 위에서 배경이라는 예제를 통하여 잠재변수를 만드는 데 있어서의 주
의할 점을 보였다. 하지만 실제로는 위에서 설명한 배경처럼 지표변수가 잠재변수
의 원인인 경우도 있을 수 있다(Edwards & Bagozzi, 2000). 이런 경우의 지표변
수들을 형성적 지표변수라고 한다. 대표적인 예가 앞의 경로모형에서 계속 사용해
온 SES 같은 개념이다. SES가 직업, 수입, 교육수준 등에 의해서 정의될 때, SES
가 직업, 수입, 교육수준의 원인이라기보다는 직업, 수입, 교육수준이 SES를 형성
했다는 설명이 훨씬 그럴듯하다. 이런 이유로 SES라는 잠재변수를 만들 때는 요인
분석보다는 주성분 분석을 사용하는 것이 더욱 일반적이다. 주성분 분석에서는 관
찰변수가 잠재변수(주성분)의 결과물이 아니라, 주성분이 관찰변수의 결과물이다.
물론 주성분 분석 모형과 형성적 지표변수를 이용하는 Edwards와 Bagozzi(2000)의
측정모형은 다른 종류의 모형이다. 형성적 지표변수를 이용하고자 하는 경우에 어
떻게 잠재변수를 설정하고 모형을 만들 수 있는지에 관심이 있는 독자는 Edwards
와 Bagozzi(2000)를 참고하기 바란다. 경로도상에서 화살표 방향이 반대로 되어
있는 것(지표변수 → 잠재변수)을 발견할 수 있을 것이다. 지금까지 간단하게 설명
한 형성적 지표변수에 대한 부분은 우리 책의 전체 흐름에서 반드시 이해하고 넘어
가야 하는 부분이 아니며 자세히 다루지 않는다.

　그리고 마지막으로 지표변수들을 이용하여 요인을 정의할 때, 매우 당연하지만

역문항(negatively worded item)들은 모두 역코딩(reverse coding)을 통하여 다른 문항들과 같은 차원을 측정할 수 있도록 해 주어야 한다. 그렇지 않다면 측정된 요인은 아무런 의미도 없게 될 것이다. 당연하지만 실수를 할 수 있는 부분이므로 항상 유의해야 한다.

이렇게 요인의 개념을 정의하고 적절한 지표변수를 이용하여 그 요인을 측정할 때, 과연 요인당 몇 개의 지표변수가 필요하냐는 것은 매우 실질적인 질문이다. 일단 요인이 여러 개 있는 경우에(일반적으로 그렇다), 요인당 지표변수의 개수는 최소한 두 개가 되어야 한다.[54] 하지만 두 개의 지표변수로는 예기치 못한 판별의 문제(예, 경험적인 과소추정, empirical under-identification)를 일으킬 수 있다. 판별의 문제는 아래에서 다룰 것이므로, 여기서는 일단 지표변수의 개수에만 집중한다. Kline(2011)에 따르면 Kenny(1979)는 두 개면 최소한이고, 세 개면 더 좋고, 네 개면 매우 좋고, 그 이상이면 아주 훌륭하다고 하였다. 하지만 많은 수의 지표변수를 사용하는 것이 반드시 구조방정식 모형에 도움을 준다고는 할 수 없다. 서로 상관이 높은 문항을 너무 많이 더하면 모형의 적합도가 상승하는 것이 아니라 오히려 감소할 수 있다(Bandalos, 2002). 서로 상관이 높은 지표변수들의 공통분산이 공통요인들에 의하여 충분히 반영되지 못하면, 오히려 측정오차 간의 상관을 증가시켜서 모형의 적합도를 감소시킨다. 이는 측정오차 간의 상관은 디폴트로 추정하지 않는 구조방정식 모형에서, 추정하지 않는 상관을 더욱 유의하게 만듦으로써 발생하는 상당히 자연스러운 일이다. 하나의 요인을 측정하는 너무 상관이 높지 않은 적절한 개수의 문항을 이용하는 것이 추천된다. 그러므로 하나의 요인을 측정하는 관찰변수들 사이의 너무 높은 신뢰도(예, Cronbach's $\alpha = 0.999$) 추정치는 반가운 일이 아니라 경계해야 할 일이다.

측정모형과 타당도(Validity)
마지막으로 측정모형을 설정하는 과정에서 가장 핵심적인 주제인 타당도에 대하

---

54) 아래의 식과 같이 하나의 구인(요인)을 위한 지표변수가 단 하나만 존재할 때 이를 해결하는 방법이 여러 가지 있는데 그 하나를 소개한다.

$$x = \lambda f + e$$

위에서 지표변수 x의 요인부하 λ를 1.0으로 고정하고, 측정오차 e의 분산을 $(1-\alpha) \times s_x^2$으로 고정한다. 여기서 α는 x의 신뢰도 계수로서, 예를 들어, Cronbach's α를 사용할 수 있으며, s_x^2은 x의 표본분산이다.

여 Allen과 Yen(1979), Bollen(1989), Crocker와 Algina(1986) 등을 통하여 간단하게 다룬다. 타당도란 관찰변수(지표변수)들이 측정해야 할 잠재변수(요인)를 정말로 측정하고 있느냐의 개념이므로, 측정모형을 설정하고 추정하여 이용하는 데 있어서 반드시 중요하게 생각해야 한다. 신뢰도가 '정확하게 측정하고 있는가?'라는 질문에 대한 답이라면, 타당도는 '측정해야 할 것을 측정하고 있는가?'라는 질문에 대한 답이다. 사실 타당도가 확실히 존재한다고 말하거나 이를 증명하는 방법은 존재하지 않으며, 다만 측정모형이 타당함을 보이기 위해 최선을 다해 증거를 찾는 노력을 할 뿐이다. 심리학이나 사회과학 분야에서는 전통적으로 내용 타당도(content validity), 준거관련 타당도(criterion-related validity), 구인 타당도(construct validity), 수렴 및 변별 타당도(convergent and discriminant validity) 등으로 나누는 것이 일반적이다. 이 중 수렴 및 변별 타당도는 구인 타당도와 밀접하게 관련이 되어 있어서, 구인 타당도를 이루는 하위 요소로 보기도 한다. 이제 각 타당도에 대하여 구조방정식의 틀 안에서 개별적으로 핵심만 다루어 보자.

첫째, 내용 타당도란 측정하고자 하는 개념(concept)이 선명하고, 각 지표변수가 측정하고자 하는 개념(요인)의 영역을 질적으로 잘 대표하고 있느냐를 가리킨다. 일단 개념의 내용 영역(content domain)을 이론적으로 정의하고 나면, 각 지표변수가 정의한 내용 영역을 제대로 다루고 있는지 판단하여 내용타당도를 평가하게 된다. 만약 각 지표변수가 정의된 내용 영역을 잘 대표하고 있다면 내용 타당도가 만족되었다고 한다. 이때 내용 타당도란 것은 지표변수의 질적인 대표성을 확인하는 것이기 때문에 통계적으로 어떤 수치를 이용하여 양적으로 하기보다는 질적으로 타당도를 결정한다. 하지만 여기서 어떻게 체계적으로 개념의 내용 영역을 잘 정의하느냐는 또 다른 문제다. 일반적으로 심리학이나 사회과학 분야의 연구에 이용되는 여러 개념에 대한 이론적인 정의에 공감대는 꽤 약한 편이다(Bollen, 1989). 결국 내용 영역이라는 것 자체가 모호할 수 있다. 내용 영역을 잘 정의하기 위해서는 여러 가지를 살펴야 하지만(Crocker & Algina, 1986 참조), 그중에 중요한 부분은 연구자가 다루고자 하는 개념의 내용 영역에 대한 한계와 범위를 명확하게 설정하는 것이다. 예를 들어, 학생들의 산술능력을 측정하고자 할 때 덧셈, 뺄셈, 곱셈, 나눗셈 등은 영역에 포함되고 삼각함수, 어휘능력, 기하학 같은 부분은 영역에 포함되지 않는다고 선명하게 한계를 정하는 것이다. 이렇게 한계가 명확해지면 산술능력을 측정하는 변수들 역시 꽤 선명하게 선택되거나 만들어질 수 있다. 정리하면, 내용 타당도는 지표변수들이 연구자가 정의한 개념을 잘 다루고 있느냐를 확인하는 질적인 방법이라고 할 수 있다(Bollen, 1989).

둘째, 준거관련 타당도는 연구자가 정의한 개념을 측정하는 변수(들)가 다른 준거변수(criterion variable)와 얼마나 서로 상응하느냐의 정도를 의미하고, 일반적으로 상관계수(correlation)를 통해 계산된다. 예를 들어, 연구자가 새로운 우울 척도를 만들고자 지표변수를 개발하고 검사를 실시하여 자료를 모았다면, 과연 이렇게 만들어진 우울 척도가 정말로 사람들의 우울을 측정하고 있는지 확인하기 위해 이미 만들어진 유명하고 표준화된 우울 척도(예, DSM-5의 우울 구인)와 서로 높은 상관이 있는지를 확인한다. 준거관련 타당도는 세분화하면 다음과 같이 두 가지로 나뉘는 것이 일반적이다. 하나는 동시 타당도(concurrent validity)[55]라고 하는데, 우리가 비교하고자 하는 표준화된 준거가 나의 지표변수들과 같은 시기에 측정된 경우다. 다른 하나는 예측 타당도(predictive validity)라고 하는데, 비교하고자 하는 준거가 나의 지표변수들보다 이후에 측정된 경우다. 준거관련 타당도를 위해서는 연구자의 지표변수(x)와 준거(c)의 상관계수(ρ_{xc})를 계산하는 것이 일반적이며, 이를 타당도 계수(validity coefficient)라고 한다. 또는 지표변수와 준거변수 사이에 회귀분석 모형을 추정하여 회귀계수의 유의성을 확인하기도 한다. 물론 연구자가 측정한 새로운 구인과 준거 구인의 상관계수(즉, 잠재변수 간의 상관계수)를 확인하는 것도 얼마든지 가능하다. 여러 상황에서 많이 쓰이는 준거관련 타당도는 약점도 가지고 있는데, 준거를 무엇으로 결정하느냐에 따라 타당도 계수의 추정치가 달라질 수 있다는 것이다. 이런 이유로 준거변수는 주의 깊게 선택되어야 하며, 종종 여러 개의 준거변수를 선택하여 연구자의 측정치와 비교하기도 한다. 또한 연구자가 새로운 개념을 정의하였다면, 연구자의 추정치를 비교할 만한 적절한 준거 변수를 찾지 못하는 문제가 나타나기도 한다.

세 번째 타당도는 구인 타당도라고 한다. 내용 타당도는 지표변수가 이론적으로 정의된 내용 영역을 얼마나 대표하고 있느냐의 정도를 가리키는데, 사실 심리학 및 사회과학의 많은 개념이 불완전하게 정의되어 있어서 이용하기가 쉽지 않다. 또한 내용타당도는 자료를 이용하지 않고 개념의 측정을 위한 검사 자체를 질적으로 판단할 뿐이다. 또한 준거관련 타당도는 자료를 이용하여 보일 수 있지만, 적절한 준

---

55) 공인(共因)타당도라고도 하는데 한자를 사용하지 않은 이상 공인이란 단어가 주는 정확한 뜻은 단번에 파악하기 어렵기 때문에 동시타당도가 더 적절하고 쉬운 번역일 듯싶다.

거변수가 없는 경우가 종종 있어서 타당도 계수를 계산할 수 없기도 하다. 구인 타당도는 지표변수가 측정하고자 하는 심리적인 특성에 대하여 변수들끼리 이론적으로 정의한 대로 서로 연관되어 있느냐의 정도를 가리킨다. 만약 어떤 구인을 측정하는 관찰변수와 다른 구인들을 측정하는 관찰변수들이 서로 관련되어 있는 방식이 연구자가 구인들에 대하여 설정하고 예측하는 방식과 일치한다면 구인 타당도가 있다고 말한다(Allen & Yen, 1979; Bollen, 1989). 예를 들어, [식 7.14]의 모형에서 구인 타당도를 확보하기 위해서는, 일단 우울1-우울3은 우울을 측정하고, 면역1-면역3은 면역기능을 측정하며, 질병1-질병3은 질병을 측정하여야 한다. 거기에 더하여 만약 연구자가 우울과 면역기능은 부적 상관이 있고, 우울과 질병은 정적 상관이 있으며, 면역기능과 질병은 부적 상관이 있다고 가설을 설정하였다면, 관찰변수 우울1-우울3이 면역1-면역3과 부적으로 상관이 있어야 하고, 우울1-우울3은 질병1-질병3과 정적으로 상관이 있어야 하며, 면역1-면역3은 질병1-질병3과 부적으로 상관이 있어야 한다. 결국 한 구인을 측정하는 변수의 구인 타당도라는 것은 그 변수와 다른 구인을 측정하는 변수들의 관계에 의하여 결정된다(Bollen, 1989).

지금까지 설명한 바와 같이, 구인 타당도는 실제 자료를 가지고 변수들 간의 상관계수 등을 통하여 경험적으로(empirically) 확인할 수 있다. 사실 개념적으로는 변수 간의 상관계수로 정의하지만, 구조방정식 모형 안에서는 수학적으로 이보다 훨씬 복잡하다. 구조방정식의 틀 안에서 하나의 구인을 측정하는 관찰변수와 다른 구인을 측정하는 관찰변수 사이의 상관계수는 구인 사이의 상관, 구인과 관찰변수의 상관 등 여러 조건에 따라 달라진다. 어쨌든 이러한 구인 타당도는 여러 가지 방법을 통해 알아볼 수 있는데, 다특성다방법(multitrait-multimethod, MTMM) 행렬을 이용하는 방법, 집단 간 차이를 이용하는 방법, 시간(예, 나이) 차이를 이용하는 방법, 요인분석을 이용하는 방법 등이 대표적이라고 할 만하다. 이 중 MTMM을 이용하는 방법과 요인분석을 이용하는 방법을 간단하게 살펴본다.

먼저 MTMM 행렬을 이용하는 방법(Campbell & Fiske, 1959)은 둘 이상의 특성(trait)을 둘 이상의 방법(method)을 이용해 측정할 때 사용한다. 예를 들어, 지도력(leadership)과 강박증(obsession) 두 가지 특성을 자기평가(self-rating)와 동료평가(peer-rating) 두 가지 방법으로 측정한다고 가정하자. 여기서 지도력과 강박증은 충분히 구별되는 특성임을 또한 가정한다. 이런 구조로 이루어진 검사를 사람들에게 실시했을 때, [표 7.1]과 같은 변수들 간의 상관계수 행렬을 얻을 수 있다.

[표 7.1] MTMM 상관계수 행렬(대각 요소는 신뢰도)

	자기평가		동료평가	
	지도력	강박증	지도력	강박증
자기평가				
지도력	0.84			
강박증	0.21	0.89		
동료평가				
지도력	0.87	0.14	0.91	
강박증	0.15	0.74	0.19	0.86

위의 표는 기본적으로 상관계수 행렬이어서 대각 요소가 모두 1.0이어야 하지만, 그와 같은 값들은 별로 특별한 정보를 가지고 있지 않다. 그런 이유로 위에서 대각 요소들은 모두 각 지표변수의 신뢰도 지수로 대체되어져 있다. 요인분석에서 관찰변수의 신뢰도는, 가장 쉬운 방식으로 설명하면 지표변수의 분산 중에서 공통요인들에 의하여 설명되는 부분, 즉 공통분산(communality)의 비율이라고 할 수 있다. 만약 지표변수가 여러 개의 문항으로 이루어진 검사(test)를 의미한다면, 신뢰도 지수는 각 문항 간의 일관성 정도로 이해하면 된다. 그리고 대각요소 외의 숫자들은 각 변수 간의 상관계수인데, 예를 들어 0.87은 자기평가에 의해서 측정된 지도력 변수와 동료평가에 의해서 측정된 지도력 변수 사이의 상관계수다.

[표 7.1]의 측정치들(두 개의 지도력 변수와 두 개의 강박증 변수)이 타당도를 확보하기 위해서는 위 표의 상관계수가 다음과 같은 특성을 가져야 한다(Allen & Yen, 1979; Campbell & Fiske, 1959). 첫째, 대각 요소를 이루고 있는 신뢰도 계수는 충분히 큰 값을 가져야 한다(예, 0.84, 0.89, 0.91, 0.86). 둘째, 같은 특성을 측정한 두 가지 방법 사이의 상관계수는 충분히 커야 한다(예, 0.87, 0.74). 셋째, 다른 특성을 측정한 값들 사이의 상관계수는 충분히 작아야 한다(예, 0.21, 0.15, 0.14, 0.19). 마지막으로 둘째와 셋째를 조합하면, 같은 특성을 측정한 값들 사이의 상관계수는 다른 특성을 측정한 값들 사이의 상관계수보다 커야 한다(예, 0.87, 0.74 > 0.21, 0.15, 0.14, 0.19). 타당도를 위해서 위의 조건 외에도 추가적인 조건이 있는데, 이는 특성이 세 개 이상이고 방법도 세 개 이상인 경우에 해당되는 것이어서 우리 예에는 적용되지 않는다. 특성과 방법의 숫자가 아무리 많아진다고 해도 근본적으로 타당도를 확인하는 과정 자체는 다르지 않다. [표 7.1]의 MTMM

행렬은 두 가지 종류의 타당도를 내포하고 있는데, 하나는 수렴 타당도(convergent validity)이고 다른 하나는 변별 타당도(discriminant validity)다. 수렴 타당도란 하나의 특성을 측정하는 다른 방법들은 서로 높은 상관이 있어야 한다는 것이고 (0.87, 0.74), 변별 타당도란 다른 특성을 측정하는 값(특히 같은 방법에 의하여 측정된 값)들은 서로 낮은 상관이 있어야 한다는 것이다(0.21, 0.19). 결론적으로 [표 7.1]은 MTMM 수렴 타당도와 변별 타당도를 잘 보여 주고 있다.

구인 타당도를 확인하는 두 번째로는 요인분석을 이용하는 방법이 있다. 요인분석을 이용하기 때문에 종종 요인 타당도(factorial validity)라고 불리기도 한다. 이 타당도 확인 방법은 사실 바로 앞의 MTMM 행렬을 이용하는 방법에서 이어지는 내용이라고 할 수 있다. Allen과 Yen(1979)의 예를 응용하여 보면 그 연결성이 상당히 명확해진다. 예를 들어, [표 7.2]와 같이 네 개의 관찰변수 간에 상관계수 행렬이 있다고 가정하자.

[표 7.2] 상관계수 행렬의 예 – 상관이 없는 두 개의 요인

		관찰변수			
		x_1	x_2	x_3	x_4
관찰변수	x_1	1.00			
	x_2	0.95	1.00		
	x_3	0.01	0.04	1.00	
	x_4	0.05	0.03	0.95	1.00

위의 상관계수 행렬을 보면, 두 개의 요인이 네 개의 관찰변수에 의해 측정될 것임이 선명하게 드러난다. x_1과 x_2가 서로 높은 상관을 가지고서[56] 첫 번째 요인을 측정하고, x_3와 x_4 역시 서로 높은 상관을 가지면서 두 번째 요인을 측정한다(수렴 타당도). 그리고 위 행렬의 왼쪽 아랫부분을 보면, 각 두 개씩의 변수가 서로 상관이 거의 0에 가깝기 때문에 두 요인 간의 상관도 상당히 낮을 것을 예상할 수 있다 (변별 타당도). x 변수들과 측정하고자 하는 요인에 대한 연구자의 가설이 존재한다면, 구인 타당도가 있는지 없는지(즉, 가설이 맞는지 틀린지) 상관계수 행렬을

---

56) Nunnally와 Bernstein(1994)은 하나의 요인을 측정하는 변수 간에는 서로 정적으로 충분히 높은 상관이 있어야 한다고 하였다(예, 0.5 이상).

통하여 상당히 명확하게 확인할 수 있음을 볼 수 있다. 이번에는 [표 7.3]을 통해서 약간은 복잡성이 추가된 상관계수 행렬을 살펴보도록 하자.

[표 7.3] 상관계수 행렬의 예 – 상관이 있는 두 개의 요인

		관찰변수			
		x_1	x_2	x_3	x_4
관찰변수	x_1	1.00			
	x_2	0.95	1.00		
	x_3	0.24	0.20	1.00	
	x_4	0.21	0.27	0.95	1.00

[표 7.3]의 상관계수 행렬에서도 같은 구조를 지닌 두 개의 요인을 예상할 수 있으나, [표 7.2]와 다른 점은 x_1 및 x_2가 x_3 및 x_4와 갖는 상관이 0보다는 꽤 커서 아마도 두 요인 간에 약간의 상관이 있을 것이라는 것이다. 조금 더 복잡해지기는 했지만, 여전히 구인 타당도를 확인할 수 있을 만큼 단순하다. 문제는 이렇게 단순하지 않고, 많은 관찰변수와 여러 개의 요인이 존재하는 상황에서는 어떻게 구인 타당도를 확인할 것인가. 이때는 바로 앞에서 다룬 요인분석을 이용하면 된다. 상황이 조금 더 복잡해진다는 것만 제외하면, [표 7.2]와 [표 7.3]에서 다룬 논리와 일치한다. 앞에서 설명했듯이, 요인분석에서의 요인부하는 요인 간에 상관이 없다면 바로 관찰변수와 요인의 상관계수이고, 요인 간에 상관이 있다면 기술적으로 상관계수는 아니지만 상관계수와 같은 의미로 해석하는 것이 큰 문제가 되지는 않는다 (Allen & Yen, 1979). 정리하면, 요인분석을 통한 구인 타당도의 확인은 요인부하를 통하여 할 수 있다. [결과 7.3]에서 우울, 면역기능, 질병 사이의 관계를 이용한 3요인 EFA 모형의 결과 일부분을 아래와 같이 발췌하였다.

[결과 7.10] 탐색적 요인분석 – 회전한 요인부하 추정치

```
       GEOMIN ROTATED LOADINGS (* significant at 5% level)
                 1              2              3
DEPRESS1       0.871*         0.006          0.058
DEPRESS2       0.873*        -0.004         -0.001
DEPRESS3       0.827*        -0.007         -0.037
IMMUNE1       -0.015         0.886*         -0.003
IMMUNE2        0.010         0.869*          0.015
IMMUNE3        0.001         0.823*         -0.016
ILLNESS1      -0.002        -0.001          0.925*
ILLNESS2      -0.018        -0.010          0.864*
ILLNESS3       0.033         0.007          0.849*
```

[결과 7.10]에서 연구자의 가설에 따라 각 요인을 측정하는 관찰변수의 요인부하가 충분히 큰 값을 취하고, 요인을 측정하지 않는 나머지 관찰변수의 요인부하가 상대적으로 더 작은 값을 취하면 요인 타당도(요인분석을 통한 구인 타당도)가 확보된다. 이 부분은 MTMM 행렬을 이용한 구인 타당도 부분처럼 수렴 타당도와 변별 타당도로 나뉜다. 첫 번째 요인(우울 요인)에 대한 우울1-우울3의 요인부하가 충분히 큰 값을 가지고, 두 번째 요인(면역기능 요인)에 대한 면역1-면역3의 요인부하가 또한 충분히 큰 값을 가지며, 마지막 요인(질병 요인)에 대한 질병1-질병3의 요인부하가 또한 큰 값을 가지기 때문에 수렴 타당도가 확보되었다고 볼 수 있다. 더불어, 연구자의 가설에 따라 우울 요인을 측정하지 않아야 하는 나머지 관찰변수들(면역1-면역3, 질병1-질병3)의 요인부하가 상대적으로 훨씬 더 작은 값을 가지고, 나머지 두 요인에 대하여도 같은 패턴이 관찰되고 있기 때문에 변별 타당도 역시 확보되었다고 볼 수 있다.

확인적 요인분석모형을 이용하여 구인 타당도를 확인하게 되면 약간의 다른 점이 있음을 예상할 수 있다. 가장 먼저, CFA 모형을 이용한 수렴 타당도의 확인은 비표준화 요인부하 추정치가 아닌 표준화 요인부하 추정치를 이용하는 것이 일반적이다. EFA는 기본적으로 관찰변수들의 상관계수 행렬 R을 이용하는 데 반해, CFA는 공분산 행렬 S나 상관계수 행렬 R을 모두 이용한다. CFA에서 구인 타당도의 확인은 EFA처럼 R을 분석한다는 가정에서 진행하는 것이 일반적이므로 표준화된 추정치를 이용하게 된다. 비표준화 요인부하를 이용하면 지표변수의 단위가 요인부하의 크기에 영향을 주기 때문에 충분히 큰 요인부하인지 아닌지를 결정하기가 쉽지 않다.

Kline(2011)은 표준화된 요인부하 추정치가 0.7 이상은 되어야 수렴 타당도를 확보할 수 있다고 제안하였다. 그리고 CFA에서는 각 요인을 측정하는 세 관찰변수 외의 나머지 관찰변수들의 요인부하가 강제적으로 0으로 고정되어 있다는 점이 다르기 때문에 변별 타당도의 확인 방법도 조금 다르다. 이런 경우 EFA에서와 다르게 변별 타당도를 자연스럽게 확인한 것이 아니라 강제한 것이 된다. 그래서 요인부하의 크기를 이용하지 않고 요인 간의 상관계수를 이용한다. EFA에서 각 요인을 측정하도록 설정되지 않은 관찰변수의 요인부하 값이 작다는 것은 CFA에서 요인 간의 상관이 작다는 뜻과 통한다. 그래서 Kline(2011)은 각 요인 간의 상관계수가 아무리 커도 0.9를 넘어서는 안 된다고 하였다. 만약 두 요인의 상관계수가 0.9를 넘는다면 그것은 구별이 되는 요인들이 아니라 하나의 요인으로 취급할 수 있다는 의미가 된다. 사실 수렴 타당도에서의 요인부하가 0.7이 넘어야 한다는 것과 변별 타당도에서 요인 간 상관계수가 0.9를 넘지 않아야 한다는 것은 Kline의 개인적인 견해이기 때문에 다른 수치를 제시하는 학자들도 있을 수 있으며 절대적인 수치가 아님을 밝힌다.[57]

7.2.2. 모형의 판별(Identification)

모형이 판별되는지 판단하기 위한 여러 가지 규칙을 경로모형 부분에서 다루었다. 모형이 판별된다(model is identified)는 것은 모형이 추정 가능하다는 것을 의미하고, 이는 주어진 자료에 의해 모형의 모든 모수 추정치를 단 하나의 값으로 결정할 수 있다는 것이다. 앞의 경로모형에서는 외생변수의 분산 및 공분산, 외생변수 및 내생변수 사이의 경로계수, 설명오차의 분산 및 공분산 추정치가 유일한 값으로 결정되는 것을 의미하였다. 달리 말하면, 주어진 모형에 대하여 동일한 모형함의 공분산 행렬(model-implied covariance matrix, $\Sigma(\hat{\theta})$)을 만들어 내는 추정치의 세트($\hat{\theta}$ 벡터)가 단 하나만 존재한다는 것이다(Kline, 2011). 측정모형에서의 판별도 다를 것이 전혀 없다. 다른 점이라면 이제 요인 간의 분산 및 공분산(ϕ), 요인부하(λ), 측정오차의 분산 및 공분산(ψ)이 하나의 값으로 결정될 수 있는가를 판단해야 한다는 것이다. 가장 먼저 어떤 규칙을 적용하기 이전에, 측정모형이 판별되기 위해서는 반드시 잠재변수(요인)에 단위를 부여해야 한다. 이미 설명한 대로 두 가지 방법이 있는데, 특별한 언급이 없는 한 우리 책에서는 척도 상수를 부여하는 방법을 사용한다. 즉, 요인마다 하나의 요인부하를 1로 고정하여 요인의 단위를 고정한 지표변수의 단위와 맞추는 과정을 거친다. 참고로 말하자면, 요인의 분산을 1로 고정하는 방법을 사용하여도 모형 판별의 규칙에는 영향을 주지 않는다. 또한 모형의 적합도 역시 어떤 방법을 사용하여도 일치하게 된다.

대수적 방법
이제 여러 판별 규칙 중에서 가장 수학적이고 기술적인 대수적 방법(algebraic method)을 이용하여 측정모형의 추정 가능성을 확인하는 것으로 시작한다. 앞의

57) Kline(2011)이 0.7과 0.9를 제안한 것에는 사실 그럴듯한 이유가 있다. 이는 추후 확인적 요인분석모형을 하나하나 다루면서 다시 설명할 것이다.

경로모형 부분에서도 밝혔지만, 일반적으로 구조방정식을 이용하는 대다수의 독자가 반드시 이해하여야 할 부분은 아니다. 대수적 방법을 설명하는 이유는 이런 식으로 모수가 풀릴 수 있다는 것을 보여 주기 위한 것이다. 부담 없이 가벼운 마음으로 읽기 바란다. 또한 완전판별 모형이 아닌 경우에는 부정(정보의 개수가 모수의 개수보다 적을 때) 또는 불능(정보의 개수가 모수의 개수보다 많을 때)이 되기 때문에 [그림 7.10]의 완전판별이면서 매우 간단한 구조의 1요인 모형으로 이 방법을 설명하고자 한다. 또한 평균구조를 이용한 절편의 추정도 없다고 가정한다.

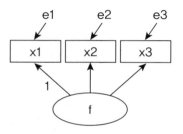

[그림 7.10] 1요인 모형-세 개의 지표변수

첫 번째 요인부하를 1로 고정하고 나머지 요인부하는 추정을 하는 [그림 7.10]의 1요인 모형은 [식 7.15]와 같이 쓸 수 있다.

$$x_1 = 1f + e_1$$
$$x_2 = \lambda_{21}f + e_2 \qquad\qquad\qquad \text{[식 7.15]}$$
$$x_3 = \lambda_{31}f + e_3$$

EFA를 설명하면서 사용한 행렬의 표기법을 이용하면, 위의 모형에서 추정해야 할 모수는 [식 7.16]과 같다.

$$\Lambda = \begin{bmatrix} 1 \\ \lambda_{21} \\ \lambda_{31} \end{bmatrix}, \ \Phi = \begin{bmatrix} \phi_{11} \end{bmatrix}, \ \Psi = \begin{bmatrix} \psi_{11} & & \\ 0 & \psi_{22} & \\ 0 & 0 & \psi_{33} \end{bmatrix} \qquad\qquad \text{[식 7.16]}$$

위에서 Λ는 요인부하 행렬, Φ는 요인의 공분산 행렬(ϕ_{11}은 f의 분산), Ψ는 측정오차의 공분산 행렬이다. 세 개의 행렬을 확인하면, 총 여섯 개의 모수를 추정해야 한다. 이 모수들을 추정하기 위해 우리가 실제로 가지고 있는 정보는 [식 7.17]과 같이 관찰변수 $x_1 \sim x_3$ 사이의 공분산 행렬 Σ(표본에서는 S)다.

$$\Sigma = \begin{bmatrix} Var(x_1) & & \\ Cov(x_2, x_1) & Var(x_2) & \\ Cov(x_3, x_1) & Cov(x_3, x_2) & Var(x_3) \end{bmatrix} \qquad \text{[식 7.17]}$$

공분산 행렬 Σ에서 우리가 가지고 있는 정보의 개수는 총 여섯 개다. 만약 우리가 두 개의 λ, 한 개의 ϕ, 세 개의 ψ를 모두 Σ의 요소를 이용해 표현할 수 있다면 대수적으로 모형이 추정 가능함을 증명하게 된다. 먼저 Σ의 요소와 각 모수의 관계를 수식으로 만들어 본다. 예를 들어, $Cov(x_2, x_1)$에 대하여 풀어 보면 [식 7.18]과 같다.

$$\begin{aligned} Cov&(x_2, x_1) \\ &= Cov(\lambda_{21}f + e_2, f + e_1) \\ &= Cov(\lambda_{21}f, f) + Cov(\lambda_{21}f, e_1) + Cov(e_2, f) + Cov(e_2, e_1) \quad \text{[식 7.18]} \\ &= \lambda_{21}Cov(f, f) + 0 + 0 + 0 \\ &= \lambda_{21}Var(f) = \lambda_{21}\phi_{11} \end{aligned}$$

이런 식으로 Σ에 있는 모든 요소에 대하여 풀어서 Σ의 요소들과 각 모수의 관계를 밝힌다. 우리가 가지고 있는 정보(Σ)와 풀어야 할 모수(Λ, Φ, Ψ) 사이의 관계 중에서 공분산에 관련된 것들은 [식 7.19]에, 그리고 분산에 관련된 것들은 [식 7.20]에 보인다.

$$\begin{aligned} Cov(x_2, x_1) &= \lambda_{21}\phi_{11} \\ Cov(x_3, x_1) &= \lambda_{31}\phi_{11} \\ Cov(x_3, x_2) &= \lambda_{21}\lambda_{31}\phi_{11} \end{aligned} \qquad \text{[식 7.19]}$$

$$\begin{aligned} Var(x_1) &= \phi_{11} + \psi_{11} \\ Var(x_2) &= \lambda_{21}^2\phi_{11} + \psi_{22} \\ Var(x_3) &= \lambda_{31}^2\phi_{11} + \psi_{33} \end{aligned} \qquad \text{[식 7.20]}$$

주어진 식들에 대하여 연립방정식을 풀면, $\lambda_{21} = \dfrac{Cov(x_3, x_2)}{Cov(x_3, x_1)}$, $\lambda_{31} = \dfrac{Cov(x_3, x_2)}{Cov(x_2, x_1)}$, $\phi_{11} = \dfrac{Cov(x_2, x_1)Cov(x_3, x_1)}{Cov(x_3, x_2)}$, $\psi_{11} = Var(x_1) - \dfrac{Cov(x_2, x_1)Cov(x_3, x_1)}{Cov(x_3, x_2)}$, $\psi_{22} = Var(x_2) - \dfrac{Cov(x_3, x_2)Cov(x_2, x_1)}{Cov(x_3, x_1)}$, $\psi_{33} = Var(x_3) - \dfrac{Cov(x_3, x_2)Cov(x_3, x_1)}{Cov(x_2, x_1)}$ 등이 된다. 위로부터 확인할 수 있듯이, 우리가 추정해야 할 모수 여섯 개가 모두 Σ의 요소로 표현되었다. 만약 이미 요소의 값을 모두 알고 있는 표본의 공분산 행렬 S를 가지고 있다면 $\hat{\lambda}_{21}$, $\hat{\lambda}_{31}$, $\hat{\phi}_{11}$, $\hat{\psi}_{11}$, $\hat{\psi}_{22}$, $\hat{\psi}_{33}$을 모두 구할 수 있을 것이다.

실용적인 방법

위에서 설명한 대수적 방법은 모형의 판별을 수리적으로 결정 내려 주기는 하지만, 모형이 조금만 복잡해져도 매우 귀찮고 지루한 계산과정을 거쳐야 한다. 만약 모형에 교차 요인부하(cross loading)가 없고 측정오차 간 상관도 없다면 몇 가지 간단하게 요인모형의 판별을 확인할 수 있는 방법이 존재한다. 만약 교차 요인부하가 존재하고 측정오차 간의 상관이 존재하면 매우 복잡하게 모형의 판별을 결정해야 한다. 하지만 모형의 판별이란 것이 자료의 수집 이전에 이루어지기 때문에 판별에서 그러한 복잡한 상황을 다루는 것은 적절하지 않아 우리 책에서는 다루지 않는다.

지금부터 설명할 실용적인 방법들은 요인당 몇 개의 지표변수가 있느냐를 기준으로 하여 모형을 판별한다. 본격적으로 들어가기에 앞서 가장 먼저 모든 요인모형에 적용되어야 할 규칙은 앞 장에서 다루었던 t 규칙이다. 즉, 추정해야 하는 모수의 개수(t)는 공분산 행렬이 가지고 있는 독립적인 정보의 개수(i)를 초과할 수 없다. 만약 $i > t$ 라면 과대판별(over-identified)이 되고, $i = t$ 라면 완전판별(just-identified)이 되며, $i < t$ 라면 과소판별(under-identified)이 된다. t 규칙은 이것을 만족한다고 하여서 반드시 판별이 되는 충분조건은 아니지만, 모형의 판별을 위한 필요조건으로서 그 어떤 모형도 판별을 위해서는 피해갈 수 없다. 그러므로 앞으로 설명할 규칙들은 당연히 t 규칙은 만족한다고 가정한다.

이제 요인의 개수와 요인당 몇 개의 지표변수가 있느냐로 모형을 판별하는 방법을 살펴보자. 먼저 첫 번째는 요인당 최소 세 개 이상의 지표변수가 있는 경우로서, 세 개의 지표변수 규칙(three-indicator rule)이라고 불린다. 세 개의 지표변수 규칙은 CFA 모형이 판별되기 위한 충분조건(sufficient rule)으로서, 각 잠재변수가 세 개 이상의 관찰변수에 의해 측정되어야 하며, 바로 앞에서 설명한 대로 교차 요인부하는 존재하지 않고, 측정오차 간의 상관도 존재하지 않는다. 예를 들어, 하나의 요인이 세 개의 관찰변수에 의해 측정되면 [그림 7.10]의 모형과 같고, 이미 대수적 방법을 통해 보인 대로 완전판별 모형이 된다. 사실 세 개의 지표변수 규칙에 의해 판별이 되기 때문에 앞에서 보인 대수적인 방법으로 1요인 모형(세 개의 지표변수)을 판별하는 것은 효율적이지 않다. 만약 [그림 7.11]처럼 하나의 요인이 세 개가 넘는 관찰변수에 의하여 측정된다면 과대판별 모형이 된다.

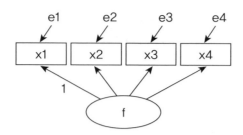

[그림 7.11] 1요인 모형-네 개의 지표변수

참고로 위의 그림에는 네 개의 관찰변수가 있으므로 S에는 총 10개의 독립적인 정보($i=10$)가 있으며, 추정해야 할 모수는 세 개의 요인부하, 요인의 분산, 네 개의 측정오차의 분산 등 총 여덟 개($t=8$)가 있다. 즉, 위의 모형은 $df_M=10-8=2$가 된다. 하나의 요인뿐만 아니라 두 개 이상의 요인이 있는 경우도 [그림 7.12]와 같이 얼마든지 발생할 수 있다.

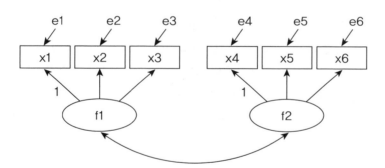

[그림 7.12] 2요인 모형-각 세 개의 지표변수

위의 그림에는 여섯 개의 관찰변수가 있으므로 S에는 총 21개의 독립적인 정보 ($i=\dfrac{6(6+1)}{2}=21$)가 있으며, 추정해야 할 모수는 네 개의 요인부하, 두 요인의 분산 및 공분산 세 개, 여섯 개의 측정오차의 분산 등 총 13개($t=13$)다. 당연히 df_M은 8이 된다. 이와 같이 한 개 이상의 요인이 각 세 개 이상의 관찰변수에 의해서 측정되면 이런 종류의 CFA 모형은 모두 추정이 가능하게 된다.

이제 두 번째로 요인당 최소 두 개 이상의 지표변수가 있는 두 개의 지표변수 규칙(two-indicator rule)을 살펴보자. 두 개의 지표변수 규칙 역시 CFA 모형이 판별되기 위한 충분조건으로서, 두 개 이상의 잠재변수가 각 두 개 이상의 관찰변수에 의하여 측정되어야 하며, 교차 요인부하와 측정오차 간 상관은 존재하지 않는 다고 가정한다. 두 개의 잠재변수가 두 개의 지표변수에 의하여 측정되는 모형이 [그림 7.13]에 있다.

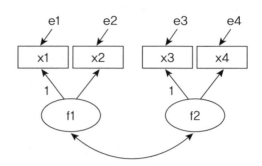

[그림 7.13] 2요인 모형-각 두 개의 지표변수

위의 그림에는 네 개의 관찰변수가 있으므로 S에는 총 10개의 독립적인 정보 ($i=10$)가 있으며, 추정해야 할 모수는 두 개의 요인부하, 요인의 분산 및 공분산 세 개, 네 개의 측정오차의 분산 등 총 아홉 개($t=9$)가 있다. df_M은 1이 된다. 이 와 같은 모형에서 판별을 논할 때 주의해야 할 점이 있다. [그림 7.13]과 같이 모형 의 판별을 위한 충분조건이 만족되었다고 하여도 연구자가 수집한 자료가 이 모형 을 과소판별로 만들 수 있다. 예를 들어, 관찰변수 $x_1 \sim x_4$의 공분산 행렬 S가 [식 7.21]과 같다고 가정하자.

$$S = \begin{bmatrix} 1.00 & & & \\ 0.43 & 1.00 & & \\ 0.01 & 0.00 & 1.00 & \\ 0.00 & 0.01 & 0.57 & 1.00 \end{bmatrix} \qquad \text{[식 7.21]}$$

위의 공분산 행렬과 같이 x_1, x_2가 x_3, x_4와 거의 아무런 상관이 없게 되면 이 관 찰변수들을 가지고 추정된 두 개의 요인 f_1과 f_2 역시 아마도 서로 상관이 거의 없게 될 것이다($Cov(f_2, f_1) = \phi_{21} \approx 0$). 일반적으로 이런 경우에 측정오차 간의 공 분산 행렬 $\varPsi$가 비정치(non-positive definite) 행렬이 될 가능성이 무척 높아지고, 추정 과정에서 오류 메시지를 받게 될 확률 또한 올라간다. 이렇게 되면 모형의 추정 이 불가능하게 되고, 이는 이론적으로 모형이 판별되었음에도 불구하고 자료에 의하 여 판별이 실패한 경우로서 경험적인 과소판별(empirical under-identification) 이라고 부른다. 이제 [그림 7.14]를 통해 하나의 요인이 두 개의 관찰변수에 의하여 측정되는 경우를 살펴보자.

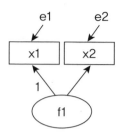

[그림 7.14] 1요인 모형-두 개의 지표변수

위의 그림에는 두 개의 관찰변수가 있으므로 S에는 총 세 개의 독립적인 정보가 있으며($i = 3$), 추정해야 할 모수는 한 개의 요인부하, 요인의 분산, 두 개의 측정오차의 분산 등 총 네 개($t = 4$)가 있다. $i < t$이기 때문에 과소판별이 되어 추정은 불가능하게 된다. 참고로 이와 같은 모형을 추정하고자 할 때는 모수에 제약을 주는 방법을 사용할 수 있다. 예를 들어, 연구자가 이론적으로 충분한 가설이 있다면 두 측정오차의 분산이 동일하다($\psi_{11} = \psi_{22}$)는 제약을 주거나 두 요인부하가 동일하다($\lambda_{11} = \lambda_{21} = 1$)는 제약을 주는 것이다. 이러한 제약을 주면 모형이 완전판별되어 추정이 가능해진다. 마지막으로 모형이 부분적으로 판별되지 않는 경우를 [그림 7.15]를 통하여 살펴본다.

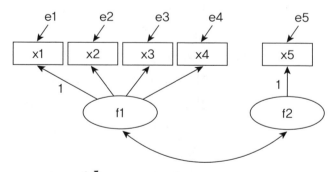

[그림 7.15] 부분적인 과소판별

위의 그림에는 다섯 개의 관찰변수가 있으므로 S에는 총 15개의 독립적인 정보($i = 15$)가 있으며, 추정해야 할 모수는 세 개의 요인부하, 요인의 분산 및 공분산 세 개, 다섯 개의 측정오차의 분산 등 총 11개($t = 11$)가 있다. 이와 같이 위의 모형에서는 $df_M = i - t = 4$로서 모형의 자유도가 양수가 되고 과대추정인 것으로 보인다. 하지만 산술적으로 정보의 개수와 모수의 개수만 비교하면, 모형의 추정 가능성을 오해할 수 있다. [그림 7.15]의 모형은 f_2가 있는 모형의 오른쪽 부분이 기술적으로 판별되지 않는다. 그리고 이 부분적인 과소판별은 전체 모형에 영향을 미쳐서 모형 전체가 과소판별되게 만든다. 이런 경우, 오른쪽 부분의 모형 판별을 위해서는 앞의 각주에서 간단하게 설명했듯이 e_5의 분산을 x_5의 분산(s_x^2)과 신뢰도(α)를 이용하여 고정해 주는 기술이 필요하다. 이는 뒤의 문항묶음(item parceling) 부분에서 더욱 자세히 설명할 것이다.

7.2.3. 모형의 추정(Estimation)

앞의 장에서 경로모형을 추정하는 방법 세 가지(최대우도법, 비가중 최소제곱법, 일반화 최소제곱법)를 설명하였다. 추정해야 할 모수의 종류가 다르다는 것만 빼면 측정모형을 위한 추정 방법 역시 앞에서 설명한 것과 일치한다. 합치함수(fitting function) 역시 거의 일치한다. 차이라고 한다면, 최대우도법의 합치함수인 [식 5.21]에서 p가 관찰된 내생 및 외생 변수의 개수를 의미하는 반면, 측정모형에서 p는 지표변수의 수를 의미한다는 정도다. 사실 이것도 다르다고는 말할 수 없는 것이고, 이 외에는 완전히 일치하기 때문에 모형의 추정 합치함수에 대한 내용은 생략한다. 경로모형 부분에서도 설명했듯이 합치함수의 값을 최소화시키는 모수의 추정치를 얻는 과정은 일반적으로 컴퓨터 프로그램을 이용한 반복적인 과정(iterative process)에 의하여 이루어진다. 이런 반복적인 과정에서 매 단계마다 추정치 값들의 차이가 변화하는데, 이 변화가 미리 정한 통계적인 준거의 크기보다 더 작아지면 추정 과정이 수렴하게 된다. 이때 추정의 알고리즘에 따라 추정치의 변화가 아닌 로그우도함수의 변화가 통계적인 준거 설정의 대상이 되기도 한다. 어쨌든 이러한 추정 과정에서 예기치 못한 문제가 생겨 수렴하지 않는 경우가 생길 수 있다. 추정 과정이 수렴하지 않을 때, 그 정확한 이유를 찾아내는 것은 쉽지 않은 일이다. Bollen(1989)과 Kline(2011) 등이 지적한 여러 수렴의 문제를 통하여 어떻게 이 문제를 회피할 수 있는지 살펴본다.

가장 먼저 추정 과정이 수렴하지 않을 수 있는 이유는 수렴의 조건을 지정하는 통계적인 준거의 크기 때문일 수 있다. 이 준거의 디폴트 값을 일일이 다 나열하기에는 상당히 복잡하고 너무나 다양한데, 이는 모형을 추정하기 위해 사용하는 최대우도 추정 방법이 한 종류의 알고리즘만 이용하는 것이 아니기 때문이다. 최대우도 추정, 최소제곱 추정 등 추정의 방법과 그 추정을 컴퓨터 프로그램에서 시현하기 위한 알고리즘은 서로 다른 개념이다. 최근 거의 모든 구조방정식 프로그램이나 통계 프로그램들은 최대우도 추정 과정에서 여러 알고리즘을 단계별로 전환해 가면서 사용한다. M*plus*의 경우 각 단계의 알고리즘마다 다른 디폴트 값이 지정되어 있는데, 예를 들어 최대우도 추정 과정에서 함수의 극대값(local maxima) 및 극소값(local minima)을 찾기 위한 Quasi-Newton 알고리즘의 단계별 함수 변화치에 대한 수렴 조건은 0.00005다. 또한 최대우도 추정 과정 내의 Expectation-Maximization(EM; Dempster, Laird, & Rubin, 1977) 알고리즘에서는 로그우도 함수의 변화치에 대한 수렴 조건이 0.0000001로 설정되어 있다. 이 모든 수렴조건은 ANALYSIS 커맨드에서 연구자가 임의로 변경할 수 있다. 일반적으로 수렴조건을 크게 만들면 수렴이 더 잘 되며, 더 작게 만들면 수렴이 더 힘들어지게 된다. 두 번째로 수렴에 관련된 것은 반복적인 과정의 횟수이며, 모든 구조방정식 프로그램은 반복적인 과정의 최대 디폴트 값을 가지고 있다. 기본적으로 M*plus*는 최대우도 과정에서 Quasi-Newton 알고리즘을 사용할 때, 1,000번의 반복적인 과정 안에서 수렴하지 않는다면 추정 과정이 수렴에 실패한 것으로 간주한다. 물론 이 최대 크기는 ANALYSIS 커맨드에서 얼마든지 바꾸어 줄 수 있다. 세 번째로 수렴에 영향을 주는 것은 모수 추정치의 초기값이다. 초기값이 마지막 추정치에 가까울수록 수렴시간은 더 짧고 수렴에 성공할 가능성이 더 높다. 대부분의 프로그램은 스스로 여러 개의 초기값 세트를 이용하여 모형을 추정하는데, 연구자가 모수에 대한 어느 정도의 사전적인 지식을 가지고 있다면 임의로 지정할 수 있다.

사실 일반적으로 구조방정식 모형을 설정하고 Amos나 M*plus* 등의 상용 프로그램을 사용하는 대다수의 독자는 이 세 가지 문제에 대하여 크게 걱정할 필요가 없다. 오히려 지금부터 다루게 될 내용에 관심을 가져야 한다. 네 번째로 측정모형에서 수렴문제가 발생하는 주된 이유는 모형의 잘못된 설정(specification error) 때문이라고 할 수 있다. 다시 말해, 요인을 제대로 측정하지 못하는 지표변수를 이용한다든지, 자료에 맞지 않는 잘못된 개수의 요인을 추출하고자 할 때 수렴문제를 겪을 수 있다. 전자의 경우는, 예를 들어 우울 요인을 측정하는 데 있어서 우울1-우울3과 더불어 면역1을 사용하는 경우다. 후자의 경우는, 예를 들어 우울1-우울9까지 총 아홉 개의 지표변수로 두 개의 요인을 측정하려고 할 때 발생한다. 만약 우울1-우울5로 하나의 요인을 측정하고, 우울6-우울9로 또 하나의 요인을 측정한 다면 두 요인의 상관이 무척 높을 가능성이 있게 되고(두 요인 모두 우울), 요인 간 상관계수가 1이 넘을 가능성이 있으며, 결국 요인 간 비정치 상관계수 행렬(non-positive correlation matrix)이 나타날 가능성이 있다. 마지막으로 측정모형에서 수렴문제가 발생하는 이유는 작은 표본크기 때문이다. Boomsma(1982) 및 Anderson 과 Gerbing(1984)의 연구를 보면, $n < 150$인 경우에 모형을 제대로 설정한다고 하 여도 수렴문제를 겪게 될 가능성이 무척 높아진다고 하였다(Bollen, 1989). 특히 작은 표본크기의 문제는 모형의 잘못된 설정과 함께 더 큰 문제를 일으키는 것이 일반적이다. 표본크기는 작고 모형은 자료를 설명하지 못하게 되면 추정 과정에서 수렴에 실패할 가능성이 무척 높아지게 된다.

위와 같이 여러 가지 이유로 수렴문제가 발생하는 경우와 관련하여 Kline(2011) 은 다음과 같은 제안을 하였다. 먼저 표준화된 요인부하가 작은(예, 0.7보다 작은) 지표변수들을 요인의 측정에 사용하게 되면 Heywood case를 겪게 될 가능성이 높 아지므로(Wothke, 1993) 사용을 자제해야 한다. 다음으로는 각 요인 내에서 요인 부하를 모두 같은 값으로 제약하면 더 나은 결과를 얻을 가능성이 높아진다. 이때 는 물론 모든 지표변수가 상응하는 요인으로부터 비슷하게 영향을 받고 있다는 가 정이 필요하다. 또한 개별문항을 직접적으로 지표변수로 사용하기보다는 개별문 항 여러 개의 평균이나 총점을 지표변수로 사용하는 문항묶음(item parceling)을 이용하면 수렴문제를 피해 갈 수 있다. 문항묶음에 대한 것은 나중에 더 자세히 설명 할 것이다.

7.2.4. 모형의 평가

바로 앞에서 설명한 것들을 유념하면서 연구자가 원하는 추정 방법을 선택하여 설정한 모형을 수렴문제 없이 잘 추정하면, 다음 단계로서 모형의 평가가 이루어 져야 한다. 모형의 평가에서는 앞의 경로모형에서 다루었듯이 모형의 적합도를 다 방면으로 확인하는 것이 필요하다. 앞서 소개한 여러 종류의 검정과 적합도 지수 들 중에서 Boomsma(2000), Kline(2011), McDonald와 Ho(2000), West, Taylor 와 Wu(2012) 등이 제안하는 바와 같이 χ^2 검정, CFI, RMSEA, SRMR을 보고하는 것이 표준관행이다. 이 방법은 이미 앞에서 자세히 설명하였고, 모든 종류의 구조 방정식 모형에 적용 가능한 것이므로 여기서 다시 다루지 않는다.

　　모형의 적합도에 대한 충분한 평가가 이루어지면, 다음으로는 추정치에 대한 해석이 필요하다. 측정모형에서 세 종류의 추정치(요인부하, 요인의 분산 및 공분산, 측정오차의 분산 및 공분산)에 대한 해석은 다음과 같다. 첫째, 요인부하 추정치($\hat{\lambda}$)는 요인이 지표변수에 주는 직접적인 영향을 나타내며 기본적으로 잠재변수와 관찰변수 사이의 회귀계수라고 할 수 있다. 이 값이 크다면 요인과 그에 상응하는 지표변수의 관계가 강하다고 말할 수 있다. 요인과 지표변수가 표준화되어 있는 상태에서의 요인부하는 표준화된 요인부하(standardized factor loading)가 되며, 측정모형에서는 표준화된 추정치를 해석하고 보고하는 것이 일반적이다. 만약 측정모형에서 요인 간 상관이 존재하지 않는다면 표준화된 요인부하는 요인과 상응하는 지표변수의 상관계수를 의미한다. 예를 들어, 일차원 요인모형이나 요인 간 상관이 0인 문항 간 다차원 요인모형의 경우, 표준화된 요인부하는 상관계수이므로 절대값의 크기가 1을 넘을 수 없다. 하지만 만약 측정모형에서 요인 간 상관이 존재한다면(훨씬 더 일반적인 상황이다) 표준화된 요인부하는 더 이상 요인과 상응하는 지표변수의 상관계수가 아니다. 이때의 표준화된 요인부하는 잠재적인 요인(독립변수)과 관찰된 지표변수(종속변수) 사이의 표준화된 회귀계수가 된다. 이런 경우, 표준화된 요인부하는 상황에 따라 얼마든지 절대값의 크기가 1을 넘을 수 있다. 둘째, 요인 간의 상관(ϕ)은 비표준화 추정치에서는 공분산이고, 표준화 추정치에서는 상관계수가 된다. 셋째, 측정오차의 상관(ψ) 역시 비표준화 추정치에서는 공분산이고, 표준화 추정치에서는 상관계수가 된다. 마지막으로 모수의 추정치는 아니지만 앞의 경로모형에서처럼 R^2를 계산할 수 있다. 요인모형에서는 지표변수가 종속변수이므로, [식 7.22]를 이용하여 지표변수 하나당 하나의 R^2를 계산한다.

$$R_j^2 = 1 - \frac{Var(e_j)}{Var(x_j)} = 1 - \frac{\hat{\psi}_{jj}}{Var(x_j)} \qquad \text{[식 7.22]}$$

　　위에서 x_j는 j번째 지표변수, e_j는 j번째 측정오차, R_j^2는 x_j가 종속변수인 식의 R^2 값이며, $\hat{\psi}_{jj}$은 e_j의 분산 추정치다. 만약 연구자가 프로그램을 통해 표준화된 추정치를 요구했다면, 위의 식에서 $Var(x_j)=1$이 되므로 $R_j^2 = 1 - \hat{\psi}_{jj}$이 된다. 즉, 표준화된 추정치 세트에서 각 측정오차의 분산을 1에서 빼 주면 상응하는 R^2가 계산된다. 추가적으로, R^2는 요인부하와도 관계가 있다. 예를 들어, 교차 요인부하가 존재하지 않는 측정모형(문항간 다차원 요인모형)에서 x_1이 [식 7.23]과 같이 있다고 가정하자.

$$x_1 = \lambda_{11}f_1 + e_1 \qquad\qquad\qquad\text{[식 7.23]}$$

양변에 분산식을 적용하고 표준화된 추정치를 가정하면 [식 7.24]와 같아진다.

$$\begin{aligned}Var(x_1) &= \lambda_{11}^2 Var(f_1) + Var(e_1)\\ 1 &= \lambda_{11}^2 \cdot 1 + \psi_{11}\end{aligned} \qquad\text{[식 7.24]}$$

결국 위의 식으로부터 알 수 있는 것은 $1-\psi_{11}=\lambda_{11}^2$이 된다는 것이다. 즉, λ_{11}^2의 추정치가 바로 [식 7.23]의 R^2가 되는 것이다($R_1^2=\hat{\lambda}_{11}^2$). 다시 강조하지만, 이는 하나의 지표변수가 하나의 요인에만 연관이 되어 있다는 가정에서 가능하다. 만약 하나의 지표변수가 여러 개의 요인에 부하되어(loaded) 있다면 R^2를 구하기 위해서는 두 요인부하의 제곱과 두 요인부하의 곱 및 두 요인의 공분산 등 여러 가지 추가적인 정보가 필요하다. 마지막으로 모두 서로 안다고 가정하고 해석하지 않는 것이 일반적이지만, 측정모형에서 각 R^2는 개별적인 지표변수의 분산 중에서 상응하는 요인에 의해 설명되는 비율을 의미한다.

7.2.5. 확인적 요인분석의 예

지금까지 측정모형(확인적 요인분석모형)의 설정, 판별, 추정, 평가 및 해석 등에 대하여 살펴보았다. 이제 실제 측정모형의 예를 통하여 모형을 실질적으로 더 잘 이해하고, M*plus*의 사용방법에 대해서도 익숙해지도록 하자. 자료는 지금까지 계속해서 다룬 우울, 면역기능, 질병에 대한 자료를 이용할 것이며, 이 또한 경로모형의 예에서 사용한 데이터처럼 M*plus* 프로그램에 포함되어 있는 데이터 세트를 임의로 변형한 것이다($n=500$). 추정하고자 하는 모형은 [그림 7.6]에서 보여준 문항 간 다차원 요인모형으로서 교차 요인부하가 존재하지 않고 측정오차 간 상관도 존재하지 않는다. 먼저 모형의 추정을 위한 input 부분이 [결과 7.11]에 있다.

[결과 7.11] 확인적 요인분석 - input

```
TITLE: A CFA model of depression, immune system, and illness

DATA: FILE IS depression.dat;
      FORMAT IS 9f8.3;

VARIABLE: NAMES ARE depress1-depress3 immune1-immune3
          illness1-illness3;

ANALYSIS: TYPE = General; ESTIMATOR = ML;

MODEL: DEPRESS BY depress1-depress3;
       IMMUNSYS BY immune1-immune3;
       ILLNESS BY illness1-illness3;

       DEPRESS IMMUNSYS ILLNESS;
       DEPRESS WITH IMMUNSYS ILLNESS;
       IMMUNSYS WITH ILLNESS;

       depress1-depress3 immune1-immune3 illness1-illness3;

       [depress1-depress3 immune1-immune3 illness1-illness3];

SAVEDATA: FILE IS factorscores.txt;
          SAVE = Fscores;

OUTPUT: StdYX MODINDICES(0);
```

TITLE 커맨드부터 ANALYSIS 커맨드까지는 앞과 다른 부분이 없으므로 설명을 생략한다. MODEL 커맨드에서도 처음 세 줄은 앞에서 설명한 바 있다. 측정모형의 핵심 부분이므로 다시 한 번 설명하면, BY 옵션은 요인(factor)이 지표변수(indicator)에 의해서 측정된다(a factor is measured BY indicators)에서 전치사 부분을 차용해 만든 것이다. 그래서 BY의 앞부분에 요인 또는 잠재변수가 위치하고, BY의 뒷부분에 지표변수들이 위치한다. 예를 들어, DEPRESS BY depress1-depress3;는 DEPRESS라는 요인이 세 개의 지표변수 depress1, depress2, depress3에 의해 측정된다는 것을 가리킨다. 그다음 두 줄 역시 IMMUNSYS와 ILLNESS 요인들이 각각 상응하는 지표변수에 의하여 측정된다라는 의미다. 그 밑으로 있는 대부분의 MODEL 커맨드의 내용은 M*plus*에서 측정모형을 추정할 때의 디폴트 명령문이다. M*plus*나 Amos 등 최근의 구조방정식 프로그램들은 사용자 편의를 위하여 많은 디폴트 명령문을 가지고 있는데, 모형에 대하여 학습하고 M*plus*에 익숙해지기 위해 디폴트 부분을 모두 써 놓았다. 먼저 외생변수의 이름을 MODEL 커맨드에 그대로 쓰면 그것은 그 변수의 분산을 의미한다. 그러므로 DEPRESS IMMUNSYS ILLNESS;는 세 요인(요인이면서 다른 변수로부터 그 어떤 화살표도 들어오지 않앞으므로 동시에 외생변수다)의 분산을 추정하라는 의미가 된다. 그리고 그다음 두 줄에 나오는 WITH 옵션은 외생변수 간의 공분산을 추정하라는 것이다. DEPRESS WITH IMMUNSYS ILLNESS;는 DEPRESS와 IMMUNSYS 사이의 공분산 및 DEPRESS와 ILLNESS 사이의 공분산을 구하라는 명령문이다. DEPRESS WITH IMMUNSYS; 및 DEPRESS WITH ILLNESS;로 나누어서 쓸 수도 있지만 공간을 절약하기 위해 한 줄로 쓸 수도 있다. 그다음 줄 IMMUNSYS WITH ILLNESS;는 IMMUNSYS 요인과 ILLNESS 요인의 공분산을 의미한다.

다음으로 지표변수(화살표를 요인으로부터 받고 있기 때문에 동시에 내생변수 다) 아홉 개를 그대로 쓰게 되면 각 지표변수에 연결되어 있는 측정오차의 분산을 추정하게 된다. 내생변수는 분산을 추정하지 않으므로 명령문에 내생변수를 그대로 적어 주면 내생변수가 아니라 그 내생변수에 속한 오차의 분산을 추정하게 된다. 마지막으로 MODEL 커맨드에서 각 변수의 이름을 [ ] 안에 써 주면 그 변수의 평균, 즉 절편을 추정하게 된다. 최근에는 측정모형의 절편을 추정하는 것이 상당히 일반적이어서 요약치가 아닌 원자료를 이용할 때 M*plus*의 디폴트는 절편을 추정하는 것이다. 만약 전통적인 구조방정식 모형처럼 절편 없는 모형을 추정하고자 하면 MODEL=Nomeanstructure 옵션을 사용해야 한다.

다음에 보이는 SAVEDATA 커맨드는 요인점수를 추정해서 저장하기 위한 것이다. 요인점수는 개별적인 텍스트 파일로 저장할 수 있는데, 파일의 이름은 임의로 정해 주면 된다. 위의 input에서는 factorscores.txt로 정했다. 바로 밑에는 요인점수를 추정하기 위한 옵션 SAVE=Fscores;가 있다. OUTPUT 커맨드에는 잠재변수와 관찰변수 모두를 표준화한 이후의 모수 추정치를 요구하는 StdYX; 옵션이 있고, MODINDICES(0);은 0 이상의 값을 지니는 모든 수정지수(modification index, MI)를 요구하기 위한 명령문이다. (0) 부분을 써 주지 않으면 10 이상의 MI 값을 갖는 모수만 보여 주는 것이 M*plus*의 디폴트다. 이제 가장 먼저 [결과 7.12]를 통하여 모형의 적합도를 확인한다.

[결과 7.12] 확인적 요인분석 – 모형의 적합도

```
MODEL FIT INFORMATION

Number of Free Parameters                        30

Loglikelihood

        H0 Value                        -5389.243
        H1 Value                        -5373.767

Information Criteria

        Akaike (AIC)                    10838.487
        Bayesian (BIC)                  10964.925
        Sample-Size Adjusted BIC        10869.703
          (n* = (n + 2) / 24)

Chi-Square Test of Model Fit

        Value                              30.952
        Degrees of Freedom                     24
        P-Value                            0.1552

RMSEA (Root Mean Square Error Of Approximation)

        Estimate                            0.024
        90 Percent C.I.                     0.000   0.046
        Probability RMSEA <= .05            0.977

CFI/TLI

        CFI                                 0.998
        TLI                                 0.996

Chi-Square Test of Model Fit for the Baseline Model

        Value                            2994.282
        Degrees of Freedom                     36
        P-Value                            0.0000

SRMR (Standardized Root Mean Square Residual)

        Value                               0.016
```

[결과 7.12]의 가장 윗부분은 모형에서 추정한 자유모수의 개수가 요인부하 여섯 개, 요인 간 분산 및 공분산 여섯 개, 아홉 개의 오차 분산, 그리고 아홉 개의 절편 등 총 30개임을 말해 준다. 설정한 모형의 χ^2_M 값은 30.952이고, df_M 값은 24이며, p-value는 0.155로서 5%의 유의수준에서 모형이 자료에 부합한다(H_0: $\Sigma = \Sigma(\theta)$)는 영가설을 기각하는 데 실패하였다. 즉, 모형이 자료에 부합한다고 할 수 있다. RMSEA는 0.024(90% CI, 0.000－0.046)로서 Browne와 Cudeck(1993)의 기준을 만족하였고, H_0: $\epsilon < 0.05$를 검정하기 위

한 p-value 또한 0.977로서 5% 유의수준에서 기각하는 데 실패하였다. CFI도 0.998로 매우 높은 수준이며, SRMR 역시 0.016으로 둘 모두 Hu와 Bentler(1999)의 기준을 만족하였다. 전체적으로 매우 만족스러운 모형의 적합도를 보였다고 할 수 있다. 이제 개별적인 추정치 중에서 비표준화 추정치를 [결과 7.13]을 이용해 확인한다.

[결과 7.13] 확인적 요인분석 – 비표준화 추정치

```
MODEL RESULTS

                                            Two-Tailed
                   Estimate      S.E.   Est./S.E.  P-Value

 DEPRESS   BY
    DEPRESS1        1.000       0.000    999.000    999.000
    DEPRESS2        0.759       0.031     24.197      0.000
    DEPRESS3        0.668       0.030     22.261      0.000

 IMMUNSYS BY
    IMMUNE1         1.000       0.000    999.000    999.000
    IMMUNE2         0.718       0.030     23.984      0.000
    IMMUNE3         0.705       0.031     22.859      0.000

 ILLNESS   BY
    ILLNESS1        1.000       0.000    999.000    999.000
    ILLNESS2        0.703       0.026     26.936      0.000
    ILLNESS3        0.692       0.026     26.743      0.000

 DEPRESS   WITH
    IMMUNSYS       -0.438       0.074     -5.907      0.000
    ILLNESS         0.525       0.079      6.676      0.000

 IMMUNSYS WITH
    ILLNESS        -0.532       0.080     -6.650      0.000

 Intercepts
    DEPRESS1        0.011       0.059      0.183      0.855
    DEPRESS2        0.028       0.046      0.617      0.537
    DEPRESS3        0.005       0.043      0.109      0.913
    IMMUNE1        -0.100       0.060     -1.652      0.099
    IMMUNE2        -0.078       0.045     -1.730      0.084
    IMMUNE3        -0.076       0.046     -1.671      0.095
    ILLNESS1        0.024       0.061      0.390      0.696
    ILLNESS2        0.025       0.046      0.545      0.586
    ILLNESS3        0.034       0.046      0.742      0.458

 Variances
    DEPRESS         1.380       0.113     12.195      0.000
    IMMUNSYS        1.447       0.119     12.193      0.000
    ILLNESS         1.614       0.123     13.117      0.000

 Residual Variances
    DEPRESS1        0.345       0.043      8.028      0.000
    DEPRESS2        0.253       0.027      9.495      0.000
```

DEPRESS3	0.319	0.026	12.223	0.000
IMMUNE1	0.368	0.045	8.234	0.000
IMMUNE2	0.268	0.026	10.324	0.000
IMMUNE3	0.328	0.028	11.582	0.000
ILLNESS1	0.275	0.038	7.141	0.000
ILLNESS2	0.281	0.025	11.384	0.000
ILLNESS3	0.276	0.024	11.397	0.000

먼저 아홉 개의 요인부하 추정치(Estimate)가 표준오차(S.E.), 검정통계량(Est./ S.E. 또는 Critical Ratio), p-value(Two-Tailed P-Value)와 함께 있다. 요인에 단위를 부여하기 위하여 각 요인의 첫 번째 지표변수의 요인부하를 1로 고정하였다. 고정한 모수는 추정을 하지 않았다는 의미이므로 표준오차는 계산되지 않아 0.000으로 표시되고, 검정통계량과 p-value도 정의되지 않으므로 999.000으로 표시되었다. Mplus에서 999.000은 아무런 의미가 없는 숫자다. 요인부하 다음으로는 세 개의 요인 간 공분산이 나타난다. 우울과 면역기능 사이의 공분산은 -0.438, 우울과 질병 사이의 공분산은 0.525, 면역기능과 질병 사이의 공분산은 -0.532다. 공분산은 부적 무한대(negative infinity)부터 정적 무한대(positive infinity) 사이 값을 취하므로 위의 값들에 대한 의미 있는 해석은 오직 부호(sign)에 대해서만 가능하다. 즉, 우울과 면역기능 및 면역기능과 질병 사이에는 부적인 관계가 있고, 우울과 질병 사이에는 정적인 관계가 있다고 말할 수 있다. 그리고 세 공분산 모두 통계적으로 유의한 결과를 보였다($p < .001$). 그다음은 총 아홉 개의 절편 추정치가 Intercepts라는 제목 아래 나타나는데, 지표변수의 평균구조를 사용하여 추정한 것이다. 다음으로는 요인 세 개의 분산 추정치가 Variances라는 제목 아래 나온다. 우울의 분산은 1.380, 면역기능의 분산은 1.447, 질병의 분산은 1.614다. 마지막으로 측정오차 아홉 개의 분산 추정치가 Residual Variances의 제목 아래 보인다. Mplus 7 이상의 버전을 사용하면 연구자가 추정한 모형의 경로도를 추정치와 함께 확인할 수 있다. Mplus 메뉴 중에서 Diagram으로 들어간 다음 View Diagram(또는 Alt+D)을 클릭하면 [그림 7.16]처럼 Diagram 윈도우가 새롭게 열린다.

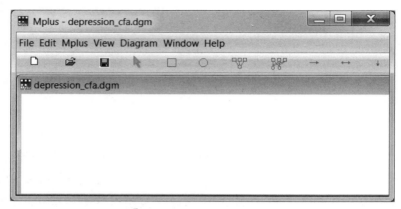

[그림 7.16] Diagram 윈도우

위의 Diagram 윈도우에서 View 또는 Diagram 메뉴를 사용하면 다양한 형태로 그림을 수정할 수 있으며, 보여 주는 추정치의 종류 또한 바꿀 수 있다. 아래의 [그림 7.17]은 비표준화 추정치를 보여 주는 연구자의 측정모형이다.

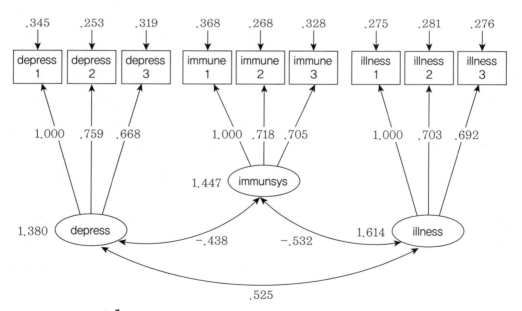

[그림 7.17] 확인적 요인분석모형 경로도–비표준화 추정치

위의 그림을 보면 [결과 7.13]에서 확인한 모든 추정치가 나타난다. 지금까지 위에서 보여 준 모든 추정치 및 경로도는 비표준화 추정치로서, 모형 안에서 관찰변수 아홉 개와 요인 세 개가 모두 표준화되지 않은 원변수를 이용한 결과다. 측정모

형은 사실 비표준화 추정치를 해석하지 않는 것이 일반적이며, 타당도 확인을 위해서는 [결과 7.14]에 보이는 표준화 추정치를 해석한다.

[결과 7.14] 확인적 요인분석 – 표준화 추정치

```
STANDARDIZED MODEL RESULTS


STDYX Standardization


                                                Two-Tailed
                  Estimate     S.E.    Est./S.E.  P-Value

 DEPRESS  BY
    DEPRESS1        0.894      0.015     59.697     0.000
    DEPRESS2        0.871      0.016     54.750     0.000
    DEPRESS3        0.812      0.019     43.237     0.000

 IMMUNSYS BY
    IMMUNE1         0.893      0.015     60.148     0.000
    IMMUNE2         0.858      0.016     52.534     0.000
    IMMUNE3         0.829      0.018     46.305     0.000

 ILLNESS  BY
    ILLNESS1        0.924      0.012     78.484     0.000
    ILLNESS2        0.860      0.015     58.000     0.000
    ILLNESS3        0.859      0.015     57.229     0.000

 DEPRESS  WITH
    IMMUNSYS       -0.310      0.045     -6.817     0.000
    ILLNESS         0.352      0.044      8.043     0.000

 IMMUNSYS WITH
    ILLNESS        -0.348      0.044     -7.952     0.000

 Intercepts
    DEPRESS1        0.008      0.045      0.183     0.855
    DEPRESS2        0.028      0.045      0.617     0.537
    DEPRESS3        0.005      0.045      0.109     0.913
    IMMUNE1        -0.074      0.045     -1.650     0.099
    IMMUNE2        -0.077      0.045     -1.727     0.084
    IMMUNE3        -0.075      0.045     -1.669     0.095
    ILLNESS1        0.017      0.045      0.390     0.696
    ILLNESS2        0.024      0.045      0.545     0.586
    ILLNESS3        0.033      0.045      0.742     0.458

 Variances
    DEPRESS         1.000      0.000    999.000   999.000
    IMMUNSYS        1.000      0.000    999.000   999.000
    ILLNESS         1.000      0.000    999.000   999.000

 Residual Variances
    DEPRESS1        0.200      0.027      7.471     0.000
    DEPRESS2        0.242      0.028      8.717     0.000
    DEPRESS3        0.341      0.030     11.207     0.000
```

IMMUNE1	0.203	0.027	7.641	0.000
IMMUNE2	0.264	0.028	9.419	0.000
IMMUNE3	0.313	0.030	10.573	0.000
ILLNESS1	0.145	0.022	6.674	0.000
ILLNESS2	0.260	0.026	10.186	0.000
ILLNESS3	0.263	0.026	10.209	0.000

R-SQUARE

Observed Variable	Estimate	S.E.	Est./S.E.	Two-Tailed P-Value
DEPRESS1	0.800	0.027	29.848	0.000
DEPRESS2	0.758	0.028	27.375	0.000
DEPRESS3	0.659	0.030	21.618	0.000
IMMUNE1	0.797	0.027	30.074	0.000
IMMUNE2	0.736	0.028	26.267	0.000
IMMUNE3	0.687	0.030	23.152	0.000
ILLNESS1	0.855	0.022	39.242	0.000
ILLNESS2	0.740	0.026	29.000	0.000
ILLNESS3	0.737	0.026	28.614	0.000

표준화 결과를 통하여 확인해야 하는 가장 중요한 추정치는 일단 표준화된 요인부하다. 앞서 말한 대로 Kline(2011)은 각 표준화된 추정치가 0.7이 넘으면 수렴타당도를 확보할 수 있다고 하였다. 즉, 각 지표변수가 상응하는 요인과 충분한 관계가 있다는 의미가 된다. 결과를 확인해 보면, 모든 표준화된 요인부하가 0.812~0.924로서 충분히 높은 값을 보이고 있다. 현실 속에서 모든 표준화된 요인부하가 0.7 이상을 보이는 것은 사실 쉽게 달성할 수 있는 것은 아니다. 그러므로 Kline이 제시한 0.7은 반드시 만족시켜야 하는 값이라기보다는 일종의 가이드라인으로 받아들이면 되겠다. Kline(2011)이 0.7을 제시한 이유는 앞서 설명한 대로 위와 같은 문항 간 다차원 측정모형에서는 표준화된 요인부하의 제곱이 바로 R^2가 되기 때문이다. 다시 말해, 0.7의 제곱은 대략 0.5가 되므로 표준화된 요인부하의 값이 0.7을 넘는다는 것은 지표변수의 분산이 상응하는 요인에 의하여 50% 이상 설명된다는 의미가 된다. 이런 이유로 Kline(2011)의 표준화된 요인부하 0.7 이상은 그 실질적인 의미를 갖게 된다. Kline(2011) 외에도 다른 여러 학자가 확인적 요인분석 모형에서의 다양한 수렴타당도 기준을 제시하였는데, Wang과 Wang(2012)의 경우에는 0.4 이상, Hair, Black, Babin과 Anderson(2010)은 0.5 이상이면 수렴타당도를 확보한 것으로 간주하였다.

표준화된 요인부하를 통해 수렴 타당도를 확인하였다면, 이제 세 요인의 상관계수를 통하여 변별 타당도를 확인할 수 있다. [결과 7.14]는 표준화된 추정치이므로 요인 간의 공분산은 모두 요인 간의 상관계수라고 할 수 있다. 먼저 우울과 면역기능의 상관계수는 −0.310, 우울과 질병의 상관계수는 0.352, 면역기능과 질병의 상관계수는 −0.348로서 모두 크지 않은 상관을 보이고 있다. 이는 Kline(2011)이 변별 타당도를 확인하는 값으로 제안한 0.9보다 훨씬 작으므로, 세 개의 요인이 충분히 구별된다고 할 수 있다. 여기서 주의해야 할 것은, 0.9가 어떤 특별한 의미를 갖는 숫자는 아니라는 것이다. 단지 Kline(2011)이 상당히 큰 상관계수의 예로 0.9를 든 것일 뿐이므로 여기에 절대적인 의미를 부여하지 않아야 한다. 예를 들어, Henseler, Ringle과 Sarstedt(2015)의 경우에는 0.85 이하를 제안하기도 하였다. 그러므로 만약 요인 간의 상관계수가 0.9를 넘지 않아도 이에 근접하는 값을 보인다면 연구자는 매우 주의 깊게 다루어야 한다. 아마도 두 개의 요인은 각각 다른 지표변수로 측정되는 구별되는 요인이 아니라, 구별되지 않는 하나의 요인일 수도 있을 것이다.

다음으로는 절편의 추정치 아홉 개가 나타나고, 그다음에 보이는 요인의 분산은 표준화 추정치이므로 당연히 모두 1이다. 그 아래 있는 측정오차의 분산은 앞 섹션에서 설명했듯이 고유분산(unique variance)이라고 불리는 부분으로서 공통분산(communality)과 합쳐져 상응하는 지표변수 x의 분산을 이룬다. 표준화된 추정치에서 모든 x의 분산은 1이므로 측정오차의 분산은 절대로 1을 넘을 수 없다. 만약 표준화된 추정치에서 측정오차의 분산이 0보다 작거나 1보다 크다면 이는 Heywood case가 발생한 것이다. 마지막으로 표준화된 추정치를 M*plus*에 요구하면 각 지표변수에 해당하는 식의 결정계수 R^2를 보여 주게 된다. 이는 앞서 [식 7.22]에서 보여 주었듯이 1에서 측정오차의 분산을 뺀 값이 된다. 예를 들어, 우울1의 결정계수 $R^2=0.800=1-0.200$이 된다. 또한 이 R^2는 교차 요인부하가 없는 우리 예에서 우울1의 표준화된 요인부하를 제곱한 값이기도 하다($R^2=0.894^2=0.800$). 현재 예제에서는 나머지 지표변수의 R^2도 1에서 측정오차의 분산을 빼거나 요인부하의 추정치를 제곱하여 얻을 수 있다. 소수 넷째자리 이하가 보이지 않기 때문에 미세한 오차가 생길 수는 있지만, 큰 차이는 없을 것이다. M*plus*의 Diagram 메뉴를 사용하면 지금까지 확인한 표준화 추정치와 경로도를 확인할 수도 있는데, [그림 7.18]과 같다.

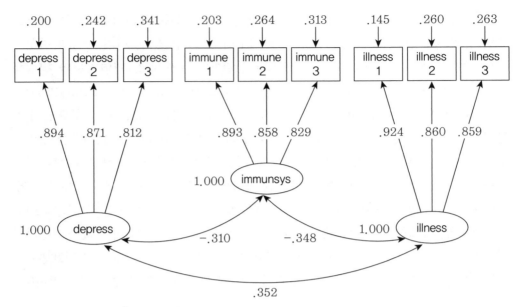

[그림 7.18] 확인적 요인분석모형 경로도–표준화 추정치

　일반적으로 측정모형을 추정한 결과를 보고할 때는 표를 이용하거나 경로도상에 추정치를 보여 주거나, 또는 두 가지를 모두 보고하는 방식을 택하는데, 경로도를 보일 때는 표준화된 추정치를 보여 주는 것이 독자로 하여금 더 쉽게 타당도를 파악할 수 있게 한다. [표 7.4]에는 측정모형의 추정 결과를 표를 이용해 보여 주는 예가 있다. 반드시 어떤 한 가지의 방법을 사용해야 하는 것은 아니며, 이는 단지 필자가 보여 주는 하나의 가이드라인일 뿐이다. 그리고 측정모형의 절편 추정치는 전통적인 구조방정식에서 중요하게 생각하는 모수 추정치가 아니므로 생략하였다. 절편뿐만 아니라 오차의 분산 추정치 등도 연구자의 목적에 따라 생략을 고려할 수 있는 부분이다.

[표 7.4] 확인적 요인분석 보고

모수	비표준화	표준오차	표준화
요인부하			
우울			
우울1	1.000	–	0.894
우울2	0.759	0.031	0.871
우울3	0.668	0.030	0.812
면역기능			
면역1	1.000	–	0.893
면역2	0.718	0.030	0.858
면역3	0.705	0.031	0.829
질병			
질병1	1.000	–	0.924
질병2	0.703	0.026	0.860
질병3	0.692	0.026	0.859
요인의 분산 및 공분산			
우울	1.380	0.113	1.000
면역기능	1.447	0.119	1.000
질병	1.614	0.123	1.000
우울과 면역기능	−0.438	0.074	−0.310
우울과 질병	0.525	0.079	0.352
면역기능과 질병	−0.532	0.080	−0.348
측정오차의 분산			
우울1(e_1)	0.345	0.043	0.200
우울2(e_2)	0.253	0.027	0.242
우울3(e_3)	0.319	0.026	0.341
면역1(e_4)	0.368	0.045	0.203
면역2(e_5)	0.268	0.026	0.264
면역3(e_6)	0.328	0.028	0.313
질병1(e_7)	0.275	0.038	0.145
질병2(e_8)	0.281	0.025	0.260
질병3(e_9)	0.276	0.024	0.263

위에서 추정한 모든 모수에 대한 검정은 $p < 0.001$ 수준에서 통계적으로 유의하다. 각 요인의 첫 번째 요인부하는 추정하지 않고 1로 고정하였기 때문에 표준오차가 계산되지 않았다.

다시 한 번 밝히지만, [표 7.4]를 이용한 측정모형의 추정 결과 보고는 수많은 방법 중에서 단 하나의 방법일 뿐이고, 연구자의 상황에 알맞게 보고하면 된다.

Kline(2011)은 결과를 표로 만들 때 비표준화 추정치, 비표준화 추정치의 표준오차, 표준화 추정치 세 가지는 반드시 보고하기를 제안하고 있다. 그리고 앞서 말한 대로 모수에 대한 검정($H_0 : \theta = 0$)은 비표준화 추정치와 그것의 표준오차를 이용하는 것이 표준화 추정치와 그것의 표준오차(위의 표에는 보고되지 않았다)를 이용하는 것보다 더 일반적이다.

확인적 요인분석의 예에서 다음으로 다룰 내용은 모형의 수정이다. 모형의 수정 단계는 모든 해석을 끝마친 이후에 하는 것이 아니라 모형의 적합도에 문제가 있거나, 적합도는 좋더라도 결과의 해석에 문제가 있거나, 또는 Heywood case나 비정치 행렬 등의 부적절한 결과(improper solution)가 나왔을 때 실행하는 것이 일반적이다. 사실 우리는 앞에서 매우 좋은 모형의 적합도와 지표변수들의 구인 타당도를 확인할 수 있었기 때문에 모형의 수정은 고려하지 않았다. 이제부터 교육적인 목적상 측정모형을 수정한다고 가정하자. 모형의 수정을 결정하면 요인의 개수 자체에 대한 근본적인 수정이 이루어질 수도 있고 모형 수정지수를 이용해서 부분적인 수정을 할 수도 있다. 추정의 결과를 보면서 요인의 개수를 수정해야 하는 징후라고 할 만한 것은 일단 모형의 적합도에 심각한 문제가 있는 경우다. 이런 일이 발생하면 동시에 매우 작은 요인부하 추정치가 나타나거나(수렴 타당도에 문제 발생), 또는 요인 간 상관계수 추정치가 매우 커서 1에 가까운 값이 발생(변별 타당도에 문제 발생)할 가능성이 있다.

만약 작은 요인부하가 나타나는 문제가 발생했다면 그 지표변수가 다른 요인을 동시에 측정하거나 다른 요인만을 측정하도록 수정을 시도해 봐야 한다. 이렇게 하여도 요인부하 값이 계속 작다면 문제의 지표변수가 측정하는 요인이 연구자의 모형 안에 없다는 의미가 되고, 이는 추가적인 요인이 존재할 수도 있음을 의미한다. 만약 추가적인 요인을 측정할 의도가 연구자에게 없다면 문제의 지표변수는 제거하는 것을 고려해야 한다. 이때 한 가지 유의할 점은 지표변수의 요인부하 추정치가 상당히 작더라도, 그 변수를 모형에 그대로 남겨 두는 것이 반드시 문제가 되지는 않는다는 것이다. 물론 이때는 그 지표변수가 이론적으로 상응하는 요인과 관련이 있다는 확신이 연구자에게 있어야 한다. 두 번째로 만약 요인 간에 높은 상관계수가 나타나는 문제가 발생했다면, 이는 이 두 요인을 측정하는 관찰변수들이 서로 매우 높은 상관관계가 있을 가능성을 나타낸다. 이때는 서로 상관이 높은 관찰변수들 모두가 하나의 요인을 측정하도록 모형의 수정을 시도할 수 있다. 즉, 요인의 개수를 줄이는 것을 고려해야만 한다. 현재 우리가 가지고 있는 결과에 따르면 세 가지 요인을 측정하는 관찰변수의 요인부하는 충분히 큰 값을 지니는 것으로 보이고, 요인 간의 상관 역시 높지 않아 선명하게 구별되는 요인들로 보인다. 그러므로 모형 수정지수를 이용해 부분적인 수정의 과정을 보여 주고자 한다. [결과 7.15]에 수정지수가 제공된다.

[결과 7.15] 확인적 요인분석 – 수정지수

```
MODEL MODIFICATION INDICES

NOTE:   Modification indices for direct effects of observed dependent
variables regressed on covariates may not be included.   To include
these, request MODINDICES (ALL).

Minimum M.I. value for printing the modification index      0.000

                       M.I.     E.P.C.   Std E.P.C.   StdYX E.P.C.

BY Statements

DEPRESS   BY IMMUNE1     0.499   -0.025    -0.029        -0.022
DEPRESS   BY IMMUNE2     0.567    0.020     0.024         0.024
DEPRESS   BY IMMUNE3     0.000    0.000     0.000         0.000
DEPRESS   BY ILLNESS1    0.130   -0.012    -0.014        -0.010
DEPRESS   BY ILLNESS2    0.685   -0.022    -0.026        -0.025
DEPRESS   BY ILLNESS3    1.556    0.033     0.039         0.038
IMMUNSYS  BY DEPRESS1    0.052   -0.008    -0.009        -0.007
IMMUNSYS  BY DEPRESS2    0.000    0.000     0.000         0.000
IMMUNSYS  BY DEPRESS3    0.066    0.007     0.008         0.009
IMMUNSYS  BY ILLNESS1    0.009    0.003     0.004         0.003
IMMUNSYS  BY ILLNESS2    0.031   -0.005    -0.006        -0.005
IMMUNSYS  BY ILLNESS3    0.005    0.002     0.002         0.002
ILLNESS   BY DEPRESS1    5.503    0.075     0.095         0.073
ILLNESS   BY DEPRESS2    0.601   -0.020    -0.025        -0.024
ILLNESS   BY DEPRESS3    3.647   -0.049    -0.062        -0.064
ILLNESS   BY IMMUNE1     0.112   -0.011    -0.014        -0.010
ILLNESS   BY IMMUNE2     0.845    0.023     0.029         0.029
ILLNESS   BY IMMUNE3     0.364   -0.016    -0.020        -0.020

WITH Statements

DEPRESS2 WITH DEPRESS1   2.190   -0.135    -0.135        -0.458
DEPRESS3 WITH DEPRESS1   0.307   -0.039    -0.039        -0.118
DEPRESS3 WITH DEPRESS2   3.181    0.092     0.092         0.323
IMMUNE1  WITH DEPRESS1   2.813    0.044     0.044         0.124
IMMUNE1  WITH DEPRESS2   0.032   -0.004    -0.004        -0.012
IMMUNE1  WITH DEPRESS3   5.620   -0.052    -0.052        -0.151
IMMUNE2  WITH DEPRESS1   4.626   -0.044    -0.044        -0.145
IMMUNE2  WITH DEPRESS2   0.025    0.003     0.003         0.010
IMMUNE2  WITH DEPRESS3   8.429    0.050     0.050         0.170
IMMUNE2  WITH IMMUNE1    0.176    0.037     0.037         0.118
IMMUNE3  WITH DEPRESS1   0.439    0.014     0.014         0.043
IMMUNE3  WITH DEPRESS2   0.013   -0.002    -0.002        -0.007
```

```
IMMUNE3    WITH  DEPRESS3    0.307    -0.010    -0.010    -0.031
IMMUNE3    WITH  IMMUNE1     1.114    -0.085    -0.085    -0.245
IMMUNE3    WITH  IMMUNE2     0.390     0.034     0.034     0.115
ILLNESS1   WITH  DEPRESS1    0.490     0.017     0.017     0.055
ILLNESS1   WITH  DEPRESS2    0.027    -0.003    -0.003    -0.012
ILLNESS1   WITH  DEPRESS3    0.895    -0.019    -0.019    -0.064
ILLNESS1   WITH  IMMUNE1     0.329    -0.014    -0.014    -0.045
ILLNESS1   WITH  IMMUNE2     0.500    -0.014    -0.014    -0.051
ILLNESS1   WITH  IMMUNE3     2.121     0.030     0.030     0.101
ILLNESS2   WITH  DEPRESS1    1.738     0.027     0.027     0.086
ILLNESS2   WITH  DEPRESS2    4.227    -0.033    -0.033    -0.126
ILLNESS2   WITH  DEPRESS3    0.005     0.001     0.001     0.004
ILLNESS2   WITH  IMMUNE1     0.224    -0.010    -0.010    -0.031
ILLNESS2   WITH  IMMUNE2     0.218     0.008     0.008     0.028
ILLNESS2   WITH  IMMUNE3     0.049    -0.004    -0.004    -0.013
ILLNESS2   WITH  ILLNESS1    0.585     0.060     0.060     0.216
ILLNESS3   WITH  DEPRESS1    0.344    -0.012    -0.012    -0.038
ILLNESS3   WITH  DEPRESS2    2.960     0.028     0.028     0.105
ILLNESS3   WITH  DEPRESS3    0.070    -0.004    -0.004    -0.015
ILLNESS3   WITH  IMMUNE1     1.137     0.022     0.022     0.069
ILLNESS3   WITH  IMMUNE2     0.786     0.014     0.014     0.053
ILLNESS3   WITH  IMMUNE3     3.844    -0.034    -0.034    -0.112
ILLNESS3   WITH  ILLNESS1    0.180    -0.033    -0.033    -0.118
ILLNESS3   WITH  ILLNESS2    0.088    -0.014    -0.014    -0.050
```

결과의 가장 윗부분에 관찰변수(observed variables)와 공변수(covariates) 사이의 직접효과를 보기 위해서는 MODINDICES(ALL)을 사용하라고 되어 있는데, 이는 아홉 개의 관찰변수 사이에 이루어질 수 있는 모든 회귀분석 조합의 회귀계수를 다 보여 주는 옵션이다. 현재 우리는 모든 관찰변수를 요인의 측정을 위한 지표변수(indicators)로 사용하고 있기 때문에 무의미한 옵션이므로 이용하지 않았다. 그리고 M*plus*는 요인모형에서 절편들을 추정했을 때 감소하게 될 MI 값도 보여 주는데 역시 무의미하므로 생략하였다. 먼저 BY Statements 아래에는 교차 요인부하를 추정함으로써 감소시킬 수 있는 모형의 χ^2 값(MI)을 보여 주고 있으며, WITH Statements 아래에는 측정오차 간의 상관(공분산 또는 상관계수)을 추정함으로써 감소시킬 수 있는 χ^2 값을 보여 준다. 수정지수를 이용해 모형의 수정을 할 때는 가장 큰 MI 값을 가진 모수 중 하나를 선택해서 그 모수를 자유롭게 추정할지 말지를 결정해야 한다. [결과 7.15]를 보면 면역2와 우울3에 속한 두 개의 측정오차 사이의 상관을 허락했을 때, 모형의 χ^2 값이 대략 8.429 정도 감소할 것을 예상할 수 있다. 만약 이 모수를 추정하게 되면 새롭게 추정한 공분산 추정치는 대략 0.050이 될 것이며, 상관계수 추정치는 대략 0.170이 될 것이다. 이 두 개의 측정오차 사이의 상관을 추정하느냐 그렇지 않느냐는 연구자의 판단에 의하여 결정하면 되고, 만약 추정하기로 결정하였다면 MODEL 커맨드에 immune2 WITH depress3;를 추가한다.

측정모형의 예에서 보여 줄 마지막 내용은 요인점수(factor scores)에 대한 것이다. 요인, 즉 잠재변수는 기본적으로 변수다. 변수라는 것은 각 사례(observation, case, person)에 해당하는 값을 가지고 있으며, 요인점수란 바로 모형 안에서 생성된 요인의 각 사례값이다. 일반적으로 EFA든 CFA든 요인분석을 사용하는 대부분의 연구에서는 관찰된 변수들 속에 있는 요인의 구조를 파악하는 것이 목적이다. EFA에서는 요인의 구조를 정확히 알지 못한다는 가정 아래서 요인구조를 찾는 작업을 하고, CFA에서는 요인구조에 대한 가설을 가지고 확인하는 작업을 한다. 이와 같은 대다수의 연구에서는 요인구조를 파악하여 구인 타당도를 확인하고 각 요인의 의미를 해석하면 연구의 목적이 달성된다고 할 수 있다. 그러나 경우에 따라서는 요인구조의 확인에 그치지 않고, 더 나아가서 각 사례의 요인점수에서 집단 차이가 존재하는지의 여부 또는 요인점수들과 다른 변수 사이의 관련성을 연구하는 것이 목적이 되기도 한다. 요인점수를 이용한 집단 차이검정이나 회귀분석은 사실 구조방정식 모형 안에서 단번에 해결되기도 하지만, 요인점수를 따로 구해서 저장한 다음 그것을 이용할 수도 있다. 주의해야 할 점은 이렇게 요인점수의 추정치를 구해서 이차적인 분석(two-step analysis)을 하는 방법이 구조방정식 모형 안에서 분석을 하는 것과는 다른 결과를 준다는 것이다.

근본적으로 어떤 요인점수 추정 방법을 사용하든지 간에, 요인점수의 추정치는 요인 자체가 아니다.[58] 이는 관찰변수의 개수보다 요인과 측정오차 개수의 합이 더 크기 때문에 발생하는 문제다(Bollen, 1989; Johnson & Wichern, 2002). 달리 말해, 가지고 있는 방정식의 개수보다 풀어야 하는 미지수의 개수가 더 많아서 생기는 부정(indeterminacy)의 문제라는 의미다. 이와 같은 문제로 인해 다른 방법으로 요인점수를 추정하면 추정하는 방법마다 모든 사례의 값의 순서가 다르게 된다. 즉, 똑같은 요인에 대한 요인점수를 추정해도 어떤 때는 사례1이 사례2보다 더 큰 요인점수 추정치를 가지게 되고, 또 어떤 때는 사례2가 사례1보다 더 큰 요인점수 추정치를 가지게 된다. 그러므로 요인점수를 이용해 이차적인 분석을 하는

[58] 요인점수는 요인으로부터 계산(calculation)을 통해 나오는 것이 아니고 추정(estimation)을 통해서 나오는 것이다.

것은 문제의 소지가 다분하다. 추정된 요인점수로 이차적인 분석을 하는 경우, 종속변수로 사용되면 편향된 결과를 주고 독립변수로 사용되면 문제가 적은 것으로 알려져 있기도 하다(Skrondal & Laake, 2001). 결론적으로 말하면, 요인점수를 이용하는 이차적인 분석은 자제해야 한다. 구조방정식 모형 안에서 요인의 평균에 집단 차이가 있는지 확인하거나, 요인을 외생변수 혹은 내생변수로 사용하여 관계를 파악하는 방법을 사용해야 한다.

어쨌든 M*plus*를 이용해 요인점수를 추정하면 매우 유명한 회귀분석 방법(regression method 또는 maximum a posteriori[MAP] method)을 이용하게 된다. 지표변수가 모두 연속형이라고 가정하고 요인 간 상관이 없다고 가정하면 아래와 같이 요인점수를 추정하는 아이디어를 설명할 수 있다(Dillon & Goldstein, 1984). 먼저 구하고자 하는 요인점수가 [식 7.25]와 같이 표현된다고 하자.

$$\hat{f}_{ik} = \hat{\beta}_{1k}x_{i1} + \hat{\beta}_{2k}x_{i2} + \cdots + \hat{\beta}_{pk}x_{ip} \qquad \text{[식 7.25]}$$

위에서 $\hat{f}_{ik}$은 i번째 사례의 k번째 요인에 대하여 추정된 요인점수, x는 지표변수, $\hat{\beta}$은 추정된 회귀계수, $i = 1, 2, \ldots, n$(사례의 개수), $k = 1, 2, \ldots, m$(요인의 개수), p는 지표변수의 개수다. [식 7.25]를 행렬을 이용해 표현해 보면 [식 7.26]과 같다.

$$\begin{bmatrix} \hat{f}_{11} & \cdots & \hat{f}_{1m} \\ \vdots & \ddots & \vdots \\ \hat{f}_{n1} & \cdots & \hat{f}_{nm} \end{bmatrix} = \begin{bmatrix} x_{11} & \cdots & x_{1p} \\ \vdots & \ddots & \vdots \\ x_{n1} & \cdots & x_{np} \end{bmatrix} \times \begin{bmatrix} \hat{\beta}_{11} & \cdots & \hat{\beta}_{1m} \\ \vdots & \ddots & \vdots \\ \hat{\beta}_{p1} & \cdots & \hat{\beta}_{pm} \end{bmatrix} \qquad \text{[식 7.26]}$$

$$\hat{F} = X \times \hat{B}$$

위에서 $\hat{F}$은 m개의 요인에 대한 n개의 사례들의 요인점수 행렬, X는 자료 행렬, $\hat{B}$(beta hat)은 회귀계수 행렬이다. X는 알고 있으므로 $\hat{B}$만 알면 우리가 구하고자 하는 $\hat{F}$, 즉 요인점수를 모두 추정할 수 있다. [식 7.26]의 양변에 $\frac{1}{n}X'$을 곱해 주면 [식 7.27]과 같다.

$$\frac{1}{n}X'\hat{F} = \frac{1}{n}X'X\hat{B} \qquad \text{[식 7.27]}$$

위에서 $\frac{1}{n}X'\hat{F}$은 바로 요인부하 행렬 $\hat{\Lambda}$이고, $\frac{1}{n}X'X$는 지표변수로 이루어진 공분산 행렬 S다. 그러므로 위의 식은 다음의 [식 7.28]로 정리할 수 있다.

$$\hat{\Lambda} = S\hat{B} \qquad\qquad \text{[식 7.28]}$$

우리가 알고 싶은 것은 $\hat{B}$이므로 S의 역행렬(S^{-1})을 양변의 앞부분에 곱해 주면 [식 7.29]와 같이 된다.

$$\hat{B} = S^{-1}\hat{\Lambda} \qquad\qquad \text{[식 7.29]}$$

이제 $\hat{B}$을 [식 7.26]에 넣으면 우리가 얻고자 하는 요인점수 행렬 $\hat{F}$을 [식 7.30] 과 같이 구할 수 있다.

$$\hat{F} = X\hat{B} = XS^{-1}\hat{\Lambda} \qquad\qquad \text{[식 7.30]}$$

이와 같은 회귀식을 이용한 요인점수의 추정 방법은 아마도 가장 일반적으로 많이 이용될 것이다. 요인 간 상관이 있는 경우에는 Bollen(1989, p.305)에서 요인 간 공분산 행렬 Φ를 이용하는 추정식을 확인할 수 있다. Bollen은 자세한 과정을 설명하지 않고 최종적인 요인점수 추정식만 제공하고 있기 때문에 아이디어를 설명하기 위해 Dillon과 Goldstein(1984)의 방식으로 위에서 설명하였다. 어쨌든 M*plus* 역시 이 회귀계수를 이용하는 방법을 사용한다. [결과 7.11]에서처럼 M*plus* input에 SAVEDATA 커맨드를 이용하여 추정된 요인점수를 저장하도록 하면 input 파일이 있는 폴더와 동일한 폴더에 factorscores.txt 파일이 생성된다. 생성된 텍스트 파일에는 먼저 아홉 개의 지표변수 값이 나타나 있고, 그다음으로 요인점수의 열이 나타난다. 생성된 파일이 워낙 넓기 때문에 먼저 [그림 7.19]에 반복해서 나타나고 있는 지표변수의 값을 보인다.

```
factorscores.txt - Notepad
File  Edit  Format  View  Help
 -0.507   -0.101   -0.639    1.287    2.447   -0.245    0.010    0.314    1.192
  1.500    1.774    2.067   -1.465   -1.967   -0.729    0.479    0.979    0.615
  0.261   -0.367   -1.017    0.508    1.712    0.963   -1.153   -1.240   -0.445
  2.002    0.456    0.347   -1.599   -1.069   -2.744   -1.661   -0.656    0.046
 -0.593   -0.518    0.643    0.909   -0.204   -0.109   -0.139   -0.245   -0.691
  1.528    0.861    0.572   -0.642   -1.445   -1.439   -1.175    1.523    1.058
  1.546   -0.134    0.312   -0.279   -0.663    0.151    0.025   -0.389    0.068
 -1.074   -0.738   -0.657   -2.748   -1.048   -0.321    0.408    0.420   -0.081
 -1.563   -1.052    0.292    0.201   -0.155    0.058    1.352    0.339    1.464
  1.273    0.799    0.380    0.674    0.982    0.010    0.090   -0.016    1.029
 -3.091   -1.085   -0.705    1.553    0.760    0.538   -2.071   -1.253   -1.497
  1.894    2.198    1.055   -0.628   -1.014   -0.927    0.849    0.482   -0.468
  2.196    1.310    0.871   -0.504   -0.288   -1.308    0.353    0.196    0.675
 -2.162   -0.578   -1.386    1.916    1.427    0.658    0.290    0.632   -0.576
  0.578    0.154    0.705   -1.225   -0.602   -1.386   -3.058   -0.942   -1.150
  2.344    1.680    1.648    0.160   -0.332   -0.037    2.114    0.427    0.659
  1.216    0.455    0.477   -0.039    1.225    1.674   -1.881    0.515   -1.572
  1.054    0.960    0.136    1.978   -0.310    0.573    0.607    0.407   -0.481
  1.422    1.353    0.557    1.741    1.358    0.943   -0.044    0.666   -0.245
```

[그림 7.19] 요인점수 파일-지표변수의 값

위의 그림에 보이는 결과는 연구자가 원래 가지고 있는 자료파일과 다를 것이 전혀 없다. 요인점수의 추정치는 생성된 파일에서 오른쪽에 위치하고 있는데, 세 개의 요인을 모형 안에서 측정한 경우 [그림 7.20]과 같이 여섯 개의 추가적인 열(column)로 이루어져 있다. M*plus*는 기본적으로 비표준화 요인점수를 추정하여 보고하며, 아직까지는 표준화 요인점수를 보고하는 옵션은 없는 것으로 알려져 있다.

-0.438	0.367	1.364	0.379	0.434	0.356
1.945	0.367	-1.626	0.379	0.825	0.356
-0.395	0.367	1.196	0.379	-1.109	0.356
1.080	0.367	-1.879	0.379	-0.877	0.356
-0.276	0.367	0.261	0.379	-0.376	0.356
1.145	0.367	-1.288	0.379	0.346	0.356
0.642	0.367	-0.332	0.379	-0.063	0.356
-0.853	0.367	-1.559	0.379	0.313	0.356
-0.916	0.367	0.024	0.379	1.168	0.356
0.921	0.367	0.608	0.379	0.373	0.356
-1.925	0.367	1.170	0.379	-1.912	0.356
1.959	0.367	-0.984	0.379	0.477	0.356
1.662	0.367	-0.768	0.379	0.507	0.356
-1.500	0.367	1.534	0.379	0.068	0.356
0.451	0.367	-1.085	0.379	-2.029	0.356
2.099	0.367	-0.173	0.379	1.381	0.356
0.731	0.367	0.989	0.379	-1.207	0.356
0.824	0.367	0.798	0.379	0.257	0.356
1.224	0.367	1.455	0.379	0.109	0.356

[그림 7.20] 요인점수 파일-요인점수

위의 그림에서 첫 번째 열은 우울의 요인점수 추정치이고, 두 번째 열(사실은 하나의 값, 0.367)은 앞의 요인점수 추정치의 표준오차(standard error)다. 마찬가지로 세 번째 열은 면역기능의 요인점수 추정치이고, 네 번째 열은 그 표준오차다. 그리고 다섯 번째 열은 질병의 요인점수 추정치이고, 마지막 여섯 번째 열은 그 표준오차다.

제8장 측정모형의 확장

이 장에서는 앞 장에서 익힌 측정모형에 대한 기본적인 지식을 바탕으로 측정모형의 다양한 응용분야를 다루고자 한다. 구조방정식의 큰 장점 중 하나인 다집단 분석을 위한 측정불변성(measurement invariance)의 확인, 정규성을 만족하지 못하는 자료에 대한 측정모형의 추정, 측정된 요인들을 지표변수로 사용한 이차수준의 요인 추정 등 여러 가지 확장적인 주제를 다룬다. 사실 각 확장 분야가 한 권의 책을 따로 쓸 수도 있을 만큼 분량이 방대하여 적정한 수준에서 소개하고자 한다.

8.1. 다집단 요인분석과 MIMIC 모형

다집단 요인분석(multiple-group factor analysis)은 여러 맥락에서 상당히 자주 사용되는 분석 방법인데, 이를 실행할 때 측정불변성(measurement invariance) 또는 측정동일성(measurement equivalence)을 확인하는 작업이 매우 중요하다.[59] 측정불변성이란 여러 집단(성별, 인종, 문화집단 등)에 걸쳐 동일한 요인구조가 나타나고 있는지를 가리키는 용어다. 이는 모형에서 설정된 잠재변수와 지표변수 사이의 관계에 대하여 집단변수가 조절효과(moderation effect)를 가지고 있느냐로 표현할 수도 있다. 집단 간에 다른 구조가 나타나고 있다면 조절효과가 있다고 이야기한다. 통계에서 말하는 상호작용 효과(interaction effect)와도 통하는 개념이다. 측정불변성은 사실 여러 집단뿐만 아니라 여러 시점에 걸쳐서 같은 요인구조가 나타나는지를 확인하는 경우도 있다. 이런 경우 종단 측정불변성(longitudinal measurement invariance)이라고 한다. 여러 집단에 걸쳐 나타나든 또는 여러 시점에 걸쳐 나타나든 간에 측정불변성이 확보되지 못한 경우에는 측정된 자료의 해석이 제한받을 수 있기 때문에 유의하여야 한다. 다집단 요인분석에서 집단 간 잠재평균의 차이를 확인하고자 하는 것이 목적일 때 MIMIC(multiple indicators multiple causes) 모형의 사용이 유용할 수 있다. 다집단 요인분석을 자세하게 다룬 후에 다집단 요인분석의 대안으로서의 MIMIC 모형을 살펴본다.

8.1.1. 측정불변성 소개

요인모형에서 측정불변성을 확인하는 세부적인 이유와 목적은 여러 가지가 있을

---

59) 우리 책에서는 불변성 및 동일성을 혼용해서 사용한다.

수 있다. 예를 들어, 집단 간에 잠재변수의 평균이 같은지를 비교하기 위하여, 또 여러 집단에 걸쳐 구인 타당도가 동일하게 확보되는지를 알아보기 위하여 측정불변성을 확인할 수도 있고, 여러 시점에 걸쳐 회귀 효과를 볼 때 각 시점에서의 요인 구조가 같은지를 보기 위하여 측정불변성을 확인할 수도 있으며, 구조방정식 모형의 경로 동일성을 확인하기 위한 전 단계로 측정불변성을 확인할 수도 있다.[60] 이런 여러 가지 목적으로 사용되는 다집단 요인분석을 통한 측정불변성의 확인은 특히 잠재변수(요인)와 지표변수 간의 관계라는 맥락에서 적절한 단어라고 할 수 있다. 간단히 말해서 만약 지표변수들과 잠재변수들 사이의 구조, 즉 관계가 여러 집단이나 시점에 걸쳐 다르지 않다면 측정불변성이 있다고 이야기한다. 예를 들어, 여러 관찰변수에 의해서 측정되는 우울 구인이 남녀 집단 중 어디에서 더 심한지를 확인하기를 원한다면 일단 남녀 집단에서 각각 측정되는 우울이란 구인이 동일한 의미를 지니고 있는지를 확인해야 하는 것이다. 이제 [식 8.1]에 있는 지표변수와 잠재변수의 관계 모형, 즉 측정모형을 통해 측정불변성에 대하여 알아보도록 하자.

$$
\begin{aligned}
x_1 &= \mu_1 + \lambda_{11}f_1 + \lambda_{12}f_2 + \cdots + \lambda_{1m}f_m + e_1 \\
x_2 &= \mu_2 + \lambda_{21}f_1 + \lambda_{22}f_2 + \cdots + \lambda_{2m}f_m + e_2 \\
&\quad\vdots \\
x_p &= \mu_p + \lambda_{p1}f_1 + \lambda_{p2}f_2 + \cdots + \lambda_{pm}f_m + e_p
\end{aligned}
\qquad \text{[식 8.1]}
$$

앞 장의 [식 7.4]에서 설명했듯이, 위의 식에서 x는 지표변수, μ는 절편, λ는 요인부하, f는 요인(잠재변수), e는 측정오차다. 기본적으로 여러 집단 간의 측정불변성은 [식 8.1]의 요인모형을 여러 단계에 걸쳐 이루어지는 모형 비교 검정을 통하여 확인하게 된다. 예를 들어, 집단 간에 요인의 종류는 동일한지, 그 요인들을 측정하는 지표변수들은 서로 동일한지, 집단 간에 요인모형의 요인부하(λ)가 서로 동일한지, 절편은 동일한지, 측정오차의 분산은 동일한지 등을 검정하게 된다. 이러한 단계별 검정 과정에서 공분산 구조만 이용하느냐, 아니면 평균 구조까지 더하여 이용하느냐에 따라 과정은 조금 달라질 수 있다. 다시 말해, 측정동일성을 확인하는 데 있어서 [식 8.1]에 있는 $\mu_1 \sim \mu_p$를 사용하느냐 그렇지 않느냐를 결정해야 한다. 우리 책에서는 평균 구조를 더하여 측정불변성을 확인하는데, 연구자가 만약 평균 구조를 포함시키지 않겠다고 결정했다면 $\mu_1 \sim \mu_p$ 확인 단계만 빼면 된다.

---

60) 구조방정식 모형에서 집단 간 경로의 동일성을 확인하기 위해서는 측정모형 부분에서 측정불변성이 확보되어야 하는데, 이 확인 과정은 측정모형에서 할 수도 있고 구조방정식 모형에서 할 수도 있다. 이후에 더 자세한 설명이 예와 함께 주어질 것이다.

또한 측정불변성을 확인하는 과정에 대하여 연구자가 반드시 알아 두어야 할 것이 있는데, 학계에는 지난 수십 년 동안 수많은 이론(Byrne, Shavelson, & Muthén, 1989; Cheung & Rensvold, 2000; Little, 1997; Meredith, 1993; Vandenberg & Lance, 2000)이 존재해 왔기 때문에 단 한 가지의 과정만 절대적인 것은 아님을 반드시 인지하고 있어야 한다. 어떤 측정불변성 단계를 어떤 순서로 확인해야 하는가라는 문제 정도가 아니라 각 단계에 대한 용어조차도 여전히 많은 학자 간에 서로 일치하지 않는다. 우리 책에서는 여러 측정불변성 검정에 대한 제안 중에서 많은 연구자가 공통적으로 강조하는 네 가지 단계를 다룬다. [그림 8.1]에 나타나는 네 단계는 여러 학자의 이론을 통하여 공통적으로 나타나는 측정불변성 확인 단계라고 할 수 있는데, 이 단계들에 대해 학자들이 서로 다른 견해를 가지고 있는 것은 차차 설명할 것이다. 다시 말하지만, 어떤 학자는 두세 단계로 충분하다고 강조하기도 하고, 다른 학자는 여덟 단계가 존재한다고 밝히기도 하는 등 측정불변성 검정이라는 주제는 매우 자유도가 높은 분석 방식이다.

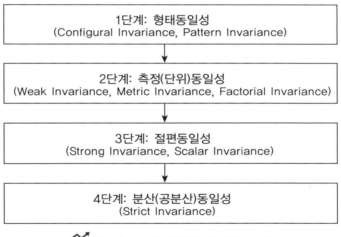

[그림 8.1] 측정불변성의 확인 단계

먼저 여러 단계에 걸쳐 집단 간 측정동일성을 확인할 때는 전 단계가 만족된 상태에서만 다음 단계로 진행할 수 있다는 원칙을 기억해야 한다. 즉, 형태동일성이 만족되어야만 측정단위동일성을 검정하고, 측정단위동일성이 만족되어야만 절편동일성을 확인하는 식이다. 이제 하나씩 각 단계를 설명한다.

[그림 8.1]의 첫 번째 단계인 형태동일성(configural invariance 또는 pattern invariance)은 집단 간에 요인구조가 동일한지를 확인하는 다집단 요인분석의 기저모형(baseline model) 같은 단계다. 형태동일성 단계에서 각 집단 내에 동일한 구인이 존재하고 각 구인이 동일한 관찰변수에 의해서 측정된다는 것을 확인한다. 이 첫 단계가 성립하지 않으면, 즉 첫 단계 모형의 적합도가 좋지 않으면 더 이상의 측정불변성 확인 단계는 진행하지 않는다. 두 개의 집단(남자와 여자)이 있고 두 개의 요인 및 여섯 개의 지표변수가 있는 경우 형태동일성을 측정하는 다집단 요인모형은 [식 8.2]와 같다.

남자 집단   여자 집단

$$
\begin{aligned}
x_1 &= \mu_1 + \lambda_1 f_1 + e_1 & x_1 &= \mu_7 + \lambda_7 f_1 + e_7 \\
x_2 &= \mu_2 + \lambda_2 f_1 + e_2 & x_2 &= \mu_8 + \lambda_8 f_1 + e_8 \\
x_3 &= \mu_3 + \lambda_3 f_1 + e_3 & x_3 &= \mu_9 + \lambda_9 f_1 + e_9 \\
x_4 &= \mu_4 + \lambda_4 f_2 + e_4 & x_4 &= \mu_{10} + \lambda_{10} f_2 + e_{10} \\
x_5 &= \mu_5 + \lambda_5 f_2 + e_5 & x_5 &= \mu_{11} + \lambda_{11} f_2 + e_{11} \\
x_6 &= \mu_6 + \lambda_6 f_2 + e_6 & x_6 &= \mu_{12} + \lambda_{12} f_2 + e_{12}
\end{aligned}
\qquad \text{[식 8.2]}
$$

위의 식에서 남자 집단을 보면 두 개의 요인이 각 세 가지 관찰변수에 의하여 측정되고 있고(f_1은 $x_1 \sim x_3$, f_2는 $x_4 \sim x_6$), 여자 집단 역시 남자 집단과 같은 두 개의 요인이 각각 같은 세 가지 관찰변수에 의하여 측정되고 있다. 형태동일성의 만족을 위하여 두 집단 간에 모수의 값이 동일할 필요는 없으며, 다른 값을 취할 수 있다. 즉, CFA의 주요 모수인 절편(μ), 요인부하(λ), 측정오차의 분산(ψ) 등은 집단 간에 서로 같지 않아도 된다. 형태동일성 모형은 모든 단계 중에 가장 제약이 없는 모형으로서 집단 간에 상응하는 모수가 같을 필요가 없는 것이다. 예를 들어, μ_1과 μ_7이 같을 필요는 없으며, λ_1이 λ_7과 같을 필요도 없다.

두 번째 단계인 측정단위동일성(weak invariance)은 측정불변성 검정에서 가장 중요하다고 볼 수 있는 단계이며, 그 용어도 [그림 8.1]에서 보듯이 매우 다양하다. 이 단계의 의미는 형태동일성을 만족한 상태에서 각 요인이 상응하는 지표변수에 의해 집단 간에 같은 방식으로 측정되고 있느냐를 확인한다. 즉, 형태동일성에서 추가적으로 [식 8.3]처럼 집단 간에 요인부하가 서로 동일하다는 제약(constraint)을 더하는 것이다. 결국 남녀 집단이 동일한 요인구조를 갖는 상태에서 동일한 요인부하를 갖는 조건이 추가된 모형이 측정단위동일성 모형이다.

남자 집단   여자 집단

$$x_1 = \mu_1 + \lambda_1 f_1 + e_1 \qquad x_1 = \mu_7 + \lambda_1 f_1 + e_7$$
$$x_2 = \mu_2 + \lambda_2 f_1 + e_2 \qquad x_2 = \mu_8 + \lambda_2 f_1 + e_8$$
$$x_3 = \mu_3 + \lambda_3 f_1 + e_3 \qquad x_3 = \mu_9 + \lambda_3 f_1 + e_9 \qquad \text{[식 8.3]}$$
$$x_4 = \mu_4 + \lambda_4 f_2 + e_4 \qquad x_4 = \mu_{10} + \lambda_4 f_2 + e_{10}$$
$$x_5 = \mu_5 + \lambda_5 f_2 + e_5 \qquad x_5 = \mu_{11} + \lambda_5 f_2 + e_{11}$$
$$x_6 = \mu_6 + \lambda_6 f_2 + e_6 \qquad x_6 = \mu_{12} + \lambda_6 f_2 + e_{12}$$

위에서 보듯이 남자 집단의 요인모형에서 여섯 개의 요인부하가 $\lambda_1 \sim \lambda_6$이고, 여자 집단에서도 여섯 개의 요인부하가 $\lambda_1 \sim \lambda_6$이다(즉, $\lambda_1 = \lambda_7$, $\lambda_2 = \lambda_8$, …, $\lambda_6 = \lambda_{12}$). 이는 남자 집단에서 f_1이 $x_1 \sim x_3$와 맺고 있는 관계의 정도가 여자 집단에서 f_1이 $x_1 \sim x_3$와 맺고 있는 관계의 정도와 서로 일치한다는 의미가 된다. 즉, 남자 집단의 f_1이 여자 집단의 f_1과 다르지 않은 의미를 가지는 요인이라는 것을 가리킨다. 이와 같은 요인과 지표변수의 관계는 f_2에서도 두 집단 간에 같은 방식으로 성립함을 [식 8.3]을 통하여 확인할 수 있다.

[식 8.3]과 같은 측정단위동일성 모형을 추정하게 되면 집단 간 요인부하가 모두 동일하다는 제약을 준 것이 옳은 일이었는지를 확인할 수 있다. 측정단위동일성 모형은 형태동일성 모형에 그 어떤 새로운 모수도 더하지 않고 원래 있던 모수에 제약을 더하여 사라지게 만든 것이므로 형태동일성 모형과 위계적으로 내재된 관계다. 구체적으로 말하면, 더 단순한 측정단위동일성 모형이 더 복잡한 형태동일성 모형에 위계적으로 내재되어 있다. 단계적으로 더 복잡한 모형에서 더 단순한 모형으로 진행하게 되면 모형의 자유도와 χ^2 값이 동시에 증가하게 된다. df_M이 증가하는 것은 모형 간명성의 관점에서 좋은 일이지만, χ^2_M이 증가하는 것은 모형의 적합도가 나빠지게 되는 것이다. 이때 df_M이 증가하는 것에 비해 χ^2_M이 증가하는 양이 상대적으로 더 작다면, 즉 df_M은 많이 증가하였는데 증가한 χ^2_M의 값은 그다지 크지 않다면 모형을 단순하게 만든 것이 잘한 일이 된다. 이는 곧 형태동일성 모형을 측정단위동일성 모형에 비교했을 때 후자의 모형을 선택하게 되는 것을 의미한다. 이것은 우리가 앞에서 다룬 χ^2 차이검정의 개념을 요인분석의 측정불변성 확인이라는 맥락에 적용한 것이다. 만약 위와 같이 되면 집단 간에 측정단위동일성이 성립하였다고 이야기한다. 한편, 반대로 형태동일성 모형에 비해 측정단위동일성 모형의 χ^2 값이 크게 증가하였다면 측정단위동일성은 성립하지 않았다고 이야기한다.

[그림 8.1]의 세 번째 단계인 절편동일성(strong invariance)은 측정단위동일성이 성립한 상태에서 집단 간에 측정모형의 절편(μ)이 같다는 제약을 추가하는 것이다. 이는 측정단위동일성 모형에 추가적으로 [식 8.4]처럼 집단 간 절편이 같다는 제약을 더하여 이루어진다.

남자 집단   여자 집단

$$
\begin{aligned}
x_1 &= \mu_1 + \lambda_1 f_1 + e_1 & x_1 &= \mu_1 + \lambda_1 f_1 + e_7 \\
x_2 &= \mu_2 + \lambda_2 f_1 + e_2 & x_2 &= \mu_2 + \lambda_2 f_1 + e_8 \\
x_3 &= \mu_3 + \lambda_3 f_1 + e_3 & x_3 &= \mu_3 + \lambda_3 f_1 + e_9 \\
x_4 &= \mu_4 + \lambda_4 f_2 + e_4 & x_4 &= \mu_4 + \lambda_4 f_2 + e_{10} \\
x_5 &= \mu_5 + \lambda_5 f_2 + e_5 & x_5 &= \mu_5 + \lambda_5 f_2 + e_{11} \\
x_6 &= \mu_6 + \lambda_6 f_2 + e_6 & x_6 &= \mu_6 + \lambda_6 f_2 + e_{12}
\end{aligned}
$$

[식 8.4]

위의 식을 보면 남자 집단의 요인모형에서 절편은 $\mu_1 simmu_6$이고, 여자 집단의 요인모형에서도 절편이 $\mu_1 simmu_6$임을 확인할 수 있다(즉, $\mu_1 = \mu_7$, $\mu_2 = \mu_8$, ..., $\mu_6 = \mu_{12}$). 즉, 무슨 값인지는 모르지만 두 집단 간에 절편의 값이 서로 같다는 동등제약이 더해진 것이다. 세 번째 단계인 절편동일성이 확보되었는지를 확인하는 방법 역시 바로 앞에서 보인 χ^2 차이검정을 이용하는 것이다. 증가하는 자유도의 크기를 고려해서, 측정단위동일성 모형에 비하여 절편동일성 모형의 χ^2 값이 크게 증가하지 않았다면 절편동일성이 성립하였다고 말한다.

[그림 8.1]에서 마지막으로 보이는 측정불변성의 단계는 분산공분산동일성(strict invariance)이라고 하는 부분이다. 이 단계는 일반적으로 앞의 절편동일성이 확보되었다는 가정 아래 측정오차의 분산 및 공분산이 집단 간에 모두 같다는 제약을 더하는 것이다. 이번 제약은 측정오차 e에 대하여 이루어지는 것인데, 이것이 $e_1 = e_7$, $e_2 = e_8$, ..., $e_6 = e_{12}$를 의미하지는 않는다. 오차라는 것은 모수가 아니라 변수이므로 [식 8.5]처럼 오차의 분산, 즉 ψ가 같다는 가정을 하게 된다.

$$\psi_1 = \psi_7, \ \psi_2 = \psi_8, \ \psi_3 = \psi_9, \ \psi_4 = \psi_{10}, \ \psi_5 = \psi_{11}, \ \psi_6 = \psi_{12} \quad \text{[식 8.5]}$$

위에서 ψ_1은 e_1의 분산, ψ_2는 e_2의 분산, ..., ψ_{12}는 e_{12}의 분산이다. [식 8.5]의 내용만 보면 분산동일성인데, 사실 측정오차 사이에는 공분산도 존재하기 때문에 공분산까지 고려하는 경우에는 조금 더 복잡해진다. 이러한 분산공분산동일성 확인 단계는 Meredith(1993)가 제안한 측정불변성의 검정 단계인 configural invariance, weak invariance, strong invariance, strict invariance의 마지막 단계인 strict invariance 단계로서 말 그대로 매우 엄격한 방식이기 때문에 불필요하다고 보는 견해도 있다(Widaman & Reise, 1997). 이번 단계의 성립 여부도 앞 단계 모형과의 χ^2 차이검정을 통해 이루어지는데, 이 단계의 앞 단계가 무엇이냐에 대한 것도 사실 어느 정도 논쟁의 여지가 있다. 즉, 분산공분산동일성 단계의 앞 단계가 측정단위동일성이라는 견해도 있고 절편동일성이라는 견해도 있다. 앞에서도 이야기했듯이, 측정불변성을 확인하는 단계에 대하여 단 하나의 이론만이 절대적인 것은 아니기 때문에 이 논쟁을 일반 연구자들도 이해할 필요가 있다.

먼저 대다수의 논문이나 책 등을 통해 많은 학자가 공통적으로 형태동일성과 측정단위동일성은 확인을 해야 한다고 주장한다. 사실 이론의 여지가 거의 없는 부분이다. 하지만 절편동일성을 꼭 확인해야 하는가의 문제로 들어가면 의견이 달라진다. Little(1997), Little, Card, Slegers와 Ledford(2007), Meredith(1993), Selig, Card와 Little(2008) 등은 모형의 종류와 상관없이 절편동일성까지 확인해야 한다고 주장한다. 실제로 이들의 논문이나 책을 확인해 보면, 요인모형에서도 구조방정식 모형에서도, 집단 간 측정불변성에서도 종단 측정불변성에서도 매번 형태동일성, 측정단위동일성, 절편동일성 세 가지를 확인하는 것을 볼 수 있다. 특히 집단 간 잠재변수의 평균이 같은지 다른지를 비교하고자 하는 것이 목적이라면 이 방법이 제안된다. 이는 만약 지표변수들의 절편(개념적으로 평균)이 집단 간에 다르다면 이는 집단 간에 다르게 점수가 매겨진 지표변수로부터 잠재변수들이 측정되는 것이고, 결국 집단 간 잠재평균의 비교가 의미 없다는 이론에 기반한다. 쉽게 말해서, 잠재평균의 비교를 위해서는 지표변수의 평균도 중요하다는 것이다.

이에 반해, Cooke, Kosson과 Michie(2001), Marsh(1994, 2007), Marsh, Hau, Artelt, Baumert와 Peschar(2006) 등은 절편동일성 확인은 필요 없으며, 측정단위동일성을 확인한 후 곧바로 측정오차의 분산과 공분산에 대한 동일성을 확인하는 것이 가장 적절하다고 말한다. 더 나아가 요인의 분산과 공분산을 확인할 수도 있다. 집단 간 잠재평균을 비교하지 않고, 다만 여러 집단에 걸친 구인 타당도를 확인하는 것이 목적이라면 이 방법을 따르는 것이 제안된다. 하지만 위의 학자들은 심지어 잠재평균을 비교하기 위해서도 이 방식을 따라야 한다고 주장한다. 이는 요인점수가 기본적으로 지표변수들과 그에 상응하는 요인들과의 관계에 의해서 추정되기 때문이다.[61] 다시 말해, 지표변수들의 편차점수(즉, 지표변수의 평균이 0)를 이용해서도 요인점수의 추정이 가능하므로 집단 간 잠재평균을 비교하는 경우역시 절편동일성을 확인하지 않아도 된다고 가정한다. 극단적으로 말해서, 표준화된 지표변수를 이용해서도 요인점수의 추정이 가능한데 굳이 지표변수의 평균이집단 간에 동일함을 확인할 필요가 있겠느냐는 이론이다.

사실 두 가지로 갈린 의견이 모두 그럴듯하게 보여, 우리 책에서 어느 한 방법이더 옳다는 식의 결정은 하지 않으려 한다. 여러 학자가 각자의 학문적인 의견을 가지고 있는 상태이므로 연구자들 역시 자기 자신의 철학에 맞게 차용하면 된다. 하지만 일종의 가이드라인으로서 밝히자면, 잠재평균의 비교를 위해서는 절편동일성을 확인하는 것이 좋고, 구인 타당도 확인을 위해서라면 생략할 수도 있을 것이다.또한 Bollen(1989)을 인용한 Kline(2011)의 경우에는, 잠재평균을 비교하거나 구인 타당도를 확인하는 것이 목적이 아닌 일반적인 다집단 구조방정식 모형에서는형태동일성과 측정단위동일성을 확인한 후에 곧바로 구조모형의 경로계수에 대한동일성 검정을 하는 것이 좋다고 제안하기도 한다. 사실 이 부분은 뒤에서 더 다룰것이지만 약간의 추가적인 설명이 필요하다. Bollen(1989)은 절편동일성 부분을중요하게 다루지 않았는데, 이는 절편동일성이 중요하지 않아서라기보다는 전통적인 구조방정식 모형이 평균 구조를 사용하지 않고 공분산 구조만 사용하였기 때문이라고 볼 수 있다. 평균 구조를 사용하지 않으면 당연히 절편의 동일성은 확인할 수 없다.

다집단 요인분석의 여러 목적 중에서 이번 섹션에서는 잠재평균의 비교를 위한다집단 요인분석의 예를 보인다. 이때 공분산 행렬과 평균 벡터를 모두 이용할 것이며, [그림 8.1]에 보인 네 단계의 측정불변성 단계를 또한 모두 보여 줄 것이다.만약 연구자가 필요 없다고 생각하는 부분이 있으면 그 부분을 제외하고 나머지 과정을 자신의 연구에 적용하기 바란다. 먼저 다집단 요인분석에서 사용할 자료가

---

61) 앞의 요인점수 부분에서 설명했듯이, 실제 요인(요인의 실제 점수)과 추정된 요인점수는 사실 같지 않다. 다시 말해, 요인점수는 기본적으로 이차(secondary) 추정으로 이루어지는 것이기 때문에 진정한 요인의 점수로부터 편향되어 있다. 추정된 요인점수 $\hat{f}$은 다만 진정한 f의 지표변수 같은 것이다(Bollen, 1989). 여기서는 설명을 쉽게 하기 위해서 요인점수라는 단어를 사용하였다.한 가지 더 추가적으로 밝히면, 이런 이유 때문에 요인점수를 추정하여 이후 집단 간 평균비교를하는 방식보다 요인모형 안에서 직접적으로 잠재평균 비교를 하는 것이 더 뛰어난 방법이다.

[그림 8.2]에 있다. 이 자료 역시 M*plus*가 설치된 폴더에서 구할 수 있는 자료로서 M*plus* 버전 7의 예제 5.14번과 연관되어 있는 자료다.

	y1	y2	y3	y4	y5	y6	x1	x2	x3	g
1	.513	-1.405	2.038	1.151	1.480	2.673	-.655	1.424	1.358	1.000
2	4.318	5.038	5.500	4.587	5.709	4.143	3.268	.225	1.892	1.000
3	1.723	1.346	1.615	1.946	1.149	.252	-.561	2.287	2.093	1.000
4	-1.092	-1.544	-.531	-1.608	.138	-.844	-.540	-2.070	1.589	1.000
5	2.701	2.415	4.654	.355	1.522	2.466	2.584	-.549	1.013	1.000
6	.580	.545	2.076	-.038	1.266	1.194	-1.120	1.596	.952	1.000
7	1.492	.927	1.107	2.170	1.593	1.208	.002	.677	1.110	1.000

	Name	Type	Width	Decimals	Label	Values	Missing	Columns	Align	Measure	Role
1	y1	Numeric	8	3		None	None	6	≡ Right	✏ Scale	↘ Input
2	y2	Numeric	8	3		None	None	6	≡ Right	✏ Scale	↘ Input
3	y3	Numeric	8	3		None	None	6	≡ Right	✏ Scale	↘ Input
4	y4	Numeric	8	3		None	None	6	≡ Right	✏ Scale	↘ Input
5	y5	Numeric	8	3		None	None	6	≡ Right	✏ Scale	↘ Input
6	y6	Numeric	8	3		None	None	6	≡ Right	✏ Scale	↘ Input
7	x1	Numeric	8	3		None	None	6	≡ Right	✏ Scale	↘ Input
8	x2	Numeric	8	3		None	None	6	≡ Right	✏ Scale	↘ Input
9	x3	Numeric	8	3		None	None	6	≡ Right	✏ Scale	↘ Input
10	g	Numeric	8	3		None	None	6	≡ Right	♣ Nominal	↘ Input

[그림 8.2] 다집단 요인분석을 위한 자료

집단변수인 g를 제외한 자료의 상관계수와 평균 및 표준편차가 [표 8.1]에 있다.

[표 8.1] 다집단 요인분석 자료의 상관 및 기술통계

	y_1	y_2	y_3	y_4	y_5	y_6	x_1	x_2	x_3
y_1	1.00								
y_2	.845	1.00							
y_3	.756	.760	1.00						
y_4	.692	.686	.627	1.00					
y_5	.698	.697	.615	.865	1.00				
y_6	.695	.699	.633	.851	.871	1.00			
x_1	.453	.472	.428	.621	.620	.628	1.00		
x_2	.531	.532	.463	.504	.523	.532	.073	1.00	
x_3	.397	.383	.351	.252	.251	.245	-.045	.048	1.00
표준편차	1.793	1.817	1.447	1.950	1.921	1.941	1.721	1.455	1.045
평균	1.985	1.992	2.020	1.584	1.570	1.561	-0.05	1.005	2.021

위의 그림을 보면 총 여섯 개의 y 변수와 세 개의 x 변수, 그리고 하나의 집단변수 g(1과 2로 코딩이 되어 있는 이분형 변수)가 있다. 우리는 이번 예에서 위의 변수 중 여섯 개의 y 변수와 집단변수 g를 이용할 것이다. 자료파일은 고정아스키(fixed ASCII) 형태로 지정하고 multigroup_cfa.dat로 저장하였다. 표본크기는 총 1,100이며, 집단1은 500, 집단2는 600이다. [표 8.1]을 통한 기술통계량의 제공은 구조방정식 모형에서 상당히 일반적인 방식이다. 하지만 두 개의 집단이 있는 다집단 구조방정식 모형에서는 두 개의 표를 이용하여 집단1 및 집단2의 기술통계를 따로 제공하는 것이 더욱 일반적이라고 할 수 있다. 하지만 두 개의 표를 제공하는 것보다는 [표 8.2]와 같은 더욱 효율적인 방식을 사용하기도 한다. [표 8.2]에는 아래의 분석에서 사용하는 여섯 개의 y 변수에 대해서만 기술통계를 제공한다.

[표 8.2] 다집단 요인분석 자료의 집단별 상관 및 기술통계

		y_1	y_2	y_3	y_4	y_5	y_6
y_1		−	.846	.695	.684	.715	.710
y_2		.844	−	.686	.675	.704	.710
y_3		.844	.852	−	.582	.581	.610
y_4		.700	.699	.707	−	.862	.860
y_5		.677	.690	.697	.869	−	.875
y_6		.675	.687	.706	.841	.864	−
표준편차	집단1	1.798	1.842	1.817	1.898	1.816	1.855
	집단2	1.788	1.793	1.040	1.992	2.004	2.011
평균	집단1	2.066	2.088	2.088	1.663	1.623	1.596
	집단2	1.918	1.913	1.963	1.519	1.526	1.533

[표 8.2]의 상관계수 표에서 왼쪽 아래(lower triangle)는 집단1의 상관이고, 오른쪽 위(upper triangle)는 집단2의 상관을 가리킨다. 대각 요소는 모두 1.000이기 때문에 생략하였다. 위와 같이 하나의 표에 두 집단의 상관계수를 표현하는 방식을 사용할 때, 표의 복잡성을 피하기 위하여 표준편차와 평균에 대한 정보는 분리된 다른 표에 제공하기도 한다. 그 어떤 방식으로 기술통계량을 제공하든지 그것은 오로지 연구자의 선택이지만, 독자에게 오해의 여지없이 정보를 제공할 책임이 연구자에게 있음을 기억해야 하겠다.

이제 다집단 분석의 예를 시작하면서, 바로 앞에서도 밝혔듯이 이번 측정불변성 확인은 집단 간 잠재평균의 비교를 목적으로 한다고 가정한다. 그리고 측정불변성을 확인하는 단계나 방식이 전 세계에 단 하나의 정통만 존재하고 나머지는 모두 이단인 것이 아니라, 기본을 지키는 선에서 다양한 응용이 존재할 수 있음을 다시 한 번 강조한다. 지금부터 보여 주는 방식은 필자의 방식이면서 또한 상당히 광범 위하게 퍼져 있는 방식이기도 하다. 이제 가장 첫 단계인 형태동일성 모형부터 추 정하여 검정한다. 다집단 요인분석을 설명하는 데 있어서 실제 추정의 과정이 매 우 중요하기 때문에 M*plus*를 이용한 예제를 제공한다. 하지만 M*plus*를 사용하지 않고 Amos나 LISREL을 사용하여도 상관은 없으며, 개념적으로는 전혀 차이가 없 음을 밝힌다.

8.1.2. 측정불변성의 단계적 확인

형태동일성, 측정단위동일성, 절편동일성, 분산공분산동일성 등의 단계별 확인을 통하여 잠재평균의 집단 차이검정을 실시하고자 한다. 또한 각 단계에서 동일성 또는 불변성 확인이 실패한 경우 고려할 수 있는 부분측정동일성에 대하여 토론한다.

형태동일성

동일유형불변성(equal form invariance) 또는 패턴불변성(pattern invariance) 이라고도 불리는 형태동일성(configural invariance)은 집단 간에 같은 측정모형 을 설정함으로써 측정불변성을 검정하는 가장 첫 번째 단계다. 이번 첫 단계에서 요 인의 개수와 요인-지표변수 관계는 집단 간에 같아야 하고, 모수는 각각의 집단 내 에서 다른 값으로 추정될 수 있다. 만약에 형태동일성 모형의 적합도에 문제가 있으 면 측정불변성 검정의 다음 단계로 나아가지 못하며, 측정불변성 확보는 실패하게 된다. 즉, 형태동일성 모형은 측정불변성의 확인과 검정을 위한 기저모형이기 때문 에 이 모형의 적합도가 좋지 않으면 다음 단계는 무의미하게 되고, 잠재평균의 비 교나 구인 타당도의 확인이 원천적으로 가능하지 않게 된다. 이후에 자세히 다루겠 지만, 측정단위동일성이나 절편동일성 등의 검정에 실패했을 때는 부분측정동일성 (partial measurement invariance; Byrne, Shavelson, & Muthén, 1989) 등을 통 해 나름대로 피해 갈 수 있는 방법이 있다. 그러나 형태동일성에 문제가 생기면 아예 측정불변성 단계를 진행할 수 없게 되고, 이것은 연구자에게 있어서 큰 손실이다.

형태동일성 모형의 적합도가 문제인 경우에 대해 Meade와 Kroustalis(2006)의 견해는 실용적으로 매우 가치가 있기 때문에 다음과 같이 소개하고자 한다. 형태동일성 모형의 적합도가 좋지 않은 경우 두 가지 매우 다른 원인을 생각해 볼 수 있다. 첫째는 자료 등의 문제(예, 신뢰도가 낮은 많은 수의 지표변수를 사용하는 경우)로 인해 여러 집단에서 공통적으로 좋지 않은 모형의 적합도가 발생하는 경우이고, 둘째는 정말로 집단 간 요인의 구조가 달라서 좋지 않은 모형의 적합도가 발생하는 경우다. 예를 들어, f_1을 측정하는 지표변수의 세트가 집단1과 집단2 간에 서로 다른 것이다. Meade와 Kroustalis(2006)는 만약 모형의 적합도 문제가 첫 번째 이유로 발생한 경우 측정불변성의 검정 단계를 진행할 수 있다고 하였다. 실제 여러 학문 분야에서 종종 많은 연구자가 신뢰도나 타당도가 정밀하게 확인되지 않은 심리 척도를 사용한다. 이때 측정치는 이상적이지 못하게 되고, 모든 집단에서 공통적으로 약점을 드러내어 전체적인 형태동일성 모형의 적합도를 떨어뜨릴 수 있다. 이런 경우 모형의 적합도가 좋지 않음에도 불구하고 측정불변성을 보일 수 있다고 그들은 주장한다. Meade와 Kroustalis(2006)는 개별적인 문항들을 사용하여 요인모형을 추정한 결과 모형의 적합도가 좋지 않게 드러났을 때 그 이유를 확인하기 위하여 여러 집단에 걸쳐 따로 CFA 모형이나 EFA 모형을 추정하여 그 결과를 확인할 것을 제안하였다. 예를 들어, 집단 간에 따로 CFA 모형을 추정하였는데 한 집단에서는 적합도가 매우 좋고 다른 집단에서는 매우 좋지 않다면 측정불변성 확인을 멈추고, 반면 둘이 서로 비슷하게 좋지 않다면 다음 단계로 가는 것을 고려해 보는 것이다. 또한 추가적으로 만약 EFA 모형의 추정 결과 요인구조가 집단 간에 매우 다르다면 측정불변성 확인 단계를 완전히 멈추고, 반면 만약에 비슷한 요인구조가 나타난다면 형태동일성 모형의 좋지 않은 모형 적합도에도 불구하고 측정불변성 확인 단계를 진행하게 되는 것이다. 이제 M*plus*와 위에서 소개한 자료를 이용하여 형태동일성 모형을 추정하도록 하자. 먼저 모형을 위한 input 부분이 [결과 8.1]에 있다.

[결과 8.1] 형태동일성 모형 – input

```
TITLE: Multiple group CFA

DATA: FILE IS multigroup_cfa.dat;
      FORMAT IS 10f8.3;

VARIABLE: NAMES ARE y1-y6 x1-x3 g;
          USEVARIABLES ARE y1-y6 g;
          GROUPING IS g (1=male 2=female);

ANALYSIS: TYPE = General;

MODEL: f1 BY y1 y2 y3;
```

```
        f2 BY y4 y5 y6;
        [y1-y6];
        [f1-f2@0];
        y1-y6;
MODEL female:
        f1 BY y1@1 y2 y3;
        f2 BY y4@1 y5 y6;
        [y1-y6];
        [f1-f2@0];
        y1-y6;

OUTPUT:
```

TITLE과 DATA 커맨드는 이미 앞에서 여러 번 설명했으므로 추가적인 설명은
생략한다. VARIABLE 커맨드를 보면 전체 10개의 변수 중에서 USEVARIABLES
옵션을 통해 일부의 변수만을 사용함을 알 수 있다. 이번 측정불변성 예에서는 총
여섯 개의 지표변수와 하나의 집단변수를 사용하고자 했으므로 그에 맞게 설정하
였다. GROUPING 옵션은 집단변수가 무엇인지 지정해 주고, 집단변수의 코딩이
무엇을 의미하는지도 괄호 안에 지정할 수 있다. 위에서는 코딩 1은 남자로, 코딩
2는 여자로 가정하고 설정하였다. 만약 집단변수가 1, 2, 3, 4 등 네 개의 집단 코
딩이 되어 있는데 그중 1과 2 집단만을 이용하고 싶다면 이 괄호 안 부분에 3과 4를
설정해 주지 않으면 된다. 그렇게 하면 설정되지 않은 사례들은 자동적으로 모두
결측치로 처리되어 분석에서 사라지게 된다. ANALYSIS의 TYPE=General;은 디
폴트이므로 설정하지 않아도 상관없다. 이제부터 설명하는 MODEL 커맨드 이하
부분이 형태동일성 모형을 설정하는 데 있어서 핵심적인 부분으로서 바로 [식 8.2]
의 모형을 설정하는 명령어다. 지금부터 설명하는 부분의 이해를 돕기 위해 다시
한 번 말하지만, MODEL 커맨드에 모형을 설정하는 것은 바로 우리가 추정할 모수
를 설정해 준다는 것과 같은 의미다. 그리고 한 가지 더, M*plus*에는 많은 디폴트가
있는데 그 부분을 모두 input에 써 주어 명령문을 선명하게 작성하고자 하였다.

먼저 MODEL 커맨드 부분은 남자 집단이든 여자 집단이든 상관없이 모든 사례,
즉 1,100명 전체에게 적용되는 명령어다. f1 BY y1 y2 y3;와 f2 BY y4 y5 y6;는 각
두 개의 요인이 상응하는 관찰변수에 의해 측정된다는 의미로서, 각 첫 번째 요인부
하는 1로 고정되므로 총 네 개의 λ를 추정하라는 의미가 된다. 다음으로 [y1-y6];
는 측정모형에서 각 지표변수의 평균, 즉 측정모형의 절편(μ) 여섯 개를 추정하라
는 명령어다. 그리고 [f1-f2@0];는 첫 번째 요인과 두 번째 요인의 평균을 0으로
고정하라는 의미다. 측정불변성을 확인하는 처음 단계에서 각 집단의 요인 평균들

을 모두 0으로 고정하는 것은 상당히 일반적이며(Byrne, Shavelson, & Muthén, 1989), 모형의 판별에도 영향을 주므로 위와 같이 설정하기 바란다. 마지막으로 y1-y6;는 지표변수 여섯 개의 측정오차의 분산을 구하라는 명령문이다. 위의 명령문에서 [y1-y6];와 y1-y6; 등이 Mplus의 디폴트인데, 선명성을 위하여 모두 input 파일에 표시하였다.

　지금까지 설명한 대로 MODEL 커맨드의 다섯 줄을 쓰면 집단 간에 아무런 차이가 없는 완벽한 측정불변성이 존재하는 모형을 추정하게 된다. 앞서 말한 대로 MODEL 커맨드는 남자 집단과 여자 집단 모두에게 적용되기 때문이다. 남자와 여자 간에 다른 추정치를 갖게 하려면 추가적인 명령문을 써야 하고, 그것이 바로 MODEL female이라고 쓰인 부분이다. MODEL female 커맨드 이하 부분은 오직 female에게만 적용되는 명령어다. 즉, MODEL female에서 지정한 모수들은 모두 MODEL 커맨드에서 지정한 모수와 다른 값을 추정하게 된다. 다집단 모형을 추정하는 Mplus의 방식은 일단 MODEL 커맨드에서 모든 집단에게 적용되는 모수를 추정하도록 하고, 개별적인 집단 커맨드에서 그 세부 집단에만 적용되는 모수를 따로 추정하도록 지정하는 방식이다. 이렇게 하면 결국은 MODEL 커맨드 부분이 남자 집단의 모형이 되고, MODEL female 커맨드 부분이 여자 집단의 모형이 되는 것과 비슷한 효과를 가지게 된다. 예를 들어, MODEL female 커맨드에서 f1 BY y1@1 y2 y3;라고 하면 여자 집단은 남자 집단과는 다른 요인부하 추정치를 가지게 된다. 이 부분에서 첫 번째 요인부하를 1로 고정(y1@1)하는 이유는, 이렇게 하지 않을 경우 프로그램이 남자 집단과 여자 집단의 첫 번째 요인부하를 다르게 추정하기 때문이다. 잠재변수에 단위를 부여하는 방법으로서 우리는 기본적으로 첫 번째 요인부하를 1로 고정하는 방법을 사용한다. 이는 남자 집단과 여자 집단 모두에서 공통적인 내용이다. 하지만 만약 MODEL 커맨드에서 f1 BY y1 y2 y3;를 지정하고 MODEL female 커맨드에서 다시 f1 BY y1 y2 y3;로 하면 남자 집단에서의 첫 번째 요인부하가 1로 고정되고, 여자 집단에서는 이 1과는 다른 요인부하를 추정하는 문제가 생긴다. 이런 이유로 y1@1이라고 지정하여 여자 집단에서의 첫 번째 요인부하를 확실히 1로 만든다. 마찬가지로 f2 BY y4@1 y5 y6;로 하면 남자 집단과는 다른 두 번째 요인에 대한 요인부하 추정치를 가지게 된다. 나머지 명령어도 모두 마찬가지로 설명할 수 있다. [y1-y6];로 하면 여자 집단의 절편 추정치 여섯 개가 남자 집단의 절편 추정치 여섯 개와 다른 값을 취할 수 있고, y1-y6;로 하면 측정오차의 분산도 집단 간에 다를 수 있게 된다. 그리고 마찬가지로 두 요인의 평균은

[f1-f2@0];를 이용하여 모두 0으로 고정한다. OUTPUT 커맨드는 추가적인 결과 요구 없이 디폴트만 요구하기 위해 아무것도 쓰지 않았다. 이제 위의 모형을 추정한 결과 중에 먼저 모형의 적합도 부분을 [결과 8.2]에서 확인한다.

[결과 8.2] 형태동일성 모형 – 모형의 적합도

```
MODEL FIT INFORMATION

Number of Free Parameters                    38

Loglikelihood

        H0 Value                       -9743.044
        H1 Value                       -9733.914

Information Criteria

        Akaike (AIC)                   19562.089
        Bayesian (BIC)                 19752.205
        Sample-Size Adjusted BIC       19631.508
          (n* = (n + 2) / 24)

Chi-Square Test of Model Fit

        Value                             18.261
        Degrees of Freedom                    16
        P-Value                           0.3088

Chi-Square Contribution From Each Group

        MALE                               9.257
        FEMALE                             9.004

RMSEA (Root Mean Square Error Of Approximation)

        Estimate                           0.016
        90 Percent C.I.                    0.000     0.044
        Probability RMSEA <= .05           0.982

CFI/TLI

        CFI                                1.000
        TLI                                0.999

Chi-Square Test of Model Fit for the Baseline Model

        Value                           6844.834
        Degrees of Freedom                    30
        P-Value                           0.0000

SRMR (Standardized Root Mean Square Residual)

        Value                              0.007
```

가장 먼저 형태동일성 모형에서 추정한 자유모수의 개수는 38개다. 이는 남자 집단에서 요인모형이 가진 19개의 모수와 여자 집단에서 요인모형이 가진 19개의 모수를 더한 개수다. 모형의 χ^2 검정은 $p=0.3088$로서 모형이 자료에 부합한다는 영가설($H_0: \Sigma = \Sigma(\theta)$)을 기각하지 않는다. 또한 모형의 RMSEA는 0.016(90% CI, 0.000-0.044)으로 상당히 작고, CFI는 1.000 및 SRMR은 0.007로서 역시 매우

좋은 모형 적합도를 보이고 있다. 아마도 전체적으로 모형의 적합도가 양호하여 형태동일성 단계가 확보되었다고 말할 수 있을 것이다. 참고로 하나 말하자면, 위의 결과에서 각 집단의 χ^2 기여 정도(Chi-Square Contribution From Each Group)는 위의 2요인 모형을 남자 집단과 여자 집단에서 따로 추정하였을 때 나오게 될 χ^2 값을 보여 주고 있다. χ^2 분포의 특징상 이 두 개의 숫자를 더하면 바로 형태동일성 모형의 χ^2 값이 된다(9.257+9.004=18.261). 이제 위의 형태동일성 모형의 개별적인 추정치를 [결과 8.3]에서 확인하도록 하자. 표준화 추정치는 input 파일의 OUTPUT 커맨드에서 요구하지 않았기 때문에 여기서는 비표준화 추정치만 볼 수 있다.

[결과 8.3] 형태동일성 모형 – 개별모수 추정치

```
MODEL RESULTS

                                                      Two-Tailed
                      Estimate      S.E.    Est./S.E.  P-Value

Group MALE

 F1        BY
    Y1                1.000        0.000     999.000    999.000
    Y2                1.035        0.030      34.332      0.000
    Y3                1.025        0.030      34.550      0.000

 F2        BY
    Y4                1.000        0.000     999.000    999.000
    Y5                0.972        0.026      37.947      0.000
    Y6                0.969        0.028      35.121      0.000

 F2        WITH
    F1                2.333        0.180      12.930      0.000

 Means
    F1                0.000        0.000     999.000    999.000
    F2                0.000        0.000     999.000    999.000

 Intercepts
    Y1                2.066        0.080      25.719      0.000
    Y2                2.088        0.082      25.361      0.000
    Y3                2.088        0.081      25.714      0.000
    Y4                1.663        0.085      19.607      0.000
    Y5                1.623        0.081      20.012      0.000
    Y6                1.596        0.083      19.255      0.000

 Variances
    F1                2.688        0.204      13.173      0.000
    F2                3.071        0.228      13.485      0.000

 Residual Variances
    Y1                0.539        0.048      11.219      0.000
    Y2                0.508        0.048      10.546      0.000
    Y3                0.472        0.046      10.230      0.000
    Y4                0.524        0.049      10.812      0.000
```

Y5	0.387	0.040	9.574	0.000
Y6	0.550	0.048	11.405	0.000

Group FEMALE

F1   BY
Y1	1.000	0.000	999.000	999.000
Y2	0.992	0.028	35.275	0.000
Y3	0.475	0.020	23.940	0.000

F2   BY
Y4	1.000	0.000	999.000	999.000
Y5	1.028	0.025	40.678	0.000
Y6	1.031	0.025	40.516	0.000

F2   WITH
F1	2.476	0.173	14.273	0.000

Means
F1	0.000	0.000	999.000	999.000
F2	0.000	0.000	999.000	999.000

Intercepts
Y1	1.918	0.073	26.302	0.000
Y2	1.913	0.073	26.159	0.000
Y3	1.963	0.042	46.271	0.000
Y4	1.519	0.081	18.692	0.000
Y5	1.526	0.082	18.659	0.000
Y6	1.533	0.082	18.685	0.000

Variances
F1	2.722	0.187	14.550	0.000
F2	3.333	0.228	14.605	0.000

Residual Variances
Y1	0.469	0.050	9.322	0.000
Y2	0.529	0.052	10.206	0.000
Y3	0.465	0.030	15.620	0.000
Y4	0.628	0.049	12.745	0.000
Y5	0.488	0.045	10.912	0.000
Y6	0.497	0.045	10.957	0.000

위의 결과를 보면 모수 추정치들이 Group MALE과 Group FEMALE로 나뉘어 있는 것을 볼 수 있다. 두 집단 간 여러 추정치를 비교해 보자. 각 요인의 첫 번째 요인부하가 1로 고정되어 있고 요인 f_1과 f_2의 평균이 모두 0으로 고정되어 있는 것만 제외하면 두 집단의 모든 추정치가 서로 다른 것을 확인할 수 있을 것이다. 사실 위에서 잠재변수(요인)의 단위를 지정해 주기 위한 요인부하 고정은 측정불변성을 확인하기 위한 다집단 요인분석에서 비판받기도 하였다. 각 집단에서 단위지정을 위해 사용되는 지표변수(indicator)가 집단 간 불변성을 담보하지 못할 때 측정불변성 전체가 위태로워지는 문제가 있기 때문이다(Hancock, Stapleton, & Arnold-Berkovits, 2009; Johnson, Meade, & DuVernet, 2009). 하지만 빈도학파(frequentist)의 접근법인 최대우도 추정을 이용하는 한 현재까지 어떠한 해결책도 없기 때문에

기준이 되는 지표변수를 주의 깊게 선택하는 것이 중요하다. 이런 문제점에 대한 대안으로서 Muthén과 Asparouhov(2013)가 베이지안 추정을 이용한 근사 측정불변성(approximate measurement invariance) 개념을 제안하기도 하였다. 이 방법은 최근 주목받고 있기는 하지만 아직 학계에서 많은 연구가 진행되어야 하고, 또한 응용 분야에 정착하기 위해서는 시간이 필요한 상황이다.

　형태동일성 모형의 정의대로 요인의 구조, 특히 형태는 동일하지만 모수의 추정치는 모두 다를 수 있는 것을 확인하였다. 위의 개별모수 추정치의 결과를 경로도와 함께 보고자 한다면 이전과 같이 Diagram 메뉴로 들어가서 View diagram을 클릭하면 된다. 경로도와 함께 디폴트로 나타나는 결과는 남자 집단의 요인모형 추정치다. 새롭게 열린 Diagram 윈도우에서 View 메뉴로 들어가 Change group을 클릭하면 여자 집단의 요인모형 추정치를 선택할 수 있다. [그림 8.3]에서 남자 집단의 추정치(왼쪽)와 여자 집단의 추정치(오른쪽)를 비교 확인할 수 있다. 그림에서는 요인부하, 측정오차의 분산, 요인의 분산 및 공분산 등을 볼 수 있다. 다만 절편 추정치는 경로도에 나타나지 않는 것이 일반적이므로 볼 수 없다.

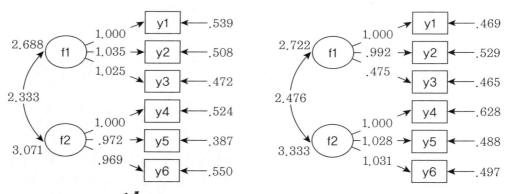

[그림 8.3] 남녀 집단의 형태동일성 모형 추정치

　위의 각 경로도(왼쪽: 남자, 오른쪽: 여자)에서 요인의 왼쪽으로 보이는 세 개의 숫자가 각 요인의 분산 및 서로 간의 공분산 추정치이고, 중간에 화살표 사이로 보이는 숫자는 요인부하 추정치이며, 가장 오른쪽에 보이는 숫자는 각 측정오차의 분산 추정치다. 다집단 분석에서 추정치를 비교할 때는 비표준화 추정치를 이용하는 것이 더 합당하다. 이는 앞서 설명한 대로 집단 간 변수들의 분산이 다를 수 있기 때문이다(Kline, 2011).

측정단위동일성

　형태동일성이 성립하였으므로 다음 단계인 측정단위동일성(weak invariance)을 확인하기 위해 요인부하가 집단 간에 서로 같다는 제약(constraint)을 더한다. 제약을 더한다는 것은 추정하는 모수가 줄어드는 것이고, 따라서 모형의 자유도(df_M)와 χ^2 값(χ^2_M)은 증가하게 된다. 즉, 모형은 간명해지고 모형의 적합도는 나빠진다. 이때 만약 제약을 가하여도 모형의 적합도가 많이 나빠지지 않는다면, 즉 χ^2_M이 많이 증가하지 않는다면 측정단위동일성이 성립한다고 말한다. 얼마나 많이 증가하지 않았느냐의 정도는 자유도의 증가분에 비하여 모형의 적합도가 얼마나 많이 나빠졌느냐를 판단하는 χ^2 차이검정을 이용한다. 먼저 측정단위동일성 모형의 검정을 위한 input 파일이 [결과 8.4]에 있다. 앞의 형태동일성 모형과의 차이는 MODEL 커맨드에만 있기 때문에 다른 부분은 생략한다.

[결과 8.4] 측정단위동일성 모형 – input

```
MODEL: f1 BY y1 y2 y3;
       f2 BY y4 y5 y6;
       [y1-y6];
       [f1-f2@0];
       y1-y6;

MODEL female:
       [y1-y6];
       [f1-f2@0];
       y1-y6;
```

　[결과 8.1]에 있는 형태동일성 모형의 MODEL 커맨드와 비교해 보면 MODEL female: 부분에서 잠재변수의 측정과 관련된 두 줄(f1 BY y1@1 y2 y3; 및 f2 BY y4@1 y5 y6;), 즉 요인부하 모수가 사라진 것을 알 수 있다. 이렇게 되면 MODEL 커맨드에서 지정한 모수가 전체 남녀 집단에 적용된 상태에서 여자 집단을 따로 지정하지 않았으므로 여자 집단이 다른 모수 추정치를 가지지 않게 된다. 결국 남녀 집단 간의 요인부하 추정치 차이는 없게 된다. M*plus*의 input 부분 명령문의 작성은 워낙 자유도가 높아서 연구자에 따라 여러 가지 다른 방법으로 같은 모형을 추정할 수 있는데, 현재 상황에서는 두 줄을 지우는 방식이 아마도 가장 쉬운 방법일 것이다. 이렇게 추정한 모형의 적합도는 [결과 8.5]에 있다.

[결과 8.5] 측정단위동일성 모형 - 모형의 적합도

```
MODEL FIT INFORMATION

Chi-Square Test of Model Fit

        Value                           286.945
        Degrees of Freedom                   20
        P-Value                          0.0000

Chi-Square Contribution From Each Group

        MALE                            179.088
        FEMALE                          107.858

RMSEA (Root Mean Square Error Of Approximation)

        Estimate                          0.156
        90 Percent C.I.                   0.140    0.172
        Probability RMSEA <= .05          0.000

CFI/TLI

        CFI                               0.961
        TLI                               0.941

SRMR (Standardized Root Mean Square Residual)

        Value                             0.105
```

위의 결과를 보면, 몇 가지 중요하지 않은 적합도 지수를 제거하기는 하였지만 여전히 χ^2 검정과 여러 모형 적합도 지수가 보이고 있다. 사실 우리가 측정단위동일성을 확인할 때 알아야 할 것은 오직 모형의 자유도와 χ^2 값뿐이다. 하지만 측정불변성을 확인하는 방법에는 χ^2 분포를 이용한 통계적인 차이검정 외에 근사 적합도 지수를 이용한 실용적인 방법도 존재한다. 이런 이유로 나중에 실용적인 방법을 적용하기 위해 [결과 8.5]에서 χ^2 이외의 몇 가지 다른 적합도 지수도 모두 보여 주었다.

측정단위동일성 모형의 전체적인 모형 적합도가 양호해야 측정단위동일성의 성립 여부를 위한 χ^2 차이검정을 할 수 있다고 하는 경우도 있는데, 반드시 그런 것은 아니다. 앞의 Meade와 Kroustalis(2006)에서도 볼 수 있듯이, 형태동일성 모형에서 모형 적합도가 좋지 않아도 측정불변성을 진행할 수 있다는 것을 기억하기 바란다. 현재 우리 모형의 전체적인 적합도는 CFI를 제외하고는 그다지 좋지 않은데, 이것이 χ^2 차이검정을 진행하는 데 있어 문제가 되지는 않는다. 형태동일성 모형에서 획득한 χ^2 값과 자유도를 비교하여 χ^2 차이검정을 실시할 것인데, 앞의

제5장에서 사용한 포맷을 [표 8.3]을 이용하여 정리하였다.

[표 8.3] χ^2 차이검정 – 측정단위동일성 모형 vs. 형태동일성 모형

	H_0(영가설)	H_1(대립가설)
	단순한(simple) 모형	복잡한(complex) 모형
	측정단위동일성 모형	형태동일성 모형
	두 모형의 적합도 간 차이가 없다	두 모형의 적합도 간 차이가 있다
	측정단위동일성이 성립한다	측정단위동일성이 성립하지 않는다
χ^2	$\chi_S^2 = 286.945$	$\chi_C^2 = 18.261$
df	$df_S = 20$	$df_C = 16$

위의 표를 통하여 $\chi_D^2 = 286.945 - 18.261 = 268.684$가 되고, $df_D = 20 - 16 = 4$가 된다. 자유도가 4인 χ^2 분포에서 관찰된 검정통계량이 268.684면 $p < 0.0001$이 되고, 유의수준 5%에서 H_0을 기각한다. 이렇게 되면 두 모형 중에서 더 복잡한 형태동일성 모형을 선택한다. 결국 측정단위동일성이 성립하지 않는다고 결론 내리고, 다음 단계로의 이행은 아무런 의미가 없으므로 측정불변성 검정은 여기서 멈춘다.

하지만 실제 상황에서 모든 요인부하나 모든 절편이 집단 간에 서로 같다는 측정불변성은 상당히 달성하기 힘든 조건이다. 이와 같이 χ^2 차이검정이 기각된 경우, 덜 엄격한 개념인 부분측정불변성(partial measurement invariance; Byrne, Shavelson, & Muthén, 1989)을 생각해 볼 가치가 있다. 부분측정불변성이란 측정불변성의 여러 단계에서 모든 모수가 집단 간에 같다는 제약 중 일부를 집단 간에 다르도록 허락하는 것이다. 예를 들어, 위에서 측정단위동일성 제약이 가해질 때 두 개의 1로 고정된 요인부하를 제외한 나머지 네 개의 요인부하를 남녀 집단 간에 동일하다고 하였는데, 이 중 하나 또는 둘, 또는 세 개의 모수가 집단 간에 다를 수 있음을 허락하는 것이다. 즉, 일부의 모수가 집단 간에 다름을 인정하고서 나머지 모수들에 대하여 측정불변성이 존재한다고 밝히는 것이 부분측정불변성의 개념이다. 부분측정불변성 검정의 목적은 과연 집단 간 차이가 어느 부분에서 발생했는지를 확인하는 것이라고 볼 수도 있다.

이러한 부분측정불변성 검정은 아직까지 논쟁이 있는 상태라고 할 수 있다. 여러 연구자(Cheung & Rensvold, 2000; Meredith, 1993; Meredith & Teresi, 2006)가

측정모형 부분의 완전한 동일성이 구조모형의 동일성을 확인하는 데에, 즉 여러 집단에 걸친 구인 간의 관계나 잠재평균의 비교에 매우 중요하다고 하였다. 이런 관점에서 보면, 특히 요인부하의 불완전한 측정불변성은 잠재평균의 비교나 구조계수의 비교에 좋지 않은 영향을 준다. 이에 반해, 또 다른 많은 연구자(Byrne, Shavelson, & Muthén, 1989; Millsap & Kwok, 2004; Steenkamp & Baumgartner, 1998)는 측정모형 부분의 측정 동일성과 구조모형 부분의 동일성을 구분하였다. 이런 관점에서는 잠재구인이 집단 간에 같은 개념이라고 하여도 측정모형에서는 잠재변수와 관찰변수가 다른 관계를 가질 수도 있다고 본다. 부분측정불변성의 개념을 받아들이고 이를 검정할 때에 한 가지 더 논란이 되는 부분이 있다(Marsh & Grayson, 1994; Widaman & Reise, 1997). 예를 들어, 모든 요인부하가 집단 간에 다른데 하나의 요인부하 값만 집단 간에 같다면 그것을 불변성 또는 동일성이라고 볼 수 있을까? 현재까지는 확실히 어디까지가 허용할 수 있는 부분측정불변성인지에 대한 선명한 공감대는 없는 상황이라고 할 수 있다. 다만 Steenkamp와 Baumgartner(1998)의 경우에는 전체 모수 중에서 두 개 이상에서만 동등성 제약을 만족하면 부분적으로 측정불변성이 확보되었다는 결론을 내릴 수 있다고 주장하기도 한다. 하지만 상식적인 수준에서 단계마다 집단 간에 다른 모수의 개수가 적어도 전체 모수의 반을 넘어서는 안 된다는 것을 독자들이 가이드라인으로 받아들이면 좋을 것 같다.

이제 측정단위동일성은 성립하지 않은 상태에서 다시 형태동일성 모형으로 돌아간다. 그리고 지금부터는 부분측정단위동일성(partial weak invariance)이 성립하는지를 검정할 것이다. 측정단위동일성이 실패한 상태에서 부분측정단위동일성을 확인하기 위해서는 동일하다는 제약을 주었던 네 개의 요인부하 중 하나씩 집단 간 차이를 확인해 보는 방법이 있다. 그러기 위해서는 [결과 8.3] 또는 [그림 8.3]의 요인부하 추정치를 살펴보는 것이 좋은 팁이다. 확인해 보면 거의 모든 요인부하 추정치가 남녀 간에 서로 비슷한데, y_3의 f_1에 대한 요인부하 추정치가 남녀 간에 꽤 큰 차이가 난다(남자: $\hat{\lambda}=1.025$, 여자: $\hat{\lambda}=0.475$). 가장 먼저 이 두 모수를 다르다고 가정하여 부분측정단위동일성 모형을 추정한다. 하나의 요인부하 모수를 다르게 추정하기 위한 M*plus* input이 [결과 8.6]에 있다.

[결과 8.6]   부분측정단위동일성 모형 – input

```
MODEL: f1 BY y1 y2 y3;
       f2 BY y4 y5 y6;
       [y1-y6];
       [f1-f2@0];
       y1-y6;
```

```
MODEL female:
    f1 BY y3;
    [y1-y6];
    [f1-f2@0];
    y1-y6;
```

첫 번째 요인의 세 번째 요인부하 모수만 집단 간에 다르게 추정하기 위해서는
MODEL female 커맨드에 f1 BY y3;를 추가하면 된다. 이렇게 하면 MODEL 커맨
드에서 두 집단 간에 모든 요인부하가 같다는 가정을 주었던 것에 비하여 MODEL
female 커맨드에서는 여자 집단의 세 번째 요인부하가 다른 값을 가지도록 허락하
게 된다. 부분측정단위동일성 모형의 적합도는 [결과 8.7]에 있다.

[결과 8.7]   부분측정단위동일성 모형 – 모형의 적합도

```
MODEL FIT INFORMATION

Chi-Square Test of Model Fit

        Value                           22.640
        Degrees of Freedom                  19
        P-Value                         0.2536

Chi-Square Contribution From Each Group

        MALE                            11.692
        FEMALE                          10.949

RMSEA (Root Mean Square Error Of Approximation)

        Estimate                         0.019
        90 Percent C.I.                  0.000    0.044
        Probability RMSEA <= .05         0.985

CFI/TLI

        CFI                              0.999
        TLI                              0.999

SRMR (Standardized Root Mean Square Residual)

        Value                            0.012
```

위 결과에서 얻은 χ^2 값과 자유도를 이용하여 부분측정단위동일성이 성립하는
지를 확인해 보자. 이는 형태동일성 모형 대비 세 개의 제약을 더한 것이 잘한 것인
지를 확인하는 것이고, [표 8.4]를 이용한 χ^2 차이검정을 통해 이루어진다.

[표 8.4] χ^2 차이검정 – 부분측정단위동일성 모형 vs. 형태동일성 모형

	H_0(영가설)	H_1(대립가설)
	단순한(simple) 모형	복잡한(complex) 모형
	부분측정단위동일성 모형	형태동일성 모형
	두 모형의 적합도 간 차이가 없다	두 모형의 적합도 간 차이가 있다
	부분측정단위동일성이 성립한다	부분측정단위동일성이 성립하지 않는다
χ^2	$\chi_S^2 = 22.640$	$\chi_C^2 = 18.261$
df	$df_S = 19$	$df_C = 16$

위의 표를 통하여 $\chi_D^2 = 22.640 - 18.261 = 4.379$가 되고, $df_D = 19 - 16 = 3$이 된다. 자유도가 3인 χ^2 분포에서 관찰된 검정통계량이 4.379이면 $p = 0.2233$이 되고, 유의수준 5%에서 H_0을 기각하는 데 실패한다. 이렇게 되면 두 모형 중에서 더 단순한 부분측정단위동일성 모형을 선택한다. 즉, 부분측정단위동일성이 성립한다고 결론 내린다. 이제 부분측정단위동일성 모형의 개별모수 추정치를 [결과 8.8]을 통하여 살펴보자. 나머지 모든 부분은 형태동일성 모형과 일치하기 때문에 요인부하의 추정치 부분만 발췌하였다.

[결과 8.8] 부분측정단위동일성 모형 – 개별모수 추정치

```
MODEL RESULTS

                                                        Two-Tailed
                     Estimate      S.E.    Est./S.E.    P-Value

Group MALE

 F1        BY
    Y1                1.000        0.000     999.000     999.000
    Y2                1.013        0.021      49.188       0.000
    Y3                1.014        0.027      37.675       0.000

 F2        BY
    Y4                1.000        0.000     999.000     999.000
    Y5                1.003        0.018      55.407       0.000
    Y6                1.004        0.019      53.593       0.000

Group FEMALE

 F1        BY
    Y1                1.000        0.000     999.000     999.000
    Y2                1.013        0.021      49.188       0.000
    Y3                0.480        0.020      24.474       0.000

 F2        BY
    Y4                1.000        0.000     999.000     999.000
    Y5                1.003        0.018      55.407       0.000
    Y6                1.004        0.019      53.593       0.000
```

위의 모수 추정치 결과를 통하여 확인할 수 있듯이, 첫 번째 요인(f_1)의 세 번째 요인부하 추정치가 남자 집단은 1.014이고 여자 집단은 0.480으로 매우 다르다. 이는 완전한 측정단위동일성이 성립하지 않은 이유가 바로 y_3의 f_1에 대한 요인부하였음을 확인한 것이고, 결국 이 요인부하의 값을 두 집단 간에 다르도록 허락하니 매우 좋은 모형 적합도와 함께 부분측정단위동일성이 성립함을 볼 수 있었다. 부분측정단위동일성이 성립하는 추정치 결과가 경로도(왼쪽: 남자, 오른쪽: 여자)와 함께 [그림 8.4]에 있다.

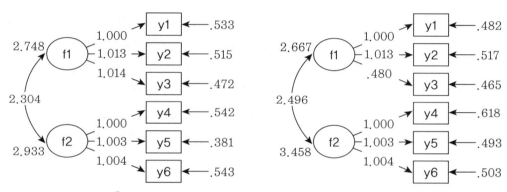

[그림 8.4] 남녀 집단의 부분측정단위동일성 모형 추정치

y_3의 f_1에 대한 요인부하를 두 집단 간에 다르게 허용함으로써 부분측정단위동일성을 가정하게 되었는데, 이런 경우에 부분적인 측정불변성을 확인하는 방식이 아닌 문제가 되는 지표변수를 제거하는 방법도 있다(Wang & Wang, 2012). 우리 책에서 이 방법은 시도하지 않을 것인데, 지표변수 하나를 제거하는 것이 어려운 것은 아니므로 충분한 개수의 지표변수가 있다면 쉽게 시도할 수 있는 방법이다. 어쨌든 이와 같이 완전한 측정단위동일성은 성립하지 않았지만, 부분적으로 측정단위동일성이 성립한 상태가 되면 다음 단계로 진행할 수 있게 된다. 한 가지 유의할 것은, 이제 부분적으로 측정단위동일성이 성립한 상태에서 다음 단계로 가게 되므로 다음 단계는 완전한 절편동일성이 될 수 없다는 것이다. 절편동일성은 측정단위동일성이 성립한다는 가정 아래서 확인해야 할 측정불변성의 단계다. 일단 부분측정단위동일성이 성립한 상태에서는 다음 단계에서 두 집단 간에 절편의 값이 모두 같아도 절편동일성이라는 표현보다는 부분절편동일성이라는 표현이 더 타당하다.

절편동일성

부분적이긴 하지만 측정단위동일성이 성립하였으므로 다음 단계인 절편동일성(strong invariance)을 확인하기 위해 두 집단의 절편이 서로 같다는 제약을 더한다. 이 제약은 완전한 측정단위동일성 모형으로부터가 아니라 부분측정단위동일성 모형을 기반으로 하여 더해지는 제약이다. 역시 제약을 더했으므로 모형의 자유도(df_M)와 χ^2 값(χ^2_M)은 증가하게 된다. 즉, 모형의 적합도가 나빠지게 된다. 이때 부분측정단위동일성 모형에서 증가한 자유도에 비해 상대적으로 모형의 적합도는 조금만 나빠졌다면 부분절편동일성(partial strong invariance)이 성립했다고 결론 내리게 된다. 앞에서도 여러 학자의 다른 의견을 언급하였지만, 절편동일성은 측정불변성 단계에서 반드시 성립해야 하는 단계가 아니다. 여러 학자가 확인해야 한다고 말하지만, 동시에 다른 여러 학자는 군이 확인할 필요가 없다고도 하는 단계다. 하지만 연구자가 이 단계를 확인하든 그렇지 않든 이것이 무엇을 의미하고 어떻게 실행하는지는 반드시 알아야 하므로 아래와 같이 설명한다. 먼저 부분절편동일성 모형을 위한 input 파일이 [결과 8.9]에 있다. 역시 바뀐 MODEL 커맨드 부분만 발췌하였고 나머지는 생략한다.

[결과 8.9] **부분절편동일성 모형 – input**

```
MODEL: f1 BY y1 y2 y3;
       f2 BY y4 y5 y6;
       [y1-y6];
       [f1-f2@0];
       y1-y6;

MODEL female:
       f1 BY y3;
       [f1-f2@0];
       y1-y6;
```

부분측정단위동일성 모형과 비교하였을 때 측정모형의 절편을 추정하는 [y1-y6];가 MODEL female 커맨드에서 사라졌음을 볼 수 있다. 즉, MODEL 커맨드에만 [y1-y6];가 존재한다. 이는 절편 모수가 남녀 집단 모두에서 같은 값으로 강제된다는 것을 의미한다. 그리고 부분측정단위동일성을 위하여 허락한 명령어 f1 BY y3;는 여전히 계속 있는 것 또한 확인할 수 있다. 이는 앞 단계에서 성립한 모형이 측정단위동일성이 아니라 부분측정단위동일성이기 때문이다. 부분절편동일성 모형의 적합도는 [결과 8.10]에 있다.

[결과 8.10] 부분절편동일성 모형 – 모형의 적합도

```
MODEL FIT INFORMATION

Chi-Square Test of Model Fit

        Value                              27.032
        Degrees of Freedom                     25
        P-Value                            0.3543

Chi-Square Contribution From Each Group

        MALE                               14.231
        FEMALE                             12.801

RMSEA (Root Mean Square Error Of Approximation)

        Estimate                            0.012
        90 Percent C.I.                     0.000   0.037
        Probability RMSEA <= .05            0.998

CFI/TLI

        CFI                                 1.000
        TLI                                 1.000

SRMR (Standardized Root Mean Square Residual)

        Value                               0.021
```

위 결과에서 얻은 χ^2 값과 자유도를 이용하여 부분절편동일성이 성립하는지를 확인해 보자. 이는 부분측정단위동일성 모형 대비 몇 개의 절편에 제약을 더한 것이 잘한 것인지를 확인하는 것이고, [표 8.5]를 이용한 χ^2 차이검정을 통해 이루어진다.

[표 8.5] χ^2 차이검정 – 부분절편동일성 모형 vs. 부분측정단위동일성 모형

	H_0(영가설)	H_1(대립가설)
	단순한(simple) 모형	복잡한(complex) 모형
	부분절편동일성 모형	부분측정단위동일성 모형
	두 모형의 적합도 간 차이가 없다	두 모형의 적합도 간 차이가 있다
	부분절편동일성이 성립한다	부분절편동일성이 성립하지 않는다
χ^2	$\chi_S^2 = 27.032$	$\chi_C^2 = 22.640$
df	$df_S = 25$	$df_C = 19$

위의 표를 통하여 $\chi_D^2 = 27.032 - 22.640 = 4.392$가 되고, $df_D = 25 - 19 = 6$이 된다. 자유도가 6인 χ^2 분포에서 관찰된 검정통계량이 4.392이면 $p = 0.6238$이 되고, 유의수준 5%에서 H_0을 기각하는 데 실패한다. 이렇게 되면 두 모형 중에서 더 단순한 부분절편동일성 모형을 선택한다. 즉, 부분절편동일성이 성립한다고 결론 내린다.

부분절편동일성 모형의 개별모수 추정치를 [결과 8.11]을 통하여 살펴보자. 역시 나머지 모든 추정치는 부분측정단위동일성 모형과 일치하기 때문에 절편 추정치만 발췌하였다.

[결과 8.11] 부분절편동일성 모형 – 개별모수 추정치

```
MODEL RESULTS

                                                      Two-Tailed
                    Estimate      S.E.    Est./S.E.   P-Value

Group MALE

 Intercepts
    Y1              1.977        0.048     41.126      0.000
    Y2              1.984        0.049     40.851      0.000
    Y3              1.994        0.037     54.320      0.000
    Y4              1.580        0.054     29.098      0.000
    Y5              1.565        0.053     29.442      0.000
    Y6              1.557        0.054     28.830      0.000

Group FEMALE

 Intercepts
    Y1              1.977        0.048     41.126      0.000
    Y2              1.984        0.049     40.851      0.000
    Y3              1.994        0.037     54.320      0.000
    Y4              1.580        0.054     29.098      0.000
    Y5              1.565        0.053     29.442      0.000
    Y6              1.557        0.054     28.830      0.000
```

첫 번째 요인(f_1)의 세 번째 요인부하 값이 남자 집단은 1.014이고 여자 집단은 0.480으로 매우 다른 상태에서, 추가적으로 여섯 개의 절편이 남녀 집단 간에 서로 같은 모형이 바로 위의 모형이다. 결과에서 확인할 수 있듯이 두 집단의 절편이 1.977~1.557로 모두 같다. 부분절편동일성이 성립하는 추정치 결과는 우리 책에서 경로도와 함께 제공하지 않는다. 이는 측정모형의 절편 부분은 경로도에 표시하지 않는 것이 구조방정식 분야에서는 매우 일반적이기 때문이다. 그러므로 부분절편동일성 모형의 추정치 결과를 경로도를 이용해 보이게 되면 앞의 [그림 8.4]와 일치할 것이다.

분산공분산동일성

절편동일성을 확인한 상태에서 측정오차의 분산과 공분산에 제약을 더하는 분산공분산동일성(strict invariance)을 확인할 수도 있고, 측정단위동일성이 성립한 상태에서 절편동일성을 뛰어넘어 곧바로 분산공분산동일성을 확인할 수도 있

다. 지금 우리는 네 가지의 측정불변성 단계를 차례대로 다루기로 하였으므로 절편동일성에서 분산공분산동일성으로 넘어가는 것으로 가정한다. 그리고 앞 단계에서 성립한 측정불변성이 부분절편동일성이므로 이번 단계 역시 우리 책에서는 부분분산공분산동일성(partial strict invariance)으로 부른다. 부분절편동일성 모형에서 제약을 더했으므로 모형의 자유도(df_M)와 χ^2 값(χ^2_M)은 앞에서 한 과정과 마찬가지로 증가한다. 이때 χ^2 차이검정을 통하여, 증가한 자유도에 비해 상대적으로 모형의 적합도는 조금만 나빠졌다면 부분분산공분산동일성이 성립했다고 결론 내리게 된다. 부분분산공분산동일성 모형을 위한 input 파일이 [결과 8.12]에 있다. 역시 바뀐 MODEL 커맨드 부분만 발췌하였고 나머지는 생략한다. 측정불변성 확인 단계에서 우리가 사용하고 있는 요인모형은 측정오차의 분산만 추정하였고 공분산은 추정하지 않았기 때문에 여섯 개의 분산에 대해서만 제약을 가한다.

[결과 8.12] 부분분산공분산동일성 모형 – input

```
MODEL:  f1 BY y1 y2 y3;
        f2 BY y4 y5 y6;
        [y1-y6];
        [f1-f2@0];
        y1(1);
        y2(2);
        y3(3);
        y4(4);
        y5(5);
        y6(6);

MODEL female:
        f1 BY y3;
        [f1-f2@0];
        y1(1);
        y2(2);
        y3(3);
        y4(4);
        y5(5);
        y6(6);
```

분산공분산동일성을 위한 input 부분에는 약간의 기술이 필요하다. 부분절편동일성 모형의 input에서 MODEL female 커맨드의 y1-y6;를 지운다고 해서 두 집단에 같은 측정오차의 분산이 강요되지 않는다. 이는 M*plus*의 디폴트가 집단 간에 다른 측정오차의 분산을 허락하는 것이기 때문이다. 그래서 [결과 8.12]처럼 각 측정오차의 분산에 모수지정(labeling)을 해 주어야 한다. 여태까지 여러 번 설명했듯이, MODEL 커맨드에 y1;이라고 쓰면 y_1은 내생변수이므로 이는 e_1의 분산 모수(ψ_{11})를 추정하라는 의미를 갖는다. 이때 이 모수의 뒤에 (숫자)를 붙이면 그 모수에 이름을 지정하는 것(labeling)이 된다. 즉, y1(1);이라고 하면 e_1의 분산을 1번으로 지정한다는 의미가 된다. 그렇게 한 상태에서 MODEL female 커맨드에도 y1(1);을 더하면 여자 집단에서 e_1의 분산도 1번으로 지정하게 된다. 즉, 남자 집단에서 e_1의 분산도 1번이고 여자 집단에서 e_1의 분산도 1번이 되므로 두 모수가 같은 숫자를 지정받은 것이고, M*plus*는 두 모수에 대하여 동등제약(equality constraint)이 있다고 판단한다. 결국 같은 추정치로 제약하게 된다. 이런 식으로 e_2의 분산에 대해서도 남녀 집단 모두 2번으로 지정하면 두 번째 측정오차의 분산도 집단 간에 같은 값으로 추정이 된다. 여섯 번째 측정오차의 분산까지 모두 집단 간에 같은 값을 가지게 됨을 input을 통해 알 수 있다. 이때 주어진 숫자는 임의의 숫자를 준 것이기 때문에 1~6으로 주지 않고 8, 9, 10 등의 숫자를 주어도 상관이 없다. 이제 부분분산공분산동일성 모형의 적합도를 [결과 8.13]에서 확인하자.

[결과 8.13]   부분분산공분산동일성 모형 – 모형의 적합도

```
MODEL FIT INFORMATION

Chi-Square Test of Model Fit

        Value                            33.264
        Degrees of Freedom                   31
        P-Value                          0.3575

Chi-Square Contribution From Each Group

        MALE                             17.847
        FEMALE                           15.417

RMSEA (Root Mean Square Error Of Approximation)

        Estimate                          0.012
        90 Percent C.I.                   0.000    0.035
        Probability RMSEA <= .05          0.999

CFI/TLI

        CFI                               1.000
        TLI                               1.000

SRMR (Standardized Root Mean Square Residual)

        Value                             0.021
```

위 결과에서 얻은 χ^2 값과 자유도를 이용하여 부분분산공분산동일성이 성립하는지를 확인해 보자. 이는 부분절편동일성 모형 대비 몇 개의 측정오차 분산에 대한 제약을 더한 것이 잘한 것인지를 확인하는 것이고, [표 8.6]을 이용한 χ^2 차이

검정을 통해 이루어진다.

[표 8.6] χ^2 차이검정 – 부분분산공분산동일성 모형 vs. 부분절편동일성 모형

	H_0(영가설)	H_1(대립가설)
	단순한(simple) 모형	복잡한(complex) 모형
	부분분산공분산동일성 모형	부분절편동일성 모형
	두 모형의 적합도 간 차이가 없다	두 모형의 적합도 간 차이가 있다
	부분분산공분산동일성이 성립한다	부분분산공분산동일성이 성립하지 않는다
χ^2	$\chi^2_S = 33.264$	$\chi^2_C = 27.032$
df	$df_S = 31$	$df_C = 25$

위의 표를 통하여 $\chi^2_D = 33.264 - 27.032 = 6.232$가 되고, $df_D = 31 - 25 = 6$이 된다. 자유도가 6인 χ^2 분포에서 관찰된 검정통계량이 6.232이면 $p = 0.3977$이 되고, 유의수준 5%에서 H_0을 기각하는 데 실패한다. 이렇게 되면 두 모형 중에서 더 단순한 부분분산공분산동일성 모형을 선택하게 된다. 즉, 부분분산공분산동일성이 성립한다고 결론 내린다. 이제 부분분산공분산동일성 모형의 개별모수 추정치를 [결과 8.14]를 통하여 살펴보자. 역시 나머지 모든 추정치는 부분절편동일성 모형과 일치하기 때문에 측정오차의 분산 추정치만 발췌하였다.

[결과 8.14] 부분분산공분산동일성 모형 – 개별모수 추정치

```
MODEL RESULTS

                                                      Two-Tailed
                    Estimate    S.E.    Est./S.E.    P-Value

Group MALE

 Residual Variances
    Y1              0.510       0.034    14.980        0.000
    Y2              0.513       0.035    14.743        0.000
    Y3              0.468       0.025    18.669        0.000
    Y4              0.585       0.035    16.783        0.000
    Y5              0.440       0.030    14.496        0.000
    Y6              0.523       0.033    15.836        0.000

Group FEMALE

 Residual Variances
    Y1              0.510       0.034    14.980        0.000
    Y2              0.513       0.035    14.743        0.000
    Y3              0.468       0.025    18.669        0.000
    Y4              0.585       0.035    16.783        0.000
    Y5              0.440       0.030    14.496        0.000
    Y6              0.523       0.033    15.836        0.000
```

위의 모형 추정치 결과를 통하여 확인할 수 있듯이 남녀 집단 간에 각 측정오차의 분산이 서로 같다. 예를 들어, 남자 집단의 첫 번째 측정오차의 분산은 0.510이고 여자 집단의 첫 번째 측정오차의 분산 역시 0.510이다. 나머지 다섯 개의 측정오차의 분산도 모두 같은 패턴을 보이고 있다. 부분분산공분산동일성이 성립하는 추정치 결과가 경로도(왼쪽: 남자, 오른쪽: 여자)와 함께 [그림 8.5]에 있다.

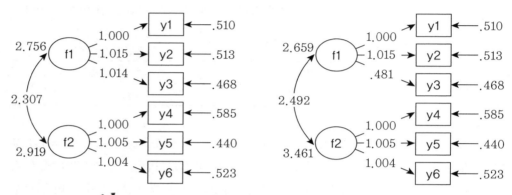

[그림 8.5] 남녀 집단의 부분분산공분산동일성 모형 추정치

앞에서 잠시 언급했지만, 측정오차의 분산 및 공분산이 집단 간에 같다는 제약을 준 단계가 성립한다면 그 이후에 요인들의 분산 및 공분산이 같다는 제약을 추가할 수 있다. 하지만 이미 분산공분산동일성 자체가 매우 엄격한(strict) 측정불변성 단계이므로 더 이상 진행하지 않는다.

잠재평균의 집단 차이검정

우리는 잠재평균의 차이검정을 위해 지금까지의 측정불변성 단계를 모두 거쳐 오고 있는 것이다. 그런데 잠재평균의 차이검정을 위해 분산공분산동일성(strict invariance)까지 성립하는지를 확인하는 것은 Meredith(1993)의 표현대로 너무 엄격한(strict) 조건을 만족시켜야 하는 것이라고 볼 수 있다. 우리의 예에서는 측정단위동일성 부분만 완전하게 성립하지 않음을 확인했지만, 사실 현실에서는 각 측정불변성 단계마다 완전한 동일성이 성립하지 않을 확률이 상당히 높다. 그래서 지금부터 보일 집단 간 잠재평균의 차이검정은 부분분산공분산동일성이 성립한 상태에서 실행하는 것이 아니라 Little을 포함한 많은 학자가 제안했듯이 절편동일성이 성립한 상태에서 진행하게 될 것이다. 우리의 경우 완전한 절편동일성은 이미 측정단위동일성이 부분적으로만 성립하면서 가능하지 않으므로, 부분절편동일성이 성립한 상태에서 잠재평균의 집단 간 차이검정을 하게 될 것이다. 전체적인 과정을 되돌아보기 위해, 현재까지 우리가 해 온 단계와 잠재평균의 차이검정을 위한 부분을 [그림 8.6]에 정리하였다. 측정단위동일성이 성립하지 않아 절편동일성으로 가지 못하고 부분적인 측정불변성 확인의 단계로 넘어간 것이 선명하게 보일 것이다. 또한 잠재평균 비교를 위해 분산공분산동일성까지는 확인하지 않은 것도 알 수 있다.

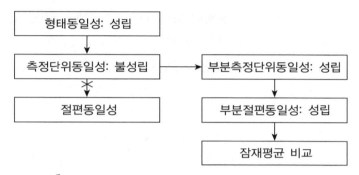

[그림 8.6] 잠재평균 비교를 위한 측정불변성 단계

　그림에서 볼 수 있듯이 형태동일성 → 부분측정단위동일성 → 부분절편동일성의 단계로 측정불변성이 확인되었고, 마지막에 두 요인에 대한 집단 간 잠재평균 비교를 하려는 것이 우리 책에서의 예제다. [그림 8.6]의 단계는 연구자의 철학과 자료에 따라 얼마든지 다를 수 있는 것이므로 모든 연구에서 당연한 것으로 생각해서는 안 된다. 이제 측정불변성 단계 확인의 최종 목표인 잠재평균의 비교를 시작해 보자. 형태동일성 모형에서 시작해서 부분절편동일성 모형까지 오는 동안 두 집단에서 두 요인의 평균을 모두 0으로 고정한 것을 기억할 것이다. 이번 단계에서는 이 두 요인의 잠재평균이 집단 간에 다를 수 있도록 풀어 줄 것이다.

　이쯤에서 잠재변수의 평균이라는 것을 잠깐 고민해 보자. 잠재변수란 보이지 않는 질적이고 추상적인 개념을 양적으로 형성한 것이다. 이때 양적으로 형성된 잠재변수의 절대값에 특정한 의미가 있는 것은 아님을 이해할 필요가 있다. 예를 들어, 오늘날 사람들이 지능을 측정하기 위해 사용하는 IQ는 평균 100을 중심으로 표준편차 15를 가지도록 설계된 것인데, 만약 IQ의 평균이 1,000이고 표준편차가 150을 가지도록 설계했다면 무슨 문제 될 것이 있을까? 만약 평균을 0으로 하고 표준편차를 1이 되도록 설계했다면 이는 또 무슨 다른 점이 있을까? 지능은 상대적인 것이고 IQ 또한 그 상대성을 반영하는 것이기 때문에 통계적으로나 수학적으로 아무런 차이가 없다. 100을 중심으로 변동성을 가지는 것이 IQ라면 다만 평균적인 지능을 가진 사람의 IQ는 100이 될 것이고, 0을 중심으로 변동성을 가지는 것이 IQ라면 평균적인 지능을 가진 사람의 IQ는 0이 될 뿐이다. 이와 같은 부분은 집단 간에 잠재변수의 평균을 추정하는 기술적인 상황에서도 상당히 중요하다. 두 집단에서 각 두 개의 잠재평균을 추정하려고 하면 총 네 개의 추가적인 모수를 추정하는 것이 아니라, 한 집단의 잠재평균들을 모두 0으로 고정하고 다른 집단의 잠재평균이 0 대비 더 큰지 작은지만 추정하여 확인하면 된다. 예를 들어, 남자 집단의 잠재평균 두 개를 0으로 고정하고 여자 집단의 잠재평균 두 개만 추정하면 된다. 또한 가지 더, 형태동일성 모형 → 부분측정단위동일성 모형 → 부분절편동일성 모형의 단계는 모형이 점점 단순해지는 과정이지만, 부분절편동일성 모형을 기반으로 잠재평균의 차이를 검정하는 모형은 더 복잡해진 모형이다. 이는 부분절편동일성 모형 → 잠재평균 비교 모형이 모수에 대한 제약을 함으로써 더 진행한 것이 아니고, 두 개의 잠재평균 모수를 더 추정하는 단계이기 때문이다. 마지막 단계인 잠재평균 비교 모형의 input 부분이 [결과 8.15]에 있다. 역시 MODEL 커맨드 부분만 발췌하였다.

[결과 8.15] 잠재평균 비교 모형 – input

```
MODEL: f1 BY y1 y2 y3;
       f2 BY y4 y5 y6;
       [y1-y6];
       [f1-f2@0];
       y1-y6;

MODEL female:
       f1 BY y3;
       [f1-f2];
       y1-y6;
```

위에서 MODEL female 커맨드를 보면 [f1-f2@0];가 [f1-f2];로 바뀐 것을 확인할 수 있다. 이에 반해 MODEL 커맨드의 [f1-f2@0];는 바뀌지 않았다. 즉, 전체 집단의 모든 잠재평균을 0으로 고정한 상태에서 여자 집단의 두 잠재평균만 자유롭게 추정되도록 설정한 것이다. 이렇게 함으로써 남자 집단의 두 잠재평균은 모두 0인 상태에서 여자 집단의 두 잠재평균 추정치가 상대적으로 어떤 값을 가지게 되느냐를 확인할 수 있다. 만약 여자 집단의 추정치가 양수가 된다면 이는 남자의 잠재평균보다 더 높다는 의미이고, 만약 음수가 나온다면 남자의 잠재평균보다 더 낮다는 의미가 된다. 일단 잠재평균 비교 모형의 적합도가 [결과 8.16]에 있다.

[결과 8.16] 잠재평균 비교 모형 – 모형의 적합도

```
MODEL FIT INFORMATION

Chi-Square Test of Model Fit

        Value                             25.083
        Degrees of Freedom                    23
        P-Value                           0.3460

Chi-Square Contribution From Each Group

        MALE                              13.063
        FEMALE                            12.020

RMSEA (Root Mean Square Error Of Approximation)

        Estimate                          0.013
        90 Percent C.I.                   0.000    0.038
        Probability RMSEA <= .05          0.996

CFI/TLI

        CFI                               1.000
        TLI                               1.000
```

앞에서 했던 것과 마찬가지로, 위 결과에서 얻은 χ^2 값과 자유도를 이용하여 집단 간에 두 잠재변수 평균에 차이가 있는지를 확인할 수 있다. 이는 잠재평균 비교 모형이 부분절편동일성 모형에서 추가적으로 두 개의 모수만 더 추정함으로써 서로 위계적으로 내재된 관계이기 때문이다. 그리고 이 검정은 [표 8.7]을 이용한 χ^2 차이검정을 통해 이루어진다. 이때 더 복잡한 모형인 잠재평균 비교 모형을 선택한다는 것은 잠재평균에 차이가 있다는 의미가 된다. 그리고 현재 두 개의 잠재변수가 존재하기 때문에 더 정확히 표현하자면 다음과 같다. 만약 χ^2 차이검정이 통계적으로 유의하게 나와서 잠재평균 비교 모형을 선택하게 되면 두 잠재변수(f_1과 f_2)의 평균 중에 적어도 하나의 잠재평균은 집단 간에 통계적으로 다르다는 의미다.

[표 8.7] χ^2 차이검정 – 부분절편동일성 모형 vs. 잠재평균 비교 모형

	H_0(영가설)	H_1(대립가설)
	단순한(simple) 모형	복잡한(complex) 모형
	부분절편동일성 모형	잠재평균 비교 모형
	두 모형의 적합도 간 차이가 없다	두 모형의 적합도 간 차이가 있다
	잠재평균에 차이가 없다	잠재평균에 차이가 있다
χ^2	$\chi^2_S = 27.032$	$\chi^2_C = 25.083$
df	$df_S = 25$	$df_C = 23$

위의 표를 통하여 $\chi_D^2 = 27.032 - 25.083 = 1.949$가 되고, $df_D = 25 - 23 = 2$가 된다. 자유도가 2인 χ^2 분포에서 관찰된 검정통계량이 1.949이면 $p = 0.3774$가 되고, 유의수준 5%에서 H_0을 기각하는 데 실패한다. 이렇게 되면 두 모형 중에서 더 단순한 부분절편동일성 모형을 선택하게 되고, 두 집단 간에 두 잠재변수의 평균은 서로 통계적으로 다르지 않다는 결정을 내리게 된다. 잠재변수의 평균 추정치를 [결과 8.17]을 통하여 살펴보자.

[결과 8.17] 　잠재평균 비교 모형 – 개별모수 추정치

```
MODEL RESULTS

                                                        Two-Tailed
                       Estimate      S.E.    Est./S.E.  P-Value

Group MALE

  Means
    F1                  0.000        0.000     999.000    999.000
    F2                  0.000        0.000     999.000    999.000

Group FEMALE

  Means
    F1                 -0.127        0.095      -1.326      0.185
    F2                 -0.066        0.103      -0.647      0.517
```

위로부터 알 수 있듯이 남자 집단의 두 잠재평균은 모두 0으로 고정되어 있고, 여자 집단의 잠재평균만 -0.127과 -0.066으로 추정되었다. 이미 앞의 검정에서 집단 간에 잠재평균의 차이는 없다고 결론을 냈지만, 사실 이번 잠재평균 비교 단계에서는 [표 8.7]을 이용한 χ^2 차이검정은 필요가 없다. 개별모수 추정치의 검정 결과만 가지고도 χ^2 차이검정을 하는 것보다 더 많은 정보를 얻을 수 있다. 예를 들어, 위의 [결과 8.17]에서 여자 집단의 첫 번째 요인의 평균 추정치와 상응하는 p-value를 보면 각각 -0.127과 0.185다. $p > 0.05$이므로 $H_0 : E(f_1) = 0$(즉, f_1의 평균이 0이다)을 기각하는 데 실패하게 된다. 이는 곧 여자 집단에서 f_1의 평균이 0과 다르지 않다는 의미를 가지게 된다. 여기서 우리는 잠재평균 비교 모형에서 남자 집단의 f_1의 평균을 0으로 고정해 놓았다는 것을 기억하고 있다. 이는, 다시 말해 여자 집단의 f_1 평균이 0과 다르지 않다는 것이 여자 집단의 f_1 평균이 남자 집단의 f_1 평균(0)과 다르지 않음을 의미하는 것으로 해석할 수 있다. f_2의 평균 역시 같은 통계적 검정 결과를 보여 준다. 즉, Group FEMALE의 개별모수 추정치를 통하여 여자 집단과 남자 집단의 잠재평균 차이를 손쉽게 확인할 수 있다.

지금까지 형태동일성 모형부터 잠재평균 비교까지 비교적 긴 호흡으로 측정불변성을 자세히 살펴보았는데, 위에서 한 단계별 측정불변성 확인 과정을 하나의 표를 통하여 정리해 보자. 매우 다양한 방법으로 표현이 가능하겠지만, [표 8.8]과 같은 형식으로 보고하여 보았다.

[표 8.8] 측정불변성 단계별 검정

측정불변성 단계	χ^2_M	$\Delta \chi^2$	df_M	Δdf	χ^2 차이검정 p-value
형태동일성	18.261		16		
측정단위동일성	286.945	268.684	20	4	$p < 0.001$
부분측정단위동일성	22.640	4.379	19	3	$p = 0.223$
부분절편동일성	27.032	4.392	25	6	$p = 0.624$
잠재평균 비교	25.083	-1.949	23	-2	$p = 0.377$

위의 표에서 측정단위동일성은 성립하지 않아($p < 0.001$) 형태동일성 대비 부분측정단위동일성의 성립 여부를 확인하였다. 형태동일성부터 부분절편동일성까지는 모형이 단순해지지만, 마지막 부분절편동일성에서 잠재평균 비교는 모형이 복잡해진다는 것도 잊으면 안 된다. $\Delta \chi^2$(delta chi-square)는 전 단계 대비 증가한 χ^2 값이고, Δdf(delta degrees of freedom)은 전 단계 대비 증가한 자유도를 나타낸다. 그런 이유로 마지막 $\Delta \chi^2$와 Δdf은 일관성을 위해서 음수를 이용해 표기하였다. 사실 잠재평균 비교를 위해 χ^2 차이검정을 꼭 해야 하는 것은 아니기 때문에 마지막 줄은 위의 표에서 보여 주지 않아도 문제가 되지 않는다. 마찬가지로 완전한 측정단위동일성이 성립하지 않았기 때문에 두 번째 줄 역시 빼도 무방하다.

8.1.3. 실용적인 측정불변성 확인

지금까지 위에서 단계별로 측정불변성을 확인하기 위해 χ^2 차이검정을 실시하였다. 이는 Jöreskog(1971)의 초창기 방법으로서, 단계별 모형이 서로 위계적으로 내재된 관계임을 이용한 통계적인 검정이다. χ^2 차이검정은 앞의 모형 적합도를 확인하기 위한 χ^2 검정에서 밝힌 여러 한계점을 그대로 지니고 있다. 예를 들어, 표본크기에 매우 민감하여 표본이 큰 경우 단계별 차이검정에서 기각을 더 하려는 경향이 있으며, 비정규성에도 또한 민감하다. 이런 이유로 통계적 검정이 아닌 비통계적인, 즉 실용적인(practical) 방법을 이용해 측정불변성을 확인하고자 하는 시도가 있어 왔다(Cheung & Rensvold, 2002; Little, 1997; Marsh, Hey, & Roche, 1997). 먼저 앞에서 실시한 각 단계의 측정불변성 검정에서 복잡한 모형에서 단순한 모형으로 가면서 모형 적합도에 어떤 일이 일어나는지 [그림 8.7]을 통해 다시 한 번 확인하도록 하자.

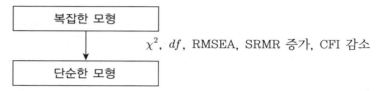

[그림 8.7] 측정불변성 확인 단계에서 모형 적합도의 변화

위의 그림에서 볼 수 있듯이, 예를 들어 형태동일성 모형에서 측정단위동일성 모형으로 가면 모형은 더 단순해지고 모형의 df과 χ^2 값은 증가하는데, 증가한 자유도 대비 증가한 χ^2 값이 크지 않으면 측정단위동일성이 성립한다고 한다. 즉, 각 단계에서 만약 χ^2 값이 통계적으로 늘어난 자유도를 고려하여 특정한 기준보다 조금 증가하면 단순한 모형을 선택하면서 측정불변성이 성립한다고 결정하고, 기준보다 많이 증가하면 측정불변성이 성립하지 않는다고 결정한 것이다. 만약 그렇다면 증가한 자유도 대비 증가한 χ^2 값의 크기를 보는 것이 아니라, RMSEA나 CFI 등을 이용하여 결정할 수 있지 않을까라고 생각해 볼 수 있다. 예를 들어, 만약 각 단계(복잡한 모형 → 간단한 모형)에서 증가한 RMSEA 값이 크지 않다면 통계적이지는 않지만 실용적으로(practically) 측정불변성이 성립한다고 할 수 있지 않을까라는 것이다. 또한 RMSEA 값뿐만 아니라 CFI 값이 어느 수준 이하로 감소한다면 또한 측정불변성이 성립한다고 결정 내릴 수도 있을 것이다. Chen(2007) 및 Cheung과 Rensvold(2002) 등은 CFI를 이용하여 측정불변성의 성립 여부를 결정할 것을 제안하였다. 만약에 측정불변성의 검정 단계에서 제약을 통해 복잡한 모형으로부터 단순한 모형으로 진행할 때 CFI 값이 0.01 이상 감소하지 않는다면 측정불변성이 성립한다고 결정하는 방식이다(Cheung & Rensvold, 2002). 이를 우리의 예에 적용시켜 보면 [표 8.9]와 같이 진행할 수 있을 것이다. 이는 앞의 측정불변성 단계마다 구한 모형의 적합도 지수 중에서 CFI 부분을 발췌하여 추가적으로 작성한 표다.

[표 8.9] 측정불변성 단계별 검정 및 CFI의 변화

측정불변성 단계	χ^2_M	$\Delta\chi^2$	df_M	Δdf	CFI	ΔCFI
형태동일성	18.261		16		1.000	
측정단위동일성	286.945	268.684	20	4	0.961	−0.039
부분측정단위동일성	22.640	4.379	19	3	0.999	−0.001
부분절편동일성	27.032	4.392	25	6	1.000	0.001

형태동일성 모형 대비 측정단위동일성 모형은 CFI 값이 0.039나 감소하였으므로 Cheung과 Rensvold(2002)의 기준에 의하면 측정단위동일성은 성립하지 않는다. 형태동일성 모형 대비 부분측정단위동일성 모형을 보면 CFI 값이 0.001만 감소하였으므로 부분측정단위동일성은 실용적으로 성립한 것으로 볼 수 있다. 또한 부분측정단위동일성 모형 대비 부분절편동일성 모형은 오히려 CFI 값이 증가하였으므로[62] 기준에 따라 부분절편동일성 또한 성립하였다. 부분절편동일성이 성립한 상태에서 잠재평균의 차이검정을 실시하면 결국 앞에서 χ^2 차이검정을 통해 내린 결론과 같은 결론을 가지게 된다.

여러 학자가 CFI를 이용하여 실용적인 측정불변성을 확인할 수 있다고 하였는데, Meade, Johnson과 Braddy(2008)는 0.01이 아닌 더 보수적인 0.002를 기준으로 제시하였다. 사실 Cheung과 Rensvold(2002)의 논문이 많이 인용되고 있지만, 도대체 어떻게 0.01을 기준으로 제시하였는지에 대한 근거가 약하다. 그에 반해, Meade 등의 논문은 컴퓨터 시뮬레이션 연구를 통하여 0.002를 기준으로 제시하였다. 여러모로 보아 Meade 등의 기준을 따르는 것이 옳다고 볼 수 있는데, 문제는 이 0.002라는 숫자가 측정불변성의 성립을 확인하는 데 있어서 매우 보수적이라는 것이다. 우리가 측정불변성 확인을 위해 통계적인 방법이 아닌 근사 적합도 지수를 이용하는 이유는 표본크기가 클 때 χ^2 차이검정이 너무 강한 검정력을 가지고 있어서 측정불변성의 성립을 막기 때문이다. 그런데 χ^2 차이검정만큼이나 보수적인 Meade 등의 기준을 사용한다는 것은 왠지 맥락을 벗어난 결정이라고 생각된다. 만약 이 책의 독자들이 실용적인 측정불변성을 확인하고자 한다면 Cheung과 Rensvold(2002)가 제안한 CFI 0.01이 상당히 현실적이고 무난한 기준일 것이다. 마지막으로, 지금까지 설명한 실용적인 방법은 아직 완전히 정착되었다고 말

---

62) CFI 값이 모형의 자유도를 고려한 근사 적합도 지수이기 때문에 발생할 수 있는 현상이다. 참고로 통계적 지수인 χ^2 값은 모형이 단순해질 때 감소할 수 없다.

할 수는 없으므로 좀 더 조심스럽게 접근해야 한다고 Byrne(2012)은 경고하고 있음을 기억해야 한다.

8.1.4. MIMIC 모형을 이용한 집단 차이검정

Jöreskog와 Goldberger(1975)가 제안한 MIMIC(multiple indicators multiple causes) 모형은 확인적 요인분석모형에 공변수(covariate)가 더해진 모형이다. MIMIC 모형은 잠재변수에 대한 연속형 또는 범주형(특히 이분형[63]) 공변수의 효과를 확인하려고 하는 모형이다. 요인분석모형의 간단한 확장이기 때문에 긴 설명이 필요 없을 만큼 단순한 모형이다. 사실 요인분석모형에 요인을 설명하는 공변수를 더하게 되면 요인분석모형이라기보다는 구조방정식 모형에 더 가까워진다. [그림 8.8]에 두 개의 요인과 각 세 개의 지표변수 그리고 하나의 공변수(실제로는 여러 개도 상관없다)가 있는 MIMIC 모형의 경로도가 제공되어 있다. 경로도에 제공된 모형과 MIMIC 모형의 이름을 비교해 보면 multiple indicators는 요인 측정을 위한 여러 개의 지표변수를 가리키며, multiple causes는 요인을 설명하는 여러 개의 공변수를 가리킨다.

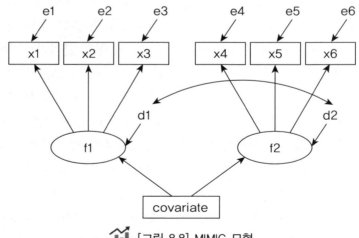

[그림 8.8] MIMIC 모형

---

63) 범주형 변수가 다분형(polytomous)이라면 여러 개의 이분형으로 나누어(더미[dummy]변수로 만들어서) 모형에 더해야 한다. 회귀분석에서 여러 개의 범주를 지닌 독립변수가 있을 때 범주의 개수에서 하나를 뺀 개수의 더미변수를 만드는 것과 같은 이치다.

　　위의 경로도에서는 설명오차(d_1과 d_2) 간 상관을 허락하였는데, 이는 설정할 수도 있고 그렇지 않을 수도 있다. MIMIC 모형은 한편으로는 요인의 구조를 확인하고, 또 한편으로는 공변수의 요인에 대한 영향력을 검정한다. 공변수의 요인에 대한 영향력은 구조모형 또는 회귀모형 부분이다. 즉, 연속형이든 이분형이든 공변수에서 요인들로 향하는 경로는 회귀분석 모형의 기울기 부분이다. 반드시 그렇지는 않지만 일반적으로 MIMIC 모형에서는 공변수가 집단변수인 경우가 흔하다. 이런 경우 공변수의 효과라는 것은 결국 집단 간에 잠재평균의 차이가 있느냐를 의미한다. 공변수가 집단변수인 경우에 공변수의 잠재변수에 대한 효과를 통제한 상태에서(즉, covariate → f1 또는 covariate → f2 경로를 추정한 상태에서) 지표변수에 대한 공변수의 직접적인 효과(differential item functioning, DIF)를 보기도 한다. DIF는 차별문항기능이라는 용어로 국내에 소개된 개념으로서, 특히 교육학 분야의 문항반응이론(item response theory, IRT)에서 주요한 주제다. 즉, 전반적으로 같은 능력을 가지고 있는 사람들이 다른 집단에 속해 있을 때, 특정한 문항을 맞힐 확률이 차이가 나게 되는 경우를 가리킨다. 예를 들어, 대학교 입시에서 어떤 문항이 고무줄놀이에 대한 것을 질문하였다면, 아마도 이 문제는 여학생에게 더 유리하고 남학생에게는 불리할 수 있을 것이다. 물론 이때 남학생과 여학생의 전반적인 능력은 같은 수준이라고 가정한다. 이러한 문항은 DIF 검정을 통하여 찾아낼 수 있다. DIF는 다집단 IRT 모형을 이용하여 검정하는 것이 일반적인데, MIMIC 모형을 통한 검정도 연구되고 있다(Muthén, 1989a; Woods, 2009; Woods & Grimm, 2011).

　　지금 우리가 집중하고자 하는 부분은 집단변수에서 요인으로 향하는 경로로서 집단 간에 잠재평균 차이가 있느냐를 다루고자 한다. 이런 목적으로 MIMIC 모형을 이용하면 앞서 측정동일성 검정 후에 잠재평균 비교를 한 것과 같은 목적을 지니게 된다. 예를 들어, 만약 위의 경로도에서 공변수가 성별이라고 하면 covariate → f1은 첫 번째 요인의 잠재평균에 남녀차이가 있는지를 검정하는 것이고, covariate → f2는 두 번째 요인의 잠재평균에 남녀차이가 있는지를 검정하는 것이 된다. 앞서 측정불변성 검정에서 사용한 multigroup_cfa.dat 자료의 g 변수를 약간 수정하여 MIMIC 모형을 추정해 본다. 이분형 변수를 회귀관계에서 사용하고자 하는 경우에는 1과 2로 코딩하든 0과 1로 코딩하든 수학적으로 차이는 없지만, 더미(dummy)변수(0과 1 코딩)를 이용해야 용이한 해석이 가능해진다. 그러므로 현재 1(남자)과 2(여자)로 코딩되어 있는 집단변수 g는 0(남자)과 1(여자)로 바꾸어 주는 것이 일반적이다. SPSS를 이용하여 재코딩한 다음, 파일 이름을 mimic.dat로 하였다. MIMIC 모형을 위한 input이 [결과 8.18]에 있다.

[결과 8.18] MIMIC 모형 – input

```
TITLE: MIMIC model
DATA: FILE IS mimic.dat;
      FORMAT IS 10f8.3;
VARIABLE: NAMES ARE y1-y6 x1-x3 g;
          USEVARIABLES ARE y1-y6 g;
ANALYSIS: TYPE = General;
MODEL: f1 BY y1 y2 y3;
       f2 BY y4 y5 y6;

       f1 f2 ON g;
OUTPUT:
```

앞의 측정불변성 모형들과 비교해 보면, 다집단 분석이 아니기 때문에 VARIABLE 커맨드에서 GROUPING 옵션이 사라졌고 MODEL female 커맨드 또한 사라졌음을 볼 수 있을 것이다. 그에 반해, 두 개의 요인 f_1과 f_2를 측정하고, 두 요인과 집단변수(g) 사이의 회귀분석이 설정되어 있다. 요인모형은 구인 타당도를 확인하는 것이 일반적이기 때문에, 앞서 배운대로 표준화 계수를 요구하기 위해 OUTPUT 커맨드에 STANDARDIZED 옵션을 더할 수 있는데, output이 길어지는 것을 피하기 위해 생략하였다. 다음으로는 모형의 적합도 부분이 [결과 8.19]에 나타난다.

[결과 8.19] MIMIC 모형 – 모형의 적합도

```
MODEL FIT INFORMATION

Number of Free Parameters                    21

Loglikelihood

        H0 Value                         -9907.478
        H1 Value                         -9902.041

Information Criteria

        Akaike (AIC)                     19856.957
        Bayesian (BIC)                   19962.021
        Sample-Size Adjusted BIC         19895.320
          (n* = (n + 2) / 24)

Chi-Square Test of Model Fit

        Value                               10.874
        Degrees of Freedom                      12
        P-Value                             0.5397

RMSEA (Root Mean Square Error Of Approximation)
```

```
                Estimate                         0.000
                90 Percent C.I.                  0.000  0.028
                Probability RMSEA <= .05         1.000
CFI/TLI

                CFI                              1.000
                TLI                              1.000
Chi-Square Test of Model Fit for the Baseline Model

                Value                         6694.922
                Degrees of Freedom                  21
                P-Value                         0.0000
SRMR (Standardized Root Mean Square Residual)

                Value                            0.005
```

모형의 χ^2 검정 결과 $p = 0.5397$로서 모형이 자료에 적합하다는 영가설을 기각하는데 실패하였다. RMSEA는 0.001보다 작고, $p = 1.000$이어서 $H_0 : \epsilon \leq 0.05$ 가설을 기각하는 데 실패한다. CFI와 SRMR 역시 각각 1.000과 0.005로서 매우 좋은 적합도를 보여 주고 있다. 전체적으로 판단했을 때 매우 훌륭한 모형 적합도를 보여 주고 있다고 볼 수 있다. 이제 개별적인 모수 추정치를 [결과 8.20]을 통해 확인한다.

[결과 8.20] MIMIC 모형 – 개별모수 추정치

```
MODEL RESULTS

                                                    Two-Tailed
                      Estimate    S.E.   Est./S.E.  P-Value

F1        BY
     Y1               1.000      0.000    999.000    999.000
     Y2               1.016      0.021     48.760      0.000
     Y3               0.725      0.019     38.458      0.000

F2        BY
     Y4               1.000      0.000    999.000    999.000
     Y5               1.004      0.018     55.581      0.000
     Y6               1.003      0.019     53.624      0.000

F1        ON
     G               -0.162      0.103     -1.569      0.117

F2        ON
     G               -0.100      0.111     -0.894      0.371

F2        WITH
     F1               2.396      0.125     19.159      0.000

Intercepts
     Y1               2.236      0.168     13.270      0.000
     Y2               2.247      0.171     13.127      0.000
     Y3               2.201      0.124     17.799      0.000
     Y4               1.738      0.182      9.552      0.000
     Y5               1.725      0.182      9.461      0.000
     Y6               1.716      0.182      9.408      0.000
```

```
Residual Variances
     Y1          0.506       0.036       13.972      0.000
     Y2          0.503       0.037       13.660      0.000
     Y3          0.668       0.034       19.911      0.000
     Y4          0.581       0.035       16.684      0.000
     Y5          0.442       0.030       14.514      0.000
     Y6          0.525       0.033       15.849      0.000
     F1          2.700       0.138       19.557      0.000
     F2          3.216       0.162       19.873      0.000
```

위의 결과를 보면, 가장 먼저 각 요인이 상응하는 지표변수에 의하여 얼마나 잘 측정되었는지를 보여 주는 요인부하 추정치를 볼 수 있다. 수렴 타당도를 제대로 확인하기 원하면 표준화 요인부하를 확인해야 하는데, 이번 MIMIC 모형 추정의 목적이 아니므로 생략하였다. 다음으로는 바로 우리가 확인하고자 하는 두 요인 (종속변수)의 집단변수(독립변수)에 대한 회귀분석 결과가 있는데 모두 통계적으로 유의하지 않다. 우선 요인 f_1에 대하여 여자의 잠재평균이 남자보다 0.162만큼 낮은데, 그것이 통계적으로는 유의하지 않다. 역시 요인 f_2에 대해서도 여자의 잠 재평균이 남자보다 0.100만큼 낮은데 통계적 유의성은 없다. 이는 결국 남녀 간에 두 잠재변수의 평균 차이는 없다는 것을 말해 주며, 이것은 앞에서 실시한 다집단 요인분석을 통한 최종 결과와 일치한다. 이 두 가지 분석방법(다집단 요인분석 vs. MIMIC 모형) 부분이 비슷한 결과를 보여 주는 것에 대해서는 아래에서 더욱 자세히 설명한다. 회귀계수의 추정치 다음으로 요인 간의 분산 및 공분산 등으로 보이는 몇 가지를 확인하여 보자. 먼저 F2 WITH F1 부분을 보면 2.396이 마치 두 요인 간의 공분산처럼 보이는데, 사실은 그렇지 않음에 유의하여야 한다. MIMIC 모형에서는 요인들이 더 이상 외생변수가 아니라 공변수에 의해서 설명을 받는 내생변수다. 그러므로 F2 WITH F1은 f_1과 f_2의 공분산이 아니라 설명오차들인 d_1과 d_2의 공분산이 된다. 또한 가장 마지막의 Residual Variances에 나오는 F1 및 F2는 각각 d_1과 d_2의 분산 추정치가 된다. 지표변수의 절편(Intercepts)과 측정오차의 분산(Residual Variances) 부분은 앞에서 여러 번 설명하였으므로 생략한다.

지금까지 MIMIC 모형을 통하여 집단 간 잠재평균의 차이를 확인하였는데, 그렇다면 여러 독자는 다집단 요인분석과 MIMIC 모형에서 공변수가 집단변수인 경우가 완전히 일치하는 모형인지에 의문을 가질 수 있다. 결론부터 말하자면, 다른 목적 없이 잠재평균의 집단 간 비교가 목적이라면 MIMIC 모형을 다집단 요인분석의 대안으로서 사용하는 데 문제될 것은 없다. 다만 몇 가지 신경써야 할 점을 적는다. 일단 MIMIC 모형을 사용하면 다집단 요인분석만큼 자유롭게 모든 경로계수의 동일성을 집단 간에 검정하는 것은 불가능하다. 즉, 세분화된 집단 분석을 하고 싶다면 다집단 요인분석 외에는 방법이 없다. 또한 MIMIC 모형은 다집단 분석으로 치면 모든 모수에 대한 불변성을 확보했다고 가정하는 모형이라고 할 수 있다. 즉, MIMIC 모형은 집단 간에 다른 모수를 허락하지 않는 단집단 분석이므로 모든 사례에 대하여 같은 모수(요인부하, 측정오차의 분산, 절편 등)를 가지는 모형이라고 볼 수 있다. 우리의 결과를 보면, 다집단 분석을 이용한 잠재평균 비교와 MIMIC 모형을 이용한 잠재평균 비교가 유의성 결과는 비슷하지만 남녀 사이의 잠재평균 차이라든가 p-value 등은 어느 정도 차이가 있음을 볼 수 있다. 이는 다집단 분석에서 부분 측정불변성을 허락했기 때문이다. 만약 다집단 요인분석에서 완전한 측정불변성을 확보하였다면 다집단 분석과 MIMIC 모형 분석의 결과는 거의 완전히 일치하게 된다. 경험적으로 보면, 잠재평균의 차이나 p-value가 소수점 둘째 또는 셋째 자리에서 약간 차이가 나는 정도다. 마지막으로 다집단 분석을 사용할 수 없는 경우가 있는데, 이는 하나 또는 여러 개의 집단 내 표본크기가 매우 작을 때다. 일반적으로 다집단 분석에서 모든 집단의 표본크기는 충분히 커야 한다. 이것이 만족되지 않을 때는 단집단 분석인 MIMIC 모형을 사용하는 것이 일반적이다.

8.2. 정규성을 만족하지 못하는 지표변수와 요인모형

지금까지 우리가 다루어 온 요인모형의 지표변수는 연속형이며, 다변량 정규분포를 따른다고 가정하였고 따라서 최대우도 추정 방법을 이용하였다. 다시 밝히지만, 요인모형의 지표변수는 종속변수(dependent variable 또는 outcome variable)다. 그러므로 우리가 다변량 정규분포를 가정하고 최대우도 추정을 사용하는 것은 독립변수는 상관이 없고 종속변수에 대한 것이다. 이러한 일반적인 요인분석모형의 이용과 최대우도 추정에서 가장 중요하고 실질적인 문제 중 하나는 심리학 등의 사회과학 분야에서 생산되는 많은 자료가 연속형이 아니라는 데 있다. 연속형이 가정되지 않는다면 다변량 정규분포 가정은 당연히 만족할 수 없게 된다. 사회과학 분야에서 연속형으로 취급할 수 있는 자료를 사용한 경우가 있기는 하지만, 리커트 척도 등을 이용한 순위형(ordinal 또는 ordered categorical)[64] 척도의 사용

---

64) 서열척도(ordinal scale)의 순위형(ordinal) 변수와 명명척도(nominal scale)의 범주형(categorical) 변수로 구분하기도 하고, 순위형이나 범주형 모두 범주형이라고 하기도 한다. 이런 이유로 선명한 구분을 위해 순위형은 순위범주형(ordered-categorical)이라는 표현을 쓰기도 한다.

이 광범위하게 퍼져 있다. 예를 들어, 우울증의 정도를 여러 문항을 이용해 측정한다고 할 때 각 문항에 대한 반응이 '매우 그렇지 않다, 그렇지 않다, 보통이다, 그렇다, 매우 그렇다' 등의 다섯 가지 선택으로 이루어지는 리커트 5점 척도(4, 6, 7점 등도 가능)는 1932년 Likert가 자신의 박사학위 논문에서 사용한 이래로 사회과학에서 가장 많이 사용되어 온 척도라고 해도 과언은 아닐 것이다. 심지어 사회과학에서 어떤 심리적인 상태에 대해 이분형(dichotomous)[65]인 '그렇지 않다' 또는 '그렇다'로 자료를 수집하는 경우도 적지 않다. 이렇게 처음부터 연속형이 아닌 변수를 수집하는 경우와 더불어, 연속형 변수로 수집하였지만 자료가 정규분포를 따르지 않는 경우도 얼마든지 발생할 수 있다. 어떤 경우든 모두 문제의 소지를 가지고 있다. 이번 섹션에서는 크게 두 가지 문제에 대하여 해결하는 방법이 어떻게 발전되어 왔는지를 다루고자 한다. 하나는 연속형 변수지만 정규분포를 따르지 않는 경우이고, 나머지 하나는 처음부터 순서형(범주형) 변수로서 자료가 수집된 경우다.

8.2.1. 연속형이지만 정규성을 만족하지 않는 자료

지표변수들이 연속형 변수이기는 하지만 왜도나 첨도 등을 확인했을 때 정규성을 만족하지 못하는 경우가 있다. 만약 이를 무시하고 일반적인 최대우도 추정을 했을 때의 문제점은 무엇인지 간단하게 살펴보자. 사실 자료가 다변량 정규성(multivariate normality)을 만족하지 못한 경우에 최대우도 추정을 이용하면 발생할 수 있는 문제점은 상당히 잘 알려져 있다(Curran, West, & Finch, 1996; Muthén, 1989b). 기본적으로 지표변수(사실 구조방정식 모형 안의 모든 내생변수)가 연속형이지만 다변량 정규성을 만족하지 못하는 경우, 실수로 H_0을 기각하는 거짓 유의성(false positive)[66]이 발생하는 것이 일반적이다. 기본적으로 거짓 유의성은 제1종 오류(Type I error 또는 α)를 높이는 문제이고, 이는 두 가지 측면에서 살펴볼 수 있다. 첫째, χ^2 검정통계량을 과대추정(overestimation)하여 모형의 적합도 검정(H_0: 모형이 자료에 부합한다)을 과도하게 기각하게 된다(Muthén & Kaplan, 1985, 1992; Olsson, 1979). 이는 모형이 자료에 부합함에도 불구하고 그것이 아니라고

---

65) 여기서의 이분형은 순위형 중에서 두 개의 범주가 있는 경우로 이해하는 것이 좋다.

66) 효과가 없는 것이 진실임에도 불구하고 통계적으로 유의한 결과를 실수로 주는 것을 false positive 라고 하는데, 긍정오류, 위양성, 거짓양성 등 학문 분야마다 매우 다양하게 번역하여 사용한다. 통계학에서 false positive는 거짓으로 유의한 결과가 나왔음을 말하는 것이기 때문에 여기서는 거짓 유의성이라고 번역하였다.

결론을 내릴 확률을 높이는 문제다. 둘째, 표준오차(standard error)를 과소추정
(underestimation)하여 개별모수치의 검정(예, $H_0 : \beta = 0$ 또는 $H_0 : \lambda = 0$ 등)을
과도하게 기각하게 된다. 이는 유의한 효과가 없음에도 불구하고 효과가 있다고
결론 내릴 확률을 높인다. 둘 중에 어떤 경우든 다변량 정규성을 만족하지 못한 결
과는 간단하게 무시할 수 있는 것이 아니다.

이와 같이 연속형이지만 정규성을 만족하지 않는 자료를 지표변수로 이용하고자
할 때 해결할 수 있는 방법은 여러 가지가 있을 수 있다. 먼저 표준오차를 과소추정
하는 문제에 이용되는 해결책은 일반적인 최대우도 방법을 이용하면서 동시에 수
정된 표준오차를 이용하는 방법이다. 이와 같은 방법을 강건(내강)한 최대우도 추정
(robust maximum likelihood estimation)이라고 하며, M*plus*에서는 MLM 또는
MLR[67])이라는 옵션을 이용하여 강건한 표준오차(robust standard errors)를 추정
한다. 이런 방식의 표준오차 추정 방법은 일반적으로 정보행렬(information matrix)
의 역행렬이 양쪽에서 수식을 감싸고 있는 형태이기 때문에, 그 모양을 본떠서 샌
드위치 표준오차(sandwich-type standard error; Huber, 1967; White, 1980)
추정이라고 말하기도 한다. 통계모형의 추정에서 강건하다(robust)는 표현의 의미
는 모형의 가정(예, 다변량 정규성 또는 독립성 등)이 만족되지 못했을 때도 편향
되지 않은 결과를 준다는 뜻이다. 이렇게 일반적인 ML이 아닌 MLM이나 MLR을 이
용해 요인모형을 추정하면 모형 적합도 검정을 위한 χ^2 값 역시 보정계수(scaling
correction factor)에 의해 수정된다(Satorra, 2000; Satorra & Bentler, 1994,
2001; Yuan & Bentler, 2000). 이는 χ^2 모형 적합도 검정을 과도하게 기각하는
문제를 해결하기 위한 방법이다. 구체적으로 말하면, 보정된 χ^2(scaled χ^2) 값은
일반적인 χ^2(standard χ^2) 값을 보정계수로 나눔으로써 계산된다.

$$\text{scaled } \chi^2 = \frac{\text{standard } \chi^2}{\text{scaling correction factor}} \qquad [식 8.6]$$

이 보정계수는 다변량 첨도(multivariate kurtosis)를 이용해 계산하는데, 관심
있는 독자는 위에서 보인 Satorra, Yuan, Bentler 등의 논문들을 확인하기 바란다.

---

67) MLM이나 MLR은 약자(acronym)라기보다는 M*plus*의 추정 옵션으로 보는 것이 적합하다. 하지
만 MLR의 경우에 강건한 표준오차를 가지는 최대우도(maximum likelihood with robust
standard errors) 추정으로 말하기도 한다.

간단하게 설명하자면, 이 보정계수는 일반적인 χ^2 값이 Satorra와 Bentler(1994, 2001) 등의 방법에 의하여 얼마나 많이 보정되었는지를 보여 주는 지수다. 심각한 비정규성이 존재한다면 다변량 첨도가 큰 값을 보이고, 보정계수 또한 점점 커져서 일반적인 χ^2 값이 보정된 χ^2 값보다 커지게 된다. 이런 이유로 구조방정식 모형을 위한 내생변수들이 다변량 정규성을 따르고 있는가를 확인하기 위해서 MLM이나 MLR을 이용할 수 있다. 만약 이 두 방법을 이용하여 모형을 추정했을 때와 일반적인 ML을 사용했을 때의 χ^2 값이 매우 다르다면 자료가 다변량 정규성을 만족하지 못하고 있다고 말할 수 있다(Byrne, 2012). 이 말은 MLM이나 MLR을 이용한 추정 결과의 보정계수가 매우 클 경우, 역시 자료가 다변량 정규성을 만족하지 못하고 있음을 의미한다고 할 수 있을 것이다. 보정계수가 얼마나 커야 다변량 정규성이 깨진 것으로 보느냐의 문제는 아직 의견일치(consensus)가 없다.

이렇게 보정된 χ^2를 사용하는 이유는 다변량 정규성이 확보되지 않은 상태에서 강건한 최대우도 추정(Mplus에서는 MLM이나 MLR 옵션 등)을 통해 구한 χ^2 검정통계량이 χ^2 분포를 잘 따르지 않으므로, 이것을 χ^2 분포에 더 잘 근사하도록 만들기 위한 것이다. 사실 MLM과 MLR은 상당히 비슷한 추정 방법인데, MLM을 통해 구한 χ^2 검정통계량(Satorra & Bentler, 1994)은 완전자료(complete data)를 가정한 것이고, MLR을 통해 구한 χ^2 검정통계량(Yuan & Bentler, 2000)은 MLM을 기반으로 해서 결측자료를 고려한 경우다. 그러므로 만약 결측치가 없다면 χ^2 값을 계산하는 데 있어서 Yuan과 Bentler(2000)의 MLR 방법은 Satorra와 Bentler(1994)의 MLM 방법과 일치하게 된다. 거의 비슷한 χ^2 값이기는 하지만 MLM에서 나온 χ^2 값은 Satorra-Bentler statistic, MLR에서 나온 χ^2 값은 Yuan-Bentler statistic이라고 나누어 부르기도 한다. 결측치를 제외하고는 같은 방법이라고 볼 수 있기 때문에, 최근에는 결측치가 있든 없든 MLR을 사용하는 것이 더 쉽고 일반적이라고 할 수 있다.

Mplus의 MLM 또는 MLR을 사용하여 보정된 χ^2 값은 χ^2 분포를 더 잘 따르는 장점을 가지고 있는 데 반해, 한 가지 문제는 보정된 χ^2 값들을 이용하여 χ^2 차이 검정을 실시할 수는 없다는 것이다. 이는 서로 위계적으로 내재된 두 모형의 일반적인 χ^2 값들의 차이는 χ^2 분포를 따르지만, 보정된 χ^2 값들의 차이는 χ^2 분포를 따르지 않기 때문이다. Satorra(2000) 및 Satorra와 Bentler(2001)는 이 문제

를 해결하는 방법도 제시하였는데, 역시 보정계수를 이용하는 방법이다. 다행히
필자가 알기로 Satorra와 Bentler의 보정계수는 대부분의 구조방정식 프로그램에
포함되어 있다. Mplus에는 p-value 바로 밑에 또는 로그우도함수 값의 밑에
scaling correction factor라는 이름으로 보정계수를 제공하고 이를 이용해 보정
된 χ^2 차이검정을 실시할 수 있다. 아래의 예를 통해 보정계수를 이용하여 어떻게
χ^2 차이검정을 실시할 수 있는지 더 자세히 살펴보도록 하자. [그림 8.9]에서 위에
있는 (a) 단순한 모형은 [그림 7.6]의 모형을 가져온 것이고, 아래에 있는 (b) 복잡
한 모형은 [그림 3.2]의 모형을 가져온 것이다. 두 모형의 차이는 추가적으로 두 개
의 측정오차 간의 상관($Cov(e_4, e_5)$와 $Cov(e_6, e_9)$)을 추정하였느냐는 것으로서, 서
로 위계적으로 내재된 관계이기 때문에 χ^2 차이검정이 가능하다. 여기서는 두 모
형 모두 MLR을 이용해 추정한 다음, M$plus$가 제공한 보정계수를 이용하여 보정
된 χ^2 차이검정을 실시하는 방법을 보일 것이다.

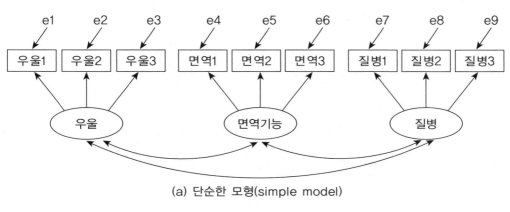

(a) 단순한 모형(simple model)

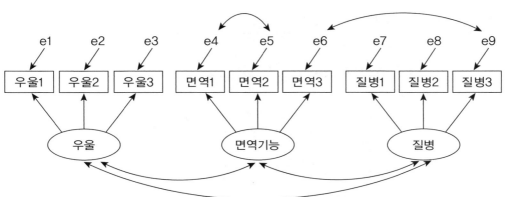

(b) 복잡한 모형(complex model)

📊 [그림 8.9] 보정계수를 이용한 χ^2 차이검정을 위한 두 개의 측정모형

[그림 8.9]의 단순한 모형을 MLR로 추정한 결과가 [결과 8.21]에 있고, 복잡한 모형을 MLR로 추정한 결과는 [결과 8.22]에 있다. 모형의 추정에 MLR 옵션을 이용하기 위해서는 input의 ANALYSIS 커맨드에서 ESTIMATOR=ML;을 ESTIMATOR= MLR;로 바꿔 주기만 하면 된다. 또한 [결과 7.11]의 input에서처럼 두 모형 모두 평균 구조를 이용하지 않는 방식, 즉 절편을 추정하지 않는 방식을 따랐음을 밝힌다.

[결과 8.21] 단순한 모형 – MLR 추정 결과

```
MODEL FIT INFORMATION

Number of Free Parameters                         21

Loglikelihood

        H0 Value                          -5391.458
        H0 Scaling Correction Factor         0.9987
           for MLR
        H1 Value                          -5373.767
        H1 Scaling Correction Factor         0.9956
           for MLR

Chi-Square Test of Model Fit

        Value                                35.607*
        Degrees of Freedom                       33
        P-Value                              0.3466
        Scaling Correction Factor            0.9937
           for MLR

*    The chi-square value for MLM, MLMV, MLR, ULSMV, WLSM and WLSMV
cannot be used for chi-square difference testing in the regular way.
MLM, MLR and WLSM chi-square difference testing is described on the
Mplus website.  MLMV, WLSMV, and ULSMV difference testing is done
using the DIFFTEST option.
```

[결과 8.22] 복잡한 모형 – MLR 추정 결과

```
MODEL FIT INFORMATION

Number of Free Parameters                         23

Loglikelihood

        H0 Value                          -5389.500
        H0 Scaling Correction Factor         0.9958
           for MLR
        H1 Value                          -5373.767
        H1 Scaling Correction Factor         0.9956
           for MLR

Chi-Square Test of Model Fit

        Value                                31.607*
        Degrees of Freedom                       31
```

```
            P-Value                           0.4359
            Scaling Correction Factor         0.9955
```

위의 결과를 보여 줌에 있어서 MLR 추정 결과를 이용한 χ^2 검정에 관련되지 않은 부분은 모두 제거하였다. 제거하였지만 독자들이 알아야 할 것은 추정 방법을 ML에서 MLR로 바꾸면 로그우도함수 값과 AIC, BIC 등의 정보준거를 제외하고 나머지(RMSEA, CFI 등)는 모두 바뀔 수 있다는 것이다. [결과 8.21]의 아랫부분에는 MLR 등의 추정 방법을 이용하였을 때, 제공된 χ^2 값들을 이용하여 χ^2 차이검정을 실시해서는 안 된다는 경고문이 있다. [결과 8.22]에도 같은 경고문이 있었지만 생략하였다. 위계적으로 내재된 두 개의 모형에 대해서 보정된 χ^2 값들을 이용해 χ^2 차이검정을 하는 방식에는 두 가지가 있다. 첫째는 모형의 χ^2 값(χ^2_M)과 그 밑에 있는 자유도(df_M) 및 보정계수(scaling correction factor)를 이용하는 방법이고, 둘째는 로그우도함수 값과 그 밑에 있는 보정계수와 자유모수를 이용하는 방법이다. 먼저 χ^2_M을 이용하는 방법을 [식 8.7]에 보인다. 이것은 보정된 χ^2 차이 (scaled χ^2_D) 값을 계산하는 식이다.

$$\text{scaled } \chi^2_D = \frac{\chi^2_S \times scf_S - \chi^2_C \times scf_C}{\dfrac{df_S \times scf_S - df_C \times scf_C}{df_S - df_C}} \qquad [\text{식 } 8.7]$$

위의 식에서 χ^2_S는 단순한 모형의 χ^2 값, scf_S는 단순한 모형의 보정계수, χ^2_C는 복잡한 모형의 χ^2 값, scf_C는 복잡한 모형의 보정계수, df_S는 단순한 모형의 자유도, df_C는 복잡한 모형의 자유도다. [표 8.10]을 통하여 두 모형의 추정 결과를 정리하고 보정된 χ^2 차이(scaled χ^2_D)를 구하여 χ^2 차이검정을 실시한다.

[표 8.10] 보정된 χ^2 차이검정 – χ^2 이용

	H_0(영가설)	H_1(대립가설)
	단순한(simple) 모형 두 모형의 적합도 간 차이가 없다	복잡한(complex) 모형 두 모형의 적합도 간 차이가 있다
χ^2	$\chi^2_S = 35.607$	$\chi^2_C = 31.607$
df	$df_S = 33$	$df_C = 31$
scf	$scf_S = 0.9937$	$scf_C = 0.9955$

위 표의 정보를 이용해 보정된 χ^2 차이를 구하면 [식 8.8]과 같다.

$$\text{scaled } \chi_D^2 = \frac{35.607 \times 0.9937 - 31.607 \times 0.9955}{\dfrac{33 \times 0.9937 - 31 \times 0.9955}{33 - 31}} = 4.0566 \quad [\text{식 8.8}]$$

이렇게 구한 scaled $\chi_D^2 = 4.0566$, $df_D = 33 - 31 = 2$가 된다. 자유도가 2인 χ^2 분포에서 관찰된 검정통계량이 4.0566이면 $p = 0.1316$이 되고, 유의수준 5%에서 H_0을 기각하는 데 실패한다. 이렇게 되면 두 모형 중에서 더 단순한 모형을 최종 선택하게 된다.

χ^2 값을 이용하는 첫 번째 방법과 더불어, 로그우도함수 값을 이용하여 보정된 χ^2 차이를 구하는 두 번째 방법은 [식 8.9]와 같다.

$$\text{scaled } \chi_D^2 = \frac{-2(ll_S - ll_C)}{\dfrac{t_S \times scf_S - t_C \times scf_C}{t_S - t_C}} \qquad [\text{식 8.9}]$$

위에서 ll_S는 단순한 모형의 H_0 로그우도함수 값, ll_C는 복잡한 모형의 H_0 로그우도함수 값, t_S는 단순한 모형의 자유모수 개수, t_C는 복잡한 모형의 자유모수 개수다. 이와 같이 로그우도함수를 이용하여 χ^2 차이검정을 실시하는 방식을 우도비 검정(likelihood ratio test)이라고 한다. 만약 MLR 등을 사용하지 않아서 보정계수를 사용할 필요가 없는 경우에는 일반적인 우도비 검정을 실시할 수 있다. 이때는 보정된 부분이 모두 사라지게 되어, χ_D^2는 [식 8.10]과 같이 간단하게 계산된다.

$$\chi_D^2 = -2(ll_S - ll_C) \qquad [\text{식 8.10}]$$

위에서 구한 χ_D^2를 검정통계량으로 사용하고, 역시 자유도가 df_D인 χ^2 분포를 이용하여 검정을 실시한다. 지금 우리는 MLR을 이용하여 추정한 output을 이용하고 있으므로 [표 8.11]을 통하여 두 모형의 추정 결과를 다시 정리하고 보정된 χ^2 차이(scaled χ_D^2)를 구하여 χ^2 차이검정을 실시한다.

[표 8.11] 보정된 χ^2 차이검정 – 로그우도함수 이용

	H_0(영가설)	H_1(대립가설)
	단순한(simple) 모형	복잡한(complex) 모형
	두 모형의 적합도 간 차이가 없다	두 모형의 적합도 간 차이가 있다
ll	$ll_S = -5391.458$	$ll_C = -5389.500$
t	$t_S = 21$	$t_C = 23$
scf	$scf_S = 0.9987$	$scf_C = 0.9958$

위 표의 정보를 이용해 보정된 χ^2 차이를 구하면 [식 8.11]과 같다.

$$\text{scaled } \chi_D^2 = \frac{-2(-5391.458 - (-5389.500))}{\dfrac{21 \times 0.9987 - 23 \times 0.9958}{21 - 23}} = 4.0566 \qquad [\text{식 8.11}]$$

첫 번째 방법과 정확히 같은 결과가 나왔으므로 자세한 설명은 생략한다. 그 어떤 방법을 이용하든지 상관은 없으나, 두 방법을 모두 알아야 하는 경우가 있다. 일반적인 모형의 경우에 χ_M^2 값과 로그우도함수 값이 모두 output에 나오지만, 몇몇 모형의 경우(예, 혼합모형)에는 χ_M^2 값이 나오지 않고 오직 로그우도함수 값만 나올 수 있다. Kim, Mun과 Smith(2014)를 보면 바로 이런 경우의 예가 있다.

보정된 χ^2 차이검정을 실시하는 것은 사실 좀 귀찮은 일이기도 한데, 만약 추정 방법이 바로 뒤에서 설명할 WLSMV(mean–and variance–adjusted weighted least squares, 평균 및 분산 조정 가중 최소제곱)라든지 MLMV(최대우도 추정으로, χ^2 값은 평균 및 분산 조정된 값을 보임)를 이용하는 경우에 직접 손으로 계산하지 않고 Mplus의 DIFFTEST 옵션을 이용할 수 있다. 여기에는 새로운 이론이 있는 것이 아니라 단순히 2단계에 의하여 χ^2 차이검정을 실행하는 절차일 뿐이다. Mplus 7의 User Guide(Muthén & Muthén, 1998–2015)의 제13장을 확인하면 DIFFTEST 사용법이 자세하게 제공되므로 우리 책에서 따로 설명하지는 않는다. 필자가 아는 한은 현재 WLSMV와 MLMV에 대해서만 가능하기 때문에 사실 그렇게 큰 유용성은 없다고도 할 수 있다.

지표변수가 연속형이지만 정규분포 가정을 심각하게 만족시키지 않는 경우에 강건한 최대우도 추정을 이용하는 방법 이외에도 부스트래핑 방법을 이용할 수 있다.

앞서 설명한 대로 부스트래핑 방법은 연구자가 가진 표본을 거짓 모집단이라고 가정하고 복원추출로 표집과정을 경험적으로 실시하는 것이다. 이런 이유로 연구자가 가진 표본이 진짜 모집단과 같은 형태의 점수 분포를 가지고 있다는 가정 이외에는 다른 가정이 필요치 않다(Kline, 2011). 지표변수(사실 내생변수)가 연속형이지만 정규분포 가정을 위반하는 경우에 부스트래핑 추정 방법이 최대우도 추정 방법의 대안으로 사용할 수 있는지와 관련해서는 Nevitt과 Hancock(2001)의 시뮬레이션 연구를 참조할 만하다. Nevitt과 Hancock(2001)은 다양한 비정규성 정도 및 표본크기와 250~2,000 사이의 부스트래핑 표본의 개수 등 여러 가지를 고려하여 자료를 생성하고, 일반적인 최대우도 및 부스트래핑 방법을 이용해 모수와 표준오차를 추정하여 어떤 방법이 더 정확한지를 조사하였다. 시뮬레이션 조건마다 조금씩 다른 결과가 나오기는 했지만, 중간정도의 비정규성(왜도 2, 첨도 7) 또는 심각한 비정규성(왜도 3, 첨도 21)이 존재하고 표본크기가 충분히 클 때(모형이 너무 복잡하지 않다는 조건하에 $n = 200$ 이상) 부스트래핑 방법을 이용하는 것이 ML을 이용하는 것보다 더 작은 편향(bias)을 보여 주었다. 부스트래핑 표본의 개수는 250개를 넘어가면 큰 영향을 주지 못하는 것으로 나타나 보통 생각만큼 큰 부스트래핑 표집 횟수를 요구하지는 않았다. 참고로 내생변수의 정규성이 잘 만족되었을 때는 ML이 더 작은 편향을 보여 주었다. 부스트래핑을 이용한 추정 방법은 앞에서 충분히 설명했기 때문에 실제 예는 생략한다.

8.2.2. 이분형 또는 순위형 자료

항상 그런 것은 아니지만, 리커트 척도 등의 범주형 반응(categorical response)을 가지는 순위형 또는 순위범주형(ordinal 또는 ordered-categorical) 문항이나 이분형(dichotomous) 문항이 잠재변수의 측정을 위해 이용될 수 있다. 한 가지 방법은 앞에서도 잠깐 언급했듯이 여러 개의 개별문항을 묶어서 문항묶음(item parcel)을 이용하는 것인데, 이 방법은 크게 복잡하거나 어렵지 않으며 나중에 우리 책에서 자세하게 설명할 것이다. 다른 하나는 순위형 문항을 개별적인 지표변수로 이용하는 방식이다. 다시 말해, 정규성이 만족되지 않는 순위형 문항의 특성을 무시하고 연속형으로 가정하여 모형을 추정하는 것이다. 이런 경우, 일반적으로 연속형이지만 정규성을 만족하지 못하는 지표변수를 이용하는 것처럼 거짓 유의성이 발생하게 된다(Bernstein & Teng, 1989). 하지만 만약 순위형 변수임에도 불구하고 정규분포에 근사하는 형태의 분포를 가지고 있다면 그다지 큰 문제가 아닌 것으로 또한 여러 연구에서 밝혀졌다(Atkinson, 1988; Babakus, Ferguson, & Jöreskog, 1987; Muthén & Kaplan, 1985). Bentler와 Chou(1987)는 순위형 변수의 범주가 네 개 이상이고, 왜도나 첨도를 이용한 분포의 확인 결과 정규성이 어느 정도 만족한다면 순위형 변수를 연속형으로 가정하고 측정모형을 추정하여도 괜찮다고 하였다. Rhemtulla, Brosseau-Liard와 Savalei(2012)의 경우에는 다섯 개 이상의 범주가 있을 때 강건한 최대우도 추정을 사용하는 것이 괜찮다고 추천하였다. Green, Akey, Fleming, Hershberger와 Marquis(1997) 또한 적합도 검정을 위한 χ^2 검정통계량이 이분형 변수에 의해서는 영향을 많이 받지만 세 개 이상의 범주가 있는 경우는 그 영향이 감소한다고 하였다. 결론적으로 범주의 개수가 충분히 많고(아마도 네 개 또는 다섯 개 이상), 변수들의 정규성이 어느 정도 만족된다면 순위형 변수를 연속형으로 가정할 수 있다는 것이 여러 연구의 결과다. 이런 경우는 새로운 모형이 필요하지 않으며, 앞에서 다룬 연속형 지표변수를 가정하는 요인모형을 이용하면 된다. 지금부터 다룰 내용은 순위형 개별문항을 연속형으로 가정하지 않고 순위형 그대로 사용하는 방법에 대한 것이다.

순위형이나 이분형 등의 범주형 지표변수를 사용해 측정모형의 모수를 추정한다는 것은 여러 가지로 어려운 점이 있다. 구조방정식의 틀(SEM framework) 안에서 가장 일반적으로 모형을 추정하는 방식은 관찰된 공분산 행렬 S를 이용하는 최대우도 추정(ML)이다. 이때 전통적인 구조방정식의 추정 방법은 S와 추정된 공분산 행렬 $\hat{\Sigma}$의 차이를 최소화하는 모수 추정치를 구하는 것이다. 이와 같은 ML 추정은 자료가 다변량 정규분포를 따른다는 가정하에만 여러 좋은 추정치로서의 특성(예, 불편향성, 효율성, 일관성 등)을 가지게 된다. 하지만 범주형 지표변수를 이용하는 한은 자료의 다변량 정규성을 논한다는 것이 근본적으로 적절하지 않다. 또한 측정모형에서 범주형 지표변수(종속변수)와 연속형 잠재변수(독립변수) 사이에 비선형 관계(nonlinear relationship)가 생긴다. 사실 더 정확히 말하자면, 종속변수와 독립변수의 계수(모수)가 비선형 관계를 갖는 것이다. 편의상 많은 사람이 종속변수와 독립변수의 비선형 관계라는 표현을 사용하기도 하며 우리 책에서도 그와 같은 표현을 사용한다.

종속변수와 독립변수 사이의 선형관계를 보여 주는 대표적인 모형이 바로 회귀분석 모형이다. 이는 독립변수와 종속변수가 모두 연속형이라는 가정 아래서 모형의 모수인 회귀계수(β)와 종속변수(y)의 관계가 선형임을 의미한다. 만약 종속변수가 범주형이 되면 회귀계수와 종속변수 사이에 더 이상 선형관계가 성립하지 않고 비선형 관계가 성립하게 된다. 가장 대표적인 비선형 모형이 종속변수가 이분형인 로지스틱(logistic) 또는 프로빗(probit) 회귀모형이다. 이렇게 되면 추정을 위해 연결함수(link function)를 이용하는데, 이 함수가 종속변수 부분과 회귀계수 부분의 관계를 선형으로 만들어 준다. 이러한 모형을 일반화 선형모형(generalized linear model)이라고 한다. 대표적인 일반화 선형모형인 로지스틱 회귀모형은 사실 종속변수(이분형)가 더 이상 y가 아닌 p(0과 1 두 개의 반응 중 1일 확률)가 된다. p와 독립변수 x의 관계를 비선형적인 로지스틱 연결함수를 이용해 선형으로 모형화한다. 이렇게 되면 로짓($logit(p)$)과 x의 계수 β는 선형관계를 가지게 된다. 즉, 선형이 아닌 관계를 선형으로 만들어 주는 모형이므로 이를 일반화 선형모형이라고 하는 것이다. 참고로 로지스틱 회귀모형에서는 y가 아닌 p를 모형화하기 때문에 오차항이 없다. 어쨌든 지표변수가 범주형이어서 지표변수(종속변수)와 잠재변수(독립변수)의 관계가 비선형이 되면 지표변수의 공분산 행렬 S가 더 이상 모집단 공분산 행렬 Σ의 일관된 추정치(consistent estimate)가 아니라는 뜻이 된다(Edwards, Wirth, Houts, & Xi, 2012). 즉, 표본크기가 아무리 커져도 표본의 공분산 행렬 S가 모집단의 공분산 행렬 Σ에 점근적으로 다가가지 못한다. 결국 S를 이용해 모형을 설정하고 분석하는 것이 옳지 않게 되는 것이다.

이 문제를 해결하기 위해서는 비선형 관계를 어떤 방식으로든 이론을 통해 설명하는 것이 필요하다. 많은 방법이 존재하는데 아마도 크게 두 가지로 나눌 수 있을 것이다. 하나는 제한정보(limited-information) 추정 방법을 이용하는 것이고, 다른 하나는 완전정보(full-information) 추정 방법을 이용하는 것이다. 여기서 독자의 이해를 돕기 위해 구조방정식에서 이 둘을 간단하게 구분하고자 한다. 범주형 지표변수가 있는 경우에 제한정보 추정법을 적용한다는 것은 자료의 요약치를 이용하는 전통적인 공분산 구조분석의 추정법을 확장한 것으로 볼 수 있다. 이는 사분상관(tetrachoric correlation)이나 다분상관(polychoric correlation) 등 자료의 요약치를 사용하는 방법이다. 이에 반해 완전정보 추정법을 적용한다는 것은 문항반응이론(item response theory, IRT) 모형이나 일반화 요인분석(generalized factor analysis) 모형처럼 자료의 개별적인 반응값을 모두 이용하는 방법이다. 이때 일반화(generalized)란 바로 앞에서 설명한 로지스틱 회귀분석에서의 일반화와 동일한 맥락에서 사용된 것이다.

제한정보 추정

두 가지 방법 모두 활발하게 사용되고 있다고 할 수 있는데, 그중에 제한정보를 이용한 추정 방법을 먼저 살펴본다. 여러 비판이 있으며(Bentler, 2005; Byrne, 2012) 유일하다고 할 수는 없겠지만, 구조방정식에서 상당히 많이 사용한다고 볼 수 있는 방법은 아마도 잠재반응(latent response; Muthén, 1984)[68]의 개념을 이용하는 것이다. 잠재반응의 개념을 이용하는 방식이 받는 가장 큰 비판이라고 한다면 아마도 상당히 큰 표본을 요구한다는 것인데, 이는 나중에 여러 조정된 방법을 사용함으로써 어느 정도 해결되었다. 이 방법은 공분산 행렬을 이용하는 전통적인 CFA 모형의 추정 방법을 응용하는 것으로서, 이분형 또는 순위형 자료의 특성을 반영하기 위해 원래의 모형에 개념적이고 통계적인 수정을 더한 방식이다(Bovaird & Koziol, 2012). 이 이론에서는 [그림 8.10]처럼 겉으로 드러난 범주형 반응변수 y(예, y는 1, 2, 3)의 기저에 연속선(continuum) 또는 실선(real line)의 연속형 반응변수 y^*가 있다고 가정한다. 이러한 y^*를 잠재반응변수(latent response variable)라고 한다.

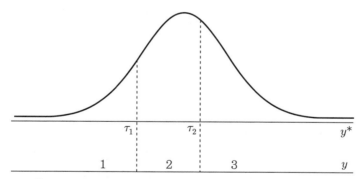

[그림 8.10] 범주형 반응변수 y와 잠재반응변수 y^*의 관계

위의 그림에서 연속형 반응변수 y^*의 분포는 특별히 다른 이유가 없는 한 표준정규분포(z 분포)라고 가정하는 것이 일반적이다. 범주형(특히 0/1 코딩된 더미[dummy]) 변수의 기저에 정규분포가 있다는 가정은 Bock과 Lieberman(1970), Christofferson(1975) 및 Muthén(1978) 등 이전 연구에서도 모두 공유하는 개념이다. 그리고 사실 위의 예에서 표준화된 잠재반응변수는 가정이라기보다는 모형

---

68) Muthén(1984)의 논문은 범주형 변수를 다루는 방법뿐만 아니라 모형 안에 연속형과 범주형(이분형 및 다분형) 변수가 함께 있는 경우에 모형을 추정하는 방법을 설명하였다.

의 판별을 위한 조건이다(Millsap & Yun-Tein, 2004). 그림의 중간에 보이는 τ_1 (tau)과 τ_2는 자료에 의해서 결정되는 y^* 값으로서 경계(threshold)라고 부르고 [식 8.12]와 같이 결정된다.

$$y = \begin{cases} 1, & \text{if } y^* \leq \tau_1 \\ 2, & \text{if } \tau_1 < y^* \leq \tau_2 \\ 3, & \text{if } \tau_2 < y^* \end{cases} \qquad \text{[식 8.12]}$$

[식 8.12]의 내용은 Kline(2011)이나 Edwards, Wirth, Houts와 Xi(2012) 등에 의하여 CVM(continuous/categorical variable modeling) 또는 Bollen과 Curran (2006) 등에 의하여 ATM(auxiliary threshold model)으로 불리기도 한다. 그리고 [식 8.12]는 순위형 관찰변수가 오직 1, 2, 3의 세 가지 반응만 있을 때를 보여 주고 있으나, 더 많은 수의 범주(예, 다섯 개)가 있다고 해도 단순 확장을 통해 표현할 수 있다. 또한 한 가지 반응을 지워서 단 두 개의 범주만 있는 이분형의 경우를 보여 줄 수도 있다. 그리고 범주의 반응이 1, 2, 3이 아니고 0, 1, 2여도 수학적인 차이는 없다. 편의상 1, 2, 3 세 개의 범주가 있는 경우를 상정하였다. 일반적으로 CVM을 설명할 때, 임의로 C개의 범주가 있는 경우를 상정해서 모형을 표시하는데, 독자들이 더 쉽고 직관적으로 이해할 수 있도록 세 개의 범주가 있는 경우를 고려하였다.

[그림 8.10]과 [식 8.12]를 연결해 보면, 보이지 않는 잠재반응변수 y^*가 어떤 경계 τ_1을 넘지 않을 때는 관찰된 범주형 변수 y가 1이 되며, y^*가 τ_1을 넘어서고 τ_2를 넘지 않을 때는 y가 2가 되고, y^*가 τ_2를 넘어서게 되면 y가 3이 된다는 것을 의미한다. 다음의 구체적인 예를 통하여 위 모형의 의미를 살펴보자. 예를 들어, '현재 행복한가?'라는 문항에 대하여 세 개의 옵션(1=아니다, 2=보통이다, 3=그렇다)으로 사람들의 반응을 수집한다고 가정한다. 하지만 심리적으로 위 질문에 반응하는 사람의 마음은 '아니다, 보통이다, 그렇다'라는 단 세 개로 선명하게 구분되는 것이 아니다. 행복의 정도(사람의 마음 또는 정신)는 매우 행복하지 않은 상태부터 매우 행복한 상태까지 하나의 연속선(continuum)이라고 볼 수 있다. 하지만 이 문항이 가진 옵션은 단지 세 개뿐이므로, 이 문항에 반응하는 사람의 마음이 행복하지 않다면 1(아니다)이라는 반응을 보일 것이다. 만약 행복의 정도라는 연속선상에서 반응하는 사람의 마음이 완전히 불행하지 않고 어느 경계(τ_1)를 지나서 행복한지 불행한지 정확히 판단이 서지 않은 상태로 넘어가면 2(보통이다)라는 반응을 보일 것이다. 또한 반응하는 사람의 마음이 질문에 대해 긍정적인 상태로 어

느 경계(τ_2)를 지나가면 3(그렇다)이라고 문항에 반응할 것이다.

위에서 설명한 CVM을 이용하면 범주형 지표변수(y)와 연속형 잠재변수(f) 사이에 생기는 비선형 관계가 범주형 지표변수의 기저에 있는 연속형 잠재반응변수(y^*)와 연속형 잠재변수(f) 사이의 선형관계로 대체된다. 다시 말해, y와 f 사이의 측정모형은 서로의 비선형 관계 때문에 더 이상 이용하지 않고, y^*와 f 사이에 측정모형을 설정하는 것이다. 지표변수(y^*)와 잠재변수(f)가 모두 연속형이므로 둘 사이에 선형성이 가정되며, 이제 우리가 알고 있는 일반적인 요인모형이 [식 8.13]과 같이 성립한다.

$$
\begin{aligned}
y_1^* &= (\mu_1) + \lambda_{11}f_1 + \lambda_{12}f_2 + \cdots + \lambda_{1m}f_m + e_1 \\
y_2^* &= (\mu_2) + \lambda_{21}f_1 + \lambda_{22}f_2 + \cdots + \lambda_{2m}f_m + e_2 \\
&\vdots \\
y_p^* &= (\mu_p) + \lambda_{p1}f_1 + \lambda_{p2}f_2 + \cdots + \lambda_{pm}f_m + e_p
\end{aligned}
\qquad \text{[식 8.13]}
$$

이렇게 CVM을 이용하게 되면, y_1, y_2, ..., y_p 사이에 형성되는 공분산 행렬 S를 이용하여 모형을 추정하는 것이 아니고 잠재반응변수 y_1^*, y_2^*, ..., y_p^* 사이에 형성되는 공분산 행렬 S^*를 이용해 측정모형의 모수를 추정한다. 이때 만약 원래의 범주형 변수 y_1, y_2, ..., y_p 등이 이분형(dichotomous)이라면 잠재반응변수 y_1^*, y_2^*, ..., y_p^* 사이에 계산된 상관을 사분상관(tetrachoric correlation)이라고 하고, y_1, y_2, ..., y_p 등이 다분형(polytomous)이라면 y_1^*, y_2^*, ..., y_p^* 사이에 계산된 상관을 다분상관(polychoric correlation)이라고 한다. 이러한 사분상관이나 다분상관의 추정은 앞에서 설명한 경계(τ)의 추정과 밀접한 관련이 있다. 이 추정의 수리적인 과정을 전개하는 것은 이 책의 목적에 맞지 않으며, 관심 있는 독자는 Muthén(1984)이나 Olsson(1979)을 참조하기 바란다. 이와 같은 식으로 관찰된 범주형 관찰변수 사이의 사분상관이나 다분상관을 추정하고 그것들을 이용해 요인모형을 추정하는 방식은 범주형 요인분석(categorical factor analysis) 모형 또는 범주형 CFA 모형이라고 불리기도 한다.

관찰변수 y_1, y_2, ..., y_p 대신에 잠재반응변수 y_1^*, y_2^*, ..., y_p^*가 지표변수가 되는 범주형 CFA는 바로 잠재반응변수가 종속변수로 이용되는 점 때문에 추정 과정이 상당히 부담이 된다. 사분상관 또는 다분상관에 기반한 자료행렬을 이용하는 요인모형을 추정하는 방법으로는 가중 최소제곱(weighted least squares, WLS)

방법을 이용하는 것이 일반적이며, 이는 Browne(1982, 1984)의 점근적 분포 무관 (asymptotic distribution free, ADF) 추정량과 밀접한 관련이 있다. Muthén(1984) 은 앞에서 설명한 CVM 모형을 통하여 Browne(1982, 1984)의 ADF 방법을 일반화 해서 연속형, 이분형, 순위형 등을 모두 한꺼번에 추정할 수 있는 방법을 제안하였다. 이 WLS 방법은 이분형이나 순위형 자료의 비정규성을 해결하는 데 큰 기여를 했지 만, 동시에 여러 면에서 비판받았다(Bovaird & Koziol, 2012). 첫째, 모형이 복잡 해짐에 따라 가중치 행렬 W가 매우 복잡해지고 불안정해지는 문제가 있다(Benlter, 1995). 둘째, W의 안정적인 추정을 위해서는 매우 큰 표본크기를 요구한다(Muthén & Kaplan, 1992). 셋째, χ^2 검정통계량이 과대추정되고 개별 추정치의 표준오차가 과소추정되는 거짓 유의성 문제가 여기서도 발생한다(Dolan, 1994).

이런 이유로 W 행렬 전체가 아닌 W의 대각요소들만 사용하는 대각 가중 최소 제곱(diagonally weighted least squares, DWLS)이 Christofferson(1975) 등을 포함한 여러 연구자에 의해 제안되었다(Edwards, Wirth, Houts, & Xi, 2012). 이 강건한 WLS 추정 방법(DWLS)은 Muthén, du Toit와 Spisic(1997)[69]에 의하여 평균 조정 가중 최소제곱(mean-adjusted weighted least squares, WLSM) 방법 으로 불리기도 한다. 또한 Muthén, du Toit와 Spisic(1997)은 평균 및 분산 조정 가중 최소제곱(mean-and variance-adjusted weighted least squares, WLSMV) 방법을 제안하기도 하였다. M*plus*에는 이 두 가지 강건한 WLS 방법이 ANALYSYS 커맨드에서 각각 ESTIMATOR=WLSM; 및 ESTIMATOR=WLSMV;라는 옵션으 로 사용될 수 있다. 범주형 CFA를 추정하는 경우, M*plus*의 디폴트는 WLSMV 방 식이다. 이 방법은 표본만 충분히 크다면 다양한 종류의 범주형 변수에 상당히 강 건한 것으로 알려져 있다(Muthén & Kaplan, 1985, 1992). Brown(2006)은 자신 의 책에서 범주형 CFA 모형을 추정하는 방법 중에 WLSMV 방식이 가장 좋다고 주 장하기도 하였다. 하지만 자료의 요약치를 이용하는 제한정보 추정의 방법 특성상 결측치가 있는 경우에 Listwise deletion 방법이 자동적으로 적용된다. 이는 필연적 으로 표본크기의 감소를 불러올 것이다. 결국 결측치가 많은 자료를 이용할 때는 WLSMV 등의 제한정보 추정 방법이 그다지 좋지 않은 선택이 될 수도 있다.

---

69) 참고로 이 논문은 Psychometrika에 의해서 조건부 게재 허가를 받았으나, 무슨 이유에서인지 수 정 후 다시 제출되지 않았다.

이제 실제 범주형 자료를 이용해 범주형 CFA를 추정해 본다. 독자의 이해를 돕기 위하여 가장 단순한 형태의 순위범주형 자료인 이분형(dichotomous) 변수 여섯 개를 이용해 2요인 모형을 추정한다. 이분형 변수 y_1, y_2, y_3는 사람의 행복 정도를 물어보는 질문 세 가지이며, 각각 부정적으로 답하면 0, 긍정적으로 답하면 1로 코딩되어 있다. 그리고 이분형 변수 y_4, y_5, y_6는 자기효능감(self-efficacy)을 측정하는 문항이며 효능감 질문에 대해 부정적으로 답하면 0, 긍정적으로 답하면 1로 코딩되었다. 자료의 일부가 [그림 8.11]에 제공된다($n = 247$).

	y1	y2	y3	y4	y5	y6
1	.00	.00	.00	.00	.00	.00
2	1.00	1.00	1.00	1.00	1.00	1.00
3	.00	1.00	1.00	.00	.00	.00
4	1.00	.00	.00	.00	.00	.00
5	1.00	1.00	1.00	1.00	1.00	1.00
6	.00	.00	.00	.00	.00	.00
7	.00	.00	1.00	.00	1.00	1.00

[그림 8.11] 행복 및 효능감 이분형 자료

위의 SPSS 자료를 고정아스키(fixed ASCII) 포맷의 자료파일로 저장하고, 이름을 categoricalCFA.dat라고 하였다. 범주형 CFA 모형, 즉 여섯 개의 범주형 지표변수를 이용한 2요인 모형의 추정을 위한 M*plus* input이 [결과 8.23]에 있다.

[결과 8.23] 행복 및 효능감 요인모형 – input

```
TITLE: A CFA with categorical factor indicators

DATA: FILE IS categoricalCFA.dat;
      FORMAT IS 6f6.2;

VARIABLE: NAMES ARE y1-y6;
          CATEGORICAL ARE y1-y6;

ANALYSIS: ESTIMATOR = WLSMV;

MODEL: HAPPY BY y1-y3;
       EFFICACY BY y4-y6;

       HAPPY EFFICACY;
       HAPPY WITH EFFICACY;

       [y1$1 y2$1 y3$1 y4$1 y5$1 y6$1];
```

위에서 VARIABLE 커맨드를 보면 $y_1 sim y_6$를 범주형 변수로 취급하겠다는 명령어인 CATEGORICAL ARE y1-y6;가 있다. 만약 이 부분이 없다면 이분형 변수인 $y_1 sim y_6$를 연속형이라고 설정하는 것과 마찬가지가 된다. ANALYSIS 커맨드에는 추정 방법을 WLSMV로 지정해 주는 옵션(ESTIMATOR=WLSMV;)을 넣었는데, 사실 M*plus*에서 지표변수에 대해 CATEGORICAL 옵션을 이용하면 추정량(estimator)은 WLSMV가 디폴트다. MODEL 커맨드 부분은 CFA 모형을 추정하는 명령어로서 앞의 여러 예제와 다르지 않다. BY 옵션 부분 두 줄은 HAPPY와 EFFICACY 요인을 측정하는 명령어이고, HAPPY EFFICACY;는 각 요인의 분산을 추정하는 명령어이며, HAPPY WITH EFFICACY;는 두 요인의 공분산을 추정하는 명령어다.

마지막 줄에 있는 [y1$1 y2$1 y3$1 y4$1 y5$1 y6$1]; 부분은 처음 보는 것이다. $1은 M*plus* 명령문에서 첫 번째 경계(threshold) τ_1을 가리킨다. 만약 범주형 변수가 세 개의 범주를 갖고 있으면 첫 번째 경계는 $1, 두 번째 경계는 $2가 된다. 즉, y_1의 첫 번째와 두 번째 경계는 M*plus*에서 y1$1과 y1$2로 표현된다. 그러므로 y1$1은 첫 번째 이분형 지표변수의 첫 번째 경계(즉, y_1의 τ_1)를 의미하게 된다. 마찬가지로 y2$1부터 y6$1까지의 명령어는 모두 나머지 지표변수의 첫 번째 경계를 가리킨다. 여섯 개의 이분형 지표변수 모두 단 두 개의 범주만 가지고 있으므로, 경계 역시 한 범주와 나머지 한 범주를 나누는 각 하나씩만 존재한다. 그리고 경계라는 것은 기본적으로 그 의미가 절편(intercept), 즉 평균과 다르지 않기 때문에 반드시 [ ] 안에 넣어 주어야 한다. 사실 [y1$1 y2$1 y3$1 y4$1 y5$1 y6$1];는 M*plus*의 디폴트이기 때문에 설정하지 않아도 상관은 없으나, input을 선명하게 설명하기 위하여 넣어 주었다. 다음으로는 위의 input을 실행하여 나온 결과 중 각 이분형 변수의 비율을 보여 주는 기술통계량 부분이 [결과 8.24]에 있다.

[결과 8.24] 행복 및 효능감 요인모형 – 지표변수 범주의 비율

```
UNIVARIATE PROPORTIONS AND COUNTS FOR CATEGORICAL VARIABLES

   Y1
     Category 1      0.478        118.000
     Category 2      0.522        129.000
   Y2
     Category 1      0.462        114.000
     Category 2      0.538        133.000
   Y3
     Category 1      0.429        106.000
     Category 2      0.571        141.000
```

```
    Y4
      Category 1       0.555         137.000
      Category 2       0.445         110.000
    Y5
      Category 1       0.567         140.000
      Category 2       0.433         107.000
    Y6
      Category 1       0.530         131.000
      Category 2       0.470         116.000
```

　　일단 위에서 Category 1은 0을 의미하고, Category 2는 1을 의미한다. M*plus*
에서 범주의 순서는 숫자 크기의 순서와 같다. 다시 말해, 우리 자료의 모든 이
분형 변수는 0과 1로 코딩되어 있으므로 Category 1은 더 작은 숫자인 0이 되고
Category 2는 더 큰 숫자인 1이 되는 것이다. 위의 결과는 각 변수에서 0과 1이 각
각 어느 비율로 이루어져 있는지를 보여 준다. 예를 들어, 결과의 가장 첫 번째 줄
은 y_1 변수의 0 범주가 47.8%이고, 이는 247명 중 118명이 0으로 답했다는 것을
의미한다. 위의 결과는 Muthén(1984)의 이론대로 경계와 밀접한 관련이 있기 때
문에 아래에서 다시 설명할 것이다. 다음 [결과 8.25]에서 보여 주는 것은 범주형
요인모형의 적합도다.

[결과 8.25] 　행복 및 효능감 요인모형 – 모형의 적합도

```
MODEL FIT INFORMATION

Number of Free Parameters                      13

Chi-Square Test of Model Fit

        Value                          6.295*
        Degrees of Freedom             8
        P-Value                        0.6143

*    The chi-square value for MLM, MLMV, MLR, ULSMV, WLSM and WLSMV
cannot be used for chi-square difference testing in the regular way.
MLM, MLR and WLSM chi-square difference testing is described on the
Mplus website.  MLMV, WLSMV, and ULSMV difference testing is done using
the DIFFTEST option.

RMSEA (Root Mean Square Error Of Approximation)

        Estimate                       0.000
        90 Percent C.I.                0.000    0.063
        Probability RMSEA <= .05       0.887

CFI/TLI
```

```
          CFI                               1.000
          TLI                               1.002

Chi-Square Test of Model Fit for the Baseline Model

          Value                          1669.345
          Degrees of Freedom                   15
          P-Value                          0.0000

WRMR (Weighted Root Mean Square Residual)

          Value                             0.369
```

지표변수가 범주형이어도 χ^2 모형 적합도 검정이나 RMSEA, CFI 등은 앞서 사용했던 가이드라인을 이용해 해석하면 큰 문제가 되지 않는다. 동시에 범주형 지표변수나 종속변수가 구조방정식 모형에서 이용된 경우에는 χ^2 검정을 하지 않아야 한다는 주장도 있다(Bovaird & Koziol, 2012). 앞의 연속형 요인모형의 적합도 결과와 다른 점 하나는 SRMR이 없고 WRMR(weighted root mean square residual; Muthén & Muthén, 1998-2015)이 있다는 것이다. WRMR은 SRMR처럼 또 다른 RMR의 변종이며, 범주형 요인분석모형을 추정하였을 때 보여 주는 적합도 지수다. [식 8.14]에 공식이 제공된다.

$$WRMR = \sqrt{\sum_{i=1}^{p}\sum_{j=1}^{i}\frac{\left[\dfrac{r_{ij}}{\sqrt{v_{ij}}}\right]^2}{\dfrac{1}{2}p(p+1)}} \qquad \text{[식 8.14]}$$

위에서 v_{ij}는 공분산 행렬 S의 i번째 행, j번째 열의 공분산인 s_{ij}의 점근적 분산 추정치(asymptotic variance estimate)다. WRMR에 대해서는 아직 어떤 의견일치가 없으며, 사실 WRMR을 이용해야 하는지 아닌지에 대한 의견도 확실히는 없다. Yu(2002)는 WRMR이 대략 1.0 이하여야 한다고 가이드라인을 주었지만, 2015년 현재 M*plus* 연구소의 Linda Muthén은 WRMR은 실험 중인 통계치이기 때문에 무시하라고 충고하고 있다. 필자 역시 제대로 된 의견일치가 없는 상태에서 무시해도 좋은 부분이라고 조심스럽게 제안한다. 하지만 관심 있는 독자라면 Yu(2002)와 Hsu(2009)의 박사논문을 읽어 볼 가치가 있다. 현재까지 둘 다 학회지 출판은 이루어지지 않은 것으로 알려져 있지만, 아마도 WRMR에 대한 몇 안 되는 시뮬레이션 연구일 것이다. 마지막으로 개별모수의 추정치가 [결과 8.26]에 있다.

[결과 8.26] 행복 및 효능감 요인모형 – 개별모수 추정치

```
MODEL RESULTS

                                                      Two-Tailed
                    Estimate     S.E.    Est./S.E.    P-Value

 HAPPY      BY
   Y1               1.000        0.000    999.000     999.000
   Y2               1.091        0.061     17.951       0.000
   Y3               1.096        0.060     18.178       0.000

 EFFICACY BY
   Y4               1.000        0.000    999.000     999.000
   Y5               1.103        0.068     16.205       0.000
   Y6               1.056        0.063     16.679       0.000

 HAPPY      WITH
   EFFICACY        -0.007        0.067     -0.106       0.915

 Thresholds
   Y1$1            -0.056        0.080     -0.700       0.484
   Y2$1            -0.097        0.080     -1.209       0.227
   Y3$1            -0.179        0.080     -2.226       0.026
   Y4$1             0.137        0.080      1.717       0.086
   Y5$1             0.168        0.080      2.099       0.036
   Y6$1             0.076        0.080      0.954       0.340

 Variances
   HAPPY            0.751        0.068     11.032       0.000
   EFFICACY         0.746        0.071     10.571       0.000


R-SQUARE

   Observed                     Residual
   Variable        Estimate     Variance

   Y1               0.751        0.249
   Y2               0.894        0.106
   Y3               0.903        0.097
   Y4               0.746        0.254
   Y5               0.907        0.093
   Y6               0.833        0.167
```

평균 및 분산 조정 가중 최소제곱(WLSMV) 등의 제한정보 추정법을 사용한 경우에 요인부하에 대한 해석은 일반적인 요인모형의 해석과 다르지 않다(Edwards, Wirth, Houts, & Xi, 2012). 즉, 요인부하는 범주형 지표변수와 요인 사이의 관계의 강도를 말해 준다. 다만 이 관계는 관찰된 범주형 지표변수가 아니라 보이지 않는 연속형 지표변수(잠재반응변수)와 요인의 관계라고 해야 더욱 정확한 표현이 될 것이다. 이는 범주형 지표변수와 요인의 간접적인 관계의 강도라고 할 수도 있다. 두 요인의 분산 및 공분산도 제시되어 있으며, 역시 해석은 일반적인 요인의 분산 및 공분산과 다르지 않다. 즉, 행복과 효능감의 공분산 추정치는 -0.007이고 $p = 0.915$로서 통계적으로 유의한 상관이 존재하지 않는다.

위에 있는 여섯 개의 경계 추정치(threshold estimates)는 Muthén(1984)의 CVM 모형에 있는 여섯 개의 τ_1(y_1의 τ_1, y_2의 τ_1, ..., y_6의 τ_1)[70]을 행복 및 효능감 자료를 이용해 추정한 것이다. 예를 들어, 첫 번째 경계 추정치 -0.056은 247명의 피험자가 보여 주는 y_1의 0/1 비율과 밀접한 관련이 있으며, 두 번째 경계 추정치 -0.097은 y_2의 0/1 비율과 관련이 있고, 차례대로 마지막 경계 추정치 0.076은 y_6의 0/1 비율과 관련이 있다. Muthén(1984)의 CVM 모형에서 y_1의 τ_1 추정치와 y_1의 0/1 비율의 관계를 설명하고자 [그림 8.12]에 각각의 숫자를 표시하였다. 독자들이 잘 이해하리라 생각하지만, 걱정스러운 마음에 한 가지를 덧붙인다. 앞에서 CVM 을 한 명의 피험자가 '현재 행복한가?'라는 질문에 답하는 모형으로 설명하였다면, 지금 범주형 요인모형을 통해 구한 경계 추정치들과 [그림 8.12]의 설명은 자료 전체를 기반으로 하여 추정한 것이다.

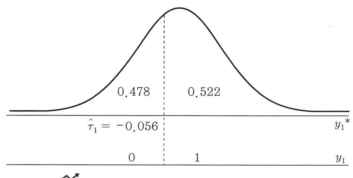

[그림 8.12] y_1의 경계 추정치와 0/1 비율

위의 그림에서 볼 수 있듯이, y_1의 경계 추정치 -0.056은 y_1^* 분포(z 분포)에서 범주형 지표변수 y_1이 가진 0의 누적비율인 47.8%에 해당하는 y_1^* 값(z 값)이다. 이와 같은 경계 추정치와 y_1의 0/1 비율 간의 선명한 관계는 지표변수(종속변수)를 설명하는 독립변수가 요인밖에 없는 상황에서 성립한다. 만약 종속변수가 지표변수가 아닌 상황에서는 조금 더 복잡한 계산이 필요할 수 있다. 예를 들어, 결과변수(distal/proximal outcome)가 이분형이고 독립변수로서 요인 및 공변수가 있을 때는 요인과 공변수의 결과변수에 대한 회귀계수, 요인과 공변수의 평균 등 다른 요소를 고려하여 계산해야 한다. [결과 8.26]의 마지막에 R^2와 오차의 분산

---

70) 가장 쉬운 모형을 이용해 설명하고자 이분형 자료를 사용하였기 때문에 τ_2나 τ_3 등이 없다.

이 제공되어 있는데, 이것 역시 지표변수가 잠재반응변수인 경우를 상정하여 계산된 것이다. 즉, 지표변수가 y가 아닌 y^*인 상황이다. 여기서의 R^2에 대한 해석은 일반적인 해석과 다르지 않다. 즉, 독립변수인 요인에 의하여 설명된 y^*의 분산의 비율이 된다. 그러므로 잔차분산(residual variance)은 상응하는 요인에 의해 설명되지 않은 y^*의 분산의 비율이 된다. y^*는 표준점수를 가정하는 것이 일반적이므로 R^2와 잔차분산을 더하면 1이 된다.

위에서 이분형 문항의 경우를 살펴보았는데, 다분형(polytomous)의 경우도 보기로 하자. 다분형이 된다고 해서 달라지는 것은 거의 없으며, 다만 앞에서 설명한대로 범주의 개수에서 1을 뺀 만큼의 경계(threshold) 모수가 생기게 될 뿐이다. 행복과 효능감 지표변수들에 대하여 이분형(0/1)이 아닌, 다분형(0/1/2)으로 코딩된 자료를 통하여 범주형 요인모형을 추정해 본다. 자료는 임의로 생성한 것이며, [그림 8.13]에 그 일부가 나타나 있다($n=250$).

	y1	y2	y3	y4	y5	y6
1	.00	2.00	.00	.00	.00	.00
2	1.00	1.00	1.00	1.00	2.00	2.00
3	1.00	1.00	2.00	1.00	2.00	2.00
4	.00	1.00	1.00	2.00	.00	.00
5	2.00	.00	.00	.00	.00	.00
6	.00	.00	.00	2.00	1.00	.00
7	1.00	1.00	1.00	2.00	1.00	1.00

[그림 8.13] 행복 및 효능감 다분형 자료

SPSS를 통하여 위의 파일을 고정아스키 파일로 저장하였고, 자료파일의 이름을 polytomousCFA.dat라고 하였다. 제한정보 추정을 위한 input이 [결과 8.27]에 있다. 자료파일의 이름이 바뀌고 각 지표변수에 대한 두 번째 경계(τ_2)를 추정하기 위해 지표변수에 $2를 더했다는 것을 제외하고는 차이가 없다.

[결과 8.27] 행복 및 효능감 요인모형 – input

```
TITLE: A CFA with categorical factor indicators

DATA: FILE IS polytomousCFA.dat;
      FORMAT IS 6f6.2;
```

```
VARIABLE: NAMES ARE y1-y6;
          CATEGORICAL ARE y1-y6;

ANALYSIS: ESTIMATOR = WLSMV;

MODEL: HAPPY BY y1-y3;
       EFFICACY BY y4-y6;

       HAPPY EFFICACY;
       HAPPY WITH EFFICACY;

       [y1$1 y2$1 y3$1 y4$1 y5$1 y6$1];
       [y1$2 y2$2 y3$2 y4$2 y5$2 y6$2];
```

MODEL 커맨드에서 각 지표변수마다 두 번째 경계를 추정하라는 명령어 [y1$2 y2$2 y3$2 y4$2 y5$2 y6$2];가 추가되었다. 다음으로는 각 다분형 변수의 비율을 보여 주는 기술통계량 부분이 [결과 8.28]에 있다.

[결과 8.28] 행복 및 효능감 요인모형 – 지표변수 범주의 비율

```
UNIVARIATE PROPORTIONS AND COUNTS FOR CATEGORICAL VARIABLES

    Y1
      Category 1     0.416        104.000
      Category 2     0.380         95.000
      Category 3     0.204         51.000
    Y2
      Category 1     0.376         94.000
      Category 2     0.380         95.000
      Category 3     0.244         61.000
    Y3
      Category 1     0.368         92.000
      Category 2     0.348         87.000
      Category 3     0.284         71.000
    Y4
      Category 1     0.420        105.000
      Category 2     0.332         83.000
      Category 3     0.248         62.000
    Y5
      Category 1     0.404        101.000
      Category 2     0.336         84.000
      Category 3     0.260         65.000
    Y6
      Category 1     0.352         88.000
      Category 2     0.356         89.000
      Category 3     0.292         73.000
```

앞의 이분형 변수를 이용한 측정모형의 결과에 비해 특별한 것은 없으며, 다만

하나의 범주가 추가되었다. 위에서 Category 1은 y값 0, Category 2는 y값 1, Category 3은 y값 2를 가리킨다. 다음 [결과 8.29]에서 보여 주는 것은 범주형 요인모형의 제한정보 추정에 대한 적합도다.

[결과 8.29] 행복 및 효능감 요인모형 – 모형의 적합도

```
MODEL FIT INFORMATION

Number of Free Parameters                        19

Chi-Square Test of Model Fit

        Value                            219.248*
        Degrees of Freedom                      8
        P-Value                            0.0000

*    The chi-square value for MLM, MLMV, MLR, ULSMV, WLSM and WLSMV
cannot be used for chi-square difference testing in the regular way.
MLM, MLR and WLSM chi-square difference testing is described on the
Mplus website.  MLMV, WLSMV, and ULSMV difference testing is done using
the DIFFTEST option.

RMSEA (Root Mean Square Error Of Approximation)

        Estimate                            0.325
        90 Percent C.I.                     0.289  0.363
        Probability RMSEA <= .05            0.000

CFI/TLI

        CFI                                 0.835
        TLI                                 0.690

Chi-Square Test of Model Fit for the Baseline Model

        Value                            1292.891
        Degrees of Freedom                     15
        P-Value                            0.0000

WRMR (Weighted Root Mean Square Residual)

        Value                               3.080
```

χ^2 검정 결과는 $H_0: \Sigma = \Sigma(\theta)$를 기각하였으며, RMSEA, CFI, WRMR 등이 모두 좋지 않은 적합도를 보여 주고 있다. 이는 설정한 모형이 임의로 생성한 자료에 적합하지 않음을 말해 준다. 마지막으로 개별모수의 추정치가 [결과 8.30]에 있다.

[결과 8.30] 행복 및 효능감 요인모형 – 개별모수 추정치

```
MODEL RESULTS

                                                      Two-Tailed
                        Estimate      S.E.   Est./S.E.  P-Value

 HAPPY    BY
    Y1                   1.000       0.000    999.000    999.000
    Y2                   0.995       0.091     10.997      0.000
    Y3                   1.335       0.097     13.798      0.000

 EFFICACY BY
    Y4                   1.000       0.000    999.000    999.000
    Y5                   1.087       0.075     14.529      0.000
    Y6                   1.267       0.085     14.840      0.000

 HAPPY    WITH
    EFFICACY             0.443       0.041     10.712      0.000

 Thresholds
    Y1$1                -0.212       0.080     -2.654      0.008
    Y1$2                 0.827       0.090      9.198      0.000
    Y2$1                -0.316       0.081     -3.915      0.000
    Y2$2                 0.693       0.087      8.008      0.000
    Y3$1                -0.337       0.081     -4.166      0.000
    Y3$2                 0.571       0.084      6.786      0.000
    Y4$1                -0.202       0.080     -2.528      0.011
    Y4$2                 0.681       0.086      7.887      0.000
    Y5$1                -0.243       0.080     -3.033      0.002
    Y5$2                 0.643       0.086      7.522      0.000
    Y6$1                -0.380       0.081     -4.668      0.000
    Y6$2                 0.548       0.084      6.539      0.000

 Variances
    HAPPY                0.211       0.044      4.778      0.000
    EFFICACY             0.251       0.043      5.780      0.000


R-SQUARE

    Observed                     Residual
    Variable      Estimate       Variance

    Y1             0.211          0.789
    Y2             0.209          0.791
    Y3             0.376          0.624
    Y4             0.251          0.749
    Y5             0.297          0.703
    Y6             0.403          0.597
```

이분형의 경우와 다른 것은 오직 두 번째 경계에 대한 추정치 여섯 개가 늘었다는 것뿐이다. CVM 모형에서 y_1의 τ_1 및 τ_2 추정치와 y_1의 0/1/2 비율의 관계를 설명하고자 [그림 8.14]에 각각의 숫자를 표시하였다.

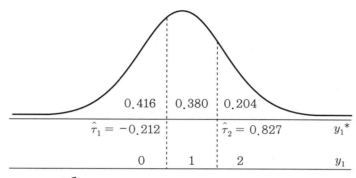

[그림 8.14] y_1의 경계 추정치와 0/1/2 비율

위의 그림에서, y_1의 첫 번째 경계 추정치 -0.212는 y_1^* 분포(z 분포)상에서 범주형 지표변수 y_1이 가진 0의 누적비율인 41.6%에 해당하는 y_1^* 값(z 값)이다. 그리고 두 번째 경계 추정치 0.827은 y_1^* 분포(z 분포)상에서 범주형 지표변수 y_1이 가진 0과 1의 합산 누적비율인 79.6%(=41.6%+38.0%)에 해당하는 y_1^* 값(z 값)이다. 지금까지 살펴본 바와 같이, 범주의 개수가 늘어난다고 해도 바뀌는 것은 단지 경계 모수가 더 늘어난다는 것뿐이다.

완전정보 추정

지금까지 범주형 지표변수와 요인 간의 비선형성을 해결하기 위해서 제한정보 추정을 사용하는 대표적인 경우를 살펴보았다. 이 방식은 요약 통계치(summary statistics)를 사용하며 간접적으로 범주형 지표변수와 요인 간의 관계를 설정한 것이다. 이에 반해 요약치가 아닌 개별 반응자료(individual response data)를 이용하여 범주형 지표변수와 요인 사이의 관계를 직접적으로 연결하는 완전정보 추정을 사용하는 방식의 모형을 설정할 수 있다. 완전정보 방식은 지표변수에 결측치가 존재한다고 하여도 모든 변수에 대한 완전한 결측만 아니라면 표본크기의 감소를 불러오지 않는다. 이는 완전정보 추정이 개별사례의 결측치 패턴에 따라 다른 로그우도함수를 이용하기 때문이다. 지금부터 IRT 모형과 일반화 요인모형 등 두 가지 방법을 소개할 것이다. 이 두 가지는 본질적으로 동치모형(equivalent models)이며 모수의 표현 방식(parameterization)이 다를 뿐이다. 또한 앞에서처럼 설명의 편의성을 위해 순위형 중 먼저 두 개의 범주만 있는 이분형 자료를 가정한다. 두 가지 완전정보 추정 방법 중 먼저 교육측정 분야에서 잘 알려져 있는 측정모형인 문항반응이론(IRT) 모형을 소개한다. IRT 모형은 일반적으로 모형의 모수가 몇 개인가를 따져서 1모수, 2모수, 3모수 모형 등으로 나누는데, 그중에서도 가장 일반적인 2모수 로지스틱(two-parameter logistic, 2PL) IRT 모형을 소개한다. 2모수 모형은 개별문항(지표변수)[71]이 0/1로 코딩이 되어 있을 때 사용할 수 있는 모형이다. 0과 1로 자료를 코딩할 수 있는 상황은 교육측정(예, 성취도 측정)에서 문항을 맞추었는가(1) 그렇지 못한가(0)의 상황일 수도 있고, 심리측정(예, 행복도 측정)에서 행복한가(1) 그렇지 않은가(0)일 수도 있다. 이분형 문항을 가진 2모수 모형은 [식 8.15]와 같이 정의한다.

$$P(y_{ij} = 1|\theta_i) = \frac{e^{a_j(\theta_i - b_j)}}{1 + e^{a_j(\theta_i - b_j)}} = \frac{1}{1 + e^{-a_j(\theta_i - b_j)}} \qquad [식 \ 8.15]$$

위에서 y_{ij}는 i번째 사람의 j번째 문항(y_j)에 대한 반응, θ_i는 i번째 사람의 잠재특성(latent trait) 또는 능력(ability)의 수준(z 점수로 가정한다), $P(y_{ij} = 1|\theta_i)$는 i번째 사람의 주어진 잠재특성(θ_j) 수준에서 관찰된 지표변수(y_{ij})가 1일 확률이다. 참고로 2모수 모형의 연결함수(link function)로 로지스틱 함수(logit link)를 쓰기 이전에 형태가 매우 흡사한 누적정규분포 함수(probit link)를 쓰기도 하였다. 이와 같은 IRT 모형을 정규오자이브 모형(normal ogive model)이라고 한다. 이런 전통에서 로지스틱 모형을 정규오자이브 모형에 가깝게 맞추기 위해서 조정계수(scaling factor) D를 [식 8.16]과 같이 사용하기도 한다. 이때 $D = 1.702$를 사용하는 것이 일반적이며, 이는 모형의 적합도에는 영향을 주지 못한다(Camili, 1994).

$$P(y_{ij} = 1|\theta_i) = \frac{e^{a_j D(\theta_i - b_j)}}{1 + e^{a_j D(\theta_i - b_j)}} = \frac{1}{1 + e^{-a_j D(\theta_i - b_j)}} \qquad [식 \ 8.16]$$

우리 책에서는 [식 8.15]의 로지스틱 2모수 IRT 모형을 가정한다. 2모수 모형에서 a_j는 j번째 문항의 변별도(discrimination, 기울기 모수), b_j는 문항의 난이도(difficulty)를 가리킨다.[72] IRT 모형과 일반화 요인모형은 모수의 표현 방식만 다를 뿐 통계적으로 동치모형이라고 할 수 있기 때문에, IRT 모형의 θ_i는 요인모형으로 치면 i번째 사람의 요인점수라고 할 수 있다. IRT에서 θ는 표준정규분포를 따

---

71) IRT의 전통에서는 지표변수라는 단어보다는 문항이라는 단어가 훨씬 더 일반적이다.
72) 3모수 모형을 사용하는 경우에 추측도 모수(guessing parameter)가 추가되며, 4모수 모형을 사용하는 경우에 상점근 모수(upper asymptote parameter)가 추가된다.

른다고 보기 때문에, 한 사람(i)이 평균적인 잠재특성을 가지고 있다면 대략 $\theta_i = 0$, 낮은 특성을 가지고 있다면 $\theta_i < 0$, 높은 특성을 가지고 있다면 $\theta_i > 0$이 될 것이다. 그리고 몇몇 극단적인 잠재특성을 가지고 있는 사람을 제외하면 대다수 사람의 θ값은 -3에서 $+3$ 사이에 위치하게 된다. 문항의 변별도 a_j는 j번째 문항이 사람들의 잠재특성(θ)을 얼마나 잘 구분하는지의 정도를 말해 준다. 이는 반대로 잠재특성의 차이에 따라 문항의 반응(0/1)이 얼마나 구분되는가의 정도라고 말할 수 있다. 요인분석의 관점에서 보면 개별문항과 잠재특성의 관계(비선형 관계)의 정도를 가리키기도 한다. 문항의 난이도 b_j는 j번째 문항이 얼마나 어려운지의 정도를 나타내는데, 아래에서 다시 설명하겠지만 0/1 코딩된 j번째 문항에서 1의 문항반응이 50%인 지점의 θ값을 난이도 값으로 정의한다. 문항의 난이도는 0/1 반응이 있는 문항에서 0을 선택한 사람의 수가 줄고 1을 선택한 사람의 수가 늘면 그 값이 작아지게 되며, 1을 선택한 사람의 수가 줄어드는 경우에는 커지게 된다. IRT 모형이 주로 교육학에서 발전한 학문이기 때문에 성취도 측정 문항을 맞추는 비율(1의 비율)이 높으면 쉬운 문항으로서 낮은 난이도를 가진다고 표현하게 된다.

　IRT 모형은 크게는 SEM의 틀에서 다루기도 하지만,[73] IRT 분야 자체가 독립적이고 방대해서 우리 책에서 자세하게 다루지는 않는다. 하지만 IRT 모형의 문항특성곡선(item characteristic curve, ICC)은 살펴볼 가치가 있다. 문항특성곡선은 [식 8.13]에 보이는 대로 잠재특성(예, 능력 θ)과 0/1로 코딩된 문항에 대해 1을 선택(endorsement)할 확률($P(\theta)$) 사이의 관계를 보여 주는 그래프다. 이 문항특성곡선의 형태는 [식 8.15]에 있는 2모수 모형의 두 모수, 즉 난이도와 변별도에 의하여 결정된다. [그림 8.15]에 임의의 세 이분형 문항 y_1, y_2, y_3의 문항특성곡선 세 개가 나타난다.

---

73) 실제로 최근 IRT와 SEM의 만남은 상당히 역동적으로 일어나고 있다. 지난 10여 년간 SEM과 관련된 많은 프리미엄 저널이 IRT 모형을 SEM의 틀에서 추정하고 연구하는 논문을 싣는 추세다.

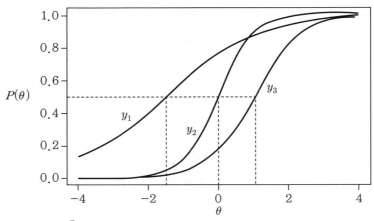

[그림 8.15] 세 이분형 문항 y_1, y_2, y_3의 문항특성곡선

위의 그림에서 먼저 난이도는 정의에 의하여 각 문항에서 1의 문항반응이 50%인 지점의 θ값이므로, 수직축($P(\theta)$)의 0.5에서 수평으로 각 문항곡선에 점선을 그었을 때 각 문항곡선과 만나는 점에서 다시 수직으로 내려서 수평축(θ)과 만나는 점을 가리킨다. 위의 문항특성곡선들에서 y_1의 난이도는 -1.5, y_2의 난이도는 0, y_3의 난이도는 1.0으로 의도하였다. 문항의 난이도는 값이 작을수록 1로 반응한 사람이 많다는 의미이며, 값이 클수록 1로 반응한 사람이 적다는 의미다. 변별도는 각 문항에서 난이도가 위치하는 지점에서의 문항곡선의 접선의 기울기를 의미한다. 정확히 말하자면, 수평점선과 수직점선이 만나는 점에서 각 접선의 기울기에 비례하는 값이다. 위의 문항특성곡선들에서 y_1의 변별도는 0.75, y_2의 변별도는 2.0, y_3의 변별도는 1.5로 의도하였다. 위의 곡선을 보면 변별도의 정의를 더 분명하게 파악할 수 있다. 그림의 문항특성곡선 세 개 중에 점선이 만나는 접점에서 y_2 문항곡선이 가장 가파르고 y_1 문항곡선이 가장 완만한 것을 확인할 수 있다. 경사가 가장 가파른 문항(y_2)이 가장 큰 변별도를 가지고 가장 완만한 문항(y_1)이 가장 작은 변별도를 가진다.

지금까지 범주형 지표변수(문항)가 있을 때 IRT 전통에서 완전정보 추정법을 사용하는 방식을 설명하였다. 이러한 완전정보 추정을 이용한 접근은 구조방정식의 틀에서도 사용할 수 있는데, 다른 모형이라기보다는 다른 모수 표현 방식(parameterization)을 이용하여 설정한 모형이라고 볼 수 있다(Kamata & Bauer, 2008; Takane & de Leeuw, 1987). 이러한 모형을 일반화 요인분석(generalized

factor analysis) 또는 비선형 요인분석(nonlinear factor analysis) 모형이라고
한다. 그리고 이 방식의 모형이 SEM의 관점에서 바라본 모형이라고 할 수 있을 것
이다. [식 8.17]에 구조방정식의 틀에서 사용하는 일반화 요인모형의 완전정보 추
정을 위한 통계모형이 제공된다.

$$P(y_{ij}=1|f_i) = \frac{e^{-\tau_j+\lambda_j f_i}}{1+e^{-\tau_j+\lambda_j f_i}} = \frac{1}{1+e^{\tau_j-\lambda_j f_i}} \qquad \text{[식 8.17]}$$

위에서 f_i는 i번째 사람의 요인점수(더 정확히는 잠재특성 수준 또는 능력 θ_i), τ_j
는 j번째 문항의 경계, λ_j는 요인부하를 가리킨다. [식 8.15]의 IRT 모형과 [식
8.17]의 SEM 모형은 다른 모수 표현 방식을 가진 동일한 모형이기 때문에 한 방식
의 모형을 통해서 모수를 추정하면 다른 방식의 모수 추정치 역시 산술적인 계산을
통해 얻을 수 있다. 한 가지 주의할 것은 지금부터 설명하는 내용이 성립하기 위해
서는, 마치 IRT 모형에서 θ_i가 z 분포를 따르는 것처럼 f_i의 평균을 0, 분산을 1로
가정해야 한다는 것이다. 이 가정을 만족하면, M*plus* 등의 SEM 프로그램을 이용하
여 일반화 요인분석 모형을 추정하여 얻게 된 τ_j와 λ_j를 변환하여 IRT 모형의 변별
도와 난이도를 계산해 낼 수 있다. 이를 계산하기 위해서는 $-\tau_j+\lambda_j f_i$와 $a_j(\theta_i-b_j)$
가 서로 같다고 놓고, a_j와 b_j를 [식 8.18]과 같이 풀어내면 된다.

$$a_j = \lambda_j, \quad b_j = \frac{\tau_j}{\lambda_j} \qquad \text{[식 8.18]}$$

물론 반대로 IRT 모형을 추정하여 a_j와 b_j를 추정하면 일반화 요인모형의 τ_j와
λ_j의 추정치를 구할 수 있다. 위와 같은 IRT 모형이나 일반화 요인모형은 개별반
응 자료를 사용하여 완전정보 추정 방법을 이용하는데, 가장 일반적인 방법은 앞
장에서도 언급했듯이 완전정보 최대우도(full-information maximum likelihood,
FIML) 추정법을 사용하는 것이다. FIML에는 많은 변형된 추정 방법과 그 추정 방
법에 대한 다양한 알고리즘이 존재하는데, 그 핵심이라고 할 수 있는 것은 요약 통
계치가 아닌 개별 자료가 우도함수(likelihood function)의 계산에 이용된다는 것
이다. 사분상관이나 다분상관을 이용하여 간접적으로 지표변수와 요인을 연결하는
제한정보 방법과는 다르게, FIML은 완전정보 방법이므로 [식 8.15] 및 [식 8.17]에
서 보인 대로 범주형 지표변수와 요인 간의 비선형 관계를 연결함수를 이용해 직접
모형화하는 장점이 있다.

FIML은 현재 경로모형, 측정모형, 구조방정식 모형의 추정에 있어서 표준관행 (standard practice)이라고 할 수 있을 정도로 광범위하게 이용되는 방법이다. 다만 범주형 자료(특히 내생변수)와 함께 측정모형이나 구조방정식 모형을 추정하는 경우에 모수 추정 과정에서 적분을 사용해야 하고, 그런 이유로 추정 과정이 복잡하고 매우 긴 시간이 걸릴 수 있다. 적분과정을 단순화하기 위해 수치적분(numerical integration)을 알고리즘에 차용하여 근사적으로 추정하는 방법이 있기는 하다. 또한 베이지안 추정법의 마코프 연쇄 몬테카를로(Markov chain Monte Carlo, MCMC) 표집방법을 이용하여 빠른 추정을 하는 방법도 최근 제안되고 있다(Cai, 2010; Kim, Suh, Kim, Albanese, & Langer, 2013). 실제로 이분형 또는 다분형 지표변수를 다루는 측정모형에서 잠재변수의 개수가 늘어남에 따라 수치적분법은 기하급수적으로 복잡해져서 엄청난 추정시간이 걸리기도 한다. Kim, Suh, Kim, Albanese와 Langer(2013)는 대략 170여개의 이분형 지표변수와 여섯 개의 잠재변수가 존재하는 IRT 모형(또는 일반화 요인모형)을 FIML 방법(M*plus*의 MLR 옵션)으로 추정하였을 때, 단 하나의 모형 추정에 한 달 이상의 추정시간이 걸리기도 하였다고 보고하고 있다.

이제 IRT 틀(IRT framework)에서의 2모수 모형과 SEM 틀(SEM framework)에서의 일반화 요인모형을 실제 자료에 적용하여 추정해 보자. 바로 앞에서 사용한 자료를 그대로 이용하되, 행복도 관련 지표변수 세 개만 이용한다. 사실 M*plus*는 IRT 모형을 추정하면 일반화 요인모형(이때 f_i의 평균은 0이고, 분산은 1로 고정된다)의 결과를 주고, 일반화 요인모형을 추정하면 IRT 모형의 결과를 모두 주기 때문에 두 모형을 따로 추정할 필요가 없다. 여기서는 IRT 모형을 추정하는 것을 소개한다. 먼저 2PL IRT 모형의 추정을 위한 input이 [결과 8.31]에 있다.

[결과 8.31] 행복도 IRT 모형 – input

```
TITLE:  An IRT model with dichotomous items

DATA: FILE IS categoricalCFA.dat;
      FORMAT IS 6f6.2;

VARIABLE: NAMES ARE y1-y6;
          USEVARIABLES ARE y1-y3;
          CATEGORICAL ARE y1-y3;

ANALYSIS: ESTIMATOR = MLR;
```

```
MODEL: HAPPY BY y1-y3*;
       HAPPY@1;

PLOT: Type = Plot3;
```

위의 ANALYSIS 커맨드를 보면, ESTIMATOR＝WLSMV; 부분이 ESTIMATOR ＝ MLR;로 바뀌었고, 이것이 모형에 대해 강건한 완전정보 최대우도 추정을 하는 옵션이다. MODEL 커맨드에도 새로운 방식이 있다. HAPPY BY y1-y3*;에서 '*(asterisk)'는 첫 번째 요인부하가 1로 고정되는 것을 풀어 주는 옵션이다. IRT 모형은 잠재변수(θ)에 단위를 주는 방식으로 첫 번째 요인부하를 1로 고정하는 방식이 아닌 요인의 분산을 1로 고정해 주는 방식을 사용한다. 이는 HAPPY@1;으로 설정한다. 두 가지 방식을 모두 사용하면 안 되기 때문에 첫 번째 요인부하를 1로 고정하는 프로그램의 디폴트를 풀어 주어야 하는 것이다. 마지막으로 PLOT 커맨드에 Type＝Plot3;를 더하면 문항특성곡선을 볼 수 있다. Output의 시작 부분은 모형의 추정 방법이나, 표본의 크기 등을 제공하고, 앞에서 WLSMV를 이용해 추정했을 때처럼 지표변수 각 범주의 비율도 제공한다. 이 부분은 반복적이기 때문에 생략하고 FIML 방법의 추정을 통한 모형의 적합도를 [결과 8.32]에 제공한다.

[결과 8.32] 행복도 IRT 모형 – 모형의 적합도

```
MODEL FIT INFORMATION

Number of Free Parameters                 6

Loglikelihood

        H0 Value                      -381.997
        H0 Scaling Correction Factor    1.0058
          for MLR

Information Criteria

        Akaike (AIC)                   775.993
        Bayesian (BIC)                 797.050
        Sample-Size Adjusted BIC       778.030
          (n* = (n + 2) / 24)

Chi-Square Test of Model Fit for the Binary and Ordered Categorical
(Ordinal) Outcomes

        Pearson Chi-Square

        Value                            2.980
        Degrees of Freedom                   1
```

```
            P-Value                                0.0843

            Likelihood Ratio Chi-Square

            Value                                  3.039
            Degrees of Freedom                         1
            P-Value                                0.0813
```

　　현재까지도 범주형 지표변수를 이용하는 경우의 모형 적합도 지수에 대한 연구는 상당히 부족하다. 그나마 앞에서 보인 제한정보 추정 방법은 RMSEA, CFI 등이 제공되는 데 비해서 완전정보 추정 방법을 이용하는 경우에는 일반적인 적합도 지수가 제공되지 않는다. 위의 χ^2 적합도 검정 또한 이분형 자료를 쓴 경우에만 해당하는 것이어서 만약 모형 안에 여러 종류(이분형, 다분형, 연속형 등)의 지표변수가 동시에 들어가면 모형의 전반적인 적합도 검정을 위해 사용할 수 없다(Muthén, 2006). 또한 Pearson의 χ^2 검정과 우도비(likelihood ratio) χ^2 검정(검정통계량을 G^2라고 부르며, G^2 검정 또는 G 검정이라고도 한다)이 모두 나와 있는데, 모두 점근적으로 χ^2 분포에 근사한다. 일반적으로 충분한 표본크기가 확보된다면 여러 상황에서 Pearson의 χ^2 검정이 우도비 χ^2 검정보다 더 나은 것으로 알려져 있다(Howell, 2015). 하지만 표본크기가 작아서 이분형 변수들 사이에 만들어지는 2×2 교차표(contingency table)에 작은 셀(cell)이 많을 경우 우도비 χ^2 검정이 더 타당하다고 보기도 한다(Psychology, 2015). 사실 Campbell(2007)의 시뮬레이션 연구는 Pearson의 방법도 아니고 우도비 방법도 아닌 E. S. Pearson (1947)[74]이 제안한 다른 방법(χ^2를 $\chi^2 \dfrac{N}{N-1}$으로 수정하여 사용)이 가장 잘 작동하는 것으로 보고하였다. χ^2 결과 외에 로그우도함수 값을 이용하여 계산되는 AIC, BIC 등의 정보준거(information criteria)가 또한 제공된다. 이제 모든 결과 중에서 마지막으로 FIML을 이용해 추정한 일반화 요인모형의 개별모수 추정치가 [결과 8.33]에 제공된다.

[결과 8.33]　행복도 IRT 모형 – 개별모수 추정치

```
MODEL RESULTS
```

---

74) 우리가 익히 알고 있는 Karl Pearson이 아니라, Karl Pearson의 아들인 Egon Sharpe Pearson이다. Egon Pearson 역시 아주 유명한 영국의 통계학자였다.

```
                                                  Two-Tailed
                  Estimate     S.E.   Est./S.E.   P-Value
    HAPPY    BY
       Y1        2.981       0.555     5.372      0.000
       Y2        5.016       1.553     3.230      0.001
       Y3        5.378       1.767     3.043      0.002

    Thresholds
       Y1$1      -0.206      0.287    -0.718      0.473
       Y2$1      -0.548      0.470    -1.167      0.243
       Y3$1      -1.047      0.534    -1.962      0.050

    Variances
       HAPPY      1.000      0.000   999.000    999.000


IRT PARAMETERIZATION IN TWO-PARAMETER LOGISTIC METRIC
WHERE THE LOGIT IS DISCRIMINATION*(THETA - DIFFICULTY)

   Item Discriminations

    HAPPY    BY
       Y1        2.981       0.555     5.372      0.000
       Y2        5.016       1.553     3.230      0.001
       Y3        5.378       1.767     3.043      0.002

   Item Difficulties
       Y1$1      -0.069      0.096    -0.721      0.471
       Y2$1      -0.109      0.087    -1.258      0.208
       Y3$1      -0.195      0.087    -2.227      0.026

   Variances
       HAPPY      1.000      0.000     0.000      1.000
```

위의 결과를 보면 두 가지 모수 표현 방식에 따른 모형 추정 결과를 볼 수 있다. 먼저 윗부분은 [식 8.17]에서 보여 주는 일반화 요인모형의 추정 결과다. 세 이분형 지표변수의 λ 추정치 세 개가 있는데, 로지스틱 모형의 요인부하로서 $\hat{\lambda}_1 = 2.981$, $\hat{\lambda}_2 = 5.016$, $\hat{\lambda}_3 = 5.378$이다. 그리고 세 지표변수의 경계 추정치는 각각 y_1의 $\hat{\tau}_1 = -0.206$, y_2의 $\hat{\tau}_1 = -0.548$, y_3의 $\hat{\tau}_1 = -1.047$이다. 마지막으로 행복 요인(f)의 분산은 1로 고정되었음을 보여 주고 있다. 그리고 중간 부분에 IRT 모형의 모수 표현 방식에 대한 내용으로 LOGIT IS DISCRIMINATION*(THETA-DIFFICULTY)라고 쓰여 있는데, 이는 [식 8.19]를 의미한다.

$$logit(p) = a_j(\theta_i - b_j) \qquad\qquad [식 8.19]$$

위에서 p는 $P(y_{ij}=1|\theta_i)$를 의미하며, $logit(p) = \log\left(\frac{p}{1-p}\right)$다. [식 8.19] 모형

의 양변에 지수함수 e를 취하고 p에 대해서 풀면 정확히 [식 8.15]로 다시 쓸 수 있다. 다시 말해, 이 부분은 아랫부분의 개별모수 추정치 결과가 [식 8.15]의 IRT 모형을 사용한 결과임을 가리킨다. 이제 [결과 8.33]에서 2모수 IRT 모형의 추정 결과를 보면, 일반화 요인모형에서 요인부하 및 경계 추정치가 각각 문항 변별도(item discriminations)와 문항 난이도(item difficulties)로 나타나 있음을 볼 수 있다. IRT 모형의 변별도 추정치는 $\hat{a}_1 = 2.981$, $\hat{a}_2 = 5.016$, $\hat{a}_3 = 5.378$로서, 일반화 요인모형의 λ 추정치와 완전하게 일치한다. 그리고 난이도 추정치는 $\hat{b}_1 = -0.069 = \dfrac{-0.206}{2.981}$, $\hat{b}_2 = -0.109 = \dfrac{-0.548}{5.016}$, $\hat{b}_3 = -0.195 = \dfrac{-1.047}{5.378}$ 로서, [식 8.18]에 의하여 일반화 요인모형의 추정치와 상호 계산할 수 있음을 확인할 수 있다. 마지막으로, 역시 행복 요인(θ)의 분산은 1로 고정되어 있다.

모수 추정치 중에 오차의 분산이 보이지 않음을 눈치챈 독자도 있을 것이다. 이는 로짓 연결함수(logit link function)를 이용하는 회귀모형에서 사실 독립변수 x와 종속변수 y의 관계를 모형화하는 것이 아니라, 독립변수 x와 종속변수 중 한 범주(일반적으로 0/1 코딩된 자료의 1)가 일어날 확률 p와의 관계를 모형화하는 것이기 때문이다. [식 8.15]나 [식 8.17]에서 볼 수 있듯이, 종속변수가 y가 아니고 p인 이들 모형에는 오차(e)가 없다. 그런 이유로 오차의 분산 추정치는 결과에서 찾을 수 없다. 마지막으로 [그림 8.16]에는 OUTPUT 커맨드의 Type=Plot3; 옵션을 통해 얻을 수 있는 문항특성곡선이 나타난다. 이전과 같이 M*plus* 메뉴의 Plot-View plots를 클릭하면 문항특성곡선(item characteristic curve, ICC) 옵션을 찾을 수 있다.

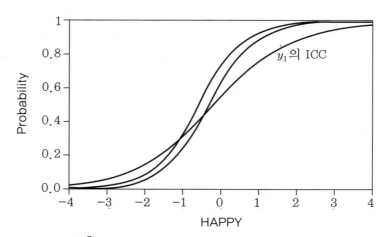

[그림 8.16] 행복도 세 문항의 문항특성곡선

위의 그림은 모두 검정색으로 곡선이 그려져 있지만, 실제로 M*plus*에서는 다양한 색으로 구분되고, 범례(legend)가 있기 때문에 어느 문항의 곡선인지 쉽게 구별할 수 있다. 사실 색으로 구분하지 않아도 앞에서 설명했듯이 난이도 추정치와 변별도 추정치의 정의를 이용하면 어느 곡선이 어느 문항의 것인지 쉽게 찾을 수 있다. 예를 들어, 위의 그림에서 가장 완만하게 상승하고 있는 문항특성곡선은 세 문항 중에서 변별도 추정치가 가장 작은(2.981) y_1의 곡선임을 예측할 수 있다.

지금까지 위의 예에서 IRT 모형과 일반화 요인모형은 모두 요인(f 또는 θ)의 분산을 1로 고정한 상태에서 모수의 표현 방식만 다른 것임을 알 수 있었다. IRT 모형에서 요인, 즉 능력(잠재특성)의 분산은 1로 고정하는 것이 표준관행이지만 일반화 요인모형에서는 항상 그런 것은 아니다. 아래에서 간단하게 요인의 분산을 1로 고정하지 않는 일반화 요인모형의 FIML 추정 방법과 결과를 보여 주고자 한다. 먼저 input 파일이 [결과 8.34]에 제공된다. Input의 내용 중 앞에서 추정한 IRT 모형과 다른 부분은 MODEL 커맨드밖에 없기 때문에 input 전체를 보이지는 않는다.

[결과 8.34] 행복도 IRT 모형 – input

```
MODEL: HAPPY BY y1-y3;
```

MODEL 커맨드에 넣어야 하는 명령어는 오직 HAPPY BY y1-y3;뿐이다. MODEL 커맨드 내의 다른 부분은 모두 지운다. 이렇게 하면 모형의 적합도 역시 오차수준에서 소수점 둘째, 셋째 자리의 다름이 있을 뿐이고 전체적으로 일치하는 결과를 보게 된다. [결과 8.35]에서는 개별모수 추정치를 보인다.

[결과 8.35] 행복도 일반화 요인모형 – 개별모수 추정치

```
MODEL RESULTS

                                             Two-Tailed
                  Estimate    S.E.   Est./S.E.  P-Value

HAPPY     BY
   Y1             1.000      0.000    999.000    999.000
   Y2             1.688      0.621      2.719      0.007
   Y3             1.813      0.695      2.608      0.009

Thresholds
   Y1$1          -0.208      0.287     -0.726      0.468
```

```
      Y2$1              -0.554     0.472    -1.172     0.241
      Y3$1              -1.056     0.539    -1.958     0.050

 Variances
      HAPPY              8.859     3.255     2.721     0.007


IRT PARAMETERIZATION IN TWO-PARAMETER LOGISTIC METRIC
WHERE THE LOGIT IS DISCRIMINATION*(THETA - DIFFICULTY)

 Item Discriminations

 HAPPY      BY
      Y1                 2.976     0.547     5.443     0.000
      Y2                 5.024     1.576     3.189     0.001
      Y3                 5.397     1.806     2.989     0.003

 Item Difficulties
      Y1$1              -0.070     0.096    -0.730     0.465
      Y2$1              -0.110     0.087    -1.269     0.204
      Y3$1              -0.196     0.087    -2.238     0.025

 Variances
      HAPPY              1.000     0.000     0.000     1.000
```

　　위에서 윗부분의 일반화 요인모형 결과를 보면, 행복도 요인의 분산이 더 이상 1로 고정되어 있지 않고 8.859(표준오차는 3.255)로 추정되어 있다. 그런 이유로 첫 번째 요인부하는 1로 고정되어 요인의 단위를 설정하고 있다. 요인의 단위를 설정해 주는 방식만 다를 뿐 전체적인 모수 추정치의 종류는 앞의 결과와 같다. 한 가지 흥미로운 것은 분산을 1로 고정하지 않은 일반화 요인모형을 추정하여도 아랫부분의 2모수 IRT 모형의 추정 결과를 보여 준다는 것이다. IRT 모형에서는 표준 관행대로 행복도 요인의 분산이 1로 고정되어 있는 등 모든 모수 추정치가 [결과 8.33]과 일치한다. 당연히 [결과 8.35]에서 일반화 요인모형의 추정치 결과와 IRT 모형의 추정치 결과 사이에 [식 8.18]에서 보여 주었던 관계는 성립하지 않는다.

　　앞의 제한정보 추정 방법에서 이분형 변수가 다분형 변수로 일반화될 수 있었던 것처럼, 완전정보 추정 역시 다분형 문항의 경우로 확장될 수 있다. 제한정보 추정 방법에서는 모형이 달라지지는 않았으나, 완전정보 추정 방법에서는 모형 자체가 달라진다. 사실 완전히 달라진다기보다는 2모수 로지스틱 IRT 모형의 확장으로서 등급반응모형(graded response model, GRM; Samejima, 1969)을 이용한다. 여기서 등급반응모형의 세부적인 내용과 다양한 종류를 모두 설명하는 것은 적절치 않으며, 구조방정식 모형을 다루고 있는 우리 책의 목적과도 맞지 않는다.

따라서 먼저 등급반응모형이 어떤 모형인지를 설명하고, 어떤 측면에서 2PL IRT 모형의 확장인가를 살핀 다음, 등급반응모형에 상응하는 일반화 요인모형은 어떻게 정의되는지를 보고자 한다. 먼저 세 범주 이상(정확히 하면 두 범주 이상에서 일반화 가능)의 순위형 변수(예, 리커트 척도)에 대한 등급반응모형은 i번째 사람의 주어진 잠재특성 수준(θ_i)에서 j번째 지표변수(y_j)가 반응 k일 확률을 [식 8.20]과 같이 설명한다.

$$P(y_{ij} = k|\theta_i) = \frac{1}{1+e^{-a_j(\theta_i - b_{j,k})}} - \frac{1}{1+e^{-a_j(\theta_i - b_{j,k+1})}} \qquad \text{[식 8.20]}$$

위에서 k는 순위형 변수 y_j의 반응을 나타내며, 0부터 시작하여 총 m개의 범주가 있다고 가정한다($k = 0, 1, 2, \ldots, m-1$). 이분형 문항의 2PL IRT 모형이 0과 1 두 가지 반응을 가지고 있는 것처럼 GRM 역시 0부터 시작하여 $m-1$까지의 반응을 가지고 있다. 위의 모형에서 a_j는 y_j의 변별도 모수이며, b_j는 난이도 모수다. 지표변수 하나당 변별도 모수는 한 개가 존재하고 난이도 모수는 총 $m-1$개가 존재한다. 이는 아래에서 예를 통하여 더 자세히 설명할 것이다. 그리고 위 식의 앞부분 $\frac{1}{1+e^{-a_j(\theta_i - b_{j,k})}}$은 반응 k 이상을 선택할 확률이며, 뒷부분 $\frac{1}{1+e^{-a_j(\theta_i - b_{j,k+1})}}$은 반응 $k+1$ 이상을 선택할 확률이다. 이 두 확률의 차이는 [식 8.20]과 같이 반응 k를 선택할 확률($P(y_{ij} = k|\theta_i)$)이 된다. 예를 들어, 총 다섯 개의 반응(0, 1, 2, 3, 4)이 있는 y_j 변수에서 반응 2를 선택할 확률은 [그림 8.17]에서 빗금 부분과 같이 나타난다.

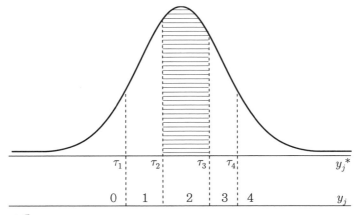

[그림 8.17] 5점 척도에서 반응 2(세 번째 범주)를 선택할 확률

그림에서 보듯이 반응 2 이상을 선택할 확률(반응 2 또는 3 또는 4를 선택할 확률)에서 반응 3 이상을 선택할 확률(반응 3 또는 4를 선택할 확률)을 빼면 그림과 같이 빗금 친 부분이 남게 된다. 즉, 등급반응모형이란 여러 개의 순위형 반응(0, 1, 2, 3, 4) 중에서 하나의 반응(예, 2)을 선택할 확률을 설명하고 있는 것이다.

이제 왜 등급반응모형이 2모수 모형의 확장이라고 하는지 살펴보도록 하자. 먼저 이분형 문항(0/1 코딩) 모형에서 $P(y_{ij}=1|\theta_i)$가 i번째 사람의 주어진 잠재특성 수준에서 y_j가 반응 1을 선택할 확률이었음을 상기하자. 등급반응모형은 반응 k를 선택할 확률을 설명하기 위하여 2모수 모형을 사용하고 있다. 예를 들어, 반응 k 이상을 선택할 확률은 $\dfrac{1}{1+e^{-a_j(\theta_i-b_{j,k})}}$ 인데, 이는 m개의 반응($k=0,1,2,\ldots,m-1$) 중에서 $k-1$ 이하의 반응들을 하나로 묶고, k 이상의 반응들을 다른 하나로 묶어서 이분형 반응으로 만들어 그중에서 더 큰 값을 선택할 확률을 가리킨다. 예를 들어, 다섯 개의 반응이 있고 반응 2 이상을 선택할 확률을 구하기 위해서는 먼저 반응 0과 1을 하나로 묶어서 새로운 $0'$으로 하고, 반응 2, 3, 4를 묶어서 새로운 $1'$으로 코딩한다. 즉, $(0'=0,1)$ vs. $(1'=2,3,4)$의 대비가 이루어진 것이다. 이렇게 다섯 개의 반응을 두 개의 반응으로 재코딩하고 나면 $1'$을 선택할 확률을 구한다. 이는 2모수 IRT 모형의 확률과 정확히 일치하는 개념이 된다. 그러므로 우리에게 만약 다섯 개의 반응이 있다면 우리는 총 네 개의 2모수 모형을 생각할 수 있다. 첫 번째는 0 vs. 1, 2, 3, 4, 두 번째는 0, 1 vs. 2, 3, 4, 세 번째는 0, 1, 2 vs. 3, 4, 그리고 마지막 네 번째는 0, 1, 2, 3 vs. 4가 되는 것이다. 이렇게 형성된 2모수 모형 네 개의 문항특성곡선들을 그려 보면 [그림 8.18]과 같다.

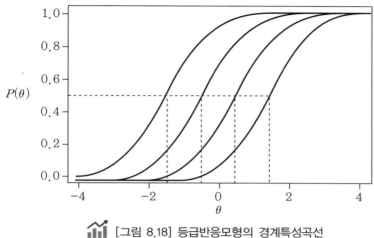

[그림 8.18] 등급반응모형의 경계특성곡선

위의 그림에서 가장 왼쪽에 있는 곡선은 다섯 개의 범주를 0 vs. 1, 2, 3, 4로 나누었을 때 상위 반응(1 또는 2 또는 3, 또는 4)을 선택할 확률이 된다. 왼쪽으로부터 두 번째 곡선은 다섯 개의 범주를 0, 1 vs. 2, 3, 4로 나누었을 때 상위 반응(2 또는 3, 또는 4)을 선택할 확률이 된다. 나머지 오른쪽 두 개의 곡선도 마찬가지로 해석할 수 있다. 이런 이유로 다섯 개의 범주를 가진 순위형 문항을 이용해 등급반응모형을 추정하는 경우에 총 네 개의 난이도 모수를 추정하게 된다. 위의 그림에서는 수직점선이 잠재특성(θ)의 축과 만나는 점의 값으로서 -1.5, -0.5, 0.5, 1.5의 난이도를 의도하였다. 네 개의 난이도는 차례대로 $b_{j,1}$, $b_{j,2}$, $b_{j,3}$, $b_{j,4}$로 표기한다. 일반적으로 등급반응모형을 추정하면 설명한 대로 $m-1$개의 난이도 모수가 존재하게 된다. 그리고 등급반응모형에서 변별도 모수 a_j는 순위형 변수당 하나의 값만 존재하며, 네 개의 2모수 문항특성곡선에서 그 값을 공유한다. 즉, 네 개의 곡선에서 수평점선과 수직점선들이 만난 지점에서의 접선의 기울기는 모두 일치한다. 이것은 일반적인 등급반응모형의 특성이며, 각각 다른 변별도를 허락하는 등급반응모형의 변형도 존재한다.

[그림 8.18]은 다섯 개의 범주를 각각 다른 분할방법을 이용해 네 개의 이분형 문항을 만든 다음 각 이분형 문항의 문항특성곡선을 모아 놓은 것과 같다. 하지만 등급반응모형에서 [그림 8.18]은 문항특성곡선이라고 하지 않으며, 경계특성곡선(boundary characteristic curve) 또는 흔적곡선(trace line 또는 trace curve)이라고 한다. 등급반응모형에서는 이분형과 달리 여러 개의 선택 범주가 있기 때문

에 문항범주특성곡선(item category characteristic curve)이라는 표현을 쓰는 것이 일반적이다. 하지만 문항범주특성곡선을 흔적곡선(trace line)이라고 하기도 하여(Thissen & Steinberg, 2009) 혼동성이 존재한다. 문항범주특성곡선은 다섯 개의 반응 중에서 각 반응(즉, 각 범주)을 선택할 확률을 보여 주어야 하는 것으로 [식 8.20]처럼 두 이분형 문항특성곡선 함수의 차이로 계산한다. 다섯 개의 반응이 있는 순위형 변수의 등급반응모형 문항특성곡선의 예가 [그림 8.19]에 있다. 이 문항범주특성곡선은 [그림 8.18]에 상응하도록 그려졌다.

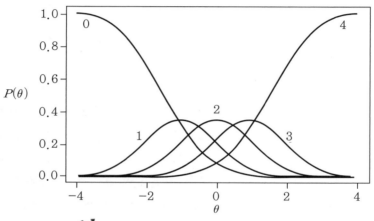

[그림 8.19] 등급반응모형의 문항범주특성곡선

위의 그림에서 가장 왼쪽 위에서 시작해서 오른쪽으로 갈수록 0에 점근하는 곡선은 등급반응모형에서 반응 0을 선택할 확률이다. 곡선의 형태를 보면 낮은 잠재특성을 보이는 왼쪽에서는 0을 선택할 확률이 매우 높고, 높은 잠재특성을 보일수록(오른쪽으로 갈수록) 0을 선택할 확률이 작아지는 것을 관찰할 수 있다. 이는 매우 자연스러운 설명을 가능하게 해 주는 패턴이다. 이 확률곡선은 반응 0 이상을 선택할 확률에서 반응 1 이상을 선택할 확률을 빼 주어 계산한다. 0 이상(0, 1, 2, 3, 4)을 선택할 확률은 당연히 1이고, 1 이상을 선택할 확률은 이미 설명한 바와 같이 [그림 8.18]의 가장 왼쪽에 있는 곡선이며 $\dfrac{1}{1+e^{-a_j(\theta_i - b_{j,1})}}$ 로 표현된다. 즉, $1-\dfrac{1}{1+e^{-a_j(\theta_i - b_{j,1})}}$ 의 함수가 0을 선택할 확률이며, 바로 지금까지 설명한 [그림 8.19]의 첫 번째 곡선이다. [그림 8.19]의 두 번째 곡선은 반응 1을 선택할 확률이며, 반응 1 이상을 선택할 확률에서 반응 2 이상을 선택할 확률을 빼 주어 계산한다. 즉, $\dfrac{1}{1 + e^{-a_j(\theta_i - b_{j,1})}} - \dfrac{1}{1 + e^{-a_j(\theta_i - b_{j,2})}}$ 로 계산하며, 이는 [그림 8.18]에서 가장 왼쪽에 있는 첫 번째 곡선의 함수에서 두 번째 곡선의 함수를 빼 주어 계산할 수 있다. 이렇게 계산된 1을 선택할 확률이 [그림 8.19]에서 아래쪽에 보이는 세 개의 종 모양 분포 중 가장 왼쪽에 있는 것이다. 잠재특성이 높아지기 시작하면서 반응 1을 선택할 확률도 같이 높아지다가, 잠재특성이 더욱 높아지면 반응 1을 선택할 확률이 줄어드는 것을 관찰할 수 있다. 이런 식으로 [그림 8.19]의 세 번째와 네 번째 곡선(종 모양 곡선 세 개 중 오른쪽 두 개)은 각각 반응 2와 3을 선택할 확률을 보여주는 함수다. 그리고 이제 가장 오른쪽에 있는 마지막 곡선(왼쪽 아래에서 시작하여 오른쪽 윗부분으로 연결되는 곡선)은 반응 4(마지막 범주)를 선택할 확률이다. 이는 반응 4 이상을 선택할 확률에서 반응 5 이상을 선택할 확률을 빼면 된다. 반응 4 이상을 선택할 확률은 [그림 8.18]에서 가장 오른쪽에 있는 곡선이며, 반응 5 이상을 선택할 확률은 당연히 0이다(반응 5는 존재하지 않는다). 그러므로 [그림 8.19]의 반응 4를 선택할 확률의 곡선은 [그림 8.18]에서 반응 4 이상을 선택할 확률의 곡선과 완전히 일치한다.

지금까지 여러 범주가 있는 순위형 지표변수가 있는 경우에 사용할 수 있는 완전 정보 추정 방법으로서 등급반응모형(GRM)을 소개하였다. 또한 등급반응모형이 어떤 방식으로 2모수 IRT 모형을 확장한 것인지에 대해서도 설명하였고, [그림 8.18]의 2모수 문항특성곡선들의 차이를 이용해서 [그림 8.19]의 문항범주특성곡선을 계산하는 방법도 설명하였다. 이와 같은 등급반응모형은 IRT 전통에서 발전한 모형이며, 구조방정식의 전통에서 이에 상응하는 모형은 일반화 요인모형이라고 할 수 있다. 순위형 문항이 있는 경우에 구조방정식 틀에서 사용하는 일반화 요인모형의 완전정보 추정을 위한 통계모형이 [식 8.21]에 있다.

$$P(y_{ij} = k | f_i) = \frac{1}{1 + e^{\tau_{j,k} - \lambda_j f_i}} - \frac{1}{1 + e^{\tau_{j,k+1} - \lambda_j f_i}} \qquad \text{[식 8.21]}$$

이분형의 경우와 마찬가지로 위의 일반화 요인모형은 등급반응모형과 다르지 않으며, 다만 모수의 표현 방식이 다를 뿐이다. 위에서 f_i는 i번째 사람의 잠재특성 수준(GRM의 θ_i)이며, $\tau_{j,k}$는 변수 y_j의 k번째 경계 모수이고, λ_j는 y_j의 요인부하를 가리킨다. 등급반응모형과 마찬가지로 y_j 변수는 0부터 $m-1$까지 총 m개의 반응이 있으며, 경계 모수의 개수는 난이도 모수의 개수처럼 $m-1$개가 존재한다. 그

리고 등급반응모형의 경우처럼 $\dfrac{1}{1+e^{\tau_{j,k}-\lambda_j f_i}}$ 은 반응 k 이상을 선택할 확률이며, $\dfrac{1}{1+e^{\tau_{j,k+1}-\lambda_j f_i}}$ 은 반응 $k+1$ 이상을 선택할 확률이고, 그 차이인 $P(y_{ij}=k|f_i)$ 는 반응 k 를 선택할 확률이 된다. 이미 자세한 설명이 등급반응모형을 통하여 이루어졌기 때문에 마지막으로 등급반응모형과의 모수 관계를 [식 8.22]에서 보이고자 한다. 사실 이 역시 [식 8.18]의 확장일 뿐이다.

$$a_j = \lambda_j, \qquad b_{j,k} = \frac{\tau_{j,k}}{\lambda_j} \qquad\qquad \text{[식 8.22]}$$

위의 내용을 다시 정리하면, a_j 는 y_j 의 변별도 모수, λ_j 는 y_j 의 요인부하이고 둘은 같은 값이다. $b_{j,k}$ 는 y_j 의 k 번째 난이도 모수이고, $\tau_{j,k}$ 는 변수 y_j 의 k 번째 경계 모수이며 [식 8.22]와 같은 관계를 가지고 있다.

[그림 8.13]에서 보인 다분형 지표변수(0/1/2 코딩) 자료(polytomousCFA.dat)를 통하여 실제로 등급문항모형과 일반화 요인모형을 추정하여 본다. M*plus*는 구조방정식 프로그램으로서 비교적 간단한 2모수 IRT 모형의 경우에 그 결과가 output에 일반화 요인모형의 결과와 같이 제공되는 것을 앞에서 보았다. 하지만 조금 더 복잡한 등급반응모형의 경우에 따로 그 모형의 결과를 주지 않기 때문에 난이도 추정치가 필요하다면 일반화 요인모형의 경계 추정치를 이용하여 계산해야 한다. 변별도 추정치는 요인부하 추정치와 일치하기 때문에 따로 계산이 필요하지 않다. 다분형 행복도 자료를 이용하는 등급반응모형(또는 일반화 요인모형)의 완전정보 추정을 위한 input이 [결과 8.36]에 있다.

[결과 8.36] 행복도 등급반응모형 – input

```
TITLE:   A graded response model with polytomous items

DATA:    FILE IS polytomousCFA.dat;
         FORMAT IS 6f6.2;

VARIABLE: NAMES ARE y1-y6;
         USEVARIABLES ARE y1-y3;
         CATEGORICAL ARE y1-y3;

ANALYSIS: ESTIMATOR = MLR;
         LINK IS LOGIT;

MODEL: HAPPY BY y1-y3*;
```

```
        HAPPY@1;
PLOT: TYPE = Plot3;
```

이미 모두 설명한 내용인데, 한 가지 추가한 것은 ANALYSYS 커맨드에 LINK IS LOGIT이다. M*plus*에서는 일반화 요인모형의 경우에 연결함수는 기본적으로 로지스틱 함수인데, 여기서 확실히 하기 위하여 추가하였다. 쓰지 않아도 같은 결과를 얻게 될 것이다. 아래 [결과 8.37]에서는 범주형 변수들의 기술통계량(빈도와 비율)이 보인다.

[결과 8.37]   행복도 등급반응모형 – 지표변수 범주의 비율

```
UNIVARIATE PROPORTIONS AND COUNTS FOR CATEGORICAL VARIABLES

    Y1
       Category 1    0.416       104.000
       Category 2    0.380        95.000
       Category 3    0.204        51.000
    Y2
       Category 1    0.376        94.000
       Category 2    0.380        95.000
       Category 3    0.244        61.000
    Y3
       Category 1    0.368        92.000
       Category 2    0.348        87.000
       Category 3    0.284        71.000
```

모형에서 사용한 세 개의 지표변수 y_1, y_2, y_3의 범주별 비율이 나타난다. 앞에서 본 내용과 차이는 없다. 다음으로는 [결과 8.38]에 완전정보 추정의 적합도 결과가 제공된다.

[결과 8.38]   행복도 등급반응모형 – 모형의 적합도

```
MODEL FIT INFORMATION

Number of Free Parameters                    9

Loglikelihood

        H0 Value                        -790.777
        H0 Scaling Correction Factor     1.0531
          for MLR

Information Criteria
```

```
              Akaike (AIC)                       1599.555
              Bayesian (BIC)                     1631.248
              Sample-Size Adjusted BIC           1602.717
                (n* = (n + 2) / 24)

Chi-Square Test of Model Fit for the Binary and Ordered Categorical
(Ordinal) Outcomes

              Pearson Chi-Square

              Value                               146.279
              Degrees of Freedom                       17
              P-Value                              0.0000

              Likelihood Ratio Chi-Square

              Value                               143.480
              Degrees of Freedom                       17
              P-Value                              0.0000
```

    Pearson의 χ^2 검정 결과는 모형이 자료에 적합하지 않은 것으로 나타났다. 일반화 요인모형의 완전정보 추정에 따른 모형 적합도는 연구가 매우 부족한 형국이기 때문에 모형이 적합하냐 적합하지 않느냐를 χ^2 검정 하나로 결론 내리기는 쉽지 않다. 또한 Muthén(2006)에 따르면 이분형이 아닌 범주형 자료를 사용하고 있기 때문에 χ^2 검정 자체가 적절하지 않다. 마지막으로 개별모수 추정치가 [결과 8.39]에 있다.

[결과 8.39] 행복도 등급반응모형 – 개별모수 추정치

```
MODEL RESULTS

                                                    Two-Tailed
                     Estimate     S.E.   Est./S.E.  P-Value

 HAPPY       BY
    Y1                 0.809      0.270     3.001      0.003
    Y2                 0.949      0.323     2.941      0.003
    Y3                 1.499      0.634     2.365      0.018

 Thresholds
    Y1$1              -0.343      0.143    -2.403      0.016
    Y1$2               1.570      0.226     6.937      0.000
    Y2$1              -0.540      0.150    -3.597      0.000
    Y2$2               1.382      0.235     5.878      0.000
    Y3$1              -0.707      0.211    -3.342      0.001
    Y3$2               1.337      0.334     3.999      0.000

 Variances
    HAPPY              1.000      0.000   999.000    999.000
```

위의 결과는 IRT 전통이 아닌 구조방정식 전통에서의 일반화 요인모형 추정의 결과다. 하지만 우리는 각 전통에서 사용하는 모수의 관계에 대해 알고 있으므로 결과를 다음과 같이 정리할 수 있다. 먼저 요인부하와 변별도 추정치의 경우에 $\hat{\lambda}_1 = \hat{a}_1$ $=0.809$, $\hat{\lambda}_2 = \hat{a}_2 = 0.949$, $\hat{\lambda}_3 = \hat{a}_3 = 1.499$다. 해석은 바로 요인부하와 변별도 해석을 하면 되는 것이므로 자세한 내용은 생략한다. 다음으로 y_1의 경계 추정치($\hat{\tau}$)와 난이도($\hat{b}$)의 경우 y_1의 $\hat{\tau}_1(= \hat{\tau}_{1,1}) = -0.343$이므로 $\hat{b}_{1,1} = \frac{-0.343}{0.809} = 0.424$이고, y_1의 $\hat{\tau}_2(= \hat{\tau}_{1,2}) = 1.570$이므로 $\hat{b}_{1,2} = \frac{1.570}{0.809} = 1.941$이다. 차례대로 y_2의 경우와 y_3의 경우도 경계 추정치($\hat{\tau}$)와 난이도($\hat{b}$)를 [결과 8.39]에서 찾거나 계산할 수 있다. 이 내용도 이미 여러 번 설명했으므로 독자들이 잘 이해할 것이라 믿는다. 마지막으로 M*plus*에서는 순위형 자료를 이용한 일반화 요인모형의 경우에 문항범주특성곡선을 제공하고 있다. M*plus* 메뉴 중 Plot-View plots로 들어가서 Item characteristic curve를 선택하면 [그림 8.20]을 볼 수 있다.

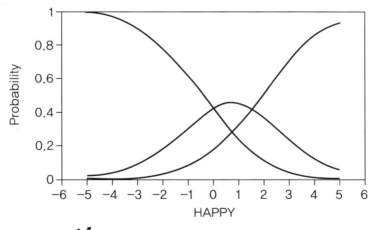

[그림 8.20] y_1 변수의 문항범주특성곡선

위의 그림에서 보이는 세 개의 곡선 중 가장 왼쪽 위에서 시작하는 것은 y_1에서 반응 0을 선택할 확률의 함수, 가운데 있는 것은 y_1에서 반응 1을 선택할 확률의 함수, 왼쪽 아래에서 시작하여 오른쪽 위로 올라가는 곡선은 y_1에서 반응 2를 선택할 확률의 함수다. y_1에 대한 문항범주특성곡선뿐만 아니라 y_2 및 y_3에 대한 문항범주특성곡선 또한 얻을 수 있으나 생략한다.

8.3. 고차 요인분석모형

지금까지 우리는 관찰변수들을 지표변수로 이용하여 요인을 측정하는 경우를 살펴 보았다. 이와 같이 관찰변수들을 통하여 측정한 요인들은 일차 요인(first-order factor) 또는 저차 요인(lower-order factor)이라고 한다. 요인이란 것이 바로 변수이기 때문에, 측정된 일차 요인(잠재변수)들을 지표변수로 이용하여 더 높은 수준의 요인을 측정할 수 있다. 이렇게 측정된 잠재변수들을 사용하여 재측정한 한 차원 높은 요인을 이차 요인(second-order factor) 또는 고차 요인(higher-order factor)이라고 한다. 일차 요인들을 통하여 이차 요인을 측정하고 그 이차 요인을 사용해야 하는 여러 상황과 맥락이 있을 수 있다. 예를 들어, 측정된 일차 요인들이 다시 또 하나의 공통된 이차 요인을 측정하고 있는가라는 상황이 있을 수 있다. 이는 측정된 일차 요인들 사이에 일차원성(unidimensionality)이 있는가라는 질문에 답하려는 것이다. 또는 많은 일차 요인들을 통하여 측정된 몇 개의 이차 요인들 간에 구조적인 관계를 검정하는 구조방정식 모형을 설정할 수도 있다. 고차 요인모형을 이해하기 위하여 네 개의 일차 능력 요인이 하나의 일반 능력 요인을 측정한다는 가정을 가지는 [그림 8.21]의 모형을 살펴보자.

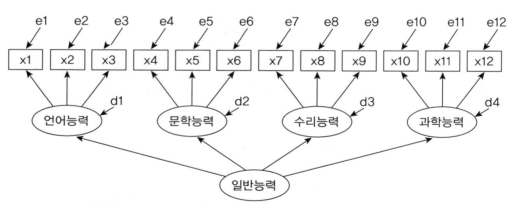

[그림 8.21] 이차 요인분석모형

위의 그림에서 일차 요인들인 언어능력, 문학능력, 수리능력, 과학능력은 각각 상응하는 세 개의 관찰변수 x에 의하여 측정이 된다. 이때 관찰변수 $x_1 sim x_{12}$는 연속형 변수일 수도 있고, 범주형(이분형 또는 순위형) 변수일 수도 있다. 실제로 고차 요인모형을 추정하는 심리학 등의 사회과학 상황에서 관찰변수 $x_1 \sim x_{12}$는 리커트 척도 등으로 측정된 개별문항인 경우가 많다. 이때 개별문항을 연속형 변수로 취급(선형 요인모형 사용)하거나 범주형 변수로 취급(비선형 요인모형 사용)하는 것은 연구자의 선택에 달려 있다. 이렇게 측정된 네 개의 요인을 지표변수(요인 지표변수, factor indicators)로 사용하여 이차 요인, 즉 일반능력 요인을 측정하는 모형이 바로 [그림 8.21]에 보이는 이차 요인분석(second-order factor analysis) 모형이다. 일차 요인들이 관찰변수들에 의하여 측정되는 모형은 이미 앞에서 자세히 다루었으므로 이차 요인이 일차 요인들에 의하여 측정되는 모형 부분만 [식 8.23]에 보인다.

$$
\begin{aligned}
언어능력 &= (\alpha_1) + \lambda_1 \, 일반능력 + d_1 \\
문학능력 &= (\alpha_2) + \lambda_2 \, 일반능력 + d_2 \\
수리능력 &= (\alpha_3) + \lambda_3 \, 일반능력 + d_3 \\
과학능력 &= (\alpha_4) + \lambda_4 \, 일반능력 + d_4
\end{aligned}
\qquad \text{[식 8.23]}
$$

위 식이 일반적인 요인분석모형과 다른 점은 지표변수들(언어능력, 문학능력, 수리능력, 과학능력)이 모두 잠재변수라는 것이다. 그런데 이 모형에서 이차 요인과 일차 요인들의 관계는 측정모형의 관계(measurement relationship)이면서 동시에 이차 요인이 일차 요인들을 설명하는 구조모형 관계(structural relationship)인 것처럼 보인다. 그런 이유로 그림에서 이차 요인과 일차 요인들의 관계에서 발생하는 오차가 측정오차 e가 아닌 설명오차 $d_1 \sim d_4$로 나타나고 있다. 또한 절편도 μ가 아닌 α로 표기하였다. 하지만 이차 요인을 측정하는 관찰변수가 따로 없는 상태에서 이차 요인에서 일차 요인들로 향하는 화살표들을 구조관계라고 보기는 어렵다. 개념적으로 일차 요인들과 이차 요인의 관계를 측정모형으로 이해하는 것이 더 타당할 것이다. 그러므로 $d_1 \sim d_4$ 역시 고차 요인모형 관계에서 정의되는 측정오차로 보아도 무방할 것이다. 이때 주의할 것은 일차 요인 네 개를 모두 이용하여 단 하나의 이차 요인을 측정한다는 것은 네 개의 일차 요인이 모두 하나의 차원을 측정하고 있다는 가정이 만족되어야 한다는 것이다. 이것은 하나의 요인을 측정하는 관찰변수들 사이에 일차원성이 확보되어야 한다는 것과 같은 당연한 가정이라고 할 수 있다. 일반적으로 일차원성이 확보되지 않은 네 개의 일차 요인을 통하여 이차 요인을 측정한 경우 일차 요인분석모형(first-order factor analysis model)보다 이차 요인분석모형의 적합도가 나빠지게 된다.

이러한 이차 요인모형을 설정할 때 또 주의해야 할 것은 모형이 판별이 되는 것인가에 대한 사전 확인이 필요하다는 것이다. 이차 요인분석모형이 판별 가능하기 위해서는, 첫째 관찰변수와 일차 요인들 사이의 저차 요인모형(lower-order factor model) 부분이 판별이 되어야 하고, 둘째 일차 요인들과 이차 요인 사이의 고차 요인모형(higher-order factor model) 부분이 판별이 되어야 한다. 먼저 [그림 8.22]처럼 저차 모형 부분을 따로 떼어서 살펴본다.

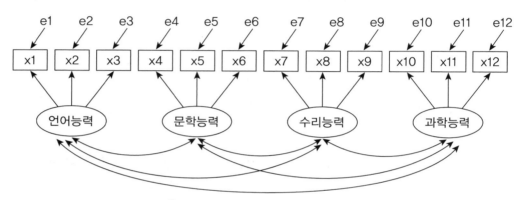

[그림 8.22] 일차(저차) 요인모형 부분

저차 요인모형 부분은 두 개의 지표변수 규칙(two-indicator rule) 또는 세 개의 지표변수 규칙(three-indicator rule)에 의하여 판별이 된다. 즉, 여러 개의 요인이 있고, 요인당 세 개 이상의 지표변수가 존재하며, 교차 요인부하(cross loading)가 없고, 측정오차 간의 상관도 존재하지 않아야 한다는 조건을 모두 만족한다. 이제 고차 모형 부분을 [그림 8.23]과 같이 따로 떼어서 살펴본다.

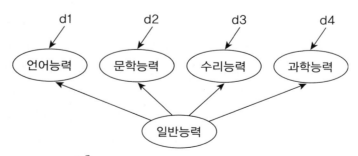

[그림 8.23] 이차(고차) 요인모형 부분

고차 요인모형 부분 역시 하나의 이차 요인이 네 개의 요인 지표변수(factor indicators)에 의하여 측정되고 있으므로 세 개의 지표변수 규칙에 의하여 판별된다. 고차 요인모형(higher-order factor model) 부분에서의 판별을 좀 더 자세히 살펴보자. 일단 외생변수(일반능력 요인)의 분산을 추정하고, 요인부하 네 개 중 1로 고정되는 하나를 제외한 세 개를 추정하며, 네 개의 오차 분산을 추정하여야 하므로 총 여덟 개의 자유모수가 존재한다. 그리고 네 개의 요인 지표변수가 있으므로 $\frac{4(4+1)}{2}=10$개의 독립적인 정보의 개수가 확보된 상황이다. 즉, 고차 요인모형 부분은 과대판별(over-identified)이 되고 있다. 참고로 요인의 단위를 지정하는 방법은 앞에서 설명했듯이 두 가지 방법이 있다. 이차 요인의 단위를 첫 번째 일차 요인의 단위와 맞추는 방법으로서 첫 번째 요인부하를 1로 고정할 수 있다. 이때 이차 요인의 분산은 자유롭게 추정하게 된다. 또는 이차 요인의 분산을 1로 고정하고, 요인부하 네 개를 모두 추정하는 방식도 가능하다. 이 두 가지 방법은 통계적으로 동치이기 때문에 모형의 적합도는 일치한다.

여기서 만약 일차 요인이 세 개가 있다고 가정하면 어떻게 될까? 세 개의 일차 요인 지표변수로 하나의 이차 요인을 측정하는 모형이므로 요인모형의 판별에서 다루었듯이 고차 요인모형 부분이 완전판별이다. 참고로 이렇게 세 개의 일차 요인으로 만들어진 이차 요인모형은 세 개의 일차 요인만 존재하는 일반적인 3요인모형과 통계적 동치모형이다. 따라서 고차 요인모형 부분이 과대판별이 되기 위해서는 적어도 네 개의 일차 요인이 필요하다. 그리고 만약 두 개의 일차 요인만으로 이차 요인을 측정하고자 하면, 세 개의 독립적인 정보와 네 개의 자유모수(이차 요인의 분산, 요인부하, 두 개의 오차 분산)가 존재하므로 고차 모형 부분이 과소판별되어 추정이 불가능하다. 이차 요인모형을 추정하고자 계획하는 연구자는 모형의 판별을 위해 적어도 세 개의 일차 요인이 필요하다는 사실을 반드시 숙지하고 있어야 한다.

하지만 하나의 이차 요인당 두 개의 일차 요인이 존재하는 경우에도 만약 이차 요인이 여러 개 존재한다면 두 개의 지표변수 규칙(two-indicator rule)에 의하여 판별이 가능하다. [그림 8.24]에 있는 고차 요인모형 부분을 살펴보자.

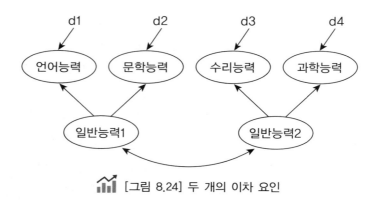

[그림 8.24] 두 개의 이차 요인

앞 장에서 설명한 두 개의 지표변수 규칙을 상기해 보자. 규칙에 따르면, 두 개 이상의 잠재변수가 각 두 개 이상의 관찰변수에 의하여 측정되어야 하며, 교차 요인부하와 측정오차 간 상관은 존재하지 않아야 한다. [그림 8.24]의 모형에서는 두 개의 이차 요인이 각 두 개 이상의 일차 요인에 의하여 측정되고 있고, 교차 요인부하는 없으며, $d_1 \sim d_4$ 사이의 상관도 존재하지 않는다. 그러므로 위의 모형은 판별이 되고 추정 가능하다.

지금까지 위에서 여러 모형의 설정을 보이면서 이차 요인모형의 판별을 다루었는데, 한 가지 다시 강조할 중요한 부분이 있다. 일차 요인들을 통하여 이차 요인을 측정하고 그 이차 요인을 사용하는 여러 맥락이 있을 수 있지만, 너무도 당연하고 절대적인 가정은 여러 개의 일차 요인이 단 하나의 차원을 설명하고 있어야 한다는 것이다. 이를 일차원성 가정(unidimensionality assumption)이라고 하며, 요인을 측정하는 모든 변수는 단 하나의 잠재특성만을 측정해야 한다는 것이다. 이런 측면에서 [그림 8.23]과 [그림 8.24]에 있는 모형들을 다시 생각해 보자. 과연 [그림 8.23]에 보이는 대로 언어능력, 문학능력, 수리능력, 과학능력이 능력이라는 이유로 모두 하나의 차원(일반능력)을 측정하고 있다고 가정할 수 있을까? 아니면 [그림 8.24]처럼 언어능력과 문학능력이 하나의 차원(일반능력 1)을 측정하고, 수리능력과 과학능력이 또 다른 차원(일반능력 2)을 측정한다는 가정이 더 옳은 것일까? 지금 이 문제의 경우 쉽게 대답할 수 있는 것은 아니며, 연구자가 자신의 연구 분야에서 가진 지식과 경험을 통합하여 깊이 고민해 보아야 할 부분이다.

지금까지 설정한 모형을 실제 자료를 이용해서 추정하면서 어떤 모형이 자료를 잘 표현하고 있는지 살펴보자. 사용하는 자료는 바로 위에서 예로 든 네 개의 능

력 요인을 측정하는 12개의 관찰변수다. 각 요인을 측정하는 세 개씩의 관찰변수
가 있으며, 모두 연속형 변수이고 표준점수화되어 있다. [그림 8.25]에 자료의 앞
부분이 제공되며, 표본크기 $n = 650$이다. [표 8.12]에 각 변수 간 상관 및 기술통계
도 있다.

	x1	x2	x3	x4	x5	x6	x7	x8	x9	x10	x11	x12
1	-.507	-.101	-.639	-1.183	-2.247	.458	.027	.320	1.194	1.772	.431	.630
2	1.500	1.774	2.067	2.231	2.417	1.162	.782	1.191	.825	.636	.130	.385
3	.261	-.367	-1.017	-.556	-1.671	-.878	-1.090	-1.187	-.391	-1.384	.213	-.621
4	2.002	.456	.347	1.847	1.169	2.804	-1.439	-.480	.218	-.689	-.060	-.898
5	-.593	-.518	.643	-.771	.322	.198	-.123	-.233	-.678	-.078	-.430	-.262
6	1.528	.861	.572	1.181	1.770	1.721	-.902	1.719	1.245	-.526	-.024	.593
7	1.546	-.134	.312	.680	.925	.109	.186	-.272	.186	.236	-.846	-.392

📈 [그림 8.25] 네 가지 능력 자료

[표 8.12] 네 가지 능력 자료의 상관 및 기술통계

	x_1	x_2	x_3	x_4	x_5	x_6	x_7	x_8	x_9	x_{10}	x_{11}	x_{12}
x_1	1.0											
x_2	.77	1.0										
x_3	.73	.71	1.0									
x_4	.69	.67	.64	1.0								
x_5	.64	.60	.55	.74	1.0							
x_6	.63	.59	.57	.73	.69	1.0						
x_7	.45	.40	.37	.41	.36	.38	1.0					
x_8	.43	.37	.35	.39	.34	.37	.78	1.0				
x_9	.43	.42	.38	.40	.35	.40	.77	.73	1.0			
x_{10}	.48	.46	.41	.44	.41	.39	.69	.63	.65	1.0		
x_{11}	.47	.45	.39	.40	.36	.39	.63	.59	.60	.77	1.0	
x_{12}	.47	.46	.39	.40	.35	.39	.65	.58	.62	.73	.70	1.0
표준편차	1.3	1.0	.98	1.3	.98	1.0	1.3	1.0	1.0	1.3	1.0	1.0
평균	.02	.04	-.03	.07	.04	.04	-.00	.02	.03	-.01	.02	.03

위의 자료를 고정아스키 파일로 저장하고 파일 이름은 fourabilities.dat로 하였
다. 이 자료를 이용하여 앞에서 보인 모형들 중 일차 요인모형과 두 개의 이차 요인
모형을 추정할 것인데, 그 전에 한 가지 밝힐 것이 있다. 현재 우리는 네 개의 구분
되는 동시에 전체적으로 하나의 능력을 측정하는 자료를 다루고 있다. 이런 종류
의 자료를 다루는 경우에 일반적으로 가장 먼저 추정해야 할 모형은 단 하나의 능

력 요인(general ability factor)만 있는 일차 요인모형(다시 말해, 가장 단순한 1요인 모형)이다. 만약에 단 하나의 요인만 있는 일차 요인모형이 좋은 모형의 적합도를 보인다면 더 이상 어떤 분석을 진행해야 할 큰 의미가 없으며, 연구자가 수집한 자료는 일차원성을 가지고 있다고 결론 내릴 수 있다. [결과 8.40]에 1요인 모형의 input과 모형 적합도의 일부가 제공된다.

[결과 8.40] 1요인 모형 – input과 모형 적합도

```
TITLE: Single factor analysis model
DATA: FILE IS fourabilities.dat;
     FORMAT IS 12f8.3;
VARIABLE: NAMES ARE x1-x12;
MODEL: GENERAL BY x1-x12;

MODEL FIT INFORMATION

Number of Free Parameters                   36
Chi-Square Test of Model Fit

          Value                       2030.052
          Degrees of Freedom                54
          P-Value                       0.0000
RMSEA (Root Mean Square Error Of Approximation)

          Estimate                       0.237
          90 Percent C.I.                0.228   0.246
          Probability RMSEA <= .05       0.000
CFI/TLI

          CFI                            0.678
          TLI                            0.607
SRMR (Standardized Root Mean Square Residual)

          Value                          0.120
```

위의 결과에서 볼 수 있듯이 χ^2 모형 적합도 검정은 기각하였고, 나머지 모든 근사 적합도 지수 역시 매우 좋지 않다. 이제 네 개의 구분된 능력 요인이 있다고 가정하고 모형을 추정한다. 먼저 [결과 8.41]에 네 개의 구분된 능력 요인이 있는 일차 요인모형의 input이 제공된다.

[결과 8.41] 일차 요인모형 – input

```
TITLE: First-order factor analysis model
```

```
DATA: FILE IS fourabilities.dat;
      FORMAT IS 12f8.3;

VARIABLE: NAMES ARE x1-x12;

MODEL: VERBAL BY x1-x3;
       LITERAT BY x4-x6;
       MATH BY x7-x9;
       SCIENCE BY x10-x12;

OUTPUT: Standardized;
```

위의 input에 보이는 것은 언어능력(VERBAL), 문학능력(LITERAT), 수학능력 (MATH), 과학능력(SCIENCE) 등 네 개의 일차 요인이 상응하는 관찰변수에 의하여 각각 측정되도록 하는 모형이다. 모형 추정 결과 $\chi^2(df=48,\ n=650)=53.511$로서 $p=0.271$이고 H_0(모형이 자료에 부합한다)을 기각하는 데 실패하였다. CFI는 0.999, RMSEA는 0.013(90% CI, 0.000-0.030), SRMR은 0.013으로 근사 적합도 지수 역시 매우 좋았다. 요인모형에서 비표준화 추정치는 여러 타당도나 상관을 확인하기 불편하기 때문에, 표준화된 개별모수 추정치가 [결과 8.42]에 있다.

[결과 8.42] 일차 요인모형 – 개별모수 추정치

```
STANDARDIZED MODEL RESULTS - STDYX Standardization

                                               Two-Tailed
                    Estimate    S.E.   Est./S.E.  P-Value
VERBAL    BY
  X1                0.901      0.011    85.098     0.000
  X2                0.866      0.012    69.420     0.000
  X3                0.814      0.015    52.755     0.000

LITERAT   BY
  X4                0.898      0.011    79.714     0.000
  X5                0.828      0.015    55.211     0.000
  X6                0.826      0.015    54.846     0.000

MATH      BY
  X7                0.913      0.010    92.491     0.000
  X8                0.850      0.013    64.726     0.000
  X9                0.858      0.013    66.947     0.000

SCIENCE   BY
  X10               0.900      0.011    83.457     0.000
  X11               0.853      0.013    64.808     0.000
  X12               0.830      0.015    56.645     0.000

LITERAT   WITH
  VERBAL            0.857      0.016    55.125     0.000

MATH      WITH
  VERBAL            0.539      0.032    16.854     0.000
```

LITERAT	0.513	0.033	15.455	0.000
SCIENCE WITH				
VERBAL	0.603	0.029	20.491	0.000
LITERAT	0.543	0.032	16.816	0.000
MATH	0.842	0.016	52.314	0.000
Intercepts				
X1	0.014	0.039	0.354	0.723
X2	0.043	0.039	1.099	0.272
X3	-0.029	0.039	-0.743	0.457
X4	0.054	0.039	1.381	0.167
X5	0.044	0.039	1.129	0.259
X6	0.046	0.039	1.162	0.245
X7	0.000	0.039	-0.002	0.999
X8	0.019	0.039	0.495	0.620
X9	0.033	0.039	0.847	0.397
X10	-0.008	0.039	-0.195	0.846
X11	0.022	0.039	0.554	0.580
X12	0.029	0.039	0.747	0.455
Variances				
VERBAL	1.000	0.000	999.000	999.000
LITERAT	1.000	0.000	999.000	999.000
MATH	1.000	0.000	999.000	999.000
SCIENCE	1.000	0.000	999.000	999.000
Residual Variances				
X1	0.187	0.019	9.806	0.000
X2	0.250	0.022	11.588	0.000
X3	0.337	0.025	13.422	0.000
X4	0.193	0.020	9.544	0.000
X5	0.315	0.025	12.703	0.000
X6	0.317	0.025	12.736	0.000
X7	0.167	0.018	9.271	0.000
X8	0.277	0.022	12.411	0.000
X9	0.264	0.022	12.031	0.000
X10	0.191	0.019	9.831	0.000
X11	0.272	0.022	12.090	0.000
X12	0.311	0.024	12.799	0.000

위의 결과를 보면 각 요인을 측정하는 지표변수의 요인부하 추정치 12개가 모두 0.814~0.913으로서 관찰변수와 상응하는 요인이 서로 높은 관련이 있음을 알 수 있다(수렴 타당도). 또한 각 요인 간의 상관계수를 확인하면 언어능력과 문학능력의 상관계수가 0.857, 수리능력과 과학능력의 상관계수가 0.842로 상당히 높고, 나머지 상관계수는 0.513~0.603으로서 중간정도의 상관 정도를 보이고 있다. Kline(2011)의 기준에서 요인 간의 모든 상관계수가 0.9를 넘지 않으므로 구별되는 요인들이라고 할 수 있겠다(변별 타당도). 모든 절편 추정치는 통계적으로 0과 다르지 않았고, 이는 x가 모두 표준화된 변수들이기 때문이다. 요인의 분산은 표준화된 결과이므로 모두 1임을 확인할 수 있다. 마지막으로 $e_1 \sim e_{12}$의 잔차분산 ($\psi_{11} \sim \psi_{12,12}$)은 0.167~0.337로서 측정모형에서 12개의 R^2 값은 0.663~0.833 사이가 될 것임을 계산할 수 있고, 이는 각 지표변수가 상응하는 요인에 의해서 잘 설

명받고 있음을 말해 준다. 앞에서 자세히 설명했듯이, 표준화된 추정치에서 각 지표변수의 분산은 1이고 R^2 값은 $1-\psi$다. 그러므로 x_1의 R_1^2는 0.813, x_2의 R_2^2는 0.750, ..., x_{12}의 R_{12}^2는 0.689가 된다. 이제 [그림 8.21]에서 보여 준 이차 요인모형을 추정한다. 나머지는 앞과 다르지 않으므로 input의 내용 중 MODEL 커맨드 부분만 [결과 8.41]에 제공한다.

[결과 8.43] 이차 요인모형 1 – input

```
MODEL: VERBAL BY x1-x3;
       LITERAT BY x4-x6;
       MATH BY x7-x9;
       SCIENCE BY x10-x12;

       GENERAL BY VERBAL LITERAT MATH SCIENCE;
```

위의 input에 보이는 것은 언어능력(VERBAL), 문학능력(LITERAT), 수학능력(MATH), 과학능력(SCIENCE) 등 네 개의 일차 요인이 상응하는 관찰변수에 의하여 각각 측정되고, 이렇게 측정된 네 개의 일차 요인에 의하여 이차 요인(일반능력요인, GENERAL)이 측정되도록 하는 모형이다. 모형 추정 결과 $\chi_M^2 = 394.121$, $df_M = 50$으로서 $p < 0.001$이고 H_0(모형이 자료에 부합한다)을 기각하였다. CFI는 0.944, RMSEA는 0.103(90% CI, 0.094-0.112), SRMR은 0.091로 근사 적합도 지수가 Hu와 Bentler(1999) 및 Browne와 Cudeck(1993)의 기준에 미흡한 것으로 나타나고 있다. 표준화된 개별모수 추정치가 [결과 8.44]에 있다.

[결과 8.44] 이차 요인모형 1 – 개별모수 추정치

```
STANDARDIZED MODEL RESULTS
STDYX Standardization

                                              Two-Tailed
                 Estimate    S.E.   Est./S.E.  P-Value

   ...

GENERAL  BY
   VERBAL        0.729      0.032    22.784     0.000
   LITERAT       0.693      0.035    20.030     0.000
   MATH          0.861      0.021    41.604     0.000
   SCIENCE       0.902      0.021    43.450     0.000

Intercepts
   ...
```

```
Variances
  GENERAL           1.000     0.000     999.000    999.000

Residual Variances
  ...

  VERBAL            0.468     0.047     10.024      0.000
  LITERAT           0.520     0.048     10.867      0.000
  MATH              0.259     0.036      7.285      0.000
  SCIENCE           0.186     0.037      4.965      0.000
```

위의 결과에서 일차 요인모형의 결과와 겹치는 부분을 다시 보여 주는 것은 지면의 낭비이기 때문에 생략하였다. 생략한 부분은 '…'으로 표기하였다. 위의 표준화된 결과에 나타나는 부분만 살펴본다. 먼저 일반능력 요인(general)이 네 개의 일차 요인에 의하여 측정되는 관계에서의 요인부하 추정치가 0.729, 0.693, 0.861, 0.902임을 확인할 수 있다. 일차 요인들과 이차 요인 사이에 상당한 관계가 있음을 알 수 있다. 그리고 이차 요인의 분산은 표준화 결과이기 때문에 1이다. 마지막으로 고차 요인모형 부분의 측정오차라고 할 수 있는 $d_1 \sim d_4$의 잔차분산은 0.468, 0.520, 0.259, 0.186임을 알 수 있다. [식 8.23]에서 보이듯이, 각 일차 요인이 종속변수의 역할을 하는 이차 요인모형 구조에서 각 R^2는 0.532(=1-0.468), 0.480, 0.741, 0.814가 될 것임을 예측할 수 있다. 이제 [그림 8.24]에 있는 두 개의 이차 요인이 존재하는 모형을 추정해 본다. input은 [결과 8.45]에 있다.

[결과 8.45] 이차 요인모형 2 – input

```
MODEL: VERBAL BY x1-x3;
       LITERAT BY x4-x6;
       MATH BY x7-x9;
       SCIENCE BY x10-x12;

       GENERAL1 BY VERBAL LITERAT;
       GENERAL2 BY MATH SCIENCE;
```

위의 input에 따르면 두 개의 일차 요인(언어능력과 문학능력)이 일반능력 1을 측정하고, 나머지 두 개의 일차 요인(수리능력과 과학능력)이 일반능력 2를 측정하고 있다. 모형 추정 결과 $\chi^2_M = 55.800$이고 $df_M = 49$로서, $p = 0.235$이고 H_0(모형이 자료에 부합한다)을 기각하는 데 실패하였다. CFI는 0.999, RMSEA는 0.015 (90% CI, 0.000-0.030), SRMR은 0.014 등으로 근사 적합도 지수 역시 매우 좋았다. 표준화된 개별모수 추정치가 [결과 8.46]에 있다.

[결과 8.46] 이차 요인모형 2 - 개별모수 추정치

```
STANDARDIZED MODEL RESULTS
STDYX Standardization

                                               Two-Tailed
                  Estimate    S.E.   Est./S.E.  P-Value

   ...

GENERAL1 BY
    VERBAL         0.967      0.021    46.053    0.000
    LITERAT        0.886      0.022    40.949    0.000

GENERAL2 BY
    MATH           0.875      0.022    40.020    0.000
    SCIENCE        0.962      0.021    44.937    0.000

GENERAL2 WITH
    GENERAL1       0.644      0.030    21.812    0.000

   ...

Variances
    GENERAL1       1.000      0.000   999.000   999.000
    GENERAL2       1.000      0.000   999.000   999.000

   ...
```

앞의 모수 종류들과 겹치는 부분은 역시 생략하였고, '…'으로 표기하였다. 위에서 일반능력 1(GENERAL1)과 일반능력 2(GENERAL2)가 각각 다른 일차 요인 두 개에 의하여 측정되었고, 요인부하는 0.875~0.967 수준으로 매우 높게 나타났다. 두 일반능력 요인의 상관계수는 0.644로서, 두 능력이 서로 상관은 있지만 구분되는 능력임을 나타내었다. 마지막으로 두 개의 외생 이차 요인의 분산은 표준화되어 있으므로 1임을 확인할 수 있다.

이렇게 일차 요인모형과 두 개의 이차 요인모형을 추정하여 비교할 때, 어떤 모형이 자료에 더 적합한가라는 자연스러운 질문을 가질 수 있다. 위에서 보인 경쟁모형들은 모형 간에 위계적으로 내재된 관계일 수도 있고 그렇지 않을 수도 있다. 그리고 때로 형태는 달라도 서로 동치모형(equivalent models)일 때도 있다. 그래서 어느 상황에서는 χ^2 차이검정을 해야 하고, 또 어느 상황에서는 AIC나 BIC 등을 이용해야 한다고 단언할 수 없다. [표 8.13]에 나타나는 전반적인 모형 적합도 지수나 비교지수를 이용하여 어느 모형이 자료를 더 잘 나타내고 있는지 비교해 본다. 고차 요인분석모형을 이용하는 데 있어서 반드시 이와 같은 비교의 과정이 필요한 것은 아니며, 연구자의 필요에 따라 어떤 모형이든 선택할 수 있다. 여기서는 다만, 만약 연구자가 어떤 모형을 선택할 것인지에 대한 고민을 하고 있다는 가

정 아래서 이 토론을 진행하고자 한다.

[표 8.13] 일차 요인모형과 이차 요인모형의 비교

모형	χ^2_M	df_M	CFI	RMSEA	SRMR	AIC	BIC
일차 요인모형	53.511	48	0.999	0.013	0.013	17642	17830
이차 요인모형 1	394.121	50	0.944	0.103	0.091	17979	18158
이차 요인모형 2	55.800	49	0.999	0.015	0.014	17643	17826

경쟁하는 모형들 중에서 하나의 모형을 선택하기 위해서는 여러 가지를 고려해야 한다. 가장 먼저 연구하는 분야의 이론들을 점검해야 하고, 연구자가 가지고 있는 경험과 지식을 바탕으로 해야 하며, 또한 통계적인 결과를 합리적으로 고려해야 한다. 일단 통계적인 것을 살펴보면, 위의 모형 중에서 일차 요인모형에 비해 하나의 이차 요인이 있는 모형(이차 요인모형 1)의 적합도가 눈에 띄게 나쁜 것을 확인할 수 있다. 이는 아마도 네 개의 일차 요인을 하나의 이차 요인으로 묶는 과정이 옳지 않을 수도 있다는 신호를 주는 것이며, 이것은 네 개의 일차 요인 사이에 일차원성 가정이 성립하지 않을 수도 있음을 보여 준다. 이제 네 개의 일차 요인을 하나의 이차 요인으로 묶지 않고 각각 언어, 문학적 능력과 수리, 과학적 능력으로 나누어서 두 개의 이차 요인으로 묶은 모형(이차 요인모형 2)의 결과를 보자. χ^2 모형 적합도 검정, 근사적인 적합도 지수, 그리고 비교 지수 등에서 일차 요인모형만큼 좋은 결과를 보이고 있으며, 자유도는 오히려 하나 더 높아졌음을 알 수 있다. 이런 결과로부터 결론 내릴 수 있는 것은 네 개의 일차 요인이 상당히 구분되는 구인들이며, 그 구인들을 통해 이차 요인을 측정하고자 한다면 두 개의 나뉜 이차 요인을 고려하는 것이 더 낫다는 것이다. 물론 이 결론은 지극히 통계적인 결과에 기반한 것이며 최종 결정은 온전히 연구자에게 남겨진 몫이다.

마지막으로 지표변수를 통하여 구별되는 여러 특수 요인(specific factor)들과 동시에 하나의 통합된 일반 요인(general factor)을 측정하는 방법이 고차 요인모형만 있는 것이 아니라는 것을 밝히고자 한다. Holzinger와 Swineford(1937)가 이 인자 모형(bifactor model)이라고 불렀으며, 최근에는 내재된 모형(nested model) 또는 일반-특수 모형(general-specific model)이라고 부르기도 하는 모형이 존재한다(Chen, West, & Sousa, 2006). 이인자 모형에서는 [그림 8.26]과 같이 특수 요인도 일반 요인도 모두 일차 요인이다.

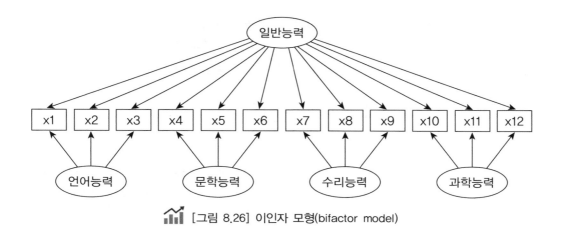

[그림 8.26] 이인자 모형(bifactor model)

위에서 보듯이 우리 자료를 예로 들면, 언어·문학·수리·과학 능력은 원래대로 상응하는 각각 세 개의 지표변수에 의하여 측정하고, 그와 동시에 같은 모형 내에서 일반능력은 12개의 모든 지표변수에 의하여 측정되는 모형이 바로 이인자 모형이다. 경로도상에서 공간의 문제로 측정오차 $e_1 \sim e_{12}$는 생략하였다. 위의 예에서는 일반능력이 하나만 존재하지만, 두 개의 일반능력이 각각 $x_1 \sim x_6$ 및 $x_7 \sim x_{12}$에 의해 측정된다고 해도 문제가 되지 않는다. 일반적으로 이인자 모형에서 모든 요인은 서로 상관이 없다는 가정이 있다. 이인자 모형의 문제점은 고차 요인모형과 마찬가지로 추정이 잘 되지 않거나 Heywood case가 자주 발생하는 것인데, 이를 해결하기 위한 여러 노력이 있어 왔다(Cai, Yang, & Hansen, 2011; Chen, West, & Sousa, 2006). 일반적인 응용연구자들이 이인자 모형을 추정하면서 겪게 될 문제에 대한 해결방법이 Chen, West와 Sousa(2006)의 논문에 상대적으로 쉽게 설명되어 있으므로 관심 있는 독자는 참고하기 바란다.

8.4. 측정모형과 신뢰도

앞 장에서 측정모형과 타당도에 대하여 간략하게 다루었는데, 이번 섹션에서는 측정모형과 신뢰도에 대하여 살피고자 한다. 제2장에서 다룬 고전검사이론의 진점수 이론 및 신뢰도 내용과 연결되는 주제다. 앞에서 설명했던 내용을 다시 반복하지는 않는다. 다만 이번 섹션의 토론을 진행하기 위해서는 신뢰도 추정치의 일종인 Cronbach's α에 대하여 좀 더 자세히 살펴볼 필요가 있다. 일반적인 신뢰도 추정치의 하한(lower bound)이기도 한 Cronbach's α는 구조방정식 모형을 사용하든 그렇지 않든 아마도 가장 광범위하게 이용하는 신뢰도(특히 내적일치도) 추정치일 것이다. 여러 개의 개별문항(x_1, x_2, ..., x_k)으로 이루어진 합성점수(composite score) x의 내적일치도인 Cronbach's α는 [식 8.24]와 같이 추정한다.

$$\alpha = \frac{k}{k-1} \left[\frac{\sum\limits_{1 \le i \ne j \le k} Cov(x_i, x_j)}{Var(x)} \right] \qquad \text{[식 8.24]}$$

앞에서 $x = x_1 + x_2 + \cdots + x_k$, k는 개별문항의 개수, x_i와 x_j는 임의의 개별문항이다. 그리고 $\sum\limits_{1 \le i \ne j \le k} Cov(x_i, x_j)$는 모든 가능한 x_i와 x_j의 공분산(분산 제외)의 합을 의미한다.

제2장에서 설명한 대로 Cronbach's α는 여러 가지 장점을 지니고 있다. 하지만 동시에 본질적 진점수 동등 측정모형(essentially tau-equivalent measurement model)을 만족해야 하는 가정이 있다(Lord & Novick, 1968; Raykov, 1997a, 1997b, 2004). 이 가정을 만족하지 못할 경우에는 합성점수(또는 척도)의 신뢰도를 과소추정(underestimation)하는 문제가 있다. 하지만 이와 같은 가정이 있음에도 불구하고 구조방정식의 틀 안에서 사용하는 측정모형이 반드시 본질적 진점수 동등모형인 것은 아니다. 오히려 대다수의 측정모형은 공동모형(congeneric model)이다. 그러므로 구조방정식 모형을 이용하는 데 있어서 신뢰도 추정치에 대하여 고민해 볼 가치가 있다. 이에 고전검사이론뿐만 아니라 구조방정식에서도 중요한 측정모형의 구분 방법 중 하나라고 할 수 있는 공동모형(congeneric model), 본질적 진점수 동등모형(essentially tau-equivalent model), 진점수 동등모형(tau-equivalent model), 평행모형(parallel model) 등을 간단하게 설명한다. 여러 구조방정식을 다룬 논문에서 이 용어들을 설명 없이 사용하는 경우가 있으므로 최소한 어떤 정의를 가지고 있는지를 살피는 것이 좋겠다. 위의 네 가지는 측정모형에서 설명 가능한 것이므로 요인분석모형의 관점에서 차이를 보고자 한다. 참고로 많은 논문이나 책에서 본질적 진점수 동등모형과 진점수 동등모형을 심각하게 구분하지 않기 때문에, 네 가지가 아닌 세 가지로 보기도 한다. 실제로 평균 구조를 이용하지 않으면 두 모형의 구분이 가능하지 않다. 그리고 마지막으로 구조방정식의 대다수 측정모형이 선택하고 있는 공동모형(congeneric model)에서 어떻게 합성점수(composite score)의 신뢰도를 추정할 수 있는지 Raykov(2004)의 방법을 이용하여 설명한다.

이제 네 가지 다른 측정모형의 구분을 설명할 것이다. 이 네 가지 모형의 정의는 고전검사이론에서 밝히는 방식과 이후 구조방정식에서 밝히는 방식이 약간 다른 경향이 있다. 그리고 고전검사이론에서는 관찰점수 x와 진점수 t의 관계에서 정의를 한다면(Lord & Novick, 1968), 구조방정식에서는 관찰변수 x와 잠재변수 f의 관계에서 정의하는 것이 일반적이다(Brown, 2006; Kline, 2011). 사실 엄격하게 말해서 진점수(t)와 잠재변수(f)는 서로 같지 않다. 그 차이는 Bollen(1989, pp. 219-220)에 자세하게 설명되어 있는데, 현실 속에서 그 차이의 분산을 알기는 거의 가능하지 않다. 그런 이유로 그 차이를 0이라고 보기도 한다. 그렇게 되면 결국 둘의 차이는 개념적으로만 존재하고, 수학적으로는 사라질 수 있다. 어쨌든 우리 책에서는 x가 f의 지표변수(indicators)인 관계를 가정하고 설명한다. 어떤 순서로 설명하여도 상관은 없지만, 가장 복잡하고 일반적인 공동모형에서 시작하여 가장 단순한 평행모형으로 진행하는 방식을 택한다. 요인분석모형의 관점에서 이 순서로 진행하면서 각 단계의 가정을 만족하는지 χ^2 차이검정을 할 것이다. 이는 설명하고자 하는 네 개의 모형이 서로 위계적으로 내재된 관계이기 때문에 가능하다.

관찰변수 x_1, x_2, x_3, x_4가 있다고 가정하고 이 네 개의 지표변수가 요인 f를 측정하고 있다고 가정하면 [식 8.25]와 같은 공동모형(congeneric model)을 설정할 수 있다.

$$
\begin{aligned}
x_1 &= \mu_1 + \lambda_1 f + e_1 \\
x_2 &= \mu_2 + \lambda_2 f + e_2 \\
x_3 &= \mu_3 + \lambda_3 f + e_3 \\
x_4 &= \mu_4 + \lambda_4 f + e_4
\end{aligned}
\qquad\qquad \text{[식 8.25]}
$$

위의 모형에서 지표변수들은 하나의 공통된 구인을 측정하지만, 다른 수준의 지표변수-요인 관계(요인부하)가 가능하고, 다른 평균(절편)이 가능하며, 다른 오차의 분산이 가능하다. 즉, 공동모형에서 지표변수들에는 공통된 요인을 측정한다는 것만 제외하면 그 어떤 제약(constraint)도 존재하지 않는다. 그리고 위에서 오차는 서로 독립적이며, 오차와 요인도 서로 독립적이고, 오차의 평균은 0이라고 가정한다. 또한 이 모형은 상관계수 행렬이 아닌 공분산 행렬에만 적용할 수 있다. 이것들은 공동모형뿐만 아니라 앞으로 설명할 나머지 세 가지 모형에도 공통적으로 적용되는 기본 가정이다. 만약 공동모형의 적합도가 양호하면 다음 단계로 진행한다. 다음 단계에서는 조금 더 단순한 본질적 진점수 동등모형(essentially tau-equivalent model)을 [식 8.26]과 같이 설정한다.

$$x_1 = \mu_1 + f + e_1$$
$$x_2 = \mu_2 + f + e_2$$
$$x_3 = \mu_3 + f + e_3 \qquad\qquad [식 \ 8.26]$$
$$x_4 = \mu_4 + f + e_4$$

위의 모형에서 나머지 모든 부분은 공동모형과 같지만, 네 개의 요인부하를 모두 1로 고정한다. Bollen(1989), Kline(2011), Lord와 Novick(1968), Raykov(1997b, 2004) 등에서는 위의 방식과 마찬가지로 모든 요인부하를 1로 고정하는 것으로 (본질적) 진점수 동등모형을 정의한다. 하지만 실제로 구조방정식이나 측정 분야의 응용 논문들에서 모든 요인부하를 1로 고정하지 않고, 다만 같은 숫자로 제약 (constraint)하는 경우도 볼 수 있다. 즉, 네 개의 지표변수가 같은 정도로 하나의 요인과 관련이 되어 있다고 가정하는 모형이다. 어떤 방식을 사용하든지 만약 이 모형의 적합도(χ_M^2)가 공동모형에 비하여 많이 나빠지지 않았다면 본질적 진점수 동등모형 가정이 성립하였다고 말한다. 얼마나 나빠지지 않았는지를 결정하기 위해서는 이미 여러 번 설명했듯이 χ^2 차이검정을 이용할 수 있다. χ^2 차이검정을 기각하지 않는다면 더 단순한 모형, 즉 본질적 진점수 동등모형을 선택하고 가정이 성립하였다고 결론 내린다. 그리고 앞서 설명했듯이, 우리가 사용하는 Cronbach's α는 이 모형의 가정을 만족한 상태에서 계산하는 것이다. 이 가정을 만족한다면 연구자가 계산한 Cronbach's α는 문제가 없는 것이고, 만약 이 가정을 만족하지 못한다면 Cronbach's α는 과소추정된 값인 것이다. 많은 경우에 하나의 요인을 측정하는 여러 개의 지표변수들은 서로 동일한 수준으로 요인과 관계를 맺고 있지 않다. 그러므로 사실 구조방정식 모형을 이용하기 전 단계로 Cronbach's α를 계산하는 경우에 과소추정된 Cronbach's α를 보고할 가능성이 상당히 높다. 다음 단계로는 조금 더 단순해진 진점수 동등모형(tau-equivalent model)이 [식 8.27]과 같이 설정되어 있다.

$$x_1 = f + e_1$$
$$x_2 = f + e_2$$
$$x_3 = f + e_3 \qquad\qquad [식 \ 8.27]$$
$$x_4 = f + e_4$$

본질적 진점수 동등모형이 가진 제약에 모든 절편이 0으로 고정된다는 제약을 더한 모형이다. 사실 [식 8.27]의 모형은 [식 8.26]의 모형과 본질적으로 같은 모형이다. 측정모형을 다루면서 여러 번 보아 왔듯이, 측정모형의 절편(μ)은 반드시 필요한 부분이 아니다. 그래서 모형의 수식을 전개할 때 절편을 괄호 안에 넣은 것을 기억할 것이다. 절편을 뺀 측정모형을 평균 조정 측정모형(mean-corrected measurement model)이라고 하였다. 절편은 지표변수와 요인의 관계(예, 상관계수 또는 설명력 R^2 등)에 영향을 주지 못한다. 이전 단계의 모형 이름이 본질적 진점수 동등모형인 이유는 그 모형이 이번 단계의 진점수 동등모형과 '본질적으로' 동일하기 때문이다. 그래서 구조방정식의 전통이나 고전검사이론의 전통에서 본질적 진점수 동등모형을 설명하지 않고 뛰어넘는 경우도 상당히 많다(예, Bollen, 1989; Kline, 2011). 앞에서 본질적 진점수 동등모형을 설명했던 이유는 그 단계가 Cronbach's α의 가정모형이기 때문이다. 하지만 Cronbach's α의 가정모형이 진점수 동등모형이라고 해도 크게 잘못된 것은 아니다. 진점수 동등모형 가정이 성립하는지 보기 위해서는 앞 단계에 있는 본질적 진점수 동등모형이 아니라 공동모형에 대하여 χ^2 차이검정을 실시하는 것이 일반적이다. 이때 공동모형에서 절편에 대한 조정이 필요하기는 하다. 마찬가지로 모형의 적합도가 공동모형에 비해 많이 나쁘지 않다면 가정이 성립한다고 결론 내린다. 마지막으로 가장 단순한 모형인 평행모형이 [식 8.28]에 있다.

$$\begin{aligned} x_1 &= f + e_1 \\ x_2 &= f + e_2 \\ x_3 &= f + e_3 \\ x_4 &= f + e_4 \end{aligned} \qquad \text{[식 8.28]}$$

평행모형은 절편이 모두 동일하다는 가정에 오차의 분산이 같다는 가정을 더한다. 그런데 [식 8.28]을 보면 [식 8.27]의 진점수 동등모형과 다른 것이 없어 보인다. 그 이유는 평행모형에서 추가되는 제약이 $e_1 = e_2 = e_3 = e_4$가 아니라 $\psi_{11} = \psi_{22} = \psi_{33} = \psi_{44}$이기 때문이다. 다시 말해, 추가되는 제약은 $Var(e_1) = Var(e_2) = Var(e_3) = Var(e_4)$이다. 평행모형 가정이 성립하는지 확인하기 위해서는 진점수 동등모형과 비교하는 χ^2 차이검정을 실시하면 된다. 지금까지 상당히 간단하게 네 가지(크게 보면 세 가지) 측정모형에 대하여 설명하였다. 사실 앞에서 배운 측정모형들에 비하여 워낙 간단한 모형들이고, χ^2 차이검정 또한 여러 번 설명하였기 때문에 이 모형들의 성립 여부를 확인하기 위한 실제 예는 생략한다.

이제 구조방정식에서 가장 일반적이고 보편적인 측정모형인 공동모형(congeneric

model)을 가정하고 어떻게 신뢰도 지수를 추정할 수 있는가를 살펴본다. 앞서 밝힌 대로 Raykov(2004)에 기반하여 간략하게 설명할 것이다. 공동 지표변수(congeneric indicators)를 가정한 상태에서 1요인 모형을 추정하고, 합성점수 x의 신뢰도 지수는 [식 8.29]와 같이 추정한다. 한 가지 유의할 점은 아래의 방식으로 신뢰도를 추정할 때 요인의 분산을 1로 고정하고 요인부하는 모두 자유롭게 추정하는 방식으로 요인의 단위를 지정해야 한다.

$$\rho_{xx} = \frac{\left(\sum_{i=1}^{k} \lambda_i\right)^2}{\left(\sum_{i=1}^{k} \lambda_i\right)^2 + \sum_{i=1}^{k} \psi_{ii}} \qquad \text{[식 8.29]}$$

위 식의 내용은 이미 앞에서 모두 정의가 되어 있는데 다시 한 번 한다. k는 개별 문항의 개수, λ는 요인부하, ψ_{ii}는 오차 e_i의 분산(error variance)이다. [식 8.29]는 오차 간에 서로 공분산이 존재하지 않을 때 사용할 수 있다. 만약 오차 간에 공분산이 존재한다면 [식 8.30]을 이용해야 한다.

$$\rho_{xx} = \frac{\left(\sum_{i=1}^{k} \lambda_i\right)^2}{\left(\sum_{i=1}^{k} \lambda_i\right)^2 + \sum_{i=1}^{k} \psi_{ii} + 2\sum_{1 \le i < j \le k} \psi_{ij}} \qquad \text{[식 8.30]}$$

위에서 ψ_{ij}는 오차 e_i와 e_j의 공분산이고, 그러므로 $2\sum_{1 \le i < j \le k} \psi_{ij}$는 오차들의 분산공분산 행렬에서 겹치지 않는($i < j$라고 했기 때문에) 공분산 요소의 합에 2를 곱한 값을 가리킨다. 구조방정식 프로그램을 이용하여 추정한 결과에서 $2\sum_{1 \le i < j \le k} \psi_{ij}$는 output에 보이는 모든 오차 간 공분산을 더해서 2를 곱해 주면 된다. 만약 위의 신뢰도 지수들을 ML 방법으로 추정한 결과를 이용해 계산하면, ML 추정량이 가진 장점들에 의해 합성점수 x의 신뢰도 추정치는 점근적으로 효율적이고, 일관적이며, 편향되지 않은 결과를 준다. 측정모형에서의 신뢰도에 대해 더 자세한 내용을 알고자 한다면 Bollen(1989), Feldt와 Brennan(1989), Graham(2006), Kline(2011), Lord와 Novick(1968), Raykov(1997b, 2004) 등을 참조하기 바란다.

이번 섹션을 마무리하면서, 앞에서 사용한 우울, 면역기능, 질병의 자료 중 우울

문항 세 개를 이용해서 Cronbach's α를 계산하고 본질적 진점수 모형의 가정이 성립하는지 확인한 다음, 공동모형을 가정한 Raykov(2004)가 제안한 방법의 신뢰도 지수를 추정하고자 한다. 본질적 진점수 가정이 성립하지 않을 때, Cronbach's α 가 Raykov(2004)의 신뢰도 추정치를 얼마나 과소추정하게 될지 살펴볼 것이다. 먼저 SPSS를 이용하여 세 문항의 합성점수의 Cronbach's α를 계산한 결과는 0.885다. 다음으로 공동모형을 추정하는 input과 output의 일부가 [결과 8.47]에 제공된다.

[결과 8.47] 공동모형(congeneric model)

```
VARIABLE: NAMES ARE depress1-depress3 immune1-immune3
                    illness1-illness3;
          USEVARIABLES ARE depress1-depress3;

ANALYSIS: TYPE = General;

MODEL: DEPRESS BY depress1* depress2 depress3;
       DEPRESS@1;


Chi-Square Test of Model Fit

          Value                           0.000
          Degrees of Freedom                  0
          P-Value                         0.0000


MODEL RESULTS

                                                   Two-Tailed
                    Estimate    S.E.   Est./S.E.   P-Value

 DEPRESS  BY
   DEPRESS1          1.167     0.048     24.122     0.000
   DEPRESS2          0.894     0.038     23.542     0.000
   DEPRESS3          0.788     0.037     21.337     0.000

 Intercepts
   DEPRESS1          0.011     0.059      0.183     0.855
   DEPRESS2          0.028     0.046      0.617     0.537
   DEPRESS3          0.005     0.043      0.109     0.913

 Variances
   DEPRESS           1.000     0.000    999.000   999.000

 Residual Variances
   DEPRESS1          0.363     0.044      8.297     0.000
   DEPRESS2          0.247     0.027      9.203     0.000
   DEPRESS3          0.314     0.026     12.020     0.000
```

MODEL 커맨드에서 DEPRESS 요인의 분산을 1로 고정해 주는 방식으로 요인의 단위를 지정하기 위해 DEPRESS@1;을 추가하였다. 요인의 단위를 지정하는 방식은 두 가지 중에 하나만 사용해야 하므로, 첫 번째 요인부하가 1로 고정되지 않도록 depress1*를 이용해서 depress1의 요인부하를 자유롭게 추정되도록 하였다. 위의 모형은 하나의 요인을 세 개의 지표변수를 이용하여 추정한 모형이므로 완전적합 모형이다. 당연히 $\chi^2_M = 0$이었다. 위에 보이는 개별모수 추정치는 아래에서 신뢰도 추정치를 계산하기 위해 사용할 것이다. 이제 본질적 진점수 동등모형이 성립하는지 확인하기 위한 모형의 input과 output이 [결과 8.48]에 제공된다. 개별모수 추정치는 사용하지 않을 것이어서 생략한다.

[결과 8.48] 본질적 진점수 동등모형(essentially tau–equivalent model)

```
VARIABLE: NAMES ARE depress1-depress3 immune1-immune3
                    illness1-illness3;
          USEVARIABLES ARE depress1-depress3;

ANALYSIS: TYPE = General;

MODEL: DEPRESS BY depress1* depress2 depress3(1);
       DEPRESS@1;


Chi-Square Test of Model Fit

          Value                           71.965
          Degrees of Freedom                   2
          P-Value                         0.0000
```

MODEL 커맨드에 세 요인부하 추정치가 모두 같은 값을 가지도록 하기 위해 DEPRESS BY depress1* depress2 depress3(1);과 같이 (1)을 추가하였다. 추정의 결과 $\chi^2_M = 71.965$였다. 본질적 진점수 동등모형의 성립 여부를 확인하는 것은 [표 8.14]를 이용한 χ^2 차이검정을 통해 이루어진다.

[표 8.14] χ^2 차이검정 – 본질적 진점수 동등모형 vs. 공동모형

	H_0(영가설)	H_1(대립가설)
	단순한(simple) 모형	복잡한(complex) 모형
	본질적 진점수 동등모형	공동모형
	두 모형의 적합도 간 차이가 없다	두 모형의 적합도 간 차이가 있다
	본질적 진점수 동등이 성립한다	본질적 진점수 동등이 성립하지 않는다
χ^2	$\chi_S^2 = 71.965$	$\chi_C^2 = 0$
df	$df_S = 2$	$df_C = 0$

사실 위의 χ^2 차이검정은 실시할 필요가 없다. 대립가설의 모형이 완전적합 모형이기 때문에 본질적 진점수 동등모형의 M*plus* 모형 적합도 결과에 나오는 p-value를 그대로 사용하면 된다. $p < 0.001$이기 때문에 유의수준 5%에서 H_0을 기각한다. 이렇게 되면 두 모형 중에서 더 복잡한 공동모형을 선택하게 된다. 즉, 본질적 진점수 동등성이 성립하지 않고, 아마도 Cronbach's $\alpha(=0.885)$는 Raykov(2004)의 방법에 비해 어느 정도인지는 모르지만 과소추정된 것이다. 공동모형의 개별 모수 추정치를 이용하여 Raykov(2004)의 방법으로 추정한 신뢰도 지수가 [식 8.31]에 있다.

$$\hat{\rho}_x = \frac{(1.167 + 0.894 + 0.788)^2}{(1.167 + 0.894 + 0.788)^2 + (0.363 + 0.247 + 0.314)} = 0.898 \quad [식\ 8.31]$$

큰 차이는 아니지만 Cronbach's α가 동등모형을 이용하여 계산한 신뢰도보다 과소추정된 것을 확인할 수 있다(0.885 < 0.898).

8.5. 통계적 동치모형

앞 장에서 경로모형의 통계적 동치모형을 찾는 규칙을 간단하게 설명하였다. 경로모형 또는 구조모형에서 가능한 것처럼 측정모형에서도 동일한 추정된 공분산 행렬을 만들어 내는 여러 모형이 존재할 수 있다. 역설적으로 구조방정식의 이러한 한계가 동치모형이라는 주제를 중요하게 만든다. 잠재적으로 여러 개의 동치모형이 존재하기 때문에 우리는 구조방정식 모형을 통해 단 하나의 설정한 모형을 검정한다기보다는 그 모형과 동치인 여러 모형을 한꺼번에 검정한다고 할 수 있을 것이다(Hershberger & Marcoulides, 2013). 다시 말해, 우리가 검정하는 모형이 좋

은 적합도를 보여 준다고 해서 설정한 모형이 실질적으로 변수 간의 관계를 진정으로 설명하는 모형일지 아닐지는 쉽게 결정할 수 없다는 것이다. 이번 섹션에서 동치모형을 찾는 복잡하고 힘든 과정에 대한 자세한 토론은 그다지 필요하지 않다고 생각하며, 간략하게 어떤 동치모형이 가능할 수 있는지에 대해 Hershberger와 Marcoulides(2013)를 참고하여 서술한다. 예제를 위하여 [그림 8.26]과 같은 자료가 있다고 가정하자($n = 500$). 행복도 자료의 상관 및 기술통계는 [표 8.15]에 있다.

	행복1	행복2	행복3	행복4	행복5
1	-.101	-.639	.010	.314	1.192
2	1.774	2.067	.479	.979	.615
3	-.367	-1.017	-1.153	-1.240	-.445
4	.456	.347	-1.661	-.656	.046
5	-.518	.643	-.139	-.245	-.691
6	.861	.572	-1.175	1.523	1.058
7	-.134	.312	.025	-.389	.068

[그림 8.26] 행복도 다섯 문항

[표 8.15] 성취도 자료의 상관 및 기술통계

	행복1	행복2	행복3	행복4	행복5
행복1	1.00				
행복2	.712	1.00			
행복3	.268	.219	1.00		
행복4	.224	.201	.796	1.00	
행복5	.286	.226	.793	.738	1.00
표준편차	1.024	.968	1.376	1.040	1.025
평균	.028	.005	.024	.025	.034

위의 다섯 문항은 모두 행복도를 물어보는 질문들에 대하여 수집한 자료이며, 표준화되어 있는 변수들이다. [그림 8.27]과 같은 1요인 모형을 설정하였다고 가정하자.

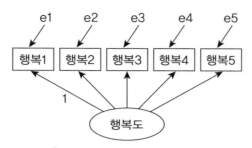

[그림 8.27] 행복도 1요인 모형

위 모형처럼 다섯 개의 지표변수를 이용하여 행복도를 추정한 결과, 모형의 χ^2 적합도 검정은 기각되었고($\chi^2_M = 328.828$, $df_M = 10$) 근사 적합도 지수들은 RMSEA $= 0.253$, CFI$= 0.778$, SRMR$= 0.142$로 역시 좋지 않았다. 그 이유를 확인해 본 결과, 행복1과 행복2가 다른 문항들에 비하여 상대적으로 매우 높은 상관이 있고 행복3-행복5가 또한 서로 높은 상관이 있음을 발견하였다. 이와 같은 사실을 반영하여 [그림 8.28]과 같은 행복도를 둘로 나눈 2요인 모형을 설정하였다.

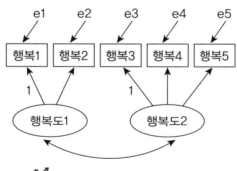

[그림 8.28] 행복도 2요인 모형

위의 모형을 [그림 8.26]의 자료에 적용하여 추정하기 위한 M*plus* input과 output의 일부가 [결과 8.49]에 제공된다.

[결과 8.49] 행복도 2요인 모형

```
DATA: FILE IS happiness.dat;
      FORMAT IS 5f8.3;

VARIABLE: NAMES ARE happy1-happy5;

ANALYSIS: TYPE = General; ESTIMATOR = ML;
```

```
MODEL: HAPPYONE BY happy1 happy2;
       HAPPYTWO BY happy3-happy5;

       HAPPYONE HAPPYTWO;
       HAPPYONE WITH HAPPYTWO;

       happy1-happy5;
       [happy1-happy5@0];


Chi-Square Test of Model Fit

        Value                              6.130
        Degrees of Freedom                     9
        P-Value                            0.7268

RMSEA (Root Mean Square Error Of Approximation)

        Estimate                           0.000
        90 Percent C.I.                    0.000  0.037
        Probability RMSEA <= .05           0.989

CFI/TLI

        CFI                                1.000
        TLI                                1.002

SRMR (Standardized Root Mean Square Residual)

        Value                              0.016


MODEL RESULTS

                                                     Two-Tailed
                      Estimate    S.E.   Est./S.E.   P-Value

HAPPYONE BY
   HAPPY1             1.000      0.000    999.000    999.000
   HAPPY2             0.781      0.107      7.316      0.000

HAPPYTWO BY
   HAPPY3             1.000      0.000    999.000    999.000
   HAPPY4             0.703      0.026     26.803      0.000
   HAPPY5             0.693      0.026     26.598      0.000

HAPPYONE WITH
   HAPPYTWO           0.382      0.063      6.038      0.000

Variances
   HAPPYONE           0.904      0.135      6.672      0.000
   HAPPYTWO           1.615      0.123     13.097      0.000

Residual Variances
   HAPPY1             0.144      0.119      1.213      0.225
   HAPPY2             0.385      0.076      5.058      0.000
   HAPPY3             0.274      0.039      7.013      0.000
   HAPPY4             0.282      0.025     11.365      0.000
   HAPPY5             0.275      0.024     11.258      0.000
```

모형의 input 부분은 intercept를 모두 0으로 고정한 새로울 것 없는 평범한 2요인 모형이다. 먼저 각 요인이 상응하는 관찰변수에 의해 측정되는 것을 정의하고, 각 요인의 분산과 두 요인 사이의 공분산을 추정하는 명령어를 더하였다. 마지막으로 잔차분산의 추정을 위한 명령어와 절편을 모두 0으로 고정하는 명령어가 있다. 모형의 추정 결과는 $\chi^2_M = 6.130(df_M = 9, \ p = 0.7268)$으로 모형이 자료에 부합한다는 결론을 내릴 수 있다. RMSEA=0.000, CFI=1.000, SRMR=0.016으로 역시 모두 자료에 부합하는 모형임을 가리켰다. 개별모수 추정치 역시 지극히 평범한 2요인 모형의 결과다. 각 요인의 첫 번째 요인부하는 1로 고정되었고 나머지는 추정되었으며, 두 요인 간의 공분산 및 각 요인의 분산 추정치를 확인할 수 있었다. 마지막으로는 각 지표변수에 속한 오차($e_1 \sim e_5$)의 분산 추정치가 있다.

이렇게 각 개별변수의 상관 정도를 반영하여 [그림 8.28]과 같이 2요인 모형을 설정할 수 있다. 하지만 동시에 두 요인의 상관을 고차(이차) 요인을 통하여 [그림 8.29]와 같이 표현할 수도 있다. 즉, 일차 요인 두 개(행복도 1 및 행복도 2) 간의 상관을 이차 요인(행복도)으로 대체하는 모형이다. 이때 요인 지표변수(factor indicators)에 의하여 측정되는 고차 요인의 두 요인부하는 모형의 판별을 위하여 모두 1로 고정되었다.

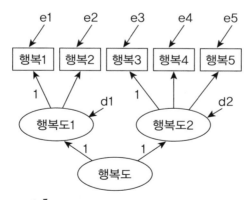

[그림 8.29] 행복도 이차 요인모형

위의 고차 요인모형의 추정을 위한 M*plus* input과 output의 일부가 [결과 8.50]에 제공된다.

[결과 8.50] 행복도 이차 요인모형

```
MODEL: HAPPYONE BY happy1 happy2;
       HAPPYTWO BY happy3-happy5;

       HAPPY BY HAPPYONE HAPPYTWO@1;

       HAPPYONE HAPPYTWO;

       happy1-happy5;
       [happy1-happy5@0];


Chi-Square Test of Model Fit

       Value                                 6.130
       Degrees of Freedom                        9
       P-Value                              0.7268


MODEL RESULTS

                                              Two-Tailed
                   Estimate     S.E.  Est./S.E.   P-Value

 HAPPYONE BY
    HAPPY1           1.000      0.000   999.000   999.000
    HAPPY2           0.781      0.107     7.316     0.000

 HAPPYTWO BY
    HAPPY3           1.000      0.000   999.000   999.000
    HAPPY4           0.703      0.026    26.803     0.000
    HAPPY5           0.693      0.026    26.598     0.000

 HAPPY    BY
    HAPPYONE         1.000      0.000   999.000   999.000
    HAPPYTWO         1.000      0.000   999.000   999.000

 Variances
    HAPPY            0.382      0.063     6.038     0.000

 Residual Variances
    HAPPY1           0.144      0.119     1.213     0.225
    HAPPY2           0.385      0.076     5.058     0.000
    HAPPY3           0.274      0.039     7.013     0.000
    HAPPY4           0.282      0.025    11.365     0.000
    HAPPY5           0.275      0.024    11.258     0.000
    HAPPYONE         0.522      0.130     4.005     0.000
    HAPPYTWO         1.233      0.115    10.709     0.000
```

input의 다른 부분은 앞의 모형에서 설명하였으며, 새롭게 추가된 부분은 고차 요인의 두 요인부하를 모두 1로 고정하는 명령어로서 HAPPY BY HAPPYONE HAPPYTWO@1;에 의해서 실행된다. HAPPY BY HAPPYONE@1;과 HAPPY BY HAPPYTWO@1;으로 나누어서 써도 같은 결과를 준다. 그리고 이 명령문 때문에 HAPPYONE과 HAPPYTWO는 더 이상 외생변수가 아닌 내생변수가 된다. 자동적으로 HAPPYONE HAPPYTWO;는 더 이상 두 요인의 분산이 아니라 두 요인에 속해 있는 오차(d_1과 d_2)의 분산을 추정하는 명령어가 된다. 모형의 적합도는 앞의 2요인 모형과 완전하게 일치하므로 χ^2_M와 df_M만 제공한다. 개별모수 추정치 부분에서는 1로 고정한 이차 요인의 요인부하가 있으며, 이차 요인의 분산 추정치 0.382를 확인할 수 있다. Residual Variances의 가장 마지막 두 줄은 [그림 8.29]에서 설정한 d_1과 d_2의 분산 추정치로서 각각 0.522와 1.233이다.

맨 처음 제시한 1요인 모형 및 자료에 존재하는 행복1과 행복2의 높은 상관은 행복도 2요인 모형을 만들어 냈다. 그리고 이와 같이 설정한 행복도 2요인 모형은 이차 요인모형과 동치모형임을 볼 수 있었다. 이렇게 고차 요인을 사용하는 방법 외에 [그림 8.30]처럼 두 지표변수에 속한 오차(e_1과 e_2)의 상관을 설정하는 동치모형을 또 찾을 수 있다.

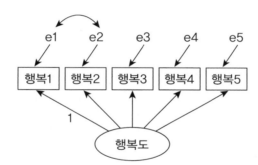

[그림 8.30] 행복도 1요인 모형과 오차 상관

위의 모형은 1요인 모형에서 두 지표변수 간에 존재하는 높은 상관을 오차 간의 공분산을 이용해 반영한 모형이다. 위 모형의 추정을 위한 M*plus* input과 output의 일부가 [결과 8.51]에 제공된다.

[결과 8.51]　행복도 1요인 모형과 오차 상관

```
MODEL: HAPPY BY happy1-happy5;

       HAPPY;

       happy1-happy5;
       [happy1-happy5@0];

       happy1 WITH happy2;
```

```
Chi-Square Test of Model Fit

        Value                                   6.130
        Degrees of Freedom                         9
        P-Value                               0.7268


MODEL RESULTS

                                                 Two-Tailed
                     Estimate     S.E.   Est./S.E.  P-Value

 HAPPY     BY
    HAPPY1            1.000       0.000   999.000    999.000
    HAPPY2            0.781       0.107     7.316      0.000
    HAPPY3            4.228       0.650     6.507      0.000
    HAPPY4            2.972       0.460     6.460      0.000
    HAPPY5            2.929       0.452     6.484      0.000

 HAPPY1    WITH
    HAPPY2            0.635       0.050    12.616      0.000

 Variances
    HAPPY             0.090       0.028     3.223      0.001

 Residual Variances
    HAPPY1            0.957       0.061    15.681      0.000
    HAPPY2            0.881       0.056    15.725      0.000
    HAPPY3            0.274       0.039     7.013      0.000
    HAPPY4            0.282       0.025    11.365      0.000
    HAPPY5            0.275       0.024    11.258      0.000
```

MODEL 커맨드에서 마지막 줄에 추가된 happy1 WITH happy2; 부분이 e_1과 e_2의 공분산을 추정하기 위한 명령어다. 그리고 output 부분에 있는 0.635가 바로 두 오차 사이의 공분산 추정치다. 모형 적합도 지수는 역시 앞의 결과들과 완전하게 일치하므로 역시 χ_M^2와 df_M만 제공한다.

마지막으로 상대적으로 높은 상관을 보이는 두 개의 지표변수를 해결하는 또 다른 동치모형은 새로운 요인을 만들고 지표변수를 공유(교차 요인부하, cross loading)하는 모형으로서 [그림 8.31]에 그 경로도가 있다. 이때 두 요인 간의 상관은 허락하지 않는다. 또한 첫 번째 요인의 지표변수인 행복1과 행복2의 요인부하는 모두 1로 고정하고, 두 번째 요인에서는 다섯 개의 지표변수 중 하나의 요인부하를 1로 고정한다. 이 예에서는 임의로 행복5의 요인부하를 1로 고정하였는데, 행복1이나 행복3의 요인부하를 1로 고정하여도 통계적으로는 아무런 차이가 없다. 만약 행복1의 요인부하를 1로 고정하면 행복도1 요인과 행복도2 요인이 서로 같은 단위(metric)를 가지게 된다.

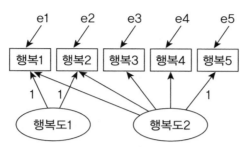

[그림 8.31] 2요인 모형과 교차 요인부하

위 모형의 추정을 위한 M*plus* input과 output의 일부가 [결과 8.52]에 제공된다.

[결과 8.52] 2요인 모형과 교차 요인부하

```
MODEL: HAPPYONE BY happy1 happy2@1;
       HAPPYTWO BY happy5 happy1-happy4;

       HAPPYONE HAPPYTWO;
       HAPPYONE WITH HAPPYTWO@0;

       happy1-happy5;
       [happy1-happy5@0];


Chi-Square Test of Model Fit

          Value                          6.130
          Degrees of Freedom                 9
          P-Value                       0.7268


MODEL RESULTS

                                              Two-Tailed
                   Estimate   S.E.  Est./S.E.  P-Value

  HAPPYONE BY
    HAPPY1          1.000    0.000   999.000   999.000
    HAPPY2          1.000    0.000   999.000   999.000

  HAPPYTWO BY
    HAPPY5          1.000    0.000   999.000   999.000
    HAPPY1          0.341    0.053     6.484     0.000
    HAPPY2          0.266    0.050     5.303     0.000
    HAPPY3          1.443    0.054    26.598     0.000
    HAPPY4          1.015    0.041    24.583     0.000

  HAPPYONE WITH
    HAPPYTWO        0.000    0.000   999.000   999.000

  Variances
```

HAPPYONE	0.635	0.050	12.616	0.000
HAPPYTWO	0.775	0.066	11.683	0.000
Residual Variances				
HAPPY1	0.323	0.036	8.918	0.000
HAPPY2	0.246	0.034	7.325	0.000
HAPPY3	0.274	0.039	7.014	0.000
HAPPY4	0.282	0.025	11.365	0.000
HAPPY5	0.275	0.024	11.258	0.000

MODEL 커맨드에서 첫 번째 요인의 지표변수인 행복1과 행복2의 요인부하는 모두 1로 고정하는 명령어가 HAPPYONE BY happy1 happy2@1;이다. 그리고 HAPPYTWO 요인의 지표변수 중에서 happy5의 요인부하를 1로 고정하기 위하여 HAPPYTWO BY happy5 happy1-happy4;와 같이 happy5를 가장 먼저 나열하였다. 다음 두 줄에는 행복도 1 요인과 행복도 2 요인의 분산은 추정하되 공분산을 추정하지 않기 위하여 HAPPYONE WITH HAPPYTWO@0;를 추가하였다. 이와 같이 모형을 추정하면 앞의 세 모형과 완전히 일치하는 모형 적합도를 보인다. 개별 모수 추정치는 모두 설정한 대로 나왔음을 확인할 수 있다.

지금까지 내용을 정리해 보면, [그림 8.27]에서 보인 행복도 1요인 모형의 적합도가 좋지 않았고 이는 처음 두 개의 지표변수가 상대적으로 높은 상관을 가지고 있기 때문에 발생한 것으로 확인하였다. 이 모형을 수정하는 방법은 [그림 8.28]부터 [그림 8.31]까지 총 네 개가 있었는데, 넷 모두 다르게 설정된 모형이지만 통계적으로는 모두 동치모형임을 확인하였다. 이런 결과를 통해 우리가 고민해야 할 것은 도대체 어떤 모형이 연구자가 속한 분야의 이론에 기반하여 가장 잘 설명할 수 있는 것인가다. 하지만 현실에서 연구자의 모형과 동치인 모형을 찾아내는 것은 많은 경우에 매우 어려운 과정이며, 반드시 이루어져야 하는 과정이 아닌 선택적인 과정이다. 일반적인 상황에서 확인적 요인분석모형의 동치모형에 관심이 있는 독자는 Bentler와 Satorra(2010), Kline(2013), Hershberger와 Marcoulides (2013) 등을 찾아보기 바란다.

8.6. 차별문항기능

일반적으로 심리검사 또는 성취도검사에서 모든 참여자는 같은 측정특성을 보여야 한다. 예를 들어, 같은 수준의 전반적인 우울 정도를 가지고 있다면 성별, 인종,

국적 등의 집단에 상관없이 임의의 우울 문항을 맞힐 확률(즉, 문항에 반응할 확률)도 같아야 한다. 만약 같은 수준의 구인특성을 가지고 있는 사람들이 다른 집단에 속해 있다는 이유만으로 문항을 맞힐 확률의 함수가 다르다면 차별문항기능(differential item functioning, DIF)이 발생하고 있다고 말한다. 예를 들어, 이분형(0/1) 문항으로 이루어진 우울 척도에 "나는 가끔 울고 싶을 때가 있다."라는 질문이 있다고 가정하자. 같은 우울 수준을 가지고 있는 남자와 여자가 있는데, 사회문화적인 이유 때문에 남자가 여자보다 1이라고 반응할 확률이 더 낮다면 이 문항은 문제의 소지가 있는 것이다. 또 다른 예를 들어, 대학 입시에서 고무줄놀이에 대한 문항이 있다고 가정하자. 역시 문화적인 이유로 남자는 고무줄놀이를 접할 기회가 거의 없었고, 동일한 수준의 대학수학능력을 가진 남자와 여자를 가정했을 때 여자가 이 문항을 더 잘 맞히게 될 것이다. 이렇게 동일한 수준의 잠재특성(우울 또는 대학수학능력)을 가졌다고 가정할 때, 어떤 문항이 한 집단에 대해서는 유리하게 작동하고(1이라고 더 잘 반응하고, 또는 더 잘 맞히고) 다른 집단에 대해서는 불리하게 작동한다면(0이라고 더 잘 반응한다면, 또는 더 잘 틀린다면) 그 문항은 상응하는 구인(우울 또는 대학수학능력)을 측정하는 좋은 문항이 될 수 없다. 여기서 한 가지 주의할 것은 차별문항기능이 남녀 집단 간에 우울 또는 대학수학능력이라는 구인에서 잠재평균의 차이가 있다는 의미가 아니라는 것이다. 집단 간 잠재평균의 차이는 얼마든지 존재할 수도 있고 그렇지 않을 수도 있다.

차별문항기능은 성취도를 측정하는 교육측정 분야에서 이미 매우 주요한 주제 중 하나다. 하지만 심리측정 분야에서도 검사를 새롭게 개발할 때, 특히 새로운 문항을 개발할 때 신경 써야 하는 부분임에 틀림없다. 지난 수십 년간 이루어진 DIF의 전반적인 발전내용을 이번 섹션에서 모두 다루기는 불가능하다. 이번 섹션에서는 지금까지 배운 구조방정식의 내용을 통해서 범주형 개별문항의 DIF를 어떻게 검정할 수 있는가를 간략하게 다룰 것이다. 범주형 개별문항의 DIF를 검정하기 위해서는 IRT 모형(또는 일반화 요인모형)의 다집단 분석 또는 MIMIC 모형을 사용할 수 있다. 다집단 분석의 방법을 사용하면 다양하게 DIF 검정을 진행할 수 있는 반면, 이 방법은 모든 집단에 대해 상당히 큰 표본크기를 요구한다. MIMIC 모형을 이용하여 DIF 검정을 하면, 다집단 분석만큼 다양하게 검정을 진행할 수는 없지만, 작은 집단이 존재하는 경우에 상당히 강점이 있다(Woods, 2009). 우리는 IRT 모형의 MIMIC 확장(즉, IRT 모형에 공변수가 더해진 모형)을 이용하여 간단하게 DIF를 검정하는 방식을 다루고자 한다. 앞에서 자세히 설명했듯이 IRT 모형은 일반화 요인모형과 수학적으로 동일한 모형이므로 일반화 요인모형의 MIMIC 확장이라고 볼 수 있다.

먼저 MIMIC 모형을 이용해서 DIF 검정을 시행함에 있어서 균일 DIF(uniform DIF)와 비균일 DIF(nonuniform DIF)를 구별하는 것이 필요하다. 왜냐하면 일반적인 MIMIC 모형을 이용한 DIF 검정은 균일 DIF에만 민감하게 반응하기 때문이다. 먼저 균일 DIF란 잠재특성의 모든 영역에서 한 집단의 문항반응 확률이 다른 집단의 문항반응 확률과 다른 경우를 가리킨다. [그림 8.32]에 균일 DIF가 발생하는 상황에서 문항특성곡선의 예가 있다. 이 그림은 IRT의 난이도 모수 b_j(difficulty parameter)에서 발생하는 집단 간 차이의 관점에서 균일 DIF를 표현한 것이다.

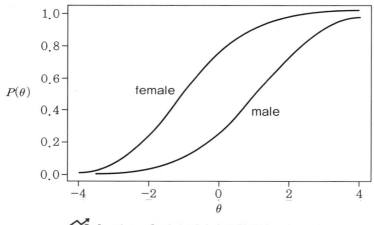

[그림 8.32] 남녀 집단의 문항특성곡선-균일 DIF

위에서 $P(\theta)$는 문항반응확률로서 0/1로 코딩된 개별문항에서 1을 선택할 확률이다. 능력 검사라면 문항을 맞힐 확률(probability of correct response)이 된다. 그리고 위의 그림에서 두 개의 문항특성곡선은 두 문항의 곡선이 아니라 한 문항에 대한 두 집단의 곡선이다. 잠재특성(θ) 수준의 전 영역에서 여자의 문항반응 확률이 남자보다 더 높음을 볼 수 있다. 전형적인 균일 DIF가 발생한 상황이다. 이에 반해, 비균일 DIF가 발생하는 상황에서 문항특성곡선의 예가 [그림 8.33]에 있다. 아래 그림을 통해 난이도 모수 b_j의 차이뿐만 아니라 변별도 모수 a_j의 차이 역시 발생하고 있다는 것을 알아챌 수 있다.

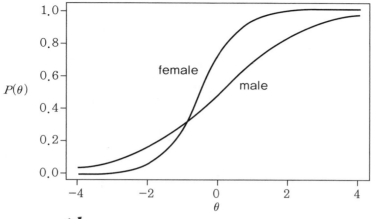

[그림 8.33] 남녀 집단의 문항특성곡선-비균일 DIF

위의 그림을 보면 잠재특성(θ)이 대략 −1 이하인 영역에서는 남자의 문항반응 확률이 더 높고, −1 이상인 영역에서는 여자의 문항반응 확률이 더 높음을 볼 수 있다. 즉, 잠재특성의 수준에 따라 한 집단이 다른 집단에 비하여 문항반응 확률이 높을 수도 있고 낮을 수도 있는 상황이다.

앞의 그림들을 통하여 균일 DIF와 비균일 DIF를 비교하여 보면, 균일 DIF는 문항의 변별도(a_j)가 같다는 가정 아래서 난이도(b_j)와 관련이 있고 비균일 DIF는 문항의 난이도(b_j) 및 변별도(a_j) 모두와 관련이 있음을 알 수 있다. [식 8.15]를 통해서 볼 수 있듯이, 2모수 IRT 문항의 난이도는 문항의 변별도가 같다는 가정 아래서 일반화 요인모형의 경계(τ_j)와 밀접한 관련이 있다. MIMIC 모형을 이용한 DIF 검정은 암묵적으로(implicitly) 문항의 변별도가 같다는 가정 아래서 문항의 난이도가 집단 간에 다른지를 검정하게 된다. 이는 구조방정식 전통에서의 일반화 요인모형으로 보면 기본적으로 경계(τ_j)가 집단 간에 다른지를 검정하게 된다(Muthén, 1989a; Woods, 2009; Woods & Grimm, 2011). 이제 IRT 모형의 MIMIC 확장을 통하여 DIF 검정을 실시하는 모형을 [그림 8.34]를 통하여 살펴보자.

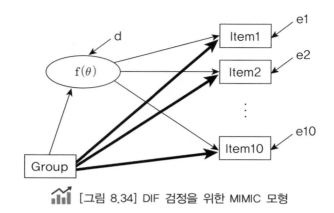

[그림 8.34] DIF 검정을 위한 MIMIC 모형

위에서 Item1~Item10은 총 10개의 개별문항이며, f(θ)는 요인(f) 또는 잠재특성(θ)이고, Group은 이분형(0/1) 집단변수다. DIF 검정이 개별문항에서의 집단간 차이검정이므로, 이 개별문항들은 이분형이나 다분형이라고 가정하는 것이 자연스럽다. 연속형 문항들을 이용하는 DIF가 더 쉽고 얼마든지 가능하지만, 이는 범주형 문항들을 이용하는 DIF에 비하여 사용할 일이 많이 없다고 할 수 있다. 위의 모형이 우리가 알고 있는 MIMIC 모형과 다른 점은 집단변수에서 각 개별문항으로 두꺼운 화살표가 가고 있다는 점이다. 이 두꺼운 화살표에 대한 검정이 바로 DIF 검정이다. 종속변수인 개별문항들을 이분형 또는 다분형으로 가정하면 DIF 검정은 비선형 관계에서의 검정이다. Muthén(1984)의 잠재반응변수모형을 이용하면 [식 8.32]와 같이 설정할 수 있다.

$$y_j^* = \lambda_j \theta_i + \beta_j \text{Group} + e_j \qquad\qquad \text{[식 8.32]}$$

위에서 잠재반응변수 y_j^*는 범주형 개별문항변수 y_j에 상응하며, λ_j는 비선형 요인모형의 요인부하 또는 IRT 전통에서의 변별도, θ_i는 사례 i의 잠재특성이다. 여기서 β_j에 대한 검정이 바로 MIMIC 모형을 이용한 균일 DIF 검정이 되며, 경계(τ_j) 모수에서 집단 차이를 검정하는 것이다. IRT 모형 또는 일반화 요인모형에 대해서는 앞에서 꽤 자세히 다루었으므로 이번 섹션에서는 어떻게 DIF 검정을 실시하는지에 집중한다.

DIF 검정을 실시하는 여러 방식이 존재하는데, 확실한 의견일치는 없는 상황이다. 가장 먼저 생각할 수 있는 방법은 위의 그림에 보이는 대로 MIMIC 모형에서 추가된 굵은 화살표를 모두 한번에 검정하는 것이다. 하지만 안타깝게도 그 모형은 추정불가능한 모형으로서 판별이 되지 않는다. 그래서 여러 학자가 몇 가지 방법을 제안하였는데, 더 좋고 나쁘고를 떠나서 우리 책에서는 가장 간단하다고 볼 수 있는 방법을 사용하고자 한다. 실제로 여러 방법의 차이는 그다지 크지 않다. 우리가 사용하는 방법은 DIF를 가정하지 않은 MIMIC 모형(즉, 두꺼운 화살표가 전혀 없는 모형)을 먼저 추정하고, 각 개별문항의 DIF를 가정하는 모형을 추정하여 두 모형을 비교하는 χ^2 차이검정을 실시하는 것이다(Chen & Anthony, 2003; Finch, 2005). 개별문항마다 DIF를 가정하는 모형을 추정한다는 것은 다른 나머지 문항은 DIF가 없다고 매번 가정하는 것을 의미한다. 이 방법을 적용하여 DIF 검정을 실시하기 위한 남자 150명, 여자 150명의 우울 척도 자료($n=300$)가 [그림 8.35]에 있다.

	y1	y2	y3	y4	y5	y6	y7	y8	y9	y10	Male
1	0	0	1	1	1	0	1	1	1	0	1
2	0	1	1	1	0	0	1	0	0	0	1
3	1	0	1	0	0	0	0	1	0	0	1
4	1	1	0	1	1	1	1	0	1	1	1
5	1	1	1	1	1	1	1	1	0	1	1
6	1	0	1	1	0	0	0	0	0	1	1
7	0	1	1	1	0	1	1	1	0	1	1

[그림 8.35] DIF 검정을 위한 이분형 자료

위에서 $y_1 \sim y_{10}$은 모두 우울을 측정하기 위한 이분형 문항반응 자료이고, 마지막 Male 변수가 집단변수(0=female, 1=male)다. 제안된 DIF 검정을 실시하기 위해서는 가장 먼저 DIF를 가정하지 않는 기본적인 MIMIC 모형을 추정한다. 이 모형은 2PL IRT 모형(또는 일반화 요인모형)에 공변수(Male)를 더한 모형이다. 모형의 추정을 위한 input이 [결과 8.53]에 있다.

[결과 8.53] DIF 검정 없는 MIMIC 모형 – input

```
TITLE:  An IRT model for DIF testing

DATA:   FILE IS diftest.dat;
        FORMAT IS 11f5.0;

VARIABLE: NAMES ARE y1-y10 male;
        CATEGORICAL ARE y1-y10;

ANALYSIS: ESTIMATOR = ML;
```

```
MODEL: DEPRESS BY y1-y10*;
       DEPRESS@1;

       DEPRESS ON male;
PLOT: TYPE = Plot3;
```

위 모형은 전형적인 2모수 IRT 모형(또는 일반화 요인모형)의 input이다. 다만 다른 점은 DEPRESS ON male; 부분으로서 집단변수의 잠재변수에 대한 회귀계수(Male → DEPRESS)를 추정하고 검정하는 것을 요구하는 명령어다. 이 회귀계수의 의미는 앞서 설명했듯이 남녀 간 잠재평균의 차이검정이다. DIF 검정은 이 회귀계수를 위와 같이 통제한 상태에서 추가적으로 집단변수의 개별문항에 대한 회귀계수(예, Male → y1) 검정이다. 또한 우울의 잠재평균에 집단 차이가 존재하는지 그렇지 않은지는 DIF 검정과는 상관이 없다. 그리고 또 하나 앞에서 다루었던 IRT 모형과 같은 명령어지만 다른 의미를 지니는 부분이 있다. 바로 DEPRESS@1; 이다. 위의 MIMIC 모형에서 DEPRESS는 순수한 IRT 모형에서처럼 외생변수가 아니라 Male에 의해서 수식을 받는 내생변수다. M*plus*에서 내생변수를 MODEL 커맨드에 그대로 쓰면 그것은 그 잠재변수의 분산이 아니라 그 잠재변수에 속한 설명오차 d의 분산이 된다. 그러므로 DEPRESS@1;은 우울 요인의 분산을 1로 고정한 것이 아니라 우울에 속한 설명오차의 분산을 1로 고정한 것이다. 이 명령어는 모형의 판별을 위하여 필요하다(Woods, 2009). 그리고 추정은 일반적인 최대우도 추정 옵션을 이용하였는데, 강건한 최대우도 추정 옵션인 MLR을 사용하여도 좋다. 다만 이런 경우에 χ^2 차이검정은 앞서 설명했듯이 보정계수(scaling correction factor)를 고려하여야 한다. DIF를 가정하지 않은 MIMIC 모형의 적합도와 추정치가 [결과 8.54]에 있다.

[결과 8.54] DIF 검정 없는 MIMIC 모형 – 결과

```
MODEL FIT INFORMATION

Number of Free Parameters               21

Loglikelihood

        H0 Value                   -1839.945

Information Criteria

        Akaike (AIC)                3721.890
        Bayesian (BIC)              3799.670
```

```
                Sample-Size Adjusted BIC          3733.070
                  (n* = (n + 2) / 24)


MODEL RESULTS

                                                        Two-Tailed
                    Estimate      S.E.    Est./S.E.     P-Value

  DEPRESS    BY
      Y1            1.032        0.198      5.214        0.000
      Y2            1.247        0.221      5.646        0.000
      Y3            1.144        0.212      5.406        0.000
      Y4            1.172        0.216      5.433        0.000
      Y5            2.020        0.353      5.725        0.000
      Y6            1.105        0.203      5.434        0.000
      Y7            1.377        0.243      5.665        0.000
      Y8            1.034        0.196      5.285        0.000
      Y9            1.381        0.235      5.867        0.000
      Y10           1.242        0.219      5.661        0.000


  DEPRESS    ON
      MALE         -0.278        0.136     -2.045        0.041

  Thresholds
      Y1$1         -0.656        0.170     -3.867        0.000
      Y2$1         -0.632        0.184     -3.436        0.001
      Y3$1         -0.887        0.185     -4.791        0.000
      Y4$1         -0.717        0.182     -3.947        0.000
      Y5$1         -0.485        0.245     -1.981        0.048
      Y6$1         -0.472        0.170     -2.776        0.005
      Y7$1         -0.708        0.197     -3.586        0.000
      Y8$1         -0.505        0.166     -3.048        0.002
      Y9$1         -0.082        0.186     -0.439        0.660
      Y10$1        -0.595        0.186     -3.208        0.001

  Residual Variances
      DEPRESS       1.000        0.000    999.000      999.000
```

IRT 모형은 개별적인 사례를 모두 이용한 완전정보 추정을 한다. 범주형 지표변수를 이용하는 완전정보 최대우도(FIML) 추정은 여러 장점을 가지고 있지만, 다양한 모형 적합도 지수를 주지 않는다는 약점이 있다. 하지만 주어진 로그우도함수 값을 이용하여 우도비 검정(χ^2 차이검정)을 실시할 수 있다. 개별모수 추정치에는 먼저 이분형 지표변수 10개의 요인부하 추정치가 나타나고, 우울 수준의 집단 차이검정 결과가 있다. 남자의 우울 수준이 0.278 더 낮으며, 그 차이는 5%의 유의수준에서 통계적으로 유의하다($p = 0.041$). 다음으로는 10개의 경계 추정치(thresholds, $\hat{\tau}$)가 제공된다. 마지막으로 input에서 설정한 대로 설명오차 d의 분산이 1로 고정되어 있음을 볼 수 있다. 이제 첫 번째 지표변수 y_1의 DIF 검정을 위한 input을 [결과 8.55]에 제공한다.

[결과 8.55] y_1의 DIF 검정을 위한 MIMIC 모형 – input

```
MODEL: DEPRESS BY y1-y10*;
       DEPRESS@1;

       DEPRESS ON male;

       y1 ON male;
```

MODEL 커맨드에 추가된 명령어는 y1 ON male; 부분이다. 즉, 개별문항의 집단변수에 대한 비선형 회귀(nonlinear regression) 모형이다. 추정한 모형의 적합도와 개별모수 추정치 중 필요한 부분만 발췌하여 [결과 8.56]에 보인다.

[결과 8.56] y_1의 DIF 검정을 위한 MIMIC 모형 – 결과

```
MODEL FIT INFORMATION

Number of Free Parameters                      22

Loglikelihood

        H0 Value                        -1839.829

MODEL RESULTS
                                                  Two-Tailed
                 Estimate    S.E.   Est./S.E.    P-Value
Y1        ON
    MALE         0.129      0.275    0.469        0.639
```

위의 결과에는 필요한 부분만 발췌하여 보이고 있다. 먼저 두 모형의 우도비 검정을 실시하기 위한 값들이 [표 8.16]에 정리되어 있다.

[표 8.16] 우도비 검정 – No DIF vs. DIF

	H_0(영가설)	H_1(대립가설)
	단순한(simple) 모형	복잡한(complex) 모형
	No DIF 모형	DIF 모형
	두 모형의 적합도 간 차이가 없다	두 모형의 적합도 간 차이가 있다
	y_1은 DIF가 없다	y_1은 DIF가 있다
ll	$ll_S = -1,839.945$	$ll_C = -1,839.829$
t	$t_S = 21$	$t_C = 22$

위에서 ll은 로그우도(*loglikelihood*)함수 값을 의미하고, t는 자유모수의 개수를 의미한다.

위의 표에서 우도비 χ^2_D는 $-2(-1839.945-(-1839.829))=0.232$이고 $df_D=22$ $-21=1$로서, 자유도가 1인 χ^2 분포에서 관찰된 검정통계량이 0.232이면 $p=0.630$이 되고, 유의수준 5%에서 DIF가 존재하지 않는다는 H_0을 기각하는 데 실패한다. 즉, y_1에 DIF는 없다. 사실 이렇게 χ^2 차이검정을 이용할 수도 있지만 [결과 8.56]에 보이는 대로 z 검정을 이용할 수도 있다. y_1의 집단변수에 대한 비선형 회귀계수 추정치(0.129)는 통계적으로 유의하지 않다($p=0.639$). p-value를 통해 봤을 때 두 방식의 검정 결과는 거의 일치함을 알 수 있다. 즉, y_1은 남녀 집단 간 차별문항이 아닌 것으로 결론 내린다. y_1 문항의 남녀 집단 간 문항특성곡선이 어떻게 다른지 [그림 8.36]을 통하여 확인하여 보자. M*plus* 메뉴 중 Plot-View plots로 들어가서 Item characteristic curve를 선택하고, 집단별 문항특성곡선을 얻기 위한 몇 가지 작업을 하면 확인할 수 있다.

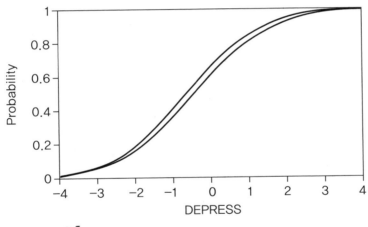

[그림 8.36] y_1의 남녀 집단 간 문항특성곡선

위에서 미세한 차이이긴 하지만 왼쪽(위쪽)이 남자의 문항특성곡선이고, 오른쪽(아래쪽)이 여자의 문항특성곡선이다. 각 주어진 우울수준에서 두 집단의 문항반응 확률이 거의 비슷함을 확인할 수 있다. 검정 결과에 부합하는 그림이다. 이런 식으로 하나씩 하나씩 10개의 개별문항에 대하여 χ^2 차이검정(우도비 검정)을 실시하거나 output에 나타나는 z 검정을 통하여 DIF를 확인할 수 있다. 모든 개별문항에 대하여 DIF 검정을 실시한 결과, y_9과 y_{10}에서 DIF가 발생하였다. 이에 참고로 y_{10}의 DIF 검정을 실시한 결과를 [결과 8.57]에 제공한다. input은 MODEL 커맨드에 y10 ON male;만 더하면 되므로 생략한다.

[결과 8.57] y_{10}의 DIF 검정을 위한 MIMIC 모형 – 결과

```
MODEL FIT INFORMATION

Number of Free Parameters                        22

Loglikelihood

            H0 Value                        -1835.817

MODEL RESULTS

                                                    Two-Tailed
                    Estimate      S.E.   Est./S.E.  P-Value

Y10        ON
    MALE            -0.815       0.286    -2.850    0.004
```

위의 결과를 이용해서 우도비 검정을 실시하기 위한 값들이 [표 8.17]에 정리되어 있다.

[표 8.17] 우도비 검정 – No DIF vs. DIF

	H_0(영가설)	H_1(대립가설)
	단순한(simple) 모형	복잡한(complex) 모형
	No DIF 모형	DIF 모형
	두 모형의 적합도 간 차이가 없다	두 모형의 적합도 간 차이가 있다
	y_{10}은 DIF가 없다	y_{10}은 DIF가 있다
ll	$ll_S = -1,839.945$	$ll_C = -1,835.817$
t	$t_S = 21$	$t_C = 22$

위에서 ll은 로그우도(*loglikelihood*)함수 값을 의미하고, t는 자유모수의 개수를 의미한다.

위의 표에서 우도비 χ^2는 $-2(-1839.945-(-1835.817))=8.256$이고, $df_D=22-21=1$로서, 자유도가 1인 χ^2 분포에서 관찰된 검정통계량이 8.256이면 $p=0.004$가 되고, 유의수준 5%에서 DIF가 존재하지 않는다는 H_0을 기각한다. 즉, y_{10}에 DIF가 있다. 비선형 회귀계수 추정치(-0.815)에 대한 z 검정을 확인하면 통계적으로 유의하다($p=0.004$). 역시 두 방법의 검정 결과는 일치한다. 즉, y_{10}은 차별기능문항인 것으로 결론 내린다. y_{10} 문항의 남녀 집단 간 문항특성곡선을 M*plus*의 Plot 메뉴를 이용하여 확인한 결과가 [그림 8.37]에 있다.

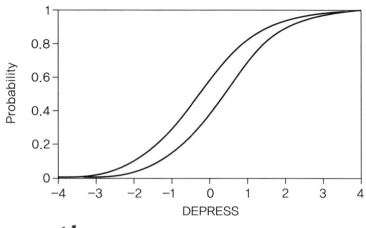

[그림 8.37] y_{10}의 남녀 집단 간 문항특성곡선

위에서 오른쪽(아래쪽)이 남자의 문항특성곡선이고 왼쪽(위쪽)이 여자의 문항특성곡선이다. 전 영역에 걸쳐서 여자가 통계적으로 유의하게 문항반응 확률이 높은 것을 확인할 수 있다. 그림으로 봐서도 앞의 그림에 비하여 확연하게 다른 문항반응 확률 차이를 볼 수 있다.

지금까지 MIMIC 모형이 균일 DIF만을 검정한다고 가정하였고, 그 가정에 따라 간단한 DIF 검정의 예를 보였다. 하지만 MIMIC 모형을 이용한 비균일 DIF 검정도 가능하다(Woods & Grimm, 2011). 이는 잠재특성변수와 집단변수의 상호작용항을 형성함으로써 가능한데, 뒤에서 다룰 잠재변수 간의 상호작용 효과의 개념을 이해해야만 설명이 가능하다. Woods와 Grimm(2011)은 잠재상호작용항(latent interaction term)을 형성하는 여러 방법 중에서도 Klein과 Moosbrugger(2000)의 방법을 사용하였다. 모형이나 개념 자체는 꽤 간단한 편이지만, 자세한 내용은 우리 책의 목적에 맞지 않으므로 생략한다. 관심 있는 독자는 우리 책의 뒷부분에서 설명하는 잠재변수 간의 상호작용 효과 부분을 일독한 다음 Woods와 Grimm(2011)을 참조하기 바란다.

제9장

구조방정식 모형

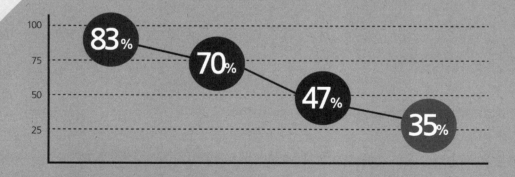

이 책의 초반인 제3장에서 우리는 먼저 구조방정식 모형을 전체적으로 간단하게 이해할 수 있는 기회를 가졌다. 그리고 Wright가 1920년대를 전후하여 유전학 분야에서 시작하여 1950년대 이후의 계량 경제학에서 발전한 경로모형(path model)을 다루었다. 경로모형에서는 관찰변수들 사이의 구조적인 관계(structural relation)를 연구하는 것이 목적이었고, 모형 안에서 오차를 제외한 다른 모든 변수는 관찰변수였다. 다음으로는 1900년대 초 Spearman에서 시작한 요인분석(또는 측정모형)의 전통에서 탐색적 요인분석과 확인적 요인분석을 공부하였다. 요인분석(factor analysis)을 다룬 장에서는 각 잠재변수가 어떻게 관찰변수에 의해서 정의되는지를 토론하였다. 이번 장에서는 하이브리드 모형(hybrid model), 일반 구조방정식 모형(general structural equation model), 구조 회귀분석(structural regression), 잠재변수모형(latent variable model) 등으로 불리는 구조방정식 모형을 다룬다. 구조방정식 모형은 앞에서도 여러 번 언급하였듯이, 구조모형(경로모형)과 측정모형(요인모형)을 통합한 모형이다. 그러므로 경로모형이나 요인모형 모두 일반 구조방정식 모형의 특수한 형태일 뿐이다. 구조방정식 모형 안에서 우리는 일차적으로 지표변수들을 이용하여 잠재변수를 정의하고, 그 정의된 잠재변수들 사이의 구조관계를 연구하게 된다.

비로소 이번 장에서 우리 책의 핵심이랄 수 있는 구조방정식 모형을 본격적으로 다루게 되지만, 사실 그다지 새로운 것은 없다. 이미 경로모형과 측정모형을 다루면서 구조방정식 모형을 이해하기 위해 필요한 모든 것을 배웠기 때문이다. 또한 설명의 연속성을 최대한 갖기 위해 앞에서 사용한 우울, 면역기능, 질병의 관계에 대한 자료를 이용하여 구조방정식 모형을 설명할 것이다. 이제 구조방정식 모형을 어떻게 설정하고, 설정한 모형은 과연 판별이 되는 모형인지 확인하며, 어떤 방법을 이용하여 추정하고, 추정한 결과를 어떻게 해석해야 할지 토론을 시작해 보자.

9.1. 모형의 설정과 판별

구조방정식 모형을 이용하기 위한 첫 단계는 연구자가 생각하고 있는 모형을 설정하고 그 모형이 과연 추정 가능한지를 확인하는 것이다. 그러므로 먼저 구조방정식 모형을 설정하기 위해서는 문헌고찰(literature review)을 통하여 연구하고자 하는 개념들(concepts) 사이의 구조관계 모형을 정립해야 한다. 예를 들어, [그림 9.1] 및 [식 9.1]처럼 우울은 면역기능에 좋지 않은 영향을 주고 떨어진 면역기능은 질병을 더 발생하게 하는 순수한 매개효과 모형을 설정할 수 있다.

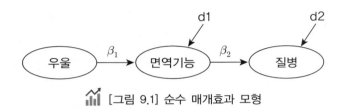

[그림 9.1] 순수 매개효과 모형

$$면역기능 = \alpha_1 + \beta_1 우울 + d_1$$
$$질병 = \alpha_2 + \beta_2 면역기능 + d_2$$

[식 9.1]

위의 모형에서 아마도 연구자의 가설은 β_1의 부적인 효과(negative effect)와 β_2의 부적인 효과를 예상할 수 있을 것이다. 어쩌면 우울 → 면역기능 → 질병의 간접효과 또는 매개효과가 존재하는지를 확인하고자 할 수도 있다. 위의 모형도 가능하지만, 연구자는 [그림 9.2] 및 [식 9.2]처럼 우울이 면역기능뿐만 아니라 질병에도 직접적인 영향을 주는 가설을 가지는 매개모형을 설정할 수도 있다.

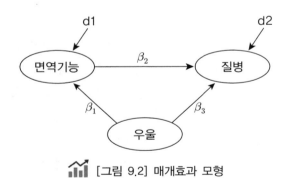

[그림 9.2] 매개효과 모형

$$면역기능 = \alpha_1 + \beta_1 우울 + d_1$$
$$질병 = \alpha_2 + \beta_2 면역기능 + \beta_3 우울 + d_2$$

[식 9.2]

이때 연구자가 생각하는 우울의 질병에 대한 직접효과(β_3)는 아마도 정적인 효과(positive effect)일 것이다. 그리고 나머지 β_1과 β_2에 대한 가설은 앞의 모형과 다르지 않을 것이다. 이 단계에서 연구자가 고민해야 할 부분은 어떤 효과가 정적인 것이냐 부적인 것이냐 하는 것뿐만 아니라, 연구자가 설정한 모형이 판별이 되어 추정 가능한가를 결정하는 것이다. 판별의 관점에서 볼 때 잠재변수 사이의 구조관계라는 것은 관찰변수 사이의 구조관계와 다를 것이 없다. 그러므로 구조방정식 모형의 구조관계의 판별을 결정하기 위해 경로모형에서 다룬 판별 부분을 그대로 적용할 수 있다. 먼저 필요조건인 t 규칙에 의하여 추정하고자 하는 모수 t가 잠재변수 세 개로 이루어진 공분산 행렬의 독립적인 정보의 개수 i보다 작아야 한다. [그림 9.1]의 모형은 변수가 세 개이므로 $i = \dfrac{3(3+1)}{2} = 6$이고, 추정해야 할 모수는 경로계수 두 개($\beta_1$, β_2) 및 오차 분산 두 개($Var(d_1)$, $Var(d_2)$)와 외생변수 우울의 분산($Var(우울)$) 등 모두 다섯 개다. 그러므로 $df_M = 1$이 되어 t 규칙을 만족한다. [그림 9.2]의 모형 역시 변수가 세 개이므로 $i = 6$이고, 추정해야 할 모수는 경로계수 세 개(β_1, β_2, β_3) 및 오차 분산 두 개($Var(d_1)$, $Var(d_2)$)와 외생변수 우울의 분산($Var(우울)$) 등 모두 여섯 개다. 그러므로 이 구조관계 모형 부분은 완전판별(just-identified)이 된다($df_M = 0$). t 규칙은 충분조건이 아니므로 위 모형들의 판별을 확실하게 하기 위해서 두 모형 모두 재귀적 모형(recursive model)이라는 것을 밝힌다. t 규칙이 확보되었고, 또 재귀적 모형이므로 위의 모형 두 개는 모두 추정 가능하다.

이제 해야 할 일은 각각의 추상적인 개념을 나타낼 수 있는 실제 지표변수를 찾아내는 것이다. 다행히 우리는 앞에서 세 개의 추상적인 잠재변수를 측정할 수 있는 각 세 개의 지표변수를 찾아내었다. 지표변수를 찾아낸 후에 구조방정식 모형을 곧바로 추정하지는 않는다. 일반적으로 [그림 9.3] 및 [식 9.3]처럼 상응하는 지표변수를 이용하여 확인적 요인분석(CFA) 모형을 설정한 후 모형의 판별 가능성 및 적합도를 살핀다.

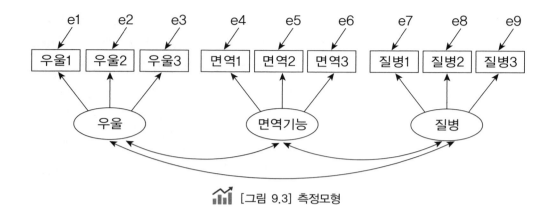

[그림 9.3] 측정모형

$$우울1 = \mu_1 + \lambda_1 우울 + e_1$$
$$우울2 = \mu_2 + \lambda_2 우울 + e_2$$
$$우울3 = \mu_3 + \lambda_3 우울 + e_3$$
$$면역1 = \mu_4 + \lambda_4 면역기능 + e_4$$
$$면역2 = \mu_5 + \lambda_5 면역기능 + e_5 \qquad [식 9.3]$$
$$면역3 = \mu_6 + \lambda_6 면역기능 + e_6$$
$$질병1 = \mu_7 + \lambda_7 질병 + e_7$$
$$질병2 = \mu_8 + \lambda_8 질병 + e_8$$
$$질병3 = \mu_9 + \lambda_9 질병 + e_9$$

위의 측정모형을 보면 세 개의 지표변수 규칙(three-indicator rule)에 의하여 판별이 됨을 알 수 있다. 이제 측정모형이 판별되고, 모형의 적합도가 좋다는 가정 아래서 구조방정식 모형을 설정한다. 먼저 [그림 9.4]에 [그림 9.3]의 측정모형과 [그림 9.1]의 구조모형의 결합이 보인다.

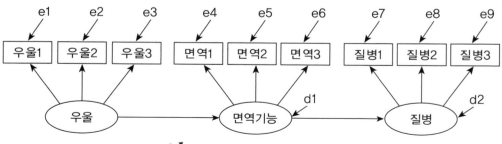

[그림 9.4] 구조방정식 모형 1

위의 모형은 우울, 면역기능, 질병 등 세 개의 요인이 각 상응하는 지표변수 우울
1-우울3, 면역1-면역3, 질병1-질병3에 의하여 측정되는 가설과, 동시에 면역기능
은 우울에 의해서 영향을 받고, 질병은 면역기능에 의해서 영향을 받는다는 가설
을 설정하고 있다. 그리고 편의상 측정오차 간에 상관은 없다고 가정하였다. 이제
위의 구조방정식 모형이 과연 판별이 되는 모형인지 살펴봐야 하는데, 구조방정식
모형을 위해 특별하게 존재하는 판별규칙은 없다. 구조방정식 모형의 판별 원칙은
만약 관찰변수와 잠재변수의 관계를 나타내는 측정모형이 판별이 되고 잠재변수
들끼리의 구조모형이 판별이 되면, 이 둘의 결합으로 이루어지는 구조방정식 모형
은 판별이 된다는 것이다. 이를 2단계 규칙(two-step rule, Bollen, 1989)이라고
하며 이 규칙은 충분조건(sufficient condition)이다. [그림 9.4]의 구조방정식 모
형은 각각 판별이 되는 측정모형과 구조모형의 결합이므로 판별이 됨을 확인할 수
있다. 다음으로는 [그림 9.5]에 [그림 9.3]의 측정모형과 [그림 9.2]의 구조모형의
결합이 보인다.

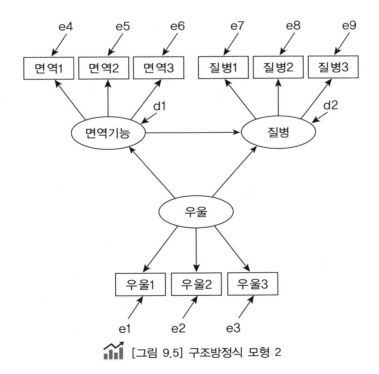

[그림 9.5] 구조방정식 모형 2

위의 모형은 [그림 9.4]의 모형과 매우 흡사한데, 우울 → 질병의 직접효과가 추
가된 설정이다. 이 구조방정식 모형 역시 판별이 된 구조모형과 측정모형의 결합

이므로 2단계 규칙에 의하여 판별된다.

지금까지 진행한 순서에서, 특히 측정모형을 추정한 [그림 9.3] 부분과 구조방정식 모형을 추정한 [그림 9.4] 또는 [그림 9.5] 부분을 합쳐서 Anderson과 Gerbing(1988) 의 2단계 접근법(two-step approach)이라고 한다. Anderson과 Gerbing(1988)은 1단계에서 측정모형을 추정하여 모형의 적합도가 좋은지 확인하고, 만약 좋다면 2단계에서 구조방정식 모형을 추정하고 평가하는 것을 추천하였다. 이는 Kenny와 Judd(1984)가 보았던 관점과도 상통한다. Kenny와 Judd(1984)는 구조방정식을 바라보는 단순하지만 유용한 관점은 1단계에서 요인분석을 실행하고 2단계에서 측정된 요인 간 회귀분석을 하는 것이라고 하였다. 이러한 관점에서 보면 Anderson 과 Gerbing(1988)의 접근법은 말 그대로 단순하지만 유용하다. 2단계 절차의 다이어그램이 [그림 9.6]에 제공된다. 이 단계별 모형 추정에서 연구자가 확인해야 할 부분은 더 다양할 수도 있지만 간단하게 몇 가지씩만 고려해 보았다.

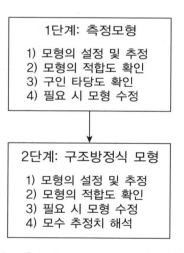

[그림 9.6] Anderson과 Gerbing의 2단계 접근법

연구자가 구조방정식 모형을 설정하여 곧바로 추정하지 않고 이렇게 두 단계로 나누는 데는 그 이유가 있다. 예를 들어, 연구자가 [그림 9.4]의 모형을 바로 추정하였는데, 만약 모형의 적합도가 좋지 않다면 과연 그 원인은 어디에 있는 것일까? 각 잠재변수를 측정하는 관찰변수들을 잘못 선택한 것일까, 아니면 세 개의 잠재변수 간에 설정한 구조관계가 잘못된 것일까? 아니면 둘 다 잘못된 것일까? 한 단계에서 측정모형과 구조모형을 동시에 추정하고 확인하면 어떤 문제가 발생했을 때

그것이 측정모형에서 발생했는지 또는 구조모형에서 발생했는지 파악할 수가 없다. 그래서 Anderson과 Gerbing(1988)은 측정모형을 1단계에서 추정하여 모형의 적합도가 좋은지 확인하고, 만약 그렇다면 2단계에서 구조방정식 모형을 추정하는 방법을 추천하였다. 현재 이 방법은 구조방정식 모형을 이용하는 많은 연구자에게 보편적인 방법으로 인식되며, 이 책을 쓰고 있는 현재도 논문 인용횟수가 수만 번을 넘어섰다. Mulaik과 Millsap(2000)이 제안한 더 정교한 4단계 접근법이 존재하지만, 이는 많이 이용되고 있지는 않다.

   마지막으로 Kline(2011)에서 소개되고 있는 해석상의 혼입(interpretational confounding; Burt, 1976)을 간단하게 언급하고자 한다. Anderson과 Gerbing(1988)의 2단계 접근법상 [그림 9.3]의 측정모형이 받아들일 수 있을 만큼의 충분한 모형 적합도를 가지고 있는 상태에서 여러 개의 구조방정식 모형을 추정한다. 이때 각 구조방정식 모형에서 요인을 정의하는 관찰변수들의 요인부하는 크게 변하지 않고 일정한 수준을 유지해야 한다. 실제로 그 차이가 크지는 않지만, 구조방정식 모형마다 조금씩 다른 요인부하 추정치를 관찰하게 된다. 다시 말해, 구조방정식에서는 어떤 모수를 추가하거나 제외하고 변수 간 관계를 추정하면(즉, 모형을 수정하면) 이미 존재하는 모수의 추정치 또한 변하는 것이 상당히 일반적이고 자연스러운 일이다. 하지만 만약 구조방정식 모형마다 요인부하 추정치가 크게 다르다면 매 모형마다 다른 의미의 요인을 가진다는 뜻이 되고, 이는 모형의 추정에 문제가 생긴 것으로 판단한다. 이를 해석상의 혼입이라고 하는데, 이런 문제가 발생할 경우 연구자는 어째서 이런 문제가 발생하였는지 고민하고 해결해야 한다. 예를 들어, 추정치와 표준오차가 불안정하다는 것은 다중공선성이 존재할 수도 있다는 것을 의미한다.

9.2. 모형의 추정과 평가

   구조방정식 모형의 추정은 주어진 자료에 대하여 연구자가 설정한 모형에 맞는 모수를 찾아내기 위한 과정이다. 관찰된 공분산 행렬 S가 모수 θ에 기반한 공분산 행렬 $\Sigma(\theta)$와 최대한 가깝게 되도록 θ의 값을 구한다. 앞의 경로모형과 측정모형에서 봤듯이, 최대우도 추정과 비가중 최소제곱 및 가중 최소제곱 추정 방법이 잘 알려져 있다. 각 추정 방법에 대한 합치함수 $f(\theta, \Sigma(\theta))$도 경로모형의 경우와 완전히 일치하기 때문에 다시 서술하지 않는다. 어떤 추정 방법을 사용하든지 각 합치함수를 최소화하는 θ를 구하게 된다. 또는 앞에서 설명했듯이 우도함수를 이용하게 되면, 로그우도함수 값을 최대화하는 θ를 구한다. 최근 대부분의 구조방정식 프로그램은 우도함수를 이용한 추정을 한다. 그리고 일반적으로 특별한 이유가 없는 한은 최대우도(ML) 추정법을 이용하는 것이 표준관행이라고 할 수 있다. 만약 관찰변수들이 정규분포를 따르지 않거나, 또는 순위형 변수라면 강건한 최대우도 추정(예, M*plus*의 MLR 옵션) 및 강건한 가중 최소제곱 추정(예, M*plus*의 WLSMV 옵션) 등을 고려할 수 있다. 이분형이나 순위형 지표변수를 가진 경우의 강건한 추정법은 앞 장에서 자세히 설명하였다.

모형을 추정하고 나면 모형을 평가하고 결과를 해석해야 하는데, 이미 경로모형과 측정모형에서 해 왔던 작업이기 때문에 전혀 새로울 것이 없다. 먼저 모형의 적합도를 χ^2 검정, RMSEA, CFI, SRMR 등을 이용해서 전체적으로 평가하게 된다. Anderson과 Gerbing(1988)의 2단계 절차를 이용하게 되면 측정모형의 단계에서 한 번 평가하고, 구조방정식 모형의 단계에서 다시 한 번 평가하게 된다. 측정모형의 적합도가 좋고, 구인 타당도(수렴 타당도 및 변별 타당도) 등이 확보되면 비로소 구조방정식 모형을 추정하고 적합도를 살피게 되는 방식이다. 만약 구조방정식 모형의 적합도가 좋지 않으면 모형을 수정하는 것을 고려한다. 두 번째 단계에서 적합도가 좋지 않다는 의미이므로 측정모형 부분은 손대지 않고 구조모형 부분을 수정한다. 마지막으로 결정한 구조방정식 모형의 적합도가 좋으면 비로소 개별 추정치를 해석한다.

구조방정식 모형에서 측정모형 부분의 요인부하는 요인이 지표변수에 주는 영향 또는 지표변수와 요인의 관계의 정도로 해석하면 된다. 구조모형 부분의 경로계수(structural coefficient 또는 path coefficient)는 요인이 요인에 영향을 주는 회귀계수로 해석하면 된다. 또한 경로모형과 마찬가지로 구조모형 안에 존재하는 효과는 직접효과, 간접효과, 총효과 등으로 분해할 수 있다. 나중에 더 자세히 다루겠지만, 요인 간에 존재하는 간접효과 역시 Sobel의 방법이나 부스트래핑 방법을 통해서 검정할 수 있다. 그리고 내생변수마다 R^2를 계산하여 각 내생변수가 상응하는 외생 또는 다른 내생변수에 의하여 얼마나 잘 설명되고 있는지도 알 수 있다. 최근 몇 년간의 M*plus* 버전에서는 표준화된 추정치를 요구하면 자동으로 R^2 값이 산출되어 나온다. 구조방정식 모형의 추정치를 해석하는 데 있어서 주의할 점은 앞에서도 설명했듯이 Heywood case다. 만약 그 어떤 분산(예, 측정오차의 분산, 설명오차의 분산, 요인의 분산 등) 추정치라도 음수가 나온다면 원칙적으로 모든 추정 결과를 버리고 새로운 모형을 설정하여 추정해야 한다. 물론 앞에서 설명한 대로 분산을 매우 작은 숫자로 고정하는 일종의 편법도 실용적으로 사용되고 있기는 하다.

9.3. 구조방정식 모형의 예

이번 섹션에서는 Anderson과 Gerbing(1988)의 2단계 접근법을 통해서 우울, 면역기능, 질병의 관계에 대한 모형을 추정해 나가는 과정을 보이고자 한다. 1단계에서는 [그림 9.3]의 측정모형을 추정해야 한다. 이 모형과 자료($n=500$)는 이미 앞에서 예제로 등장한 것이기 때문에 input과 output 전체가 [결과 7.11]~[결과 7.15]에 있다. 측정모형의 추정 결과를 간략하게 반복하면 다음과 같다. [그림 9.3]에 있는 측정모형의 χ^2_M 값은 35.382이고, df_M 값은 33이며, p-value는 0.356으로서 5%의 유의수준에서 모형이 자료에 부합한다($H_0: \Sigma = \Sigma(\theta)$)는 영가설을 기각하는 데 실패하였다. RMSEA는 0.012(90% CI, 0.000-0.036)로서 Browne와 Cudeck(1993)의 기준을 만족하였고, $H_0: \epsilon \le 0.05$(close-fit hypothesis)를 검정하기 위한 p-value 또한 0.999로서 5% 유의수준에서 기각하는 데 실패하였다. CFI도 0.999로 매우 높은 수준이며, SRMR 역시 0.025로 Hu와 Bentler(1999)의 기준(CFI > 0.95, SRMR < 0.08)을 만족하였다. 전체적으로 매우 만족스러운 모형의 적합도를 보였다고 볼 수 있다. 구인 타당도를 확인하기 위해 표준화된 개별 추정치를 살펴보면, 아홉 개의 표준화된 요인부하가 0.811~0.924로서 충분히 높은 값을 보이고 있으며, 우울과 면역기능의 상관계수는 -0.310, 우울과 질병의 상관계수는 0.352, 면역기능과 질병의 상관계수는 -0.349로서 모두 크지 않은 상관을 보이고 있다. 이를 통해 수렴 타당도와 변별 타당도가 어느 정도 확보되었다고 말할 수 있을 것이다. 모든 비표준화 추정치와 표준화 추정치는 [표 7.4]에 제공되어 있다. 만약 연구자가 측정모형 부분(예, 측정오차 간의 상관 등)의 수정을 고려하고 있다면 이번 단계에서 실행하는 것이 일반적이다. 측정모형의 수정을 위한 수정지수(modification index)는 [결과 7.15]에 나타나 있는데, 특별히 큰 수치는 보이지 않는다. 충분히 좋은 모형의 적합도를 고려했을 때, 수정하지 않기로 결정하였다.

1단계의 측정모형이 여러모로 만족스럽기 때문에 2단계의 구조방정식 모형을 추정한다. 현재 두 개의 구조방정식 모형 후보가 [그림 9.4]와 [그림 9.5]에 있다. 먼저 두 모형 중 더 단순한 모형인 [그림 9.4]의 모형을 ML 방법을 이용하여 추정하였다. 모형 추정을 위한 input이 [결과 9.1]에 제공된다.

[결과 9.1] 우울, 면역기능, 질병의 구조방정식 모형 1 – input

```
MODEL: DEPRESS BY depress1-depress3;
       IMMUNE BY immune1-immune3;
       ILLNESS BY illness1-illness3;

       IMMUNE ON DEPRESS;
       ILLNESS ON IMMUNE;

MODEL INDIRECT: ILLNESS IND IMMUNE DEPRESS;

OUTPUT: StdYX MODINDICES(3.841);
```

다른 부분은 생략하고 MODEL 및 MODEL INDIRECT 커맨드와 OUTPUT 커맨드 부분만 보인다. MODEL 커맨드의 처음 세 줄은 세 개의 잠재변수(우울, 면역기능, 질병)를 각각 상응하는 지표변수에 의하여 정의한 명령어다. 그리고 다음 두 줄은 우울 → 면역기능 경로와 면역기능 → 질병 경로를 추정하기 위한 명령어다. MODEL INDIRECT 커맨드에는 우울 → 면역기능 → 질병의 간접효과 경로를 추정하고 검정하기 위한 명령어가 있다. 지금까지 간접효과의 추정 및 검정은 경로모형 부분에서만 다루었고, 이는 여러 관찰변수 사이의 경로를 추정한 것이었다. 그에 반해 [결과 9.1]에서의 간접효과 추정은 잠재변수 세 개 사이의 간접효과를 추정하고 검정한다. 구조방정식 모형의 구조모형 부분은 관찰변수의 경로모형과 개념적으로 다를 것이 없기 때문에, 이와 같은 잠재변수 사이의 간접효과 추정 및 검정이 가능하다. OUTPUT 커맨드에 있는 StdYX는 모든 관찰변수와 잠재변수를 표준화한 결과를 요구하는 명령어다. 경로모형이든 측정모형이든, 구조방정식 모형이든 간에 표준화된 추정치를 요구하는 것은 상당히 자연스러운 일이고, 비표준화 추정치로부터 얻을 수 없는 정보를 얻을 수 있는 장점이 있다. 마지막으로 OUTPUT 커맨드에 있는 MODINDICES(3.841)은 수정지수가 3.841을 넘는 잠재적인 모수[75]를 모두 보여 달라는 것을 의미한다. 수정지수는 현재의 모형에서는 추정하지 않았으나 만약 추가적으로 특정한 하나의 모수를 추정한다면 감소하게 될 χ^2_M 값의 기대값이다. 수정지수는 자유도가 1인 χ^2 검정과 연관되어 있으므로 5%의 유의수준에서 자유도가 1인 χ^2 검정의 임계치(critical value)인 3.841을 MODINDICES

---

75) 현재는 0으로 고정되어 있지만, 즉 추정하지 않고 있지만 언제든지 자유롭게 추정할 수 있는 모수를 일컫는다.

옵션에 더하였다. 사실 수정지수는 기대값에 불과하므로, 예를 들어 수정지수가 5인 잠재적인 모수를 자유롭게 추정하였다고 해서 모형의 χ^2 값이 정확히 5만큼 감소하는 것은 아니다. 그저 대략적인 가이드라인의 의미로 3.841 이상의 수정지수를 보여 주도록 옵션을 준 것이다. 실제로 구조방정식 모형을 수정할 때 수정지수는 표본크기의 영향을 크게 받으므로 3.841이라는 숫자는 큰 의미가 없다.

추정의 결과를 보면 $\chi^2_M = 61.481$이고 $df_M = 25$이며, $p < 0.001$로서 모형이 자료에 적합하다는 영가설을 기각하였다. χ^2 검정의 여러 한계점으로 인하여 근사 적합도 지수를 확인하였다. RMSEA는 0.054(90% CI, 0.037-0.071)이고, CFI는 0.988, SRMR은 0.074로서 모두 Browne와 Cudeck(1993) 및 Hu와 Bentler(1999)의 기준에 부합하였다. 전체적으로 모형의 적합도는 만족할 만한 수준으로 판단된다. 이제 개별모수 추정치를 확인하고 해석하는 것이 필요하겠다. 경로계수(직접효과, 간접효과), 요인부하, 측정오차와 설명오차의 분산, 외생변수의 분산 등 여러 추정치를 [표 9.1]과 같이 하나의 표로 정리해 보았다. 측정모형 부분의 절편도 추정하였으나 구조방정식에서 중요한 부분이 아니므로 생략하였다.

[표 9.1] 구조방정식 모형 1 결과 보고

모수	비표준화	표준오차	표준화
요인부하			
우울			
우울1	1.000	–	0.889
우울2	0.765	0.032	0.874
우울3	0.674	0.030	0.815
면역기능			
면역1	1.000	–	0.893
면역2	0.718	0.030	0.857
면역3	0.705	0.031	0.828
질병			
질병1	1.000	–	0.925
질병2	0.704	0.026	0.861
질병3	0.691	0.026	0.857
측정오차의 분산			
우울1(e_1)	0.360	0.043	0.209
우울2(e_2)	0.248	0.027	0.237
우울3(e_3)	0.315	0.026	0.336
면역1(e_4)	0.368	0.044	0.203
면역2(e_5)	0.270	0.026	0.266
면역3(e_6)	0.329	0.028	0.314
질병1(e_7)	0.273	0.039	0.144
질병2(e_8)	0.279	0.025	0.259
질병3(e_9)	0.278	0.024	0.265
경로계수			
우울 → 면역기능	−0.329	0.045	−0.320
면역기능 → 질병	−0.377	0.044	−0.357
설명오차의 분산			
면역기능(d_1)	1.299	0.108	0.898
질병(d_2)	1.410	0.110	0.873
외생변수의 분산			
우울	1.365	0.113	1.000
간접효과			
우울 → 면역기능 → 질병	0.124	0.025	0.114

위에서 추정한 모든 모수(간접효과 포함)에 대한 검정은 $p<0.001$ 수준에서 통계적으로 유의하다. 각 요인의 첫 번째 요인부하는 추정하지 않고 1로 고정하였기 때문에 표준오차가 계산되지 않았다.

이 구조방정식 모형에서 우리가 가장 큰 관심을 갖고 볼 부분은 아마도 경로계수일 것이다. 우울 → 면역기능 경로는 -0.329로서 $p < 0.001$ 수준에서 통계적으로 유의하였고, 면역기능 → 질병 경로는 -0.377로서 역시 $p < 0.001$ 수준에서 유의하였다. 이 두 경로의 곱으로 이루어지는 간접효과 또는 매개효과($\beta_1 \beta_2$)의 추정치는 0.124로서 $p < 0.001$ 수준에서 유의하였다. 다시 말해, 우울은 면역기능에 부적인 영향(negative effect)을 주었고, 차례대로 면역기능 역시 질병에 부적인 영향을 주었다. 이는 우울이 면역기능을 통해서 간접적으로 질병에 정적인 영향(positive effect)을 주고 있다는 것을 의미한다. 위의 표에 각 내생변수의 설명력 R^2를 제공하는 경우도 있는데, 사실 R^2는 따로 제공하지 않아도 표준화 추정치를 이용해 쉽게 유추할 수 있다. 예를 들어, 우울1 지표변수의 측정모형 식(우울1$= \mu_1 + \lambda_1$우울$+ e_1$)에서 $1 - Var(e_1)$이 R^2이므로 $R^2 = 1 - 0.209 = 0.791$이 된다. 또한 구조모형의 첫 번째 식(면역기능$= \beta_1$우울$+ d_1$)에서는 $1 - Var(d_1)$이 R^2이므로 $R^2 = 1 - 0.898 = 0.102$가 된다. 이런 식으로 표준화된 오차 분산 추정치를 통해서 측정모형 각 식의 R^2와 구조모형 각 식의 R^2를 모두 구할 수 있다. 이제 모형의 수정지수 결과를 이용하여 모형의 수정 여부를 살펴보도록 한다. [결과 9.2]에 MODINDICES(3.841); 에 대한 결과가 제공된다.

[결과 9.2] 우울, 면역기능, 질병의 구조방정식 모형 1 – 수정지수

```
Minimum M.I. value for printing the modification index     3.841

                       M.I.     E.P.C.   Std E.P.C.  StdYX E.P.C.

BY Statements

DEPRESS   BY ILLNESS3    4.131    0.049     0.058        0.056
ILLNESS   BY DEPRESS1   12.586    0.100     0.128        0.097

ON/BY Statements

DEPRESS   ON ILLNESS   /
ILLNESS   BY DEPRESS    29.652    0.285     0.310        0.310
IMMUNE    ON ILLNESS   /
ILLNESS   BY IMMUNE     29.651    0.823     0.870        0.870
ILLNESS   ON DEPRESS   /
DEPRESS   BY ILLNESS    29.652    0.294     0.270        0.270

WITH Statements

IMMUNE1   WITH DEPRESS3   5.229   -0.050    -0.050       -0.146
IMMUNE2   WITH DEPRESS3   8.853    0.051     0.051        0.174
ILLNESS   WITH DEPRESS   29.652    0.402     0.290        0.290
ILLNESS   WITH IMMUNE    29.651    1.160     0.857        0.857
```

구조방정식 모형의 수정지수는 상당히 다양하다. 하지만 어떤 모수를 추정하는 것은 논리적으로 합당한 데 반해, 또 어떤 모수는 그렇지 않으므로 주의하여 살펴보아야 한다. 위의 수정지수 결과를 보면, 먼저 BY 부분에 교차 요인부하를 추정함으로써 감소하는 χ^2 값을 볼 수 있다(4.131과 12.586). 우울 요인을 측정하기 위해 우울1-우울3 이외에 질병3을 추가하면 χ_M^2 값이 4.131만큼 감소하게 될 것이고, 질병 요인을 측정하기 위해 질병1-질병3 이외에 우울1을 추가하면 χ_M^2 값이 12.586 감소하게 될 것이다. 각 요인을 측정하기 위해 선택된 지표변수로 다른 요인을 측정하는 것은 실제로 가능한 종류의 수정이고, 현실에서 교차 요인부하를 포함하는 구조방정식 모형도 많이 관찰된다. 하지만 기술적으로 가능하다는 것이 실질적으로 좋은 선택이라는 것은 아니므로 신중한 수정을 해야 한다.

그다음 ON/BY 부분은 세 요인 사이에 추가할 수 있는 경로와 한 요인을 다른 요인의 지표변수(요인 지표변수, factor indicator)로 사용하는 경우를 보여 준다. 예를 들어, DEPRESS ON ILLNESS를 추가하게 된다는 것은 질병 → 우울의 경로를 추정한다는 것을 의미하고, 이것이 χ_M^2 값을 29.652 정도 떨어뜨리게 될 것이다. 이 선택은 현재 모형에서 우울과 질병 사이에 아무런 경로가 없기 때문에 고려해 볼 만한 수정이다. 연구자가 생각하는 이론에서 질병 → 우울의 방향이 그럴듯하다고 생각하면 이 경로를 추가적으로 추정할 수 있다. 하지만 [그림 9.4]의 모형 외에 우리가 고려한 [그림 9.5]의 모형을 생각한다면 우울과 질병의 관계 방향이 반대인 것을 알 수 있다. 그러므로 이 경로는 추정을 고려하지 않기로 결정한다. 그리고 ILLNESS BY DEPRESS를 추가한다는 것은 질병 요인이 질병1-질병3 외에 우울이라는 요인에 의해 측정된다는 것이다. 다시 말해, 질병 요인의 지표변수는 총 세 개의 관찰변수와 한 개의 잠재변수가 되는 것이다. 기술적으로는 가능하지만, 타당하지 않은 수정이라고 판단하여 이 수정도 하지 않기로 한다. 다음에 보이는 IMMUNE ON ILLNESS는 질병 → 면역기능 경로를 추가한다는 것인데, 이미 면역기능 → 질병 경로가 존재하기 때문에 피드백순환(feedback loop) 경로를 허락한다는 의미가 된다. 앞 장에서 설명한 대로 피드백순환이 모형 안에 있다는 것은 두 변수가 서로 영향을 주고받는다는 것이고, 이 순환이 안정화될 것이라는 가정이 필요하다. Kaplan(2009)이 밝힌 바와 같이 만약 순환의 과정에서 서로에게 주는 효과가 안정화되지 않고 발산한다면 편향된 추정치(biased estimates)를 얻게 될 것이다. 그러므로 기술적으로 피드백순환이 가능하다고 해서 무조건 이 경로를 추가로 추정하는 것은 좋은 선택이 아니다.

앞의 수정지수 중에서 마지막에 있는 WITH 부분에서 보이는 처음 두 줄은 측정오차 간의 상관을 의미한다. 예를 들어, IMMUNE1 WITH DEPRESS3는 면역1의 측정오차(e_4)와 우울3의 측정오차(e_3) 간의 공분산을 추정하면 χ^2_M 값이 5.229 감소하게 될 것을 의미한다. 측정오차 간의 상관은 충분히 고려해 볼 만한 수정이다. 세 번째로 보이는 ILLNESS WITH DEPRESS는 질병에 딸린 설명오차(d_2)와 우울요인 간에 공분산을 허락할 때 감소하게 될 χ^2_M 값이 29.652라는 것을 나타낸다. 이런 종류의 모형 수정은 일반적인 구조방정식 모형에서는 찾아보기 힘든 것으로서 고려하지 않는 것이 좋다. 마지막에 있는 ILLNESS WITH IMMUNE은 질병의 설명오차(d_2)와 면역기능의 설명오차(d_1) 사이의 공분산을 추정하면 χ^2_M 값이 29.651만큼 감소하게 된다는 것을 가리킨다.

구조방정식 모형에서 수정지수가 어떻게 나타날 수 있는지 전체적으로 살펴보았는데, 여기서 우리가 고려할 수정은 ON/BY 부분에 있는 ILLNESS ON DEPRESS다. 이는 우울 → 질병의 경로를 추가한다는 의미인데, 바로 [그림 9.5]에 보이는 구조방정식 모형을 추정하게 될 것임을 의미한다. 이 경로를 추가하면 대략 29.652만큼의 χ^2_M 값이 하락할 것을 기대하게 된다. [결과 9.3]에는 이 경로를 추가하여 얻게 되는 [그림 9.5]의 모형을 추정할 수 있는 input이 있다.

[결과 9.3] 우울, 면역기능, 질병의 구조방정식 모형 2 - input

```
MODEL: DEPRESS BY depress1-depress3;
       IMMUNE BY immune1-immune3;
       ILLNESS BY illness1-illness3;

       IMMUNE ON DEPRESS;
       ILLNESS ON IMMUNE DEPRESS;

MODEL INDIRECT: ILLNESS IND IMMUNE DEPRESS;
```

수정지수를 통하여 추가되는 경로는 ILLNESS ON IMMUNE DEPRESS;의 명령문에 들어가 있다. 이 모형에서도 간접효과의 추정을 위한 MODEL INDIRECT 커맨드가 있는데, 여기서의 우울 → 면역기능 → 질병의 간접효과는 앞에서 추정한 간접효과와 조금 다르다. [그림 9.4] 모형의 간접효과는 우울 → 질병의 직접효과를 0으로 가정한 상태에서 추정한 것이라면, [그림 9.5] 모형에서 추정하고 있는 지금은 우울 → 질병의 직접효과를 추정하면서 동시에 계산되는 간접효과다.

추정의 결과를 보면, $\chi^2_M = 30.952$이고 $df_M = 24$이며 $p = 0.155$로서 모형이 자료에 적합하다는 영가설을 기각하지 않는다. RMSEA는 0.024(90% CI, 0.000−0.046)이고, CFI는 0.998, SRMR은 0.016으로서 모두 Browne와 Cudeck(1993) 및 Hu와 Bentler(1999)의 기준에 부합하였다. 또한 전체적으로 이전의 모형에 비해 적합도가 더 좋아졌다. 적합도가 통계적으로 충분히 유의할 만큼 좋아졌는지에 대한 결정은 χ^2 차이검정을 통해서 내릴 수 있다. 이는 [그림 9.4]의 모형이 [그림 9.5]의 모형에 위계적으로 내재되어 있기 때문에 가능한 것이다. χ^2 차이검정은 충분할 만큼 연습하였으므로 관심 있는 독자는 직접 실행해 보기를 권한다. 하지만 모수를 추가적으로 단 하나만 추정함으로써 χ^2 값이 30 이상 떨어진 것으로 미루어 보아 χ^2 차이검정은 기각될 것이고, 더 복잡한 모형인 [그림 9.5]의 모형을 선택하게 될 것이다. 바로 앞에서 설명했듯이 자유도 차이가 1인 χ^2 차이검정에서 통계적으로 유의한(5% 유의수준) χ^2 차이값은 3.841이다.

이제 개별모수 추정치를 확인하고 해석하는 것이 필요하다. 측정모형 부분은 이전의 모형과 상당히 비슷하기 때문에 구조모형 부분의 모수 추정치만 [표 9.2]에 제공한다. 또한 새로운 구조방정식 모형의 요인부하 부분을 [표 9.1]의 구조방정식 모형 결과와 비교해 보면 비표준화 및 표준화 추정치 모두 0.01 이하 수준에서 차이가 나므로 Burt(1976)가 경고한 해석상의 혼입은 없는 것으로 판단된다. 측정오차의 분산 부분도 그다지 차이가 없다.

[표 9.2] 구조방정식 모형 2 결과 보고

모수	비표준화	표준오차	표준화
경로계수			
우울 → 면역기능	−0.317	0.050	−0.310
면역기능 → 질병	−0.280	0.051	−0.265
우울 → 질병	0.292	0.052	0.270
설명오차의 분산			
면역기능(d_1)	1.308	0.109	0.904
질병(d_2)	1.312	0.104	0.813
외생변수의 분산			
우울	1.380	0.113	1.000
간접효과			
우울 → 면역기능 → 질병	0.089	0.021	0.082

위에서 추정한 모든 모수(간접효과 포함)에 대한 검정은 $p < 0.001$ 수준에서 통계적으로 유의하다.

　직접효과 우울 → 질병 경로가 추가로 추정되면서 다른 추정치도 조금씩 다 바뀐 것을 알 수 있다. 구조방정식 모형 안에서 모든 모수는 서로 관련이 있기 때문에 하나의 추가적인 모수를 더하면 전체적으로 모든 추정치가 바뀔 수 있다. 위의 결과에서는 거의 모든 추정치가 조금씩만 변하였는데, 간접효과 부분은 0.124 → 0.089로 꽤 크게 바뀌었다. 이는 간접효과(우울 → 면역기능 → 질병)의 크기에 영향을 주는 직접효과(우울 → 질병)가 추가되었기 때문일 것이다.

　그렇다면 이제 [그림 9.5]의 구조방정식 모형을 연구자의 최종모형이라고 결정 내리고, 그 모형이 우울, 면역기능, 질병의 진정한 관계를 보여 준다고 결론 내릴 수 있을까? 통계적 동치모형을 떠올리는 독자들은 이 결론이 합당하지 않을 수도 있음을 알 것이다. 지금까지 측정모형과 두 개의 구조방정식 모형을 설정하고 추정한 연구자와는 다른 새로운 연구자가 질병이 사람을 우울하게 하고 그 우울함이 면역기능을 떨어뜨린다는 모형을 설정했다고 가정하자. 동시에 질병이 면역기능에 직접적인 영향을 준다고 본다. 이는 충분히 타당한 가설로 생각된다. 이 가설의 새로운 구조방정식 모형은 [그림 9.7]과 같다.

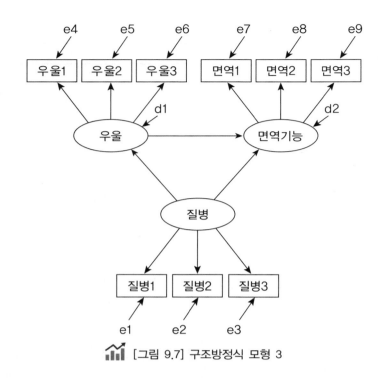

[그림 9.7] 구조방정식 모형 3

새로운 연구자의 가설에 따른 새로운 모형을 추정하기 위한 M*plus* input이 [결과 9.4]에 제공된다.

[결과 9.4] 우울, 면역기능, 질병의 구조방정식 모형 3 – input

```
MODEL: DEPRESS BY depress1-depress3;
       IMMUNE BY immune1-immune3;
       ILLNESS BY illness1-illness3;

       DEPRESS ON ILLNESS;
       IMMUNE ON DEPRESS ILLNESS;

MODEL INDIRECT: IMMUNE IND DEPRESS ILLNESS;
```

앞의 모형들과 달라진 부분은 MODEL 커맨드에서 회귀방향이 바뀐 것과, MODEL INDIRECT 커맨드에서 간접효과의 방향이 달라진 것이다. 추정의 적합도 결과를 보면, $\chi^2_M = 30.952$, $df_M = 24$, $p = 0.155$, RMSEA는 0.024(90% CI, 0.000−0.046), CFI는 0.998, SRMR은 0.016이다. 이는 앞의 구조방정식 모형 2와 완벽하게 일치한다. 동치모형이기 때문에 당연한 결과다. 하지만 추정해야 할 모수는 전혀 다르고, 자연스럽게 개별추정치들도 확연히 구분된다. 이 모형의 주요 개별추정치 결과가 [표 9.3]에 정리되어 있다.

[표 9.3] 구조방정식 모형 3 결과 보고

모수	비표준화	표준오차	표준화
경로계수			
질병 → 우울	0.325	0.044	0.352
우울 → 면역기능	−0.219	0.052	−0.214
질병 → 면역기능	−0.259	0.047	−0.273
설명오차의 분산			
우울(d_1)	1.209	0.100	0.876
면역기능(d_2)	1.214	0.102	0.839
외생변수의 분산			
우울	1.614	0.123	1.000
간접효과			
질병 → 우울 → 면역기능	−0.071	0.019	−0.075

위에서 추정한 모든 모수(간접효과 포함)에 대한 검정은 $p < 0.001$ 수준에서 통계적으로 유의하다.

　독자들에게 이와 같은 동치모형을 다시 보여 주는 이유는 이것이 바로 구조방정식이 가진 결정적인 한계이기 때문이다. 그렇다면 우리가 구조방정식의 틀 안에서 할 수 있는 최선은 무엇인가? 이미 여러 번 언급했듯이, 연구자가 모형을 설정하는 데 있어서 생각하는 관계의 방향을 지지하는 충분한 근거를 수집하는 것이다. 그 근거는 누군가의 이론을 통해 획득할 수도 있고, 이미 수행된 여러 연구에 대한 문헌 고찰을 통해서도 획득할 수 있다. 또는 연구자가 합리적인 논리의 흐름에 따라 새로운 이론을 펼치는 것도 얼마든지 가능하다. 구조방정식 모형을 이용해서 논문을 쓰는 데 있어서의 핵심은 바로 이 관계의 방향에 대한 충분한 근거를 제시하는 것이다.

　이번 장에서는 구조모형(경로모형)과 측정모형의 결합된 형태인 구조방정식 모형의 설정, 판별, 추정, 평가 및 해석 등을 살펴보았다. 지금까지 봤듯이 구조방정식 모형에 특별히 새로운 것은 없으며, 앞에서 배운 경로모형과 측정모형을 통해 좀 더 일반화된 모형을 설정하고 추정한 것뿐이다. 위의 예를 다시 살펴보면, 설정한 모형의 경로도를 보이고, 추정한 결과를 모형의 적합도와 개별모수 추정치로 나누어서 보고하였다. 이제 구조방정식을 이용하여 모형을 추정한 결과를 논문에서 보고하는 것에 대하여 간략하게 언급하고자 한다.

구조방정식을 이용한 많은 응용 논문이 있지만, 때때로 그러한 논문들의 가치를 떨어뜨리는 여러 오류가 발견된다(Boomsma, 2000). 예를 들어, 구인들 간의 구조적인 관계(회귀 관계)를 설정하는 데 있어서 이론적 기반을 제대로 설명하지 못하는 많은 논문이 있으며, 모형 자체나 추정 방법에 대한 설명이 부정확하거나, 이용하는 척도에 대한 심리측정학적 특성(예, 신뢰도)을 제대로 보고하지 않기도 하며, 모형 수정 과정이 모호한 경우, 그리고 심지어 모집단이 무엇인지 또는 표본크기가 어느 정도인지조차 보고하지 않은 논문들도 있다. 이러한 약점은 출판된 논문들에 대한 과학적인 평가 작업을 저해하여 연구의 질을 판단할 수 없도록 만든다. 특히 방법과 결과 섹션에서 연구자는 다른 연구자들이 자신의 연구를 복제 또는 반복(replication)할 수 있도록 충분하고 완전한 정보를 제공해야 한다(Boomsma, 2000; Elmes, Kantowitz, & Roediger III, 2012). 이제 가장 기본적인 구조방정식 모형에 대한 설명은 이 정도로 마무리하고, 다음 장부터 다양하게 확장된 구조방정식 모형과 이슈를 살펴보도록 한다.

제**10**장 구조방정식 모형의 확장

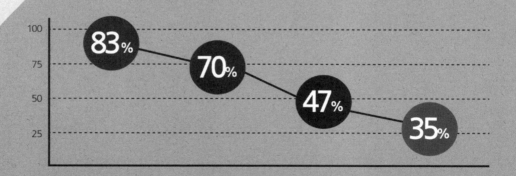

이번 장에서는 지금까지 배운 구조방정식의 전체적인 지식을 바탕으로 한 공통적인 주제와 발전된 모형에 대하여 다루고자 한다. 예를 들어, 구조방정식에서 많이 사용하고 있는 문항묶음(item parceling)의 개념과 사용방법, 잠재변수들 사이의 상호작용 효과(잠재변수의 조절효과), 다집단 구조방정식 모형 분석(집단의 조절효과) 등을 다루고자 한다. 많은 연구자들이 사용하는 잠재변수들을 이용한 매개효과 또는 간접효과의 검정은 집단의 조절효과 부분에서 함께 다룰 것이다.

10.1. 문항묶음

이번 섹션에서는 문항묶음(item parceling)의 정의, 장단점, 가정(assumption), 묶음 방법 등 여러 연관된 주제를 다루려고 한다. 문항묶음은 일견 간단한 듯 보이지만, 실행하기 위해서는 여러 가지 기초지식을 아는 것이 요구된다. 또한 아직 논쟁이 있는 분야이며, Little, Cunningham, Shahar와 Widaman(2002)은 문항묶음을 사용할 것인가 그렇지 않을 것인가는 연구자의 철학적인 자세와 연구의 실질적인 목적이 무엇인가에 따라 결정된다고 하였다. 본론으로 들어가기 전에, 가장 먼저 우리 책에서 사용하는 용어에 대하여 정의하고자 한다. Item parceling과 item parcel이 모두 문항묶음으로 번역되고 있는데, 사실 굳이 구분을 하자면 item parceling은 문항묶음화(문항묶음을 하는 작업), item parcel은 문항묶음(작업을 통해 형성된 문항의 묶음)으로 나누어 번역할 수도 있다. 하지만 우리말의 특성상 둘 모두 문항묶음으로 번역이 가능하다. 그래서 우리 책에서는 이 두 단어를 구분하여 번역하지 않고, 모두 문항묶음으로 번역하여 사용하려고 한다. 그 이유는 이 두 단어가 문장 중의 쓰임에 따라 그 의미가 매우 선명하게 구별이 되기 때문이다. 문장 안에서 독자들이 맥락에 맞게 해석하면 문제가 없을 것이다.

10.1.1. 문항묶음의 정의

문항묶음이란 두 개 이상의 개별문항 점수를 합치거나(total score, sum score) 평균(mean)을 내어 구조방정식 모형의 분석 단위(예, 경로모형의 외생 또는 내생 변수, 측정모형이나 구조방정식 모형의 지표변수 등)로 사용하는 것을 일컫는다. 예를 들어, 연구자가 y_1, y_2, y_3, y_4, y_5, y_6, y_7, y_8 등 총 여덟 개의 순위형(예, 5점

리커트 척도) 개별문항을 가지고 있다고 가정하자. 이분형 또는 순위형 개별문항
이 아닌 연속형 문항이라면 문항묶음의 과정 없이 지표변수 등으로 사용할 수 있기
때문에 문항묶음을 사용해야 할 유인이 거의 없다. 하지만 그렇다고 해서 연속형
개별문항으로 문항묶음을 사용할 수 없는 것은 아님을 밝힌다. 어쨌든 이 연구자
는 이 여덟 개의 문항을 이용하여 1요인 모형을 설정하고자 한다. 이는 현실에서
매우 자주 접하게 되는 문제라고 볼 수 있다. 물론 문항이나 요인의 개수가 더 많을
수 있겠지만, 근본적으로 이 예제의 확장에 다름 아니다. 이와 같이 순위형 문항을
이용하여 요인모형을 측정할 때, 연구자가 취할 수 있는 방법은 측정모형의 확장
부분에서 다뤘듯이 여러 가지가 있다.

첫 번째는 범주형 자료의 특성을 무시하고 순위형 개별문항을 연속형 변수로 취
급하여 일반적인 요인모형을 설정하는 것이다. 순위형 변수의 범주가 네 개 또는
다섯 개 이상이고 분포의 정규성(왜도 및 첨도를 이용해 확인)이 어느 정도 만족
된다면, 순위형 변수를 연속형으로 가정하고 측정모형을 추정하여도 큰 문제는 없
는 것으로 알려져 있다(Bentler & Chou, 1987; Rhemtulla, Brosseau-Liard, &
Savalei, 2012). 범주의 개수가 적을수록 정규성 가정 등을 만족하기 힘들기 때문
에 개별문항을 지표변수로 사용하면 문제의 소지가 있고, 범주의 개수가 많을수록
개별문항을 지표변수로 사용하는 데 있어 문제가 줄어든다. 두 번째는 자료의 요
약치를 이용하는 전통적인 공분산 구조분석(covariance structure analysis)의
맥락에서 제한정보(limited information) 추정법을 적용하는 것이다. 이때 잠재반
응변수(Muthén, 1984) $y*$ 간에 계산된 사분상관(tetrachoric correlation)이나
다분상관(polychoric correlation) 등의 자료 요약치를 이용하게 되며, 일반적으
로 가중 최소제곱(WLS)의 여러 변형된 추정법을 이용한다. M$plus$에서는 WLSMV
가 디폴트 추정량이었던 것을 기억할 것이다. 세 번째는 개별적인 자료의 반응값
을 이용하는 완전정보(full information) 추정법을 이용하는 것이다. 이러한 경우에
SEM의 맥락에서 일반화 요인분석(generalized factor analysis) 모형을 이용하거
나 문항반응이론(IRT) 모형을 이용하게 된다. IRT 전통에서 이분형(dichotomous)
이라면 1모수, 2모수, 3모수 로지스틱 IRT 모형 등을 이용할 수 있고, 다분형
(polytomous)이라면 등급반응모형(GRM, Samejima, 1969) 등을 이용할 수 있다.
SEM 전통에서는 이분형이든 다분형이든 모두 일반화 요인분석(범주형 요인분석)
을 실행한다.

마지막으로 순위형 자료를 이용할 때 사용할 수 있는 방법은 문항묶음을 사용하는 것이다. 개별문항을 이용하는 대신 문항묶음을 이용할 때, 크게 두 가지로 문항을 묶는 방식을 생각해 볼 수 있다. 첫째는 많은 수의 개별문항을 적은 개수의 문항묶음으로 만드는 방식이고, 둘째는 많은 수의 개별문항을 하나의 문항묶음으로 만드는 방식이다. 두 번째 방식은 잘 사용하지 않는 방식이기 때문에 아래에서 간단하게 그 방법만 언급할 것이고, 우리가 이번 섹션에서 관심 있는 방식은 바로 첫 번째 방식이다. 예를 들어, 여덟 개의 문항을 [식 10.1]과 같이 네 개의 문항묶음 (parcels)으로 만들 수 있다.

$$
\begin{array}{ll}
\text{parcel1} = y_1 + y_2 & \text{parcel1} = (y_1 + y_2)/2 \\
\text{parcel2} = y_3 + y_4 \quad \text{또는} \quad & \text{parcel2} = (y_3 + y_4)/2 \\
\text{parcel3} = y_5 + y_6 & \text{parcel3} = (y_5 + y_6)/2 \\
\text{parcel4} = y_7 + y_8 & \text{parcel4} = (y_7 + y_8)/2
\end{array}
\qquad \text{[식 10.1]}
$$

위의 식에서 왼쪽은 개별문항의 합산점수로 문항묶음을 만든 것이고, 오른쪽은 개별문항의 평균으로 문항묶음을 만든 것이다. 위의 두 방법 중 어떤 식으로든지 문항묶음을 만들면 문항묶음의 범주의 개수가 개별문항보다 약 두 배 증가 (예, 5점 척도라면 다섯 개에서 아홉 개로 증가)하게 되고, 정규성을 확보할 가능성이 높아진다. 문항을 묶는 여러 방법이 제안되었는데, 기본적으로 무선적인 방법과 특정한 이론에 기반한 방법으로 나뉠 수 있다. 일단 위의 예는 문항묶음의 개념을 설명하기 위한 것이므로 매우 단순하게 순서대로 문항을 분류하였다. 이와 같이 만들어진 네 개의 문항묶음을 연속형 지표변수로 가정하고 일반적인 요인분석모형을 [식 10.2]와 같이 설정한다. 모형의 경로도는 [그림 10.1]에 있다.

$$
\begin{aligned}
\text{parcel1} &= (\mu_1) + \lambda_1 f + e_1 \\
\text{parcel2} &= (\mu_2) + \lambda_2 f + e_2 \\
\text{parcel3} &= (\mu_3) + \lambda_3 f + e_3 \\
\text{parcel4} &= (\mu_4) + \lambda_4 f + e_4
\end{aligned}
\qquad \text{[식 10.2]}
$$

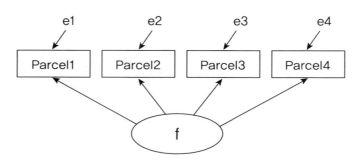

[그림 10.1] 1요인 모형-네 개의 문항묶음

　문항묶음의 장단점이나 만족시켜야 할 가정은 모두 차치하고(뒤에서 설명할 것이다), 만약 이와 같은 방식으로 모형을 설정하게 되면 상당한 편리성이 있게 된다. 상대적으로 복잡한 잠재반응변수 y^* 나 IRT 모형의 개념, 또는 제한정보 및 완전정보 추정 같은 부분을 고민할 필요가 없다. 우리가 잘 이해하고 있는 평범한 연속형 요인분석모형을 이용하면 된다. 그리고 위의 예에서는 네 개의 문항묶음이 각각 같은 개수의 개별 순위형 문항으로 이루어졌는데, 반드시 그럴 필요 또한 없다. [식 10.3]과 같이 각 문항묶음이 다른 개수의 개별문항을 가진다고 해도 문제가 되지 않는다.

$$
\begin{array}{ll}
\text{parcel1}= y_1 + y_2 & \text{parcel1}= (y_1 + y_2)/2 \\
\text{parcel2}= y_3 + y_4 + y_5 \quad \text{또는} \quad & \text{parcel2}= (y_3 + y_4 + y_5)/3 \quad \text{[식 10.3]} \\
\text{parcel3}= y_6 + y_7 + y_8 & \text{parcel3}= (y_6 + y_7 + y_8)/3
\end{array}
$$

　다만 문항묶음당 개별문항의 개수가 크게 다를 때에는 총점을 사용하는 방식보다 평균을 사용하는 방식이 더 선호된다. 그 이유는 묶음당 분산의 크기를 비슷하게 맞춰 줄 수 있기 때문이다. 하나의 모형 안에서 사용되는 변수들 간에 매우 큰 분산의 차이가 발생할 때(예, 가장 작은 분산과 가장 큰 분산의 차이가 10배 이상) 추정 과정이 안 좋은 영향을 받을 가능성이 높다(Kline, 2011). 위에서 만든 세 개의 문항묶음을 이용해 완전판별 모형인 1요인 모형을 설정하면 [식 10.4]와 같으며, 경로도는 [그림 10.2]에 제공된다.

$$
\begin{array}{l}
\text{parcel1}= (\mu_1) + \lambda_1 f + e_1 \\
\text{parcel2}= (\mu_2) + \lambda_2 f + e_2 \\
\text{parcel3}= (\mu_3) + \lambda_3 f + e_3
\end{array}
\qquad \text{[식 10.4]}
$$

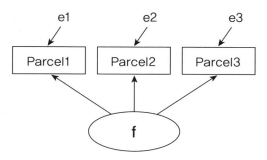

[그림 10.2] 1요인 모형-세 개의 문항묶음

이렇게 문항묶음이 형성되고 그 문항묶음을 이용해 측정모형이나 구조방정식 모형을 추정할 때는 각 문항묶음의 기술통계량(평균, 표준편차, 최소, 최대 등) 역시 제공하는 것이 일반적이다.

10.1.2. 문항묶음의 장단점

지금까지 매우 간단한 방법으로 문항묶음을 만드는 예를 보였다. 그렇다면 어떤 이유로 많은 연구자가 문항묶음을 이용하는 것일까? 다시 말해, 문항묶음은 어떤 장점을 가지고 있는지에 대해 Bandalos(2002), Bandalos와 Finney(2001), Little, Cunningham, Shahar와 Widaman(2002) 및 Matsunaga(2008) 등의 리뷰 논문을 통하여 정리한다. 첫째, 여러 문항을 묶음으로써 새롭게 만들어진 지표변수의 공통분산(communality)이 더 커지게 되어 공통분산/고유분산 비율을 높일 수 있다(Matsunaga, 2008). 각 순위형 개별문항은 질문에 따라 상당히 개별적이고 고유한 특성이 있을 수 있다. 그에 반해 여러 문항을 더하거나 평균을 내어 묶음으로 만들면, 항상 그런 것은 아니지만 일반적으로 각 문항이 가진 고유한 특성은 점점 사라지고 모든 묶음이 서로 비슷하게 될 수 있다. 이렇게 되면 각 문항이 요인을 통하여 다른 문항들과 공유하는 분산인 공통분산은 점점 커지고, 자연히 상대적으로 고유분산은 점점 줄어든다. 앞에서 신뢰도를 다루면서 설명하였듯이 측정오차의 분산(고유분산)이 점점 작아지면 지표변수의 분산 중에서 요인분산의 비율이라고 볼 수 있는 문항의 신뢰도[76]는 증가하게 된다.

---

76) 교차 요인부하(cross loading)가 없고 측정오차 간의 상관을 허락하지 않는 일반적인 CFA 모형에서 지표변수(또는 문항) i의 분산을 1이라고 가정하면, 신뢰도는 $1-\psi_{ii}$로 계산될 수 있다. 여기서 ψ_{ii}는 지표변수 i의 측정오차의 분산이다.

둘째, 문항묶음을 통하여 합쳐진 새로운 점수는 개별문항보다 더 연속형에 가깝고, 더 정규성을 만족하게 되는 것이 일반적이다. 예를 들어, 세 개의 5점 척도 개별문항이 있다고 가정하자. 첫 번째 문항은 정적으로 편포되었고, 두 번째 문항은 정규분포와 비슷하며, 세 번째 문항은 부적으로 편포되었다고 하자. 만약 이런 개별문항들을 더하거나 평균을 내서 하나의 묶음으로 만들면, 새롭게 형성된 변수(문항묶음)는 정규분포와 흡사한 분포를 가질 가능성이 높다. 구조방정식 모형의 표준적인 추정 방법인 최대우도 추정은 정규성을 만족한다는 가정하에 실행되므로, 다변량 정규성을 더 잘 만족하는 문항묶음은 개별문항에 비해 추정의 문제를 덜 일으키게 된다. 개별문항을 이용한 추정 결과가 상당히 큰 표준오차를 가지는 것이 일반적인 데 반해, 문항묶음을 이용하면 추정 과정이 더욱 안정적이다(Little, Cunningham, Shahar, & Widaman, 2002).

셋째, 개별문항을 이용할 때에 비해서 모형의 적합도를 향상시킨다. 이는 첫째 장점인 공통분산을 늘리고 고유분산을 줄임으로써 발생하는 현상이라고 볼 수 있다. 모형의 적합도를 좋지 않게 만드는 두 가지 요인이 있을 수 있는데, 하나는 요인과 오차의 상관이고, 나머지 하나는 오차와 오차의 상관이다(MacCallum, Widaman, Zhang, & Hong, 1999). 공통분산의 크기를 늘리면 오차 부분은 줄어들게 되고, 자연스럽게 측정오차 간의 상관이 줄어드는 경향이 있어 적합도가 좋아질 수 있다. 또한 측정오차와 요인의 상관도 줄어들게 되어 모형 적합도의 향상이 일어나기도 한다. Bandalos(2002)는 시뮬레이션 연구에서, 문항묶음을 사용하면 χ^2 값, CFI, RMSEA 모두가 향상되는 것을 보고하였다. 특히 표본의 크기가 상대적으로 작고 ($n=100$ 또는 $n=250$) 개별문항이 정규성을 만족하지 못할 때 문항묶음의 효과가 긍정적으로 작용한다고 하였다.

마지막으로 표본의 크기가 충분하지 못할 때 하나의 모수당 사례(subjects 또는 cases)의 비율을 향상시켜서 추정에 도움을 준다(Bandalos & Finney, 2001). 표본의 크기는 고정되어 있는 상황에서 문항을 묶음으로써 추정해야 할 요인부하의 개수, 측정오차의 분산의 개수 등이 줄어들게 된다. 그리고 이것은 결국 더욱 안정적인 추정을 가능하게 한다(Bagozzi & Edwards, 1998). 일반적인 연구자들이 가장 많이 보고한 문항묶음의 이유가 바로 표본의 크기에 대한 자유모수의 개수 비율을 향상시키는 것이다(Williams & O'Boyle, 2008).

    지금까지 설명한 여러 가지 장점에도 불구하고, 문항묶음에 대해서는 여전히 논쟁이 있다. 가장 큰 이유는 문항묶음을 사용하는 데 중요한 가정이 있기 때문이다. 바로 일차원성(unidimensionality) 가정이다. 문항묶음을 위한 개별문항들이 모두 하나의 구인을 측정하고 있다는 것이다. 만약 이러한 가정이 만족되지 못하면, 문항묶음을 이용한 분석은 자료의 요인구조를 모호하게 만드는 문제가 있다(MacCallum, Widaman, Zhang, & Hong, 1999; West, Finch, & Curran, 1995). 간단하게 말하면, 실제로 다차원적인 자료구조(multidimensional data structure)가 있다면 문항묶음은 실제로 존재할 수도 있는 요인(중요할 수도 있고 그렇지 않을 수도 있다)을 제거해 버릴 수 있다. 이런 이유로 문항묶음을 사용한 모형의 적합도가 좋다고 해도 모형의 설정이 옳은지 그렇지 않은지는 결정하기가 어렵다(Bandalos & Finney, 2001). 다시 말해, 일차원성을 기본적으로 가정하는 문항묶음을 사용하게 되면 다차원 요인모형을 단일차원 요인모형으로 잘못 설정하게 될 확률이 언제나 존재하게 된다(Matsunaga, 2008).

    이와 같이 문항묶음에서 매우 중요한 일차원성 가정은 어떻게 확인할 수 있을까? 여러 가지 제안된 방법이 있는데, 그중 이해하기 어렵지 않고 쉽게 실행할 수 있는 방법들을 소개하고자 한다. 첫 번째 가장 단순하고 복잡하지 않은 방법은 이미 일차원성이 확보되었다고 알려진 좋은 척도의 개별문항들을 이용하여 문항묶음을 하는 것이다. 특별히 어떠한 방법이라고 할 수는 없지만, 아마도 대다수의 연구자가 이미 개발된 잘 알려진 척도를 사용할 것이므로 이 첫 번째 방법은 상당히 유용하다. 하지만 만약 일차원성을 판단하기 위한 근거가 확실하지 않은 척도를 이용하게 되더라도 기술적인 방법들을 통해 일차원성을 확인할 수 있다. 두 번째 방법은 탐색적 요인분석(EFA)을 사용하는 것이다(Hall, Snell, & Foust, 1999). EFA를 실행한 결과, 모든 개별문항이 첫 번째 요인에 대해 높은 요인부하를 가지고 있고, 나머지 요인들에 대해서는 상대적으로 낮은 요인부하를 가져야 한다. 다르게 표현하면, 각 요인의 고유값(eigenvalue)을 확인했을 때 첫 번째 요인의 고유값이 충분히 크고 나머지 모든 고유값은 무시할 수 있는 수준이어야 한다는 것이다. 하지만 이 방법은 다차원성이 있는 경우에도 한 요인에 대한 모든 요인부하가 높을 가능성이 존재하기 때문에 비판받았다(Gerbing & Anderson, 1988). 마지막 방법은 확인적 요인분석(CFA)을 통하여 일차원성을 확인하는 것이다. 모든 개별문항이 하나의 요인에 부하되는 1요인 모형을 설정하여, 만약 모형의 적합도가 좋지 않다면 여러 요인이 있을 수도 있다고 결정하는 것이다. 또는 예를 들어, 측정오차 간 수정지수(MI)를 확인하여 매우 큰 값을 확인하게 된다면 두 개의 요인 또는 그 이상이 존재할 수도 있음을 결정한다. 하지만 현실 속에서 다차원성을 확인하는 것은 쉽지 않은 일이다. 실제로 CFA의 결과가 이차원을 암시하였다고 하여도 그것이 진짜로 의미 있는 다른 차원(요인)을 가리키는 것인지, 아니면 전체 개별문항 내에서 소수의 문항 몇 개가 매우 비슷한 표현(wording)을 사용하였기 때문에 거짓으로 두 번째 차원을 보여 준 것인지를 결정하는 것은 어려운 일이다.

사실 이 일차원성 가정은 매우 중요하면서도 동시에 약간은 모호한 가정이다. 예를 들어, 알코올중독을 측정하는 20개의 개별문항이 있다고 가정했을 때, 하부요인으로서 음주에 대한 욕구, 음주행위에 대한 갈등, 음주 중 발생하는 기억상실 등이 있다고 하면 과연 이 세 개의 하위척도는 완전하게 구분되는 다른 차원을 형성하고 있는 것일까? 아니면 알코올중독이라는 상위 척도 안에서 하나로 통합될 수 있는 것일까? 논쟁이 가능한 부분이다. 또 다른 예를 들어, Gardner(1983)는 구분되는 다중지능(multiple intelligence)이 존재한다고 믿으며, Spearman(1904)은 특정한 지능(specific intelligence)이 모두 일반지능(general intelligence)에 속해서 크게 하나의 능력을 측정하는 것이라고 본다. 여러 세분화된 능력을 통합하는 하나의 능력을 일차원이라고 할 수 있을 것인가? 여러 다른 상황에서 일차원성이라는 것의 정의가 모호할 수밖에 없는 것이다. 하지만 어쨌든 연구자는 문항묶음을 사용하려고 할 때 일차원성 가정에 대해 어떤 식으로든 언급을 하고 합리화(justification)를 해야만 한다. 그리고 많은 논문이 일차원성을 문항묶음의 절대적인 가정이라고 하지만, 실질적으로 완벽한 일차원성을 가정하지 않는 문항묶음의 방법들이 존재한다. 즉, 일차원성을 가정한 방법들이 있고, 다차원성을 가정하는 방법들이 있다. 이번 섹션에서 모두 다루게 될 것이다.

일차원성과 더불어 문항묶음에 대한 다른 논쟁 부분은 잠재변수끼리의 경로계수가 과소추정되고 편향이 생길 수도 있다는 것이다. Stephenson과 Holbert(2003)는 시뮬레이션 연구를 통하여 경로계수가 대략 7~20% 정도 과소추정되는 것을 발견하였다. Hall, Snell과 Foust(1999) 역시 거의 비슷한 결과를 보고하였다. 이에 반해 Bandalos(2002)는 시뮬레이션 연구를 통하여 일반적인 문항묶음을 사용했을 때 오히려 더욱 정확한 경로계수 추정치가 나온다는 것을 발견하였다. 이런 상반된 결과는 시뮬레이션을 위해 생성한 개별문항의 분포라든가 표본크기의 다름 때문에 발생한 것이다. 이와 같은 연구들을 자세히 살펴보면, 개별문항이 정규성이라든가 연속성을 잘 갖추고 있을 때는 문항묶음이 좋지 않은 방향으로 작동하고, 개별문항이 여러 통계적 조건을 잘 갖추고 있지 못할 때는 문항묶음이 좋은 방향으로 작동하였다. 그렇다면 이 추정의 편향 문제가 문제라고 할 수 있을까? Little, Rhemtulla, Gibson과 Schoemann(2013)은 우리가 문항묶음을 고려하는 순간은 문제가 있는 문항을 이용해 구인을 측정하려는 순간이라고 하였다. 즉, 개별문항이 정규성을 갖지 못하고, 측정오차 간에 상관이 존재하고, 교차 요인부하가 존재하는 등의 상황에서 문항묶음을 고려하는 것이다. 그렇다면 아마도 문항묶음은 편향을 만들어 내기보다는 더 정확하게 추정하는 쪽으로 작동할 것이다. 이런 차이에 대한 부분은 문항묶음을 어떤 경우에 사용해야 하고 어떤 경우에는 사용하지 않아야 하는지에 대한 주제와 연결해서 다시 다룰 것이다.

마지막으로 문항묶음을 사용한 경우, 개별문항을 사용한 것에 비해서 구조방정식 모형을 충분히 철저하게 검정할 수 없다는 약점이 있다. 개별문항을 지표변수로 사용할 때에 비하여 더 적은 수의 모수를 추정하기 때문에 연구자가 원하는 모든 종류의 모수에 대한 검정을 실시할 수 없게 된다(Bandalos & Finney, 2001). 예를 들어, 문항묶음을 사용하면 어떤 하나의 개별문항이 상응하는 구인의 측정에 도움을 주고 있는지 아닌지 등에 대한 검정은 가능하지 않게 된다.

10.1.3. 문항묶음의 개수

살펴본 장점과 단점을 고려했을 때, 이익이 더 크다고 판단되면 연구자는 문항묶음을 이용하면 되고 그렇지 않다면 이용하지 않으면 된다. 만약 측정모형이나 구조방정식 모형에서 사용하려고 결정했다면, 가장 먼저 하나의 요인당 몇 개의 문항묶음을 형성할지를 결정해야 한다. 여러 연구를 종합했을 때 한 묶음당 개별문항의 개수가 많을수록(즉, 묶음의 수가 적을수록) 모형의 적합도는 증가하는 것으로 나타났다. 하지만 동시에 묶음의 수가 감소할수록 추정의 편향은 증가하는 것이 일반적이다(Bandalos, 2002; Rogers & Schmitt, 2004). 그래서 Little, Rhemtulla, Gibson과 Schoemann(2013) 그리고 Matsunaga(2008) 등은 요인당 세 개의 문항묶음을 사용하는 것을 추천하였다. 그 이유는 한 요인당 세 개의 지표변수(문항묶음)를 사용하게 되면 [그림 10.3]처럼 한 요인의 블록이 완전적합이 되기 때문이다.

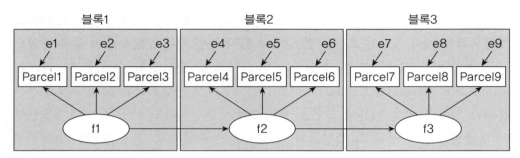

[그림 10.3] 각 구인의 블록 내 완전적합

위와 같이 각 블록 내의 요인모형이 완전판별이 되면 전체 모형의 적합도를 평가할 때 혼입의 가능성이 줄어든다. 즉, 모형의 평가가 측정모형에 대한 것인지 구조모형에 대한 것인지 판단하기 힘든 부분이 줄어든다는 것이다. 예를 들어, 각 블록 안에 네 개의 문항묶음이 있게 되면 개별 블록이 과대판별($df_M > 0$)되어 구조방정식 모형을 평가할 때 두 가지(측정모형과 구조모형)의 모형 적합도 평가의 근원이 있게 된다. 그러므로 구조방정식 모형의 적합도가 좋지 않다면 그것이 측정모형 때문인지 구조모형 때문인지 판단하기가 쉽지 않다. 다시 말해, 이렇게 여러 개의 요인이 있는 모형에서 각 요인의 측정모형 블록을 모두 완전적합으로 만들게 되면 구조모형의 경로계수를 검정하는 데 이점이 있게 되는 것이다. 만약 구조방정식 모형의 적합도가 좋지 않다면 그 원인이 주로 구조모형 부분 때문이라고 말할 수 있게 된다(Little, Rhemtulla, Gibson, & Schoemann, 2013). 물론 다차원 요인모형에서 각 요인의 지표변수를 세 개로 하여 각 요인의 블록이 완전판별이 된다고 해도 측정모형 전체적으로는 과대판별이 된다. 사실 이와 같은 이유로 구조방정식 모형이 아닌 측정모형을 추정하더라도 두 개 이상의 요인이 있게 되면 과대판별 모형이 되어 모형의 적합도를 검정하는 데 문제가 없다(Matsunaga, 2008).

정리하자면, 요인당 지표변수의 개수를 세 개로 제안한 Little, Rhemtulla, Gibson 과 Schoemann(2013)의 의도는 측정모형에서 생기는 자유도를 최소화하여(즉, 자유도가 0에 근접하게 하여) 완전적합에 가깝게 만들고자 하는 것이다. 그렇다고 해서 측정모형 부분에서 발생하는 자유도를 더 줄일 목적으로 요인당 두 개의 문항묶음을 지표변수로 쓰면 문제가 발생할 수 있다. 블록당 두 개의 지표변수가 있는 경우에 제약을 통해서 모수의 개수를 줄이지 않으면 추정 과정이 수렴하지 않거나(nonconvergence) 부적절한 결과(improper solution)를 주는 문제를 겪을 가능성이 매우 높아진다(Little, Lindenberger, & Nesselroade, 1999; Little, Rhemtulla, Gibson, & Schoemann, 2013; Nasser & Wisenbaker, 2003).

앞에서 Matsunaga(2008) 그리고 Little, Rhemtulla, Gibson과 Schoemann (2013)의 의견을 예로 들어, 요인당 몇 개의 문항묶음을 지표변수로 이용하는 것이 이상적인가에 대하여 토론하였다. 하지만 사실 누구도 모든 상황에서 몇 개의 묶음이 항상 적절하다고 말하기는 매우 어렵다. 연구자가 추정하고자 하는 모형, 가지고 있는 개별문항의 개수, 표본크기, 개별문항의 정규성 정도 등이 모두 다르기 때문이다. 기술적으로 요인이 두 개 이상인 경우에는 모형의 판별을 위해 요인당 최소 두 개의 지표변수가 필요하므로, 두 개의 문항묶음이 최소요구 개수라는 것을 알 수 있다. 하지만 바로 앞에서 설명한 대로 두 개의 지표변수는 적절치 않다. 모형의 간명성과 추정의 정확성을 모두 고려하여 개인적으로 추천을 한다면 세 개를 최소한의 문항묶음으로 보며, 상황에 따라 네 개의 문항묶음을 고려하면 될 것이다. Little, Cunningham, Shahar와 Widaman(2002)은 요인당 둘 또는 셋 또는 네 개의 문항묶음을 언급하였다.

지금까지 아주 일반적인 상황에서 많은 수의 개별문항을 서너 개 정도의 묶음으로 만드는 경우에 대하여 토론하였다. 하지만 모든 개별문항을 하나의 묶음으로 통합하는 경우도 있을 수 있다. 이와 같은 방식은 최근에는 많이 사용되지 않지만, 과거에는 꽤 활발하게 사용되었다. 다시 말해, 연구자의 구조모형 부분에서 어떤 구인을 측정하는 관찰변수(개별문항 또는 묶음)는 여러 개가 있고, 또 어떤 구인을 측정하는 관찰변수(개별문항 또는 묶음)는 단 하나만 존재할 때가 있다. 이런 경우 과거에는 개별문항 또는 묶음 하나를 이용하여 잠재변수를 생성하곤 했다. 그렇게 함으로써 구조모형 부분에는 오직 잠재변수들끼리의 관계만 연구할 수 있는 장점이 있다. 최근에는 구조모형 부분에 잠재변수와 관찰변수를 직접적으로 사용하는 경향이 있다. 여기서는 하나의 묶음을 만들어서 그것으로 잠재변수를 형성하는 과정에 대하여 간단하게 살펴보고자 한다. 이런 경우 묶음의 방법은 [식 10.5]와 같고, 하나의 묶음을 이용하는 측정모형은 [그림 10.4]와 같이 설정될 수 있다.

$$\text{parcel} = y_1 + y_2 + y_3 + y_4 + y_5 + y_6 + y_7 + y_8$$
$$\text{or}$$
$$\text{parcel} = \frac{y_1 + y_2 + y_3 + y_4 + y_5 + y_6 + y_7 + y_8}{8}$$

[식 10.5]

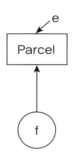

[그림 10.4] 단일 문항묶음의 측정모형

이와 같은 단일 문항묶음(즉, 단일 지표변수)을 사용할 때는 모형의 판별이 가능하지 않다. 지표변수가 하나이므로 정보의 개수는 한 개($i = 1$)인데, 추정해야 할 모수는 세 개($t = 3$)가 된다($df_M = -2 < 0$). 즉, 추정해야 할 모수가 요인의 분산($Var(f) = \phi_{11}$), 요인부하(λ), 측정오차의 분산($Var(e) = \psi_{11}$) 세 개가 된다. 이때는 두 개 이상의 모수에 제약을 주어 모형을 판별 가능하게 해야 한다. 제약을 주는 방법은 상당히 다양한데, 가장 쉬운 방법과 가장 일반적인 방법이라고 할 수 있는 두 가지를 소개한다. 지금부터 설명하는 방법들은 문항묶음의 맥락을 떠나서, 하나의 지표변수로 잠재변수를 측정하고자 하는 경우에 언제라도 사용할 수 있다. 설명의 편의성을 위하여 하나의 지표변수 x, 하나의 요인 f, 요인부하 λ, 측정의 오차 e를 가정한다. 즉, $x = \lambda f + e$의 측정모형을 가정한다. 첫 번째 방법은 x가 완벽한 측정치(perfect measure)임을 가정하는 것으로서 $\lambda = 1$로 놓고 $Var(e) = 0$으로 놓는다. 이와 같은 제약의 의미는, 지표변수 x가 잠재변수 f를 완벽하게 반영하며 측정오차 e는 존재하지 않는다는 것이다. 이렇게 제약을 주게 되면 오직 $Var(f)$만 추정하면 되며, 단일 지표변수의 모형은 $df_M = 0$이 된다.

두 번째도 $df_M = 0$을 만드는 것이 목적인데, 좀 더 일반적이고 많이 쓰이는 방법으로서 $\lambda = 1$로 놓고, $Var(e)$를 신뢰도(예, Cronbach's α)와 x의 분산($Var(x) = s_x^2$)을 이용해서 설정하는 것이다. $\lambda = 1$이 되면 측정모형은 $x = f + e$가 되고, Bollen(1989)의 거짓고립(pseudo isolation) 가정에 의하여 [식 10.6]이 성립한다.

$$Var(x) = Var(f) + Var(e) \qquad\qquad [\text{식 } 10.6]$$

여기서 $\lambda = 1$일 때 진점수 이론(true score theory)의 진점수(τ)와 요인 f를 연결하는 식(Bollen, 1989)을 적용해 보면 $\tau = f + s$가 된다. 여기서 s는 f와 관련이 없는 고유분산 부분(specific variance component)인데, 사실 계산할 방법도 없고, 일반적으로 0이라고 가정한다(Bollen, 1989; Lord & Novick, 1968). 그러므로 결국 $\tau = f$가 되어 진점수와 요인점수는 같은 값이라고 가정할 수 있다. 진점수 이론에서의 신뢰도($\rho_{xx'}$)는 진점수 분산($Var(\tau)$)과 관찰점수 분산($Var(x)$)의 비율로 정의되는데, $\tau = f$이므로 [식 10.7]이 성립한다.

$$\rho_{xx'} = \frac{Var(\tau)}{Var(x)} = \frac{Var(f)}{Var(x)} \qquad\qquad [\text{식 } 10.7]$$

그러므로 $Var(f) = \rho_{xx'}Var(x)$이 되고, 이 결과를 [식 10.6]에 넣으면 $Var(x) = \rho_{xx'}Var(x) + Var(e)$이 된다. 이를 다시 쓰면 $Var(e) = (1 - \rho_{xx'})Var(x)$가 된다. 신뢰도 $\rho_{xx'}$의 추정치로 가장 많이 쓰인다고 할 수 있는 것은 Cronbach's α이므로 $Var(e) = (1 - \alpha)Var(x)$가 된다. 결국 $Var(e)$를 추정하지 않고 [식 10.8]과 같이 이용할 수 있게 된다.

$$Var(e) = (1 - \alpha)s_x^2 \qquad\qquad [\text{식 } 10.8]$$

이때 α는 $y_1 \sim y_8$ 여덟 개의 문항을 통하여 추정하고, s_x^2은 $y_1 \sim y_8$을 통합한 문항묶음의 분산추정치이다. 이와 같은 작업을 통하여 결국 $x = \lambda f + e$에서 추정해야 할 것은 첫 번째 방법과 마찬가지로 요인의 분산 $Var(f)$뿐이다. 첫 번째 방법이 완벽한 측정치라는 달성하기 힘든 가정이 있는 반면에, 두 번째 방법은 신뢰도를 고려한 방법이라는 것이 차이점이다.

10.1.4. 문항묶음의 방법

여러 가지 문항을 묶는 알고리즘이 존재하는데, 그중에 몇 가지 주된 방법에 대하여 예와 함께 설명하고자 한다. 이 방법들을 설명하기 전에 Little, Rhemtulla, Gibson과 Schoemann(2013)의 경고를 간략하게 언급하고자 한다. 문항묶음을 이용하는 데 있어서 연구자들은 어떤 종류의 문항묶음 알고리즘을 사용할 것인지를 미리 선명하게 결정해야 한다. 또한 좋은 모형 적합도와 통계적으로 유의한 경로가 나올 때까지 여러 가지 방법을 두루 적용하는 방식은 그 어떤 상황에서라도 정당화할 수 없으므로 이 부분에 대해 정직해야 한다. 이런 이유로 미리 적절한 문항묶음 알고리즘을 선택하는 것은 매우 중요하다. 이와 같은 원칙이 현실적으로 지켜질 수 있을 것인가에 대해서는 의구심이 있지만, 원칙이 존재한다는 것을 인지하는 것은 중요하다.

이제 본격적으로 문항묶음의 방법을 설명하는 데 앞서 이 방법들을 한 가지 기준에 의하여 크게 두 부류로 나누고자 한다. 그 기준은 각 개별문항의 고유분산(unique variance)을 어떻게 처리하는가다. 고유분산을 잘 분배해서 작게 만들고 공통분산의 크기를 키우는, 즉 특성이 매우 비슷한 문항묶음을 만들고자 하는 방식은 고유분산 분배(distributed uniqueness) 방법이라고 한다. 아래에서 설명할 무선 알고리즘(random algorithm)과 요인 알고리즘(factorial algorithm)이 여기에 속한다. 그에 반해, 고유분산을 분배하지 않고 각 문항묶음이 한 변수로서의 고유한 특성을 가지도록 하는 방식은 고유분산 고립(isolated uniqueness) 방법이라고 한다. 즉, 지표변수(묶음)의 다양성을 극대화시키는 방법이다(Rogers & Schmitt, 2004). 상관 알고리즘(correlational algorithm), 방사 알고리즘(radial algorithm), 내용기반 방법(content-based method), 탐색적 요인분석 방법(EFA method) 등이 이 두 번째 방식에 속한다. 이와 같은 두 가지 종류는 문항묶음의 가정과도 관련이 있다. 만약 모든 문항에 걸쳐 일차원성을 가정하였다면 고유분산 분배 방식이 적절하다. 그리고 만약 여러 문항에 걸쳐 다차원성을 가정하였다면, 고유분산 고립 방식이 적절하게 된다. 이때의 다차원성이란 완전히 구별되는 다른 요인들이 존재한다는 의미라기보다는 하나의 공통되고 일반적인 구인(construct)의 하위구인들 간에 형성되는 다차원이라고 보는 것이 타당하다(Kishton & Widaman, 1994).

이제 한 방법씩 간단하게 살펴보면서 [그림 10.5]의 자료($n = 1,568$)를 이용하여 예를 보이고자 한다. 총 10개의 개별문항이 있고, 각 문항은 리커트 척도로서 1~4(1: 매우 그렇지 않다, 2: 그렇지 않다, 3: 그렇다, 4: 매우 그렇다)의 응답반응이 존재한다. 각 방법을 설명하기 위한 예에서 우리가 최종적으로 획득하고자 하는 문항묶음의 개수는 세 개다. 아래 자료는 고등학교 교사들을 대상으로 한 설문조사 결과라고 가정하며, 개별문항에 대한 설명은 여기서 중요하지 않으므로 자세한 설명은 생략한다.

	q1	q2	q3	q4	q5	q6	q7	q8	q9	q10
1	3	3	4	4	3	3	4	4	3	3
2	4	4	4	4	4	4	4	4	4	4
3	4	4	4	4	4	4	4	4	4	4
4	2	3	3	2	2	3	3	3	3	2
5	4	3	4	3	4	4	3	4	4	4
6	4	4	3	4	4	4	4	4	3	4
7	3	4	4	3	4	4	3	4	3	4

[그림 10.5] 고등학교 교사들을 대상으로 한 설문 자료

무선 알고리즘

첫 번째로 소개할 문항묶음 방법은 무선 알고리즘(random algorithm) 또는 무선 묶음(random parceling)이라고 불리는 방법이다(Landis, Beal, & Tesluk, 2000; Matsunaga, 2008). 이 방법은 상당히 여러 무선적인 방법이 존재하고 많은 연구자가 사용해 온 알고리즘이다. 기초통계 책 뒤의 난수표(random number table)를 이용하든, 직접 통계 프로그램(예, R 또는 SPSS 등)을 이용하든, 그 어떤 방법을 쓰든 무선적으로 10개의 문항을 세 개의 묶음으로 나누면 된다. 무선 알고리즘은 모든 개별문항이 서로 교환가능하다는 강력한 가정 아래 사용할 수 있는 방법이다. 즉, 많은 수의 개별문항이 존재하고, 그 개별문항 간에 상당히 높은 공통분산이 존재할 때만 이 방법은 옹호받을 수 있다. 이러한 이유로 이 방법을 사용하여 만들어진 문항묶음들은 동일한 공통분산과 오차분산을 지니게 될 것이라고 기대한다. 즉, 문항묶음 모두 비슷한 특성을 지니게 되므로 이와 같은 방법을 균등화 접근법(balancing approach) 또는 고유분산 분배 방식이라고 말하기도 한다. 이 방법의 문제점은 무선 알고리즘을 실시할 때마다, 또한 실시한 연구자마다 매우 다른 모형의 추정 결과를 얻을 수 있다는 것이다. 여러 가지 이유로 무선 알고리즘은 일반적인 상황에서 적절하지 못한 방법이어서 옹호받기 힘들다(Little, Rhemtulla, Gibson, & Schoemann, 2013).

요인 알고리즘

두 번째 소개할 방법 역시 만들어질 문항묶음의 특성을 상쇄시키고자 하는 균등화(balancing) 접근법 중 하나인데 요인 알고리즘(factorial algorithm) 또는 1요인 분석 문항묶음(single-factor analysis parceling)이라고 부른다. 개별문항과 그 개별문항들로 측정한 구인(또는 요인)의 관계에 기반해서 문항묶음을 형성하는 방법이다. 이 방법은 여러 논문에 그 방식이 소개되었는데(Landis, Beal, & Tesluk,

2000; Little, Cunningham, Shahar, & Widaman, 2002; Little, Rhemtulla, Gibson, & Schoemann, 2013; Matsunaga, 2008; Rogers & Schmitt, 2004), 상황과 조건에 따라 조금 다른 결과를 주기도 하고, 같은 결과를 주기도 한다. 일단 Little, Cunningham, Shahar와 Widaman(2002), Matsunaga(2008), Rogers와 Schmitt(2004) 등이 설명한 방식을 먼저 소개한다. 여러 개의 개별문항을 이용해서 세 개의 문항묶음을 형성하는 것이 최종 목적이라고 가정한다. 가장 먼저 요인분석(EFA 또는 CFA)을 하여 개별문항의 요인부하를 모두 추정하고, 요인부하의 크기에 따라 개별문항을 나열한다. 이때 요인부하는 비표준화를 쓰느냐 표준화를 쓰느냐에 따라 그 상대적인 크기에 있어 다른 결과를 줄 수 있는데, 특별히 어떤 방법을 써야 한다는 주장은 없으므로 연구자가 임의로 선택하면 된다. 요인분석의 결과를 보고 가장 큰 요인부하를 가진 문항은 첫 번째 묶음에, 두 번째 큰 요인부하를 가진 문항은 두 번째 묶음에, 세 번째 큰 요인부하를 가진 문항은 세 번째 묶음에 할당한다. 그다음부터는 묶음의 순서를 거꾸로 하여 할당한다. 즉, 네 번째 큰 요인부하를 가진 문항은 세 번째 묶음에, 다섯 번째 큰 요인부하를 가진 문항은 두 번째 묶음에 할당하는 식이다. 이제 우리 예에 있는 10개의 개별문항($q_1 \sim q_{10}$)을 세 개의 묶음으로 할당하는 예를 보이고자 한다. [그림 10.5]의 자료를 이용하여 1요인 모형을 추정한 결과가 [결과 10.1]에 있다.

[결과 10.1] 교사 설문 자료 – 1요인 모형(10개의 지표변수)

```
MODEL RESULTS

                                                    Two-Tailed
                  Estimate      S.E.    Est./S.E.   P-Value

FACTOR    BY
   Q1             1.000        0.000     999.000     999.000
   Q2             0.948        0.036      26.161       0.000
   Q3             0.951        0.035      27.137       0.000
   Q4             1.061        0.038      27.617       0.000
   Q5             1.005        0.037      26.807       0.000
   Q6             0.872        0.037      23.569       0.000
   Q7             0.880        0.036      24.673       0.000
   Q8             0.842        0.035      23.797       0.000
   Q9             0.992        0.040      24.952       0.000
   Q10            1.019        0.043      23.750       0.000
```

앞에서 λ의 추정치 크기에 따라 10개의 개별문항을 [식 10.9]와 같은 순서로 나열하였다.

$$q_4 > q_{10} > q_5 > q_1 > q_9 > q_3 > q_2 > q_7 > q_6 > q_8 \qquad \text{[식 10.9]}$$

위에서 설명한 대로 q_4는 첫 번째, q_{10}은 두 번째, q_5는 세 번째 묶음에 할당한다. 그다음, 이제 반대 방향으로 q_1은 세 번째, q_9은 두 번째, q_3는 첫 번째 묶음에 할당한다. 다시 방향을 바꿔 q_2는 첫 번째, q_7은 두 번째, q_6는 세 번째 묶음에 할당한다. 마지막으로 q_8은 세 번째 묶음에 할당함으로써 세 개의 문항묶음이 완성된다. 정리하면, 첫 번째 묶음에는 q_2, q_3, q_4, 두 번째 묶음에는 q_7, q_9, q_{10}, 세 번째 묶음에는 q_1, q_5, q_6, q_8이 할당된다. 이 방법의 경우 개별문항의 개수가 증가할수록 고유분산이 더 잘 분배될 것임을 미루어 짐작할 수 있다. 또한 각 형성된 문항묶음이 구인과 가지는 관계가 모두 비슷하게 되어 유사한 크기의 요인부하 값을 가지게 될 것이라는 것도 예측 가능하다.

위의 방식을 이용해 여러 가지 상황을 직접 시뮬레이션해 본 결과, 전체 개별문항의 개수가 만들고자 하는 문항묶음 개수(세 개)의 두 배의 배수라면(즉, 개별문항이 6개, 12개, 18개 등인 경우), 깔끔하게 전체 개별문항이 각 문항묶음으로 고르게 배분되어 들어가는 것을 확인하였다. 하지만 만약 개별문항의 개수가 배수가 아니라면, 문항묶음의 요인부하 값이 완벽하게는 분배되지 않는 것도 확인하였다.

이제 Landis, Beal과 Tesluk(2000) 및 Little, Rhemtulla, Gibson과 Schoemann (2013)의 약간은 다른 방식으로 문항을 할당하는 방법을 보이고자 한다. 이 방식은 할당하는 방법이 위의 논문에서 선명하게 설명되지 않았는데, 필자가 논리적인 추정에 의하여 설명되지 않은 부분을 메꾸었다. 이 방법이 추구하는 목적 역시 고유분산을 최대한 분배하여 모든 묶음이 비슷한 특성을 가지도록 하는 것이다. 이 방법을 위해서도 앞의 방법처럼 1요인 모형을 추정[77]한 다음, [식 10.9]처럼 요인부하의 추정치 크기가 가장 큰 문항부터 가장 작은 문항까지 일렬로 나열한다. 그런 다음 첫 번째 묶음에는 요인부하가 가장 큰 문항과 요인부하가 가장 작은 문항을 넣는다. 그리고 두 번째 묶음에는 두 번째로 요인부하가 큰 문항과 두 번째로 작은 요인부하를 가진 문항을 넣는다. 마지막 세 번째 묶음에는 세 번째로 큰 요인부하를 가진 문항과 세 번째로 작은 요인부하를 가진 문항을 넣는다. 그리고 중간에 문

---

77) Landis, Beal과 Tesluk(2000)은 주성분 분석(principal component analysis)을 실행할 것을 주장하였다.

항이 남는다면 네 번째로 작은 요인부하를 가진 문항을 세 번째 묶음에 넣는다. 다섯 번째로 작은 요인부하를 가진 문항은 두 번째 묶음에 넣고, 여섯 번째로 작은 요인부하를 가진 문항은 첫 번째 묶음에 넣는다. 이렇게 하고도 문항이 남아 있다면 문항묶음의 순서를 반대로 하여 개별문항을 할당하면 된다.

　이제 이 방식에 따라 10개의 문항($q_1 \sim q_{10}$)을 세 개의 묶음으로 할당하는 방식을 보이고자 한다. 이 방식 또한 [식 10.9]의 결과를 이용한다. Landis, Beal과 Tesluk(2000) 및 Little, Rhemtulla, Gibson과 Schoemann(2013)에 따르면, 먼저 첫 번째 묶음에는 q_4와 q_8이 들어가고, 두 번째 묶음에는 q_{10}과 q_6가 들어가며, 세 번째 묶음에는 q_5와 q_7이 들어간다. 다음으로 q_2는 세 번째 묶음으로, q_3는 두 번째 묶음으로, q_9은 첫 번째 묶음으로 들어간다. 이렇게 하고도 남은 q_1은 첫 번째 묶음으로 들어간다. 더 이상 남은 개별문항이 없기 때문에 두 번째와 세 번째 묶음에는 더 이상 개별문항을 할당할 수 없다. 이렇게 하면 첫 번째 묶음에는 q_1, q_4, q_8, q_9이 들어가고, 두 번째 묶음에는 q_3, q_6, q_{10}이 들어가며, 세 번째 묶음에는 q_2, q_5, q_7이 들어간다. 이 결과를 [식 10.9]의 요인크기 순서에 따른 문항들과 비교해 보면, 각 문항묶음이 큰 요인부하를 가진 문항 하나, 작은 요인부하를 가진 문항 하나, 중간 크기의 요인부하를 가진 문항 하나 또는 둘로 이루어져 있음을 알 수 있다. 그리고 이 방법은 같은 요인 알고리즘이지만 앞에서 설명했던 방식과는 다른 결과를 보여 준다. 하지만 만약 개별문항이 Matsunaga(2008)의 예처럼 12개가 있다고 가정해 보면, 두 방법은 정확히 동일한 결과를 보여 준다.

내용기반 알고리즘
　세 번째로 소개할 방법은 고유분산을 고립시키는 대표적인 방법 중에 하나인 내용기반 방법(content-based method)인데, 설명이 필요 없을 만큼 단순하다. 개별문항의 실질적인 의미를 따져서 각 묶음이 이론적으로 의미 있는 단위가 되도록 하는 방법이다. 이 방법은 여러 개의 세부적인 차원을 포함하는 하나의 공통되고 일반적인 구인이 있을 때 사용하면 편리하다. 예를 들어, [그림 8.21]의 고차 요인 분석모형에서 사용했던 자료를 떠올려 보면, 언어능력, 문학능력, 수리능력, 과학능력 등 네 가지 특정한 능력을 추정하는 개별문항이 세 개씩 있다. 그리고 이차 요인으로서의 일반능력이 네 가지 능력에 의하여 측정되었다. 이때 언어능력, 문학능력, 수리능력, 과학능력의 각 묶음을 상응하는 세 개의 개별문항의 합 또는 평균으로 만들고, 그 네 개의 문항묶음을 이용하여 일반능력을 측정하는 것이다. 상당히 쉬운 방법이면서 동시에 많이 사용되고 있는 방법이다.

상관 알고리즘

　네 번째로 소개할 방법은 역시 고유분산 고립 방법 중에 하나인 상관 알고리즘(correlational algorithm)이다. 이 방법을 위해 먼저 주어진 구인에 속하는 모든 개별문항 간 상관계수를 계산한다. 그다음 가장 상관이 높은 두 개의 문항을 첫 번째 묶음으로 할당하고, 두 문항을 제외하고 가장 상관이 높은 두 문항을 두 번째 묶음으로 할당하며, 다음으로 상관이 가장 높은 두 문항을 세 번째 묶음으로 할당한다. 이렇게 하고 나서 연구자는 세 개의 문항묶음과 나머지 개별문항을 이용해서 다시 또 상관계수를 계산한다. 문항묶음이라는 것도 하나의 변수일 뿐이므로 이와 같은 계산이 가능하다. 구해진 상관을 이용해서 각 묶음과 가장 높은 상관을 보이는 문항을 상응하는 묶음으로 할당한다. 이런 식으로 개별문항이 더 이상 남지 않을 때까지 반복한다. 위의 설문조사 자료를 통하여 상관계수를 구한 결과가 [표 10.1]에 제공된다.

[표 10.1] 교사 설문 자료의 상관계수 1

	q_1	q_2	q_3	q_4	q_5	q_6	q_7	q_8	q_9	q_{10}
q_1	1.00									
q_2	.573	1.00								
q_3	.506	.518	1.00							
q_4	.507	.509	.646	1.00						
q_5	.504	.507	.551	.551	1.00					
q_6	.421	.405	.452	.456	.465	1.00				
q_7	.461	.452	.415	.456	.426	.543	1.00			
q_8	.434	.445	.410	.450	.438	.417	.653	1.00		
q_9	.498	.431	.483	.490	.480	.382	.374	.390	1.00	
q_{10}	.474	.372	.425	.439	.463	.411	.409	.369	.593	1.00

　위에서 가장 큰 상관을 보여 주는 것은 $Cor(q_7, q_8) = 0.653$이므로 일단 q_7과 q_8으로 첫 번째 문항묶음($p_1 = (q_7 + q_8)/2$)을 만든다. 두 번째는 $Cor(q_3, q_4) = 0.646$이므로 q_3와 q_4로 두 번째 문항묶음($p_2 = (q_3 + q_4)/2$)을 만든다. 세 번째는 $Cor(q_9, q_{10}) = 0.593$이므로 q_9과 q_{10}으로 세 번째 문항묶음($p_3 = (q_9 + q_{10})/2$)을 만든다. 새롭게 형성된 세 개의 문항묶음(p_1, p_2, p_3)과 남은 네 개의 개별문항(q_1, q_2, q_5, q_6)을 이

용하여 새로운 상관계수를 구한 결과가 [표 10.2]에 제공된다.

[표 10.2] 교사 설문 자료의 상관계수 2

	p_1	p_2	p_3	q_1	q_2	q_5	q_6
p_1	1.00						
p_2	.526	1.00					
p_3	.475	.566	1.00				
q_1	.492	.558	.544	1.00			
q_2	.493	.566	.449	.573	1.00		
q_5	.475	.607	.528	.504	.507	1.00	
q_6	.528	.501	.445	.421	.405	.465	1.00

앞에서 p_2와 q_5가 가장 큰 상관을 보여 주므로(0.607) 둘을 이용하여 새로운 문항묶음($p_2' = (p_2 + q_5)/2$)을 만든다. 다음으로 p_3와 q_1이 가장 큰 상관을 가지므로 (0.544) 둘을 이용하여 새로운 문항묶음($p_3' = (p_3 + q_1)/2$)을 만든다. 마지막으로 p_1과 가장 큰 상관을 보여 주는 문항은 q_6이므로(0.528) 둘을 이용하여 새로운 문항묶음($p_1' = (p_1 + q_6)/2$)을 만든다. 이렇게 새롭게 만들어진 p_1', p_2', p_3'과 [표 10.2]에서 사용하지 않은 q_2를 포함하여 구한 새로운 상관계수가 [표 10.3]에 제공된다.

[표 10.3] 교사 설문 자료의 상관계수 3

	p_1'	p_2'	p_3'	q_2
p_1'	1.00			
p_2'	.624	1.00		
p_3'	.594	.682	1.00	
q_2	.510	.596	.582	1.00

앞의 상관계수를 통하여 가장 큰 상관(0.596)을 보이는 p_2'과 q_2를 합쳐서 다시 새로운 문항묶음($p_2'' = (p_2' + q_2)/2$)을 만든다. 이 작업의 결과 현재 우리가 가지고 있는 묶음은 p_1', p_2'', p_3' 세 개이므로 이제 문항묶음 작업을 멈춰야 한다. 그리고 이 세 개의 마지막 묶음을 구인의 지표변수로 사용하게 된다. 지금까지 위의 예에서는 각 단계마다 평균을 이용하여 문항묶음을 진행하였는데, 반드시 그렇게 해야 하는 것은 아니며 합산점수를 이용할 수도 있다. 이렇게 되면 첫 단계에서는 동일

한 상관계수가 계산되더라도, 단계가 진행될수록 변수와 묶음 간에 계산된 상관계수가 달라질 수 있다. 또는 위와 같은 방식을 이용하여 각 묶음에 속하는 모든 개별문항을 결정한 이후에 최종적으로 평균이나 합산점수를 이용할 수도 있다. 상관알고리즘을 설명한 대다수의 논문이 아이디어를 설명한 수준이므로 실질적인 묶음과정에서는 이 아이디어를 벗어나지 않는 수준에서 방법을 적용할 수 있을 것이다.

방사 알고리즘

다섯 번째로 소개할 방법은 방사 알고리즘(radial algorithm; Cattell, 1956; Cattell & Burdsal, 1975)으로서 역시 고유분산 고립 방법의 일종이다. 이 방법은 개념적으로 요인 알고리즘과 상관 알고리즘을 결합한 알고리즘이다. 요인 알고리즘에서 했던 것처럼 먼저 요인분석을 실시한다. 모든 요인부하 추정치 중에 가장 작은 차이를 보이는 두 개의 문항을 이용하여 첫 번째 묶음을 만든다. 그다음 작은 차이를 보이는 두 개의 문항을 이용하여 두 번째 묶음을 만든다. 그리고 그다음으로 작은 차이를 보이는 두 개의 문항을 이용하여 세 번째 묶음을 만든다. 이 상태에서도 개별문항이 남아 있다면, 세 개의 묶음과 남은 개별문항을 합쳐서 다시 한 번 요인분석을 실시한다. 요인분석을 통한 결과를 이용해서 각 묶음과 가장 작은 차이를 보이는 문항을 상응하는 묶음에 할당한다. 역시 요인 알고리즘 때와 같이 이 작업을 반복하여 세 개의 묶음이 남게 될 때까지 반복한다. 이제 [그림 10.5]의 자료를 이용하여 방사 알고리즘을 연습한다. 가장 먼저 요인분석을 실시하여 요인부하 추정치를 구해야 하는데, [결과 10.1]에서 찾을 수 있다. 각 문항을 요인부하 추정치의 크기에 따라 [식 10.10]과 같이 배열하였고, 그 아래에 이웃하는 두 요인부하 추정치들의 차이를 계산하였다.

$$q_4 > q_{10} > q_5 > q_1 > q_9 > q_3 > q_2 > q_7 > q_6 > q_8 \qquad \text{[식 10.10]}$$
$$.042 \quad .014 \quad .005 \quad .008 \quad .041 \quad .003 \quad .068 \quad .008 \quad .030$$

앞의 식에서 0.042는 q_4와 q_{10}의 차이, 0.014는 q_{10}과 q_5의 차이 등이다. 요인부하의 추정치 차이를 보면 가장 작은 차이(0.003)를 보이는 q_3와 q_2를 첫 번째 묶음($p_1 = (q_2 + q_3)/2$)으로 할당하고, 두 번째로 작은 차이(0.005)를 보이는 q_5와 q_1을 두 번째 묶음($p_2 = (q_1 + q_5)/2$)으로 할당한다. 그리고 아직 묶음으로 할당하지 않은 문항 중에서 세 번째로 작은 차이(0.008)를 보이는 q_7과 q_6를 세 번째 묶음($p_3 = (q_6 + q_7)/2$)으로 할당한다. 새롭게 형성된 세 개의 문항묶음(p_1, p_2, p_3)과 남은 네 개의 개별문항(q_4, q_8, q_9, q_{10})을 이용하여 추정한 새로운 요인부하 추정치가

[결과 10.2]에 있다.

[결과 10.2] 교사 설문 자료 – 1요인 모형(일곱 개의 지표변수)

```
MODEL RESULTS

                                                Two-Tailed
                  Estimate      S.E.   Est./S.E.  P-Value

FACTOR    BY
   P1             1.000        0.000    999.000   999.000
   P2             1.057        0.039     27.321     0.000
   P3             0.874        0.037     23.641     0.000
   Q4             1.186        0.044     27.259     0.000
   Q8             0.942        0.041     22.906     0.000
   Q9             1.136        0.047     24.136     0.000
   Q10            1.175        0.051     22.953     0.000
```

앞의 결과를 [식 10.11]과 같이 순서대로 나열하고, 그 아래에 이웃하는 요인부하 추정치의 차이를 계산하였다.

$$q_4 > q_{10} > q_9 > p_2 > p_1 > q_8 > p_3$$
$$.011 \quad .039 \quad .079 \quad .057 \quad .058 \quad .068$$

[식 10.11]

먼저 위에서 각 문항묶음과 개별문항의 요인부하 추정치 중에 가장 작은 차이(0.058)를 보이는 p_1과 q_8을 이용해서 새로운 문항묶음($p_1' = (p_1 + q_8)/2$)을 만든다. 다음으로 가장 작은 추정치 차이를 보이는 묶음과 문항은 각각 p_2와 q_9이므로, 둘을 이용해서 새로운 문항묶음($p_2' = (p_2 + q_9)/2$)을 만든다. q_8과 q_9을 제외한 문항 중 p_3와 가장 작은 요인부하 추정치 차이(0.301)를 보이는 문항은 q_{10}이므로 둘을 이용해 새로운 문항묶음($p_3' = (p_3 + q_{10})/2$)을 만든다. 이렇게 새롭게 만들어진 p_1', p_2', p_3'과 위에서 사용하지 않은 q_4를 사용하여 [결과 10.3]과 같이 1요인 모형을 다시 한 번 추정한다.

[결과 10.3] 교사 설문 자료 – 1요인 모형(네 개의 지표변수)

```
MODEL RESULTS

                                                Two-Tailed
                  Estimate      S.E.   Est./S.E.  P-Value

FACTOR    BY
   P1PRIME        1.000        0.000    999.000   999.000
   P2PRIME        1.165        0.033     35.576     0.000
```

P3PRIME	1.107	0.032	34.078	0.000
Q4	1.185	0.038	30.916	0.000

앞의 요인분석 결과를 통하여 q_4와 가장 작은 차이를 보이는 p_2'을 하나의 묶음 $(p_2'' = (p_2' + q_4)/2)$으로 통합한다. 이 작업 결과 우리가 가지게 되는 묶음은 p_1', p_2'', p_3' 세 개이므로 문항묶음 작업은 멈춘다. 지금 설명한 방사 알고리즘과 바로 앞에서 설명한 상관 알고리즘의 차이라고 하면, 상관 알고리즘이 문항과 묶음을 직접적으로 비교한 것에 반해, 방사 알고리즘은 문항과 묶음을 요인을 통하여 비교했다는 차이가 있을 뿐이다. 참고로 방사 알고리즘이 상관 알고리즘과 요인 알고리즘의 결합 개념이긴 하지만, 시기적으로 두 방법보다 먼저 탄생한 방법이다. 그리고 방사 알고리즘 또한 앞에서 설명한 상관 알고리즘과 마찬가지로 여러 논문에 설명되어 있는 것을 필자가 단계마다 평균을 이용하여 적용한 것이다. 각 단계마다 합산점수를 사용하든, 또는 최종적으로 각 묶음에 속한 문항들을 결정한 이후에 평균이나 합산점수를 이용하든 큰 문제는 없을 것이다.

탐색적 요인분석 방법

마지막으로 소개할 방법은 탐색적 요인분석 방법(exploratory factor analysis method)으로서 Landis, Beal과 Tesluk(2000)에 소개되어 있다. 방법은 매우 단순한데, EFA를 실행하여 요인의 개수를 적절하게 결정하고, 그 개수를 묶음의 개수로 정한다. 그 이후에 결정된 요인구조에 따라 개별문항을 각 묶음으로 분배하는 것이다. 교사들의 설문자료를 이용하여 EFA를 1요인 모형부터 4요인모형까지 실행한 결과, RMSEA.LB의 기준(0.05 이하)에 따르면 3요인 모형이 가장 적절하였고, RMSEA의 기준(0.05)에 따르면 4요인모형이 가장 적절하였다. 임의로 3요인 모형을 최종적으로 결정하고, Geomin 회전한 요인구조가 [결과 10.4]에 제공된다. 사실 임의로 3요인 모형을 결정하였다기보다는 우리의 목표가 세 개의 문항묶음을 형성하는 것이므로 3요인 모형을 결정하였다. 만약 네 개의 문항묶음을 만드는 것이 최종 목표라면 4요인모형을 추정하면 될 것이다.

[결과 10.4] 교사 설문 자료 – 3요인 모형(EFA)

	GEOMIN ROTATED LOADINGS (* significant at 5% level)		
	1	2	3
Q1	0.565*	0.067*	0.149*
Q2	0.690*	0.054	-0.036

Q3	0.822*	-0.057	-0.022
Q4	0.777*	0.000	-0.003
Q5	0.656*	-0.005	0.109*
Q6	0.375*	0.274*	0.095*
Q7	0.001	1.055*	-0.028
Q8	0.326*	0.437*	0.012
Q9	0.364*	-0.013	0.451*
Q10	0.003	0.085	0.836*

이 결과대로라면, 첫 번째 묶음에는 q_1, q_2, q_3, q_4, q_5, q_6가 들어가고, 두 번째 묶음에는 q_7, q_8이 들어가며, 세 번째 묶음에는 q_9, q_{10}이 들어가게 된다.

10.1.5. 문항묶음의 이용

앞에서도 잠깐 언급했듯이, 문항묶음은 여전히 논쟁이 있는 분야다. Cattell(1974)은 개별문항 대신 더 나은 신뢰도를 가진 문항묶음을 사용해야 하며, 이렇게 하면 단순구조를 얻을 확률이 증가한다고 하였다. 이후 Bandalos와 Finney(2001)에 의해서 비판받기는 하였지만, 심지어 개별문항에 기반한 요인분석이나 문항묶음에 기반한 요인분석이 본질적으로 동일하다고까지 하였다. 그에 반해, Bandalos(2002) 및 Bandalos와 Finney(2001) 등은 문항묶음을 사용하는 것이 전체적으로 모형의 적합도를 증가시키는 등 긍정적인 측면도 있으나, 일차원성 가정 등에 유의해야 한다고 하였다. 또한 Marsh, Hau, Balla와 Grayson(1998)은 모수의 개별적인 추정치를 고려했을 때, 문항묶음보다는 개별문항을 이용한 분석을 해야 한다고 하였다. Little, Rhemtulla, Gibson과 Schoemann(2013)은 상황에 따라 문항묶음이 도움이 될 수도 있고, 어떤 상황에서는 주의해야 한다고 하였다. 적어도 대부분의 학자가 동의하는 부분은 개별문항의 총합 또는 평균을 사용하여 경로모형을 하는 것보다는, 문항묶음을 이용하여 구조방정식 모형을 하는 것이 더 나은 선택이라는 것 정도일 것이다(Coffman & MacCallum, 2005; MacCallum & Austin, 2000). 과연 어떤 상황에서는 문항묶음을 사용하는 것이 정당화되고 이해되며, 어떤 상황에서는 유의해야 하는지 문항묶음에 대하여 다룬 여러 논문을 종합하여 살펴보도록 하자. 지금부터 전개할 내용은 앞에서 다루었던 문항묶음의 장단점들과 밀접하게 연관되어 있다.

첫째, 다차원 구조와 문항묶음에 대하여 살펴보자. 일단 만약에 개별문항들이 명백하게 다차원 구조를 형성하고 있다면, 문항묶음의 사용을 고려해선 안 된다.

다차원 구조에서의 적절치 못한 문항묶음은 측정된 구인 간의 구조를 모호하게 한다(Bandalos & Finney, 2001; Marsh, Hau, Balla, & Grayson, 1998). 하지만 Graham(2004) 및 Hall, Snell과 Foust(1999) 등은 다차원 구조가 존재한다고 하여도 적합한 방법으로 문항묶음을 실행하게 되면 자료의 구조를 제대로 나타낼 수 있다고 하였다. 이때의 다차원 구조란 완전하게 구분되는 독립적인 차원 구조라기보다는 하나의 큰 일반차원 속의 여러 하부차원으로 이해될 수 있다. 그러므로 만약 연구자가 가진 개별문항들이 이론상 완전히 구분되는 구조를 지니고 있다면 문항묶음은 많은 문제를 일으킬 것이고, 그렇지 않다면 사용하는 데 문제가 없을 것이라고 결론 내리는 것이 무리가 없을 것이다. 결국 다차원성에 대한 결정은 연구자가 가진 이론적인 배경을 가지고 합리적으로 선택해야 하는 부분이다.

둘째, 문항을 개발하고 척도를 만드는 과정에서의 문항묶음에 대하여 살펴보자. 척도개발 및 타당화에서 중요한 통계적인 과정 중 하나는 타당도를 확인하는 것이다. 여러 종류의 타당도와 많은 타당도 확인 방법이 존재하지만, 구인 타당도를 위해서는 측정모형을 이용하는 방법이 아마도 상당히 일반적일 것이다. 이때 새롭게 개발된 문항을 이용하여 점수의 타당도를 확인할 때 문항묶음을 하는 것은 치명적인 문제를 일으킬 수 있다. 예를 들어, 네 개의 개별문항을 이용하여 문항묶음 하나를 만들고자 하는데 세 개의 문항이 서로 동질적이고 나머지 한 문항이 상당히 이질적이라고 가정하자. 만약 이 네 개의 개별문항을 하나의 묶음으로 만들어 다른 여러 묶음과 합쳐서 어떤 구인을 측정하게 되면, 구인의 측정에 전혀 기여하지 못하는 문제의 이질적인 문항의 존재가 가려질 수 있다. 척도개발에서 중요한 부분은 연구자가 만든 개별문항이 전체 척도에 기여하고 있는가(수렴 타당도)인데, 이와 같은 문항묶음을 실시하면 문제를 일으키게 된다. 그러므로 척도의 개발에서 문항의 묶음은 추천되지 않는다.

셋째, 연속형이 아닌 이분형 또는 다분형 개별문항과 문항묶음에 대하여 살펴보자. 다분형 문항의 경우에 물론 정규분포 가정이나 연속형 가정을 만족하지 않지만, 범주의 개수가 늘어나고 정규성(왜도 및 첨도)이 많이 왜곡되지 않았다면 사용하는 데 큰 문제가 없다고 앞장에서 언급하였다(Bentler & Chou, 1987). 하지만 이분형 문항은 절대로 연속형일 수도 없고, 정규성 역시 비슷하게라도 만족할 수가 없다. 이러한 경우에 이분형 개별문항을 이용한 문항묶음은 정당화될 수 있다(Cook, Dorans, & Eignor, 1988). 이때 문항묶음은 모두가 서로 비슷한 평균과 분산을 가질 수 있도록(평행 문항묶음, parallel parcels) 고유분산 분배 방법을 써서 문항묶음을 형성한다. 이렇게 되면 우리가 익히 알고 있는 전통적인 선형 요인 분석(linear factor analysis)을 사용할 수 있다. 물론 고유분산 분배 방법을 쓸 때 단일차원에 대한 가정을 만족해야 한다(Bandalos & Finney, 2001). 하지만 우리가 앞 장에서 다뤘듯이 이분형 문항이 있다고 해서 반드시 문항묶음을 사용해야 하는 것은 아니다. 이분형 문항을 이분형 그대로 이용할 수 있는 IRT 모형이나 일반화 선형모형 또는 범주형 요인분석 등의 비선형 분석(nonlinear analysis) 방법이 존재한다. 그러므로 이분형 문항을 이용해 측정모형을 추정하려고 할 때 문항묶음의 방법이 유일한 방법이라거나 더 좋은 방법이라거나 할 수는 없다. 이 부분 역시 연구자가 자신의 능력과 자료의 특성을 파악하여 선택할 부분이다.

넷째, 작은 표본을 이용하여 구조방정식 모형을 이용할 때의 문항묶음에 대하여 살펴보자. 표본크기의 문제는 구조방정식에서 매우 중요하며, 앞 장에서도 여러 번 다뤘고, 이번 문항묶음 섹션에서도 언급하였다. 표본의 크기가 작고 개별문항의 수가 많을 때 문항묶음을 이용하여 추정의 안정성을 향상시킬 수 있다. 이는 모수당 사례의 개수를 늘림으로써 추정의 안정성을 향상시키는 것이다. 문항묶음을 사용함으로써 발생할 수 있는 추정 편향의 문제, 잠재변수 간의 진정한 구조가 가려질 수 있는 문제 등을 고려하고서도 추정의 안정성을 높이는 일이 가장 긴요한 일이라면 문항묶음을 실시하면 된다. 우리가 문항묶음을 사용하는 상황이라는 것이 사실 이런 긴요한 문제가 이미 발생했다는 뜻이기도 하다. 예를 들어, 300명으로부터 네 개의 요인을 측정하는 50개 문항에 대한 자료를 수집하여 구조방정식 모형을 추정한다고 가정하자. 언뜻 300명이라는 숫자는 상당히 큰 표본크기로 보일 수 있다. 하지만 이 상황에서 추정해야 할 요인부하의 개수만 46개(네 개는 1로 고정)이며, 잔차분산의 개수도 50개가 된다. 요인 간의 분산 및 공분산 또는 계수를 추정하거나 설명오차 간의 상관을 허락하게 되면 추정해야할 모수가 간단히 100개를 넘어간다. 이렇게 되면 사례:모수의 비례가 3:1 정도밖에 안되며, 이는 Bentler와 Chou(1987) 등이 이야기했던 상당히 관대한 비례인 5:1보다도 작다. 이런 경우 문항묶음을 이용하여 구조방정식 모형을 추정하는 것이 정당화될 수 있을 것이다. 앞서 말한 대로, 개별문항의 총합 또는 평균을 사용하여 경로모형을 하는 것보다는 문항묶음을 이용하여 구조방정식 모형을 하는 것이 더 나은 선택이기 때문이다.

마지막으로 다집단 분석에서의 측정불변성과 문항묶음에 대하여 살펴보자. 이 부분은 특히나 논쟁의 여지가 있는 부분이며, 결정하기가 쉽지 않다. 일반적으로 형태동일성 모형의 적합도를 살핌으로써 다집단 분석을 시작하는 게 표준이라고 할 수 있다. 만약 형태동일성 모형의 적합도가 좋지 않다면 문제의 소지가 있게 되고, 여러 연구자가 적합도를 증가시키기 위해 문항묶음의 방법을 선택한다. Meade 와 Kroustalis(2006)는 다집단 요인분석모형의 측정불변성을 확인함에 있어서 문항묶음을 지표변수로 사용하게 되면 동일성 검정에 심각하게 좋지 않은 영향이 있다는 것을 시뮬레이션 연구를 통해 보였다. 즉, 개별문항 수준(낮은 수준)에서 집단 간 차이가 발생하더라도, 문항묶음 수준(높은 수준)에서는 집단 간 차이가 발생하지 않을 수 있다는 것이다. 그래서 더 많은 정보를 제공하면서도 오류를 범하지 않기 위해 개별문항에 기반한 다집단 분석을 해야 한다고 주장한다.

이에 반해, Little, Rhemtulla, Gibson과 Schoemann(2013)은 조건만 충족되면 문항묶음과 측정불변성은 서로 배타적인 것이 아님을 주장한다. 가장 중요한 것은 각 집단에 걸쳐 사용한 특정한 문항묶음 알고리즘이 같아야 한다는 것이다. 또한 개별문항 수준에서 있던 집단 간 차이가 문항묶음 수준에서 사라진 경우, 문항묶음 수준에서 측정불변성이 성립되었다고 한다. 다시 말해, 높은 수준(문항묶음 수준)에서 측정불변성이 성립되었다는 것이 낮은 수준(개별문항 수준)에서도 측정불변성이 성립할 것이라는 것을 담보하지는 못한다는 것을 인정하는 것이다. 어쨌든 개별문항 수준에서 집단 간 차이가 발생하였을 때 연구자가 그것을 없애기 위하여 문항묶음을 만들고 문항묶음 수준에서 측정불변성을 보는 것은 얼마든지 가능하다(Little, Rhemtulla, Gibson, & Schoemann, 2013). 그리고 한 가지 더 말하자면, 문항묶음의 알고리즘을 선택할 때 각 문항묶음이 실질적인 의미를 가질 수 있는 알고리즘(예, 내용 기반 방법)을 선택해야 한다. 이렇게 하지 않으면 집단 간 측정불변성을 검정하는 것이 도대체 어떤 의미의 지표변수(문항묶음)에 대한 것인지 파악할 수 없게 된다. 즉, 각 문항묶음이 어떤 의미를 갖지 않으면 도대체 어떤 특성이 집단 간에 같은지 다른지를 설명할 수가 없다는 것이다.

10.2. 잠재변수의 상호작용

Baron과 Kenny(1986)는 조절변수(moderator variable)란 독립변수(또는 예측변수)와 종속변수(또는 준거변수)의 관계의 방향이나 강도에 영향을 주는 변수라고 정의하였다. 조절변수가 일으키는 효과를 조절효과(moderation effect) 또는 조절변수와 독립변수 사이의 상호작용 효과(interaction effect)라고 한다. 앞에서 다룬 관찰변수 사이의 상호작용 효과(조절효과)는 [식 10.12]와 같이 종속변수 y와 두 독립변수 x_1, x_2 사이의 곱(product)인 x_1x_2의 관계로 정의된다.

$$y = \beta_1 x_1 + \beta_2 x_2 + \beta_3 x_1 x_2 + e \qquad\qquad \text{[식 10.12]}$$

위에서 β_3가 통계적으로 유의하면 x_1이 y에 주는 영향이 x_2의 수준에 따라 다르다는 결론을 내리게 된다. 물론 x_2가 y에 주는 영향이 x_1의 수준에 따라 다르다는 결론도 기술적으로는 다르지 않다. 이때 x_1, x_2 사이의 곱인 x_1x_2는 그 표현 그대로 $x_1 \times x_2$로 쉽게 계산이 된다. x_1도 x_2도 모두 관찰이 되는 값들이므로, x_1x_2 또한 관찰이 되는 변수가 되는 것이다. 하지만 구조방정식 모형은 관찰변수를 통하여 측정된 잠재변수들 사이의 구조관계를 연구하는 모형이다. 만약 위에서 관찰변수 x_1과 x_2의 자리에 잠재변수 f_1과 f_2가 들어가게 되면 어떨까? 측정오차를 통제하면서 관찰변수를 이용해 잠재변수를 측정하고, 측정된 잠재변수 간의 상호작용 효과를 검정하는 방법은 완전한 측정(perfect measurement)을 가정하는 관찰변수 간의 상호작용 효과 검정보다 훨씬 더 강력하고 우월한 이론에 기반하고 있다고 알려져 있다(Marsh, Wen, Nagengast, & Hau, 2012). 그러므로 상호작용 효과의 해석은 궁극적으로 더욱 논리적이고 정확하게 될 것이다.

하지만 문제는 f_1과 f_2가 관찰되지 않는 잠재변수이기 때문에 그 곱인 f_1f_2의 값역시 관찰이 되지 않고 쉽게 계산되지 않는다는 것이다. 이 사실이 잠재 상호작용 효과(latent interaction effect)를 검정하는 방법을 매우 복잡하게 만든다. 이렇게 관찰되지 않는 f_1f_2의 효과를 추정하고 검정하기 위한 여러 방법이 그동안 제안되었다. 그 어떤 방법이 단연 뛰어나다거나 하는 전반적인 합의는 존재하지 않는다(Kline, 2011). 이 분야는 여전히 진화 중이라고 할 수 있을 것이다(Marsh, Wen, Nagengast, & Hau, 2012). 우리 책에서는 많은 방법 중에서 몇 가지 대표적인 방법에 대하여 다룬다. 하나는 Kenny와 Judd(1984)의 방법이고, 또 하나는 Marsh, Wen과 Hau(2004)의 방법이며, 마지막은 Klein과 Moosbrugger(2000)의 방법이다. 이 외에도 여러 가지 다른 변종(variant)이 존재하는데, 그 방법들에 대하여 지금 토론하는 것은 순서에 맞지 않는다. 잠재변수의 상호작용 또는 잠재변수의 조절효과에 대한 여러 가지 이론과 방법에 대하여 이해하기 위해서는 일단 Kenny와 Judd(1984)의 방법을 이해하는 것이 필수라고 할 수 있다.

10.2.1. Kenny와 Judd(1984)의 방법

Kenny와 Judd(1984)가 제안한 잠재변수끼리의 상호작용 효과를 정의하고 추정하는 방식을 지금부터 설명하고자 한다. 이 방법은 지표변수의 곱(product indicators)을 이용하여 잠재변수의 곱의 효과(즉, 잠재변수의 상호작용 효과)를 추정하는 방법인데, 상호작용 효과뿐만 아니라 잠재변수의 비선형 효과(nonlinear effect)를 추정하는 데도 기본적으로 활용될 수 있다. 실제로 Kenny와 Judd(1984)는 두 잠재변수의 상호작용 효과뿐만 아니라, 한 잠재변수의 제곱의 효과(quadratic effect)를 추정하는 방법 역시 보이고 있다. 상호작용의 정의를 위한 기발하고 독창적인 Kenny와 Judd(1984)의 아이디어 자체는 이해하기 어렵지 않지만, 아이디어에 비해 수식이 상당히 복잡하여 실제로 실행하는 방식은 그리 녹록하지 않다. 그럼에도 불구하고, 타당한 방식의 수리적 전개와 여러 종류의 모형 적합도 지수를 주는 큰 장점을 지니고 있기 때문에 여전히 사용되는 방법 중 하나다. 또한 이 방식의 장점에 기반한 매우 다양한 방식의 변종이 존재한다(Algina & Moulder, 2001; Jöreskog & Yang, 1996; Marsh, Wen, & Hau, 2004).

Kenny와 Judd(1984)는 각 두 개의 관찰변수에 의해 측정되는 두 개의 잠재변수 간 상호작용의 예를 이용해 설명하였다. 먼저 구조방정식 모형에서 잠재변수의 상호작용을 정의하기 위한 구조모형 부분이 [식 10.13]과 [그림 10.6]에 제공된다.

$$y = \beta_1 f_1 + \beta_2 f_2 + \beta_3 f_1 f_2 + d \qquad\qquad \text{[식 10.13]}$$

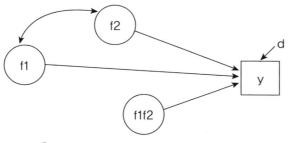

[그림 10.6] 상호작용 효과 구조모형 부분

위에서 f_1과 f_2는 잠재변수, $f_1 f_2$는 두 잠재변수의 곱으로 이루어지는 상호작용 항(latent product variable)으로서 역시 잠재변수다. 여기서 y는 Kenny-Judd

의 방법에서 나타나는 것처럼, 또한 설명의 편의를 위하여 일단 관찰된 종속변수로 가정한다. 하지만 잠재변수여도 상관없으며(즉, 모형을 복잡하게 만들지 않으며) Kenny와 Judd(1984)의 상호작용항에는 영향을 주지 않는다. 이제 f_1과 f_2 잠재변수를 정의하는 측정모형 부분이 [식 10.14]에 있다.

$$x_1 = f_1 + e_1$$
$$x_2 = \lambda_1 f_1 + e_2$$
$$x_3 = f_2 + e_3$$
$$x_4 = \lambda_2 f_2 + e_4$$

[식 10.14]

잠재변수 f_1은 x_1과 x_2에 의해서 측정되며, x_1이 f_1의 단위를 지정하기 위하여 사용되었다(즉, x_1의 요인부하는 1로 고정). 또한 잠재변수 f_2는 x_3와 x_4에 의해서 측정되며, x_3가 f_2의 단위를 지정하기 위하여 사용되었다(즉, x_3의 요인부하는 1로 고정). 그리고 Kenny-Judd의 방법에서는 평균중심화된(mean-deviation) 지표변수를 사용하는 것이 일반적이다(Kenny & Judd, 1984). 위 식에 해당하는 측정모형 부분의 경로도는 [그림 10.7]에 제공된다.

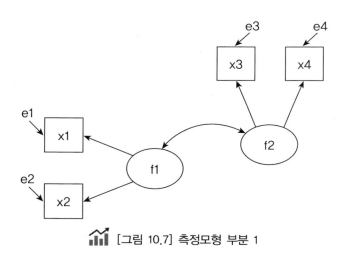

[그림 10.7] 측정모형 부분 1

위에 보이는 f_1과 f_2의 측정모형은 두 지표변수 규칙(two-indicator rule)에 의해 판별되어 추정 가능하다. [그림 10.6]의 구조모형과 [그림 10.7]의 측정모형에서 f_1과 f_2의 상관($Cov(f_1, f_2)$)을 제외하고 모든 잠재변수(f_1, f_2, d, e_1, e_2, e_3, e_4) 간의 상관은 없다고 가정한다. 또한 모든 잠재변수의 평균이 0이라고 가정한다.

앞의 구조모형과 측정모형을 통해서 우리가 검정하고 싶은 부분은 바로 β_3의 유의성이다. 이를 위해서 가장 핵심적인 요소는 잠재변수 f_1f_2를 측정하고 판별하는 것이다. 논리적으로 생각의 흐름을 확장해 보자. f_1이 x_1과 x_2에 의하여 측정되고, f_2가 x_3와 x_4에 의하여 측정되며, f_1f_2가 f_1과 f_2의 곱으로 정의된다. 그렇다면 우리가 궁금한 f_1f_2는 x_1, x_2 및 x_3, x_4의 곱으로 측정할 수 있지 않을까? 다시 말해, f_1의 지표변수와 f_2의 지표변수를 곱하여 f_1f_2의 지표변수로 사용하는 것이다. f_1f_2의 지표변수 네 개는 [식 10.14]를 통하여 [식 10.15]와 같이 계산된다.

$$x_1x_3 = f_1f_2 + f_1e_3 + f_2e_1 + e_1e_3$$
$$x_1x_4 = \lambda_2 f_1f_2 + f_1e_4 + \lambda_2 f_2e_1 + e_1e_4$$
$$x_2x_3 = \lambda_1 f_1f_2 + \lambda_1 f_1e_3 + f_2e_2 + e_2e_3 \qquad \text{[식 10.15]}$$
$$x_2x_4 = \lambda_1\lambda_2 f_1f_2 + \lambda_1 f_1e_4 + \lambda_2 f_2e_2 + e_2e_4$$

위의 식을 보면, 왼쪽은 각 지표변수의 곱으로 이루어져 있고 오른쪽에서는 우리가 측정하고자 하는 f_1f_2를 찾을 수 있다. 그런데 위 네 개의 지표변수 x_1x_3, x_1x_4, x_2x_3, x_2x_4는 우리가 측정하고자 하는 f_1f_2 외에도 f_1e_3, f_2e_1, f_1e_4, f_2e_2, e_1e_3, e_1e_4, e_2e_3, e_2e_4 등 총 여덟 개의 부차적인 잠재변수를 측정한다. 네 개의 지표변수와 f_1f_2 및 부차적으로 생성되는 여덟 개의 잠재변수의 측정모형 관계가 [그림 10.8]과 같이 표현된다.

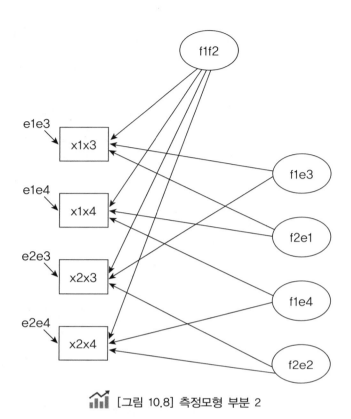

[그림 10.8] 측정모형 부분 2

위의 식과 그림에 보이는 네 개의 지표변수 x_1x_3, x_1x_4, x_2x_3, x_2x_4는 f_1과 f_2의 각 지표변수인 x_1, x_2, x_3, x_4의 곱으로 만들어졌기 때문에 곱 지표변수(product indicator)로 불리기도 한다. 또한 비선형 효과(f_1f_2의 y에 대한 효과)를 추정하기 위한 지표변수이므로 비선형 지표변수(nonlinear indicator)라고 하기도 한다. 어쨌든 잠재변수(f_1과 f_2)의 상호작용 효과를 위해 상호작용항 f_1f_2를 정의하였고, 네 개의 곱 지표변수를 이용하여 측정하였다. 위 그림에는 곱 지표변수들에 연결된 부차적인 잠재변수들도 모두 나타나는데, 먼저 그림의 왼쪽에 오차들의 곱으로 이루어진 네 개의 잠재변수 e_1e_3, e_1e_4, e_2e_3, e_2e_4가 있으며, 오른쪽에 f_1, f_2 및 오차들의 곱으로 이루어진 네 개의 잠재변수 f_1e_3, f_2e_1, f_1e_4, f_2e_2가 있다. 이와 같이 부차적이면서 실질적인 의미가 없고 모형에 특정한 제약을 주기 위해 만들어진 잠재변수들을 유령변수(phantom variable; Rindkopf, 1984)라고 부르기도 한다. 이후 여러 맥락에서 조금씩 변형된 의미로 사용되기도 하지만, 유령변수의 개념을 소개한 Rindkopf(1984)는 유령변수를 관찰된 지표변수를 가지고 있지 않은 잠재변수라고 정의하였다. 이것은 과거에 모수를 고정(fix)하는 제약과 동일한 값을 강제하는 동등제약(equality constraint) 두 가지만 직접적으로 주는 것이 가능했던 LISREL에서 부등제약(inequality constraint)을 사용하기 위한 방편으로 만든 개념이다.

앞에서 보인 구조모형과 두 개의 측정모형을 통하여 총 여덟 개의 지표변수(x_1, x_2, x_3, x_4, x_1x_3, x_1x_4, x_2x_3, x_2x_4)와 16개의 잠재변수(f_1, f_2, f_1f_2, d, e_1, e_2, e_3, e_4, f_1e_3, f_2e_1, f_1e_4, f_2e_2, e_1e_3, e_1e_4, e_2e_3, e_2e_4)가 있음을 확인할 수 있다. f_1f_2를 측정하기 위해 이렇게 복잡한 전개를 하였지만, [식 10.15]에서 새롭게 추정해야 할 요인부하 모수는 보이지 않는다. 모든 요인부하는 [식 10.14]에서 이미 정의한 λ_1, λ_2 아니면 1뿐이다. 이는 f_1f_2를 측정하기 위하여 [식 10.15]의 모형을 만들었지만, 새롭게 추정되는 요인부하 모수는 전혀 없다는 뜻이다.

이제 f_1f_2를 측정하기 위해 새롭게 추가된 여러 잠재변수(f_1f_2, e_1e_3, e_1e_4, e_2e_3, e_2e_4, f_1e_3, f_1e_4, f_2e_1, f_2e_2)의 분산 및 공분산을 구해야 한다. 이를 위해서는 앞서 가정한 두 가지 가정 외에도 추가적인 가정이 필요하다. 새로운 가정은 모든 잠재변수(f_1, f_2, d, e_1, e_2, e_3, e_4)가 다변량 정규분포를 따른다는 것이다. 이와 같은 가정하에 각 분산은 [식 10.16]과 같이 계산된다. 물론 공분산은 앞서 가정에서 말했듯이 $Cov(f_1, f_2)$를 제외하고는 모두 0이다.

$$
\begin{aligned}
Var(f_1f_2) &= Var(f_1)\,Var(f_2) + Cov(f_1, f_2) \\
Var(e_1e_3) &= Var(e_1)\,Var(e_3) \\
Var(e_1e_4) &= Var(e_1)\,Var(e_4) \\
Var(e_2e_3) &= Var(e_2)\,Var(e_3) \\
Var(e_2e_4) &= Var(e_2)\,Var(e_4) \\
Var(f_1e_3) &= Var(f_1)\,Var(e_3) \\
Var(f_1e_4) &= Var(f_1)\,Var(e_4) \\
Var(f_2e_1) &= Var(f_2)\,Var(e_1) \\
Var(f_2e_2) &= Var(f_2)\,Var(e_2)
\end{aligned}
\qquad \text{[식 10.16]}
$$

위의 식을 보면, 새롭게 생성된 잠재변수 아홉 개(f_1f_2, e_1e_3, e_1e_4, e_2e_3, e_2e_4, f_1e_3, f_1e_4, f_2e_1, f_2e_2)의 분산이 이미 판별된 [그림 10.7] 모형의 모수들($Var(f_1)$, $Var(f_2)$, $Cov(f_1, f_2)$, $Var(e_1)$, $Var(e_2)$, $Var(e_3)$, $Var(e_4)$)로 이루어진 것을 알 수 있다. 즉, f_1f_2를 측정하기 위해 새롭게 만든 네 개의 곱 지표변수들로 이루어진 측정모형에서 새로운 분산 및 공분산 모수는 없다는 것이다. 이를 앞의 내용과 결

합하면, f_1f_2의 측정을 위해 추가한 측정모형에서 새로운 요인부하 모수도 없고, 새로운 분산 및 공분산 모수도 없다. 이렇게 되면 구조모형과 측정모형들을 통합한 Kenny와 Judd(1984)의 상호작용 모형인 [그림 10.9]의 모형은 판별이 됨을 알수 있다. 그림 안에 측정모형의 각 요인부하 모수와 구조모형의 경로모수가 표시되어 있다. 이 중 β_3는 f_1과 f_2의 y에 대한 영향을 통제한 상태에서의 f_1f_2의 영향을 가리키는 것으로서 바로 f_1과 f_2의 상호작용이 된다.

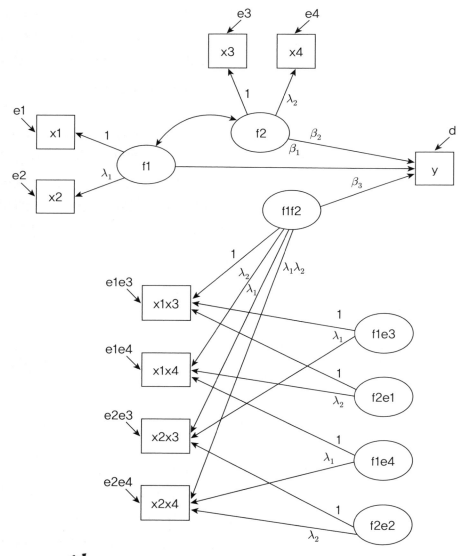

📊 [그림 10.9] Kenny와 Judd(1984)의 잠재변수 상호작용 모형

 이제 위의 모형을 추정해야 하는데, 구조방정식의 표준관행인 최대우도 추정을 사용할 수가 없다. 최대우도 추정은 모든 변수의 다변량 정규성을 가정하는데, 위의 모형에는 정규분포를 따르지 않는 여러 변수가 존재한다. 앞 장에서 부스트래 핑을 다룰 때 설명했듯이, 한 변수 x_1과 또 다른 변수 x_3가 정규분포를 따른다고 하여도, x_1x_3는 정규분포를 따르지 않는다. 그래서 Kenny와 Judd(1984)는 최대 우도 추정이 아닌 일반화 최소제곱(generalized least squares, GLS) 합치함수를 최소화하는 추정을 적용하였다. 이제 임의로 생성된 자료와 M*plus*를 이용하여 위의 모형을 추정하도록 하자. Kenny–Judd 방법을 이용한 상호작용 효과 추정의 핵심은 곱 지표변수(product indicators)가 있는 측정모형 2 부분의 모수들을 추정하기 위하여 비선형 제약(nonlinear constraints)을 줘야 한다는 것이다. 현재 Amos에서는 가능하지 않으며, M*plus* 및 LISREL 등에서 가능하다. 예제를 위해 사용한 자료가 [그림 10.10] 및 [표 10.4]에 제공된다($n = 500$).

	x1	x2	x3	x4	y
1	-.737	.247	-.201	.155	.175
2	.360	.963	-.955	-1.046	1.078
3	-.678	1.480	.770	1.039	.135
4	-1.003	-1.173	1.103	1.405	1.220
5	.242	-.790	.100	.469	-3.254
6	1.449	.890	.146	-.104	2.305
7	.491	.992	.313	-.019	-.661

[그림 10.10] Kenny–Judd의 상호작용 검정을 위한 자료

[표 10.4] Kenny–Judd 효과 검정 자료의 상관 및 기술통계

	y	x_1	x_2	x_3	x_4
y	1.00				
x_1	.319	1.00			
x_2	.219	.724	1.00		
x_3	-.293	-.249	-.247	1.00	
x_4	-.268	-.227	-.210	.738	1.00
표준편차	1.376	1.315	0.968	1.349	1.024
평균	0.024	0.011	0.005	-0.100	-0.076

위의 기술통계 표에서 내생변수인 y가 먼저 나타나고, 다음으로 외생변수 f_1과 f_2의 지표변수인 $x_1 \sim x_4$가 뒤에 나타난다. 전통적인 구조방정식에서는 일반적으로 내생변수를 먼저, 그리고 외생변수를 그 이후에 적는다. 사실 위에서는 $x_1 \sim x_4$ 역시 지표변수로서 모두 내생변수이지만, 외생변수를 측정하는 내생변수이기 때문에 뒤에 배치하였다.

위의 자료를 이용하여 [그림 10.9]에 보인 Kenny와 Judd(1984)의 상호작용 검정을 위한 M*plus* input은 [결과 10.5]와 같다. 상당히 복잡해 보이지만, 모두가 다 앞에서 설명한 원리를 따르고 있다. 특히 이번 input에는 앞에서 다루지 않았던 MODEL CONSTRAINT 커맨드가 있으므로 유의해서 살피기 바란다. MODEL 커맨드에서 추정하고자 하는 모수들에 괄호를 이용해 이름을 지정(labeling)한 다음, MODEL CONSTRAINT 커맨드에서 그 지정한 모수들 간의 관계를 제약할 수 있다. Kenny-Judd 방법에서 필수적인 부분이다. Kenny와 Judd(1984)의 상호작용 효과 검정을 이용하고자 하는 연구자들에게 조언하자면, 아래 input의 MODEL 커맨드에서 줄 바꿈마저도 아래 예제의 방식을 그대로 따르라는 것이다. 그 이유는 아래에서 더 자세히 설명한다.

[결과 10.5] Kenny-Judd 방법-input

```
TITLE: Kenny-Judd method for latent variable interaction

DATA: FILE IS KennyJudd.dat;
      FORMAT IS 5f8.3;

VARIABLE: NAMES ARE x1 x2 x3 x4 y;
          USEVARIABLES ARE x1 x2 x3 x4 y x1x3 x1x4 x2x3 x2x4;

DEFINE: x1x3 = x1*x3;
        x1x4 = x1*x4;
        x2x3 = x2*x3;
        x2x4 = x2*x4;

ANALYSIS: TYPE IS GENERAL; ESTIMATOR = GLS;
          MODEL = NOMEANSTRUCTURE;
          INFORMATION = EXPECTED;

MODEL: f1 BY x1 x2(lambda1);
       f2 BY x3 x4(lambda2);

       f1(var_f1);
       f2(var_f2);
       f1 WITH f2(cov_f1f2);

       x1(var_e1);
       x2(var_e2);
```

```
        x3(var_e3);
        x4(var_e4);

        f1f2 BY x1x3
                x1x4(lambda3)
                x2x3(lambda4)
                x2x4(lambda5);
        f1f2(var_f1f2);

        f1e3 BY x1x3
                x2x3(lambda6);
        f1e3(var_f1e3);

        f2e1 BY x1x3
                x1x4(lambda7);
        f2e1(var_f2e1);

        f1e4 BY x1x4
                x2x4(lambda8);
        f1e4(var_f1e4);

        f2e2 BY x2x3
                x2x4(lambda9);
        f2e2(var_f2e2);

        x1x3(var_e1e3);
        x1x4(var_e1e4);
        x2x3(var_e2e3);
        x2x4(var_e2e4);

        f1 WITH f1f2@0; f1 WITH f1e3@0; f1 WITH f2e1@0; f1 WITH f1e4@0;
        f1 WITH f2e2@0;
        f2 WITH f1f2@0; f2 WITH f1e3@0; f2 WITH f2e1@0; f2 WITH f1e4@0;
        f2 WITH f2e2@0;
        f1f2 WITH f1e3@0; f1f2 WITH f2e1@0; f1f2 WITH f1e4@0;
        f1f2 WITH f2e2@0;

        f1e3 WITH f2e1@0; f1e3 WITH f1e4@0; f1e3 WITH f2e2@0;
        f2e1 WITH f1e4@0; f2e1 WITH f2e2@0;
        f1e4 WITH f2e2@0;

        y ON f1 f2 f1f2;
MODEL CONSTRAINT:
        lambda3 = lambda2;
        lambda4 = lambda1;
        lambda5 = lambda1*lambda2;
        lambda6 = lambda1;
        lambda7 = lambda2;
        lambda8 = lambda1;
        lambda9 = lambda2;

        var_f1f2 = (var_f1*var_f2) + cov_f1f2;
        var_e1e3 = var_e1*var_e3;
        var_e1e4 = var_e1*var_e4;
        var_e2e3 = var_e2*var_e3;
        var_e2e4 = var_e2*var_e4;
        var_f1e3 = var_f1*var_e3;
        var_f1e4 = var_f1*var_e4;
        var_f2e1 = var_f2*var_e1;
        var_f2e2 = var_f2*var_e2;

OUTPUT: stdYX;
```

위의 input 내용을 하나하나 자세히 살펴보도록 하자. 먼저 DEFINE 커맨드에서 새롭게 만들어야 하는 곱 지표변수(product indicators) x_1x_3, x_1x_4, x_2x_3, x_2x_4를 $x_1x_3 = x_1 \times x_3$, $x_1x_4 = x_1 \times x_4$, $x_2x_3 = x_2 \times x_3$, $x_2x_4 = x_2 \times x_4$와 같이 정의하였다. 그리고 정의된 새로운 변수 네 개를 VARIABLE 커맨드의 USEVARIABLES 옵션의 맨 마지막에 추가하였다. 다음으로 ANALYSIS 커맨드에 다변량 정규성을 만족하지 못하는 곱(예, x_1x_3 등)들 때문에 M*plus*의 디폴트인 최대우도 추정이 아닌 일반화 최소제곱(GLS) 추정 방법을 지정하였다. 그리고 Jöreskog와 Yang(1996) 및 Yang-Wallentin과 Jöreskog(2001)가 평균 구조(측정모형과 구조모형 모두)를 추가하는 것이 더욱 정확한 추정을 가능하게 한다고 하였지만, Kenny-Judd 방법의 전통을 따르기 위해 평균 구조는 반영하지 않았다.

일반적으로 MODEL 커맨드에서 연구자는 추정하고자 하는 모형을 설정한다. Kenny-Judd 방법으로 잠재변수의 상호작용을 검정할 때는 이와 같은 일반적인 모형설정 이외에 추정해야 할 모수에 대하여 이름을 지정(labeling)하는 작업이 매우 중요하다. 하나씩 명령어를 살펴본다. f1 BY x1 x2(lambda1);은 잠재변수 f_1이 x_1과 x_2에 의하여 측정되는데, x_1의 요인부하는 M*plus* 디폴트에 의하여 1로 고정되고, x_2의 요인부하 모수는 이름을 lambda1으로 지정하고 추정한다는 것을 가리킨다. 같은 방식으로 f2 BY x3 x4(lambda2); 또한 해석할 수 있다. 다음 줄에 있는 f1(var_f1);은 f_1의 분산($Var(f_1)$)을 추정하는데, 그 이름을 var_f1으로 지정하는 것을 의미한다. f2(var_f2); 또한 마찬가지다. f1 WITH f2(cov_f1f2);는 f_1과 f_2의 공분산($Cov(f_1, f_2)$)의 이름을 cov_f1f2로 지정하고 추정하는 명령어다. 다음으로는 지표변수 $x_1 sim x_4$에 속하는 $e_1 \sim e_4$의 분산을 추정하는 명령어가 네 줄에 걸쳐 나타나는데, 각 분산 모수의 이름을 var_e1, var_e2, var_e3, var_e4로 지정하였다. 여기까지가 곱 지표변수가 아직 나타나지 않은 [그림 10.7] 측정모형의 설정이다.

다음으로는 곱 지표변수(product indicators)와 새롭게 생성된 곱 잠재변수(latent product variables)의 관계를 보여 주는 [그림 10.8]의 측정모형 부분에 대한 설정이 이어진다. 먼저 f1f2 BY x1x3 x1x4(lambda3) x2x3(lambda4) x2x4(lambda5); 부분은 잠재변수 f_1f_2가 x_1x_3, x_1x_4, x_2x_3, x_2x_4에 의해서 측정되는 설정이다. 이때 x_1x_3의 요인부하는 디폴트에 의하여 1로 고정되고, x_1x_4의 요인부하는 lambda3라

고 이름을 지정하고 추정을 하며, x_2x_3의 요인부하는 lambda4라고 이름을 지정하고 추정을 하고, x_2x_4의 요인부하는 lambda5라고 이름을 지정하고 추정을 한다는 의미다. 이때 주의할 것은 input에 보이는 대로 네 줄에 걸쳐 명령어를 넣어야 한다는 것이다. 만약 한 줄에 모두 쓰게 되면, M*plus*가 각 모수의 이름을 지정하는 괄호부분을 변수의 이름으로 잘못 인식할 수 있다. 바로 밑에 있는 f1f2(var_f1f2); 는 f_1f_2의 분산을 var_f1f2로 지정하고 추정을 한다는 의미다. 그다음부터 12줄에 걸쳐 나타나는 명령어들은 모두 같은 형식으로 정리되어 있다. 예를 들어, f1e3 BY x1x3 x2x3(lambda6); 는 잠재변수 f_1e_3가 x_1x_3와 x_2x_3에 의해서 측정되는데, x_1x_3의 요인부하는 1로 고정하고, x_2x_3의 요인부하는 이름을 lambda6로 지정하고 추정을 한다는 의미다. 이때 위에서와 마찬가지로 x1x3와 x2x3(lambda6)는 input에 보이는 대로 한 줄에 쓰면 안 되고 다른 줄에 나타나야 한다. f1e3(var_f1e3); 는 역시 f_1e_3의 분산을 var_f1e3로 지정하고 추정을 한다는 뜻이다. 나머지 똑같은 방식의 명령어 아홉 줄에 대한 설명은 모두 생략한다. 다음으로 나타나는 네 줄은 곱 지표변수 x_1x_3, x_1x_4, x_2x_3, x_2x_4에 속하는 각 오차의 분산을 이름 짓고 추정하는 명령어다. 예를 들어, x1x3(var_e1e3); 는 x_1x_3에 속하는 오차 e_1e_3의 분산($Var(e_1e_3)$)을 var_e1e3로 지정하고 모형 안에서 추정한다는 의미다. 나머지 세 줄도 모두 같은 방식으로 설명할 수 있다. 여기까지가 곱 잠재변수와 곱 지표변수들로 이루어진 측정모형의 명령어 부분이다.

그 아래로 나타나는 명령어들은 잠재변수들 사이의 공분산에 대하여 Kenny-Judd 방법이 가정한 내용에 대한 부분이다. 예를 들어, f1 WITH f1f2@0; 는 f_1과 f_1f_2의 공분산($Cov(f_1, f_1f_2)$)을 0으로 고정한다는 뜻이다. 이런 식으로 총 20개의 잠재변수 간 공분산이 0으로 고정된다. 마지막으로 y ON f1 f2 f1f2; 부분은 바로 [식 10.13]과 [그림 10.6]에 나타나는 구조모형에 대한 명령어로서, 잠재변수의 상호작용 효과를 검정할 수 있게 해 주는 명령어다. 종속변수 y와 독립변수 f_1, f_2, f_1f_2의 회귀관계를 설정하는 부분이다. 여기까지가 Kenny-Judd 방법으로 모형을 설정하고, 각 추정하는 자유모수에 대한 이름을 지정하는 MODEL 커맨드다.

MODEL CONSTRAINT 커맨드는 MODEL 커맨드에서 지정한 모수들 사이에 존재하는 제약을 설정하는 부분이다. 먼저, 일곱 줄에 걸쳐 모든 요인부하 사이에 존재하는 제약을 표시하였다. 예를 들어, lambda3=lambda2; 는 $f_1f_2 \rightarrow x_1x_4$의 요인부하(lambda3)가 $f_2 \rightarrow x_4$ 요인부하(lambda2)와 같은 값으로 추정되도록 제약을 가하는 것이다. 마찬가지로 세 번째 줄의 lambda5＝lambda1*lambda2;는 $f_1f_2 \rightarrow x_2x_4$의 요인부하(lambda5)를 $f_1 \rightarrow x_2$ 요인부하(lambda1)와 $f_2 \rightarrow x_4$ 요인부하(lambda2)의 곱으로 제약한다는 것이다. 이런 식으로 총 일곱 줄에서 보이는 lambda3~lambda9은 모두 lambda1과 lambda2에 의하여 제약되며, 자유롭게 추정하지 않는다. 마지막 아홉 줄은 여러 잠재변수(f_1f_2, e_1e_3, e_1e_4, e_2e_3, e_2e_4, f_1e_3, f_1e_4, f_2e_1, f_2e_2)의 분산에 가해지는 제약이다. 예를 들어, var_f1f2＝(var_f1*var_f2)＋cov_f1f2;는 f_1f_2의 분산($Var(f_1f_2)$)이 f_1의 분산($Var(f_1)$)과 f_2의 분산($Var(f_2)$)의 곱에 f_1과 f_2의 공분산($Cov(f_1,f_2)$)을 더한 값으로 제약된다는 것을 의미한다. 즉, $Var(f_1f_2)$는 모형 안에서 자유롭게 추정되는 모수가 아니게 된다. 마찬가지로 나머지 여덟 개의 곱 잠재변수의 분산 또한 모두 제약된다. 이와 같은 MODEL 커맨드와 MODEL CONSTRAINT 커맨드의 설정을 통하여 추정하면 [결과 10.6]과 같은 적합도 결과를 얻을 수 있다. 마지막으로 표준화된 추정치를 보기 위하여 StdYX 옵션을 OUTPUT 커맨드에 설정하였다.

[결과 10.6] Kenny-Judd 방법 - 모형의 적합도

```
MODEL FIT INFORMATION

Number of Free Parameters                     13

Chi-Square Test of Model Fit

            Value                          47.879
            Degrees of Freedom                 32
            P-Value                        0.0353

RMSEA (Root Mean Square Error Of Approximation)

            Estimate                        0.032
            90 Percent C.I.                 0.009    0.049
            Probability RMSEA <= .05        0.959

CFI/TLI

            CFI                             0.982
            TLI                             0.980

SRMR (Standardized Root Mean Square Residual)

            Value                           0.059
```

위에서 중요하지 않은 부분(예, 기저모형의 χ^2 값 등)은 공간의 절약을 위해 제거

하였다. 잠재변수의 상호작용을 검정할 수 있는 여러 방법 중에서 Kenny와 Judd (1984)의 방법이 여전히 사용되는 이유 중에 하나는 아마도 위와 같이 다양한 종류의 모형 적합도 지수를 획득할 수 있다는 것일 것이다. χ^2 적합도 검정을 제외하면 전체적으로 모형의 적합도는 꽤 양호한 것을 볼 수 있다. 이제 개별모수 추정치를 간단하게 살펴보자. [결과 10.7]과 같이 개별모수 추정치를 모두 보여 주는 이유는 Kenny-Judd 방법이 수많은 제약으로 인해서 자유롭게 추정하는 모수는 많지 않다는 것과, 과연 어떻게 제약이 이루어졌는지를 확인하기 위함이다.

[결과 10.7] Kenny-Judd 방법 – 개별 모수 추정치

```
MODEL RESULTS

                                                        Two-Tailed
                        Estimate      S.E.    Est./S.E.  P-Value

F1        BY
    X1                   1.000       0.000     999.000   999.000
    X2                   0.535       0.055       9.637     0.000

F2        BY
    X3                   1.000       0.000     999.000   999.000
    X4                   0.705       0.064      11.069     0.000

F1F2      BY
    X1X3                 1.000       0.000     999.000   999.000
    X1X4                 0.705       0.064      11.069     0.000
    X2X3                 0.535       0.055       9.637     0.000
    X2X4                 0.377       0.052       7.313     0.000

F1E3      BY
    X1X3                 1.000       0.000     999.000   999.000
    X2X3                 0.535       0.055       9.637     0.000

F2E1      BY
    X1X3                 1.000       0.000     999.000   999.000
    X1X4                 0.705       0.064      11.069     0.000

F1E4      BY
    X1X4                 1.000       0.000     999.000   999.000
    X2X4                 0.535       0.055       9.637     0.000

F2E2      BY
    X2X3                 1.000       0.000     999.000   999.000
    X2X4                 0.705       0.064      11.069     0.000

Y         ON
    F1                   0.277       0.052       5.286     0.000
    F2                  -0.307       0.054      -5.645     0.000
    F1F2                 0.018       0.045       0.404     0.686

F1        WITH
    F2                  -0.451       0.075      -5.976     0.000
```

		0.000	0.000	999.000	999.000
F1F2		0.000	0.000	999.000	999.000
F1E3		0.000	0.000	999.000	999.000
F2E1		0.000	0.000	999.000	999.000
F1E4		0.000	0.000	999.000	999.000
F2E2		0.000	0.000	999.000	999.000
F2	WITH				
F1F2		0.000	0.000	999.000	999.000
F1E3		0.000	0.000	999.000	999.000
F2E1		0.000	0.000	999.000	999.000
F1E4		0.000	0.000	999.000	999.000
F2E2		0.000	0.000	999.000	999.000
F1F2	WITH				
F1E3		0.000	0.000	999.000	999.000
F2E1		0.000	0.000	999.000	999.000
F1E4		0.000	0.000	999.000	999.000
F2E2		0.000	0.000	999.000	999.000
F1E3	WITH				
F2E1		0.000	0.000	999.000	999.000
F1E4		0.000	0.000	999.000	999.000
F2E2		0.000	0.000	999.000	999.000
F2E1	WITH				
F1E4		0.000	0.000	999.000	999.000
F2E2		0.000	0.000	999.000	999.000
F1E4	WITH				
F2E2		0.000	0.000	999.000	999.000
Variances					
F1		1.759	0.187	9.403	0.000
F2		1.497	0.148	10.110	0.000
F1F2		2.182	0.347	6.284	0.000
F1E3		0.673	0.234	2.880	0.004
F2E1		0.100	0.254	0.394	0.694
F1E4		0.589	0.126	4.684	0.000
F2E2		0.600	0.093	6.455	0.000
Residual Variances					
X1		0.067	0.169	0.395	0.693
X2		0.401	0.052	7.735	0.000
X3		0.383	0.126	3.027	0.002
X4		0.335	0.064	5.231	0.000
Y		1.543	0.103	15.053	0.000
X1X3		0.026	0.065	0.392	0.695
X1X4		0.022	0.057	0.393	0.694
X2X3		0.153	0.054	2.829	0.005
X2X4		0.134	0.030	4.412	0.000

위의 결과를 보면, 처음 일곱 개 요인의 측정 부분(BY 옵션 부분)에서 많은 요인 부하 추정치가 보이지만, 구별되는 숫자는 $\hat{\lambda}_1 = 0.535$와 $\hat{\lambda}_2 = 0.705$뿐이며 이 둘의 곱으로 제약되는 $\hat{\lambda}_1 \hat{\lambda}_2 = 0.377$이 있을 뿐이다. 즉, BY 옵션 부분은 단 두 개의 자

유모수가 추정되었다. 다음으로는 ON 옵션을 이용한 구조모형 부분의 경로계수세 개가 보인다. f_1과 f_2의 주효과는 $p < 0.001$ 수준에서 모두 통계적으로 유의하지만, 우리가 이 모형을 통해서 보고자 하는 두 잠재변수 f_1과 f_2의 상호작용 효과인 f_1f_2의 y에 대한 효과는 $p = 0.686$으로 통계적으로 유의하지 않았다. 결국 f_1이 y에 주는 영향은 f_2의 수준에 따라 다르지 않다는 결론을 내릴 수 있다. 또는 f_1이 y에 주는 영향을 f_2가 조절하지 않는다고 할 수도 있다. 공분산을 추정하기 위한 WITH 옵션 부분에서는 f_1과 f_2의 공분산(-0.451) 외에는 그 어느 것도 추정하지 않았다. 즉, $Cov(f_1, f_2)$를 제외한 모든 공분산은 0으로 고정하였다. Variances 추정치 부분에서는 f_1과 f_2의 분산이 자유롭게 추정되었고, 나머지 모든 분산 추정치는 제약에 의해서 추정된 것이다. Residual Variances에서는 측정오차($e_1 \sim e_4$)의 분산 $Var(e_1) = 0.067$, $Var(e_2) = 0.401$, $Var(e_3) = 0.383$, $Var(e_4) = 0.335$ 등이 자유롭게 추정되었고, 설명오차(d)의 분산 $Var(d) = 1.543$이 추정되었다. 나머지 네 개는 역시 제약에 의해서 추정된 것으로 자유롭게 추정된 것이 아니다. 추정된 모든 모수를 종합하면, 요인부하 두 개, 경로계수 세 개, 잠재변수의 분산 및 공분산 세 개, 측정오차의 분산 네 개, 설명오차의 분산 한 개로서 총 13개다. 그러므로 모형의 자유도는 총 아홉 개의 관찰변수(y, x_1, x_2, x_3, x_4, x_1x_3, x_1x_4, x_2x_3, x_2x_4)로부터 얻을 수 있는 정보 45에서 추정한 모수 13을 뺀 32가 된다.

Kenny와 Judd(1984)의 방법은 매우 독창적이고, 현재도 여러 분야에서 쓰이며, 잠재변수 상호작용의 새로운 지평을 열었지만 동시에 여러 비판을 받았다. 예를 들어, Jöreskog와 Yang(1996)은 평균중심화되지 않은 지표변수들을 이용하고, 평균 구조를 더해야 더욱 정확한 추정이 될 수 있다고 하였다. 이는 f_1의 평균이 0이고 f_2의 평균이 0이어도 f_1f_2의 평균은 일반적으로 0이 아니기 때문이다. Jöreskog와 Yang(1996)은 구조모형 부분에도 절편을 더하고 측정모형 부분에도 절편을 더하여 [식 10.17]과 [식 10.18]의 모형을 설정하였다.

$$y = \alpha + \beta_1 f_1 + \beta_2 f_2 + \beta_3 f_1 f_2 + d \qquad\qquad \text{[식 10.17]}$$

$$\begin{aligned} x_1 &= \mu_1 + f_1 + e_1 \\ x_2 &= \mu_2 + \lambda_1 f_1 + e_2 \\ x_3 &= \mu_3 + f_2 + e_3 \\ x_4 &= \mu_4 + \lambda_2 f_2 + e_4 \end{aligned} \qquad\qquad \text{[식 10.18]}$$

이와 같은 설정을 통해서 모형은 더 정확해졌지만, 추가적인 절편들로 인해서 모형은 더욱더 복잡하고 많은 제약(constraints)이 필요하게 되었다. 또한 Algina와 Moulder(2001)에 의하면, Jöreskog와 Yang(1996)의 방법은 상당히 심각한 수렴 문제(convergence problem)를 보였다. 이에 Algina와 Moulder(2001)는 Jöreskog와 Yang(1996)의 방법에 지표변수들(x_1, x_2, x_3, x_4)을 평균중심화(예, $x_1 - \bar{x}_1$)하는 수정을 하였다. 곱 지표변수(x_1x_3, x_1x_4, x_2x_3, x_2x_4) 또한 평균중심화한 변수들을 이용하여 만든다(예, $(x_1 - \bar{x}_1)(x_3 - \bar{x}_3)$). 이렇게 하면 y의 절편인 α는 그대로 있지만, 지표변수 여덟 개(x_1, x_2, x_3, x_4, x_1x_3, x_1x_4, x_2x_3, x_2x_4)의 절편은 모두 0이 된다. Algina와 Moulder(2001)의 시뮬레이션 결과에 의하면, 여러 조건에서 다른 모형들에 비하여 편향이 적고, 제1종 오류를 범할 확률도 낮으며, 더 높은 검정력을 가지고 있었다. Marsh, Wen, Hagengast와 Hau(2012)는 모수 제약을 사용하는 방법들 중에서 Algina와 Moulder(2001)의 방법을 추천하였다. 결국 Algina와 Moulder(2001)의 방법을 Kenny와 Judd(1984)의 모형과 비교해 보면, 평균중심화를 하여 곱 지표변수를 만드는 것은 다르지 않고, y의 절편을 추정한다는 것만 다르다. [그림 10.10]의 자료를 이용하여 Algina와 Moulder(2001)의 방법을 적용해 보자. [그림 10.10]의 자료는 이미 표준화되어 있는 변수들이므로 평균중심화는 필요 없으며, y의 절편 부분만 모형에 더했다. input의 바뀐 부분과 output의 상호작용 효과 검정 부분이 [결과 10.8]에 제공된다.

[결과 10.8] Algina – Moulder 방법 – input과 output

```
     [y];

     [x1-x4@0 x1x3@0 x1x4@0 x2x3@0 x2x4@0];

MODEL RESULTS

                                                   Two-Tailed
                    Estimate     S.E.   Est./S.E.  P-Value
 Y        ON
    F1               0.303      0.054      5.570    0.000
    F2              -0.292      0.052     -5.624    0.000
    F1F2            -0.016      0.056     -0.281    0.779
```

Input 부분의 MODEL 커맨드에 y의 절편을 추정하려는 [y];를 추가하였다. 이렇게 단 하나의 절편(평균)이라도 MODEL 커맨드에 추가하면 ANALYSIS 커맨드에 넣었던 MODEL=Nomeanstructure; 옵션이 무시된다. 그리고 모든 지표변수의 절편도 자동적으로 추정하게 된다. 지표변수 여덟 개의 절편을 모두 0으로 고정하기 위해서 [x1-x4@0 x1x3@0 x1x4@0 x2x3@0 x2x4@0]; 명령어를 추가하였다. 그리고 결론은 다르지 않은 결과를 준다는 것이다. 즉, 상호작용 효과(0.018)가 Kenny-Judd의 방법과 비교해 부호가 바뀌었으나 둘 모두 0에 다름없는 숫자들이다.

지금까지의 내용을 정리하기 위해 평균이 0이 아닌 일반적인 지표변수(x_1, x_2, x_3, x_4)를 사용하는 상황을 가정해 보자. Kenny-Judd 방법을 더욱 정확하게 하기 위해 Jöreskog와 Yang(1996)은 평균 구조를 더하는 것을 제안하였다. 그런데 이것은 모형의 추정을 불안하게 하고, 수많은 추가적인 모수 제약을 만들어 내는 문제점을 일으켰다. Algina와 Moulder(2001) 및 Kenny와 Judd(1984)는 지표변수들을 평균중심화하고, 그 지표변수들을 이용하여 곱 지표변수를 만들었다. 이렇게 하면 결국 측정모형의 절편 부분은 사라지게 되는 것이나 마찬가지다. 이 세 가지 방법 중에서 어느 한 방법을 선택해야 하는 상황이 있을 수 있다. 합리적으로 추측해 보건대, x_1, x_2, x_3, x_4를 평균중심화한 다음 곱 지표변수 x_1x_3, x_1x_4, x_2x_3, x_2x_4를 생성하고 바로 Kenny-Judd 방법을 실행하면, 추정의 문제가 일어날 가능성이 적으며 상당히 정확한 잠재변수의 상호작용 효과를 추정 및 검정할 수 있을 것으로 보인다. Algina와 Moulder(2001)의 y절편을 더하는 부분이 얼마나 더 추정을 정확하게 할 수 있을지는 미지수이며, Jöreskog와 Yang(1996)의 방법은 현실적으로 너무 복잡하고 모형 추정에 문제를 일으킬 수 있다.

평균을 사용하지 않음으로써 Jöreskog와 Yang(1996)에 의해서 비판받았던 Kenny와 Judd(1984)의 방법은 사실 다른 면에서도 비판받았다. Bollen(1989)은 Kenny와 Judd(1984)가 사용한 일반화 최소제곱(GLS) 방식이 정당하지 않음을 주장하였고, Yang-Jonsson(1998)은 ML 방법이 정확하지 않은 χ^2 검정 결과와 표준오차를 제공하지만 전체적으로 상당히 잘 작동하는 것을 확인하기도 하였다. 앞 장에서 설명했듯이, M*plus*의 강건한 최대우도 추정(예, MLR 옵션)을 이용하여 수정된 χ^2 검정 결과와 표준오차를 얻을 수도 있을 것이다. 여전히 연구가 진행 중인 이런 약점들 외에도 Kenny-Judd 방식의 가장 큰 문제점은 앞에서 설명했듯이 다루기 힘들고 복잡한 가정에 기반하고 수많은 모수 제약을 가지고 있다는 것이다(Marsh, Wen, Nagengast, & Hau, 2012). 이에 대한 대안으로 여러 방법이 제안되었는데,

먼저 Marsh, Wen과 Hau(2004)의 방식을 소개하고자 한다. 이 방식의 장점은 곱 지표변수를 사용함에도 불구하고, f_1과 f_2의 정규성을 가정하는 수많은 모수 제약 (parameter constraint)을 사용하지 않아 Kenny-Judd와 그 변형된 방법들에 비해서 상당히 간단하다는 것이다.

10.2.2. Marsh, Wen과 Hau(2004)의 방법

Marsh, Wen과 Hau(2004)의 잠재변수 추정 및 검정방법은 모수 제약을 사용하지 않기 때문에 제약하지 않는 접근법(unconstrained approach)이라고도 한다. Marsh, Wen과 Hau(2004)의 방법을 설명함에 있어서 Kenny-Judd의 예제보다 좀 더 일반적인 상황을 가정해 보자. 각 세 개의 지표변수에 의해 정의된 두 개의 잠재변수 간 상호작용 효과를 검정하고자 하며, 구조모형의 종속변수 역시 잠재변수임을 가정한다. 구조방정식에서는 이와 같은 상황이 더욱 현실적이며, Marsh, Wen과 Hau(2004)가 보였던 그 방식대로의 구조모형이 [식 10.19]에 제공된다.

$$f_3 = \beta_1 f_1 + \beta_2 f_2 + \beta_3 f_1 f_2 + d \qquad\qquad [식\ 10.19]$$

위에서 다른 모든 부분은 Kenny-Judd 방법의 구조모형과 같으며, 종속변수 부분만 관찰변수 y에서 잠재변수 f_3로 바뀌었다. 이제 측정모형 부분이 [식 10.20]에 제공된다.

$$
\begin{array}{lll}
x_1 = f_1 + e_1 & x_4 = f_2 + e_4 & y_1 = f_3 + e_7 \\
x_2 = \lambda_1 f_1 + e_2, & x_5 = \lambda_3 f_2 + e_5, & y_2 = \lambda_5 f_3 + e_8 \\
x_3 = \lambda_2 f_1 + e_3 & x_6 = \lambda_4 f_2 + e_6 & y_3 = \lambda_6 f_3 + e_9
\end{array}
\qquad [식\ 10.20]
$$

위의 식을 보면 잠재 외생변수(latent exogenous variable) f_1은 x_1, x_2, x_3에 의해서 측정이 되며, 또 다른 잠재 외생변수 f_2는 x_4, x_5, x_6에 의해서 측정이 되고, 잠재 내생변수(latent endogenous variable) f_3는 y_1, y_2, y_3에 의해서 측정이 된다. Marsh, Wen과 Hau(2004)의 방법에서도 지표변수들을 평균중심화하는 것이 일반적이며, 그들이 보인 예제에서는 지표변수들을 모두 표준화하여 사용하였다(Marsh, Wen, Nagengast, & Hau, 2012). 이들 역시 곱 지표변수(product indicators)의 개념을 이용하여 $f_1 f_2$를 측정한다. 하지만 Kenny와 Judd(1984)처럼 모든 가능한 곱 지표변수를 만드는 것이 아니라, 대응쌍 지표변수(matched-pair indicators)라는 개념을 사용한다. 그들은 f_1을 측정하는 x_1, x_2, x_3를 순서대로 f_2를 측정하는 x_4, x_5, x_6와 곱해서 지표변수 x_1x_4, x_2x_5, x_3x_6 세 개를 형성한다. 그리고 이 세 개의 지표변수를 이용해서 [식 10.21]과 같이 f_1f_2를 측정하게 된다.

$$x_1x_4 = f_1f_2 + e_{10}$$
$$x_2x_5 = \lambda_7 f_1f_2 + e_{11}$$
$$x_3x_6 = \lambda_8 f_1f_2 + e_{12}$$

[식 10.21]

이때 한 가지 주의할 점은 f_1의 지표변수인 x_1, x_2, x_3의 순서와 f_2의 지표변수인 x_4, x_5, x_6의 순서를 결정하는 것이다. Marsh, Wen과 Hau(2004) 및 Marsh, Wen, Nagengast와 Hau(2012)가 추천하는 방식은 각 잠재변수에서 신뢰도가 큰 순서대로 지표변수를 배열한 다음, 가장 큰 신뢰도를 가진 지표변수들로 첫 번째 곱 지표변수를 만들고, 중간 신뢰도를 가진 지표변수들로 두 번째 곱 지표변수를 만들며, 가장 낮은 신뢰도를 가진 지표변수들로 마지막 곱 지표변수를 만드는 것이다. 그러므로 [식 10.21]에서 가정한 것은 첫 번째 요인구조(f_1과 x_1, x_2, x_3)에서는 x_1의 신뢰도가 가장 높고, x_2의 신뢰도가 두 번째이며, x_3의 신뢰도가 가장 낮다는 것이다. 마찬가지로 두 번째 요인구조(f_2와 x_4, x_5, x_6)에서는 x_4의 신뢰도가 가장 높고, x_5의 신뢰도가 두 번째이며, x_6의 신뢰도가 가장 낮다. 신뢰도는 Raykov(2004)의 정의 또는 Bollen(1989)의 정의를 이용하여 구할 수도 있지만, 이 과정이 귀찮을 수 있다. 요인이 하나인 확인적 요인분석모형에서 지표변수들의 분산 크기가 비슷하다는 가정 아래서 요인부하의 값이 크면 신뢰도 또한 크다. 더 쉽게 말해, 기본적으로 표준화된 요인부하 추정치의 값이 크면 상응하는 지표변수의 신뢰도 또한 크다고 가정하여도 문제가 되지는 않는다.

이렇게 위의 구조모형과 측정모형을 모두 종합하여 [그림 10.11]과 같이 구조방정식 모형을 설정한다. 이 모형이 Kenny-Judd 방법과 다른 것은 제약(constraint)을 사용하지 않는 것이며, 또한 모든 외생변수(f_1, f_2, f_1f_2)가 서로 공분산을 갖는 것이다. 반면, Kenny-Judd 방법과 동일한 점은 평균 구조를 이용하지 않는다는 것이다.

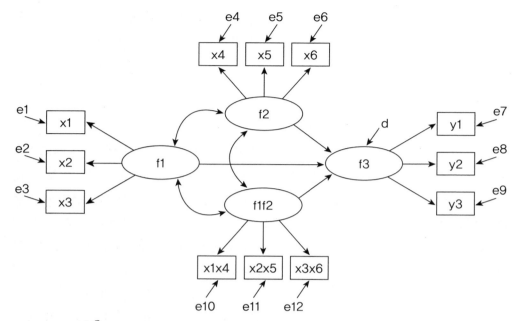

[그림 10.11] Marsh, Wen과 Hau(2004)의 잠재변수 상호작용 모형

모수에 대한 그 어떤 제약도 없기 때문에 그림에 각 모수를 표시하지 않았다. 각 요인의 첫 번째 요인부하는 1로 고정되어 있고, 나머지 요인부하는 모두 추정한다. 또한 구조방정식 모형의 디폴트대로 외생변수인 f_1, f_2, f_1f_2 간의 상관도 모두 허락한다. 즉, 경로도에 나타나는 일반적인 구조방정식 모형을 추정하면 된다. [그림 10.12]에 보이는 자료($n=422$)를 이용하여 위 방법의 잠재변수 상호작용 효과 검정을 보인다. 아래 아홉 개의 관찰변수는 모두 표준화 점수다.

	x1	x2	x3	x4	x5	x6	y1	y2	y3
1	-.507	-.101	-.639	1.287	2.447	-.245	.010	.314	1.192
2	1.500	1.774	2.067	-1.465	-1.967	-.729	.479	.979	.615
3	.261	-.367	-1.017	.508	1.712	.963	-1.153	-1.240	-.445
4	2.002	.456	.347	-1.599	-1.069	-2.744	-1.661	-.656	.046
5	-.593	-.518	.643	.909	-.204	-.109	-.139	-.245	-.691
6	1.528	.861	.572	-.642	-1.445	-1.439	-1.175	1.523	1.058
7	1.546	-.134	.312	-.279	-.663	.151	.025	-.389	.068

[그림 10.12] 잠재변수의 상호작용 검정을 위한 자료

위 자료의 기술통계가 [표 10.5]에 제공된다. 앞에서와 마찬가지로 내생 잠재변수 f_3의 지표변수를 먼저 보이고, 외생 잠재변수 f_1과 f_2의 지표변수를 나중에 보

인다. 절대적인 순서는 아니지만, 전통적인 구조방정식의 순서라고 할 수 있다.

[표 10.5] Marsh, Wen과 Hau의 효과 검정 자료의 상관 및 기술통계

	y_1	y_2	y_3	x_1	x_2	x_3	x_4	x_5	x_6
y_1	1.00								
y_2	.786	1.00							
y_3	.789	.737	1.00						
x_1	.323	.302	.325	1.00					
x_2	.264	.225	.282	.774	1.00				
x_3	.219	.197	.230	.720	.719	1.00			
x_4	−.310	−.291	−.271	−.284	−.284	−.281	1.00		
x_5	−.263	−.247	−.222	−.261	−.242	−.185	.773	1.00	
x_6	−.290	−.274	−.294	−.231	−.239	−.214	.740	.713	1.00
표준편차	1.380	1.042	1.022	1.310	1.024	0.975	1.358	1.030	1.039
평균	.034	.042	.061	.047	.074	.030	−.123	−.070	−.082

위의 자료를 아스키 파일로 변환하고, 파일명을 MarshWenHau.dat로 지정하였다. [그림 10.11]의 모형을 추정하기 위한 M*plus* input이 [결과 10.9]에 있다.

[결과 10.9]   Marsh, Wen과 Hau의 방법 – input

```
TITLE: Marsh, Wen, Hau method for latent variable interaction

DATA: FILE IS MarshWenHau.dat;
      FORMAT IS 9f8.3;

VARIABLE: NAMES ARE x1-x6 y1-y3;
          USEVARIABLES ARE x1-x6 y1-y3 x1x4 x2x5 x3x6;

DEFINE: x1x4 = x1*x4;
        x2x5 = x2*x5;
        x3x6 = x3*x6;

ANALYSIS: TYPE IS General; ESTIMATOR = ML;
          MODEL = Nomeanstructure;
          INFORMATION = Expected;

MODEL: f1 BY x1-x3;
       f2 BY x4-x6;
       f3 BY y1-y3;

       f1f2 BY x1x4 x2x5 x3x6;

       f3 ON f1 f2 f1f2;

OUTPUT: StdYX;
```

　　Kenny와 Judd(1984)의 input과 비교하면 매우 간단하다. DEFINE 커맨드를 통하여 세 개의 대응쌍 지표변수를 정의하였고, 새롭게 정의된 변수들은 USEVARIABLES 옵션의 맨 마지막에 추가하였다. 추정법은 GLS가 아닌 ML을 이용하였으며, 역시 평균 구조는 Marsh, Wen과 Hau(2004)의 방법대로 사용하지 않았다. [결과 10.10]에 모형의 적합도가 제공된다.

[결과 10.10] Marsh, Wen과 Hau의 방법 – 모형의 적합도

```
MODEL FIT INFORMATION

Number of Free Parameters                        30

Chi-Square Test of Model Fit

        Value                            49.134
        Degrees of Freedom                   48
        P-Value                          0.4275

RMSEA (Root Mean Square Error Of Approximation)

        Estimate                          0.007
        90 Percent C.I.                   0.000   0.033
        Probability RMSEA <= .05          1.000

CFI/TLI

        CFI                               1.000
        TLI                               0.999

SRMR (Standardized Root Mean Square Residual)

        Value                             0.022
```

　　모형의 적합도는 위에 보이는 대로 매우 양호한 결과를 보여 주었다. $\chi^2_M = 49.134$, $df_M = 48$, $p = 0.4275$로서 모형이 자료에 부합한다는 영가설을 기각하지 못했다. 그리고 RMSEA, CFI, SRMR 등도 모두 훌륭한 적합도를 보이고 있다. 이제 개별 모수 추정치가 [결과 10.11]에 제공된다.

[결과 10.11] Marsh, Wen과 Hau의 방법 – 개별모수 추정치

```
MODEL RESULTS

                                               Two-Tailed
                 Estimate    S.E.  Est./S.E.   P-Value

 F1       BY
```

X1		1.000	0.000	999.000	999.000
X2		0.771	0.034	22.412	0.000
X3		0.683	0.033	20.542	0.000
F2	BY				
X4		1.000	0.000	999.000	999.000
X5		0.722	0.032	22.400	0.000
X6		0.702	0.033	21.322	0.000
F3	BY				
Y1		1.000	0.000	999.000	999.000
Y2		0.705	0.029	24.024	0.000
Y3		0.695	0.029	24.243	0.000
F1F2	BY				
X1X4		1.000	0.000	999.000	999.000
X2X5		0.572	0.046	12.549	0.000
X3X6		0.471	0.039	12.034	0.000
F3	ON				
F1		0.290	0.059	4.896	0.000
F2		-0.282	0.055	-5.088	0.000
F1F2		0.018	0.046	0.392	0.695
F2	WITH				
F1		-0.482	0.082	-5.912	0.000
F1F2	WITH				
F1		-0.286	0.099	-2.899	0.004
F2		0.100	0.102	0.980	0.327
Variances					
F1		1.347	0.121	11.101	0.000
F2		1.492	0.131	11.381	0.000
F1F2		2.108	0.255	8.258	0.000
Residual Variances					
X1		0.364	0.046	7.942	0.000
X2		0.246	0.028	8.629	0.000
X3		0.319	0.029	11.159	0.000
X4		0.347	0.048	7.227	0.000
X5		0.279	0.029	9.579	0.000
X6		0.342	0.031	10.864	0.000
Y1		0.302	0.044	6.937	0.000
Y2		0.289	0.028	10.442	0.000
Y3		0.269	0.026	10.229	0.000
X1X4		1.251	0.163	7.677	0.000
X2X5		0.453	0.055	8.243	0.000
X3X6		0.551	0.049	11.268	0.000
F3		1.292	0.113	11.477	0.000

위 모형을 추정하면서 모수에 가한 제약이 하나도 없기 때문에, 위의 결과에 보이는 구별되는 추정치는 모두 개별적인 자유모수 추정치다. 총 30개의 모수가 추정되었음을 확인할 수 있다. BY 옵션 부분은 f_1, f_2, f_3, $f_1 f_2$가 각 상응하는 지표변수 또는 곱 지표변수에 의하여 측정되는 모형의 결과다. ON 옵션 부분은 이 모

형을 통해서 연구자가 보고자 하는 잠재변수의 주효과와 상호작용 효과의 결과다. 잠재변수 상호작용항의 추정치는 $0.018(p=0.695)$로서 유의수준 5%에서 통계적으로 유의하지 않았다. 즉, f_1의 f_3에 대한 효과에서 f_2의 조절효과는 통계적으로 존재하지 않았다. WITH 옵션과 Variances 부분을 합치면 세 개의 잠재 외생변수 (f_1, f_2, f_1f_2)의 분산 및 공분산 추정치를 보여 준다. Residual Variances에서 맨 마지막 줄을 제외한 나머지는 측정오차 $e_1 \sim e_{12}$의 분산 추정치고, 마지막 줄은 설명오차 d의 분산 추정치다. Marsh, Wen과 Hau(2004)의 방법은 Kenny와 Judd(1984)의 방법에 비해 훨씬 간단하면서도 다양한 모형의 적합도 지수를 주는 장점을 가지고 있어서 최근 많은 관심을 받으며 사용되는 방법이다.

마지막으로 한 가지 주의할 점이 있는데, 바로 [결과 10.12]에 보이는 상호작용 효과의 표준화 추정치(0.021)다. 결론부터 말하자면 f_1의 표준화된 추정치(0.267)와 f_2의 표준화된 추정치(−0.272)는 옳지만, f_1f_2의 표준화된 추정치(상호작용 계수 추정치 0.021)는 옳지 않다.

[결과 10.12] Marsh, Wen과 Hau의 방법 – 표준화 추정치

```
STANDARDIZED MODEL RESULTS

STDYX Standardization

                                                    Two-Tailed
                    Estimate      S.E.   Est./S.E.   P-Value

 F3        ON
    F1                 0.267     0.052      5.095      0.000
    F2                -0.272     0.051     -5.309      0.000
    F1F2               0.021     0.053      0.392      0.695
```

관찰변수를 이용한 조절효과 부분(제6장)에서 자세히 설명하였듯이, 비표준화 상호작용항의 표준화된 계수가 표준화된 상호작용 계수를 가리키지는 않는다. 그리고 적어도 필자가 아는 대부분의 통계 프로그램의 표준화된 상호작용 추정치는 바로 이것을 보여 준다. 그러므로 정확한 표준화된 상호작용 효과를 추정하기 위해서는 독립변수들을 각각 표준화한 다음, 표준화된 독립변수들끼리의 곱을 통하여 상호작용항을 만들어야 한다. 하지만 그 방식은 변수들을 관찰할 수 있을 때 가능한 일이다. 잠재변수끼리의 상호작용에서 표준화된 추정치를 구하는 방법은 그와 같이 해결할 수 없다. 다행히 Wen, Marsh와 Hau(2010)가 계산하는 방법을 [식

10.22]와 같이 보이고 수리적으로 증명하였다.

$$\text{correct } \hat{\beta}_3^s = \text{incorrect } \hat{\beta}_3^s \times \frac{\sqrt{Var(f_1)\,Var(f_2)}}{\sqrt{Var(f_1 f_2)}} \qquad [식\ 10.22]$$

위에서 correct $\hat{\beta}_3^s$는 정확한 표준화된 상호작용 효과 계수이며, incorrect $\hat{\beta}_3^s$는 대부분의 통계 프로그램에서 계산되어 나오는 표준화된 상호작용 효과 계수다. 위의 식을 [결과 10.11]과 [결과 10.12]를 이용하여 [식 10.23]과 같이 풀 수 있다.

$$\text{correct } \beta_3^s = 0.021 \times \frac{\sqrt{1.347 \times 1.492}}{\sqrt{2.108}} = 0.021 \qquad [식\ 10.23]$$

위의 결과는 잘못된 상호작용 계수와 제대로 계산된 상호작용 계수가 소수점 넷째 자리 이하에서 달랐다. 결국 셋째 자리까지만 보여 준 위의 결과는 같은 값이 나왔다. 위에 보이는 표준화된 상호작용 효과의 계산은 Marsh, Wen과 Hau(2004)의 상호작용 모형에서만 사용할 수 있는 것은 아니다. 앞에서 다룬 Kenny와 Judd(1984)의 방법, 다음에 설명할 Klein과 Moosbrugger(2000)의 방법 어디에도 사용 가능하다. 다만 이 부분에서 설명한 이유는 Wen, Marsh와 Hau(2010)가 개발한 상호작용의 표준화 계수 계산 방식을 Marsh, Wen과 Hau(2004)의 상호작용 추정 방법에 적용하고자 한 것이다.

10.2.3. Klein과 Moosbrugger(2000)의 방법

앞에서 설명한 방식들은 사실 모두 하나의 공통점을 가지고 있는데, 그것은 바로 곱 지표변수를 이용한다는 것이다. 잠재변수의 곱, 즉 $f_1 f_2$의 f_3에 대한 상호작용 효과를 추정하기 위해서, 먼저 곱 지표변수들을 이용하여 $f_1 f_2$를 측정하는 과정이 필요했다. 그래서 Kenny와 Judd(1984)의 방법, Jöreskog와 Yang(1996)의 방법, Marsh, Wen과 Hau(2004)의 방법 등을 곱 지표변수 접근법(product indicator approach)이라고 한다. 이와 같은 방식들과는 다르게 곱 지표변수를 따로 만드는 과정이 없는 방식이 있는데, 이를 분포분석 접근법(distribution analytic approach)이라고 한다. 대표적인 방법으로서 잠재조절 구조식(latent moderated structural equations, LMS; Klein & Moosbrugger, 2000) 방법과 이 방식의 변형인 준최대우도(quasi-maximum likelihood, QML; Klein & Muthén, 2007) 방법이 있다. 이 방법들은 잠재 상호작용 효과가 존재함을 가정하기 때문에 발생하는 지표변수의 비정규성을 직접적으로 모형화하고 추정한다. LMS나 QML은 혼합모형(mixture model) 또는 혼합분포(mixture distribution)의 개념을 이용하여 잠재 내생변수 (앞의 예에서는 f_3)와 그에 상응하는 지표변수들(y_1, y_2, y_3)의 비정규 분포를 모형화한다. 혼합분포란 [그림 10.13]처럼 여러 정규분포의 합으로 이루어지는 분포다.

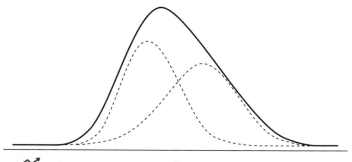

[그림 10.13] 두 정규분포의 혼합으로 이루어진 혼합분포

일반적으로 혼합분포를 이루고 있는 세부적인 집단(잠재계층, latent class)의 분포들(두 개의 점선분포)은 정규분포를 따른다고 가정하고, 정규분포의 혼합으로 이루어진 혼합분포(실선분포)는 비정규분포를 따를 수 있다.[78] 즉, 잠재변수의 상호작용 효과를 확인하기 위해서 발생하는 여러 변수에서의 비정규성을 여러 개의 정규분포의 혼합으로 설명하고자 하는 방법이 바로 LMS와 QML이다. LMS와 QML은 본질적으로 같은 방법인데, 차이점은 비정규성을 설명하기 위하여 몇 개의 잠재계층을 허락할 것인가다. LMS는 자료 안에서 그 개수를 결정하는 데 반해, QML은 최대 두 개로 제한한다. 모형 추정의 결과를 비교해 보면, QML의 정확도가 상당히 좋은 편이기는 하지만 LMS가 약간 더 정확하다고 알려져 있다. 아마도 지금까지 나온 모든 잠재변수의 상호작용 추정 방법 중에서 가장 정확한 방법이 바로 이 LMS 방식일 것이다(Kline, 2011). 추정시간의 측면에서는 QML이 훨씬 더 빠르며, LMS의 경우에 모형이 복잡해짐에 따라 꽤 오랜 시간이 걸리기도 한다 (Kelava et al., 2011; Marsh, Wen, Nagengast, & Hau, 2012).

이런 장점에도 불구하고, LMS나 QML 방식의 추정은 기저모형(baseline model 또는 null model)을 정의하기가 힘들기 때문에 일반적인 모형 적합도 지수를 계산

---

78) 최근에는 여러 개의 비정규분포로 이루어진 혼합분포에 대한 연구도 진행 중이다.

할 수가 없다. 그래서 모형 적합도 검정을 위한 χ^2_M 값을 주지 않고, 근사 적합도 지수들인 RMSEA, CFI, SRMR 등도 주지 않는다. 결국 이 방법들을 이용하면 절대적인 모형의 적합도를 논할 수 없다. 다만 로그우도함수 값과 그것을 바탕으로 계산된 정보준거(information criterion)를 주기 때문에 상대적인 모형 비교는 가능하다. 만약 두 개의 모형이 위계적으로 내재되어 있으면 로그우도함수 값을 이용하여 우도비 검정(χ^2 차이검정)을 실시할 수 있다. 만약 모형들이 위계적으로 내재되어 있지 않다면 AIC나 BIC 등을 이용하여 모형 비교가 가능하다.

설명한 이유 때문에 Muthén(2012)은 Klein과 Moosbrugger(2000)의 방식을 이용할 때의 합리적인 전략을 제안하였다. 1단계에서 잠재 상호작용항이 없는 측정모형을 추정하여 그 모형의 적합도가 좋으면, 2단계에서 상호작용항을 추가하여 β_3(즉, $f_1 f_2$의 계수)의 통계적 유의성을 확인하는 것이다. 사실 이 방법은 Muthén (2012)을 참고하지 않아도 너무나 당연한 절차라고 할 수 있다. 우리가 Anderson 과 Gerbing(1988)의 2단계 접근법을 사용하는 이유는 만약 모형의 적합도가 좋지 않을 때 그것(모형과 자료의 비합치도)이 측정모형에 기인한 것인지 또는 구조모형에 기인한 것인지 확인할 수 있기 때문이다. Klein과 Moosbrugger(2000)의 모형은 구조모형 부분이 회귀분석이다. 이미 설명했듯이, 잠재 상호작용항이 있든 없든 회귀분석 모형은 언제나 완전판별($df = 0$) 모형이므로, Klein과 Moosbrugger (2000)의 모형에서 구조모형 부분은 모형의 적합도를 떨어뜨리는 원인이 될 수 없다. 그러므로 측정모형을 이용하여 모형의 적합도를 미리 확인하면 그 적합도가 개념적으로 Klein과 Moosbrugger(2000) 모형의 적합도와 다르지 않을 것이다. 이런 이유로 우리 책에서도 이와 같은 2단계 접근 방식으로 예제를 보일 것이다.

모형의 추정은 Expectation-Maximization(EM; Dempster, Laird, & Rubin, 1977) 알고리즘을 이용하는 최대우도 추정 방법을 사용한다. 잠재변수의 상호작용항 때문에 발생하는 f_3와 y_1, y_2, y_3의 비정규성을 고려하는 우도함수를 최대화하는 추정 방법이다. 나머지 f_1, f_2 및 상응하는 지표변수들에 대해서는 여전히 정규성을 가정한다. 그리고 LMS나 QML을 사용하여 상호작용을 추정하기 위해서는 자료 요약치로는 불충분하며, 마치 부스트래핑 방법처럼 반드시 원자료가 있어야 한다. 필자의 한정된 정보로는 현재 QML 방식을 이용해 추정할 수 있는 상용 통계 프로그램은 없는 것으로 알고 있으며, LMS 방식의 추정은 M*plus*를 이용할 수 있다. 앞에서 사용한 자료를 이용해 Klein과 Moosbrugger(2000)의 LMS 방식의 모형을 정의하고 추정해 보도록 한다. 먼저 LMS 모형은 앞에서 보인 Marsh, Wen과 Hau(2004)의 모형을 정의한 [식 10.19] 및 [식 10.20]과 일치한다. 다른 점은 곱지표변수를 쓰지 않으므로 [식 10.21]은 더하지 않는다는 것이다. 또한 잠재 상호작용항(f_1f_2)과 두 잠재 외생변수(f_1, f_2)의 상관은 허락하지 않는다. 설명한 내용을 반영한 Klein과 Moosbrugger(2000) 모형의 경로도가 [그림 10.14]에 제공된다.

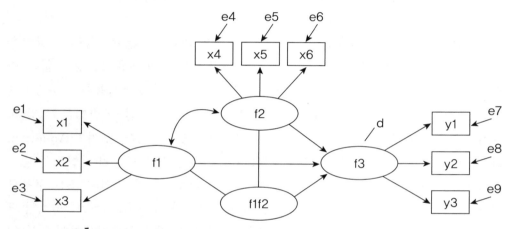

[그림 10.14] Klein과 Moosbrugger(2000)의 잠재변수 상호작용 모형

　　Klein과 Moosbrugger(2000)의 모형에서 잠재 상호작용항을 경로도에 표현하는 정해진 방법이 존재하지 않기 때문에 M*plus* User's guide가 표현한 방식을 약간 변형하여 위와 같이 하였다. M*plus* 매뉴얼에서는 상호작용항을 굵은 점(●)으로 표시하는 데 반해, 위에서는 하나의 잠재변수로서 원(f1f2)을 이용해서 표시하였다. 또한 f_1 및 f_2와 f_1f_2 사이에 있는 직선은 효과의 방향이 없는 임의의 직선이다. f_1f_2가 다만 f_1 및 f_2의 상호작용항이라는 사실을 의미한다. 이런 표현의 차이를 떠나서 경로도에서 말하고자 하는 것은 f_1f_2가 이미 존재하는 지표변수들의 곱(곱 지표변수)에 의해서 간접적으로 측정된 것이 아니라, 모형 안에서 직접적으로 결정된다는 것이다. 이제 [그림 10.12]에 있는 자료($n = 422$)를 이용하여 Muthén(2012)이 제안한 바와 같이 1단계로 [그림 10.15]의 f_1, f_2, f_3가 포함된 측정모형을 추정한다.

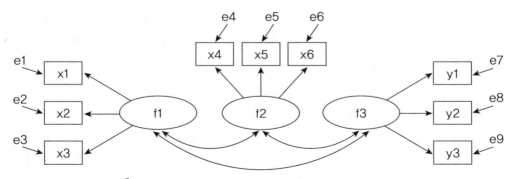

[그림 10.15] Klein과 Moosbrugger(2000)의 측정모형

　이미 앞에서 여러 번 측정모형을 다루었으므로 위의 그림을 추정한 M*plus* input 과 output은 생략한다. 위의 모형을 추정한 결과 $\chi^2_M = 34.290$, $p = 0.080$으로서 모형이 자료에 부합한다는 영가설을 기각하지 않았다. RMSEA는 0.032(90% CI, 0.000-0.054), CFI는 0.996, SRMR은 0.022로 모든 근사 적합도 지수도 좋았다. 측정모형의 적합도가 좋았으므로 이제 [그림 10.14]에 있는 모형대로 잠재 상호작용 효과를 추정 및 검정한다. Klein과 Moosbrugger(2000)의 모형을 추정하기 위한 M*plus* input이 [결과 10.13]에 있다.

[결과 10.13]　Klein과 Moosbrugger의 방법 – input

```
TITLE: Klein and Moosbrugger method

DATA: FILE IS MarshWenHau.dat;
      FORMAT IS 9f8.3;

VARIABLE: NAMES ARE x1-x6 y1-y3;
          USEVARIABLES ARE x1-x6 y1-y3;

ANALYSIS: TYPE IS Random; ESTIMATOR = MLR;
          ALGORITHM = Integration;

MODEL: f1 BY x1-x3;
       f2 BY x4-x6;
       f3 BY y1-y3;

       f1xf2 | f1 XWITH f2;

       f3 ON f1 f2 f1xf2;
```

　Marsh, Wen과 Hau(2004)의 예제에 썼던 자료를 다시 사용하였으므로, 자료의 파일 이름은 마찬가지로 MarshWenHau.dat다. ANALYSIS 커맨드의 TYPE IS Random;은 무선효과가 있는 모형을 추정하기 위한 옵션이고, ALGORITHM=

Integration;은 수치적분(numerical integration)을 이용한 최대우도 추정을 가능하게 하는 옵션이다. 둘 모두 Klein과 Moosbrugger(2000)의 모형을 추정하기 위해 필요하다. 또한 위의 두 옵션들을 설정하게 되면, M*plus*에서는 MLR 옵션이 디폴트가 되어 강건한 최대우도 추정을 하게 된다. MODEL 커맨드를 보면, 먼저 세 개의 잠재변수가 상응하는 각 세 개의 관찰변수에 의하여 측정된다. f1xf2 | f1 XWITH f2;는 잠재변수의 상호작용을 정의하기 위한 명령어다. '|'의 왼쪽 부분은 잠재 상호작용항의 이름이고, 오른쪽 부분의 XWITH 옵션은 잠재변수 간의 상호작용을 정의한다. 즉, 위에서 f1xf2는 f_1과 f_2의 상호작용항인 f_1f_2를 의미한다. 마지막 부분은 구조모형 부분으로서 종속변수 f_3와 독립변수 f_1, f_2, f_1f_2의 회귀관계를 설정한 명령어다. 이렇게 추정한 모형의 적합도가 [결과 10.14]에 있다.

[결과 10.14]   Klein과 Moosbrugger의 방법 – 모형의 적합도

```
MODEL FIT INFORMATION

Number of Free Parameters                      31

Loglikelihood

        H0 Value                        -4568.273
        H0 Scaling Correction Factor      1.0078
          for MLR

Information Criteria

        Akaike (AIC)                     9198.546
        Bayesian (BIC)                   9323.941
        Sample-Size Adjusted BIC         9225.568
          (n* = (n + 2) / 24)
```

앞서 설명한 대로 모형의 차이검정을 위한 로그우도함수 값과 모형의 비교를 위한 정보준거만 제공되고 있다. 모형의 절대 적합도 지수나 검정을 위한 내용이 제공되지 않는다. 그러므로 Klein과 Moosbrugger(2000)의 방법을 이용하고자 하면 Muthén(2012)이 제안한 대로 미리 측정모형의 적합도를 확인해야 한다. 다음으로는 개별모수 추정치가 [결과 10.15]에 있는데, 공간의 절약을 위해 관심 있는 구조계수 추정치를 제외하고는 모두 제거하였다.

[결과 10.15]   Klein과 Moosbrugger의 방법 – 개별모수 추정치

```
MODEL RESULTS
```

		Estimate	S.E.	Est./S.E.	Two-Tailed P-Value
F3	ON				
F1		0.288	0.062	4.640	0.000
F2		-0.281	0.059	-4.756	0.000
F1XF2		0.016	0.047	0.339	0.734

앞에서 같은 자료를 이용해 추정했던 Marsh, Wen과 Hau(2004)의 결과와 비교해 보면, 거의 동일한 추정치(0.016)와 표준오차(0.047)를 보이고 있다. $p = 0.734$로서 f_1과 f_2 사이에는 통계적으로 유의한 상호작용 효과가 존재하지 않는다.

지금까지 크게 세 가지 방법을 이용해서 잠재변수 간의 상호작용 효과를 추정하는 것을 보였다. Kenny와 Judd(1984)는 독창적인 아이디어를 통해 잠재변수 간의 상호작용을 처음으로 보였고, 여전히 많이 사용되지만 상당히 복잡한 모수 제약을 해야만 가능한 방법이다. Marsh, Wen과 Hau(2004)는 Kenny와 Judd(1984)의 전통에서 모형을 좀 더 간단하게 수정함으로써 많은 연구자가 쉽게 접근할 수 있게 만들었다는 장점이 있다. Klein과 Moosbrugger(2000)의 방법은 곱 지표변수를 만들 필요가 없는 가장 간단한 형태의 모형임에도 다른 방법들에 비해 더 정확한 추정이 가능하다고 알려져 있다. 이 외에도 잠깐 다루었던 Jöreskog와 Yang(1996)의 방법과 Algina와 Moulder(2001)의 방법도 있었다. 이 중에 어떤 방법이 우월하다고 말하는 것은 적절치 못하며, 연구자가 자신의 상황과 역량에 맞게 어느 방법이든 선택하면 될 것으로 믿는다. 그래도 어떤 방법을 사용해야 할지 결정하기 힘들어 하는 연구자들을 위하여 다음과 같은 의견으로 이번 섹션을 마무리하고자 한다. 만약 연구자가 다양한 모형 적합도 지수를 얻고자 하며, 곱 지표변수를 형성하는 방법을 이해하는 데 문제가 없다면 Marsh, Wen과 Hau(2004)의 방법을 추천한다. 곱 지표변수를 이용하는 많은 방법 중에서 가장 간단하다고 할 수 있는 데다가 상당히 정확한 상호작용 추정치를 제공하는 것으로 알려져 있기 때문이다. 그리고 만약 여러 개의 잠재변수 간 상호작용 효과(예, $f_1 f_2$의 효과)나 제곱 효과(예, f^2의 효과)를 하나의 모형 안에서 확인하고자 한다면 Klein과 Moosbrugger(2000)의 방법을 추천한다. 잠재변수가 세 개 이상이고 여러 개의 잠재 상호작용을 확인하고 싶다면 곱 지표변수를 이용하는 방법은 아무리 가장 간단한 Marsh, Wen과 Hau(2004)의 방법을 사용하더라도 매우 복잡하다. 이런 상황이라면 Klein과 Moosbrugger(2000)의 방식이 가장 합당할 것이다.

10.3. 다집단 구조방정식 모형(조절된 매개효과)

이번 섹션에서 다룰 구조방정식 모형의 다집단 분석은 크게 두 가지 측면에서 바라볼 수 있다. 첫째는 다집단 측정모형의 측정불변성 검정으로부터의 확장이다. 즉, 요인부하, 절편, 측정오차의 분산 등에 대하여 집단 간 동일성을 검정하는 것과 더불어, 추가된 구조모형의 경로계수가 집단 간 서로 동일한지 검정한다. 둘째는 바로 앞에서 다룬 조절효과의 측면이다. 앞의 잠재 상호작용에 대한 토론 부분에서 잠재 외생변수가 내생변수에 주는 영향이 다른 잠재 외생변수의 수준에 따라 다른가를 검정했다면, 다집단 구조방정식 모형은 잠재 외생변수가 내생변수에 주는 영향이 집단에 따라 다른가를 검정한다. 즉, 구조방정식 모형의 경로계수에 대한 집단의 조절효과를 검정하는 모형이다. 구조방정식 모형은 여러 개의 외생변수와 여러 개의 내생변수가 혼재할 수 있으므로 그 모든 관계(또는 일부 관계)가 집단에 따라 다른가를 검정하는 것이 일반적이다.

어떤 측면에서 바라보든 간에 일반적으로 다집단 구조방정식 모형을 실행하는 절차는 다음과 같이 두 단계라고 할 수 있다. 첫째, 구조방정식 모형의 측정불변성(측정동일성)을 전반적으로 확인한다. 완전한 동일성이 확보되지 않으면 앞에서 배운 바와 같이 부분측정불변성을 확보한다. 그리고 둘째, 어느 정도 수준의 측정불변성이 만족된 상태에서 잠재변수 사이의 경로계수에 대해 집단 간 동일성(경로동일성)을 검정한다. 그런데 측정모형의 불변성 때와 마찬가지로 구조방정식 모형의 불변성도 학자들 간에 의견이 다르다. 예를 들어, Little(1997, 2013), Meredith(1993) 등은 형태동일성, 측정단위동일성, 절편동일성까지 확보한 상태에서 구조모형의 경로동일성을 확인해야 한다고 주장한다. 앞에서 그 논쟁에 대하여 토론하였기 때문에 여기서 반복하지는 않는다. 어쨌든 연구자는 어떤 전통을 따를 것인지 결정해야 한다. Kline(2011) 같은 경우에 Bollen(1989)의 방식을 참조하여 구조방정식 모형의 형태동일성과 측정단위동일성을 확보한 상태에서 경로계수의 동일성을 확인하는 방식을 설명하였다. Bollen(1989)의 경우에도 평균 구조를 더하지 않고, 형태동일성 → 측정단위동일성 → 경로계수동일성(→ 측정오차의 분산공분산 동일성 → 설명오차의 분산공분산 동일성)[79] 등으로 진행할 수 있다고 하였다. 하지만 동시에 Bollen(1989)은 적어도 측정단위동일성이 성립한 상태에서 측정모

---

79) 괄호 안의 부분은 매우 엄격한(strict) 동일성 검정이기 때문에 반드시 나아가야 하는 단계가 아니다.

형의 절편 및 구조모형의 절편에 대한 불변성 검정을 추가적으로 실시할 수도 있다는 것을 보였다.

사실 Kline(2011)과 Bollen(1989)의 견해에 대해서는 추가적인 설명이 약간 필요하다. Bollen(1989)이 절편동일성까지 언급하지 않은 이유는 구조방정식의 전통에서 찾을 수 있을 듯싶다. Bollen(1989)의 책이 출판되던 시기만 해도 구조방정식 모형은 공분산 구조분석이라는 이름이 매우 친숙했으며, 평균 구조를 분석하지 않고 공분산 구조만 분석하는 것이 일반적이었다. 즉, 절편동일성은 그다지 고려의 대상이 아니었던 것이다. 한 가지 더, 구조방정식 모형의 경로계수동일성을 확인하는 데 있어서 절편동일성이 반드시 필요하지 않을 수도 있다는 견해는 경로계수를 확인하는 것이 어떤 의미인가와 연결지어 생각해 볼 필요가 있다. 경로계수의 집단 간 동일성이란 집단 간 잠재변수 사이의 관계가 동일한가를 확인하는 것인데, 과연 변수의 위치(location)를 말해 주는 절편의 집단 간 동일성이 반드시 필요할까? 지금도 많은 학자의 토론이 진행 중이라고 할 수 있는 문제에 대하여 필자가 이 책에서 성급히 결론을 내리고 싶지는 않다. 어쨌든 여러 학자의 논문, 책 등을 종합해 보면, 형태동일성 → 측정단위동일성 → 경로계수동일성의 순서 또는 형태동일성 → 측정단위동일성 → 절편동일성 → 경로계수동일성의 순서로 다집단 구조방정식 분석을 실시할 수 있겠다. 연구자가 상황에 맞게 결정할 수 있는 것이라고 생각한다.

그리고 다집단 구조방정식에서 언급하고 싶은 추가적인 것이 있다. 많은 연구자가 어떤 절대적으로 정해진 순서의 동일성 검정을 통해서만 다집단 모형의 측정불변성과 구조동일성을 확인해야 한다고 믿고 있는데, 그렇지 않다는 것을 밝히고 싶다. 측정불변성의 확인 단계에 대한 수많은 연구가 존재하듯이, 그 순서에 대한 것도 어느 한 학자의 의견이나 논문이 절대적인 것이 아니다. 형태동일성을 제외하고, 연구자가 더 중요하다고 생각하는 동일성 검정이 더 앞 순서로 나올 수 있다. 예를 들어, Bollen(1989)은 만약 연구자가 요인부하의 동일성보다 경로계수의 동일성에 더 큰 관심이 있다면 형태동일성 → 경로동일성 → 측정단위동일성의 순서로 불변성 검정을 할 수도 있다고 하였다. 또 한 가지, 경로동일성을 확인하는 단계에서 연구자에게 상당히 높은 자유도가 있다는 것을 언급하고자 한다. 예를 들어, 마지막 단계에서 경로동일성을 확인할 때 하나씩 하나씩 모수의 동등제약(equality constraint)을 더해 나가는 방향으로 진행할 수 있다. 또는 모든 경로계수를 집단 간에 같다고 놓은 뒤 만약 이 제약이 성립하지 않을 때 반대방향으로 하나씩 하나씩 모수의 동등제약을 제거해 나가면서 진행할 수도 있다. 게다가 어느 경로계수에 먼저 동등제약을 주고 어느 경로계수는 나중에 동등제약을 주어야 하는가에 대한 고민 역시 연구자가 자신의 가설에 따라 자유롭게 결정할 문제다. Kenny(2011)의 경우에는 경로계수의 집단 간 동일성을 독립적으로 하나씩 하나씩 확인하는 방식을 제안하기도 하였다. 다시 말해, 첫 번째 경로의 동일성을 검정할 때 나머지 모든 경로가 집단 간 다르다는 가정을 하고, 두 번째 경로의 동일성을 검정할 때도 첫 번째를 비롯한 나머지 모든 경로가 집단 간 다르다는 가정을 하는 방식이다.

이제부터 집단 간에 매개효과가 같은지 다른지를 검정하는 예를 통해서 다집단 구조방정식 모형을 설명하고자 한다. 물론 일반적인 직접효과 경로에 대한 집단 간 동일성을 확인하는 예를 통해서도 배울 것이 많이 있을 것이다. 하지만 아마도 집단 간 매개효과의 차이를 확인하는 이번 예가 많은 연구자의 실제 연구에 더 큰 도움을 줄 수 있을 것으로 믿는다. 자세히 설명하자면, 아직 전공을 선택하지 않은 대학교 1학년 학생들의 수학능력(math ability), 수학자기효능감(math self-efficacy), 수학전공 선택에 대한 관심(interest in math major) 등 세 개의 잠재변수 간 성립하는 매개효과가 남녀 집단 간에 동일한지를 검정한다. 이는 집단변수가 매개효과를 조절하는 모형이기 때문에 조절된 매개효과(moderated mediation) 모형으로 알려져 있기도 하다. 총 247명의 남학생과 251명의 여학생에 대한 자료를 M*plus*를 이용하여 임의로 생성하였으며($n=498$), 자료의 일부가 [그림 10.16]에 제공되어 있다.

	ability1	ability2	ability3	efficacy1	efficacy2	efficacy3	interest1	interest2	interest3	Male
1	-.533	1.089	-1.105	2.257	-.096	-.848	-.491	-.535	-2.121	0
2	1.725	.150	-.006	.064	.497	.435	-.801	.409	-3.650	0
3	1.233	-.594	-.284	1.209	2.136	2.448	1.760	2.475	2.866	0
4	2.224	.839	1.816	1.043	1.543	1.322	.707	.194	.970	0
5	1.493	.452	1.343	-.665	.554	-.970	2.146	.952	1.654	0
6	.418	-.786	.762	-1.552	1.361	.512	-.028	-.669	-1.268	0
7	-.953	1.383	-1.695	-1.923	-2.356	-2.614	-1.725	-.795	-.700	0

[그림 10.16] 수학전공관심 자료

위 자료의 포맷을 고정아스키 파일로 설정하고, math.dat로 저장하였다. 위에서 처음 세 개의 관찰변수는 수학능력을, 다음 세 개의 관찰변수는 수학자기효능감을, 그다음 세 개의 관찰변수는 수학전공에 대한 관심을 측정하고 있다. 그리고 마지막 변수는 성별 변수 Male(0=females, 1=males)을 나타낸다. 위의 자료를 이용하여 추정하고자 하는 매개모형은 [그림 10.17]과 같다.

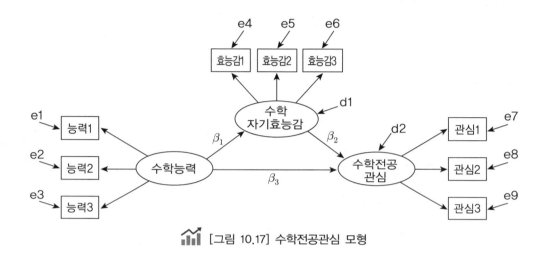

[그림 10.17] 수학전공관심 모형

위의 모형에서 검정하고자 하는 매개효과는 바로 $\beta_1\beta_2$로서 수학능력 → 수학자기효능감 → 수학전공관심 경로이며, 이 효과가 남녀 집단 간에 동일한지를 검정하는 것이 바로 아래서 보여 주게 될 조절된 매개효과의 검정이다.

10.3.1. 측정불변성의 확인

다집단 구조방정식 모형의 첫 단계는 형태동일성(configural invariance) 모형이다. 집단 간에 요인을 측정하는 지표변수들이 서로 같고, 요인 사이의 관계가 또한 서로 같아야 한다. 모형의 모수는 서로 같을 필요가 없다. 그리고 지금부터 측정불변성을 확인하는 모든 단계를 통하여 세 잠재변수의 평균은 두 집단 모두 0으로 고정할 것이다(Byrne, 2012). 다집단 구조방정식 모형의 측정동일성 검정 단계에서, 경로계수는 모두 다르다고 설정하면서 시작할 수도 있고 모두 같다고 제약하면서 시작할 수도 있다. 전자의 경우 마지막 단계에서 경로계수를 하나씩 같다고 제약하면서 동일성 검정을 한다. 후자의 경우에는 마지막 단계에서 경로계수를 하나씩 다르다고 제약을 풀어 주면서 동일성 검정을 한다. 우리 예에서는 모두 다르다는 가정에서 시작한다. 참고로 만약 모두 다르다고 설정하면서 시작하면 추정 과정에서 부적절한 결과(improper solution) 문제가 발생하는 경우가 종종 있다.

이럴 때는 모두 같다는 가정하에 시작할 수 있다. 첫 번째 단계로 조절된 매개효과를 검정하기 위한 형태동일성 모형의 input이 [결과 10.16]에 있다.

[결과 10.16] 형태동일성 모형 – input

```
TITLE: Multiple group SEM - Configural invariance

DATA: FILE IS math.dat;
      FORMAT IS 9f8.3 1f8.0;

VARIABLE: NAMES ARE abil1-abil3 effica1-effica3 inter1-inter3
                    gender;
          GROUPING IS gender (0=female 1=male);

ANALYSIS: TYPE = General;

MODEL: ABILITY BY abil1-abil3;
       EFFICACY BY effica1-effica3;
       INTEREST BY inter1-inter3;

       [abil1-abil3 effica1-effica3 inter1-inter3];
       abil1-abil3 effica1-effica3 inter1-inter3;

       EFFICACY ON ABILITY;
       INTEREST ON EFFICACY;
       INTEREST ON ABILITY;
       [ABILITY@0 EFFICACY@0 INTEREST@0];

MODEL female:
       ABILITY BY abil1@1 abil2-abil3;
       EFFICACY BY effica1@1 effica2-effica3;
       INTEREST BY inter1@1 inter2-inter3;

       [abil1-abil3 effica1-effica3 inter1-inter3];
       abil1-abil3 effica1-effica3 inter1-inter3;

       EFFICACY ON ABILITY;
       INTEREST ON EFFICACY;
       INTEREST ON ABILITY;
       [ABILITY@0 EFFICACY@0 INTEREST@0];

OUTPUT:
```

VARIABLE 커맨드에 총 10개의 변수를 정의하였고, GROUPING 옵션을 이용하여 집단변수와 각 집단의 코딩을 지정하였다. MODEL 커맨드에서는 세 요인의 측정모형을 설정하고, 측정모형의 절편 아홉 개를 추정하기 위한 [abil1 – abil3 effica1 – effica3 inter1 – inter3]; 명령어와 측정오차의 분산 아홉 개를 추정하기 위한 abil1 – abil3 effica1 – effica3 inter1 – inter3; 명령어를 설정하였다. 다음으로는 ON 옵션을 통하여 요인 간의 회귀관계를 [그림 10.17]에 맞게 지정하였고, 마지막으로 각 요인의 평균은 모두 0으로 고정하는 [ABILITY@0 EFFICACY@0 INTEREST@0]; 명령어를 설정하였다. 여기서 한 가지 주의할 것은, ABILITY는 외생변수이므로

[ABILITY] 명령어는 ABILITY의 평균을 추정하는 반면, EFFICACY와 INTEREST
는 내생변수이므로 [EFFICACY]와 [INTEREST]는 각각의 절편을 추정한다. 다집
단 분석에서 MODEL 커맨드는 남자와 여자 모든 집단에 적용되고 MODEL female
커맨드는 여자 집단에게만 적용되는 것을 기억할 것이다. 사실 MODEL 커맨드와
MODEL female 커맨드를 이용해 다집단 분석을 할 수도 있고, MODEL 커맨드와
MODEL male 커맨드를 이용해 다집단 분석을 할 수도 있다. 명령어가 조금 달라
질 수 있겠지만, 본질적으로 둘 사이에는 차이가 없다. 어쨌든 우리가 현재 설정한
MODEL female 커맨드 부분은 MODEL 커맨드 부분과 완전히 같은 명령어들로 이
루어져 있는데, 이는 여자 집단의 요인부하 모수, 절편 모수, 측정오차의 분산 모
수, 회귀계수 모수 등을 모두 남자 집단과는 다르게 추정한다는 의미다.

모형의 추정 결과 $\chi^2_M = 44.071$, $df_M = 48$, $p = 0.635$로서 모형이 자료에 부합한
다는 영가설($H_0: \Sigma = \Sigma(\theta)$)을 기각하는 데 실패하였다. 또한 RMSEA는 0.001보
다 작았고(90% CI, 0.000-0.036), CFI는 1.000이며, SRMR 또한 0.032로서 매
우 좋은 모형 적합도를 보였다. 이로써 구조방정식 모형의 남녀 집단 간 형태동일
성이 성립하였다고 볼 수 있다. 일단 모든 개별 추정치 부분을 [결과 10.17]에 제공
한다. 이후 단계에서는 제약에 따라 충분히 예측 가능한 모수 추정치를 확인할 수
있으므로 제한된 부분만 제시할 것이다.

[결과 10.17] 형태동일성 모형 – output

```
MODEL RESULTS

                                              Two-Tailed
                  Estimate    S.E.   Est./S.E.  P-Value

Group FEMALE

 ABILITY  BY
    ABIL1          1.000      0.000    999.000    999.000
    ABIL2          1.175      0.141      8.346      0.000
    ABIL3          1.071      0.136      7.899      0.000

 EFFICACY BY
    EFFICA1        1.000      0.000    999.000    999.000
    EFFICA2        0.869      0.135      6.421      0.000
    EFFICA3        0.950      0.144      6.590      0.000

 INTEREST BY
    INTER1         1.000      0.000    999.000    999.000
    INTER2         0.660      0.121      5.448      0.000
    INTER3         0.648      0.122      5.316      0.000
```

```
EFFICACY ON
    ABILITY          0.159     0.088      1.798      0.072

INTEREST ON
    EFFICACY         0.349     0.105      3.337      0.001
    ABILITY          0.481     0.109      4.394      0.000

Means
    ABILITY          0.000     0.000    999.000    999.000

Intercepts
    ABIL1            0.092     0.084      1.099      0.272
    ABIL2            0.115     0.088      1.306      0.191
    ABIL3            0.034     0.090      0.378      0.705
    EFFICA1          0.012     0.086      0.141      0.888
    EFFICA2          0.068     0.078      0.873      0.383
    EFFICA3         -0.069     0.074     -0.929      0.353
    INTER1           0.117     0.089      1.324      0.186
    INTER2           0.045     0.074      0.604      0.546
    INTER3           0.077     0.071      1.082      0.279
    EFFICACY         0.000     0.000    999.000    999.000
    INTEREST         0.000     0.000    999.000    999.000

Variances
    ABILITY          0.805     0.156      5.173      0.000

Residual Variances
    ABIL1            0.956     0.119      8.057      0.000
    ABIL2            0.836     0.136      6.163      0.000
    ABIL3            1.099     0.140      7.845      0.000
    EFFICA1          1.071     0.143      7.470      0.000
    EFFICA2          0.948     0.116      8.169      0.000
    EFFICA3          0.691     0.111      6.207      0.000
    INTER1           1.107     0.172      6.449      0.000
    INTER2           0.985     0.111      8.887      0.000
    INTER3           0.897     0.103      8.669      0.000
    EFFICACY         0.745     0.166      4.497      0.000
    INTEREST         0.545     0.152      3.586      0.000

Group MALE

ABILITY  BY
    ABIL1            1.000     0.000    999.000    999.000
    ABIL2            0.945     0.117      8.067      0.000
    ABIL3            1.230     0.157      7.848      0.000

EFFICACY BY
    EFFICA1          1.000     0.000    999.000    999.000
    EFFICA2          1.046     0.132      7.897      0.000
    EFFICA3          0.778     0.111      7.029      0.000

INTEREST BY
    INTER1           1.000     0.000    999.000    999.000
    INTER2           0.793     0.142      5.593      0.000
    INTER3           0.730     0.133      5.500      0.000

EFFICACY ON
    ABILITY          0.374     0.091      4.092      0.000

INTEREST ON
    EFFICACY         0.489     0.107      4.584      0.000
    ABILITY          0.050     0.089      0.565      0.572

Means
```

ABILITY	0.000	0.000	999.000	999.000
Intercepts				
ABIL1	0.076	0.092	0.831	0.406
ABIL2	-0.052	0.087	-0.597	0.551
ABIL3	0.090	0.099	0.909	0.363
EFFICA1	0.047	0.091	0.520	0.603
EFFICA2	0.074	0.088	0.843	0.399
EFFICA3	-0.024	0.084	-0.281	0.778
INTER1	-0.006	0.083	-0.071	0.944
INTER2	0.004	0.079	0.046	0.963
INTER3	0.025	0.077	0.324	0.746
EFFICACY	0.000	0.000	999.000	999.000
INTEREST	0.000	0.000	999.000	999.000
Variances				
ABILITY	0.958	0.189	5.064	0.000
Residual Variances				
ABIL1	1.121	0.145	7.706	0.000
ABIL2	0.997	0.125	7.977	0.000
ABIL3	0.950	0.173	5.479	0.000
EFFICA1	1.064	0.143	7.456	0.000
EFFICA2	0.859	0.138	6.203	0.000
EFFICA3	1.164	0.128	9.075	0.000
INTER1	0.917	0.149	6.148	0.000
INTER2	1.055	0.126	8.347	0.000
INTER3	1.059	0.120	8.818	0.000
EFFICACY	0.831	0.168	4.955	0.000
INTEREST	0.528	0.142	3.715	0.000

모형의 형태는 남녀 간에 같지만 모수 추정치는 얼마든지 다를 수 있게 설정하였으므로, 각 집단에서 모든 측정 모수, 구조계수 등이 다름을 확인할 수 있다. 또한 p-value를 확인해 보면 통계적 유의성도 집단 간에 같기도 하고 다르기도 하다. 잠재변수의 평균 또는 절편은 모두 0으로서 두 집단이 모두 같다. 이제 형태동일성이 성립한 상황에서 두 집단 간 요인부하를 동일하게 설정하는 측정단위동일성 모형을 검정해야 한다. [결과 10.18]에 측정단위동일성 모형의 input이 있다.

[결과 10.18] 측정단위동일성 모형 – input

```
MODEL: ABILITY BY abil1-abil3;
       EFFICACY BY effica1-effica3;
       INTEREST BY inter1-inter3;

       [abil1-abil3 effica1-effica3 inter1-inter3];
       abil1-abil3 effica1-effica3 inter1-inter3;

       EFFICACY ON ABILITY;
       INTEREST ON EFFICACY;
       INTEREST ON ABILITY;
       [ABILITY@0 EFFICACY@0 INTEREST@0];

MODEL female:
```

```
        [abil1-abil3 effica1-effica3 inter1-inter3];
        abil1-abil3 effica1-effica3 inter1-inter3;

        EFFICACY ON ABILITY;
        INTEREST ON EFFICACY;
        INTEREST ON ABILITY;
        [ABILITY@0 EFFICACY@0 INTEREST@0];
```

다른 모든 부분은 형태동일성 모형과 일치하며, MODEL female 커맨드에서 측정모형의 추정을 위한 부분 세 줄(요인부하 모수 부분)만 사라졌다. 이렇게 되면 MODEL 커맨드에서 지정한 측정모형의 요인부하 모수가 남녀 집단 모두에게 적용되므로, 결국 남녀 집단 간 요인부하 추정치가 같게 된다. 추정 결과 $\chi^2_M=52.396$, $df_M=54$, $p=0.537$로서 모형이 자료에 부합한다는 영가설을 기각하는 데 실패하였다. 또한 RMSEA는 0.001보다 작았고(90% CI, 0.000-0.038), CFI는 1.000이며, SRMR도 0.037로서 역시 매우 좋은 모형 적합도를 보였다. 앞에서 설명했듯이, 측정단위동일성 모형의 절대적인 모형 적합도는 불변성 확인 단계에서 그다지 의미가 없다. 중요한 것은 측정단위동일성 확인을 위하여 χ^2 차이검정을 실시해야 한다는 것이고, 그 결과가 [표 10.6]에 제공된다.

[표 10.6] χ^2 차이검정 - 측정단위동일성 모형 vs. 형태동일성 모형

	H_0(영가설)	H_1(대립가설)
	단순한(simple) 모형	복잡한(complex) 모형
	측정단위동일성 모형	형태동일성 모형
	두 모형의 적합도 간 차이가 없다	두 모형의 적합도 간 차이가 있다
	측정단위동일성이 성립한다	측정단위동일성이 성립하지 않는다
χ^2	$\chi^2_S=52.396$	$\chi^2_C=44.071$
df	$df_S=54$	$df_C=48$

위의 표를 통하여 $\chi^2_D=52.396-44.071=8.325$가 되고, $df_D=54-48=6$이 된다. 자유도가 6인 χ^2 분포에서 관찰된 검정통계량이 8.325이면 $p=0.2152$가 되고, 유의수준 5%에서 H_0을 기각하는 데 실패한다. 이렇게 되면 두 모형 중에서 더 단순한 측정단위동일성 모형을 선택하게 된다. 즉, 측정단위동일성이 성립한다고 결론 내린다. 측정단위동일성 모형의 개별모수 추정치는 요인부하 부분만 [결과 10.19]에 제공한다.

[결과 10.19] 측정단위동일성 모형 – output

```
MODEL RESULTS

                                                    Two-Tailed
                    Estimate      S.E.   Est./S.E.  P-Value

Group FEMALE

 ABILITY   BY
    ABIL1           1.000        0.000    999.000    999.000
    ABIL2           1.045        0.091     11.501      0.000
    ABIL3           1.151        0.103     11.172      0.000

 EFFICACY BY
    EFFICA1         1.000        0.000    999.000    999.000
    EFFICA2         0.961        0.096     10.008      0.000
    EFFICA3         0.858        0.087      9.856      0.000

 INTEREST BY
    INTER1          1.000        0.000    999.000    999.000
    INTER2          0.726        0.094      7.743      0.000
    INTER3          0.687        0.090      7.609      0.000

Group MALE

 ABILITY   BY
    ABIL1           1.000        0.000    999.000    999.000
    ABIL2           1.045        0.091     11.501      0.000
    ABIL3           1.151        0.103     11.172      0.000

 EFFICACY BY
    EFFICA1         1.000        0.000    999.000    999.000
    EFFICA2         0.961        0.096     10.008      0.000
    EFFICA3         0.858        0.087      9.856      0.000

 INTEREST BY
    INTER1          1.000        0.000    999.000    999.000
    INTER2          0.726        0.094      7.743      0.000
    INTER3          0.687        0.090      7.609      0.000
```

측정단위동일성 모형의 input에서 의도한 대로 요인부하 추정치가 두 집단 간에 서로 동일함을 확인할 수 있다. 나머지 부분은 형태동일성 모형과 거의 일치하므로 생략한다. 이제 다음 단계는 곧바로 경로의 동일성을 검정하여도 되고, 절편동일성을 확인하고 그다음에 경로의 동일성을 검정하여도 된다. 우리는 절편동일성까지 확인을 할 것이며 절편동일성 모형을 위한 input이 [결과 10.20]에 있다.

[결과 10.20] 절편동일성 모형 – input

```
MODEL: ABILITY BY abil1-abil3;
       EFFICACY BY effica1-effica3;
       INTEREST BY inter1-inter3;

       [abil1-abil3 effica1-effica3 inter1-inter3];
```

```
        abil1-abil3 effica1-effica3 inter1-inter3;

        EFFICACY ON ABILITY;
        INTEREST ON EFFICACY;
        INTEREST ON ABILITY;
        [ABILITY@0 EFFICACY@0 INTEREST@0];
MODEL female:
        abil1-abil3 effica1-effica3 inter1-inter3;

        EFFICACY ON ABILITY;
        INTEREST ON EFFICACY;
        INTEREST ON ABILITY;
        [ABILITY@0 EFFICACY@0 INTEREST@0];
```

위의 측정단위동일성 모형에 비해 달라진 것은 MODEL female 커맨드에서 [abil1-abil3 effica1-effica3 inter1-inter3]; 명령어가 사라진 것이다. 이 명령어가 사라짐으로써 MODEL 커맨드의 측정모형 절편 추정 모수가 남녀 집단 모두에게 적용된다. 결국 두 집단에서 절편의 값이 동일하게 된다. 추정 결과 $\chi_M^2 = 57.423$, $df_M = 63$, $p = 0.675$로서 모형이 자료에 부합한다는 영가설을 기각하는 데 실패하였다. 또한 RMSEA는 0.001보다 작았고(90% CI, 0.000-0.032), CFI는 1.000이며, SRMR도 0.038로서 매우 좋은 모형 적합도를 보였다. 이제 절편동일성 확인을 위하여 χ^2 차이검정을 실시한 결과가 [표 10.7]에 제공된다.

[표 10.7] χ^2 차이검정 – 절편동일성 모형 vs. 측정단위동일성 모형

	H_0(영가설)	H_1(대립가설)
	단순한(simple) 모형	복잡한(complex) 모형
	절편동일성 모형	측정단위동일성 모형
	두 모형의 적합도 간 차이가 없다	두 모형의 적합도 간 차이가 있다
	절편동일성이 성립한다	절편동일성이 성립하지 않는다
χ^2	$\chi_S^2 = 57.423$	$\chi_C^2 = 52.396$
df	$df_S = 63$	$df_C = 54$

위의 표를 통하여 $\chi_D^2 = 57.423 - 52.396 = 5.027$이 되고, $df_D = 63 - 54 = 9$가 된다. 자유도가 9인 χ^2 분포에서 관찰된 검정통계량이 5.027이면 $p = 0.832$가 되고, 유의수준 5%에서 H_0을 기각하는 데 실패한다. 이렇게 되면 두 모형 중에서 더 단순한 절편동일성 모형을 선택하게 된다. 즉, 절편동일성이 성립한다고 결론 내린다. 절편동일성 모형의 개별모수 추정치 부분은 [결과 10.21]에 제공된다.

[결과 10.21] 절편동일성 모형 – output

```
MODEL RESULTS

                                                      Two-Tailed
                     Estimate     S.E.    Est./S.E.   P-Value

Group FEMALE

  Intercepts
    ABIL1             0.077       0.061      1.245      0.213
    ABIL2             0.024       0.062      0.391      0.696
    ABIL3             0.052       0.066      0.792      0.428
    EFFICA1           0.032       0.062      0.514      0.607
    EFFICA2           0.073       0.058      1.256      0.209
    EFFICA3          -0.048       0.056     -0.864      0.388
    INTER1            0.048       0.060      0.802      0.423
    INTER2            0.022       0.054      0.413      0.680
    INTER3            0.050       0.052      0.956      0.339


Group MALE

  Intercepts
    ABIL1             0.077       0.061      1.245      0.213
    ABIL2             0.024       0.062      0.391      0.696
    ABIL3             0.052       0.066      0.792      0.428
    EFFICA1           0.032       0.062      0.514      0.607
    EFFICA2           0.073       0.058      1.256      0.209
    EFFICA3          -0.048       0.056     -0.864      0.388
    INTER1            0.048       0.060      0.802      0.423
    INTER2            0.022       0.054      0.413      0.680
    INTER3            0.050       0.052      0.956      0.339
```

역시 예측 가능하듯이 절편동일성 모형답게 집단 간의 측정모형 절편 추정치가 서로 동일하다. 그리고 절편동일성은 측정단위동일성이 성립한다는 가정하에 이루어지는 추가적인 제약을 통해 성립하므로, 위 모형에서 각 집단의 요인부하 추정치는 당연히 동일하다. 이제 다음 단계로는 본격적인 구조모형의 계수동일성을 검정한다.

10.3.2. 구조계수의 동일성

앞서 언급했듯이, 경로계수를 하나씩 동등제약을 주면서 집단 간 동일성이 성립하는지 확인해 나갈 수 있다. 또는 모든 경로계수를 한꺼번에 동일하다는 제약을 주어 먼저 확인하고, 그 결과 동일성이 성립하지 않음을 보이면 하나씩 확인해 나갈 수도 있다. 방향은 하나씩 제약을 늘려 나가든지 아니면 반대로 줄여 나가든지 어떻게 해도 연구자의 가설과 호응하기만 한다면 큰 상관이 없다. 또한 Kenny(2011)처럼 경로계수 하나하나를 독립적으로 따로따로 검정하는 것도 역시 가능하다. 현재 우리의 경로계수에는 그 어떤 제약도 없는 절편동일성 모형에서 출발하여 하나씩 제약을 늘려 나가는 방법을 쓰기로 한다. 가장 먼저 수학능력 → 수학자기효능감 경로(β_1)에 집단 간 동등제약을 주는 모형의 input이 [결과 10.22]에 제공된다.

[결과 10.22] 능력 → 효능감 경로 동등제약

```
MODEL: ABILITY BY abil1-abil3;
       EFFICACY BY effica1-effica3;
       INTEREST BY inter1-inter3;

       [abil1-abil3 effica1-effica3 inter1-inter3];
       abil1-abil3 effica1-effica3 inter1-inter3;

       EFFICACY ON ABILITY (a1);
       INTEREST ON EFFICACY;
       INTEREST ON ABILITY;
       [ABILITY@0 EFFICACY@0 INTEREST@0];

MODEL female:
       abil1-abil3 effica1-effica3 inter1-inter3;

       EFFICACY ON ABILITY (a1);
       INTEREST ON EFFICACY;
       INTEREST ON ABILITY;
       [ABILITY@0 EFFICACY@0 INTEREST@0];
```

MODEL 커맨드와 MODEL female 커맨드에서 EFFICACY ON ABILITY(a1);으로 설정하여 수학능력 → 수학자기효능감 경로를 남녀 집단 간에 같도록 하였다. MODEL female 커맨드에서 EFFICACY ON ABILITY;를 지움으로써도 같은 결과를 얻을 수 있다. 추정 결과 $\chi_M^2 = 60.923$, $df_M = 64$, $p = 0.586$으로서 모형이 자료에 부합한다는 영가설을 기각하는 데 실패하였다. 또한 RMSEA는 0.001보다 작았고(90% CI, 0.000-0.035), CFI는 1.000이며, SRMR도 0.045로서 매우 좋은 모형 적합도를 보였다. 앞서 말했듯이 절대적인 모형 적합도는 χ^2 차이검정에서 큰 의미가 없다. 이제 절편동일성 모형에서 경로 제약 동일성 확인을 위하여 χ^2 차이검정을 실시한 결과가 [표 10.8]에 제공된다.

[표 10.8] χ^2 차이검정 – 경로제약 모형 vs. 경로제약 없는 모형

	H_0(영가설)	H_1(대립가설)
	단순한(simple) 모형	복잡한(complex) 모형
	경로제약 모형	경로제약 없는 모형
	두 모형의 적합도 간 차이가 없다	두 모형의 적합도 간 차이가 있다
	수학능력 → 수학자기효능감	수학능력 → 수학자기효능감
	경로동일성이 성립한다	경로동일성이 성립하지 않는다
χ^2	$\chi_S^2 = 60.923$	$\chi_C^2 = 57.423$
df	$df_S = 64$	$df_C = 63$

위의 표를 통하여 $\chi^2_D = 60.923 - 57.423 = 3.500$이 되고, $df_D = 64 - 63 = 1$이 된다. 자유도가 1인 χ^2 분포에서 관찰된 검정통계량이 3.500이면 $p = 0.061$이 되고, 유의수준 5%에서 H_0을 기각하는 데 실패한다. 이렇게 되면 집단 간 첫 번째 제약을 준 경로는 같다고 결론 내린다. [결과 10.23]에 경로계수 추정치가 제공된다.

[결과 10.23] 능력 → 효능감 경로 동등제약

```
MODEL RESULTS

                                                 Two-Tailed
                     Estimate    S.E.   Est./S.E.  P-Value
Group FEMALE

  EFFICACY ON
    ABILITY           0.273     0.065     4.177     0.000

  INTEREST ON
    EFFICACY          0.324     0.097     3.332     0.001
    ABILITY           0.458     0.101     4.555     0.000

Group MALE

  EFFICACY ON
    ABILITY           0.273     0.065     4.177     0.000

  INTEREST ON
    EFFICACY          0.508     0.102     4.998     0.000
    ABILITY           0.046     0.089     0.512     0.609
```

이제 두 번째로 수학자기효능감 → 수학전공관심 경로(β_2)에 추가적으로 동등제약을 주어 동일성을 검정한다. input이 [결과 10.24]에 제공된다.

[결과 10.24] 능력 → 효능감 경로 및 효능감 → 관심 경로 동등제약

```
MODEL: ABILITY BY abil1-abil3;
       EFFICACY BY effica1-effica3;
       INTEREST BY inter1-inter3;

       [abil1-abil3 effica1-effica3 inter1-inter3];
       abil1-abil3 effica1-effica3 inter1-inter3;

       EFFICACY ON ABILITY (a1);
       INTEREST ON EFFICACY (a2);
       INTEREST ON ABILITY;
       [ABILITY@0 EFFICACY@0 INTEREST@0];

MODEL female:
       abil1-abil3 effica1-effica3 inter1-inter3;

       EFFICACY ON ABILITY (a1);
       INTEREST ON EFFICACY (a2);
       INTEREST ON ABILITY;
       [ABILITY@0 EFFICACY@0 INTEREST@0];
```

　　MODEL 커맨드와 MODEL female 커맨드의 INTEREST ON EFFICACY;에 똑같은 이름 지정(labeling)을 통하여 두 모수가 같도록 제약하였다. 추정 결과 $\chi^2_M = 62.842$, $df_M = 65$, $p = 0.553$으로서 모형이 자료에 부합한다는 영가설을 기각하는데 실패하였다. 또한 RMSEA는 0.001보다 작았고(90% CI, 0.000-0.035), CFI는 1.000이며, SRMR도 0.048로서 좋은 모형 적합도를 보였다. 추가적인 경로 제약 동일성 확인을 위하여 χ^2 차이검정을 실시한 결과가 [표 10.9]에 제공된다.

[표 10.9] χ^2 차이검정 – 두 개의 경로제약 모형 vs. 하나의 경로제약 모형

	H_0(영가설)	H_1(대립가설)
	단순한(simple) 모형	복잡한(complex) 모형
	두 개의 경로제약 모형	하나의 경로제약 모형
	두 모형의 적합도 간 차이가 없다	두 모형의 적합도 간 차이가 있다
	추가된 수학자기효능감 → 수학전공관심 경로동일성이 성립한다	추가된 수학자기효능감 → 수학전공관심 경로동일성이 성립하지 않는다
χ^2	$\chi^2_S = 62.842$	$\chi^2_C = 60.923$
df	$df_S = 65$	$df_C = 64$

　　위의 표를 통하여 $\chi^2_D = 62.842 - 60.923 = 1.919$가 되고, $df_D = 64 - 63 = 1$이 된다. 자유도가 1인 χ^2 분포에서 관찰된 검정통계량이 1.919이면 $p = 0.166$이 되고, 유의수준 5%에서 H_0을 기각하는 데 실패한다. 이렇게 되면 추가적으로 제약한 수학자기효능감 → 수학전공관심 경로가 동일하다고 결론 내린다. 개별모수 추정치에 대한 결과는 생략한다. 이제 마지막 경로인 수학능력 → 수학전공관심 경로(β_3)에 동등제약을 주고 역시 χ^2 차이검정을 통하여 통계적 결론을 내린다. 매우 비슷한 작업의 연속이므로 모든 과정을 생략한다. 결론만 말하면, $\chi^2_D = 71.502 - 62.842 = 8.660$이 되고, $df_D = 64 - 63 = 1$이 되며, $p < 0.05$가 되고, 유의수준 5%에서 H_0을 기각한다. 이렇게 되면 추가적으로 제약한 수학능력 → 수학전공관심 경로가 집단 간에 다르다고 결론 내린다.

10.3.3. 조절된 매개효과의 검정

　　지금까지 경로계수를 하나씩 제약함으로써 경로계수가 집단 간에 동일한지를 검정할 수 있었다. 하지만 우리의 주요 관심사는 이렇게 개별적인 모수의 집단 간 동

일성을 보고자 하는 것이 아니었고, 수학능력 → 수학자기효능감 → 수학전공관심 경로, 즉 매개효과($\beta_1\beta_2$)의 집단 간 차이(조절된 매개효과)를 확인하는 것이었다. 그렇다면 앞에서 수학능력 → 수학자기효능감 경로(β_1)가 두 집단 간에 같았고 수학자기효능감 → 수학전공관심 경로(β_2) 역시 두 집단 간에 같았으므로, 매개효과($\beta_1\beta_2$) 역시 두 집단 간 같다고 결론 내릴 수 있을까? [식 10.24]를 살펴보자.

$$\beta_1^{male} = \beta_1^{female} \ \text{and} \ \beta_2^{male} = \beta_2^{female}$$
$$\text{vs.} \qquad\qquad\qquad\qquad \text{[식 10.24]}$$
$$\beta_1^{male}\beta_2^{male} = \beta_1^{female}\beta_2^{female}$$

$\beta_1^{male} = \beta_1^{female}$ 과 $\beta_2^{male} = \beta_2^{female}$ 이 성립하면 자동적으로 간접효과 식인 $\beta_1^{male}\beta_2^{male}$ $= \beta_1^{female}\beta_2^{female}$ 은 성립한다. 하지만 반대 방향인 $\beta_1^{male}\beta_2^{male} = \beta_1^{female}\beta_2^{female}$ 이 성립한다고 해서 $\beta_1^{male} = \beta_1^{female}$ 과 $\beta_2^{male} = \beta_2^{female}$ 이 반드시 성립하지는 않는다. 예를 들어, $\beta_1^{male} = 1$, $\beta_2^{male} = 2$, $\beta_1^{female} = 2$, $\beta_2^{female} = 1$이면 $\beta_1^{male}\beta_2^{male} = \beta_1^{female}\beta_2^{female}$ 은 성립하지만, $\beta_1^{male} = \beta_1^{female}$ 과 $\beta_2^{male} = \beta_2^{female}$ 은 성립하지 않는다. 그러므로 우리의 예에서 조절된 매개효과에 대한 가설은 [식 10.25]와 같아야 한다.

$$H_0 : \beta_1^{male}\beta_2^{male} = \beta_1^{female}\beta_2^{female} \qquad\qquad \text{[식 10.25]}$$

이제 조절된 매개효과를 위한 위의 가설을 검정해야 하는데, 이 검정을 위해서 지금까지 사용한 일반적인 χ^2 차이검정은 적합하지 않다. 그 이유는 χ^2 검정이란 것이 모수의 추가 또는 제거로 이루어진 위계적으로 내재된 모형 사이에서만 가능하기 때문이다. 간접효과는 개별적인 모수가 아니다. 예를 들어, [그림 10.17]의 수학전공관심 모형을 추정할 때 간접효과 $\beta_1\beta_2$의 추정을 input에 추가적으로 요구한다고 해서 늘어나는 모수는 없다. $\beta_1\beta_2$는 β_1이라는 모수와 β_2라는 모수의 곱으로 만들어진 것뿐이지 새로운 모수는 아니기 때문이다. 그러므로 $\beta_1\beta_2$를 추정하든 추정하지 않든 자유모수의 개수는 차이가 없다.

다행히도 M$plus$에서는 $H_0 : \beta_1^{male}\beta_2^{male} = \beta_1^{female}\beta_2^{female}$ 을 검정할 수 있는 기능을 제공한다. MODEL CONSTRAINT와 MODEL TEST 커맨드를 이용하는 것이다. 조절된 매개효과(즉, $\beta_1\beta_2$ 효과의 남녀 집단 간 차이)의 검정을 위한 input의 일부가 [결과 10.25]에 있다. 이 결과는 절편동일성 모형을 기본으로 매개효과의 집단 차이를 검정하기 위한 것이다.

[결과 10.25] 조절된 매개효과 – input

```
MODEL: ABILITY BY abil1-abil3;
       EFFICACY BY effica1-effica3;
       INTEREST BY inter1-inter3;

       [abil1-abil3 effica1-effica3 inter1-inter3];
       abil1-abil3 effica1-effica3 inter1-inter3;

       EFFICACY ON ABILITY(a1);
       INTEREST ON EFFICACY(a2);
       INTEREST ON ABILITY;
       [ABILITY@0 EFFICACY@0 INTEREST@0];

MODEL female:
       abil1-abil3 effica1-effica3 inter1-inter3;

       EFFICACY ON ABILITY(b1);
       INTEREST ON EFFICACY(b2);
       INTEREST ON ABILITY;
       [ABILITY@0 EFFICACY@0 INTEREST@0];

MODEL CONSTRAINT:
       NEW(m f diff);
       m = a1*a2;
       f = b1*b2;
       diff = m - f;

MODEL TEST:
       diff = 0;
```

먼저 MODEL 커맨드에서 매개효과를 형성하는 각 개별모수의 효과에 이름을 지정해 준다. 먼저 남자 집단의 수학능력 → 수학자기효능감(β_1^{male})을 a1으로 지정하고, 수학자기효능감 → 수학전공관심(β_2^{male})을 a2로 지정한다. 동시에 여자 집단의 수학능력 → 수학자기효능감(β_1^{female})을 b1으로 지정하고, 수학자기효능감 → 수학전공관심(β_2^{female})을 b2로 지정한다. 그리고 MODEL CONSTRAINT 커맨드에서 NEW 옵션을 이용하여 새로운 모수의 이름을 지정한다. NEW(m f diff);는 m, f, diff라는 세 개의 모수를 새로 지정한다(추가적인 모수는 아닐 수 있다)는 의미다. 그리고 m=a1*a2;는 m이라는 새로운 모수가 $\beta_1^{male}\beta_2^{male}$이고, f=b1*b2;는 f라는 새로운 모수가 $\beta_1^{female}\beta_2^{female}$이며, diff=m-f;는 diff라는 새로운 모수가 $\beta_1^{male}\beta_2^{male} - \beta_1^{female}\beta_2^{female}$이라는 것이다. 만약 이 diff가 통계적으로 0이 아니게 되면 집단 간 매개효과가 차이가 난다는 의미가 된다. MODEL CONSTRAINT까지만 설정해도 연구자가 얻고자 하는 답을 z 검정을 통하여 얻을 수 있다. 하지만

input의 마지막에 있는 MODEL TEST 커맨드의 diff=0;도 $H_0 : \beta_1^{male}\beta_2^{male} - \beta_1^{female}\beta_2^{female} = 0$을 검정하는 명령어다. 이 검정은 z 검정이 아닌 Wald의 검정(즉, χ^2 검정)을 하게 된다. 결과는 거의 다르지 않다. 먼저 조절된 매개효과의 검정을 위한 모형의 적합도를 [결과 10.26]에서 확인한다.

[결과 10.26] 조절된 매개효과 – 모형의 적합도

```
MODEL FIT INFORMATION

Number of Free Parameters                45

Loglikelihood

        H0 Value                    -7169.401
        H1 Value                    -7140.690

Information Criteria

        Akaike (AIC)                14428.803
        Bayesian (BIC)              14618.280
        Sample-Size Adjusted BIC    14475.448
          (n* = (n + 2) / 24)

Chi-Square Test of Model Fit

        Value                          57.423
        Degrees of Freedom                 63
        P-Value                        0.6745

Chi-Square Contributions From Each Group

        FEMALE                         24.789
        MALE                           32.634

Wald Test of Parameter Constraints

        Value                           4.699
        Degrees of Freedom                  1
        P-Value                        0.0302

RMSEA (Root Mean Square Error Of Approximation)

        Estimate                        0.000
        90 Percent C.I.                 0.000  0.032
        Probability RMSEA <= .05        0.999

CFI/TLI

        CFI                             1.000
        TLI                             1.007

Chi-Square Test of Model Fit for the Baseline Model
```

```
        Value                                  926.390
        Degrees of Freedom                          72
        P-Value                                 0.0000

SRMR (Standardized Root Mean Square Residual)

        Value                                    0.038
```

앞서 설명한 대로 위의 결과는 바로 절편동일성 모형의 적합도 결과를 말해 준다. 절편동일성 모형에서 MODEL CONSTRAINT 커맨드를 이용하여 $\text{diff}(\beta_1^{male}\beta_2^{male} - \beta_1^{female}\beta_2^{female})$가 0인지 아닌지를 검정한 내용이 Wald Test of Parameter Constraints 에 있다. Wald 검정통계량은 4.699, $p=0.030$으로서 diff가 0이라는 영가설을 기각한다. 그러므로 $\beta_1^{male}\beta_2^{male} - \beta_1^{female}\beta_2^{female} \neq 0$이 된다. 조절된 매개효과가 통계적으로 유의하게 존재하는 것이다. 이제 전체 모형의 개별모수 추정치를 확인하도록 하자. 특히 경로계수의 추정치 부분과 매개효과 추정치 부분, 그리고 조절된 매개효과의 추정치와 검정 결과를 [결과 10.27]에서 살펴보도록 하자.

[결과 10.27] 조절된 매개효과 – 개별모수 및 매개효과 추정치

MODEL RESULTS	Estimate	S.E.	Est./S.E.	Two-Tailed P-Value
Group FEMALE				
EFFICACY ON ABILITY	0.157	0.086	1.827	0.068
INTEREST ON				
EFFICACY	0.341	0.098	3.472	0.001
ABILITY	0.460	0.098	4.685	0.000
Group MALE				
EFFICACY ON ABILITY	0.383	0.090	4.266	0.000
INTEREST ON				
EFFICACY	0.513	0.104	4.925	0.000
ABILITY	0.028	0.093	0.296	0.767
New/Additional Parameters				
M	0.197	0.059	3.336	0.001
F	0.054	0.031	1.717	0.086
DIFF	0.143	0.066	2.168	0.030

절편동일성 모형이므로 경로계수에 대한 제약은 없기 때문에 남녀 집단 간 경로계수는 서로 다름을 허락한 상태에서 추정되었다. 경로계수 밑으로 New/Additional parameters가 보이는데, 이 부분은 매개효과와 조절된 매개효과의 추정치 및 z 검정의 결과를 보여 준다. 남자의 매개효과($\beta_1^{male}\beta_2^{male}$) 추정치가 0.197이고 $p = 0.001$로 통계적으로 유의한 효과를 보였다. 여자의 매개효과($\beta_1^{female}\beta_2^{female}$) 추정치는 0.054이고 $p = 0.086$으로서 통계적으로 유의하지 않았다. 마지막 조절된 매개효과(diff, $\beta_1^{male}\beta_2^{male} - \beta_1^{female}\beta_2^{female}$)의 추정치는 0.143(=0.197-0.054)이고 $p = 0.030$으로서 매개효과가 남녀 간에 유의하게 차이가 있음을 확인할 수 있다. 또한 p-value의 측면에서 Wald 검정과 z 검정의 결과는 동일함을 알 수 있다. 참고로 조절된 매개효과를 위한 검정에서는 지금까지 M$plus$의 디폴트인 델타 방법을 이용하였는데, 부스트래핑을 원한다면 ANALYSIS 커맨드에 BOOTSTRAP 옵션을 추가할 수 있다.

제11장

잠재성장모형

11.1. HLM의 성장모형

11.2. SEM의 잠재성장모형

잠재성장모형(latent growth model, LGM)은 구조방정식의 전통에서 종단자료 (longitudinal data)를 분석하기 위해 쓰이는 모형이다. 관심 있는 하나의 변수를 수차례 반복 측정하여 그 변화를 시간 변수 또는 공변수의 함수로 표현하는 분석방법이라고 짧게 설명할 수 있다. 이때 가장 기본적인 형태의 잠재성장모형은 하나의 변수를 반복적으로 측정하여 모형으로 설정하지만, 여러 개의 변수를 각각 반복적으로 측정하고 하나의 모형 안에서 통합하여 모형화할 수도 있다. 대부분의 구조방정식 모형이 평균 구조를 더하기도 하고 그렇지 않기도 하는 것에 비해, 잠재성장모형은 반드시 평균 구조를 사용하도록 설계되어 있다. Latent growth model을 번역하여 국내에 잠재성장모형이란 이름으로 소개되었지만, 사실 많은 이름을 가지고 있는 모형이다. 예를 들어, growth model, growth curve model(GCM), latent growth curve model(LGCM), growth curve analysis, curve-of-factors model, multiple indicator latent growth model 등이 모두 잠재성장모형을 가리킨다. 초창기 Meredith와 Tisak(1984, 1990)에 의해서 소개되었고, McArdle(1986), Willett과 Sayer(1994) 등에 의하여 발전하였다. 우리 책에서는 여러 이름 중 잠재성장모형(LGM)을 대표로 쓰고자 한다. 이렇게 시간의 흐름에 따른 행동변화 (behavioral change)를 분석하기 위한 방법으로서 최근 심리학, 교육학, 경영학 등의 사회과학뿐만 아니라 의학 및 건강과학 분야에서도 활발하게 사용 중이다. 잠재성장모형과 관련된 내용은 수백 페이지에 걸친 책을 통해서 설명해야 할 만큼 방대하다. 하지만 이는 우리 책의 목적과 맞지 않기 때문에 이번 장에서는 가장 단순한 형태를 가진 잠재성장모형의 탄생 원리와 추정 방법 및 해석 등에 대하여 소개하고자 한다.

11.1. HLM의 성장모형

본질적으로 잠재성장모형은 다층모형(multilevel model) 또는 위계선형모형 (hierarchical linear model, HLM; Raudenbush & Bryk, 2002)의 전통에서 발전한 종단자료 분석(individual growth model)을 구조방정식의 틀 안에서 소화시킨 방법이다. 다시 말해, 기본적인 잠재성장모형이란 것이 HLM 방식의 성장모형을 SEM 전통으로 그대로 옮겨 놓은 것뿐이라는 것이다. 그러므로 잠재성장모형을 이해하기 위해서는 종단자료를 이용하는 HLM 방식의 성장모형을 이해하는 것이 반드시 필요하다. 가장 먼저 HLM 방식의 성장모형이 사용하는 종단자료가 어떤 형태로 되어 있는지 소개한다. [표 11.1]에 500명의 학생들로부터 읽기시험점수(y)를 네 개의 시점(time points)에 걸쳐 반복 측정하여 얻은 종단자료가 있다.

[표 11.1] 읽기점수 종단자료

학생	시점(TIME)	읽기점수(y)	성별(Male) 0: 여자, 1: 남자
1	1	45	0
1	2	56	0
1	3	68	0
1	4	75	0
2	1	33	1
2	2	45	1
2	3	46	1
2	4	51	1
3	1	35	0
3	2	55	0
3	3	61	0
3	4	69	0
⋮	⋮	⋮	⋮

위의 자료를 보면, 첫 번째 여학생에 대해 네 개의 시점(1학년~4학년)에서 네 번의 읽기점수 45, 56, 68, 75점이 수집되었다. 두 번째 남학생에 대해서 역시 네 개의 시점에서 네 개의 읽기 점수 33, 45, 46, 51점이 수집되었고, 세 번째 여학생에 대해서도 비슷한 방식으로 자료가 수집되었다. 수집된 자료를 [표 11.1]과 같은 방식으로 정리한 형식을 긴 포맷(long format) 또는 종단 포맷(longitudinal format)이라고 한다. 그 이유는 자료가 말 그대로 모든 측정값에 대하여 길게 늘어지는 방식으로 코딩되었기 때문이다. 500명의 학생에 대하여 각 네 개의 측정시점이 있으므로 결측치가 없다면 총 2,000줄에 이르는 행이 존재한다.

대다수의 일반적인 통계모형에서는 종속변수 y의 값이 서로 독립적이어야 하는데, 위와 같은 형식으로 자료를 정리하게 되면 독립성이 성립하지 않는다. 예를 들어, 맨 위 두 개의 점수인 45점과 56점은 모두 한 명의 학생(학생 1)에게서 나온 점수이므로 서로 독립적이라는 가정을 만족시키기가 쉽지 않다. 즉, 처음 네 개의

y값은 같은 사람에게서 나온 점수이므로 다른 y값에 비교했을 때 서로 상관성이 더 높게 된다. 마찬가지로 두 번째 학생에게서 나온 네 개의 y값, 그리고 세 번째 학생에게서 나온 네 개의 y값은 다른 학생들의 점수와 비교했을 때 서로 더 깊은 상관이 존재한다. 정리하면, 학생 내(within student) 점수들의 상관이 학생 간 (between student) 점수들의 상관보다 상대적으로 더 높게 된다. 이런 자료구조를 분석할 때는 독립성 가정을 만족하지 못하는 현실을 반영하기 위하여 지금부터 설명할 다층모형을 사용해야 한다. 그리고 이런 자료구조를 위계적으로 내재된 자료구조(hierarchically nested data structure)라고 한다. 구체적으로 말하면, 반복 측정값(1수준)이 사람(2수준)에게 내재된 구조(repeated measures nested within persons)라고 하며, [그림 11.1]에 그 예가 있다. 아래는 구조방정식 모형의 경로도가 아니라 자료의 구조를 설명하고 있는 그림이다.

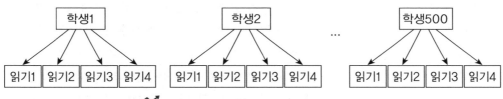

[그림 11.1] 위계적으로 내재된 자료구조

　[표 11.1]이나 [그림 11.1]과 같은 구조의 종단자료를 다층모형을 이용해서 분석할 때, 일반적으로 궁금한 것은 학생들의 읽기점수가 어느 한 시점에서(일반적으로 시작점) 평균적으로 얼마였는지(절편, intercept), 또한 시간이 흐름에 따라 평균적으로 학생들의 읽기점수가 어떻게 변화하였는지(기울기, slope) 등이다. 시간의 흐름에 따라 절편과 기울기로 이루어지는 직선 또는 곡선을 성장궤적(growth trajectory)이라고 한다. 이러한 성장궤적에는 다양한 형태(선형, 비선형 등)가 있을 수 있는데, 우리가 이번 장에서 다룰 형태의 성장궤적은 선형(linear) 성장궤적이다. [그림 11.2]를 통해서 성장궤적에 대하여 더욱 자세히 이해하도록 하자.

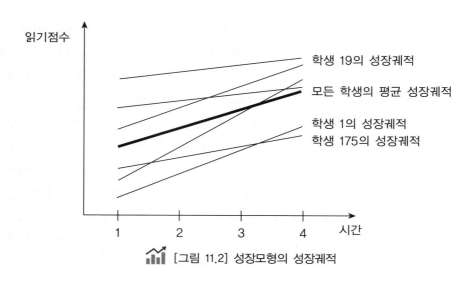

읽기점수

학생 19의 성장궤적

모든 학생의 평균 성장궤적

학생 1의 성장궤적
학생 175의 성장궤적

1   2   3   4   시간

[그림 11.2] 성장모형의 성장궤적

위의 그림에서 얇은 선으로 되어 있는 성장궤적들은 모두 개별 학생의 선형 성장 궤적이다. 학생마다 네 개의 시점(독립변수)에 걸쳐 읽기점수(종속변수)가 있으므로, 그 네 개의 읽기점수를 관통하는 회귀선(regression line)이 존재한다. 즉, 각 학생마다 개별적인 절편과 개별적인 기울기를 가지는 개별적인 성장궤적(회귀 선)이 하나씩 있게 된다. 이런 식으로 500명의 학생이 있다면 개별적인 성장궤적 (individual growth trajectory)이 500개 존재하게 되는 것이다. 그림에서는 임의 로 몇 개의 개별적인 성장궤적을 표시하였다. 그리고 이 500개 개별적인 성장궤적 의 평균 성장궤적이 그림에서 굵은 선으로 표시되어 있다. 개념적으로 평균 성장 궤적의 절편은 500명 절편의 평균이고, 기울기는 500명 기울기의 평균이 된다. HLM의 성장모형은 바로 이 모든 500개의 성장궤적과 평균적인 성장궤적을 구하 는 작업이다. 다층모형을 추정할 수 있는 프로그램인 HLM이나 STATA 등을 이용하 여 모형을 추정하면 기본적으로 성장궤적의 평균 절편과 평균 기울기만을 output 에 보여 주지만, 개별적으로 따로 추정을 하도록 요구하면 개별 학생들의 500개 성장궤적의 절편과 기울기를 모두 텍스트 파일에 저장하여 보여 준다.

이제 HLM 전통에서의 선형 성장모형(linear growth model)을 수식을 이용하 여 정의하도록 한다. 이 방식을 이해하는 것은 잠재성장모형의 기본을 이해하는 것뿐만 아니라 다양한 확장을 하는 데 있어서 매우 유용하므로 주의 깊게 봐야 한 다. 앞에서 보인 [표 11.1]의 자료를 이용해 [그림 11.2]의 모형에 적용하는 HLM 성장모형은 1수준 모형(level-1 model)과 2수준 모형(level-2 model)을 이용해서 설정한다. HLM은 다층모형으로서 가장 낮은 수준의 모형을 1수준 모형이라고 하고, 한 단계씩 올라갈 때마다 2수준 모형, 3수준 모형 등으로 표시한다. 지금 우리의 자료는 [그림 11.1]처럼 가장 낮은 수준에 반복측정 자료가 있으며, 그 위의 수준에 사람들이 있는 자료구조다. 그러므로 HLM 모형을 설정하기 위해 총 두 개의 수준이 필요하다. [식 11.1]에 보이는 1수준 모형은 사람내 모형(within-person model 또는 intra-individual model) 등으로 불리며, 각 사람의 개별적인 성장궤적을 모형화하는 부분이다.

$$y_{ji} = \alpha_i + \beta_i Time_j + e_{ji} \qquad\qquad \text{[식 11.1]}$$

위에서 y_{ji}는 사람(학생) i의 j번째 시점에서의 종속변수(읽기점수) 값, α_i는 사람 i의 회귀선 절편, β_i는 사람 i의 회귀선 기울기, $Time_j$는 시간 변수로서 j번째 시점의 코딩점수, e_{ji}는 사람 i의 j번째 시점에서의 오차다. 위 모형은 독립변수가 $Time_j$인 전형적인 단순회귀모형이며, 오차 e_{ji}는 평균이 0인 정규분포를 따른다고 가정한다. 바로 아래서 더 자세히 설명하겠지만, 미리 한 가지 주의할 것은 $Time_j$가 [표 11.1]에 보이는 TIME의 값인 1, 2, 3, 4가 아닐 수도 있다는 것이다. 일반적으로는 아닐 수 있다는 것이 아니라 아닌 경우가 훨씬 더 많다. 다양한 형태의 잠재성장모형에서 0, 1, 2, 3으로 코딩하는 경우가 흔하다. 그렇다고 해서 1, 2, 3, 4가 안 되는 것도 아니며, 심지어 시간 간격이 동일하지 않을 수도 있다. 이렇게 $Time_j$의 코딩에는 높은 자유도가 있는데, 코딩에 따라서 절편의 의미가 달라지므로 주의해야 한다. [식 11.1]을 더 잘 이해하기 위하여 네 개의 시점($j=1$, 2, 3, 4)이 있는 우리 자료에 위 모형을 적용하면 [식 11.2]를 얻을 수 있다.

$$\begin{aligned} y_{1i} &= \alpha_i + \beta_i Time_1 + e_{1i} \\ y_{2i} &= \alpha_i + \beta_i Time_2 + e_{2i} \\ y_{3i} &= \alpha_i + \beta_i Time_3 + e_{3i} \\ y_{4i} &= \alpha_i + \beta_i Time_4 + e_{4i} \end{aligned} \qquad\qquad \text{[식 11.2]}$$

위의 모형에서 연구자가 $Time_j$를 자료에 맞게 잘 지정해 주면 절편 α_i와 기울기 β_i의 의미가 정해진다. 예를 들어, 우리 자료와 같이 1학년~4학년에 걸쳐 읽기점수 자료를 수집한 상황에서 절편 α_i의 의미를 초기값(1학년 때의 읽기점수)으로 해석하기 위해서는 $Time_1 = 0$으로 해 주면 된다. 이렇게 하면 $y_{1i} = \alpha_i + \beta_i \cdot 0 = \alpha_i$가 되므로($e_{1i}$의 평균은 0으로 가정하였으므로 추정을 하면 사라지는 값이다), 1학년 때의 읽기점수(y_{1i})가 바로 절편(α_i)이 된다. 또한 기울기 β_i의 의미를 변화율

(한 학년이 올라갈 때마다 증가하는 읽기점수)로 해석하기 위해서는 $Time_2 = 1$, $Time_3 = 2$, $Time_4 = 3$으로 해 주면 된다. 이렇게 하면, $y_{2i} = \alpha_i + \beta_i \cdot 1 = \alpha_i + \beta_i$가 되고, $y_{3i} = \alpha_i + \beta_i \cdot 2 = \alpha_i + 2\beta_i$가 되며, $y_{4i} = \alpha_i + \beta_i \cdot 3 = \alpha_i + 3\beta_i$가 된다. 즉, 1학년에서 2학년으로 가면서 읽기점수가 β_i만큼 증가하고, 2학년에서 3학년으로 가면서 역시 β_i만큼 증가하며, 3학년에서 4학년으로 가면서도 β_i만큼 증가한다. 즉, β_i의 의미가 매 학년 증가하는 읽기점수의 크기가 되는 것이다. 종합하자면, 읽기점수 예의 자료에서 $Time_j$를 0, 1, 2, 3으로 코딩하면 상당히 유용하고 선명한 절편과 기울기의 의미를 만들어 낼 수 있다.

이제 HLM 성장모형의 2수준 모형을 [식 11.3]을 통하여 살펴보자. 2수준 모형은 사람간 모형(between-person model 또는 inter-individual model) 등으로 불리며, 사람들 사이에 존재하는 절편의 차이와 기울기의 차이를 외생변수(공변수)를 이용하여 설명하고자 하는 모형이다. 외생변수는 사실 없어도 되고 있어도 되며, 여러 개일 수도 있고 한 개일 수도 있다.

$$
\begin{aligned}
\alpha_i &= \gamma_{00} + \gamma_{01} Male + d_{0i} \\
\beta_i &= \gamma_{10} + \gamma_{11} Male + d_{1i}
\end{aligned}
\qquad \text{[식 11.3]}
$$

위에서 Male은 남자 1, 여자 0으로 코딩된 성별 변수이며, 절편과 기울기(내생변수)에 존재하는 변동성을 설명하고자 하는 공변수다. 그리고 γ_{00}(gamma)는 $Male = 0$일 때의 절편(α_i)들의 평균, γ_{10}는 $Male = 0$일 때의 기울기(β_i)들의 평균, γ_{01}은 절편(α_i)의 성별 차이, γ_{11}은 기울기(β_i)의 성별 차이를 가리킨다. d_{0i}와 d_{1i}는 각각 Male에 의하여 설명되고 남은 절편과 기울기의 잔차 또는 오차다(역시 평균을 0으로 가정한다).

위에서 γ_{00}와 γ_{10}는 성장궤적을 요약하는 핵심적인 모수이며 대부분의 프로그램이 절편 추정치 및 기울기 추정치로 output에 보고한다. 하지만 이는 공변수가 없을 때의 해석이며, 위와 같이 외생변수가 존재할 때는 그 해석에 매우 유의하여야만 한다. 바로 위에서 설명했듯이 γ_{00}와 γ_{10}를 해석할 때는 $Male = 0$이라는 조건을 잊으면 곤란하다. 구체적으로 설명하자면, 이와 같이 외생변수가 이분형 집단변수일 때(0: 여자, 1: 남자) 여자들($Male = 0$)의 절편 평균은 γ_{00}이며, 남자들($Male = 1$)의 절편 평균은 $\gamma_{00} + \gamma_{01}$이고, 여자들의 기울기 평균은 γ_{10}, 남자들의 기울기 평균은 $\gamma_{10} + \gamma_{11}$이 된다. 그 의미를 더욱 선명하게 이해하기 위하여 [그림 11.3]에 여자들의 평균 성장궤적을 표시하였다.

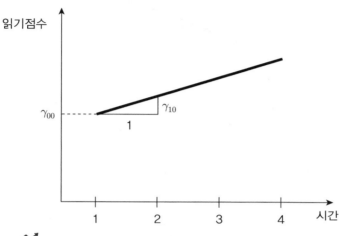

[그림 11.3] 여자들($Male = 0$)의 성장궤적과 γ_{00} 및 γ_{10}

그림에서 볼 수 있듯이, γ_{00}는 여자들의 평균 성장궤적 초기값이며 γ_{10}는 한 학년이 올라갈 때 증가하는 여자들의 읽기점수의 변화율이다. 위의 모형에서 선형 성장모형의 초기값은 1학년 때의 여자들의 읽기점수 평균이며, 변화율은 1학년~4학년 사이의 그 어떤 두 개의 시점에 대해서도 일정하게 변화함을 가정한 값이다. 이러한 해석은, 특히 초기값의 경우 $Time_j$를 0, 1, 2, 3으로 지정하였기 때문에 위와 같은 의미가 된 것이다. 만약 $Time_j$를 -3, -2, -1, 0으로 지정하였다면 γ_{00}의 의미는 초기값이 아닌 말기값이 될 것이다. 하지만 -3, -2, -1, 0으로 지정하여도 γ_{10}의 의미는 변하지 않는다. $Time_j$의 코딩과 절편 및 기울기의 해석에 대한 것은 아래에서 예제와 함께 더 자세히 다룰 것이다. 다음의 [그림 11.4]는 남자들의 평균 성장궤적을 그래프에 표시한 것이다.

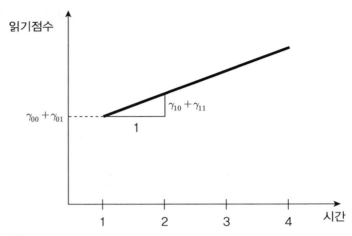

[그림 11.4] 남자들($Male = 1$)의 성장궤적과 $\gamma_{00} + \gamma_{01}$ 및 $\gamma_{10} + \gamma_{11}$

남자들의 초기값과 변화율이 $\gamma_{00} + \gamma_{01}$ 및 $\gamma_{10} + \gamma_{11}$로 바뀌었다는 것만 제외하면 여자들의 성장궤적에 대한 해석과 아무런 차이가 없다. 이렇게 2수준 모형에 외생변수가 추가되었을 경우[80])에는 output이 주는 절편(γ_{00})과 기울기(γ_{10})의 해석이 전체 표본의 절편과 기울기가 아니라 외생변수의 조건에 따라 결정되므로 유의해야 한다. 그래서 이렇게 외생변수가 추가된 모형을 조건 모형(conditional model)이라고 부르기도 한다. 이에 반해, 외생변수를 2수준 모형에 추가하지 않으면 무조건 모형(unconditional model)이라고 한다. 특정한 변수의 조건에 따른 절편과 기울기가 아니라 전체 표본의 절편과 기울기가 궁금하다면 그 어떤 외생변수도 추가하지 않는 무조건 성장모형을 추정하면 된다.

11.2. SEM의 잠재성장모형

앞에서도 말했지만, 잠재성장모형은 HLM의 성장모형을 구조방정식의 표현 방식으로 대응시킨 모형이다. 지금부터 위에서 설명한 HLM 전통에서의 성장모형이 어떻게 SEM 전통에서의 잠재성장모형으로 표현될 수 있는지 설명할 것이다. 가장 먼저 분석하고자 하는 자료의 형태가 [표 11.1]에서 [표 11.2]와 같이 변한다.

---

80) 외생변수는 우리의 예와 마찬가지로 성별, 처치(treatment) 등의 집단변수 또는 범주형 변수일 수도 있고, 나이, SES 등의 연속형 변수일 수도 있다. 또한 외생변수가 없는 2수준 모형도 얼마든지 가능하다.

[표 11.2] 읽기점수 다변량 자료

학생	읽기1(y_1)	읽기2(y_2)	읽기3(y_3)	읽기4(y_4)	성별(Male) 0: 여자, 1: 남자
1	45	56	68	75	0
2	33	45	46	51	1
3	35	55	61	69	0
⋮	⋮	⋮	⋮	⋮	⋮

위 표의 자료는 [표 11.1]과 완전히 일치하는 정보를 담고 있다. 하지만 다른 점은 한 학생의 점수가 여러 종속변수(y_1, y_2, y_3, y_4)에 대하여 한 행에 모두 나타나고 있다는 것이다. [표 11.1]에서는 하나의 종속변수(y)에 대하여 한 학생의 점수가 여러 행(여러 시점)에 걸쳐 나타났다. [표 11.2]와 같이 자료의 포맷을 바꾸면 한 사례(즉, 하나의 줄)가 한 명의 학생을 나타내게 되어 각 사례의 독립성이 확보된다. 즉, 다층모형이 필요하지 않게 된다. 반면에 하나의 종속변수는 여러 개의 종속변수로 늘어나 다변량 분석(multivariate analysis)[81]이 된다. 이와 같은 자료 형태를 넓은 포맷(wide format) 또는 다변량 포맷(multivariate format)이라고 한다. 이제부터 설명할 SEM의 잠재성장모형은 바로 이 다변량 포맷으로 된 자료를 이용하는 분석 방법이다. 그러므로 사실 엄밀하게 말해서 잠재성장모형은 종단자료 분석 방법이라고 말할 수 없다. 하지만 많은 사람들이 그 차이를 엄격하게 구분하지는 않는다.

11.2.1. 모형의 설정 및 판별

잠재성장모형은 위와 같이 종단자료를 다변량 자료로 바꾸고, HLM의 성장모형에 있는 1수준 모형을 측정모형으로 대치(mapping)하고, 2수준 모형을 구조모형으로 대치한 구조방정식 모형이다. 먼저 [식 11.2]에 있는 1수준 모형을 SEM 측정모형으로 대치한 모형이 [식 11.4]에 있다. 수리적으로 바뀐 것은 전혀 없고, 다만 변수와 계수의 순서 바뀜이 있을 뿐이다.

---

81) 종속변수가 여러 개인 통계 분석 방법들을 통칭하여 다변량 분석이라고 한다. 예를 들어, 요인분석, 정준상관분석, 다변량 분산분석 등이 이에 속한다.

$$y_{1i} = \mu_1 + 1 \cdot \alpha_i + Time_1 \cdot \beta_i + e_{1i}$$
$$y_{2i} = \mu_2 + 1 \cdot \alpha_i + Time_2 \cdot \beta_i + e_{2i}$$
$$y_{3i} = \mu_3 + 1 \cdot \alpha_i + Time_3 \cdot \beta_i + e_{3i} \qquad \text{[식 11.4]}$$
$$y_{4i} = \mu_4 + 1 \cdot \alpha_i + Time_4 \cdot \beta_i + e_{4i}$$

위의 식을 구조방정식의 측정모형과 비교해 보면, 두 개의 요인(α_i와 β_i)이 있고 두 요인의 요인부하가 각각 1, 1, 1, 1 및 $Time_1$, $Time_2$, $Time_3$, $Time_4$인 2요인 모형임을 알 수 있다. $\mu_1 \sim \mu_4$는 측정모형의 절편으로서 성장모형에서는 모두 0으로 가정한다.[82] $y_{1i} \sim y_{4i}$는 지표변수이고, $e_{1i} \sim e_{4i}$는 바로 측정오차가 된다. 앞에서처럼 α_i를 초기값으로 해석하고 β_i를 변화율로 해석하고자 한다면, 첫 번째 요인(α_i)의 요인부하를 모두 1로 고정하고 두 번째 요인(β_i)의 요인부하를 0, 1, 2, 3으로 고정(즉, $Time_1 = 0$, $Time_2 = 1$, $Time_3 = 2$, $Time_4 = 3$)하면 된다. 그리고 잠재성장모형에서는 이 두 개의 요인(절편과 기울기)을 성장요인(growth factor)이라고 하여 가장 중요하게 다룬다.

1수준 모형을 측정모형에 대치시켰듯이, 2수준 모형은 [식 11.5]와 같이 SEM 구조모형에 대치시킬 수 있다. 그리고 이것은 [식 11.3]과 완전히 일치한다.

$$\alpha_i = \gamma_{00} + \gamma_{01} Male + d_{0i}$$
$$\beta_i = \gamma_{10} + \gamma_{11} Male + d_{1i} \qquad \text{[식 11.5]}$$

위에서 α_i와 β_i는 잠재 내생변수(latent endogenous variable)이고, Male은 관찰된 외생변수(observed exogenous variable)다. 한 가지 다른 점은 HLM의 전통에서는 외생변수가 위와 같이 관찰변수일 수밖에 없으나, SEM의 전통에서는 [식 11.6]처럼 얼마든지 잠재변수(f)일 수도 있다.

$$\alpha_i = \gamma_{00} + \gamma_{01} f + d_{0i}$$
$$\beta_i = \gamma_{10} + \gamma_{11} f + d_{1i} \qquad \text{[식 11.6]}$$

HLM 성장모형과 마찬가지로 외생변수가 있는 경우는 조건(conditional) 잠재성장모형, 없는 경우는 무조건(unconditional) 잠재성장모형이라고 부르기도 한다. 초창기의 잠재성장모형을 설명하는 대다수의 책이나 논문들은 지금까지 설명

---

[82] 측정모형의 절편(μ)과 성장모형에서 말하는 절편(α_i)은 구별되는 개념이다. μ는 모두 0으로 가정하는데 반해, α_i의 평균 등은 모형을 통해서 추정한다.

한 부분만을 다루었지만, 최근에는 구조모형 부분에 결과변수(outcome variable)를 더하는 경우가 상당히 흔하다. 예를 들어, 고등학교 1학년~3학년 수학점수를 이용하여 잠재성장모형을 추정하고, 추정된 절편과 기울기에 존재하는 개인차를 이용하여 대학입시의 수학점수를 예측할 수 있다. 이때 대학입시의 수학점수가 바로 결과변수가 된다. 또는 금연을 시도한 후 처음 일주일 동안 담배를 피우고자 하는 욕구를 여러 번 측정하여 잠재성장모형을 추정하고, 절편과 기울기에 존재하는 변동성을 이용하여 8주 또는 6개월 후의 금연 여부(0: 실패, 1: 성공)를 예측할 수 있다. 만약 수학점수처럼 결과변수가 연속형인 경우, 일반적인 회귀분석이 성장모형에 추가되는 형태가 된다. 반면에 금연여부처럼 결과변수가 범주형인 경우는 로지스틱 회귀분석이 성장모형에 추가되는 형태가 된다. 이 외에도 여러 형태의 회귀분석(예, 포아송 회귀분석 등)이 모형에 포함될 수 있다. 그리고 결과변수가 반복측정값들에 시간적으로 얼마나 근접한가에 따라 근접 결과변수(proximal outcome) 또는 원격 결과변수(distal outcome) 등으로 나누기도 한다. 이렇게 잠재성장모형의 측정모형 부분과 구조모형 부분을 모두 통합한 일반적인 잠재성장모형(general latent growth model)의 경로도가 [그림 11.5]에 제공된다.

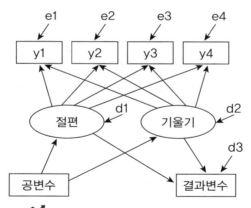

[그림 11.5] 잠재성장모형의 경로도

위의 경로도에서는 결과변수가 연속형이라고 가정하고 설명오차(d_3)를 더했다. 결과변수가 연속형이라면 일반적인 회귀분석이 되기 때문에 오차항이 더해지는 것이 옳다. 하지만 만약 결과변수가 범주형이라면 로지스틱 회귀분석이 되기 때문에 오차항이 존재하지 않으므로 설명오차를 더하지 말아야 한다. 그리고 앞에서도 언급했듯이, 공변수는 관찰변수일 수도 있고 잠재변수일 수도 있으며, 하나일 수도 있고 여러 개일 수도 있다. 동시에 결과변수 또한 관찰변수, 잠재변수가 모두 가능하고 여러 개가 존재할 수 있다. 마지막으로, 위 성장모형에서 공변수 → 결과변수 경로를 더하는 것도 물론 가능하다.

잠재성장모형을 설정하였으니 이제 모형의 추정 가능성에 대하여 토론해 보자. 위의 그림에서 구조모형 부분은 일반적으로 회귀분석 모형이거나 재귀모형(recursive model)이므로 판별이 되지만, 문제는 측정모형 부분의 판별이다. 위의 그림에서 측정모형 부분의 판별을 위해 측정모형 부분만 따로 떼어서 [그림 11.6]에 경로도를 제공한다. 사실 잠재성장모형은 측정모형 부분만으로도 독립적으로 성립이 가능하다. 즉, 공변수나 결과변수가 없어도 잠재성장모형은 얼마든지 이용이 가능하다. 아래 모형이 바로 무조건 잠재성장모형이다.

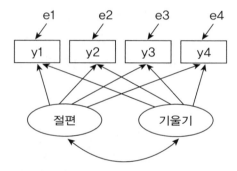

[그림 11.6] 잠재성장모형의 측정모형 부분의 경로도

여러 가지 모형의 추정 가능성을 확인하는 방법 중에 t 규칙을 적용한다. 이때 주의할 점은 잠재성장모형은 공분산 구조뿐만 아니라 평균 구조를 이용한다는 것이다. 먼저 반복지표변수의 개수가 네 개이므로 공분산 행렬을 통해 확보되는 독립적인 정보의 개수는 10개가 된다. 그리고 네 개의 반복지표변수의 평균이 더해져서 독립적인 정보의 총 개수는 14가 된다($i = 14$). 그리고 추정하고자 하는 모수는 절편 요인과 기울기 요인의 분산 및 공분산 세 개, 측정오차($e_1 \sim e_4$)의 분산 네 개, 그리고 절편과 기울기의 평균 두 개가 있다($t = 9$). 그러므로 네 개의 시점이 있는 잠재성장모형은 $df_M = 14 - 9 = 5$로 추정이 가능하다.

그렇다면 도대체 최소 몇 개의 측정시점이 있어야 잠재성장모형을 추정할 수 있을 것인가? 잠재성장모형의 판별을 위해서는 적어도 세 개 이상의 반복지표변수가 있어야만 한다. 세 개의 지표변수가 존재하면 독립적인 정보의 개수는 공분산 행렬로부터 여섯 개, 평균 구조로부터 세 개 등 총 아홉 개($i=9$)가 된다. 추정해야 할 모수는 절편과 기울기의 분산 및 공분산 세 개, 절편과 기울기의 평균 두 개, 측정오차의 분산 세 개 등 총 여덟 개($t=8$)가 된다. 결국 $df_M=9-8=1$이 되어 모형은 판별이 된다. 만약 두 개의 지표변수만 있다면 $df_M=5-7=-2$가 되어 과소판별이 되고 모형은 추정 가능하지 않다. 마지막으로 모형의 판별에서 주의해야 할 것은 t 규칙은 필요조건이라는 것이다. 세 개 이상의 지표변수가 존재하더라도 실질적으로 모형이 판별되지 않고 추정에 실패할 가능성은 얼마든지 존재한다. 이렇게 부적절한 결과(improper solution)를 줄 확률은 일반적으로 측정시점의 개수가 증가함에 따라서 빠른 속도로 감소한다. 그러므로 모형의 안정적인 추정을 위해서는 표본크기도 중요하지만 측정시점의 개수가 충분해야 한다.

11.2.2. 모형의 추정과 평가 및 해석

잠재성장모형의 추정에 새로울 것은 없다. 공변수나 결과변수가 들어가지 않은 잠재성장모형은 측정모형이기 때문에 구조방정식 전통에서의 요인분석을 추정하는 것과 같은 방식으로 추정한다. 선형성장(linear growth)을 가정한 두 요인(절편과 기울기)의 요인부하는 모두 상수로 고정되기 때문에 일반적인 측정모형보다도 사실은 더 단순한 모형이라고 할 수 있다. 추정 이후 모형에 대한 평가 역시 일반적인 구조방정식 모형에 대한 평가 방식으로 하면 된다. 먼저 χ^2 모형 적합도 검정을 실시하며, RMSEA, CFI, SRMR[83] 등을 이용하여 근사 적합도를 평가한다.

선형성장모형의 해석은 앞에서도 간단히 예를 들어 보였다. 절편은 $Time_j$가 0인 시점에서의 종속변수(예, 읽기점수)의 기대값이다. 그러므로 기울기 요인(β_i)의 요인부하($Time_j$) 코딩이 절편의 해석에 매우 중요하다. 절편을 초기값으로 해석하기 위해서는 가장 첫 번째 요인부하를 0으로 고정해야 한다(예, 0, 1, 2, 3). 만약 절편을 두 번째 시점에서의 기대값으로 해석하고자 한다면 두 번째 요인부하를 0으로 고정해야 한다(예, -1, 0, 1, 2). 어떤 방식으로 요인부하의 값을 고정하

---

83) Wu, West와 Taylor(2009)는 SRMR이 공분산 구조에만 민감하게 반응할 뿐 평균 구조의 잘못된 모형설정(misspecification)을 찾아내는 검정력이 약하기 때문에 사용에 주의할 것을 조언하기도 하였다.

든지 간에 변화율에 대한 해석은 $Time_j$가 한 단위 증가할 때 변화하는 종속변수의 기대값이다. 즉, β_i의 요인부하를 0, 1, 2, 3으로 고정하든, -1, 0, 1, 2로 고정하든, -3, -2, -1, 0으로 고정하든 절편의 의미만 변하고 기울기는 모두 한 학년 올라갈 때 변화하는 읽기점수의 기대값이 되는 것이다.

그런데 사실 이 기울기의 의미를 결정하고 해석하는 것이 그리 간단하지만은 않다. 예를 들어, 연구자가 기울기의 요인부하를 0, 0.5, 1, 1.5로 고정하였다면 과연 기울기의 해석은 어떻게 해야 할까? 여전히 한 학년이 올라갈 때 증가하게 되는 읽기점수의 기대값일까? 결론부터 말하자면 그렇지 않다. 기울기의 해석은 바로 앞의 문단에서 밝혔듯이 $Time_j$가 한 단위 증가할 때 변화하는 종속변수의 기대값이다. $Time_j$를 0, 0.5, 1, 1.5로 고정하게 되면 $Time_j$의 한 단위는 첫 번째 시점에서 세 번째 시점까지(또는 두 번째 시점에서 네 번째 시점까지)를 의미하게 된다. 즉, 두 학년이 올라갈 때 $Time_j$는 한 단위 증가한다. 그러므로 $Time_j$를 0, 0.5, 1, 1.5로 설정하면 기울기의 의미는 두 학년이 올라갈 때(즉, 1학년에서 3학년이 될 때, 또는 2학년에서 4학년이 될 때) 변화하는 읽기점수의 기대값이 된다. 그러므로 만약 $Time_j$를 0, 2, 4, 6으로 고정하면 $Time_j$의 한 단위가 한 학년의 반(즉, 한 학기 또는 6개월)이 되고, 기울기의 의미는 한 학기마다 변화하는 읽기점수의 기대값이 된다.

여기서 한 걸음 더, 반복지표변수의 측정시점 간 간격이 같지 않을 때 기울기 요인의 요인부하를 고정하는 방식에 대하여 토론한다. 지금까지는 시간의 단위가 등간격(equidistant)인 경우를 살펴보았는데, 현실 속에서는 그렇지 않은 경우가 얼마든지 발생할 수 있다. 예를 들어, 읽기점수를 초등학교 1학년 1학기, 1학년 2학기, 2학년 1학기, 3학년 1학기, 4학년 1학기 등에서 수집하였다고 가정하자. 이렇게 되면, 첫 번째 시점과 두 번째 시점의 간격 및 두 번째 시점과 세 번째 시점의 간격은 한 학기지만, 세 번째 시점과 네 번째 시점 및 네 번째 시점과 다섯 번째 시점의 간격은 한 학년이 된다. [그림 11.7]에 측정시점의 간격을 표시하였다.

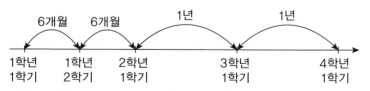

📈 [그림 11.7] 등간격이 아닌 시점에서의 자료 수집

이와 같이 자료를 수집하면 기울기 요인 β_j의 요인부하를 고정할 때 등간격이 아님을 고려해야만 한다. 다섯 개의 시점이 있으므로 각각의 요인부하는 0, 1, 2, 4, 6으로 고정할 수 있다. 이렇게 하면 각 측정시점의 간격을 정확하게 반영할 수 있으며, $Time_j$의 단위는 6개월(한 학기)이 된다. 그러므로 절편은 1학년 1학기의 읽기점수 값이 되고, 기울기는 한 학기마다 변화하는 읽기점수의 크기가 된다. 그런데 만약 연구자가 한 학기마다 변화하는 읽기점수가 아니라 한 학년마다 변화하는 읽기점수를 추정하기를 원한다면, 위의 요인부하의 값들을 약간 수정함으로써 목적을 이룰 수 있다. 다섯 개 요인부하의 값을 0, 0.5, 1, 2, 3으로 고정하는 것이다. 이렇게 하면 각 시점의 간격을 정확히 반영해 줌과 동시에 $Time_j$의 한 단위가 1년이 된다. 그런데 사실 요인부하를 0, 1, 2, 4, 6으로 고정한 모형의 기울기 추정치에 2를 곱해 주면 요인부하를 0, 0.5, 1, 2, 3으로 고정한 모형의 기울기 추정치가 된다. 두 모형의 기울기 추정치는 서로 선형 변환(linear transformation)이 가능한 관계인 것이다. 매우 다양한 종류의 잠재성장모형이 존재하지만, 기본적으로 지금까지 보인 대로 기울기 요인의 요인부하를 목적에 맞게 고정함으로써 많은 종류의 모형을 추정하고 알맞은 해석을 할 수 있다.

11.2.3. 선형 잠재성장모형의 예

예제를 위한 자료는 미국에서 수많은 변수에 대해 전국적으로 수집된 The Early Childhood Longitudinal Study-Kindergarten(ECLS-K) Class of 1998/1999를 이용하였다. 인터넷을 통해 자료를 요구하면 미국 내에서는 관련 DVD를 무료로 배포한다. 유치원 가을학기(0), 유치원 봄학기(1), 1학년 가을학기(2), 1학년 봄학기(3), 3학년 봄학기(7), 5학년 봄학기(11), 8학년 봄학기(17)[84] 등 총 일곱 개의 시점에 걸쳐 2만여 학생의 자료가 수집되었다. 그중에서 우리는 무선적으로 선택한 1,500명의 읽기능력 점수와 성별 변수를 이용한다. 이 읽기능력 점수는 문항반응이론의 수직척도화(vertical scaling) 기법을 이용하여 다른 학년 간에도 비교 가능하도록 변환시킨 것들이다. [그림 11.8]에 점수의 일부가 제공된다.

---

84) 각 시점간격에 맞도록 괄호 안에 기울기 요인의 요인부하 값을 적어 놓았다.

	read1	read2	read3	read4	read5	read6	read7	Male
1	32.5	38.5	.	73.2	95.5	.	.	1
2	62.4	99.4	.	125.7	150.7	.	.	1
3	32.4	40.9	.	.	.	.	.	0
4	36.7	36.7	.	.	.	.	.	1
5	36.1	43.4	.	67.0	147.4	147.7	192.6	1
6	30.6	43.4	.	76.4	114.8	128.4	161.1	0
7	38.5	54.5	.	85.2	141.2	161.6	198.7	0
8	39.5	47.3	.	95.3	132.6	166.9	188.2	0
9	25.6	35.4	.	60.0	112.7	167.0	198.1	1
10	29.4	36.6	.	52.0	91.7	129.1	144.5	0

[그림 11.8] ECLS-K 읽기능력 시험 점수

위의 그림을 보면 상당히 많은 결측치가 나타나는데, 첫 번째 시점부터 일곱 번째 시점까지 각각 15.7%, 10.9%, 77.7%, 23.3%, 33.3%, 47.0%, 56.4%의 결측치가 있음을 확인하였다. 위와 같이 결측치가 존재하는 경우, 결측치를 하나의 값으로 코딩한 다음 Mplus input에서 결측치로 지정하고 완전정보 최대우도(FIML) 추정을 실행할 수 있다. 위의 자료에서 절대로 나타날 수 없는 값인 999를 결측치로 결정하였다. 새롭게 코딩된 자료가 [그림 11.9]에 있다.

	read1	read2	read3	read4	read5	read6	read7	Male
1	32.5	38.5	999.0	73.2	95.5	999.0	999.0	1
2	62.4	99.4	999.0	125.7	150.7	999.0	999.0	1
3	32.4	40.9	999.0	999.0	999.0	999.0	999.0	0
4	36.7	36.7	999.0	999.0	999.0	999.0	999.0	1
5	36.1	43.4	999.0	67.0	147.4	147.7	192.6	1
6	30.6	43.4	999.0	76.4	114.8	128.4	161.1	0
7	38.5	54.5	999.0	85.2	141.2	161.6	198.7	0
8	39.5	47.3	999.0	95.3	132.6	166.9	188.2	0
9	25.6	35.4	999.0	60.0	112.7	167.0	198.1	1
10	29.4	36.6	999.0	52.0	91.7	129.1	144.5	0

[그림 11.9] ECLS-K 읽기능력 시험 점수-결측치 코딩

위의 SPSS 자료파일을 고정아스키 포맷으로 저장하고 파일 이름을 ECLSK.dat로 저장하였다.

무조건 모형(Unconditional Model)

총 일곱 개의 시점에 걸쳐 수집된 읽기능력 시험 점수 중에서 처음 네 개의 시점을 이용해 선형 성장모형을 추정하는 M*plus* input이 [결과 11.1]에 있다. 일단 Male 변수를 사용하지 않은 무조건 모형을 추정하였다.

[결과 11.1] 무조건 선형 성장모형 – input

```
TITLE: Unconditional linear LGM

DATA: FILE IS ECLSK.dat;
      FORMAT IS 7f6.1 1f3.0;

VARIABLE: NAMES ARE read1-read7 male;
          USEVARIABLES ARE read1-read4;
          MISSING ARE all(999);

ANALYSIS: ESTIMATOR = ML;

MODEL: INT SLP | read1@0 read2@1 read3@2 read4@3;

OUTPUT: StdYX;

PLOT: TYPE = Plot2;
      SERIES = read1(0) read2(1) read3(2) read4(3);
```

MISSING ARE all(999); 부분이 999로 코딩된 반응을 결측치로 처리하는 명령어다. 이렇게 되면 개별 반응을 모두 이용하는 완전정보 최대우도(FIML) 추정을 한다. 구체적으로 말하면, 결측 패턴에 따라 모든 사례를 나눈 다음 각 나누어진 결측 패턴 집단에 따라 개별적으로 로그우도함수를 계산하고, 그 함수의 값들을 종합하여 전체 표본에 대한 추정을 하게 된다. 결측 패턴이란 read1의 값이 결측이고, read2, read3와 read4는 값이 존재하는 것이 하나의 패턴, read2가 결측이고 나머지 변수의 값이 존재하는 것이 또 하나의 패턴, read1과 read2가 결측이고 나머지 두 개의 값이 존재하는 것이 또 하나의 패턴이 됨을 의미한다. 몇 개의 결측 패턴이 있는지는 자료에 의해서 결정된다. 이러한 방법을 이용해 결측치를 처리하게 되면 모든 측정시점에서 결측이 아닌 이상 해당 사례는 모형의 추정을 위해 사용된다. 바꿔 말하면, 모든 측정시점에 대해서 결측인 사례는 전체 분석에서 제외된다. MODEL 커맨드의 INT SLP | read1@0 read2@1 read3@2 read4@3; 부분이 바로 잠재성장모형을 추정하는 명령어다. "|"의 왼쪽 부분에 절편과 기울기 요인의 이름을 각각 INT와 SLP로 정해 주고, "|"의 오른쪽에 사용하고자 하는 네 개의 지표변수와 각 @ 표시 오른쪽에 기울기 요인의 요인부하를 차례대로 적어 준다. 위와 같이 0, 1, 2, 3으로 고정하면 절편은 초기값의 의미가 되고, 기울기는 매

학기마다 변화하는 읽기시험 점수가 된다. 사실 선형 잠재성장모형은 2요인 모형
이므로 위와 같은 명령어 대신 INT BY read1@1 read2@1 read3@1 read4@1; 및
SLP BY read1@0 read2@1 read3@2 read4@3;로 적어 주어도 정확히 같은
결과를 얻는다. 그리고 잠재성장모형을 추정할 때는 표준화된 추정치 옵션(예,
StdYX)을 사용하기를 조언한다. 이는 성장요인 간의 상관계수를 확인하는 것이
결과의 해석에서 상당히 유용하기 때문이다. 물론 비표준화 추정치에서 성장요인
의 공분산과 분산을 이용하면 손으로 계산 가능하지만, 귀찮은 일이고 또한 불편
하다. 마지막 PLOT 커맨드에서는 성장궤적 그래프를 위해 TYPE=Plot2; 옵션을
사용하였고, SERIES 옵션을 통하여 지표변수들과 시점(0, 1, 2, 3)을 설정하였다.
이제 [결과 11.2]에 output의 처음 부분이 제공된다.

[결과 11.2] 무조건 선형 성장모형 – 결측정보

```
*** WARNING
  Data set contains cases with missing on all variables.
  These cases were not included in the analysis.
  Number of cases with missing on all variables:  57
  1 WARNING(S) FOUND IN THE INPUT INSTRUCTIONS


Unconditional linear LGM

SUMMARY OF ANALYSIS

Number of groups                                                1
Number of observations                                       1443

Number of dependent variables                                   4
Number of independent variables                                 0
Number of continuous latent variables                           2

Observed dependent variables

  Continuous
   READ1         READ2         READ3         READ4

Continuous latent variables
   INT           SLP


Estimator                                                      ML
Information matrix                                       OBSERVED
Maximum number of iterations                                 1000
Convergence criterion                                   0.500D-04
Maximum number of steepest descent iterations                  20
Maximum number of iterations for H1                          2000
Convergence criterion for H1                            0.100D-03

Input data file(s)
  ECLSK.dat
```

```
Input data format
  (7F6.1 1F3.0)

SUMMARY OF DATA

   Number of missing data patterns              13
```

위의 결과에서 처음 부분에 모든 변수에 대하여 결측인 사례가 총 57개 있음을 경고하는 메시지가 있다. 그 결과 Number of observations가 1,500이 아니라 1,443인 것을 확인할 수 있다. 일반적으로 구조방정식 모형을 FIML 방법으로 추정한 경우에, 모든 내생변수(여기서는 read1-read4)에 대해서 완전하게 결측인 사례들은 분석에서 제외가 된다. 이는 모든 변수에 대해서 결측인 사례들이 변수들에 대해서 그 어떤 정보도 가지고 있지 않기 때문이다. 반대로 말해서, 하나라도 값이 있으면 분석에 포함된다. 이에 반해, 외생변수의 경우에는 단 하나의 값이라도 결측이면 해당 사례가 분석에서 제외된다. 위 결과의 가장 마지막 줄은 결측자료 패턴의 개수가 13개임을 보여 준다. 다음으로는 모형의 적합도가 [결과 11.3]에 있다.

[결과 11.3] 무조건 선형 성장모형 – 모형의 적합도

```
MODEL FIT INFORMATION

Number of Free Parameters                        9

Loglikelihood

        H0 Value                         -15752.079
        H1 Value                         -15494.661

Information Criteria

        Akaike (AIC)                      31522.157
        Bayesian (BIC)                    31569.628
        Sample-Size Adjusted BIC          31541.038
          (n* = (n + 2) / 24)

Chi-Square Test of Model Fit

        Value                               514.836
        Degrees of Freedom                        5
        P-Value                              0.0000

RMSEA (Root Mean Square Error Of Approximation)

        Estimate                              0.266
        90 Percent C.I.                       0.247    0.285
        Probability RMSEA <= .05              0.000

CFI/TLI
```

```
              CFI                             0.837
              TLI                             0.805

Chi-Square Test of Model Fit for the Baseline Model

              Value                        3138.231
              Degrees of Freedom                  6
              P-Value                        0.0000

SRMR (Standardized Root Mean Square Residual)

              Value                           0.132
```

일반적인 구조방정식 모형의 평가와 다르지 않은 방식으로 잠재성장모형도 평가한다. $\chi^2_M = 514.836$, $df_M = 5$, $p < 0.001$로 모형이 자료에 부합한다는 영가설은 기각한다. RMSEA는 0.266, CFI는 0.837, SRMR은 0.132로 근사 적합도 지수들 역시 상당히 좋지 않다. 임의로 생성한 자료가 아닌 진짜 자료를 사용함으로써 생기는 지극히 자연스런 현상이다. 이 정도로 모형 적합도가 좋지 않다면, 아마도 선형 성장모형이 아닌 다른 형태(예, 비선형)의 성장모형을 고려하거나 자료에 이상값 등은 없는지 등을 확인해 보아야 할 것이다. 우리 책에서는 비선형 모형은 다루지 않는다. 잠재성장모형의 개별모수 추정치는 [결과 11.4]에 있다.

[결과 11.4] 무조건 선형 성장모형 – 개별모수 추정치

```
MODEL RESULTS

                                                      Two-Tailed
                    Estimate      S.E.    Est./S.E.   P-Value

  INT      |
    READ1            1.000       0.000     999.000     999.000
    READ2            1.000       0.000     999.000     999.000
    READ3            1.000       0.000     999.000     999.000
    READ4            1.000       0.000     999.000     999.000

  SLP      |
    READ1            0.000       0.000     999.000     999.000
    READ2            1.000       0.000     999.000     999.000
    READ3            2.000       0.000     999.000     999.000
    READ4            3.000       0.000     999.000     999.000

  SLP      WITH
    INT             27.005       2.516      10.731       0.000

  Means
    INT             34.736       0.300     115.684       0.000
    SLP             12.417       0.191      65.039       0.000

  Intercepts
```

```
        READ1              0.000       0.000     999.000     999.000
        READ2              0.000       0.000     999.000     999.000
        READ3              0.000       0.000     999.000     999.000
        READ4              0.000       0.000     999.000     999.000

 Variances
        INT              102.335       4.932      20.747       0.000
        SLP               17.728       1.784       9.937       0.000

 Residual Variances
        READ1             17.042       3.025       5.633       0.000
        READ2             31.313       2.720      11.511       0.000
        READ3             68.429       8.192       8.353       0.000
        READ4            219.368      15.422      14.224       0.000


STANDARDIZED MODEL RESULTS

STDYX Standardization

                                                         Two-Tailed
                    Estimate       S.E.   Est./S.E.      P-Value

 SLP      WITH
        INT                0.634       0.076       8.345       0.000
```

절편 요인(INT)과 기울기 요인(SLP)의 요인부하 추정치가 가장 먼저 나타난다. 선형 잠재성장모형은 요인부하를 정해진 원리에 따라 고정하는 방식이므로, 이 값들은 추정된 것이 아니라 고정된 것이다. 그리고 절편과 기울기의 공분산 27.005가 나타나고 둘의 상관은 통계적으로 유의한 것으로 나타난다. 공분산은 그 절대적인 범위가 있지 않아 어느 정도로 강한 관계인지를 말해 주지 않으므로 표준화된 추정치에서 둘의 상관계수(correlation)를 확인하는 것이 좋다. 그 결과 절편과 기울기의 상관계수는 0.634로 꽤 높은 상관을 확인할 수 있었다. 그리고 정적 상관계수는 읽기능력의 초기 점수가 높은 학생들이 능력의 성장속도 또한 더 빠르다는 것을 의미한다. 다음으로 Means 아래 절편과 기울기 요인의 평균 추정치가 있다. 1,443명 학생들의 초기 읽기점수 값은 34.736점이고, 매 학기 12.417점씩 증가한다. 그리고 매 학기 증가하는 읽기시험 점수는 통계적으로 유의하다. Intercepts에 보이는 네 개의 0은 측정모형의 절편(μ)값이다. 자료를 이용하여 추정한 것이 아니라, 성장모형에서는 무조건 0으로 고정한다. 다음으로는 두 요인(절편과 기울기)의 분산 추정치가 나타나며, 마지막으로 측정오차 네 개의 분산 추정치가 보인다. 이제 PLOT 커맨드에서 요구한 성장궤적을 확인하도록 하자. PLOT-View plots에서 Estimated means를 선택하여 성장궤적을 요구하면 볼 수 있으나, 깔끔하지 못한 관계로 [그림 11.10]과 같은 그래프를 직접 그렸다.

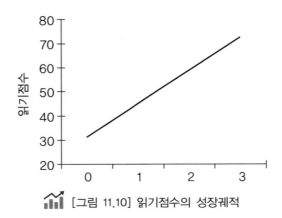

[그림 11.10] 읽기점수의 성장궤적

위의 그림은 유치원 가을학기부터 1학년 봄학기에 걸친 전체 표본의 읽기점수 평균 성장궤적을 보여 주고 있다.

조건 모형(Conditional Model)

이제 외생변수로서 Male을 더한 모형을 살펴보자. 절편과 기울기에 존재하는 개인차로 인한 변동성을 또 다른 개인차 변수인 Male을 이용하여 설명하고자 하는 시도다. 조건 모형의 M*plus* input이 [결과 11.5]에 제공된다.

[결과 11.5] 조건 선형 성장모형-input

```
TITLE: Conditional linear LGM

DATA: FILE IS ECLSK.dat;
      FORMAT IS 7f6.1 1f3.0;

VARIABLE: NAMES ARE read1-read7 male;
          USEVARIABLES ARE read1-read4 male;
          MISSING ARE all(999);

ANALYSIS: ESTIMATOR = ML;

MODEL: INT SLP | read1@0 read2@1 read3@2 read4@3;

       INT SLP ON male;

OUTPUT: StdYX;

PLOT: TYPE = Plot2;
      SERIES = read1(0) read2(1) read3(2) read4(3);
```

무조건 선형 성장모형과의 차이점은 male을 USEVARIABLES 옵션에 더하고,

MODEL 커맨드에 INT SLP ON male;을 더한 것이다. 모형의 적합도 역시 매우 비슷한 결과를 보였다. $\chi^2_M = 531.206$, $df_M = 7$, $p < 0.001$로 모형이 자료에 부합한다는 영가설은 기각한다. RMSEA는 0.228, CFI는 0.834, SRMR은 0.111로 근사 적합도 지수들 역시 상당히 좋지 않다. 이것은 추가한 공변수인 Male이 그다지 자료를 설명하지 못하고 있다는 의미일 가능성이 크다. 이제 [결과 11.6]에서 개별 모수 추정치를 확인하도록 하자. 앞의 내용과 겹치는 부분은 생략하였다.

[결과 11.6] 조건 선형 성장모형 – 개별모수 추정치

```
MODEL RESULTS

                                                    Two-Tailed
                    Estimate      S.E.    Est./S.E.  P-Value

INT        ON
   MALE            -0.751        0.586    -1.281      0.200

SLP        ON
   MALE            -0.872        0.337    -2.588      0.010

SLP        WITH
   INT             26.740        2.516    10.630      0.000

Intercepts
   READ1            0.000        0.000   999.000    999.000
   READ2            0.000        0.000   999.000    999.000
   READ3            0.000        0.000   999.000    999.000
   READ4            0.000        0.000   999.000    999.000
   INT             35.130        0.435    80.801      0.000
   SLP             12.899        0.267    48.372      0.000

Residual Variances
   READ1           17.024        3.042     5.596      0.000
   READ2           31.586        2.738    11.537      0.000
   READ3           69.178        8.252     8.383      0.000
   READ4          216.695       15.378    14.091      0.000
   INT            102.209        4.928    20.738      0.000
   SLP             17.559        1.778     9.873      0.000
```

먼저 절편 추정치($\hat{\gamma}_{00}$)는 35.130, 기울기 추정치($\hat{\gamma}_{10}$)는 12.899로서 이 값들은 여자들($Male = 0$)의 초기값과 변화율을 가리킨다. 이 값들이 무조건 모형에서는 Means 밑에 있었지만, 조건모형에서는 Intercepts 밑에 있다. 그 이유는 잠재성장모형의 구조모형 부분을 생각하면 쉽게 이해가 간다. [식 11.5]에서 만약 Male이 없다면 $\alpha_i = \gamma_{00} + d_{0i}$, $\beta_i = \gamma_{10} + d_{1i}$로서 γ_{00}와 γ_{10}가 각각 절편(α_i)과 기울기(β_i)의 평균 개념이다. 그에 반해, Male 변수가 있는 [식 11.5]에서는 γ_{00}와 γ_{10}가 각각 절

편(α_i)식의 절편(intercept)[85] 및 기울기(β_i)식의 절편(intercept)이므로, 조건
모형에서는 Intercepts 밑에 위치하게 된다. 그리고 남자들($Male = 1$)의 절편 추
정치($\hat{\gamma}_{00} + \hat{\gamma}_{01}$)는 34.379($= 35.130 - 0.751$)이고, 기울기 추정치($\hat{\gamma}_{10} + \hat{\gamma}_{11}$)는 12.027
($= 12.899 - 0.872$)이 된다. 위의 결과를 바탕으로 한 남녀의 성장궤적이 [그림 11.11]
에 있다.

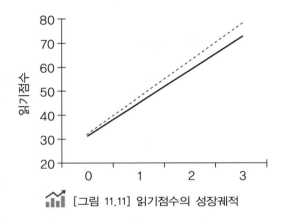

[그림 11.11] 읽기점수의 성장궤적

위에서 점선으로 된 성장궤적이 여자의 것이며, 실선으로 된 성장궤적이 남자의
것이다. 그림을 보면 여자가 남자보다 약간 더 높은 수준의 초기 읽기능력을 가지
고 있고, 시간의 흐름에 따라서 그 차이는 더 벌어지는 것으로 나타난다. 개별모
수 추정치를 확인해 보면, 남녀의 초기값 차이(-0.751)는 통계적으로 유의하지
않았고($p = 0.200$), 변화율 차이(-0.872)는 통계적으로 유의하였다($p < 0.05$).

잠재성장모형은 선형뿐만 아니라 다양한 종류의 비선형 모형이 존재하며, 각각
의 비선형 종류마다 특색이 있다. 또한 한 번에 두 가지 종류의 종속변수(예, 읽기
점수와 수학점수)를 갖는 잠재성장모형도 있고, 한 종류의 종속변수에 대한 성장
궤적이 여러 국면(phase)에 걸쳐 나타나는 잠재성장모형도 있다(예, 금연 전 일주
일과 금연 후 일주일의 흡연 욕구 변화). 우리 책에서 모든 종류의 잠재성장모형
을 다룬다는 것은 가능하지 않으므로 가장 단순하고 또한 가장 중요한 형태인 선
형 성장모형만을 다루었다.

---

85) 이 절편(intercept)은 잠재성장모형에서 성장요인(growth factor) 절편이 아니라 구조모형의 절
편을 의미한다.

제12장 표본크기의 결정

제2장에서 간략하게 소개하였지만, 적절한 표본크기에 대한 많은 경험적인 제안들(rules of thumb)이 있어 왔다. 구조방정식 모형의 가장 기본적인 모형이라고 할 수 있는 확인적 요인분석모형에 대한 제안이 많이 있었는데, 어떤 학자들은 150, 또 어떤 학자들은 200 정도를 적절한 크기로 제안하였다. 또한 추정하고자 하는 모형에서 하나의 자유모수당 몇 개의 사례가 필요한지를 결정하는 $N:q$ 개념으로 적절한 표본크기를 제안하려는 시도도 있었다. 하지만 구조방정식 모형에서 적절한 표본크기를 결정하는 문제는 이보다 훨씬 더 복잡해질 수 있다. 다양한 종류의 구조방정식 모형에 모두 들어맞는 절대적인 표본크기나 하나의 결정규칙은 존재하지 않는다. 이는 구조방정식 모형의 추정을 위해 필요한 적절한 표본크기가 매우 많은 요인에 의존하기 때문이다. 예를 들어, 자유모수의 개수, 잠재변수당 지표변수의 개수, 지표변수의 신뢰도, 횡단연구인지 종단연구인지의 차이, 자료의 다변량 정규성의 정도, 결측치의 패턴과 정도, 모형의 복잡성, 추정 방법의 차이 등이 모두 표본크기를 결정하는 데 영향을 미친다(Wang & Wang, 2012).

제2장에서 소개한 경험적인 제안 외에 구조방정식 모형에서 적절한 표본크기를 결정하는 몇 가지 기술적인 방법이 있다. 먼저 모형에서 연구자가 관심 있는 모수를 결정할 수 있는 경우에 사용하는 방법이 있다. MACS(mean and covariance structures)를 이용하는 Satorra와 Saris(1985)의 방법이 있는데, 절차를 제대로 수행하기 위해서는 비중심 χ^2 분포의 비중심 모수(noncentrality parameter)와 검정력 및 공분산 행렬의 추정에 대한 이해를 필요로 한다. 또한 여러 단계를 거쳐야 하며, 관심 있는 모수의 종류 하나를 결정하고 그 크기도 어느 정도 예측해야만 한다. 위의 방법 외에 Muthén과 Muthén(2002)은 시뮬레이션을 통해서 적절한 표본크기를 결정하는 방법을 제공한다. 연구자의 모형에 맞고 충분한 검정력(power)을 확보하는 표본크기를 찾는 방법으로서는 훌륭하지만, 대다수의 연구자에게 익숙하지 않은 컴퓨터 시뮬레이션을 직접 이용해야 한다는 약점이 있다. 또한 Satorra와 Saris(1985)의 방법과 마찬가지로 연구자가 설정한 모형의 어느 특별한 관심 있는 모수가 대략 어느 크기(효과크기의 일종)일지를 결정해야 하는 어려운 점이 있기도 하다. 다만 여러 개의 관심 있는 모수를 동시에 고려하여 표본크기를 결정할 수 있다는 상대적 장점이 있다.

관심 있는 모수의 크기를 미리 결정하지 않아도 되는 방법으로서 MacCallum,

Browne와 Sugawara(1996)의 방법과 Kim(2005)의 방법도 있다. 이 방법들은 주어진 유의수준과 검정력 및 모형 적합도 지수에 대하여 최소한으로 요구되는 표본크기를 계산하는 방법이다. 모형 적합도 지수로서는 GFI(goodness-of-fit index)나 CFI 등 여러 가지가 쓰일 수 있으나 특히 RMSEA가 주로 쓰인다. 이 방법들 역시 사실 χ^2 분포의 비중심 모수를 내부적으로 이용하는데, 이를 표본크기와 특정한 모형 적합도 지수의 함수로 대체한다. 또한 여기서 사용되는 모형 적합도는 효과크기의 역할을 한다(Wang & Wang, 2012). Preacher와 Coffman(2006)은 MacCallum, Browne와 Sugawara(1996)의 방법을 이용하여 실질 연구자들이 쉽게 표본크기를 계산할 수 있도록 웹페이지(quantpsy.org)에 R 프로그램을 이용한 도구를 제공하고 있다. 이 방법은 구조방정식 모형과 R에 대한 간단한 이해를 바탕으로 한다. Kim(2005)의 방법 역시 MacCallum, Browne와 Sugawara(1996)의 방법과 상당히 유사한데, CFI나 RMSEA 등의 주어진 모형 적합도 지수와 검정력에 기반하여 표본크기를 계산하는 방법이다. 둘의 결과는 크게 다르지 않은 것이 보통이다(Wang & Wang, 2012).

지금까지 간단하게 소개한 네 개의 방법 중에서 세 개의 방법을 우리 책에 소개하고자 한다. 첫 번째는 Satorra와 Saris(1985)의 MACS를 이용하는 방법이다. 조금 오래된 방법이기는 하지만, 표본크기를 결정하는 원리를 어느 정도 경험할 수 있는 방법이다. 둘째는 Muthén과 Muthén(2002)의 몬테카를로 시뮬레이션(Monte Carlo simulation)을 이용한 방법이다. 매우 정확한 검정력 추정과 표본크기 결정이 이루어지는 것으로 알려져 있다. 그리고 마지막으로 MacCallum, Browne와 Sugawara(1996)의 방법으로 Preacher와 Coffman(2006)의 웹페이지를 이용하는 방법을 소개하고자 한다. 이 방법은 Satorra와 Saris(1985) 또는 Muthén과 Muthén(2002)의 방법에 비해서 절차가 상당히 간단하고 효율적이지만, 일관적으로 의미 있는 표본크기를 주는가에 대해서는 의문이 있다. Kim(2005)의 방법은 세 번째 방법과 원리도 같고 거의 비슷한 결과를 주기 때문에 설명하지 않는다. 각 방법을 설명하는 데 있어서 원래의 논문도 참고하였지만, Brown(2006) 및 Wang과 Wang(2012) 등의 책에 정리된 내용과 M*plus* 홈페이지(www.statmodel.com) 좌측 하단 How-To 부분의 Power Calculation도 참고하였음을 밝힌다.

12.1. Satorra와 Saris(1985)의 방법

Satorra와 Saris(1985)가 제안한 방식은 기본적으로 구조방정식 모형의 검정력을 계산하기 위한 것이다. 이 방법은 만약 연구자의 모형이 잘못 설정되었다면, χ^2 모형 적합도 통계치가 중심 χ^2 분포가 아니라 비중심 χ^2 분포를 따른다는 사실에 기반하고 있다. 잘못 설정된 모형의 χ^2 통계치는 기본적으로 비중심 모수(λ)의 근사치로 생각하면 된다. 이렇게 비중심 모수가 추정되고 나면, 중심 χ^2 분포와 비중심 χ^2 분포가 모두 결정되고, 통계 프로그램(SAS, R 등)이나 표를 통하여 검정력을 계산할 수 있다. 이렇게 구해진 검정력, 임의로 정한 유의수준($\alpha=5\%$), 연구자의 경험을 이용해 설정한 효과크기 등을 이용해 표본크기를 결정할 수 있다. 전체적인 과정을 먼저 단계에 따라 간략하게 언급한다.

1단계에서는 연구자의 가설에 따라 모형과 그 모형의 모수를 설정한다. 또한 영 공분산 행렬(null covariance matrix, 대각요소가 모두 1이고 비대각요소가 모두 0인 공분산 행렬)과 영 평균 벡터(zero mean vector, 모든 변수의 평균이 0)를 설정하여 요약 자료파일을 만든다. 이렇게 생성된 영 평균 벡터와 영 공분산 행렬을 통하여 연구자가 설정한 모형을 추정하여, 설정한 모형에 맞는 모형함의 공분산 행렬을 찾아낸다. 이때 표본크기는 충분히 큰 숫자로 설정한다. 2단계에서는 연구자가 설정한 모형으로 찾아낸 공분산 행렬을 이용하여 원래의 모형을 추정한다. 그리고 찾아낸 모형함의 공분산 행렬이 설정한 모형에 완전하게 부합하는지를 확인한다. 3단계에서는 원래의 모형에서 연구자가 관심 있어 하는 모수 하나를 0으로 고정한 모형을 위에서 찾아낸 공분산 행렬에 적용하여 추정한다. 이때 표본의 크기는 상대적으로 작게 설정한다. 그리고 모형 적합도 결과에서 구한 χ^2를 확인한다. 마지막 4단계에서는 찾아낸 χ^2 값과 R, SAS 등의 프로그램을 이용하여 검정력을 계산한다. 검정력이 만족할 만한 수준(예, 80%)이 되지 않으면 3단계로 돌아가서 다시 반복한다.

이제 가장 평범하고 기본적인 구조방정식 모형이라고 할 수 있는 확인적 요인분석모형과 함께 첫 번째 단계부터 실제로 진행하도록 한다. 우리는 이번 예제를 M*plus*와 R을 이용해서 진행한다. [그림 12.1]에 임의로 설정한 확인적 요인분석모형이 있다.

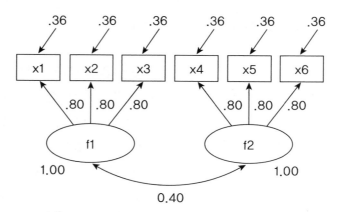

[그림 12.1] 확인적 요인분석모형–표준화 모수

　위에서 볼 수 있듯이 잠재변수 f_1과 f_2는 각각 $x_1 sim x_3$ 및 $x_4 \sim x_6$에 의하여 측정된다. 모든 지표변수는 평균이 0이고 분산은 1로 가정하였으며, 모든 요인부하는 0.8로 설정하였다. 잠재변수에 단위를 지정하는 방식으로는 두 가지 방법 중에서 각 잠재변수의 분산을 1.00으로 고정하는 방식을 사용하였다. 모든 측정오차의 분산은 각 지표변수의 분산(1.00)에서 신뢰도(위 모형에서는 $0.8^2 = 0.64$)를 뺀 값이므로 0.36이다. 두 요인 간 공분산은 0.40으로 설정하였고, 현재 예제에서 우리가 관심 있는 모수라고 가정한다. 지금까지 가정한 모든 모수는 이론적 및 경험적으로 충분히 그럴듯하다고 역시 가정한다. 첫 번째 단계에서 우리가 획득하고자 하는 결과는 [그림 12.1]에서 설정한 모형의 모집단 공분산 행렬을 구하고자 하는 것이다. 앞에서 배웠던 공분산 행렬을 이용한 구조방정식 모형의 추정을 상기해 보자. 공분산 행렬 S를 이용하여 설정한 모형의 모수(θ)를 추정하고 나면, 추정치($\hat{\theta}$)들을 이용하여 모형함의 공분산 행렬$\Sigma(\hat{\theta})$을 재생산할 수 있다. 이번 단계에서 하려고 하는 것은 이 과정과 연관되어 있다. 다시 말해, 모집단 공분산 행렬과 평균 벡터를 임의로 설정한 모수를 이용해서 찾아내려고 하는 것이다. 이를 위해 영 공분산 행렬과 영 평균 벡터를 윈도우 메모장을 이용하여 [그림 12.2]와 같이 만들어 낸다. 사실 아래의 요약 자료는 수학적으로 용납할 수 있는 범위에서 의미 없는 숫자를 임의로 만들어 낸 것이라고 볼 수 있다.

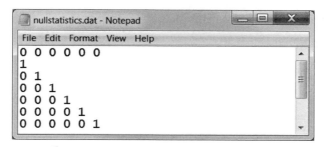

[그림 12.2] 영 평균 벡터 및 영 공분산 행렬

이제 [그림 12.1]에서 설정한 요인분석모형을 [그림 12.2]의 요약 자료를 이용하여 추정한다. M*plus* input이 [결과 12.1]에 제공된다.

[결과 12.1] Satorra와 Saris의 방법 1단계 – input

```
TITLE: Satorra and Saris - Step 1

DATA: FILE IS nullstatistics.dat;
      TYPE IS Means Covariance;
      NOBSERVATIONS = 500;

VARIABLE: NAMES ARE x1-x6;

MODEL: [x1-x6*0];
       f1 BY x1-x3@0.8;
       f2 BY x4-x6@0.8;
       f1@1;
       f2@1;
       x1-x6@0.36;
       f1 WITH f2@0.4;

OUTPUT: Sampstat Residual;
```

이미 익숙해져 있을 것이기 때문에 input에 대한 자세한 설명은 생략한다. 다만 MODEL 커맨드의 asterisk(*)는 $x_1 \sim x_6$의 절편 추정치들의 시작값을 정하는 방식이다. 이는 @을 이용한 추정치의 완전한 고정(fix)과는 다르다. 고정을 하면 모수에 대한 추정을 하지 않지만, 시작값을 주는 방식은 추정을 하고 표준오차도 계산한다. 사실 이번 예제에서는 $x_1 \sim x_6$의 절편을 고정하여도 자유모수의 개수가 바뀌는 것 외에는 어떤 차이점도 주지 못한다. 그리고 이번 단계에서는 일단 충분한 표본크기($n=500$)를 가정하여 모형을 추정한다. 위와 같이 모든 모수의 값을 고정한 모형을 추정하면서 OUTPUT 커맨드에 Residual 옵션을 주면, [결과 12.2]와 같이 설정한 모형에 상응하는 평균 벡터와 공분산 행렬이 제공된다.

[결과 12.2]　Satorra와 Saris의 방법 1단계 – output

```
MODEL FIT INFORMATION

Number of Free Parameters                      6

Loglikelihood

        H0 Value                        -5136.236
        H1 Value                        -4253.813

Information Criteria

        Akaike (AIC)                    10284.473
        Bayesian (BIC)                  10309.760
        Sample-Size Adjusted BIC        10290.716
          (n* = (n + 2) / 24)

Chi-Square Test of Model Fit

        Value                            1764.848
        Degrees of Freedom                     21
        P-Value                            0.0000

RMSEA (Root Mean Square Error Of Approximation)

        Estimate                            0.408
        90 Percent C.I.                     0.392    0.424
        Probability RMSEA <= .05            0.000

CFI/TLI


SRMR (Standardized Root Mean Square Residual)

        Value                               0.337


MODEL RESULTS

                                                      Two-Tailed
                     Estimate    S.E.   Est./S.E.     P-Value

 F1      BY
    X1                0.800      0.000   999.000       999.000
    X2                0.800      0.000   999.000       999.000
    X3                0.800      0.000   999.000       999.000

 F2      BY
    X4                0.800      0.000   999.000       999.000
    X5                0.800      0.000   999.000       999.000
    X6                0.800      0.000   999.000       999.000

 F1      WITH
    F2                0.400      0.000   999.000       999.000

 Intercepts
    X1                0.000      0.045     0.000         1.000
    X2                0.000      0.045     0.000         1.000
    X3                0.000      0.045     0.000         1.000
    X4                0.000      0.045     0.000         1.000
    X5                0.000      0.045     0.000         1.000
    X6                0.000      0.045     0.000         1.000
```

```
Variances
    F1                  1.000       0.000     999.000      999.000
    F2                  1.000       0.000     999.000      999.000

Residual Variances
    X1                  0.360       0.000     999.000      999.000
    X2                  0.360       0.000     999.000      999.000
    X3                  0.360       0.000     999.000      999.000
    X4                  0.360       0.000     999.000      999.000
    X5                  0.360       0.000     999.000      999.000
    X6                  0.360       0.000     999.000      999.000


RESIDUAL OUTPUT

    ESTIMATED MODEL AND RESIDUALS (OBSERVED - ESTIMATED)

        Model Estimated Means/Intercepts/Thresholds
            X1              X2              X3              X4              X5

     1       0.000           0.000           0.000           0.000           0.000


        Model Estimated Means/Intercepts/Thresholds
            X6

     1       0.000


        Model Estimated Covariances/Correlations/Residual Correlations
            X1              X2              X3              X4              X5
    X1       1.000
    X2       0.640           1.000
    X3       0.640           0.640           1.000
    X4       0.256           0.256           0.256           1.000
    X5       0.256           0.256           0.256           0.640           1.000
    X6       0.256           0.256           0.256           0.640           0.640


        Model Estimated Covariances/Correlations/Residual Correlations
            X6
    X6       1.000
```

예상대로 모형 적합도 결과는 매우 좋지 않다. CFI와 TLI는 계산조차 되지 않았다. 연구자가 설정한 모형에 영 평균 벡터 및 영 공분산 행렬을 이용하였으므로 좋을 리가 없다. 모형 적합도 부분 아래에 추정된 모수가 보인다. 절편 여섯 개 외에는 모든 모수를 추정하지 않고 고정하였음을 알 수 있다. 마지막으로 우리가 첫 번째 단계에서 원하는 Residual 옵션에 대한 output의 일부가 보인다. 자료에서 설정한 대로 모집단 평균은 모두 0으로 나타나고 있으며, 공분산 행렬 역시 앞에서 설정한 요인부하, 측정오차의 분산 등에 상응하는 값을 포함하고 있다. 즉, 연구자가 설정한 모형과 모수에 상응하는 모집단 평균 벡터와 공분산 행렬은 위와 같은 것이다. 이제 이 결과를 이용하여 [그림 12.3]과 같이 새로운 요약 자료파일을 만든다.

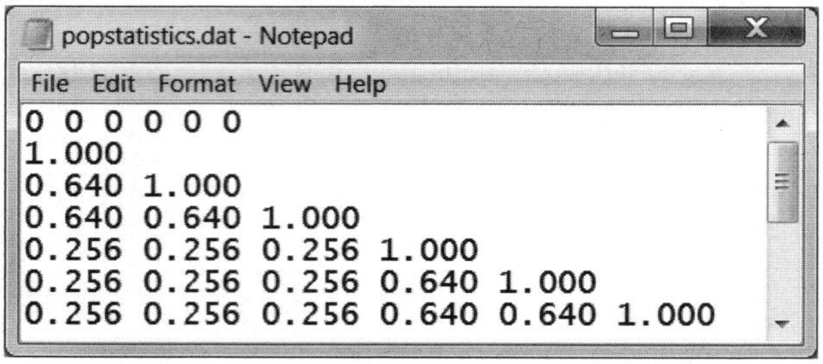

```
popstatistics.dat - Notepad
File  Edit  Format  View  Help
0  0  0  0  0  0
1.000
0.640  1.000
0.640  0.640  1.000
0.256  0.256  0.256  1.000
0.256  0.256  0.256  0.640  1.000
0.256  0.256  0.256  0.640  0.640  1.000
```

[그림 12.3] 모집단 평균 벡터와 공분산 행렬

두 번째 단계에서는 이렇게 만들어진 요약 자료를 통하여 연구자가 설정한 모형을 추정하여 추정된 공분산 행렬이 설정한 모형의 모수에 상응하는지를 확인하고자 한다. M*plus* input이 [결과 12.3]에 제공된다.

[결과 12.3] Satorra와 Saris의 방법 2단계 – input

```
TITLE: Satorra and Saris - Step 2

DATA: FILE IS popstatistics.dat;
      TYPE IS Means Covariance;
      NOBSERVATIONS = 100;

VARIABLE: NAMES ARE x1-x6;

MODEL:
      f1 BY x1-x3*;
      f2 BY x4-x6*;
      f1@1;
      f2@1;
      f1 WITH f2;

OUTPUT: Sampstat;
```

위에서 MODEL 커맨드의 asterisk(*)는 IRT 모형을 추정할 때 다뤘듯이, 일반적으로 첫 번째 지표변수의 로딩이 1로 고정하는 것을 풀어 주는 표식이다. 위의 모형에서 잠재변수의 단위를 지정하는 방식은 f1@1; 및 f2@1;처럼 각 잠재변수의 분산을 1로 고정하는 방식을 사용하였다. 2단계의 output은 [결과 12.4]에 제공된다.

[결과 12.4] Satorra와 Saris의 방법 2단계 – output

```
MODEL FIT INFORMATION

Number of Free Parameters                        19

Loglikelihood

        H0 Value                           -720.414
        H1 Value                           -720.414

Information Criteria

        Akaike (AIC)                       1478.827
        Bayesian (BIC)                     1528.326
        Sample-Size Adjusted BIC           1468.319
          (n* = (n + 2) / 24)

Chi-Square Test of Model Fit

        Value                                 0.000
        Degrees of Freedom                        8
        P-Value                              1.0000

RMSEA (Root Mean Square Error Of Approximation)

        Estimate                              0.000
        90 Percent C.I.                       0.000   0.000
        Probability RMSEA <= .05              1.000

CFI/TLI

        CFI                                   1.000
        TLI                                   1.062

Chi-Square Test of Model Fit for the Baseline Model

        Value                               255.869
        Degrees of Freedom                       15
        P-Value                              0.0000

SRMR (Standardized Root Mean Square Residual)

        Value                                 0.000


MODEL RESULTS

                                                    Two-Tailed
                    Estimate     S.E.   Est./S.E.   P-Value

 F1       BY
    X1                 0.796    0.090     8.830      0.000
    X2                 0.796    0.090     8.830      0.000
    X3                 0.796    0.090     8.830      0.000

 F2       BY
    X4                 0.796    0.090     8.830      0.000
    X5                 0.796    0.090     8.830      0.000
    X6                 0.796    0.090     8.830      0.000

 F1       WITH
```

F2	0.400	0.103	3.878	0.000
Intercepts				
X1	0.000	0.100	0.000	1.000
X2	0.000	0.100	0.000	1.000
X3	0.000	0.100	0.000	1.000
X4	0.000	0.100	0.000	1.000
X5	0.000	0.100	0.000	1.000
X6	0.000	0.100	0.000	1.000
Variances				
F1	1.000	0.000	999.000	999.000
F2	1.000	0.000	999.000	999.000
Residual Variances				
X1	0.356	0.078	4.571	0.000
X2	0.356	0.078	4.571	0.000
X3	0.356	0.078	4.571	0.000
X4	0.356	0.078	4.571	0.000
X5	0.356	0.078	4.571	0.000
X6	0.356	0.078	4.571	0.000

모형 적합도 결과를 보면 모형이 자료에 완벽하게 적합한 것을 확인할 수 있다. 자유도가 0이 되는 완전적합 모형(just-identified model)이 아니라, 자유도가 8임에도 불구하고 자료와 모형이 완벽하게 일치하는 것이다. 1단계에서 했던 작업을 생각하면 당연히 이럴 수밖에 없다. 아래의 개별모수 추정치를 확인하면 모든 추정치가 1단계에서 설정했던 모수와 거의 일치하는 것을 확인할 수 있다. 이제 3단계로 진행한다. 3단계에서는 잘못 설정된 모형을 2단계에서 사용한 자료를 이용하여 추정할 것이다. 이때 특히 우리가 관심 있는 모수를 의도적으로 틀리게 설정하여 동일한 모형을 추정한다. 모형의 추정을 위한 M*plus* input이 [결과 12.5]에 제공된다.

[결과 12.5] Satorra와 Saris의 방법 3단계 – input

```
TITLE: Satorra and Saris - Step 3

DATA: FILE IS popstatistics.dat;
      TYPE IS Means Covariance;
      NOBSERVATIONS = 50;

VARIABLE: NAMES ARE x1-x6;

MODEL:
      f1 BY x1-x3*;
      f2 BY x4-x6*;
      f1@1;
      f2@1;
      f1 WITH f2@0;

OUTPUT: Sampstat;
```

MODEL 커맨드를 보면 f_1과 f_2의 공분산이 0으로 잘못 설정되어 있음을 확인할 수 있다. 이것은 의도적인 설정이며, 우리가 이번 예제를 통하여 통계적 유의성을 확인하고자 하는 관심 모수가 바로 이 공분산이기 때문에 그렇게 한 것이다. 이때 DATA 커맨드에서 표본크기는 작은 숫자($n=50$)에서 시작하는 것이 일종의 팁이다. 3단계의 output이 [결과 12.6]에 제공된다. 특히 우리가 봐야 할 것은 χ^2 모형 적합도 통계치다.

[결과 12.6] Satorra와 Saris의 방법 3단계 – output

```
MODEL FIT INFORMATION

Chi-Square Test of Model Fit

        Value                           6.022
        Degrees of Freedom                 9
        P-Value                         0.7378
```

앞에서도 언급했듯이 위에서 보여지는 χ^2_M 값(6.022)은 비중심 모수 λ의 근사치로 취급될 수 있다. 이와 같이 λ를 구하게 되면 임의의 유의수준 α 값을 이용해 중심 χ^2 분포(under H_0, 영가설이 맞을 때) 및 비중심 χ^2 분포(under H_1, 영가설이 맞지 않을 때)의 상황에서 검정력을 계산할 수 있다. 이제 4단계로 진행하여 검정력과 표본크기를 실제로 구하는 방법을 확인한다. 먼저 [그림 12.4]에서 검정력을 계산하기 위한 중심 χ^2 분포와 비중심 χ^2 분포가 제공된다.

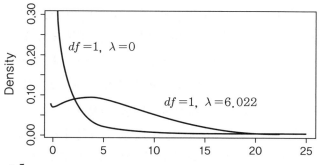

[그림 12.4] 검정력 계산을 위한 중심 및 비중심 χ^2 분포

$\alpha=0.05$로 결정하였으므로 임계치는 자유도가 1인 χ^2 분포에서 3.841이 된다. 검정력은 H_0이 사실이 아닐 때(under H_1) H_0을 기각할 확률이므로, 위의 그림에

서 검정력을 구하고자 하면 오른쪽에 있는 비중심 χ^2 분포($df=1$, $\lambda=6.022$)하에 서 3.841보다 클 확률을 구해야 한다. 통계 프로그램 R에서 비중심 χ^2 분포의 누적 확률(0부터 임의의 χ^2 값까지의 확률)을 구하는 식 및 검정력을 구하는 식과 계산 된 값이 [결과 12.7]에 제공된다.

[결과 12.7] Satorra와 Saris의 방법 4단계 – 검정력 계산

```
pchisq(q=3.841, df=1, ncp=6.022)
[1] 0.3106023

1-pchisq(q=3.841, df=1, ncp=6.022)
[1] 0.6893977
```

$\lambda=6.022$이고 $df=1$인 비중심 χ^2 분포에서 0부터 3.841까지의 누적확률을 구 할 수 있는 R 명령어가 윗줄에 있다. R 프로그램에서 pchisq는 χ^2 분포의 누적확 률을 구하는 명령어고, q는 임계치(χ^2 값), df는 χ^2 분포의 자유도, ncp는 비중심 모수를 가리킨다. 자유도가 1인 이유는 현재의 예에서 우리가 검정하고자 하는 관 심 모수가 f_1과 f_2 사이의 공분산 한 개이기 때문이다. 통계적으로 윗줄은 제2종 오류(Type II error, β)로서 H_0이 사실이 아닐 때 H_0을 기각하는 데 실패할 확률 이다. 검정력을 계산하기 위한 명령어는 아랫줄에 위치해 있는데, $1-\beta$임을 알 수 있다. 이렇게 계산해 보면 $n=50$일 때 f_1과 f_2의 공분산이 통계적으로 0이 아님 을 발견할(detect) 확률은 대략 69%임을 알 수 있다. 대체로 사회과학에서 받아들 일 수 있는 최소한의 검정력은 80%이므로(Cohen, 1988) $n=50$은 충분한 표본크 기가 아님을 알 수 있다. 이렇게 되면 표본크기를 대략 10 정도씩 키워 가면서 3단 계와 4단계를 반복하여 검정력이 80%를 넘어가는 표본크기를 적절한(최소한의) 표본크기로 결정할 수 있다. 그리고 다시 한 번 강조하는데, 이때의 검정력이란 f_1 과 f_2의 공분산이 통계적으로 0이 아님을 발견할(detect) 확률을 가리킨다. 참고로 위에서 $n=60$으로 늘린 다음 3단계와 4단계를 실행하면 ncp=7.226이 되고 검 정력은 77%가 된다. 또한 $n=70$으로 늘린 다음 3, 4단계를 반복하면 ncp=8.430 이 되고 검정력은 83%가 된다. 그러므로 우리의 관심 모수가 0이 아님을 발견할 수 있는 최소한의 표본크기는 대략 70이라고 볼 수 있다.

관심 있는 모수의 적당한 크기를 이전 연구나 이론으로부터 결정하고 여러 단계를 진행하는 Satorra와 Saris(1985)의 방법은 관심 있는 모수가 상대적으로 쉽게 결정

되는 모형에서는 매우 유용한 방법이다. 예를 들어, 연구자가 선형 잠재성장모형을 계획하고 있다면, 큰 논란의 여지없이 가장 주요한 관심 모수는 성장궤적의 기울기 요인의 평균이 될 것이다. 하지만 일반적인 구조방정식 모형에서 하나의 관심 있는 모수를 결정하기는 쉽지 않다. 앞에서 설명했듯이, 여러 개의 관심 있는 모수가 있는 경우에 모든 모수를 한꺼번에 확인할 수 있는 Muthén과 Muthén(2002)의 시뮬레이션 방법은 상당히 실용적이다.

12.2. Muthén과 Muthén(2002)의 방법

Muthén과 Muthén(2002)의 표본크기 결정 방식은 몬테카를로(MC) 컴퓨터 시뮬레이션을 이용한다. MC 방법은 컴퓨터를 이용하여 무선적인 표집과 모형의 추정을 실행할 수 있는 수학적인 기술이다. 일반적인 MC 연구에서는 주어진 모수를 가진 이론적인 분포나 모형을 따르는 다수(예, 10,000)의 자료 세트(samples 또는 replications)를 생성하고, 연구자가 의도한 모형을 각각의 표본에 대하여 추정한 다음, 다수의 추정치나 표준오차의 평균을 구하여 그 값이 모수의 값과 얼마나 비슷한지를 확인한다. 이때 모수의 값과 자료 세트로부터 추정된 값들의 평균의 차이를 모수편향(parameter bias)이라고 한다(모수편향＝추정치 평균−모수). 표본크기를 결정하는 Muthén과 Muthén(2002)의 몬테카를로 방법은 실행하는 방식에서는 일반적인 몬테카를로 방법과 유사하지만 편향 외에도 다른 여러 가지를 확인한다. 표본크기를 결정하고 검정력을 추정하기 위하여, 먼저 임의의 모형과 모수를 설정하고 그 모형에 맞는 자료 세트를 충분히 많이 생성해 낸다. 자료 세트 하나마다 설정한 모형을 추정하고 추정치와 표준오차 등을 기록하여 추정치와 표준오차의 평균을 계산한다. 이때 물론 자료 세트 하나하나마다 연구자가 모형을 추정할 필요는 없으며, M*plus* 프로그램이 내부적으로 실행하게 된다. 이렇게 구해진 추정치 및 표준오차와 몇 가지 추가적인 통계치를 확인하여 검정력을 계산하고 적절한 표본크기를 결정할 수 있다. 그리고 Muthén과 Muthén(2002)의 방법은 표본크기를 결정하는 데 있어서 검정력뿐만 아니라 추정치의 불편향성 및 표준오차를 통한 정확성까지 확인한다.

글로 설명하는 것보다 직접 실행해 보는 아래의 예제를 통하여 더 쉽게 이해할 수 있을 것이다. 그리고 한 가지 덧붙이자면, MC 방법은 컴퓨터를 이용하여 실제로 무선표집을 하고 모형을 추정한다는 측면에서 부스트래핑과 매우 비슷한 방법이다. 실제로 부스트래핑을 몬테카를로 시뮬레이션의 한 종류로 보는 것이 일반적이다. 부스트래핑이 거짓 모집단(pseudo population)에서 복원추출로 무선표집하고 연구자가 설정한 모형을 추정하는 데 반해, 일반적인 몬테카를로 방법은 본질적으로 무한대라고 할 수 있는 이론적인 모집단(theoretical population)으로부터 무선표집하고 설정한 모형을 추정한다. 참고로 무한대 모집단을 대상으로 하는 무선표집에서 복원추출과 비복원추출은 차이를 만들어 내지 못한다.

이제 본격적으로 Muthén과 Muthén(2002)의 방법을 이용하여 적절한 표본크기를 구해 보도록 한다. 가장 먼저 연구자가 추정하고자 하는 모형을 설정하고, 그 모형의 모수를 임의로 결정한다. 이때 물론 모수의 크기는 이전 연구나 이론을 통하여 결정하는 것이 일반적이다. 이번 예에서는 Satorra와 Saris(1985)의 방법과 비교하기 위하여 [그림 12.1]의 모형과 동일한 모형 및 동일한 모수를 가정한다. 모형과 모수를 설정하였다면, 본격적으로 MC 시뮬레이션을 위한 M*plus* syntax를 작성해야 한다. [결과 12.8]에 MC 방법을 위한 input이 제공된다. 아래 제공된 예를 통하여 0.4로 설정한 f_1과 f_2의 공분산은 통계적으로 유의하게 해 주는 충분한 표본크기를 결정할 수 있을 뿐만 아니라 나머지 모든 모수에 대한 추정의 정확성을 확인할 수도 있다.

[결과 12.8] Muthén과 Muthén의 방법 – input

```
TITLE: Muthen and Muthen - Step 1

MONTECARLO: NAMES ARE x1-x6;
            NOBSERVATIONS = 50;
            NREPS = 10000;
            SEED = 357951;

ANALYSIS: ESTIMATOR = MLR;

MODEL POPULATION:
       [x1-x6*0];
       f1 BY x1-x3*0.8;
       f2 BY x4-x6*0.8;
       f1@1;
       f2@1;
       x1-x6*0.36;
       f1 WITH f2*0.4;

MODEL: [x1-x6*0];
       f1 BY x1-x3*0.8;
       f2 BY x4-x6*0.8;
       f1@1;
       f2@1;
       x1-x6*0.36;
       f1 WITH f2*0.4;

OUTPUT: TECH9;
```

　위의 MONTECARLO 커맨드에서는 MC 시뮬레이션을 위해서 생성하고자 하는 변수의 개수 및 이름, 생성되는 각 표본의 크기, 총 자료 세트(표본)의 개수 등을 결정한다. NOBSERVATIONS는 생성하고자 하는 표본의 크기로서 편의상 일단 작은 숫자인 50부터 시작한다. NREPS는 생성하는 자료 세트의 개수(number of replications)로서 충분히 큰 숫자인 10,000개를 생성하고자 지정한다. 이렇게 되면 바로 아래 MODEL POPULATION 커맨드에서 설정한 모형에 상응하면서 사례의 개수가 50인 표본이 10,000개 생성된다. 생성된 10,000개의 표본은 우리 눈에 보이지 않고 M*plus* 내부적으로 처리되는데, 이런 종류의 시뮬레이션을 M*plus*에서는 내부 몬테카를로 시뮬레이션(internal Monte Carlo simulation)이라고 한다. 반대로 생성되는 10,000개의 표본을 윈도우 폴더에 모두 저장한 후에 하나하나 차례대로 읽어 들이면서 시뮬레이션을 실행하기도 하는데, 이런 경우 외부 몬테카를로 시뮬레이션(external Monte Carlo simulation)이라고 한다. 같은 종류의 시뮬레이션을 실행한다면 어떻게 해도 똑같은 결과가 나오게 된다. 하지만 어떤 경우에는 내부 MC 방법을 사용하지 못하고 반드시 외부 MC 방법만 사용해야 하는 경우도 존재한다. 표본크기를 결정하는 시뮬레이션은 내부 MC 방법으로 실행하는 것이 훨씬 효율적이다. SEED는 자료를 생성할 때 어떤 임의의 지점에서 표집을 시작하느냐를 결정해 주는 명령어로서, 아무 숫자나 임의로 결정하면 된다. 어떤 SEED를 지정하여도 연구자가 설정한 모형의 모수에 맞는 자료 세트가 생긴다. 다만 생성되는 자료 세트가 조금씩 바뀔 수 있다. 그런 의미에서 Wang과 Wang (2012)은 여러 개의 SEED를 이용해서 얻은 결과가 서로 일치해야만 MC 방법을 이용한 표본크기의 결정이 안정적이라고 하였다. ANALYSIS 커맨드에서는 추정 방법의 종류만 MLR로 결정하였다. 모형에 따라서 ML을 사용하는 것보다 MLR을 사용하는 경우에 더 안정적으로 추정이 되는 경우가 종종 있으므로, ML과 MLR을 적절히 실행하여 보기를 권한다.

　MC 방법에서 생성하고자 하는 자료에 해당하는 모형(즉, 자료생성모형)은 MODEL POPULATION 커맨드에 설정한다. 우리가 지금까지 수도 없이 경험했듯이, 구조방정식에서는 자료가 있으면 모형을 설정하여 추정할 수 있고, 모형과 모수가 어떤 방식으로든지 결정되면 반대로 자료를 재생산해 낼 수 있다. MODEL POPULATION 커맨드에서는 임의의 모형과 모수를 지정하여 그에 상응하는 자료를 생산(generation)하게 된다. 생산된 자료들에 동일한 모형을 적용하여 추정하는 명령어가 MODEL 커맨드에 제공된다. MC 연구에서는 생성한 자료와 추정하는 모형이 동일하지 않아도 문제가 되지 않는다. 예를 들어, 2요인 모형에 맞는 자료를 MODEL POPULATION에서 생성하고 1요인 모형을 MODEL 커맨드에서 추정할 수 있다. 하지만 표본크기를 결정하는 우리 예제에서는 특별히 그렇게 해야 할 이유가 없기 때문에 둘의 모형은 같다. MODEL POPULATION 커맨드를 보면 자료의 모수를 설정하여 자료를 생산하기 위하여 @과 *를 모두 사용하는 모습을 볼 수 있는데, 고정(@)하는 방식과 시작값(*)을 주는 방식에 따른 결과의 차이는 크지 않다. 우리 예제에서는 요인의 분산 모수를 완전히 고정하는 구조방정식의 단위 전통 중 하나를 따르기 위하여 @을 이용하였다. 또한 이 방식이 Muthén과 Muthén(2002)이 사용한 방식이기도 한다. MODEL 커맨드에서는 추정하기를 원하는 모수는 *를 사용하고, 고정하기를 원하는 모수는 @을 사용한다. 위와 마찬가지로 요인의 분산 모수는 @을 이용하여 1로 고정하였다. 참고로 MODEL POPULATION 커맨드에서는 요인의 분산 모수를 @을 이용하든 *를 이용하든 어떻게 하여도 큰 차이를 만들어 내지 않지만, MODEL 커맨드에서는 반드시 @을 이용해 고정해야 한다. 그렇지 않으면 결과에서 상당히 큰 표준오차 평균(S. E. Average)들을 경험하게 될 가능성이 높다. 마지막 OUTPUT 커맨드에서 TECH9 옵션을 준 것은 10,000개의 생성된 자료 세트를 설정한 모형을 이용해서 추정할 때, 만약 추정 과정에 부적절한 결과가 나오면 그것을 보고하도록 하기 위한 것이다. M*plus* input을 실행하면 수초간 검정색 DOS 화면이 열리면서 표집과 추정이 10,000번 반복된다. MC 방법의 모형 추정 output이 [결과 12.9]에 제공된다.

[결과 12.9] Muthén과 Muthén의 방법 – $n = 50$인 경우

```
SUMMARY OF ANALYSIS

Number of replications
    Requested                                                 10000
    Completed                                                 10000


MODEL FIT INFORMATION

Number of Free Parameters                    21

Chi-Square Test of Model Fit

        Degrees of freedom                    8

        Mean                                 9.471
        Std Dev                              5.085
        Number of successful computations    10000

        Proportions                    Percentiles
    Expected    Observed         Expected        Observed
```

```
         0.990          0.994              1.646          1.921
         0.980          0.987              2.032          2.279
         0.950          0.966              2.733          3.117
         0.900          0.931              3.490          3.973
         0.800          0.858              4.594          5.291
         0.700          0.779              5.527          6.420
         0.500          0.611              7.344          8.589
         0.300          0.417              9.524         11.161
         0.200          0.308             11.030         13.004
         0.100          0.185             13.362         16.081
         0.050          0.115             15.507         18.923
         0.020          0.060             18.168         22.661
         0.010          0.038             20.090         25.530
```

MODEL RESULTS

		Population	ESTIMATES Average	Std. Dev.	S. E. Average	M. S. E.	95% Cover	% Sig Coeff
F1	BY							
X1		0.800	0.7869	0.1299	0.1251	0.0171	0.931	1.000
X2		0.800	0.7879	0.1297	0.1251	0.0170	0.927	0.999
X3		0.800	0.7859	0.1302	0.1250	0.0172	0.927	1.000
F2	BY							
X4		0.800	0.7891	0.1305	0.1251	0.0172	0.928	0.999
X5		0.800	0.7880	0.1309	0.1251	0.0173	0.929	0.999
X6		0.800	0.7882	0.1310	0.1250	0.0173	0.929	0.999
F1	WITH							
F2		0.400	0.3955	0.1541	0.1485	0.0238	0.915	0.707
Intercepts								
X1		0.000	0.0005	0.1434	0.1391	0.0206	0.938	0.062
X2		0.000	−0.0025	0.1425	0.1392	0.0203	0.939	0.061
X3		0.000	0.0013	0.1420	0.1392	0.0202	0.941	0.059
X4		0.000	−0.0001	0.1410	0.1394	0.0199	0.946	0.054
X5		0.000	0.0005	0.1402	0.1394	0.0196	0.947	0.053
X6		0.000	0.0017	0.1416	0.1393	0.0201	0.941	0.059
Variances								
F1		1.000	1.0000	0.0000	0.0000	0.0000	1.000	0.000
F2		1.000	1.0000	0.0000	0.0000	0.0000	1.000	0.000
Residual Variances								
X1		0.360	0.3417	0.1141	0.1096	0.0133	0.923	0.896
X2		0.360	0.3413	0.1150	0.1097	0.0136	0.917	0.888
X3		0.360	0.3441	0.1140	0.1093	0.0132	0.923	0.902
X4		0.360	0.3420	0.1155	0.1095	0.0137	0.916	0.891
X5		0.360	0.3431	0.1163	0.1097	0.0138	0.918	0.893
X6		0.360	0.3412	0.1135	0.1092	0.0132	0.920	0.895

　　MC 방법을 사용하였을 경우에 분석의 요약 부분에 있는 자료 세트의 개수(Number of replications)를 확인해야 한다. Requested는 생성된 자료 세트의 개수를 말하고, Completed는 설정한 모형이 추정되어 결과를 보인 자료 세트의 개수를 가리킨다. 10,000개의 자료가 요구에 따라 생성되었고, 모든 자료 세트가 추정의 결과를 보였다. 여기서 한 가지 주의할 점은 Completed의 값이 10000이어도 10,000개의 자료 세트에 대한 추정이 모두 문제없이 이루어졌다는 것을 의미하지는 않는다

는 것이다. 예를 들어, Heywood case가 있어도 우리가 결과를 받아 보는 것과 마찬가지다. 문제가 생긴 자료 세트에서 나타나는 오류 메시지는 M*plus* output의 맨 마지막 부분인 TECHNICAL 9 OUTPUT 이하에서 확인할 수 있다. 몇 개의 예를 [결과 12.10]에 제공한다.

[결과 12.10] Muthén과 Muthén의 방법 – TECH9

```
TECHNICAL 9 OUTPUT

  Error messages for each replication (if any)

     REPLICATION 79:
     WARNING:  THE RESIDUAL COVARIANCE MATRIX (THETA) IS NOT POSITIVE DEFINITE.
     THIS COULD INDICATE A NEGATIVE VARIANCE/RESIDUAL VARIANCE FOR AN OBSERVED
     VARIABLE, A CORRELATION GREATER OR EQUAL TO ONE BETWEEN TWO OBSERVED
     VARIABLES, OR A LINEAR DEPENDENCY AMONG MORE THAN TWO OBSERVED VARIABLES.
     CHECK THE RESULTS SECTION FOR MORE INFORMATION.
     PROBLEM INVOLVING VARIABLE X2.
```

자료 세트 79번에 대하여 연구자가 설정한 2요인 모형을 추정하였을 때, 측정오차의 공분산 행렬(Ψ)이 비정치 행렬이라는 오류 메시지를 주고 있다. 오류 메시지에 PSI가 아닌 THETA가 쓰여 있는 이유는, LISREL의 고유한 표기법에 따르면 Ψ가 아닌 Θ^δ(theta–delta)라는 표기법을 사용하기 때문이다. 책의 서두에서 밝혔듯이, 우리 책에서는 복잡성 때문에 전통적인 LISREL 표기법을 사용하지 않고 있다. [결과 12.10]과 같은 메시지는 대략 100개의 자료 세트에 대하여 발생하였다. 즉, 추정 과정에서 수렴문제(convergence problem)가 발생한 자료 세트가 대략 1%이고, 문제가 없는 자료 세트가 99% 정도라는 것이다. 일반적으로 수렴비율(convergence rate)이 99%라고 이야기한다. MC 방법을 이용하면 수렴문제는 피할 수 없는 것이기 때문에 적절한 수준에서 통제만 된다면 큰 문제로 간주하지 않는다. 적절한 수준이라는 것은 상당히 애매한데, 1% 정도라면 거의 문제가 없다고 말할 수 있는 수준이다. 필자의 개인적인 의견으로 수렴문제가 발생한 비율이 3% 또는 5% 정도를 넘어간다면 MC 시뮬레이션의 추정 과정에 어느 정도 문제가 있다고 말할 수 있을 것이다.

다시 [결과 12.9]로 돌아가서 나머지 output의 모형 적합도 부분을 확인한다. M*plus* 내부적으로 10,000개의 모형을 추정하기 때문에, 모형 적합도는 10,000개의 통계치에 대한 요약치를 제공한다. 로그우도함수 값, AIC와 BIC 등의 정보준거, RMSEA, χ^2_M, SRMR 등이 제공되지만, 위에는 χ^2_M의 요약치만 제공하였다. 9.471은 χ^2_M 10,000개의 평균이며, 5.085는 χ^2_M 추정치의 표준오차(10,000개의 자료 세트에서 구한 χ^2_M 추정치들의 표준편차)다. Proportions Expected는 이론적인 χ^2 분포에서 오른쪽 꼬리 끝부터 왼쪽으로 계산되는 확률이며, 이 확률에 대응하는 χ^2 값이 Percentiles Expected다. 백분위수(percentile, percentile score)는 백분위(percentile rank)에 해당하는 점수를 가리킨다. [결과 12.9]의 χ^2 output에서 Proportions는 χ^2 분포의 오른쪽부터 왼쪽방향으로 계산되는 백분위(예, 1%, 2%, 3%,...)를 가리키고, Percentiles는 상응하는 χ^2 값을 가리킨다. χ^2 output을 보면, 자유도가 8인 이론적인 χ^2 분포에서 20.090보다 더 클 확률은 0.010이며, 18.168보다 클 확률은 0.020, 15.507보다 클 확률은 0.050이 되는 식이다. 반대로 생각해 보면, 자유도가 8인 χ^2 분포에서 $\alpha = 0.05$일 때 임계치(critical value)는 15.507인 것이다. Proportions Observed와 Percentiles Observed는 실제로 구해진 10,000개의 χ^2_M으로부터 획득된 값이다. 예를 들어, χ^2 output에서 위로부터 네 번째 줄을 보면 자유도가 8인 이론적인 중심 χ^2 분포에서 3.490보다 클 확률은 90.0%이다. 하지만 실제로 구한 10,000개의 χ^2_M 중에서 3.490보다 큰 값들은 93.1%이고, 90.0%에 해당하는 χ^2_M 값은 3.973이 되는 것이다.

　다음으로 MODEL RESULTS 부분을 확인해 보자. 먼저 Population은 연구자가 설정한 모형의 모수를 가리킨다. 그다음 열에는 추정치 10,000개의 평균(Average)과 표준편차(Std. Dev.)가 ESTIMATES 아래에 있다. 평균은 말 그대로 추정치 10,000개의 평균이며, 표준편차는 추정치 10,000개의 표준편차다. 여기서의 표준편차는 자료 세트의 수가 충분히 클 때 모집단 표준오차(population standard error)로 간주된다(Muthén & Muthén, 2002). 다음 열에 있는 표준오차 평균(S. E. Average)은 각 자료 세트에서 개별 추정치의 표준오차로 계산된 10,000개의 평균이다. 평균제곱오차(mean squared error, M.S.E.)는 각 추정치에 대하여 [식 12.1]과 같이 구해진다.

$$MSE(\hat{\theta}) = Var(\hat{\theta}) + \left[bias(\theta, \hat{\theta})\right]^2 \qquad \text{[식 12.1]}$$

　예를 들어, x_1의 f_1에 대한 요인부하 추정치의 평균제곱오차는 [식 12.2]와 같이 계산할 수 있다.

$$MSE(\hat{\theta}) = (0.1299)^2 + [0.7869 - 0.800]^2 = 0.0171 \qquad [\text{식 12.2}]$$

그다음 열은 95% 커버리지(95% Coverage)로서 모든 자료 세트에 대하여 각 모수의 95% 신뢰구간을 계산하였을 때, 그중 모수를 포함하고 있는 신뢰구간들의 비율이다. 예를 들어, 첫 번째 요인부하 모수를 구간추정한 10,000개의 95% 신뢰구간 중에서 대략 9,310개가 모수 0.8을 포함하고 있는 것이다. 마지막 열(% Sig Coeff)은 모든 자료 세트를 이용한 모형 추정에서 통계적으로 유의한 각 추정치의 비율(percentage of significant coefficient)이다. 상응하는 모수가 0이 아닐 때 이 값이 바로 추정된 검정력이다. 참고로 만약 모수가 0이라면 이 값은 제1종 오류(Type I error, α)가 된다. 현재 이 모형에서 우리가 관심을 가지고 있는 모수는 f_1과 f_2의 공분산이다. 결과로부터 볼 수 있듯이, f_1과 f_2의 공분산이 유의하게 존재할 때 통계적으로 그렇다고 결정을 내릴 확률, 즉 검정력은 70.7%이다. 이는 Cohen(1988)의 기준에 부합하지 못한다. 이런 경우, 표본의 크기를 늘려 가면서 동일한 MC 시뮬레이션을 계속 수행하여 검정력이 80%를 넘는 표본의 크기를 찾아야 한다. NOBSERVATIONS를 60으로 수정한 결과 검정력은 77.5%였고, 70으로 수정한 결과 마침내 83.5%였다. 즉, f_1과 f_2의 공분산이 통계적으로 0이 아님을 발견할(detect) 확률이 80% 이상이 되기 위해서는 대략 70 이상의 표본크기가 요구된다. [결과 12.11]에 $n = 70$인 경우의 MC 시뮬레이션 결과를 제공한다.

[결과 12.11] Muthén과 Muthén의 방법 – $n = 70$인 경우

```
SUMMARY OF ANALYSIS

Number of replications
    Requested                                             10000
    Completed                                             10000


MODEL FIT INFORMATION

Number of Free Parameters                     21

Chi-Square Test of Model Fit

        Degrees of freedom                    8

        Mean                              8.960
        Std Dev                           4.586
        Number of successful computations 10000

            Proportions                   Percentiles
        Expected    Observed          Expected      Observed
          0.990       0.992             1.646          1.847
```

```
             0.980        0.987          2.032          2.261
             0.950        0.964          2.733          3.002
             0.900        0.921          3.490          3.819
             0.800        0.841          4.594          5.098
             0.700        0.761          5.527          6.111
             0.500        0.575          7.344          8.190
             0.300        0.385          9.524         10.647
             0.200        0.278         11.030         12.424
             0.100        0.159         13.362         15.080
             0.050        0.088         15.507         17.532
             0.020        0.042         18.168         20.735
             0.010        0.024         20.090         23.100


MODEL RESULTS

                        ESTIMATES                S. E.  M. S. E.    95%   % Sig
            Population  Average  Std. Dev.  Average               Cover  Coeff
F1    BY
  X1          0.800     0.7907    0.1094    0.1060    0.0121     0.931   1.000
  X2          0.800     0.7928    0.1088    0.1061    0.0119     0.935   1.000
  X3          0.800     0.7907    0.1087    0.1061    0.0119     0.933   1.000

F2    BY
  X4          0.800     0.7921    0.1095    0.1062    0.0121     0.932   1.000
  X5          0.800     0.7913    0.1077    0.1060    0.0117     0.938   1.000
  X6          0.800     0.7918    0.1089    0.1060    0.0119     0.936   1.000

F1    WITH
  F2          0.400     0.3967    0.1276    0.1247    0.0163     0.932   0.835

Intercepts
  X1          0.000     0.0012    0.1201    0.1181    0.0144     0.943   0.057
  X2          0.000    -0.0004    0.1193    0.1183    0.0142     0.945   0.055
  X3          0.000     0.0009    0.1188    0.1182    0.0141     0.948   0.052
  X4          0.000     0.0004    0.1197    0.1183    0.0143     0.946   0.054
  X5          0.000     0.0012    0.1189    0.1183    0.0141     0.944   0.056
  X6          0.000     0.0017    0.1203    0.1182    0.0145     0.941   0.059

Variances
  F1          1.000     1.0000    0.0000    0.0000    0.0000     1.000   0.000
  F2          1.000     1.0000    0.0000    0.0000    0.0000     1.000   0.000

Residual Variances
  X1          0.360     0.3465    0.0956    0.0921    0.0093     0.927   0.963
  X2          0.360     0.3470    0.0962    0.0928    0.0094     0.924   0.964
  X3          0.360     0.3488    0.0963    0.0924    0.0094     0.926   0.967
  X4          0.360     0.3479    0.0961    0.0923    0.0094     0.926   0.966
  X5          0.360     0.3480    0.0952    0.0922    0.0092     0.930   0.967
  X6          0.360     0.3470    0.0952    0.0922    0.0092     0.928   0.965
```

그런데 이와 같이 검정력 하나만으로 적절한 표본크기를 구하는 방식은 Muthén 과 Muthén(2002)의 방식이 아니다. 이들은 표본크기를 결정함에 있어서 검정력 뿐만 아니라 모든 모수들의 정확한 추정도 고려해야 한다고 하였다. 이를 위해서 는 모든 모수에 대하여 세 가지 조건을 추가적으로 확인해야 한다. 첫 번째는 모수

편향(parameter bias)으로서 두 번째 열(추정치 평균, ESTIMATES Average)에서 첫 번째 열(모수, Population)을 뺀 값이다. 두 번째는 표준오차 편향(standard error bias)으로서 네 번째 열(표준오차 평균, S. E. Average)에서 세 번째 열(모집단 표준오차, ESTIMATES Std. Dev.)을 뺀 값이다. Muthén과 Muthén(2002)에 따르면 모든 추정치에 대하여 이 두 가지 편향이 모수크기의 10%를 넘어서는 안 된다고 하였다. 예를 들어, 맨 첫 번째 모수에 대한 모수편향의 비율(percentage of parameter bias)은 [식 12.3]과 같이 계산된다.

$$\text{percentage of parameter bias} = \frac{.7907 - .8}{.8} = -0.0116 \quad \text{[식 12.3]}$$

추정치의 평균이 모수보다 1.2% 정도 작은 것을 확인할 수 있다. 그러므로 Muthén과 Muthén(2002)의 기준을 통과하였다. 나머지 모든 모수도 확인한 결과, 모두 기준을 만족하였다. 다음으로 첫 번째 모수에 대한 표준오차 편향의 비율(percentage of standard error bias)은 [식 12.4]와 같이 계산된다.

$$\text{percentage of S.E. bias} = \frac{.1060 - .1094}{.1094} = -0.0311 \quad \text{[식 12.4]}$$

추정치의 표준오차 평균이 모수보다 3.1% 정도 작은 것으로 나타난다. 나머지 모든 모수 역시 Muthén과 Muthén(2002)의 기준을 만족하였다. 마지막으로 확인해야 할 것은 95% 커버리지로서, 모든 모수의 95% 커버리지가 .91~.98 사이에 있어야 한다고 제안한다. 95% 커버리지가 어떤 하한(lower bound)보다 낮다면 이것은 점추정치가 편향되었을 가능성이 높고, 상한(upper bound)보다 높다면 이는 표준오차 추정치가 너무 클 가능성이 높으므로, 무조건 큰 값보다는 적절한 범위 안으로 들어오는 것이 제안된다. 총 19개의 추정한 모수들의 95% 커버리지를 보면 0.924~0.948 사이에 위치하는 것을 확인할 수 있으므로, 기준을 만족하였다고 볼 수 있다.

Muthén과 Muthén(2002)의 방법은 Satorra와 Saris(1985)의 방법과 상당히 비슷한 결과를 나타내고 있다. 무슨 방법을 써도 큰 차이는 없지만, Muthén과 Curran(1997)은 Satorra와 Saris(1985)의 방법이 표본크기가 작을 때는 정확하지 않다고 지적하였다. Saris와 Satorra(1993) 역시 MC 방법을 사용하는 것이 충분히 정확한 검정력 추정을 가능하게 한다고 지적하였다. 필자 역시 가능하다면 적절한 표본크기를 찾기 위한 방법으로서 몬테카를로 시뮬레이션을 수행하기를 권한다.

12.3. MacCallum, Browne와 Sugawara(1996)의 방법

마지막으로 소개할 방법은 MacCallum, Browne와 Sugawara(1996)가 제안한 것으로서, 주어진 표본크기에서 검정력을 계산하거나 주어진 검정력과 모형 적합도에서 표본크기를 추정할 수 있는 방법이다. 이 마지막 방법에서 비중심 모수는 표본크기와 모형 적합도의 함수로 정의되며, 모형 적합도는 효과크기의 역할을 한다. 영가설의 RMSEA와 대립가설의 RMSEA의 차이를 이용하여 효과크기를 계산하게 되는데, MacCallum, Browne와 Sugawara(1996)는 다음과 같이 제안하였다. exact-fit 가설을 검정하기 위해서는 영가설(H_0: $\epsilon = 0.00$)과 대립가설(H_1: $\epsilon = 0.05$)을 이용하고, close-fit 가설을 위해서는 영가설(H_0: $\epsilon = 0.05$)과 대립가설(H_1: $\epsilon = 0.08$)을 이용하는 것이다. 자세한 원리에 대한 것이 궁금하다면, MacCallum, Browne와 Sugawara(1996)를 참조하기 바란다.

우리는 여기서 [그림 12.1]에 소개되었던 모형을 다시 이용하여 RMSEA의 exact-fit 가설을 적용하고, $\alpha = 0.05$에서 80%의 검정력을 만족시키는 표본크기를 추정할 것이다. 이 방법을 적용하기 위해서는 연구자가 설정한 모형의 자유도를 계산하는 것이 반드시 필요하다. [그림 12.1]의 모형을 보면 총 여섯 개의 지표변수가 있으므로, 독립적인 정보의 개수는 21이고($i = 21$), 추정하고자 하는 모수는 잠재변수의 분산 및 공분산 세 개와 요인부하 네 개 및 측정오차의 분산 여섯 개다($t = 13$). 그러므로 모형의 자유도는 8이 된다($df_M = i - t = 8$). 이제 Preacher와 Coffman (2006)의 웹페이지를 이용하여 적절한 표본크기를 결정하는 방법을 [그림 12.5]에 보인다.

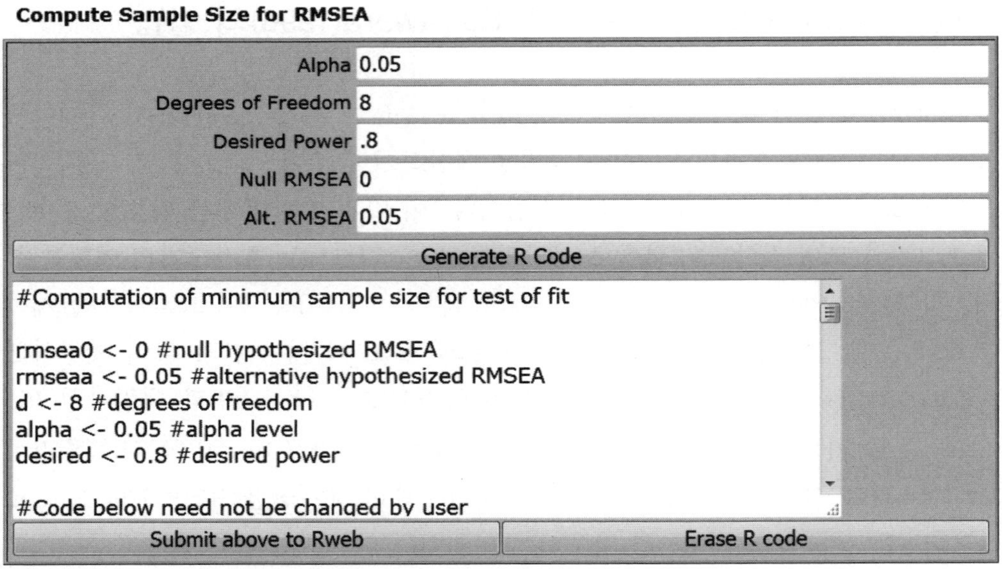

Compute Sample Size for RMSEA

Alpha	0.05
Degrees of Freedom	8
Desired Power	.8
Null RMSEA	0
Alt. RMSEA	0.05

Generate R Code

```
#Computation of minimum sample size for test of fit

rmsea0 <- 0 #null hypothesized RMSEA
rmseaa <- 0.05 #alternative hypothesized RMSEA
d <- 8 #degrees of freedom
alpha <- 0.05 #alpha level
desired <- 0.8 #desired power

#Code below need not be changed by user
```

Submit above to Rweb	Erase R code

[그림 12.5] Preacher와 Coffman(2006)의 표본크기 계산

유의수준 $\alpha = 0.05$, $df_M = 8$, $Power = 0.80$, $H_0 : \epsilon = 0.00$, $H_1 : \epsilon = 0.05$를 입력하고 Generate R Code를 클릭하면 아래의 윈도우에 표본크기의 계산을 위한 R 명령어가 자동 생성된다. 이 명령어를 R의 웹 버전인 Rweb으로 보내면(Submit above to Rweb) 인터넷 브라우저에서 새로운 윈도우나 탭이 열리면서 [결과 12.12]를 얻을 수 있다. 또는 컴퓨터에 깔려 있는 R 프로그램을 이용해도 같은 결과를 얻는다.

[결과 12.12] MacCallum, Browne와 Sugawara의 방법

```
Rweb:> #Computation of minimum sample size for test of fit
Rweb:>
Rweb:> rmsea0 <- 0 #null hypothesized RMSEA
Rweb:> rmseaa <- 0.05 #alternative hypothesized RMSEA
Rweb:> d <- 8 #degrees of freedom
Rweb:> alpha <- 0.05 #alpha level
Rweb:> desired <- 0.8 #desired power
Rweb:>
Rweb:> #Code below need not be changed by user
Rweb:> #initialize values
Rweb:> pow <- 0.0
Rweb:> n <- 0
Rweb:> #begin loop for finding initial level of n
Rweb:> while (pow
Rweb:> #begin loop for interval halving
Rweb:> foo <- -1
Rweb:> newn <- n
Rweb:> interval <- 200
Rweb:> powdiff <- pow - desired
```

```
Rweb:> while (powdiff>.001) {
+   interval <- interval*.5
+   newn <- newn + foo*interval*.5
+   ncp0 <- (newn-1)*d*rmsea0^2
+   ncpa <- (newn-1)*d*rmseaa^2
+   #compute power
+   if(rmsea0desired) {
+     foo <- -1
+   }
+ }
Rweb:>
Rweb:> minn <- newn
Rweb:> print(minn)
[1] 753.125
Rweb:>
Rweb:> dev.off()
null device
          1
Rweb:>
```

　　생성된 R 명령어가 반복되고, 마지막 부분에 요구되는 최소한의 표본크기가 753.125로 계산된 것을 확인할 수 있다. 그러므로 조건을 만족하는 적절한 표본크기는 754가 된다. 사실 이 방법은 영가설이 RMSEA=0.00이라는 상당히 달성하기 힘든 조건을 만족시키고, 대립가설도 0.05밖에 안되기 때문에 이렇게 큰 숫자가 나올 것이 어느 정도 예상된다. 그리고 이 방법에는 자유도 역시 큰 영향을 미치는데, 자유도가 우리 예처럼 크지 않은 경우에는 사용을 자제하는 게 좋을 것 같다. 이는 Kenny, Kaniskan과 McCoach(2014)가 자유도가 낮은 경우 RMSEA 자체를 계산하지 말아야 한다고 주장했던 것과 상통한다. 그리고 참고로 MacCallum, Browne와 Sugawara(1996)의 close-fit 가설을 적용하면 요구하는 표본크기는 954로서, 영가설(H_0: $\epsilon=0.05$)과 대립가설(H_1: $\epsilon=0.08$)의 차이가 더 작아서 이 차이로 계산되는 효과크기도 더 작고, 따라서 요구되는 표본크기도 더 커진다. 한 가지 마지막으로 덧붙일 것은 MacCallum, Browne와 Sugawara(1996)의 방법은 모형의 종류에 관계가 없다는 것이다. 확인적 요인분석모형이든, 구조방정식 모형이든, 경로모형이든 자유도를 계산하기만 하면 사용할 수 있다.

　　MacCallum, Browne와 Sugawara(1996)의 방법은 표본크기를 계산하는 세 가지 방법 중에서 사실 가장 쉽다. 연구자가 계산해야 할 것은 설정한 모형의 자유도 외에는 없다. 유의수준, 검정력, RMSEA 가설 등은 이미 일반적으로 사용되는 조건을 대입하게 된다. 하지만 우리의 예제에서 보듯이 경우에 따라 감당할 수 없는 표본크기가 나올 수 있기 때문에 사용에 유의해야 한다.

참고문헌

Akaike, H. (1973, September). Information theory and an extension of the maximum likelihood principle. Paper presented at the 2nd international symposium on information theory, Tsahkadsor, Armenia, USSR.

Akaike, H. (1974). A new look at the statistical model identification. *IEEE Transactions on Automatic Control, 19*(6), 716–723.

Algina, J., & Moulder, B. C. (2001). A note on estimating the Jöreskog–Yang model for latent variable interaction using LISREL 8.3. *Structural Equation Modeling: A Multidisciplinary Journal, 8*, 40–52.

Allen, M. J., & Yen, W. M. (1979). *Introduction to measurement theory*. Long Grove, IL: Waveland Press.

Anderson, J. C., & Gerbing, D. W. (1984). The effect of sampling error on convergence, improper solutions, and goodness–of–fit indices for maximum likelihood confirmatory factor analysis. *Psychometrika, 49*, 155–173.

Anderson, J. C., & Gerbing, D. W. (1988). Structural equation modeling in practice: A review and recommended two–step approach. *Psychological Bulletin, 10*, 411–423.

Arbuckle, J. L., Marcoulides, G. A., & Schumacker, R. E. (1996). Full information estimation in the presence of incomplete data. In G. A. Marcoulides & R. E. Schumacker (Eds.), *Advanced structural equation modeling: Issues and techniques* (pp. 243–277). New York, NY: Psychology Press.

Asparouhov, T., & Muthén, B. (2009). Exploratory structural equation modeling. *Structural Equation Modeling: A Multidisciplinary Journal, 16*, 397–438.

Atkinson, L. (1988). The measurement–statistics controversy: Factor analysis and subinterval data. *Bulletin of the Psychonomic Society, 26*, 361–364.

Babakus, E., Ferguson, C. E., & Jöreskog, K. G. (1987). The sensitivity of confirmatory maximum likelihood factor analysis to violations of measurement scale and distributional assumptions. *Journal of Marketing Research, 37*, 72–141.

Bagozzi, R. P., & Edwards, J. R. (1998). A general approach to construct validation in organizational research: Application to the measurement of work values. *Organizational Research Methods, 1*(45–87).

Bandalos, D. L. (2002). The effects of item parceling on goodness–of–fit and parameter estimate bias in structural equation modeling. *Structural Equation Modeling: A*

Multidisciplinary Journal, 9, 78–102.

Bandalos, D. L., & Finney, S. J. (2001). Item parceling issues in structural equation modeling. In G. A. Marcoulides & R. E. Schumacker (Eds.), *New developments and techniques in structural equation modeling* (pp. 269–296). Mahwah, NJ: LEA.

Baron, R. M., & Kenny, D. A. (1986). The moderator–mediator variable distinction in social psychological research: Conceptual, strategic, and statistical considerations. *Journal of Personality and Social Psychology, 51*, 1173–1182.

Bartholomew, D. J., Knott, M., & Moustaki, I. (2011). *Latent variable models and factor analysis: A nunified approach* (3rd ed.). Chichester: Wiley.

Bentler, P. M. (1990). Comparative fit indexes in structural models. *Psychological Bulletin, 107*(2), 238–246.

Bentler, P. M. (1995). *EQS structural equations program manual*. Encino, CA: Multivariate Software.

Bentler, P. M. (2005). *EQS 6 structural equations program manual*. Encino, CA: Multivariate Software.

Bentler, P. M., & Bonett, D. G. (1980). Significance tests and goodness of fit in the analysis of covariance structures. *Psychological Bulletin, 88*, 588–606.

Bentler, P. M., & Chou, C.–P. (1987). Practical issues in structural modeling. *Sociological Methods & Research, 16*(1), 78–117.

Bentler, P. M., & Satorra, A. (2010). Testing model nesting and equivalence. *Psychological Methods, 15*, 111–123.

Bernstein, I. H., & Teng, G. (1989). Factoring items and factoring scales are different: Spurious evidence for multidimensionality due to item categorization. *Psychological Bulletin, 105*, 467–477.

Biesanz, J. C., Falk, C. F., & Savalei, V. (2010). Assessing mediational models: Testing and interval estimation for indirect effects. *Multivariate Behavioral Research, 45*, 661–701.

Bock, R. D., & Lieberman, M. (1970). Fitting a response model for dichotomously scored items. *Psychometrika, 35*, 179–197.

Bollen, K. A. (1989). *Structural equations with latent variables*. New York, NY: John Wiley & Sons.

Bollen, K. A., & Curran, P. J. (2006). *Latent curve models: A structural equation modeling perspective*. Hoboken, NJ: Wiley.

Bollen, K. A., & Stine, R. (1990). Direct and indirect effects: Classical and bootstrap estimates of variability. *Sociological Methodology, 20*, 115–140.

Boomsma, A. (1982). The robustness of LISREL against small sample sizes in factor analysis models. In K. G. Jöreskog & H. Wold (Eds.), *Systems under indirect observation: Causality, structure, prediction (Part I)*. Amsterdam: North—Holland.

Boomsma, A. (2000). Reporting analyses of covariance structures. *Structural Equation Modeling: A Multidisciplinary Journal, 7*, 461—481.

Bovaird, J. A., & Koziol, N. A. (2012). Measurement models for ordered—categorical indicators. In R. H. Hoyle (Ed.), *Handbook of structural equation modeling* (pp. 495—511). New York, NY: The Guilford Press.

Bozdogan, H. (2000). Akaike's information criterion and recent developments in information complexity. *Journal of Mathematical Psychology, 44*, 62—91.

Brown, T. (2006). *Confirmatory factor analysis for applied research*. New York, NY: The Guilford Press.

Browne, M. W. (1972a). Orthogonal rotation to a partially specified target. *British Journal of Mathematical and Statistical Psychology, 25*, 115—120.

Browne, M. W. (1972b). Oblique rotation to a partially specified target. *British Journal of Mathematical and Statistical Psychology, 25*, 207—212.

Browne, M. W. (1982). Covariance structures. In D. M. Hawkins (Ed.), *Topics in applied multivariate analysis* (pp. 72—141). Cambridge: Cambridge University Press.

Browne, M. W. (1984). Asymptotically distribution—free methods in the analysis of covariance structures. *British Journal of Mathematical and Statistical Psychology, 37*, 62—83.

Browne, M. W. (2001). An overview of analytic rotation in exploratory factor analysis. *Multivariate Behavioral Research, 36*(1), 111—150.

Browne, M. W., & Cudeck, R. (1989). Single sample cross—validation indices for covariance structures. *Multivariate Behavioral Research, 24*, 445—455.

Browne, M. W., & Cudeck, R. (1993). Alternative ways of assessing model fit. In K. A. Bollen & J. S. Long (Eds.), *Testing structural equation models* (pp. 136—162). Newbury Park, CA: SAGE.

Burt, R. S. (1976). Interpretational confounding of unobserved variables in structural equation models. *Sociological Methods and Research, 5*, 3—52.

Byrne, B. M. (1998). *Structural equation modeling with Lisrel, Prelis, and Simplis: Basic concepts, applications, and programming*. Mahwah, NJ: Lawrence Erlbaum Associates.

Byrne, B. M. (2006). *Structural equation modeling with EQS: Basic concepts, applications, and programming* (2nd ed.). New York, NY: Routledge.

Byrne, B. M. (2009). *Structural equation modeling with Amos: Basic concepts, applications, and programming* (2nd ed.). New York, NY: Routledge.

Byrne, B. M. (2012). *Structural equation modeling with Mplus: Basic concepts, applications, and programming.* New York, NY: Taylor & Francis Group.

Byrne, B. M., Shavelson, R. J., & Muthén, B. (1989). Testing for the equivalence of factor covariance and mean structures: The issues of partial measurement invariance. *Psychological Bulletin, 105*, 456−466.

Cai, L. (2010). High−dimensional exploratory item factor analysis by a Metropolis−Hastings Robbins−Monro algorithm. *Psychometrika, 75*, 33−57.

Cai, L., Yang, J. S., & Hansen, M. (2011). Generalized full−information item bifactor analysis. *Psychological Methods, 16*, 221−248.

Campbell, D. T., & Fiske, D. W. (1959). Convergent and discrimnant validation by the multitrait−multimethod matrix. *Psychological Bulletin, 56*, 81−105.

Campbell, I. (2007). Chi−squared and Fisher−Irwin tests of two−by−two tables with small sample recommendations. *Statistics in Medicine, 26*, 3661−3675.

Carmines, E. G., & McIver, J. P. (1981). Analyzing models with unobserved variables. In G. W. Bohrnstedt & E. F. Borgatta (Eds.), *Social measurement: Current issues.* Beverly Hills, CA: SAGE.

Cattell, R. B. (1956). Validation and intensification of the sixteen personality factor questionnaire. *Journal of Clinical Psychology, 12*, 205−214.

Cattell, R. B. (1966). The data box: Its ordering of total resources in terms of possible relational systems. In R. B. Cattell (Ed.), *Handbook of multivariate experimental psychology* (pp. 67−128). Chicago, IL: Rand−McNally.

Cattell, R. B. (1974). Radial parcel factoring−vs−item factoring in defining personality structure in questionnaires: Theory and experimental checks. *Australian Journal of Psychology, 2*, 103−119.

Cattell, R. B. (1978). *The scientific use of factor analysis in behavioral and life sciences.* New York, NY: Plenum.

Cattell, R. B., & Burdsal, C. A. (1975). The radial parceling double factoring design: A solution to the item−vs.−parcel controversy. *Multivariate Behavioral Research, 10*, 165−179.

Cattell, R. B., & Jaspers, J. (1967). A general plasmode for factor analytic exercises and research. *Multivariate Behavioral Research Monographs, 3*(1−212).

Chen, C. Y., & Anthony, J. C. (2003). Possible age−associated bias in reporting of clinical features of drug dependence: Epidemiological evidence on adolescent−onset marijuana use. *Addiction, 98*, 71−82.

Chen, F., Bollen, K. A., Paxton, P., Curran, P. J., & Kirby, J. (2001). Improper solutions in structural equation models: Causes, consequences, and strategies. *Sociological Methods & Research, 29*, 468–508.

Chen, F. F. (2007). Sensitivity of goodness of fit indexes to lack of measurement invariance. *Structural Equation Modeling: A Multidisciplinary Journal, 14*, 464–504.

Chen, F. F., West, S. G., & Sousa, K. H. (2006). A comparison of bifactor and second–order models of quality of life. *Multivariate Behavioral Research, 41*, 189–225.

Cheong, J., & MacKinnon, D. P. (2012). Mediation/indirect effects in structural equation modeling. In R. Hoyle (Ed.), *Handbook of structural equation modeling*. New York, NY: The Guilford Press.

Cheung, G. W., & Rensvold, R. B. (2000). Evaluating goodness–of–fit indices for testing measurement invariance. *Structural Equation Modeling: A Multidisciplinary Journal, 9*, 233–255.

Chou, C.–P., & Bentler, P. M. (1995). Estimates and tests in structural equation modeling. In R. H. Hoyle (Ed.), *Structural equation modeling*. Thousand Oaks, CA: SAGE.

Christofferson, A. (1975). Factor analysis of dichotomized variables. *Psychometrika, 40*, 5–32.

Coffman, D. L., & MacCallum, R. C. (2005). Using parcels to convert path analysis models into latent variable models. *Multivariate Behavioral Research, 40*, 235–259.

Cohen, J. (1988). *Statistical power analysis for the behavioral sciences*. Hillsdale, NJ: Erlbaum.

Cohen, J., & Cohen, P. (1983). *Applied multiple regression/correlation analysis for the behavioral sciences* (2nd ed.). Hillsdale, NJ: Erlbaum.

Cook, L. L., Dorans, N. J., & Eignor, D. R. (1988). An assessment of the dimensionality of three SAT–verbal test editions. *Journal of Educational Statistics, 13*(1), 19–43.

Cooke, D. J., Kosson, D. S., & Michie, C. (2001). Psychopathy and ethnicity: Structural, item, and test generalizability of the Psychopathy Checklist–Revised. *Psychological Assessment, 13*, 531–542.

Cramer, H. (1946). *Mathematical Methods of Statistics*. New York, NY: Princeton University Press.

Crocker, L., & Algina, J. (1986). *Introduction to classical and modern test theory*. Belmont, CA: Wadsworth Group.

Cudeck, R. (1989). Analysis of correlation matrices using covariance structure models. *Psychological Bulletin, 105*, 317–327.

Curran, P. J., Bollen, K. A., Chen, F., Paxton, P., & Kirby, J. (2003). Finite sampling properties of the point estimates and confidence intervals of the RMSEA. *Sociological Methods & Research, 32*, 208–252.

Curran, P. J., West, S. G., & Finch, J. F. (1996). The robustness of test statistics to nonnormality and specification error in confirmatory factor analysis. *Psychological Methods, 1*(1), 16–29.

Dempster, A. P., Laird, N. M., & Rubin, D. B. (1977). Maximum likelihood from incomplete data via the EM algorithm (with discussion). *Journal of Royal Statistical Society Series B, 39*, 1–38.

Dillon, W. R., & Goldstein, M. (1984). *Multivariate analysis: Methods and applications*. New York, NY: Wiley.

Dolan, C. V. (1994). Factor analysis of variables with 2, 3, 5, and 7 response categories: A comparison of categorical variable estimators using simulated data. *British Journal of Mathematical and Statistical Psychology, 47*, 309–326.

Echambadi, R., & Hess, J. D. (2007). Mean–centering does not alleviate collinearity problems in moderated multiple regression models. *Marketing Science, 26*, 438–445.

Edwards, J. R., & Bagozzi, R. P. (2000). On the nature and direction of relationships between constructs and measures. *Psychological Methods, 5*, 155–174.

Edwards, M. C., Wirth, R. J., Houts, C. R., & Xi, N. (2012). Categorical data in the structural equation modeling framework. In R. Hoyle (Ed.), *Handbook of structural equation modeling*. New York, NY: The Guilford Press.

Efron, B. (1979). Boostrap methods: Another look at the jackknife. *The Annals of Statistics, 7*(1), 1–26.

Elmes, D. G., Kantowitz, B. H., & Roediger III, H. L. (2012). *Research methods in psychology: International edition*. Boston, MA: Cengage Learning.

Falk, C. F., & Biesanz, J. C. (2010). Inference and interval estimation methods for indirect effects with latent variable models. *Structural Equation Modeling: A Multidisciplinary Journal, 22*, 24–38.

Feldt, L. S., & Brennan, R. (1989). Reliability. In R. L. Linn (Ed.), *Educational measurement* (3rd ed.) (pp. 105–146). New York, NY: Macmillan.

Finch, H. (2005). The MIMIC model as a method for detecting DIF: Comparison with Mantel–Haenszel, SIBTEST, and the IRT likelihood ratio. *Applied Psychological Measurement, 29*, 278–295.

Fritz, M. S., & MacKinnon, D. P. (2007). Required sample size to detect the mediated effect. *Psychological Science, 18*, 233–239.

Fritz, M. S., Taylor, A. B., & MacKinnon, D. P. (2012). Explanation of two anomalous results in statistical mediation analysis. *Multivariate Behavioral Research, 47*, 61–87.

Galton, F. (1886). Regression towards mediocrity in hereditary stature. *The Journal of the Anthropological Institute of Great Britain and Ireland, 15*, 246–263.

Ganley, C. M., & Vasilyeva, M. (2014). The role of anxiety and working memory in gender differences in mathematics. *Journal of Educational Psychology, 106*(1), 105–120.

Gardner, H. (1983). *Frames of mind: The theory of multiple intelligence*. New York, NY: Basic Books.

Gatignon, H., & Vosgerau, J. (2005, June). *Estimating moderating effects: The myth of mean centering*. Paper presented at the Marketing Science Conference, Atlanta, GA.

Geiser, C. (2012). *Data analysis with Mplus*. New York, NY: The Guilford Press.

Gerbing, D. W., & Anderson, J. C. (1988). An updated paradigm for scale development incorporating unidimensionality and its assessment. *Journal of Marketing Research, 25*, 186–192.

Goffin, R. D. (1993). A comparison of two new indices for the assessment of fit of structural equation models. *Multivariate Behavioral Research, 28*, 205–214.

Graham, J. M. (2006). Congeneric and (essentially) tau–equivalent estimates of score reliability: What they are and how to use them. *Educational and Psychological Measurement, 66*, 930–944.

Graham, J. W. (2004, July). Creating parcels for multi–dimensional constructs in structural equation modeling. Paper presented at the The Society for Multivariate Analysis in the Behavioral Sciences, Jena, Germany.

Green, S. B., Akey, T. M., Fleming, K. K., Hershberger, S., & Marquis, J. G. (1997). Effect of the number of scale points on chi–square fit indices in confirmatory factor analysis. *Structural Equation Modeling: A Multidisciplinary Journal, 4*(2), 108–120.

Hair, J. F., Black, W. C., Babin, B. J., & Anderson, R. E. (2010). *Multivariate data analysis* (7th ed.). Upper Saddle River, NJ, USA: Pearson Education, Inc.

Hall, R. J., Snell, A. F., & Foust, M. S. (1999). Item parceling strategies in SEM: Investigating the subtle effects of unmodeled secondary constructs. *Organizational Research Methods, 2*, 233–256.

Hancock, G. R., Stapleton, L. M., & Arnold–Berkovits, I. (2009). The tenuousness of invariance tests within multisample covariance and mean structure models. In T. Teo & M. S. Khine (Eds.), *Structural equation modeling: Concepts and applications in educational research* (pp. 137–174). Rotterdam: Sense.

Hayes, A. F. (2009). Beyond Baron and Kenny: Statistical mediation analysis in the new millennium. *Communication Monographs, 76*, 408–420.

Hayes, A. F., & Scharkow, M. (2013). The relative trustworthiness of inferential tests of the indirect effect in statistical mediation analysis: Does method really matter? *Psychological Science, 16*, 1918–1927.

Hendrickson, A. E., & White, P. O. (1964). Promax: A quick method for rotation to oblique simple structure. *British Journal of Statistical Psychology, 17*(1), 65–70.

Hershberger, S., & Marcoulides, G. A. (2013). The problem of equivalent structural equation models. In G. R. Hancock & R. O. Mueller (Eds.), *Structural equation modeling: A second course* (2nd ed., pp. 3–39). Greenwich, CT: Information Age.

Holbert, R. L., & Stephenson, M. T. (2002). Structural equation modeling in the communication studies, 1995–2000. *Human Communication Research, 28*, 531–551.

Holmbeck, G. N. (1997). Toward terminological, conceptual, and statistical clarity in the study of mediators and moderators: Examples from the child–clinical and pediatric psychology literatures. *Journal of Consulting and Clinical Psychology, 4*, 599–610.

Holzinger, K., & Swineford, F. (1937). The bi–factor method. *Psychometrika, 2*, 41–54.

Horn, J. L. (1965). A rantionale and test for the number of factors in factor analysis. *Psychometrika, 30*, 179–185.

Howell, D. C. (2015). Chi–square test – Analysis of contingency tables. http://www.uvm.edu/~dhowell/methods7/Supplements/ChiSquareTests.pdf.

Hoyle, R. H. (2000). Confirmatory factor analysis. In H. E. A. Tinsley & S. D. Brown (Eds.), *Handbook of applied multivariate statistics and mathematical modeling* (pp. 465–497). New York, NY: Academic Press.

Hoyle, R. H. (Ed.). (2012). *Handbook of structural equation modeling.* New York, NY: The Guilford Press.

Hoyle, R. H., & Kenny, D. A. (1999). Sample size, reliability, and test of statistical mediation. In R. H. Hoyle (Ed.), *Statistical strategies for small sample research.* Thousand Oaks, CA: SAGE.

Hsu, H.–Y. (2009). *Testing the effectiveness of various commonly used fit indices for detecting misspecifications in multilevel structural equation models.* (Doctor of Philosophy), Texas A&M University, College Station, TX.

Hu, L. T., & Bentler, P. M. (1999). Cutoff criteria for fit indexes in covariance structure analysis: Conventional criteria versus new alternatives. *Structural Equation Modeling: A Multidisciplinary Journal, 6*, 1–55.

Hu, L. T., Bentler, P. M., & Kano, Y. (1992). Can test statistics in covariance structure analysis be trusted? *Psychological Bulletin, 112*, 351–362.

Huber, P. J. (1967). The behavior of maximum likelihood estimates under nonstandard conditions. Paper presented at the Fifth Berkeley Symposium on Mathematical Statistics and Probability, Berkeley, CA.

Jackson, D. L. (2001). Sample size and number of parameter estimates in maximum likelihood confirmatory factor analysis: A Monte Carlo investigation. *Structural Equation Modeling: A Multidisciplinary Journal, 8*, 205–223.

Jackson, D. L. (2003). Revisiting sample size and the number of parameter estimates: Some support for the N:q hypothesis. *Structural Equation Modeling: A Multidisciplinary Journal, 10*, 128–141.

James, L. R., & Brett, J. M. (1984). Mediators, moderators, and tests for mediation. *Journal of Applied Psychology, 69*, 307–321.

Johnson, E. C., Meade, A. W., & DuVernet, A. M. (2009). The role of referent indicators in tests of measurement invariance. *Structural Equation Modeling: A Multidisciplinary Journal, 16*, 642–657.

Johnson, R. A., & Wichern, D. W. (2002). *Applied multivariate statistical analysis* (5th ed.). Upper Saddle River, NJ: Prentice Hall.

Jöreskog, K. G. (1969). A general approach to confirmatory maximum likelihood factor analysis. *Psychometrika, 34*(2), 183–202.

Jöreskog, K. G. (1971). Simultaneous factor analysis in several populations. *Psychometrika, 36*, 409–426.

Jöreskog, K. G. (1973). A general method for estimating a linear structural equation system. In A. S. Goldberger & O. Duncan (Eds.), *Structural equation models in the social sciences* (pp. 85–112). New York, NY: Seminar Press.

Jöreskog, K. G. (1993). Testing structural equation models. In K. A. Bollen & J. S. Lang (Eds.), Testing Structural equation models (pp. 294–316). Newbury Park, CA: SAGE.

Jöreskog, K. G., & Goldberger, A. S. (1975). Estimation of a model with multiple indicators and multiple causes of a single latent variable. *Journal of the American Statistical Association, 70*, 631–639.

Jöreskog, K. G., & Sörbom, D. (1981). *LISREL6: Analysis of linear structural relations log maximum likelihood and least squares methods.* Chicago, IL: International Educational Service.

Jöreskog, K. G., & Sörbom, D. (1989). *LISREL 7: A guide to the program and applications* (2nd ed.). Chicago, IL: SPSS.

Jöreskog, K. G., & Yang, F. (1996). Nonlinear structural equation models: The Kenny–Judd model with interaction effects. In G. A. Marcoulides & R. E. Schumacker (Eds.), *Advanced structural equation modeling: Issues and techniques* (pp. 57–58). Mahwah, NJ: Lawrence Erlbaum Associates.

Kaiser, H. F. (1960). The application of electronic computers to factor analysis. *Educational and Psychological Measurement, 20*, 141–151.

Kamata, A., & Bauer, D. J. (2008). A note on the relation between factor analytic and item response theory models. *Structural Equation Modeling: A Multidisciplinary Journal, 15*, 136–153.

Kaplan, D. (2009). *Structural equation modeling: Foundations and extensions* (2nd ed.). Thousand Oaks, CA: SAGE.

Kaplan, D., & Depaoli, S. (2012). Bayesian structural equation modeling. In R. H. Hoyle (Ed.), *Handbook of Structural Equation Modeling*. New York, NY: The Guilford Press.

Kaplan, D., Harik, P., & Hotchkiss, L. (2001). Cross–sectional estimation of dynamic structural equation models in disequilibrium. In R. Cudeck, S. H. C. du Toit, & D. Sörbom (Eds.), *Structural equation modeling: Present and future* (pp. 315–339). Lincolnwood, IL: Scientific Software International.

Kelava, A., Werner, C. S., Schermelleh–Engel, K., Moosbrugger, H., Zapf, D., Ma, Y., Cham, H., Aiken, L., & West, S. G. (2011). Advanced nonlinear latent variable modeling: Distribution analytic LMS and QML estimators of interaction and quadratic effects. *Structural Equation Modeling: A Multidisciplinary Journal, 18*, 465–491.

Kenny, D. A. (1979). *Correlation and causality*. New York, NY: Wiley.

Kenny, D. A. (2011). Multiple groups. from http://davidakenny.net/cm/mgroups.htm

Kenny, D. A. (2014). Measuring model fit. from http://davidakenny.net/cm/fit.htm

Kenny, D. A., & Judd, C. M. (1984). Estimating the nonlinear and interactive effects of latent variables. *Psychological Bulletin, 96*, 201–210.

Kenny, D. A., Kaniskan, B., & McCoach, D. B. (2014). The performance of RMSEA in models with small degrees of freedom. *Sociological Methods & Research, 44*, 486–507.

Kenny, D. A., Kashy, D., & Bolger, N. (1998). Data analysis in social psychology. In D. Gilbert, S. Fiske, & G. Lindzey (Eds.), *Handbook of social psychology* (4th ed., pp. 233–265). New York, NY: McGraw–Hill.

Kenny, D. A., & McCoach, D. B. (2003). Effects of the number of variables on measures of fit in structural equation modeling. *Structural Equation Modeling: A Multidisciplinary Journal,*

10(3), 333–351.

Kim, K. H. (2005). The relation among fit indexes, power, and sample size in structural equation modeling. *Structural Equation Modeling: A Multidisciplinary Journal, 12*, 368–390.

Kim, S.-Y. (2012). Sample size requirements in single- and multi-phase growth mixture models: A Monte Carlo simulation study. *Structural Equation Modeling: A Multidisciplinary Journal, 19*, 457–476.

Kim, S.-Y. (2014). Determining the number of latent classes in single-and multi-phase growth mixture models. *Structural Equation Modeling: A Multidisciplinary Journal, 21*, 263–279.

Kim, S.-Y., Mun, E.-Y., & Smith, S. (2014). Using mixture models with known class membership to address incomplete covariance structure in multiple-group growth models. *British Journal of Mathematical and Statistical Psychology, 67*, 94–116.

Kim, S.-Y., Suh, Y., Kim, J.-S., Albanese, M. A., & Langer, M. M. (2013). Single and multiple ability estimation in the SEM framework: A noninformative Bayesian estimation approach. *Multivariate Behavioral Research, 48*(4), 563–591.

Kishton, J. M., & Widaman, K. F. (1994). Unidimensional versus domain representive parceling of questionnaire items: An empirical example. *Educational and Psychological Measurement, 54*, 757–765.

Klein, A. G., & Moosbrugger, H. (2000). Maximum likelihood estimation of latent interaction effects with the LMS method. *Psychometrika, 65*(4), 457–474.

Klein, A. G., & Muthén, B. (2007). Quasi-maximum likelihood estimation of structural equation models with multiple interaction and quadratic effects. *Multivariate Behavioral Research, 42*, 647–663.

Kline, P. (2000). *The handbook of psychological testing* (2nd ed.). London: Routledge.

Kline, R. B. (2004). *Principles and practice of structural equation modeling* (2nd ed.). New York, NY: The Guilford Press.

Kline, R. B. (2011). *Principles and practice of structural equation modeling* (3rd ed.). New York, NY: The Guilford Press.

Kline, R. B. (2013). Reverse arrow dynamics: Feedback loops and formative measurement. In G. R. Hancock & R. O. Mueller (Eds.), *Structural equation modeling: A second course* (2nd ed., pp. 41–79). Greenwich, CT: Information Age.

Koopmans, T. C., Rubin, H., & Leipnik, R. B. (1950). Measuring the equation systems of dynamic economics. In T. C. Koopmans (Ed.), *Statistical inference in dynamic economic models*. New York, NY: Wiley.

Kullback, S., & Leibler, R. A. (1951). On information and sufficiency. *Annals of Mathematical Statistics, 22,* 79–86.

Landis, R. S., Beal, D. J., & Tesluk, P. E. (2000). A comparison of approaches to forming composite measures in structural equation models. *Organizational Research Methods, 3,* 186–207.

Lee, S., & Hershberger, S. (1990). A simple rule for generating equivalent models in covariance structure modeling. *Multivariate Behavioral Research, 25,* 313–334.

Lee, S.-Y. (2007). *Structural equation modeling: A Bayesian approach.* New York, NY: Wiley.

Little, R. J. A. (1988). A test of missing completely at random for multivariate data with missing values. *Journal of American Statistical Association, 83,* 1198–1202.

Little, R. J. A. (1995). Modeling the drop-out mechanism in repeated measures studies. *Journal of American Statistical Association, 90,* 1112–1121.

Little, R. J. A. (2009). Selection and pattern-mixture models. In G. Fitzmaurice, M. Davidian, G. Verbeke, & G. Molenberghs (Eds.), *Longitudinal data analysis* (pp. 409–431). Boca Raton, FL: Chapman & Hall/CRC.

Little, T. D. (1997). Mean and covariance structures (MACS) analyses of cross-cultural data: Practical and theoretical issues. *Multivariate Behavioral Research, 32,* 53–76.

Little, T. D. (2013). *Longitudinal structural equation modeling.* New York, NY: The Guilford Press.

Little, T. D., Card, N. A., Slegers, D. W., & Ledford, E. C. (2007). Representing contextual effects in multiple-group MACS models. In T. D. Little, J. A. Bovaird & N. A. Card (Eds.), *Modeling contextual effects in longitudinal studies* (pp. 121–147). Mahwah, NJ: Lawrence Erlbaum Associates.

Little, T. D., Cunningham, W. A., Shahar, G., & Widaman, K. F. (2002). To parcel or not to parcel: Exploring the question, weighing the merits. *Structural Equation Modeling: A Multidisciplinary Journal, 9*(2), 151–173.

Little, T. D., Lindenberger, U., & Nesselroade, J. R. (1999). On selecting indicators for multivariate measurement and modeling with latent variables: When "good" indicators are bad and "bad" indicators are good. *Psychological Methods, 1999,* 192–211.

Little, T. D., Rhemtulla, M., Gibson, K., & Schoemann, A. M. (2013). Why the items versus parcels controversy needn't be one. *Psychological Methods, 3,* 285–300.

Lockwood, C. M., & MacKinnon, D. P. (1998, March). Bootstrapping the standard error of the mediated effect. Paper presented at the 23rd Annual Meeting of SAS Users Group International, Cary, NC.

Lomnicki, Z. A. (1967). On the distribution of products of random variables. *Journal of the Royal Statistical Society, Series B (Statistical Methodology), 29*, 513−524.

Lopes, H. F., & West, M. (2004). Bayesian model assessment in factor analysis. *Statistica Sinica, 14*, 41−67.

Lord, F. M., & Novick, M. R. (1968). *Statistical theories of mental test scores*. Reading, MA: Addison−Wesley.

MacCallum, R. C., & Austin, J. T. (2000). Applications of structural equation modeling in psychological research. *Annual Review of Psychology, 51*, 201−226.

MacCallum, R. C., Browne, M. W., & Sugawara, H. M. (1996). Power analysis and determination of sample size for covariance structure modeling. *Psychological Methods, 1*, 130−149.

MacCallum, R. C., Widaman, K. F., Zhang, S., & Hong, S. (1999). Sample size in factor analysis. *Psychological Methods, 4*, 84−99.

MacKinnon, D. P., Krull, J. L., & Lockwood, C. M. (2000). Equivalence of the mediation, confouding and suppression effect. *Prevention Science, 1*(4), 173−181.

MacKinnon, D. P., Lockwood, C. M., Hoffman, J. M., West, S. G., & Sheets, V. (2002). A comparison of methods to test mediation and other intervening variable effects. *Psychological Methods, 7*, 83−104.

MacKinnon, D. P., Lockwood, C. M., & Williams, J. (2004). Confidence limits for the indirect effect: Distribution of the product and resampling methods. *Multivariate Behavioral Research, 39*, 99−128.

MacKinnon, D. P., Warsi, G., & Dwyer, J. H. (1995). A simulation study of mediated effect measures. *Multivariate Behavioral Research, 30*, 41−62.

Marcoulides, G. A., & Schumacker, R. E. (Eds.). (2001). *New developments and techniques in structural equation modeling*. Mahwah, NJ: Lawrence Erlbaum Associates.

Marsh, H. W. (1994). Confirmatory factor analysis models of factorial equivalence: A multifaceted approach. *Structural Equation Modeling: A Multidisciplinary Journal, 1*, 5−34.

Marsh, H. W. (2007). Application of confirmatory factor analysis and structural equation modeling in sport/exercise psychology. In G. Tenenbaum & R. C. Eklund (Eds.), *Handbook of sport psychology* (pp. 774−798). New York, NY: Wiley.

Marsh, H. W., Balla, J. R., & McDonald, R. P. (1988). Goodness−of−fit indexes in comfirmatory factor analysis: The effect of sample size. *Psychological Bulletin, 103*, 391−410.

Marsh, H. W., & Grayson, D. (1994). Longitudinal stability of means and individual differences. *Structural Equation Modeling: A Multidisciplinary Journal, 1*, 317−359.

Marsh, H. W., Hau, K.−T., Artelt, C., Baumert, J., & Peschar, J. L. (2006). OECD's brief self−

report measure of educational psychology's most useful affective constructs: Cross-cultural, psychometric comparisons across 25 countries. *International Journal of Testing, 6*, 311–360.

Marsh, H. W., Hau, K.-T., Balla, J. R., & Grayson, D. (1998). Is more ever too much? The number of indicators per factor in confirmatory factor analysis. *Multivariate Behavioral Research, 33*, 181–220.

Marsh, H. W., Hey, J., & Roche, L. A. (1997). Structure of physical self-concept: Elite athletes and physical education students. *Journal of Educational Psychology, 89*, 369–380.

Marsh, H. W., Wen, Z., & Hau, K.-T. (2004). Structural equation models of latent interactions: Evaluation of alternative estimation strategies and indicator construction. *Psychological Methods, 9*, 275–300.

Marsh, H. W., Wen, Z., Nagengast, B., & Hau, K.-T. (2012). Structural equation models of latent interaction. In R. Hoyle (Ed.), *Handbook of structural equation modeling* (pp. 436–458). New York, NY: The Guilford Press.

Maruyama, G. M. (1998). *Basics of structural equation modeling.* Thousand Oaks, CA: SAGE.

Matsunaga, M. (2008). Item parceling in structural equation modeling: A primer. *Communication Methods and Measures, 2*(4), 260–293.

Maxwell, S. E. (1977). *Multivariate analysis in behavioral research.* London: Chapman & Hall.

McArdle, J. J. (1986). Latent variable growth within behavior genetic models. *Behavior Genetics, 16*, 163–200.

McDonald, R. P., & Ho, M.-H. R. (2002). Principles and practice in reporting structural equation analyses. *Psychological Methods, 7*(1), 64–82.

McDonald, R. P., & Marsh, H. W. (1990). Choosing a multivariate model: Noncentrality and goodness of fit. *Psychological Bulletin, 107*, 247–255.

McFatter, R. M. (1979). The use of structural equation models in interpreting repression equations including suppressor and enhancer variables. *Applied Psychological Measurement, 3*, 123–135.

Meade, A. W., Johnson, E. C., & Braddy, P. W. (2008). Power and sensitivity of alternative fit indices in tests of measurement invariance. *Journal of Applied Psychology, 93*(3), 568–592.

Meade, A. W., & Kroustalis, C. M. (2006). Problems with item parceling for confirmatory factor analytic tests of measurement invariance. *Organizational Research Methods, 9*, 369–403.

Meredith, W. (1993). Measurement invariance, factor analysis, and factorial invariance. *Psychometrika, 58*, 525–543.

Meredith, W., & Teresi, J. A. (2006). An essay on measurement and factorial invariance. *Medical Care, 44,* S69–S77.

Meredith, W., & Tisak, J. (1984). "Tuckerzing" curves. Paper presented at the annual meeting of the Psychometric Society, Santa Barbara, CA.

Meredith, W., & Tisak, J. (1990). Latent curve analysis. *Psychometrika, 55*(1), 107–122.

Millsap, R. E., & Kwok, O.-M. (2004). Evaluating the impact of partial factorial invariance on selection in two populations. *Psychological Methods, 9,* 93–115.

Millsap, R. E., & Yun-Tein, J. (2004). Assessing factorial invariance in ordered-categorical measures. *Multivariate Behavioral Research, 39*(3), 479–515.

Mulaik, S. A. (2009). *Linear causal modeling with structural equations.* New York, NY: CRC Press.

Mulaik, S. A., James, L. R., Van Alstine, J., Bennett, N., Lind, S., & Stilwell, C. D. (1989). Evaluation of goodness-of-fit indices for structural equation models. *Psychological Bulletin, 105,* 430–445.

Mulaik, S. A., & Millsap, R. E. (2000). Doing the four-step right. *Structural Equation Modeling: A Multidisciplinary Journal, 7*(1), 36–73.

Muller, D., Judd, C. M., & Yzerbyt, V. Y. (2005). When moderation is mediated and mediation is moderated. *Journal of Personality and Social Psychology, 89*(6), 852–863.

Muthén, B. (1978). Contributions to factor analysis of dichotomous variables. *Psychometrika, 43,* 551–560.

Muthén, B. (1984). A general structural equaion model with dichotomous, ordered categorical and continuous latent indicators. *Psychometrika, 49,* 115–132.

Muthén, B. (1989a). Latent variable modeling in heterogeneous populations. *Psychometrika, 54,* 557–585.

Muthén, B. (1989b). Multiple-group structural modeling with non-normal continuous variables. *British Journal of Mathematical and Statistical Psychology, 42,* 55–62.

Muthén, B. (2006). Model fit indices for two-part growth model. Retrieved from http://www.statmodel.com/cgi-bin/discus/discus.cgi?pg=next&topic=14&page=1087

Muthén, B. (2010). Bayesian analysis in Mplus: A brief introduction. Retrieved from http://www.statmodel.com/download/IntroBayesVersion%203.pdf

Muthén, B. (2012). Latent variable interactions. Retrieved from https://www.statmodel.com/download/LV%20Interaction.pdf

Muthén, B., & Asparouhov, T. (2013). BSEM measurement invariance analysis. Retrieved from https://www.statmodel.com/examples/webnotes/webnote17.pdf

Muthén, B., & Curran, P. J. (1997). General longitudinal modeling of individual differences in experimental designs: A latent variable framework for analysis and power estimation. *Psychological Methods, 2*, 371−402.

Muthén, B., Du Toit, S. H. C., & Spisic, D. (1997). Robust inference using weighted least squares and quadratic estimating equations in latent variable modeling with categorical and continuous outcomes. Unpublished technical report. Retrieved from http://pages.gseis.ucla.edu/faculty/muthen/articles/Article_075.pdf

Muthén, B., & Kaplan, D. (1985). A comparison of some methodologies for the factor analysis of non−normal Likert variables. *British Jouranl of Mathematical and Statistical Psychology, 38*, 171−189.

Muthén, B., & Kaplan, D. (1992). A comparison of some methodologies for the factor analysis of non−normal Likert variables: A note on the size of the model. *British Jouranl of Mathematical and Statistical Psychology, 45*, 19−30.

Muthén, L., & Muthén, B. (2002). How to use a Monte Carlo study to decide on sample size and determine power. *Structural Equation Modeling: A Multidisciplinary Journal, 4*, 599−620.

Muthén, L., & Muthén, B. (1998−2015). *Mplus: Statistical analysis with latent variables user's guide 7.0*. Los Angeles, CA: Muthén & Muthén.

Nasser, F., & Takahashi, T. (2003). The effect of using item parcels on ad hoc goodness−of−fit indexes in confirmatory factor analysis: An example using Sarason's reaction to tests. *Applied Measurement in Education, 16*, 75−97.

Nevitt, J., & Hancock, G. R. (8). Performance of bootstrapping approaches to model test statistics and parameter standard error estimation in structural equation modeling. *Structural Equation Modeling: A Multidisciplinary Journal, 8*, 353−377.

Nunnally, J. C. (1978). *Psychometric theory* (2nd ed.). New York, NY: McGraw−Hill.

Nunally, J. C., & Bernstein, I. H. (1994). *Psychometric theory* (2nd ed.). New York, NY: McGraw−Hill.

Olsson, U. (1979). Maximum likelihood estimation of the polychoric correlation coefficient. *Psychometrika, 44*, 443−460.

Oshima, T. C., Raju, N. S., & Flowers, C. P. (1997). Development and demonstration of multidimensional IRT−based internal measures of differential functioning of items and tests. *Journal of Educational Measurement, 34*, 253−272.

Pearson, E. S. (1947). The choice of statistical tests illustrated on the interpretation of data classed in a 2×2 table. *Biometrika, 34*, 139−167.

Pedhazur, E. J., & Schmelkin, L. P. (1991). *Measurement, design, and analysis: An integrated approach*. Hillsdale, NJ: Erlbaum.

Preacher, K. J., & Coffman, D. L. (2006). Computing power and minimum sample size for RMSEA [Computer software]. Retrieved from http://quantpsy.org/

Preacher, K. J., & Hayes, A. F. (2004). SPSS and SAS procedures for estimating indirect effects in simple mediation models. *Behavior Research Methods, 36*(4), 717–731.

Preacher, K. J., Rucker, D. D., & Hayes, A. F. (2007). Addressing moderated mediation hypothesis: Theory, methods, and prescriptions. *Multivariate Behavioral Research, 42*(1), 185–227.

Preacher, K. J., Zhang, G., Kim, C., & Mels, G. (2013). Choosing the optimal number of factors in exploratory factor analysis: A model selection perspective. *Multivariate Behavioral Research, 48*, 28–56.

Psychology. (2015). Pearson's chi–squared test. Retrieved from http://en.wikipedia.org/ wiki/ Pearson%27s_chi–squared_test

Raudenbush, S. W., & Bryk, A. S. (2002). *Hierarchical linear models: Applications and data analysis methods*. Thousand Oaks, CA: SAGE.

Raykov, T. (1997a). Scale reliability, Cronbach's coefficient alpha, and violations of essential tau–equivalence with fixed congeneric components. *Multivariate Behavioral Research, 32*, 329–353.

Raykov, T. (1997b). Estimation of composite reliability for congeneric measures. *Applied Psychological Measurement, 21*, 173–184.

Raykov, T. (2004). Point and interval estimation of reliability for multiple–component measuring instruments via linear constraint covariance structure modeling. *Structural Equation Modeling: A Multidisciplinary Journal, 11*, 342–356.

Raykov, T., & Marcoulides, G. A. (2001). Can there be infinitely many models equivalent to a given covariance structure model? *Structural Equation Modeling: A Multidisciplinary Journal, 8*, 142–149.

Raykov, T., & Penev, S. (1999). On structural equation model equivalence. *Multivariate Behavioral Research, 34*, 199–244.

Rennie, K. M. (1997, January). Exploratory and confirmatory rotation strategies in exploratory factor analysis. Paper presented at the the Annual Meeting of the Southwest Educational Research Association, Austin, TX.

Rhemtulla, M., Brosseau–Liard, P. E., & Savalei, V. (2012). When can categorical variables be treated as continuous? A comparison of robust continuous and categorical SEM estimation methods under suboptimal conditions. *Psychological Methods, 17*, 354–373.

Rindskopf, D. (1984). Using phantom and imaginary latent variables to parameterize constraints in linear structural models. *Psychometrika, 49*, 37–47.

Rogers, W. M., & Schmitt, N. (2004). Parameter recovery and model fit using multidimensional composites: A comparison of four empirical parceling algorithms. *Multivariate Behavioral Research, 39*, 379–412.

Rubin, D. B. (1976). Inference and missing data. *Biometrika, 63*(3), 581–592.

Rubin, D. B. (1987). *Multiple Imputation for Nonresponse in Surveys.* New York: NY: Wiley.

Samejima, F. (1969). Estimation of latent ability using a response pattern of graded scores. *Psychometric Monographs, 34*(Supplement No. 17).

Saris, W. E., Satorra, A., & Sörbom, D. (1987). The detection and correction of specification errors in structural equation models. In C. C. Clogg (Ed.), *Sociological Methodology 1987* (pp. 105–129). San Francisco, CA: Jossey–Bass.

Satorra, A. (2000). Scaled and adjusted restricted tests in multi–sample analysis of moment structures. In R. D. H. Heijmans, D. S. G. Pollock, & A. Satorra (Eds.), *Innovations in multivariate statistical analysis* (pp. 233–247). London: Kluwer Academic.

Satorra, A., & Bentler, P. M. (1994). Corrections to test statistics and stadard errors in covariance structure analysis. In A. von Eye & C. C. Clogg (Eds.), *Latent variable analysis: Applications to developmental research* (pp. 399–419). Thousand Oaks, CA: SAGE.

Satorra, A., & Bentler, P. M. (2001). A scaled difference chi–square test statistic for moment structure analysis. *Psychometrika, 66*, 507–514.

Satorra, A., & Saris, W. E. (1985). Power of the likelihood ratio test in covariance structure analysis. *Psychometrika, 50*, 83–90.

Sava, F. A. (2002). Causes and effects of teacher conflict–inducing attitudes towards pupils: A path analysis model. *Teaching and Teacher Education, 18*, 1007–1021.

Schwarz, G. E. (1978). Estimating the dimension of a model. *Annals of Statistics, 6*(2), 461–464.

Sclove, L. (1987). Application of model–selection criteria to some problems in multivariate analysis. *Psychometrika, 52*, 333–343.

Selig, J. P., Card, N. A., & Little, T. D. (2008). Latent variable structural equation modelling in cross–cultural research: Multigroup and multilevel approaches. In F. J. R. van de Vijver, D. A. van Hemert, & Y. H. Poortinga (Eds.), *Multilevel analysis of individuals and cultures* (pp. 93–119). Mahwah, NJ: Lawrence Erlbaum Associates.

Shrout, P. E., & Boler, N. (2002). Mediation in experimental and nonexperimental studies: New procedures and recommendations. *Psychological Methods, 7*, 422−445.

Skrondal, A., & Laake, P. (2001). Regression among factor scores. *Psychometrika, 66*, 563−575.

Sobel, M. E. (1982). Asymptotic confidence intervals for indirect effects in structural equation models. In S. Leinhardt (Ed.), *Sociological methodology 1982* (pp. 290−312). Washington, DC: American Sociological Association.

Sobel, M. E. (1990). Effect analysis and causation in linear structural equation models. *Psychometrika, 55*, 495−515.

Sobel, M. E., & Bohrnstedt, G. W. (1985). Use of null models in evaluating the fit of covariance structure models. In N. B. Tuma (Ed.), *Sociological methodology 1985* (pp. 152−178). San Francisco, CA: Jossey−Bass.

Spearman, C. (1904). "General intelligence," objectively determined and measured. *American Journal of Psychology, 15*, 201−293.

Springer, M. D., & Thompson, W. E. (1966). The distribution of independent random variables. *SIAM Journal on Applied Mathematics, 14*, 511−526.

Steenkamp, J.−B. E. M., & Baumgartner, H. (1998). Assessing measurement invariance in cross−national consumer research. *Journal of Consumer Research, 25*, 78−90.

Steiger, J. H. (1989). *EzPATH: Causal modeling.* Evanston, IL: SYSTAT.

Steiger, J. H., & Lind, J. C. (1980, May). Statistically−based tests for the number of common factors. Paper presented at the annual Spring meeting of the Psychometric Society, Iowa City, IA.

Steiger, J. H., Shapiro, A., & Browne, M. W. (1985). On the multivariate asymptotic distribution of sequential chi−square statistics. *Psychometrika, 50*, 253−264.

Stephenson, M. T., & Holbert, R. L. (2003). A Monte Carlo simulation of observable versus latent variable structural equation modeling techniques. *Communication Research, 30*, 332−354.

Takane, Y., & de Leeuw, J. (1987). On the relationship between item response theory and factor analysis of descretized variables. *Psychometrika, 52*, 393−408.

Tanaka, J. S. (1987). "How big is big enough?": Sample size and goodness of fit in structural equation models with latent variables. *Child Development, 58*, 134−146.

Thissen, D., & Steinberg, L. (2009). Item response theory. In R. E. Millsap & A. Maydeu−Olivares (Eds.), *The SAGE Handbook of Quantitative Methods in Psychology* (pp. 148−177). Thousand Oaks, CA: SAGE.

Thurstone, L. L. (1947). *Multiple-factor analysis.* Chicago, IL: University of Chicago Press.

Tofighi, D., & Enders, C. K. (2008). Identifying the correct number of classes in growth mixture models. In G. R. Hancock & K. M. Samuelsen (Eds.), *Advances in latent variable mixture models* (pp. 317-341). Greenwich, CT: Information Age.

Tucker, L. R., & Lewis, C. (1973). A reliability coefficient for maximum likelihood factor analysis. *Psychometrika, 38*, 1-10.

Vandenberg, R. J., & Lance, C. E. (2000). A review and synthesis of the measurement invariance literature: Suggestions, practices, and recommendations for organizational research. *Organizational Research Methods, 3*, 4-69.

Wang, J., & Wang, X. (2012). *Structural equation modeling: Applications using Mplus.* West Sussex: Higher Education Press.

Wen, Z., Marsh, H. W., & Hau, K.-T. (2010). Structural equation models of latent interactions: An appropriate standardized solution and its scale-free properties. *Structural Equation Modeling: A Multidisciplinary Journal, 17*, 1-22.

West, S. G., Taylor, A. B., & Wu, W. (2012). Model fit and model selection in structural equation modeling. In R. Hoyle (Ed.), *Handbook of Structural Equation Modeling* (pp. 209-231). New York, NY: The Guildford Press.

Wheaton, B., Muthén, B., Alwin, D., & Summers, G. (1977). Assessing reliability and stability in panel models. In D. R. Heise (Ed.), *Sociological methodology 1977* (pp. 84-136). San Francisco, CA: Jossey-Bass.

White, H. R. (1980). A heteroskedasticity-consistent covariance matrix estimator and a direct test for heteroskedasticity. *Econometrika, 48*, 817-830.

Widaman, K. F., & Reise, S. P. (1997). Exploring the measurement equivalence of psychological instruments: Applications in the substance use domain. In K. J. Bryant, M. Windle, & S. G. West (Eds.), *The science of prevention* (pp. 281-324). Washinngton, DC: American Psychological Association.

Willett, J. B., & Sayer, A. G. (1994). Using covariance structure analysis to detect correlates and predictors of individual change over time. *Psychological Bulletin, 116*, 363-381.

Williams, L. J., & O'Boyle, E. H. (2008). Measurement models for linking latent variables and indicators: A review of human resource management research using parcels. *Human Resource Management Review, 18*, 233-242.

Woods, C. M. (2009). Evaluation of MIMIC-model methods for DIF testing with comparison to two-group analysis. *Multivariate Behavioral Research, 44*(1), 1-27.

Woods, C. M., & Grimm, K. J. (2011). Testing for nonuniform differential item functioning with multiple indicator multiple cause models. *Applied Psychological Measurement, 35*(5), 339–361.

Wothke, W. (1993). Nonpositive definite matrices in structural equation modeling. In K. A. Bollen & J. S. Long (Eds.), *Tesing structural equation models* (pp. 256–293). Newbury Park, CA: SAGE.

Wright, S. (1918). On the nature of size factors. *Genetics, 3*, 367–374.

Wright, S. (1920). The relative importance of heredity and environment in determining the piebald pattern of guinea pigs. *Proceedings of the National Academy of Sciences, 6*, 320–332.

Wright, S. (1921). Correlation and causation. *Journal of Agriculture Research, 20*, 557–585.

Wright, S. (1923). The theory of path coefficients: A reply to Niles's criticism. *Genetics, 8*, 239–255.

Wright, S. (1934). The method of path coefficients. *Annals of Mathematical Statistics, 5*, 161–215.

Wright, S. (1960). Path coeffcients and path regressions: Alternative or complementary concepts? *Biometrics, 16*, 189–202.

Wu, W., West, S. G., & Taylor, A. B. (2009). Evaluating model fit for growth curve models: Integration of fit indices from SEM and MLM frameworks. *Psychological Methods, 14*(3), 183–201.

Yang, C.-C. (2006). Evaluating latent class analysis models in qualitative phenotype identification. *Computational Statistics & Data Analysis, 50*, 1090–1104.

Yang-Jonsson, F. (1998). Modeling interaction and nonlinear effects in structural equation modeling: A step-by-step LISREL example. In R. E. Schumacker & G. A. Marcoulides (Eds.), *Interactions and nonlinear effects in structural equation models.* Mahwah, NJ: Lawrence Erlbaum Associates.

Yang-Wallentin, F., & Jöreskog, K. G. (2001). Robust standard errors and chi-squares for interaction models. In G. A. Marcoulides & R. E. Schumacker (Eds.), *New developments and techniques in structural equation modeling* (pp. 159–171). Mahwah, NJ: Lawrence Erlbaum Associates.

Yates, A. (1987). *Multivariate exploratory data analysis: A perspective on exploratory factor analysis.* Albany, NY: SUNY Press.

Yu, C.-Y. (2002). Evaluating cutoff criteria of model fit indices for latent variable models with binary and continuous outcomes. (Doctoral dissertation), University of California, Los Angeles, CA.

Yuan, K.-H., & Bentler, P. M. (2000). Inferences on correlation coefficients in some classes of nornormal distributions. *Journal of Multivariate Analysis, 72*, 230–248.

찾아보기

내용

• 김수영(Kim, Su-young)

저자는 연세대학교 상경대학 응용통계학과를 졸업하고, Wisconsin 대학교 교육심리학과에서 양적 방법론 (Quantitative Methods)으로 석사 및 박사 학위를 취득하였으며, 현재 이화여자대학교 심리학과에서 심리 측정 및 통계 전공을 담당하고 있다. 저자는 특히 구조방정식 분야에서 성장모형(growth modeling), 혼합 모형(mixture modeling), 범주형 변수의 사용, 베이지안 추정(Bayesian estimation) 등의 주제에 관심을 가지고 연구를 진행하여 왔으며, *Structural Equation Modeling, Multivariate Behavioral Research, British Journal of Mathematical and Statistical Psychology* 등의 저널에 연구 결과를 출판하고 있다. 현재 한국심리측정평가학회 및 한국심리학회의 이사로서 활발히 활동 중이며, 다변량분석, 실험설계, 구조방 정식, 검사이론, 일반화 회귀모형 등 다양한 연구방법론 주제에 대한 강의 역시 진행 중이다.

구조방정식 모형의 기본과 확장
Fundamentals and Extensions of Structural Equation Modeling

2016년 6월 20일 1판 1쇄 발행
2022년 9월 20일 1판 5쇄 발행

지은이 • 김수영
펴낸이 • 김진환
펴낸곳 • (주) **학지사**

04031 서울특별시 마포구 양화로 15길 20 마인드월드빌딩
대표전화 • 02)330-5114   팩스 • 02)324-2345
등록번호 • 제313-2006-000265호

홈페이지 • http://www.hakjisa.co.kr
페이스북 • https://www.facebook.com/hakjisa

ISBN 978-89-997-0967-8   93370

정가 35,000원

저자와의 협약으로 인지는 생략합니다.
파본은 구입처에서 교환해 드립니다.

이 책을 무단으로 전재하거나 복제할 경우 저작권법에 따라 처벌을 받게 됩니다.

이 도서의 국립중앙도서관 출판시도서목록(CIP)은 서지정보유통지원
시스템 홈페이지(http://seoji.nl.go.kr)와 국가자료공동목록시스템
(http://www.nl.go.kr/kolisnet)에서 이용하실 수 있습니다.
(CIP제어번호: CIP2016013013)

출판미디어기업 **학지사**

간호보건의학출판 **학지사메디컬** www.hakjisamd.co.kr
심리검사연구소 **인싸이트** www.inpsyt.co.kr
학술논문서비스 **뉴논문** www.newnonmun.com
교육연수원 **카운피아** www.counpia.com